Misal
Católico
2024

Misal Católico con Ordinario de la Misa y las
Principales celebraciones del año litúrgico 2024

Publicaciones Leccionario Católico

Publicado por Publicaciones Leccionario Católico

ISBN: 9798854450980

CONTENIDO

SECCIÓN A

PRINCIPALES CELEBRACIONES DEL AÑO LITÚRGICO
2024

Miércoles de ceniza	14 de febrero de 2024
Domingo de pascua	31 de marzo de 2024
La ascensión del señor	9 de mayo de 2024
Domingo de pentecostés	19 de mayo de 2024
Solemnidad del cuerpo y la sangre de cristo	2 de junio de 2024
Primer domingo de adviento	1 de diciembre de 2024

SECCIÓN B

ORDINARIO DE LA MISA

Ritos Iniciales

*Reunido el pueblo (**C**), el sacerdote (**P**) con los ministros va al altar mientras se entona el canto de entrada. Cuando llega al altar, el sacerdote con los ministros hace la debida reverencia, besa el altar y, si se juzga oportuno, lo inciensa. Después se dirige con los ministros a la sede. Terminado el canto de entrada, el sacerdote y los fieles, de pie, se santiguan mientras el sacerdote, de cara al pueblo, dice:*

P: En el nombre del Padre, y del Hijo, y del Espíritu Santo.

C: Amén.

El sacerdote, extendiendo las manos, saluda al pueblo con una de las fórmulas siguientes:

P: El Señor esté con vosotros.

O bien:

P: La gracia de nuestro Señor Jesucristo, el amor del Padre y la comunión del Espíritu Santo esté con todos vosotros.

O bien:

P: La gracia y la paz de Dios, nuestro Padre, y de Jesucristo, el Señor, esté con todos vosotros.

C: Y con tu espíritu.

Acto Penitencial

P: Hermanos: para celebrar dignamente estos sagrados misterios reconozcamos nuestros pecados.

Se hace una breve pausa en silencio. Después, hacen todos en común la confesión de sus pecados:

Yo confieso ante Dios todopoderoso y ante ustedes (vosotros), hermanos, que he pecado mucho de pensamiento, palabra, obra y omisión:

Golpeándose el pecho, dicen:

Por mi culpa, por mi culpa, por mi gran culpa.

Luego prosiguen:

Por eso ruego a santa María, siempre Virgen, a los ángeles, a los santos y a ustedes (vosotros), hermanos, que intercedan por mí ante Dios, nuestro Señor.

P: Dios todopoderoso tenga misericordia de nosotros, perdone nuestros pecados y nos lleve a la vida eterna.

C: Amén.

O bien:

P: Hermanos: para celebrar dignamente estos sagrados misterios reconozcamos nuestros pecados.

Se hace una breve pausa en silencio.

P: Señor, ten misericordia de nosotros.

C: Porque hemos pecado contra ti.

P: Muéstranos, Señor, tu misericordia.

C: Y danos tu salvación.

P: Dios todopoderoso tenga misericordia de nosotros, perdone nuestros pecados y nos lleve a la vida eterna.

C: Amén.

O bien:

P: Hermanos: para celebrar dignamente estos sagrados misterios reconozcamos nuestros pecados.

Se hace una breve pausa en silencio.

P: Tú que has sido enviado a sanar los corazones afligidos: Señor, ten piedad. (*O bien:* Kyrie, eléison).

C: Señor, ten piedad. (*O bien:* Kyrie, eléison).

P: Tú que has venido a llamar a los pecadores: Cristo ten piedad. (*O bien:* Christe, eléison).

C: Cristo ten piedad. (*O bien:* Christe, eléison).

P: Tú que estás sentado a la derecha del Padre para interceder por nosotros: Señor, ten piedad. (*O bien:* Kyrie, eléison).

C: Señor, ten piedad. (*O bien:* Kyrie, eléison).

P: Dios todopoderoso tenga misericordia de nosotros, perdone nuestros pecados y nos lleve a la vida eterna.

C: Amén.

Gloria

Gloria a Dios en el cielo,

Y en la tierra paz a los hombres

Que ama el Señor.

Por tu inmensa gloria

Te alabamos,

Te bendecimos,

Te adoramos,

Te glorificamos,

Te damos gracias,

Señor Dios, Rey celestial,

Dios Padre todopoderoso.

Señor, Hijo único, Jesucristo.

Señor Dios, Cordero de Dios, Hijo del Padre;

Tú que quitas el pecado del mundo, ten piedad de nosotros;

Tú que quitas el pecado del mundo, atiende nuestra súplica;

Tú que estás sentado a la derecha del Padre, ten piedad de nosotros;

Porque sólo tú eres Santo,

Sólo tú Señor,

Sólo tú Altísimo, Jesucristo,

Con el Espíritu Santo, en la Gloria de Dios Padre.

Amén.

Oración Colecta

Acabado el himno, el sacerdote, con las manos juntas, dice:

P: Oremos.

Y todos, junto con el sacerdote, oran en silencio durante unos momentos. Después el sacerdote, con las manos extendidas, dice la oración colecta. La colecta termina con la conclusión: ••• por lossiglos de lossiglos.

C: Amén.

Liturgia de la Palabra

*El lector (**R**) va al ambón y lee la primera lectura, que todos escuchan sentados. Para indicar el fin de la lectura, el lector dice:*

R: Palabra de Dios.

Todos aclaman:

C: Te alabamos, Señor.

El salmista o el cantor proclama el salmo, y el pueblo intercala la respuesta, a no ser que el salmo se diga seguido sin estribillo del pueblo. Si hay segunda lectura, se lee en el ambón, como la primera. Para indicar el fin de la lectura, el lector dice:

R: Palabra de Dios.

Todos aclaman:

C: Te alabamos, Señor.

*Sigue el **Aleluya** o, en tiempo de Cuaresma, el canto antes del Evangelio.*

*Mientras tanto, si se usa incienso, el sacerdote lo pone en el incensario. Después el diácono (**D**) (o el concelebrante que ha de proclamar el Evangelio, en la misa presidida por el Obispo), inclinado ante el sacerdote, pide la bendición, diciendo en voz baja:*

D: Padre, dame tu bendición.

El sacerdote en voz baja dice:

P: El Señor esté en tu corazón y en tus labios, para que anuncies dignamente su Evangelio; en el nombre del Padre, y del Hijo, y del Espíritu Santo.

El diácono o el concelebrante responde:

D: Amén.

Si el mismo sacerdote debe proclamar el Evangelio, inclinado ante el altar, dice en secreto:

P: Purifica mi corazón y mis labios, Dios todopoderoso, para que anuncie dignamente tu Evangelio.

Después el diácono (o el sacerdote) va al ambón, acompañado eventualmente por los ministros que llevan el incienso y los cirios; ya en el ambón dice:

P: El Señor esté con ustedes (vosotros).

C: Y con tu espíritu.

El diácono (o el sacerdote):

Lectura del santo Evangelio según san N.

Y mientras tanto hace la señal de la cruz sobre el libro y sobre su frente, labios y pecho. El pueblo aclama:

C: Gloria a ti, Señor.

El diácono (o el sacerdote), si se usa incienso, inciensa el libro. Luego proclama el Evangelio. Acabado el Evangelio el diácono (o el sacerdote) dice:

Palabra del Señor.

Todos aclaman:

C: Gloria ti, Señor Jesús.

Luego tiene lugar la homilía.

Credo

Niceno-Constantinopolitano

Creo en un solo Dios,

Padre Todopoderoso, Creador del cielo y de la tierra.

De todo lo visible y lo invisible.

Creo en un solo Señor, Jesucristo, Hijo único de Dios,

Nacido del Padre antes de todos los siglos:

Dios de Dios, Luz de Luz,

Dios verdadero de Dios verdadero,

Engendrado, no creado,

De la misma naturaleza del Padre,

Por quien todo fue hecho;

Que por nosotros, los hombres,

Y por nuestra salvación bajó del cielo,

En las palabras que siguen, hasta se hizo hombre, todos se inclinan.

Y por obra del Espíritu Santo

Se encarnó de María, la Virgen,

Y se hizo hombre;

Y por nuestra causa fue crucificado

En tiempos de Poncio Pilato;

Padeció y fue sepultado,

Y resucitó al tercer día, según las Escrituras,

Y subió al cielo, y está sentado a la derecha del Padre;

Y de nuevo vendrá con gloria

Para juzgar a vivos y muertos,

Y su reino no tendrá fin.

Creo en el Espíritu Santo, Señor y dador de vida,

Que procede del Padre y del Hijo,

Que con el Padre y el Hijo

Recibe una misma adoración y gloria,

Y que habló por los profetas.

Creo en la Iglesia,

Que es una, santa, católica y apostólica.

Confieso que hay un solo Bautismo

Para el perdón de los pecados.

Espero la resurrección de los muertos

Y la vida del mundo futuro.

Amén.

Para utilidad de los fieles, en lugar del símbolo niceno-constantinopolitano, la profesión de fe se puede hacer, especialmente en el tiempo de Cuaresma y en la Cincuentena pascual, con el siguiente símbolo llamado «de los apóstoles»:

Credo De Los Apóstoles

Creo en Dios, Padre todopoderoso,

Creador del cielo y de la tierra.

Creo en Jesucristo, su único Hijo, nuestro Señor,

En las palabras que siguen, hasta María Virgen, todos se inclinan.

Que fue concebido por obra y gracia del Espíritu Santo,

Nació de santa María Virgen,

Padeció bajo el poder de Poncio Pilato,

Fue crucificado, muerto y sepultado,

Descendió a los infiernos,

Al tercer día resucitó de entre los muertos,

Subió a los cielos y está sentado a la derecha de Dios,

Padre todopoderoso.

Desde allí ha de venir a juzgar a vivos y muertos.

Creo en el Espíritu Santo,

La santa Iglesia católica,

La comunión de los santos,

El perdón de los pecados,

La resurrección de la carne

Y la vida eterna.

Amén.

Liturgia Eucarística

El sacerdote se acerca al altar, toma la patena con el pan y, manteniéndola un poco elevada sobre el altar, dice en secreto:

P: Bendito seas, Señor, Dios del universo, por este pan, fruto de la tierra y del trabajo del hombre, que recibimos de tu generosidad y ahora te presentamos; él será para nosotros pan de vida.

Después deja la patena con el pan sobre el corporal.

Todos aclaman:

C: Bendito seas por siempre, Señor.

El diácono, o el sacerdote, echa vino y un poco de agua en el cáliz, diciendo en secreto:

P: El agua unido al vino sea signo de nuestra participación en la vida divina de quien ha querido compartir nuestra condición humana.

Después el sacerdote toma el cáliz y, manteniéndolo un poco elevado sobre el altar, dice en secreto:

P: Bendito seas, Señor, Dios del universo, por este vino, fruto de la vid y del trabajo del hombre, que recibimos de tu generosidad y ahora te presentamos; él será para nosotros bebida de salvación.

Después deja el cáliz sobre el corporal.

Todos aclaman:

C: Bendito seas por siempre, Señor.

Después, de pie en el centro del altar y de cara al pueblo, extendiendo y juntando las manos, dice una de las siguientes fórmulas:

P: Oren (Orad), hermanos, para que este sacrificio, mío y de ustedes (y vuestro), sea agradable a Dios, Padre todopoderoso.

O bien:

P: En el momento de ofrecer el sacrificio de toda la Iglesia, oremos a Dios, Padre todopoderoso.

O bien:

P: Oren (Orad), hermanos, para que, llevando al altar los gozos y las fatigas de cada día nos dispongamos a ofrecer el sacrificio agradable a Dios, Padre todopoderoso.

C: El Señor reciba de tus manos este sacrificio, para alabanza y gloria de su nombre, para nuestro bien y el de toda su santa Iglesia.

Luego el sacerdote, con las manos extendidas, dice la oración sobre las ofrendas. Al final el pueblo aclama:

C: Amén.

Plegaria Eucarística II

P: El Señor esté con ustedes (vosotros).

C: Y con tu espíritu.

P: Levantemos el corazón.

C: Lo tenemos levantado hacia el Señor.

P: Demos gracias al Señor, nuestro Dios.

C: Es justo y necesario.

P: En verdad es justo y necesario, es nuestro deber y salvación darte gracias, Padre santo, siempre y en todo lugar, por Jesucristo, tu Hijo amado.

Por él, que es tu Palabra, hiciste todas las cosas; tú nos lo enviaste para que, hecho hombre por obra del Espíritu Santo y nacido de María, la Virgen, fuera nuestro Salvador y Redentor

Él, en cumplimiento de tu voluntad, para destruir la muerte y manifestar la resurrección, extendió sus brazos en la cruz, y así adquirió para ti un pueblo santo.

Por eso, con los ángeles y los santos, proclamamos tu gloria, diciendo:

Santo, Santo, Santo es el Señor, Dios del universo.

Llenos están el cielo y la tierra de tu gloria.

Hosanna en el cielo.

Bendito el que viene en nombre del Señor.

Hosanna en el cielo.

El sacerdote, con las manos extendidas, dice:

Santo eres en verdad, Señor, fuente de toda santidad;

Junta las manos y, manteniéndolas extendidas sobre las ofrendas, dice:

Por eso te pedimos que santifiques estos dones con la efusión de tu Espíritu, de manera que sean para nosotros Cuerpo y Sangre de Jesucristo, nuestro Señor.

Junta las manos.

En esta misma noche, cuando iba a ser entregado a su Pasión, voluntariamente aceptada,

Toma el pan y, sosteniéndolo un poco elevado sobre el altar, prosigue:

Tomó pan, dándote gracias, lo partió y lo dio a sus discípulos, diciendo:

Se inclina un poco.

TOMAD Y COMED TODOS DE ÉL,

PORQUE ÉSTO ES MI CUERPO

QUE SERÁ ENTREGADO POR VOSOTROS.

Muestra el pan consagrado al pueblo, lo deposita luego sobre la patena y lo adora haciendo genuflexión

Después prosigue:

Del mismo modo, acabada la cena,

Toma el cáliz y, sosteniéndolo un poco elevado sobre el altar, dice:

Tomó este cáliz glorioso en sus santas y venerables manos; dando gracias te bendijo, y lo dio a sus discípulos diciendo:

Se inclina un poco.

TOMAD Y BEBED TODOS DE ÉL,

PORQUE ÉSTE ES EL CÁLIZ DE MI SANGRE,

SANGRE DE LA ALIANZA NUEVA Y ETERNA,

QUE SERÁ DERRAMADA POR VOSOTROS

Y POR MUCHOS

PARA EL PERDÓN DE LOS PECADOS.

HACED ESTO EN CONMEMORACIÓN MÍA.

Muestra el cáliz al pueblo, lo deposita luego sobre el corporal y lo adora haciendo genuflexión.

Luego dice una de las siguientes fórmulas:

P: Éste es el Misterio de la fe.

O bien:

P: Éste es el Sacramento de nuestra fe.

Y el pueblo prosigue, aclamando:

C: Anunciamos tu muerte, proclamamos tu resurrección. ¡Ven, Señor Jesús!

Después el sacerdote, con las manos extendidas, dice:

P: Así, pues, Padre, al celebrar ahora el memorial de la muerte y resurrección de tu Hijo, te ofrecemos el pan de vida y el cáliz de salvación, y te damos gracias porque nos haces dignos de servirte en tu presencia.

Te pedimos humildemente que el Espíritu Santo congregue en la unidad a cuantos participamos del Cuerpo y Sangre de Cristo.

Acuérdate, Señor, de tu Iglesia extendida por toda la tierra; y con el Papa N., con nuestro Obispo N. y todos los pastores que cuidan de tu pueblo, llévala a su perfección por la caridad.

Acuérdate también de nuestros hermanos que se durmieron en la esperanza de la resurrección, y de todos los que han muerto en tu misericordia; admítelos a contemplar la luz de tu rostro.

Ten misericordia de todos nosotros, y así, con María, la Virgen Madre de Dios, los apóstoles y cuantos vivieron en tu amistad a través de los tiempos, merezcamos, por tu Hijo Jesucristo, compartir la vida eterna y cantar tus alabanzas.

Toma la patena con el pan consagrado, y el cáliz y, sosteniéndolos elevados, dice:

P: Por Cristo, con él y en él, a ti, Dios Padre omnipotente, en la unidad del Espíritu Santo, todo honor y toda gloria por los siglos de los siglos.

C: Amén.

Rito de Comunión

Una vez que ha dejado el cáliz y la patena, el sacerdote, con las manos juntas, dice:

P: Fieles a la recomendación del Salvador y siguiendo su divina enseñanza, nos atrevemos a decir:

Extiende las manos y, junto con el pueblo, continúa:

Padre nuestro, que estás en el cielo,

Santificado sea tu nombre;

Venga a nosotros tu reino;

Hágase tu voluntad en la tierra como en el cielo.

Danos hoy nuestro pan de cada día;

Perdona nuestras ofensas,

Como nosotros perdonamos

A los que nos ofenden;

No nos dejes caer en la tentación,

Y líbranos del mal.

El sacerdote, con las manos extendidas, prosigue él solo:

P: Líbranos de todos los males, Señor, y concédenos la paz en nuestros días, para que, ayudados por tu misericordia, vivamos siempre libres de pecado y protegidos de toda perturbación, mientras esperamos la gloriosa venida de nuestro Salvador Jesucristo.

Junta las manos.

El pueblo concluye la oración aclamando:

C: Tuyo es el reino, tuyo el poder y la gloria por siempre, Señor.

Después el sacerdote, con las manos extendidas, dice en voz alta:

P: Señor Jesucristo, que dijiste a tus Apóstoles: "La paz os dejo, mi paz os doy", no tengas en cuenta nuestros pecados, sino la fe de tu Iglesia, y conforme a tu palabra, concédele la paz y la unidad. Tú que vives y reinas por los siglos de los siglos.

C: Amén.

El sacerdote, extendiendo y juntando las manos, añade:

P: La paz del Señor esté siempre con vosotros.

C: Y con tu espíritu.

P: Dense fraternalmente la paz.

Después toma el pan consagrado, lo parte sobre la patena, y deja caer una parte del mismo en el cáliz, diciendo en secreto:

P: El Cuerpo y la Sangre de nuestro Señor Jesucristo, unidos en este cáliz, sean para nosotros alimento de vida eterna.

Mientras tanto se canta o se dice:

C: Cordero de Dios que quitas el pecado del mundo, ten piedad de nosotros.

C: Cordero de Dios que quitas el pecado del mundo, ten piedad de nosotros.

C: Cordero de Dios que quitas el pecado del mundo, danos la paz.

El sacerdote hace genuflexión, toma el pan consagrado y, sosteniéndolo un poco elevado sobre la patena, lo muestra al pueblo, diciendo:

P: Éste es el Cordero de Dios, que quita el pecado del mundo. Dichosos los invitados a la cena del Señor.

Y, juntamente con el pueblo, añade una vez:

Señor, no soy digno de que entres en mi casa, pero una palabra tuya bastará para sanarme.

Después toma la patena o la píxide, se acerca a los que quieren comulgar y les presenta el pan consagrado, que sostiene un poco elevado, diciendo a cada uno de ellos:

P: El Cuerpo de Cristo.

El que va a comulgar responde:

Amén.

Oración después de la comunión

Luego, de pie en la sede o en el altar, el sacerdote dice:

P: Oremos.

Después el sacerdote, con las manos extendidas, dice la oración después de la comunión. El pueblo aclama:

C: Amén.

Rito de Conclusión

El sacerdote extiende las manos hacia el pueblo y dice

P: El Señor esté con vosotros.

C: Y con tu espíritu.

P: La bendición de Dios todopoderoso, Padre, Hijo y Espíritu Santo, descienda sobre vosotros.

C: Amén.

Luego el diácono, o el mismo sacerdote, con las manos juntas, despiden al pueblo con una de las fórmulas siguientes:

P: Pueden ir en paz.

O bien:

P: La alegría del Señor sea nuestra fuerza. Pueden ir en paz.

O bien:

P: Glorifiquen al Señor con su vida. Pueden ir en paz.

O bien:

P: En el nombre del Señor, pueden ir en paz.

C: Demos gracias a Dios.

SECCIÓN C

ENERO

Lunes 1 de enero de 2024

Solemnidad De María Santísima, Madre De Dios

Primera Lectura: Números 6, 22-27

En aquel tiempo, el Señor habló a Moisés y le dijo: "Di a Aarón y a sus hijos: 'De esta manera bendecirán a los israelitas: El Señor te bendiga y te proteja, haga resplandecer su rostro sobre ti y te conceda su favor. Que el Señor te mire con benevolencia y te conceda la paz'. Así invocarán mi nombre sobre los israelitas y yo los bendeciré".

Salmo Responsorial: Salmo 66, 2-3. 5. 6, 8
R. (2a) Ten piedad de nosotros, Señor, y bendícenos.

Ten piedad de nosotros, y bendícenos; vuelve, Señor, tus ojos a nosotros. Que conozca la tierra tu bondad y los pueblos tu obra savadora. **R.**

Las naciones con júbilo te canten, porque juzgas al mundo con justicia; con equidad tú juzgas a los pueblos y riges en la tierra a las naciones. **R.**

Que te alaben, Señor, todos los pueblos, que los pueblos te aclamen todos juntos. Que nos bendiga Dios y que le rinda honor el mundo entero. **R.**

Segunda Lectura: Gálatas 4, 4-7

Hermanos: Al llegar la plenitud de los tiempos, envió Dios a su Hijo, nacido de una mujer, nacido bajo la ley, para rescatar a los que estábamos bajo la ley, a fin de hacernos hijos suyos. Puesto que ya son ustedes hijos, Dios envió a sus corazones el Espíritu de su Hijo, que clama "¡Abbá!", es decir, ¡Padre! Así que ya no eres siervo, sino hijo; y siendo hijo, eres también heredero por voluntad de Dios.

Aclamación antes del Evangelio: Hebreos 1, 1-2
R. Aleluya, aleluya.

En distintas ocasiones y de muchas maneras habló Dios en el pasado a nuestros padres, por boca de los profetas. Ahora, en estos tiempos, nos ha hablado por medio de su Hijo. **R.**

Evangelio: Lucas 2:16-21

En aquel tiempo, los pastores fueron a toda prisa hacia Belén y encontraron a María, a José y al niño, recostado en el pesebre. Después de verlo, contaron lo que se les había dicho de aquel niño, y cuantos los oían quedaban maravillados. María, por su parte, guardaba todas estas cosas y las meditaba en su corazón. Los pastores se volvieron a sus campos, alabando y glorificando a Dios por todo cuanto habían visto y oído, según lo que se les había anunciado. Cumplidos los ocho días, circuncidaron al niño y le pusieron el nombre de Jesús, aquel mismo que había dicho el ángel, antes de que el niño fuera concebido.

Martes 2 de enero de 2024

Memoria de San Basilio Magno y San Gregorio Nacianzeno, Obispos y doctores de la Iglesia

Primera Lectura: 1 Juan 2, 22-28

Hijos míos: ¿Quién es el mentiroso, sino aquel que niega que Jesús es Cristo? Ése es el anticristo, porque niega al Padre y al Hijo. Nadie que niegue al Hijo posee al Padre; pero quien reconoce al Hijo, posee también al Padre. Que permanezca, pues, en ustedes lo que desde el principio han oído. Si permanece en ustedes lo que han oído desde el principio, también ustedes permanecerán en el Hijo y en el Padre. Ésta es la promesa que él mismo nos hizo: la vida eterna. Les he escrito esto, pensando en aquellos que tratan de inducirlos al error. Recuerden que la unción que de él han recibido, permanece en ustedes y no necesitan enseñanzas de nadie; esta unción, que es verdad y no mentira, los ilustra a través de todas las cosas; permanezcan, pues, en él, como la unción les enseña. Así pues, hijos míos, permanezcan en él, para que, cuando él se manifieste, tengamos plena confianza y no nos veamos confundidos por él en el día de su venida.

Salmo Responsorial: Salmo 97, 1. 2-3ab. 3cd-4

R. (3a) Cantemos la grandeza del Señor.

Cantemos al Señor un canto nuevo, pues ha hecho maravillas. Su diestra y su santo brazo le han dado la victoria. **R.**

El Señor ha dado a conocer su victoria y ha revelado a las naciones su justicia. Una vez más ha demostrado Dios su amor y su lealtad hacia Israel. **R.**

La tierra entera ha contemplado la victoria de nuestro Dios. Que todos los pueblos y naciones aclamen con júbilo al Señor. **R.**

Aclamación antes del Evangelio: Hebreos 1, 1-2

R. Aleluya, aleluya.

En distintas ocasiones y de muchas maneras habló Dios en el pasado a nuestros padres, por boca de los profetas. Ahora, en estos tiempos, nos ha hablado por medio de su Hijo. **R.**

Evangelio: Juan 1, 19-28

Éste es el testimonio que dio Juan el Bautista, cuando los judíos enviaron desde Jerusalén a unos sacerdotes y levitas para preguntarle: "¿Quién eres tú?" Él reconoció y no negó quién era. Él afirmó: "Yo no soy el Mesías". De nuevo le preguntaron: "¿Quién eres, pues? ¿Eres Elías?" Él les respondió: "No lo soy". "¿Eres el profeta?" Respondió: "No". Le dijeron: "Entonces dinos quién eres, para poder llevar una respuesta a los que nos enviaron. ¿Qué dices de ti mismo?" Juan les contestó: *"Yo soy la voz que grita en el desierto: 'Enderecen el camino del Señor'*, como anunció el profeta Isaías". Los enviados, que pertenecían a la secta de los fariseos, le preguntaron: "Entonces ¿por qué bautizas, si no eres el Mesías, ni Elías, ni el profeta?" Juan les respondió: "Yo bautizo con agua, pero en medio de ustedes hay uno, al que ustedes no conocen, alguien que viene detrás de mí, a quien yo no soy digno de desatarle las correas de sus sandalias". Esto sucedió en Betania, en la otra orilla del Jordán, donde Juan bautizaba.

Miércoles 3 de enero de 2024

Miércoles del tiempo de Navidad

Primera Lectura: 1 Juan 2, 29-3, 6

Queridos hijos: Si ustedes saben que Dios es santo, tienen que reconocer que todo el que practica la santidad ha nacido de Dios. Miren cuánto amor nos ha tenido el Padre, pues no sólo nos llamamos hijos de Dios, sino que lo somos. Si el mundo no nos reconoce, es porque tampoco lo ha reconocido a él. Hermanos míos, ahora somos hijos de Dios, pero aún no se ha manifestado cómo seremos al fin. Y ya sabemos que, cuando él se manifieste, vamos a ser semejantes a él, porque lo veremos tal cual es. Y todo el que tiene puesta en él esta esperanza, procura ser santo, como Jesucristo es santo. Todo el que comete pecado quebranta la ley, puesto que el pecado es quebrantamiento de la ley. Y si saben ustedes que Dios se manifestó para quitar los pecados, es porque en él no hay pecado. Todo el que permanece en Dios, no peca. Todo el que vive pecando, es como si no hubiera visto ni conocido a Dios.

Salmo Responsorial: Salmo 97, 1. 3cd-4. 5-6
R. (3a) Los confines de la tierra han contemplado.
Cantemos al Señor un canto nuevo, pues ha hecho maravillas. Su diestra y su santo brazo le han dado la victoria. **R.**
La tierra entera ha contemplado la victoria de nuestro Dios. Que todos los pueblos y naciones aclamen con júbilo al Señor **R.**
Cantemos al Señor al son del arpa, suenen los instrumentos. Aclamemos al son de los clarines al Señor, nuestro rey. **R.**

Aclamación antes del Evangelio: Juan 1, 14. 12
R. Aleluya, aleluya.
Aquel que es la Palabra se hizo hombre y habitó entre nosotros. A todos los que lo recibieron les concedió poder llegar a ser hijos de Dios. **R.**

Evangelio: Juan 1, 29-34
Al día siguiente, vio Juan el Bautista a Jesús, que venía hacia él, y exclamó: "Éste es el Cordero de Dios, el que quita el pecado del mundo. Éste es aquel de quien yo he dicho: 'El que viene después de mí, tiene precedencia sobre mí, porque ya existía antes que yo'. Yo no lo conocía, pero he venido a bautizar con agua, para

que él sea dado a conocer a Israel". Entonces Juan dio este testimonio: "Vi al Espíritu descender del cielo en forma de paloma y posarse sobre él. Yo no lo conocía, pero el que me envió a bautizar con agua me dijo: 'Aquel sobre quien veas que baja y se posa el Espíritu Santo, ése es el que ha de bautizar con el Espíritu Santo'. Pues bien, yo lo vi y doy testimonio de que éste es el Hijo de Dios".

Jueves 4 de enero de 2024
Memoria de Santa Isabella Ana Seton, religiosa

Primera Lectura: 1 Juan 3, 7-10

Hijos míos: No dejen que nadie los engañe. Quien practica la santidad es santo, como Cristo es santo. Quien vive pecando, se deja dominar por el diablo, ya que el diablo es pecador desde el principio. Pues bien, para eso se encarnó el Hijo de Dios: para deshacer las obras del diablo. Ninguno que sea hijo de Dios sigue cometiendo pecados, porque el germen de vida que Dios le dio permanece en él. No puede pecar, porque ha nacido de Dios. En esto se distinguen los hijos de Dios de los hijos del diablo: todo aquel que no practica la santidad, no es de Dios; tampoco es de Dios el que no ama a su hermano.

Salmo Responsorial: Salmo 97, 1. 7-8. 9
R. (3a) Toda la tierra ha visto al Salvador.

Cantemos al Señor un canto nuevo, pues ha hecho maravillas. Su diestra y su santo brazo le han dado la victoria. **R.**

Alégrense el mar y el mundo submarino, el orbe y todos los que en él habitan. Que los ríos estallen en aplausos y las montañas salten de alegría. **R.**

Regocíjese todo ante el Señor, porque ya viene a gobernar el orbe. Justicia y rectitud serán las normas con las que rija a todas las naciones. **R.**

Aclamación antes del Evangelio: Hebreos 1, 1-2
R. Aleluya, aleluya.

En distintas ocasiones y de muchas maneras habló Dios en el pasado a nuestros padres, por boca de los profetas. Ahora, en estos tiempos, nos ha hablado por medio de su Hijo. **R.**

Evangelio: Juan 1, 35-42

En aquel tiempo, estaba Juan el Bautista con dos de sus discípulos, y fijando los ojos en Jesús, que pasaba, dijo: "Éste es el Cordero de Dios". Los dos discípulos, al oír estas palabras, siguieron a Jesús. Él se volvió hacia ellos, y viendo que lo seguían, les preguntó: "¿Qué buscan?" Ellos le contestaron: "¿Dónde vives, Rabí?" (Rabí significa 'maestro'). Él les dijo: "Vengan a ver". Fueron, pues, vieron dónde vivía y se quedaron con él ese día. Eran como las cuatro de la tarde. Andrés, hermano de Simón Pedro, era uno de los dos que oyeron lo que Juan el Bautista decía y siguieron a Jesús. El primero a quien encontró Andrés, fue a su hermano Simón, y le dijo: "Hemos encontrado al Mesías" (que quiere decir 'el Ungido'). Lo llevó a donde estaba Jesús y éste, fijando en él la mirada, le dijo: "Tú eres Simón, hijo de Juan. Tú te llamarás Kefás" (que significa Pedro, es decir, 'roca').

Viernes 5 de enero de 2024
Memoria de San Juan Nepomuceno Neumann, obispo

Primera Lectura: 1 Juan 3, 11-21

Hermanos: Éste es el mensaje que ustedes han oído desde el principio: que nos amemos los unos a los otros, no como Caín, que era del demonio, y por eso mató a su hermano. ¿Y por qué lo mató? Porque sus propias obras eran malas, mientras que las de su hermano eran buenas. No se sorprendan, hermanos, de que el mundo los odie. Nosotros estamos seguros de haber pasado de la muerte a la vida, porque amamos a nuestros hermanos. El que no ama permanece en la muerte. El que odia a su hermano es un homicida y bien saben ustedes que ningún homicida tiene la vida eterna. Conocemos lo que es el amor, en que Cristo dio su vida por nosotros. Así también debemos nosotros dar la vida por nuestros hermanos. Si alguno, teniendo con qué vivir, ve a su hermano pasar necesidad y, sin embargo, no lo ayuda, ¿cómo habitará el amor de Dios en él? Hijos míos, no amemos solamente de palabra, amemos de verdad y con las obras. En esto conoceremos que somos de la verdad, y delante de Dios tranquilizaremos nuestra conciencia de cualquier cosa que ella nos reprochare, porque Dios es más grande que nuestra conciencia y todo lo conoce. Si nuestra conciencia no nos remuerde, entonces, hermanos míos, nuestra confianza en Dios es total.

Salmo Responsorial: Salmo 99, 2. 3. 4. 5

R. (2a) Alabemos a Dios, todos los hombres.

Alabemos a Dios, todos los hombres, sirvamos al Señor con alegría y con júbilo entremos en su templo. **R.**

Reconozcamos que el Señor es Dios, que él fue quien nos hizo y somos suyos, que somos su pueblo y su rebaño. **R.**

Entremos por sus puertas dando gracias, crucemos por sus atrios entre himnos, alabando al Señor y bendiciéndolo. **R.**

Porque el Señor es bueno, bendigámoslo, porque es eternal su misericordia y su fidelidad nunca se acaba. **R.**

Aclamación antes del Evangelio

R. Aleluya, aleluya.

Un día sagrado ha brillado para nosotros. Vengan, naciones, y adoren al Señor, porque hoy ha descendido una gran luz sobre la tierra. **R.**

Evangelio: Juan 1, 43-51

En aquel tiempo, determinó Jesús ir a Galilea, y encontrándose a Felipe, le dijo: "Sígueme". Felipe era de Betsaida, la tierra de Andrés y de Pedro. Felipe se encontró con Natanael y le dijo: "Hemos encontrado a aquel de quien escribió Moisés en la ley y también los profetas. Es Jesús de Nazaret, el hijo de José". Natanael replicó: "¿Acaso puede salir de Nazaret algo bueno?" Felipe le contestó: "Ven y lo verás". Cuando Jesús vio que Natanael se acercaba, dijo: "Éste es un verdadero israelita en el que no hay doblez". Natanael le preguntó: "¿De dónde me conoces?" Jesús le respondió: "Antes de que Felipe te llamara, te vi cuando estabas debajo de la higuera". Respondió Natanael: "Maestro, tú eres el Hijo de Dios, tú eres el rey de Israel". Jesús le contestó: "Tú crees, porque te he dicho que te vi debajo de la higuera. Mayores cosas has de ver". Después añadió: "Yo les aseguro que verán el cielo abierto y a los ángeles de Dios subir y bajar sobre el Hijo del hombre".

Sábado del Tiempo de Navidad

Primera Lectura: 1 Juan 5, 5-13

Queridos hijos: ¿Quién es el que vence al mundo? Sólo el que cree que Jesús es el Hijo de Dios. Jesucristo es el que vino por medio del agua y de la sangre; él vino, no sólo con agua, sino con agua y con sangre. Y el Espíritu es el que da testimonio, porque el Espíritu es la verdad. Así pues, los testigos son tres: el Espíritu, el agua y la sangre. Y los tres están de acuerdo. Si aceptamos el testimonio de los hombres, el testimonio de Dios vale mucho más y ese testimonio es el que Dios ha dado de su Hijo. El que cree en el Hijo de Dios tiene en sí ese testimonio. El que no le cree a Dios, hace de él un mentiroso, porque no cree en el testimonio que Dios ha dado de su Hijo. Y el testimonio es éste: que Dios nos ha dado la vida eterna y esa vida está en su Hijo. Quien tiene al Hijo, tiene la vida; quien no tiene al Hijo, no tiene la vida. A ustedes, los que creen en el nombre del Hijo de Dios, les he escrito estas cosas para que sepan que tienen la vida eterna.

Salmo Responsorial: Salmo 147, 12-13. 14-15. 19-20

R. (12a) Bendito sea el Señor.

Glorifica al Señor, Jerusalén; a Dios ríndele honores, Israel. El refuerza el cerrojo de tus puertas y bendice a tus hijos en tu casa. **R.**

El mantiene la paz en tus fronteras, con su trigo mejor sacia tu hambre. El envía a la tierra su mensaje y su palabra corre velozmente. **R.**

Le muestra a Jacob su pensamiento, sus normas y designios a Israel. No ha hecho nada igual con ningún pueblo, ni le ha confiado a otros sus proyectos. **R.**

Aclamación antes del Evangelio: Mateo 17, 5

R. Aleluya, aleluya.

En el esplendor de la nube se oyó la voz del Padre, que decía: "Éste es mi Hijo amado; escúchenlo". **R.**

Evangelio: Marcos 1, 7-11

En aquel tiempo, Juan predicaba diciendo: "Ya viene detrás de mí uno que es más poderoso que yo, uno ante quien no merezco ni siquiera inclinarme para desatarle la correa de sus sandalias. Yo los he bautizado a ustedes con agua, pero él los bautizará con el Espíritu Santo". Por esos días, vino Jesús desde Nazaret de Galilea y fue bautizado por Juan en el Jordán. Al salir Jesús del agua, vio que los cielos se rasgaban y que el Espíritu, en figura de paloma, descendía sobre él. Se oyó entonces una voz del cielo que decía: "Tú eres mi Hijo amado; yo tengo en ti mis complacencias".

O bien:

Lucas 3, 23-38

Cuando comenzó su ministerio, Jesús tenía unos treinta años y se pensaba que era hijo de José. José era hijo de Helí, hijo de Matat, hijo de Leví, hijo de Melkí, hijo de Janaí, hijo de José, hijo de Matatías, hijo de Amós, hijo de Naúm, hijo de Elí, hijo de Nangaí, hijo de Maaz, hijo de Matatías, hijo de Semeín, hijo de Josec, hijo de Jodá, hijo de Joanán, hijo de Resá, hijo de Zorobabel, hijo de Salatiel, hijo de Nerí, hijo de Melkí, hijo de Adí, hijo de Cosam, hijo de Elmadam, hijo de Er, hijo de Jesús, hijo de Eliezer, hijo de Jorim, hijo de Matat, hijo de Leví, hijo de Simeón, hijo de Judá, hijo de José, hijo de Joanam, hijo de Eliaquim, hijo de Meleá, hijo de Mená, hijo de Matatá, hijo de Natán, hijo de David, hijo de Jesé, hijo de Obed, hijo de Booz, hijo de Sala, hijo de Naasón, hijo de Aminadab, hijo de Admín, hijo de Arní, hijo de Esrón, hijo de Fares, hijo de Judá, hijo de Jacob, hijo de Isaac, hijo de Abraham, hijo de Tara, hijo de Najor, hijo de Serug, hijo de Ragau, hijo de Fálek, hijo de Eber, hijo de Sala, hijo de Cainán, hijo de Arfaxad, hijo de Sem, hijo de Noé, hijo de Lámek, hijo de Matusalén, hijo de Henoc, hijo de Járet, hijo de Maleleel, hijo de Cainán, hijo de Enós, hijo de Set, hijo de Adán, hijo de Dios.

O bien:

Lucas 3, 23. 31-34. 36. 38

Cuando comenzó su ministerio, Jesús tenía unos treinta años y se pensaba que era hijo de José. José era descendiente de Meleá, hijo de Mená, hijo de Matatá, hijo de Natán, hijo de David, hijo de Jesé, hijo de Obed, hijo de Booz, hijo de Sala, hijo de Naasón, hijo de Aminadab, hijo de Admín, hijo de Arní, hijo de Esrón, hijo de Fares, hijo de Judá, hijo de Jacob, hijo de Isaac, hijo de Abraham. Abraham era descendiente de Cainán, hijo de Arfaxad, hijo de Sem, hijo de Noé, hijo de Lámek. Lámek era descendiente de Enós, hijo de Set, hijo de Adán, hijo de Dios.

Domingo 7 de enero de 2024
Solemnidad de la Epifanía del Señor

Primera Lectura: Isaías 60, 1-6

Levántate y resplandece, Jerusalén, porque ha llegado tu luz y la gloria del Señor alborea sobre ti. Mira: las tinieblas cubren la tierra y espesa niebla envuelve a los pueblos; pero sobre ti resplandece el Señor y en ti se manifiesta su gloria. Caminarán los pueblos a tu luz y los reyes, al resplandor de tu aurora. Levanta los ojos y mira alrededor: todos se reúnen y vienen a ti; tus hijos llegan de lejos, a tus hijas las traen en brazos. Entonces verás esto radiante de alegría; tu corazón se alegrará, y se ensanchará, cuando se vuelquen sobre ti los tesoros del mar y te traigan las riquezas de los pueblos. Te inundará una multitud de camellos y dromedarios, procedentes de Madián y de Efá. Vendrán todos los de Sabá trayendo incienso y oro y proclamando las alabanzas del Señor.

Salmo Responsorial: Salmo 71, 1-2. 7-8. 10-11. 12-13
R. (11) Que te adoren, Señor, todos los pueblos.

Comunica, Señor, al rey tu juicio y tu justicia, al que es hijo de reyes; así tu siervo saldrá en defensa de tus pobres y regirá a tu pueblo justamente. **R.**

Florecerá en sus días la justicia y reinará la paz, ere tras era. De mar a mar se extenderá su reino y de un extremo al otro de la tierra. **R.**

Los reyes de occidente y de las islas le ofrecerán sus dones. Ante el se postrarán todos los reyes y todas las naciones. **R.**

Al débil librará del poderoso y ayudara al que se encuentra sin amparo; se apiadará del desvalido y pobre y salvará la vida al desdichado. **R.**

Segunda Lectura: Efesios 3, 2-3a. 5-6

Hermanos: Han oído hablar de la distribución de la gracia de Dios, que se me ha confiado en favor de ustedes. Por revelación se me dio a conocer este misterio, que no había sido manifestado a los hombres en otros tiempos, pero que ha sido revelado ahora por el Espíritu a sus santos apóstoles y profetas: es decir, que por el Evangelio, también los paganos son coherederos de la misma herencia, miembros del mismo cuerpo y partícipes de la misma promesa en Jesucristo.

Aclamación antes del Evangelio: Mateo 2,2

R. Aleluya, aleluya.

Hemos visto su estrella en el oriente y hemos venido a adorar al Señor. **R.**

Evangelio: Mateo 2, 1-12

Jesús nació en Belén de Judá, en tiempos del rey Herodes. Unos magos de oriente llegaron entonces a Jerusalén y preguntaron: "¿Dónde está el rey de los judíos que acaba de nacer? Porque vimos surgir su estrella y hemos venido a adorarlo". Al enterarse de esto, el rey Herodes se sobresaltó y toda Jerusalén con él. Convocó entonces a los sumos sacerdotes y a los escribas del pueblo y les preguntó dónde tenía que nacer el Mesías. Ellos le contestaron: "En Belén de Judá, porque así lo ha escrito el profeta: *Y tú, Belén, tierra de Judá, no eres en manera alguna la menor entre las ciudades ilustres de Judá, pues de ti saldrá un jefe, que será el pastor de mi pueblo, Israel*". Entonces Herodes llamó en secreto a los magos, para que le precisaran el tiempo en que se les había aparecido la estrella y los mandó a Belén, diciéndoles: "Vayan a averiguar cuidadosamente qué hay de ese niño y, cuando lo encuentren, avísenme para que yo también vaya a adorarlo". Después de oír al rey, los magos se pusieron en camino, y de pronto la estrella que habían visto surgir, comenzó a guiarlos, hasta que se detuvo encima de donde estaba el niño. Al ver de nuevo la estrella, se llenaron de inmensa alegría. Entraron en la casa y vieron al niño con María, su madre, y postrándose, lo adoraron. Después, abriendo sus cofres, le ofrecieron regalos: oro, incienso y mirra. Advertidos durante el sueño de que no volvieran a Herodes, regresaron a su tierra por otro camino.

Lunes 8 de enero de 2024

Fiesta del Bautismo del Señor

Primera Lectura: Isaías 55, 1-11

Esto dice el Señor: "Todos ustedes, los que tienen sed, vengan por agua; y los que no tienen dinero, vengan, tomen trigo y coman; tomen vino y leche sin pagar. ¿Por qué gastar el dinero en lo que no es pan y el salario, en lo que no alimenta? Escúchenme atentos y comerán bien, saborearán platillos sustanciosos. Préstenme atención, vengan a mí, escúchenme y vivirán. Sellaré con ustedes una alianza perpetua, cumpliré las promesas que hice a David. Como a él lo puse por testigo ante los pueblos, como príncipe y soberano de las naciones, así tú reunirás a un pueblo desconocido, y las naciones que no te conocían acudirán a ti, por amor del Señor, tu Dios, por el Santo de Israel, que te ha honrado. Busquen al Señor mientras lo pueden encontrar, invóquenlo mientras está cerca; que el malvado abandone su camino, y el criminal, sus planes; que regrese al Señor, y él tendrá piedad; a nuestro Dios, que es rico en perdón. Mis pensamientos no son los pensamientos de ustedes, sus caminos no son mis caminos. Porque así como aventajan los cielos a la tierra, así aventajan mis caminos a los de ustedes y mis pensamientos a sus pensamientos. Como bajan del cielo la lluvia y la nieve y no vuelven allá, sino después de empapar la tierra, de fecundarla y hacerla germinar, a fin de que dé semilla para sembrar y pan para comer, así será la palabra que sale de mi boca: no volverá a mí sin resultado, sino que hará mi voluntad y cumplirá su misión"

O bien:

1 Juan 5, 1-9

Queridos hijos: Todo el que cree que Jesús es el Mesías, ha nacido de Dios. Todo el que ama a un padre, ama también a los hijos de éste. Conocemos que amamos a los hijos de Dios en que amamos a Dios y cumplimos sus mandamientos, pues el amor de Dios consiste en que cumplamos sus preceptos. Y sus mandamientos no son pesados, porque todo el que ha nacido de Dios vence al mundo. Y nuestra fe es la que nos ha dado la victoria sobre el mundo. Porque, ¿quién es el que vence al mundo? Sólo el que cree que Jesús es el Hijo de Dios. Jesucristo es el que vino por medio del agua y de la sangre; él vino, no sólo con agua, sino con agua y con sangre. Y el Espíritu es el que da testimonio, porque el Espíritu es la verdad. Así pues, los testigos son tres: el Espíritu, el agua y la sangre. Y los tres están de acuerdo. Si aceptamos el testimonio de los hombres, el testimonio de Dios vale mucho más y ese testimonio es el que Dios ha dado de su Hijo.

Salmo Responsorial: Salmo 28, 1a y 2. 3ac-4. 3b y 9b-10
R. (11b) Te alabamos, Señor.

Hijos de Dios, glorifiquen al Señor, denle la gloria que merece. Postrados en su templo santo, alabemos al Señor. **R.**

La voz del Señor se deja oír sobre las aguas torrenciales. La voz del Señor es poderosa, la voz del Señor es imponente. **R.**

El Dios de majestad hizo sonar el trueno de su voz. El Señor se manifestó sobre las aguas desde su trono eterno. **R.**

O bien:
Isaías 12, 2-3. 4bcd. 5-6
R. (3) Sacarán agua con gozo de la fuente de la salvación.

El Señor es mi Dios y salvador, con él estoy seguro y nada temo. El Señor es mi protección y mi fuerza y ha sido mi salvación. Sacarán agua con gozo de la fuente de salvación. **R.**

Den gracias al Señor, invoquen su nombre, cuenten a los pueblos sus hazañas, proclamen que su nombre es sublime. **R.**

Alaben al Señor por sus proezas, anúncienlas a toda la tierra. Griten jubilosos, habitantes de Sión, porque el Dios de Israel ha sido grande con ustedes. **R.**

Aclamación antes del Evangelio: Marcos 9, 7

R. Aleluya, aleluya.

Se abrió el cielo y resonó la voz del Padre, que decía: "Éste es mi Hijo amado; escúchenlo". **R.**

O bien:

Juan 1, 29

R. Aleluya, aleluya.

Ya viene otro más poderoso que yo, dijo Juan el Bautista; él los bautizará con el Espíritu Santo y con fuego. **R.**

Evangelio: Marcos 1, 7-11

En aquel tiempo, Juan predicaba diciendo: "Ya viene detrás de mí uno que es más poderoso que yo, uno ante quien no merezco ni siquiera inclinarme para desatarle la correa de sus sandalias. Yo los he bautizado a ustedes con agua, pero él los bautizará con el Espíritu Santo". Por esos días, vino Jesús desde Nazaret de Galilea y fue bautizado por Juan en el Jordán. Al salir Jesús del agua, vio que los cielos se rasgaban y que el Espíritu, en figura de paloma, descendía sobre él. Se oyó entonces una voz del cielo que decía: "Tú eres mi Hijo amado; yo tengo en ti mis complacencias".

Martes 9 de enero de 2024

Martes de la I semana del tiempo ordinario

Primera Lectura: 1 Samuel 1, 9-20

En aquel tiempo, después de tomar la comida ritual en Siló, Ana se levantó y se puso a orar ante el Señor. Llena de amargura y con muchas lágrimas, hizo esta promesa: "Señor de los ejércitos, mira la aflicción de tu sierva y acuérdate de mí. Si me das un hijo varón, yo te lo consagraré por todos los días de su vida, y en señal de ello, la navaja no tocará su cabeza". Mientras tanto, el sacerdote Elí estaba sentado a la puerta del santuario. Ana prolongaba su oración y Elí la miraba mover los labios, pero no oía su voz. Pensando que estaba ebria, le dijo: "Has bebido mucho. Sal de la presencia del Señor hasta que se te pase". Pero Ana le respondió: "No, señor. Soy una mujer atribulada. No he bebido vino ni bebidas embriagantes; estaba desahogando mi alma ante el Señor. No pienses que tu sierva es una mujer desvergonzada, pues he estado hablando, movida por mi dolor y por mi pena". Entonces le dijo Elí: "Vete en paz y que el Dios de Israel te conceda lo que le has pedido". Ella le contestó: "Ojalá se cumpla lo que me dices". La mujer salió del templo, fue a donde estaba su marido, y comió y bebió con él. Su rostro no era ya el mismo de antes. A la mañana siguiente se levantaron temprano, y después de adorar al Señor, regresaron a su casa en Ramá. Elcaná tuvo relaciones conyugales con su esposa Ana, y el Señor se acordó de ella y de su oración. Ana concibió, dio a luz un hijo y le puso por nombre Samuel, diciendo: "Al Señor se lo pedí".

Salmo Responsorial: 1 Samuel 2, 1, 4-5, 6-7, 8abcd
R. (1a) Mi corazón se alegra en Dios, mi salvador.

Mi corazón se alegra en el Señor, en Dios me siento yo fuerte y seguro. Ya puedo responder a mis contrarios, pues eres tú, Señor, el que me ayuda. **R.**

El arco de los fuertes se ha quebrado, los débiles se ven de fuerzas llenos. Se ponen a servir por un mendrugo los antes satisfechos; y sin tener que trabajar, pueden saciar su hambre los hambrientos. Siete veces da a luz la que era estéril y la fecunda ya dejó de serlo. **R.**

Da el Señor muerte y vida, deja morir y salva de la tumba; él es quien empobrece y enriquece, quien abate y encumbra. **R.**

El levanta del polvo al humillado, al oprimido saca de su oprobio, para hacerlo sentar entre los príncipes en un trono glorioso. **R.**

Aclamación antes del Evangelio: 1 Tesalonicenses 2, 13
R. Aleluya, aleluya.

Reciban la palabra de Dios, no como palabra humana, sino como palabra divina, tal como es en realidad. **R.**

Evangelio: Marcos 1, 21-28
En aquel tiempo, llegó Jesús a Cafarnaúm y el sábado siguiente fue a la sinagoga y se puso a enseñar. Los oyentes quedaron asombrados de sus palabras, pues

enseñaba como quien tiene autoridad y no como los escribas. Había en la sinagoga un hombre poseído por un espíritu inmundo, que se puso a gritar: "¿Qué quieres tú con nosotros, Jesús de Nazaret? ¿Has venido a acabar con nosotros? Ya sé quién eres: el Santo de Dios". Jesús le ordenó: "¡Cállate y sal de él!" El espíritu inmundo, sacudiendo al hombre con violencia y dando un alarido, salió de él. Todos quedaron estupefactos y se preguntaban: "¿Qué es esto? ¿Qué nueva doctrina es ésta? Este hombre tiene autoridad para mandar hasta a los espíritus inmundos y lo obedecen". Y muy pronto se extendió su fama por toda Galilea.

Miércoles 10 de enero de 2024

Miércoles de la I semana del tiempo ordinario

Primera Lectura: 1 Samuel 3, 1-10. 19-20

En los tiempos en que el joven Samuel servía al Señor a las órdenes de Elí, la palabra de Dios se dejaba oír raras veces y no eran frecuentes las visiones. Los ojos de Elí se habían debilitado y ya casi no podía ver. Una noche, cuando aún no se había apagado la lámpara del Señor, estando Elí acostado en su habitación y Samuel en la suya, dentro del santuario donde se encontraba el arca de Dios, el Señor llamó a Samuel y éste respondió: "Aquí estoy". Fue corriendo a donde estaba Elí y le dijo: "Aquí estoy. ¿Para qué me llamaste?" Respondió Elí: "Yo no te he llamado. Vuelve a acostarte". Samuel se fue a acostar. Volvió el Señor a llamarlo y él se levantó, fue a donde estaba Elí y le dijo: "Aquí estoy. ¿Para qué me llamaste?" Respondió Elí: "No te he llamado, hijo mío. Vuelve a acostarte". Aún no conocía Samuel al Señor, pues la palabra del Señor no le había sido revelada. Por tercera vez llamó el Señor a Samuel; éste se levantó, fue a donde estaba Elí y le dijo: "Aquí estoy. ¿Para qué me llamaste?" Entonces comprendió Elí que era el Señor quien llamaba al joven y dijo a Samuel: "Ve a acostarte, y si te llama alguien, responde: 'Habla, Señor; tu siervo te escucha' ". Y Samuel se fue a acostar. De nuevo el Señor se presentó y lo llamó como antes: "Samuel, Samuel". Éste respondió: "Habla, Señor; tu siervo te escucha". Samuel creció y el Señor estaba con él. Y todo lo que el Señor le decía, se cumplía. Todo Israel, desde la ciudad de Dan hasta la de Bersebá, supo que Samuel estaba acreditado como profeta del Señor.

Salmo Responsorial: Salmo 39, 2 y 4ab. 7-8a. 8b-9. 10
R. (8a y 9a) Aquí estoy, Señor, para hacer tu voluntad.

Esperé en el Señor con gran confianza; él se inclinó hacia mí y escuchó mis plegarias. Dichoso el hombre que ha puesto su confianza en el Señor, y no acude a los idólatras, que se extravían con engaños. **R.**

Sacrificios y ofrendas no quisiste, abriste, en cambio, mis oídos a tu voz. No exigiste holocaustos por la culpa, así que dije: "Aquí estoy". **R.**

En tus libros se me ordena hacer tu voluntad; esto es, Señor, lo que deseo: tu ley en medio de mi corazón. **R.**

He anunciado tu justicia en la gran asamblea; no he cerrado mis labios: tú lo sabes, Señor. **R.**

Aclamación antes del Evangelio: Juan 10, 27
R. Aleluya, aleluya.

Mis ovejas escuchan mi voz, dice el Señor; yo las conozco y ellas me siguen. **R.**

Evangelio: Marcos 1, 29-39

En aquel tiempo, al salir Jesús de la sinagoga, fue con Santiago y Juan a casa de Simón y Andrés. La suegra de Simón estaba en cama, con fiebre, y enseguida le avisaron a Jesús. Él se le acercó, y tomándola de la mano, la levantó. En ese momento se le quitó la fiebre y se puso a servirles. Al atardecer, cuando el sol se ponía, le llevaron a todos los enfermos y poseídos del demonio, y todo el pueblo se apiñó junto a la puerta. Curó a muchos enfermos de diversos males y expulsó a muchos demonios, pero no dejó que los demonios hablaran, porque sabían quién era él. De madrugada, cuando todavía estaba muy oscuro, Jesús se levantó, salió y se fue a un lugar solitario, donde se puso a orar. Simón y sus compañeros lo fueron a buscar, y al encontrarlo, le dijeron: "Todos te andan buscando". Él les dijo: "Vamos a los pueblos cercanos para predicar también allá el Evangelio, pues para eso he venido". Y recorrió toda Galilea, predicando en las sinagogas y expulsando a los demonios.

Jueves 11 de enero de 2024

Jueves de la I semana del Tiempo ordinario

Primera Lectura: 1 Samuel 4, 1-11

Sucedió en aquellos tiempos, que los filisteos se reunieron para hacer la guerra a Israel y los israelitas salieron a su encuentro. Acamparon cerca de Eben-Ezer y los filisteos en Afeq. Los filisteos se pusieron en orden de batalla contra Israel. Se trabó el combate y los israelitas fueron derrotados y sufrieron cuatro mil bajas. El ejército se retiró al campamento y los ancianos de Israel se preguntaban: "¿Por qué permitió el Señor que nos derrotaran hoy los filisteos? Traigamos de Siló el arca de la alianza del Señor, para que vaya en medio de nosotros y nos salve de nuestros enemigos". Mandaron traer de Siló el arca del Señor de los ejércitos, que se sienta sobre los querubines. Los dos hijos de Elí, Jofní y Pinjás, acompañaron el arca. Al entrar el arca de la alianza en el campamento, todos los israelitas lanzaron tan grandes gritos de júbilo, que hicieron retumbar la tierra. Cuando los filisteos oyeron el griterío, se preguntaron: "¿Qué significará ese gran clamor en el campamento de los hebreos?" Y se enteraron de que el arca del Señor había llegado al campamento. Entonces los filisteos se atemorizaron. Decían: "Sus dioses han venido al campamento. ¡Pobres de nosotros! Hasta ahora no nos había sucedido una desgracia semejante. ¿Quién nos librará de la mano de esos dioses poderosos? Éstos son los dioses que castigaron a Egipto con toda clase de plagas. Cobren ánimo, filisteos, y sean hombres. No sea que tengamos que servir a los israelitas, como ellos nos han servido a nosotros. Luchemos como los hombres". Los filisteos lucharon e Israel fue derrotado. Todos los israelitas huyeron a sus tiendas. Fue una derrota desastrosa en la que Israel perdió treinta mil soldados. El arca de Dios fue capturada y murieron Jofní y Pinjás, los dos hijos de Elí.

Salmo Responsorial: Salmo 43, 10-11. 14-15. 24-25

R. (26d) Redímenos, Señor, por tu misericordia.

Ahora nos rechazas y avergüenzas, ya no sales, Señor, con nuestras tropas: nos haces dar la espalda al enemigo y nos saquean aquellos que nos odian. **R.**

Nos has hecho el objeto del escarnio y la burla de pueblos fronterizos. Las naciones se mofan de nosotros y los pueblos nos ponen en ridiculo. **R.**

Despierta ya. ¿Por qué sigues durmiendo? No nos rechaces más; Señor, despierta. ¿Por qué te nos escondes: ¿Por qué olvidas Nuestras tribulaciones y miserias? **R.**

Aclamación antes del Evangelio: Mateo 4, 23
R. Aleluya, aleluya.
Jesús predicaba el Evangelio del Reino y curaba toda clase de enfermedades en el pueblo. **R.**

Evangelio: Marcos 1, 40-45
En aquel tiempo, se le acercó a Jesús un leproso para suplicarle de rodillas: "Si tú quieres, puedes curarme". Jesús se compadeció de él, y extendiendo la mano, lo tocó y le dijo: "¡Sí quiero: sana!" Inmediatamente se le quitó la lepra y quedó limpio. Al despedirlo, Jesús le mandó con severidad: "No se lo cuentes a nadie; pero para que conste, ve a presentarte al sacerdote y ofrece por tu purificación lo prescrito por Moisés". Pero aquel hombre comenzó a divulgar tanto el hecho, que Jesús no podía ya entrar abiertamente en la ciudad, sino que se quedaba fuera, en lugares solitarios, a donde acudían a él de todas partes.

Viernes 12 de enero de 2024
Viernes de la I semana del Tiempo ordinario

Primera Lectura: 1 Samuel 8, 4-7. 10-22
En aquellos días se reunieron todos los ancianos de Israel y fueron a Ramá a ver a Samuel y le dijeron: "Mira, tú ya eres viejo y tus hijos no siguen tus ejemplos. Danos, pues, un rey para que nos gobierne, como sucede en todos los pueblos". A Samuel le disgustó que le hubieran pedido un rey que los gobernara. Entonces Samuel invocó al Señor y éste le respondió: "Dale al pueblo lo que te pide, pues no es a ti a quien rechazan, sino a mí, porque no me quieren por rey". Samuel comunicó al pueblo, que le había pedido un rey, las palabras del Señor y dijo:

"Vean cómo los tratará el rey que reine sobre ustedes: tomará a sus hijos y los hará servir en los carros y en la caballería de él y los hará correr delante de su propio carro; a algunos de ellos los pondrá al frente de mil soldados y a otros, de cincuenta; a otros los obligará a labrar y cosechar sus tierras; a otros los hará fabricar armas para la guerra y aparejos para sus carros. Tomará también a las hijas de ustedes como perfumistas, cocineras y reposteras. Les quitará a ustedes sus mejores campos, viñas y olivares, y se los dará a sus ministros. Exigirá el diezmo de lo que produzcan los sembrados y viñas de ustedes y se lo dará a sus ministros y a sus criados. Tomará a los criados y criadas de ustedes, sus mejores bueyes y asnos y los empleará en los trabajos de él. Les exigirá el diezmo de sus rebaños y ustedes mismos se convertirán en sus esclavos. Aquel día clamarán al Señor contra el rey que ustedes mismos elijan, pero el Señor no les responderá".
El pueblo, sin embargo, se negó a escuchar las advertencias de Samuel y gritó: "No importa. Queremos tener un rey y ser también nosotros como las demás naciones. Nuestro rey nos gobernará y saldrá al frente de nosotros en nuestros combates". Samuel oyó las palabras del pueblo y se las repitió al Señor, y el Señor le dijo: "Hazles caso y que los gobierne un rey".

Salmo Responsorial: Salmo 88, 16-17. 18-19
R. (2a) Proclamaré sin cesar la misericordia del Señor.
Señor, feliz el pueblo que te alaba y que a tu luz camina, que en tu nombre se alegra a todas horas y al que llena de orgullo tu justicia. **R.**
Feliz, porque eres tú su honor y fuerza y exalta tu favor nuestro poder. Feliz, porque el Señor es nuestro escudo y el Santo de Israel nuestro rey. **R.**

Aclamación antes del Evangelio: Lucas 7, 16
R. Aleluya, aleluya.
Un gran profeta ha surgido entre nosotros. Dios ha visitado a su pueblo. **R.**

Evangelio: Marcos 2, 1-12
Cuando Jesús volvió a Cafarnaúm, corrió la voz de que estaba en casa, y muy pronto se aglomeró tanta gente, que ya no había sitio frente a la puerta. Mientras

él enseñaba su doctrina, le quisieron presentar a un paralítico, que iban cargando entre cuatro. Pero como no podían acercarse a Jesús por la cantidad de gente, quitaron parte del techo, encima de donde estaba Jesús, y por el agujero bajaron al enfermo en una camilla. Viendo Jesús la fe de aquellos hombres, le dijo al paralítico: "Hijo, tus pecados te quedan perdonados". Algunos escribas que estaban allí sentados comenzaron a pensar: "¿Por qué habla éste así? Eso es una blasfemia. ¿Quién puede perdonar los pecados sino sólo Dios?" Conociendo Jesús lo que estaban pensando, les dijo: "¿Por qué piensan así? ¿Qué es más fácil, decirle al paralítico: 'Tus pecados te son perdonados' o decirle: 'Levántate, recoge tu camilla y vete a tu casa'? Pues para que sepan que el Hijo del hombre tiene poder en la tierra para perdonar los pecados–le dijo al paralítico–: Yo te lo mando: levántate, recoge tu camilla y vete a tu casa". El hombre se levantó inmediatamente, recogió su camilla y salió de allí a la vista de todos, que se quedaron atónitos y daban gloria a Dios, diciendo: "¡Nunca habíamos visto cosa igual!"

Sábado 13 de enero de 2024
Sábado de la I semana del Tiempo ordinario
Primera Lectura: 1 Samuel 9, 1-4. 10. 17-19; 10, 1

Había un hombre de la tribu de Benjamín, llamado Quis. Era de gran valor. Tenía un hijo llamado Saúl, joven y de buena presencia. Entre los israelitas no había nadie más apuesto que él. Era el más alto de todos y ninguno le llegaba al hombro. Un día se le perdieron las burras a Quis y éste le dijo a su hijo Saúl: "Toma contigo a uno de los criados y vete a buscar las burras". Recorrieron los montes de Efraín y la región de Salisá, pero no las encontraron; atravesaron el territorio de Saalín y no estaban allí; después, la tierra de Benjamín y tampoco las hallaron. Entonces se dirigieron a la ciudad donde vivía Samuel, el hombre de Dios. Cuando Samuel vio a Saúl, el Señor le dijo: "Éste es el hombre de quien te he hablado. Él gobernará a mi pueblo". Saúl se acercó a Samuel, que se encontraba en la puerta de la ciudad, y le dijo: "Indícame, por favor, dónde está la casa del vidente". Samuel le respondió: "Yo soy el vidente. Sube delante de mí al lugar sagrado y quédate a cenar conmigo. Mañana temprano te despediré, después de decirte todo lo que está en tu corazón". Al día siguiente, muy temprano, Samuel tomó el cuerno donde guardaba el aceite y lo derramó sobre la cabeza de Saúl. Después lo besó y le dijo: "El Señor te ha ungido como jefe de Israel, su pueblo. Tú reinarás sobre el pueblo del Señor y lo librarás de los enemigos que lo rodean".

Salmo Responsorial: Salmo 20, 2-3. 4-5. 6-7
R. (2a) De tu poder, Señor, se alegra el rey.

De tu poder, Señor, se alegra el rey, con el triunfo que le has dado. Le otorgaste lo que él tanto anhelaba, no rechazaste el ruego de sus labios. **R.**

Lo colmaste, Señor, de bendiciones, con oro has coronado su cabeza La vida te pidió, tú se la diste, una vida por siglos duradera. **R.**

Tu victoria, Señor, le ha dado fama, lo has cubierto de gloria y de grandeza. Sin cesar le concedes tus favores y lo colmas de gozo en tu presencia. **R.**

Aclamación antes del Evangelio: Lucas 4, 18
R. Aleluya, aleluya.

El Señor me ha enviado para llevar a los pobres la buena nueva y proclamar la liberación a los cautivos. **R.**

Evangelio: Marcos 2, 13-17
En aquel tiempo, Jesús salió de nuevo a caminar por la orilla del lago; toda la muchedumbre lo seguía y él les hablaba. Al pasar, vio a Leví (Mateo), el hijo de Alfeo, sentado en el banco de los impuestos, y le dijo: "Sígueme". Él se levantó y lo siguió. Mientras Jesús estaba a la mesa en casa de Leví, muchos publicanos y pecadores se sentaron a la mesa junto con Jesús y sus discípulos, porque eran muchos los que lo seguían. Entonces unos escribas de la secta de los fariseos, viéndolo comer con los pecadores y publicanos, preguntaron a sus discípulos: "¿Por qué su maestro come y bebe en compañía de publicanos y pecadores?" Habiendo oído esto, Jesús les dijo: "No son los sanos los que tienen necesidad del médico, sino los enfermos. Yo no he venido para llamar a los justos, sino a los pecadores".

II Domingo Ordinario

Primera Lectura: 1 Samuel 3, 3b-10. 19

En aquellos días, el joven Samuel servía en el templo a las órdenes del sacerdote Elí. Una noche, estando Elí acostado en su habitación y Samuel en la suya, dentro del santuario donde se encontraba el arca de Dios, el Señor llamó a Samuel y éste respondió: "Aquí estoy". Fue corriendo a donde estaba Elí y le dijo: "Aquí estoy. ¿Para qué me llamaste?" Respondió Elí: "Yo no te he llamado. Vuelve a acostarte". Samuel se fue a acostar. Volvió el Señor a llamarlo y él se levantó, fue a donde estaba Elí y le dijo: "Aquí estoy. ¿Para qué me llamaste?" Respondió Elí: "No te he llamado, hijo mío. Vuelve a acostarte". Aún no conocía Samuel al Señor, pues la palabra del Señor no le había sido revelada. Por tercera vez llamó el Señor a Samuel; éste se levantó, fue a donde estaba Elí y le dijo: "Aquí estoy. ¿Para qué me llamaste?" Entonces comprendió Elí que era el Señor quien llamaba al joven y dijo a Samuel: "Ve a acostarte, y si te llama alguien, responde: 'Habla, Señor; tu siervo te escucha' ". Y Samuel se fue a acostar. De nuevo el Señor se presentó y lo llamó como antes: "Samuel, Samuel". Éste respondió: "Habla, Señor; tu siervo te escucha". Samuel creció y el Señor estaba con él. Y todo lo que el Señor le decía, se cumplía.

Salmo Responsorial: Salmo 39, 2 y 4ab. 7-8a. 8b-9. 10
R. (8a y 9a) Aquí estoy, Señor, para hacer tu voluntad.

Esperé en el Señor con gran confianza, él se inclinó hacia mí y escuchó mis plegarias. El me puso en la boca un canto nuevo, un himno a nuestro Dios. **R.**

Sacrificios y ofrendas no quisiste, abriste, en cambio, mis oídos a tu voz. No exigiste holocaustos por la culpa, así que dije: "Aquí estoy". **R.**

En tus libros se me ordena hacer tu voluntad; esto es, Señor, lo que deseo: tu ley en medio de mi corazón. **R.**

He anunciado tu justicia en la gran asamblea; no he cerrado mis labios: tú lo sabes, Señor. **R.**

Segunda Lectura: 1 Corintios 6, 13c-15a. 17-20

Hermanos: El cuerpo no es para fornicar, sino para servir al Señor; y el Señor, para santificar el cuerpo. Dios resucitó al Señor y nos resucitará también a nosotros con su poder. ¿No saben ustedes que sus cuerpos son miembros de Cristo? Y el que se une al Señor, se hace un solo espíritu con él. Huyan, por lo tanto, de la fornicación. Cualquier otro pecado que cometa una persona, queda fuera de su cuerpo; pero el que fornica, peca contra su propio cuerpo. ¿O es que no saben ustedes que su cuerpo es templo del Espíritu Santo, que han recibido de Dios y habita en ustedes? No son ustedes sus propios dueños, porque Dios los ha comprado a un precio muy caro. Glorifiquen, pues, a Dios con el cuerpo.

Aclamación antes del Evangelio: Juan 1, 41. 17
R. Aleluya, aleluya.

Hemos encontrado a Cristo, el Mesías. La gracia y la verdad nos han llegado por él. **R.**

Evangelio: Juan 1, 35-42

En aquel tiempo, estaba Juan el Bautista con dos de sus discípulos, y fijando los ojos en Jesús, que pasaba, dijo: "Éste es el Cordero de Dios". Los dos discípulos, al oír estas palabras, siguieron a Jesús. Él se volvió hacia ellos, y viendo que lo seguían, les preguntó: "¿Qué buscan?" Ellos le contestaron: "¿Dónde vives, Rabí?" (Rabí significa 'maestro'). Él les dijo: "Vengan a ver". Fueron, pues, vieron dónde vivía y se quedaron con él ese día. Eran como las cuatro de la tarde. Andrés, hermano de Simón Pedro, era uno de los dos que oyeron lo que Juan el Bautista decía y siguieron a Jesús. El primero a quien encontró Andrés, fue a su hermano Simón, y le dijo: "Hemos encontrado al Mesías" (que quiere decir 'el Ungido'). Lo llevó a donde estaba Jesús y éste, fijando en él la mirada, le dijo: "Tú eres Simón, hijo de Juan. Tú te llamarás Kefás" (que significa Pedro, es decir 'roca').

Lunes 15 de enero de 2024

Lunes de la II semana del tiempo ordinario

Primera Lectura: 1 Samuel 15, 16-23

En aquellos días, Samuel le dijo a Saúl: "Te voy a manifestar lo que el Señor me dijo hoy en la noche". Él le contestó: "¿Qué te dijo?" Samuel prosiguió: "Aunque a tus propios ojos no valías nada, ¿no llegaste acaso a ser el jefe de Israel? El Señor te ungió como rey de Israel. Él te ordenó llevar a cabo una expedición contra los amalecitas, diciéndote: 'Ve y destruye a esos pecadores. Hazles la guerra hasta acabar con todos ellos'. ¿Por qué no has obedecido la voz del Señor y te has quedado con el botín, haciendo lo que desagradaba al Señor?" Saúl le respondió a Samuel: "No. Yo obedecí al Señor. Llevé a cabo la expedición que él me ordenó. Traje cautivo a Agag, rey de Amalec, y acabé con los amalecitas. Fue el pueblo el que tomó del botín lo mejor de las ovejas y los bueyes para sacrificarlos al Señor, nuestro Dios, en Guilgal". Pero Samuel le replicó: "¿Crees tú que al Señor le agradan más los holocaustos y los sacrificios que la obediencia a sus palabras? La obediencia vale más que el sacrificio, y la docilidad, más que la grasa de los carneros. La rebelión contra Dios es tan grave como el pecado de hechicería, y la obstinación, como el crimen de idolatría. Por haber rechazado la orden del Señor, él te rechaza a ti como rey".

Salmo Responsorial: Salmo 49, 8-9. 16bc-17. 21 y 23
R. (23b) Quien me da gracias, ése me honra.

No voy a reclamarte sacrificios, dice el Señor, pues siempre están ante mí tus holocaustos. Pero ya no aceptaré becerros de tu casa ni cabritos de tus rebaños. **R.**

"¿Por qué citas mis preceptos y hablas a toda hora de mi pacto, tú que detestas la obediencia y echas en saco roto mis mandatos"? **R.**

Tú haces esto, ¿y yo tengo que callarme? ¿Crees acaso que yo soy como tú? No, yo te reprenderé y te echaré en cara tus pecados. **R.**

Quien las gracias me da, ése me honra y yo salvaré al que cumple mi voluntad. **R.**

Aclamación antes del Evangelio: Hebreos 4, 12
R. Aleluya, aleluya.

La palabra de Dios es viva y eficaz y descubre los pensamientos e intenciones del corazón. **R.**

Evangelio: Marcos 2, 18-22

En una ocasión en que los discípulos de Juan el Bautista y los fariseos ayunaban, algunos de ellos se acercaron a Jesús y le preguntaron: "¿Por qué los discípulos de Juan y los discípulos de los fariseos ayunan, y los tuyos no?" Jesús les contestó: "¿Cómo van a ayunar los invitados a una boda, mientras el esposo está con ellos? Mientras está con ellos el esposo, no pueden ayunar. Pero llegará el día en que el esposo les será quitado y entonces sí ayunarán. Nadie le pone un parche de tela nueva a un vestido viejo, porque el remiendo encoge y rompe la tela vieja y se hace peor la rotura. Nadie echa vino nuevo en odres viejos, porque el vino rompe los odres, se perdería el vino y se echarían a perder los odres. A vino nuevo, odres nuevos".

Martes 16 de enero de 2024

Martes de la II Semana del Tiempo ordinario

Primera Lectura: 1 Samuel 16, 1-13

En aquellos días, dijo el Señor a Samuel: "¿Hasta cuándo vas a estar triste por Saúl? Yo ya lo rechacé y él no reinará más sobre Israel. Ve a la casa de Jesé, en Belén, porque de entre sus hijos me he escogido un rey. Llena, pues, tu cuerno de aceite para ungirlo y vete". Pero Samuel le replicó: "¿Cómo voy a ir? Si Saúl se entera, me matará". El Señor le respondió: "Lleva contigo una ternera y di: 'Vengo a ofrecer un sacrificio al Señor'. Invita a Jesé al sacrificio y yo te indicaré lo que has de hacer. Luego ungirás al que yo te señale". Hizo Samuel lo que el Señor le había dicho. Cuando llegó a Belén, los ancianos de la ciudad salieron a recibirlo temerosos y le preguntaron: "¿Vienes en son de paz?" Les respondió: "Sí. Vengo a ofrecer un sacrificio al Señor. Purifíquense y vengan conmigo al sacrificio". Luego purificó a Jesé y a sus hijos y los invitó también al sacrificio. Cuando se presentaron ante él, al ver a Eliab, el hijo mayor de Jesé, Samuel pensó: "Éste es, sin duda, el que voy a ungir como rey". Pero el Señor le dijo: "No te dejes impresionar por su aspecto ni por su gran estatura, pues yo lo he descartado, porque yo no juzgo como juzga el hombre. El hombre se fija en las apariencias, pero el Señor se fija en los corazones". Entonces, Jesé llamó a su hijo Abinadab y lo hizo pasar ante Samuel, el cual le dijo: "Tampoco a éste lo ha escogido el Señor". Jesé hizo pasar a Samá, pero Samuel le dijo: "A éste tampoco lo ha elegido el Señor". Así fueron pasando ante Samuel siete de los hijos de Jesé; pero Samuel dijo: "Ninguno de éstos es el elegido del Señor". Luego le preguntó a Jesé: "¿Son éstos todos tus hijos?" Él respondió: "Falta el más pequeño, que está cuidando el rebaño". Samuel le dijo: "Hazlo venir, porque no nos sentaremos a comer hasta que llegue". Y Jesé lo mandó llamar. El muchacho era rubio, de ojos vivos y buena presencia. Entonces el Señor dijo a Samuel: "Levántate y úngelo, porque éste es". Tomó Samuel el cuerno con el aceite y lo ungió delante de sus hermanos. A partir de aquel día, el espíritu del Señor estuvo con David. Samuel se despidió y regresó a Ramá.

Salmo Responsorial: Salmo 88, 20. 21-22. 27-28
R. (21a) He encontrado a David, mi servidor.

Hablando tú en visión a tus amigos un día les dijiste: "He escogido a un valiente de mi pueblo y he ceñido a sus sienes la corona. **R.**

He encontrado a David, mi servidor, y con mi aceite santo lo he ungido. Lo sostendrá mi mano y le dará mi brazo fortaleza. **R.**

El me podrá decir: 'Tú eres mi padre, el Dios que me protege y que me salva'. Y yo lo nombraré mi primogénito sobre todos los reyes de la tierra". **R.**

Aclamación antes del Evangelio: Efesios 1, 17-18
R. Aleluya, aleluya.

Que el Padre de nuestro Señor Jesucristo ilumine nuestras mentes, para que podamos comprender cuál es la esperanza que nos da su llamamiento. **R.**

Evangelio: Marcos 2, 23-28
Un sábado, Jesús iba caminando entre los sembrados, y sus discípulos comenzaron a arrancar espigas al pasar. Entonces los fariseos le preguntaron: "¿Por qué hacen tus discípulos algo que no está permitido hacer en sábado?" Él les respondió: "¿No han leído acaso lo que hizo David una vez que tuvo necesidad

y padecían hambre él y sus compañeros? Entró en la casa de Dios, en tiempos del sumo sacerdote Abiatar, comió de los panes sagrados, que sólo podían comer los sacerdotes, y les dio también a sus compañeros". Luego añadió Jesús: "El sábado se hizo para el hombre, y no el hombre para el sábado. Y el Hijo del hombre también es dueño del sábado".

Miércoles 17 de enero de 2024
Memoria de San Antonio, abad

Primera Lectura: 1 Samuel 17, 32-33. 37. 40-51

En aquellos días, dijo David a Saúl: "Señor, no se atemorice tu corazón por ese filisteo. Tu siervo irá y peleará con él". Pero Saúl le replicó: "Tú no puedes ir a pelear contra Goliat, porque no eres más que un muchacho, y él, un hombre adiestrado para la guerra desde su juventud". David le contestó: "El Señor, que me ha librado de las garras del león y del oso, me librará también de las manos de ese filisteo". Saúl le dijo: "Ve, y que el Señor te ayude". Tomó David el cayado que siempre llevaba consigo; escogió en el arroyo cinco piedras bien lisas, las puso en su morral, y con la honda en la mano, avanzó hacia el filisteo. Goliat, precedido por su escudero, se fue acercando a David. El filisteo se le quedó mirando, y cuando vio que era un joven, rubio y de buena presencia, lo despreció y le dijo: "¿Soy acaso un perro para que me salgas al encuentro con palos y con piedras?" David le contestó: "No. Eres peor que un perro". Entonces Goliat lo maldijo en nombre de sus dioses y añadió: "Acércate, que yo les echaré tu carne a las aves del cielo y a las bestias del campo". David le replicó: "Tú vienes hacia mí con espada, lanza y jabalina. Pero yo voy contra ti en el nombre del Señor de los ejércitos, el Dios de los escuadrones de Israel, a quien tú has insultado. Hoy mismo te va a entregar el Señor en mis manos; te voy a vencer y te voy a cortar la cabeza, y voy a echarles tu cadáver y los cadáveres de los filisteos a las aves del cielo y a las fieras del campo. Así sabrá toda la tierra que hay Dios en Israel, y toda esa multitud sabrá que el Señor no necesita ni lanzas ni espadas para vencer, porque él es el Señor de la guerra y los entregará a ustedes en nuestras manos". Cuando el filisteo comenzó a avanzar contra David, éste corrió a su encuentro, metió la mano en el morral, sacó una piedra, la tiró con la honda e hirió al filisteo en la frente. La piedra se le clavó en la frente y el filisteo cayó de boca por tierra. Venció David al filisteo con una honda y una piedra; lo hirió y lo mató, sin tener espada en la mano. Corrió David a donde estaba caído el filisteo, tomó su espada, la sacó de la vaina, lo mató y le cortó la cabeza. Los filisteos, viendo que había muerto su jefe, huyeron.

Salmo Responsorial: Salmo 143, 1. 2. 9-10
R. (1a) Bendito sea el Señor.
Bendito sea el Señor, mi roca firme; el adiestró mis manos y mis dedos para luchar en lides. **R.**
El es mi amigo fiel, mi fortaleza, mi segura escondite, escudo en que me amparo, el que los pueblos a mis plantas rinde. **R.**
Al compás de mi cítara, nuevos cantos, Señor, he de decirte, pues tú das a los reyes la victoria y salvas a David, tu siervo humilde. **R.**

Aclamación antes del Evangelio: Mateo 4, 23
R. Aleluya, aleluya.
Jesús predicaba la Evangelio del Reino y curaba las enfermedades y dolencias del pueblo. **R.**

Evangelio: Marcos 3, 1-6
En aquel tiempo, Jesús entró en la sinagoga, donde había un hombre que tenía tullida una mano. Los fariseos estaban espiando a Jesús para ver si curaba en sábado y poderlo acusar. Jesús le dijo al tullido: "Levántate y ponte allí en medio". Después les preguntó: "¿Qué es lo que está permitido hacer en sábado, el bien o el mal? ¿Se le puede salvar la vida a un hombre en sábado o hay que dejarlo morir?" Ellos se quedaron callados. Entonces, mirándolos con ira y con tristeza, porque no querían entender, le dijo al hombre: "Extiende tu mano". La extendió, y su mano quedó sana. Entonces se fueron los fariseos y comenzaron a hacer planes con los del partido de Herodes, para matar a Jesús.

Jueves de la II semana del Tiempo ordinario

Primera Lectura: 1 Samuel 18, 6-9; 19, 1-7

En aquellos días, cuando David regresaba de haber matado al filisteo, las mujeres de todos los poblados salieron a recibir al rey Saúl, danzando y cantando al son de tambores y panderos, y dando grandes gritos de alegría. Al danzar, las mujeres cantaban a coro:"Mató Saúl a mil, pero David a diez mil".A Saúl le cayeron muy mal esas palabras y se enojó muchísimo y comentó: "A David le atribuyen diez mil, y a mí tan sólo mil. Lo único que le falta es ser rey". Desde entonces, Saúl miraba a David con rencor.Un día, Saúl comunicó a su hijo Jonatán y a sus servidores que había decidido matar a David. Pero Jonatán quería mucho a David y le dijo a éste: "Mi padre Saúl trata de matarte. Cuídate, pues, mucho, mañana por la mañana. Retírate a un lugar seguro y escóndete. Yo saldré con mi padre por el campo donde tú estés y le hablaré de ti; veré qué piensa y te lo avisaré".Habló entonces Jonatán a su padre en favor de David y le dijo: "No hagas daño, señor mío, a tu siervo David, pues él no te ha hecho ningún mal, sino grandes servicios. Arriesgó su vida para matar al filisteo, con lo cual el Señor dio una gran victoria a todo Israel. Tú mismo lo viste y te alegraste. ¿Por qué, pues, quieres hacerte reo de sangre inocente, matando a David sin motivo?" Al oír esto, se aplacó Saúl y dijo: "Juro por Dios que David no morirá". Entonces Jonatán llamó a David y le contó lo sucedido. Luego lo condujo ante Saúl, y David continuó a su servicio, como antes.

Salmo Responsorial: Salmo 55

R. (5bc) En el Señor confío y nada temo.

Tenme piedad, Señor, porque me acosan, me persiguen y atacan todo el día; me pisan sin cesar mis enemigos; innumerables son los que me hostigan. **R.**

Toma en cuenta, Señor, todos mis pasos y recoge mis lágrimas. Que cuando yo te invoque, el enemigo se bata en retirada. **R.**

Yo sé bien que el Señor está conmigo; por eso en Dios, cuya promesa alabo, sin temor me confío. ¿Qué hombre ha de poder causarme daño? **R.**

Aclamación antes del Evangelio: 2 Timoteo 1, 10

R. Aleluya, aleluya.

Jesucristo, nuestro Salvador, ha vencido la muerte y ha hecho resplandecer la vida por medio del Evangelio. **R.**

Evangelio: Marcos 3, 7-12

En aquel tiempo, Jesús se retiró con sus discípulos a la orilla del mar, seguido por una muchedumbre de galileos. Una gran multitud, procedente de Judea y Jerusalén, de Idumea y Transjordania y de la parte de Tiro y Sidón, habiendo tenido noticias de lo que Jesús hacía, se trasladó a donde él estaba. Entonces rogó Jesús a sus discípulos que le consiguieran una barca para subir en ella, porque era tanta la multitud, que estaba a punto de aplastarlo. En efecto, Jesús había curado a muchos, de manera que todos los que padecían algún mal, se le echaban encima para tocarlo. Cuando los poseídos por espíritus inmundos lo veían, se echaban a sus pies y gritaban: "Tú eres el Hijo de Dios". Pero Jesús les prohibía que lo manifestaran.

Viernes 19 de enero de 2024

Viernes de la II semana del tiempo ordinario

Primera Lectura: 1 Samuel 24, 3-21

En aquellos días, Saúl tomó consigo tres mil hombres valientes de todo Israel y marchó en busca de David y su gente, en dirección de las rocas llamadas "las Cabras Monteses", y llegó hasta donde había un redil de ganado, junto al camino. Había allí una cueva, y Saúl entró en ella para satisfacer sus necesidades. David y sus hombres estaban sentados en el fondo de la cueva. Ellos le dijeron: "Ha llegado el día que te anunció el Señor, cuando te hizo esta promesa: 'Pondré a tu enemigo entre tus manos, para que hagas con él lo que mejor te parezca' ". David se levantó sin hacer ruido y cortó la punta del manto de Saúl. Pero a David le remordió la conciencia por haber cortado el manto de Saúl y dijo a sus hombres: "Dios me libre de levantar la mano contra el rey, porque es el ungido del Señor". Con estas palabras contuvo David a sus hombres y no les permitió atacar a Saúl. Saúl salió de la cueva y siguió su camino. David salió detrás de él y le gritó: "Rey y señor mío". Y cuando Saúl miró hacia atrás, David le hizo una gran reverencia, inclinando la cabeza hasta el suelo, y le dijo: "¿Por qué haces caso a la gente que dice: 'David trata de hacerte mal'? Date cuenta de que hoy el Señor te puso en mis manos en la cueva y pude matarte, pero te perdoné la vida, pues me dije: 'No alzaré mi mano contra el rey, porque es el ungido del Señor'. Mira la punta de tu manto en mi mano. Yo la corté y no te maté. Reconoce, pues, que en mí no hay traición y que no he pecado contra ti. Tú, en cambio, andas buscando la ocasión de quitarme la vida. Que el Señor sea nuestro juez, y que él me haga justicia. Yo no alzaré mi mano contra ti, porque como dice el antiguo proverbio: 'Los malos obran mal'. ¿Contra quién has salido a guerrear, rey de Israel? ¿A quién persigues? A un perro muerto, a una pulga. Que el Señor sea el juez y nos juzgue a los dos. Que él examine mi causa y me libre de tu mano". Cuando David terminó de hablar, Saúl le respondió: "¿Eres tú, David, hijo mío, quien así me habla?" Saúl rompió a llorar y, levantando la voz, le dijo: "Tú eres más justo que yo, porque sólo me haces el bien, mientras que yo busco tu mal. Hoy has demostrado conmigo tu gran bondad, pues el Señor me puso en tus manos, y tú no me has quitado la vida. ¿Qué hombre, que encuentra a su enemigo, le permite seguir su camino en paz? Que el Señor te recompense por lo que hoy has hecho conmigo. Ahora estoy cierto de que llegarás a ser rey y de que el reino de Israel se consolidará en tus manos".

Salmo Responsorial: Salmo 56, 2. 3-4. 6 y 11
R. (2a) Señor, apiádate de mí.
Apiádate de mí, Señor, apiádate, pues en ti me refugio; me refugio a la sombra de tus alas hasta que pase el infortunio. **R.**

Voy a clamar al Dios altísimo, al Dios que me ha colmado de favores; desde el cielo, su amor y su lealtad me salvarán de mis perseguidores. **R.**

Señor, demuestra tu poder y llénese la tierra de tu gloria; pues tu amor es más grande que los cielos y tu fidelidad las nubes toca. **R.**

Aclamación antes del Evangelio: 2 Corintios 5, 19

R. Aleluya, aleluya.

Dios reconcilió consigo al mundo, por medio de Cristo, y nos ha encomendado a nosotros el mensaje de la reconciliación. **R.**

Evangelio: Marcos 3, 13-19

En aquel tiempo, Jesús subió al monte, llamó a los que él quiso, y ellos lo siguieron. Constituyó a doce para que se quedaran con él, para mandarlos a predicar y para que tuvieran el poder de expulsar a los demonios. Constituyó entonces a los Doce: a Simón, al cual le impuso el nombre de Pedro; después, a Santiago y a Juan, hijos de Zebedeo, a quienes dio el nombre de Boanerges, es decir "hijos del trueno"; a Andrés, Felipe, Bartolomé, Mateo, Tomás, Santiago el de Alfeo, Tadeo, Simón el Cananeo y a Judas Iscariote, que después lo traicionó.

Sábado 20 de enero de 2024
Sábado de la II semana del Tiempo ordinario
Primera Lectura: 2 Samuel 1, 1-4. 11-12. 17. 19. 23-27

En aquellos días, después de derrotar a los amalecitas, David se fue a Siquelag y ahí permaneció dos días. Al tercer día llegó un hombre del campamento de Saúl, con los vestidos rotos y la cabeza cubierta de polvo. Llegó a donde estaba David y se postró en señal de reverencia. David le preguntó: "¿De dónde vienes?" Él respondió: "Vengo huyendo del campamento de Israel". David le preguntó: "¿Qué ha pasado? Cuéntamelo". Él respondió: "El pueblo fue derrotado en la batalla y huyó. Muchos cayeron y entre los muertos se encuentran Saúl y Jonatán". Entonces David rasgó sus vestiduras, y lo mismo hicieron los que estaban con él. Prorrumpieron en lamentaciones y llanto, y ayunaron hasta la noche por Saúl y Jonatán, por el pueblo del Señor y por la casa de Israel, pues habían muerto a espada. Entonces David entonó una elegía por Saúl y su hijo Jonatán: "Tus héroes, Israel, han sido inmolados en tus montañas. ¿Por qué cayeron los valientes? Saúl y Jonatán, queridos y admirados, inseparables en la vida y unidos en la muerte, más veloces que las águilas y más fuertes que los leones. Hijas de Israel, lloren por Saúl, que las vestía de púrpura y de lino y las cubría de joyas y de oro. ¿Por qué cayeron los valientes en medio de la batalla? Jonatán yace muerto en tus montañas. Por ti, Jonatán, hermano mío, estoy lleno de pesar. Te quise con toda el alma y tu amistad fue para mí más estimable que el amor de las mujeres. ¿Por qué cayeron los valientes y pereció la flor de los guerreros?"

Salmo Responsorial: Salmo 79, 2-3. 5-7
R. (4b) Señor, vuelve tus ojos a nosotros.
Escúchanos, pastor de Israel, que guías a José como un rebaño; tú, que estás rodeado de querubines, manifiéstate; ante la ruina de Efraín, Benjamín y Manasés; despierta tu poder y ven a salvarnos. **R.**
Señor, Dios de los ejércitos, ¿hasta cuándo seguirás airado y sordo a las plegarias de tu pueblo? Nos has dado llanto por comida y por bebida, lágrimas en abundancia. Somos la burla de nuestros vecinos, el hazmerreír de cuantos nos rodean. **R.**

Aclamación antes del Evangelio: Hechos 16, 14
R. Aleluya, aleluya.
Abre, Señor, nuestros corazones, para que aceptemos las palabras de tu Hijo. **R.**

Evangelio: Marcos 3, 20-21
En aquel tiempo, Jesús entró en una casa con sus discípulos y acudió tanta gente, que no los dejaban ni comer. Al enterarse sus parientes, fueron a buscarlo, pues decían que se había vuelto loco.

Domingo 21 de enero de 2024
III Domingo Ordinario

Primera Lectura: Jonás 3, 1-5. 10
En aquellos días, el Señor volvió a hablar a Jonás y le dijo: "Levántate y vete a Nínive, la gran capital, para anunciar ahí el mensaje que te voy a indicar". Se levantó Jonás y se fue a Nínive, como le había mandado el Señor. Nínive era una ciudad enorme: hacían falta tres días para recorrerla. Jonás caminó por la ciudad durante un día, pregonando: "Dentro de cuarenta días Nínive será destruida". Los ninivitas creyeron en Dios, ordenaron un ayuno y se vistieron de sayal,

grandes y pequeños. Cuando Dios vio sus obras y cómo se convertían de su mala vida, cambió de parecer y no les mandó el castigo que había determinado imponerles.

Salmo Responsorial: Salmo 24, 4-5ab. 6-7bc. 8-9
R. (4a) Descúbrenos, Señor, tus caminos.

Descúbrenos, Señor, tus caminos, guíanos con la verdad de su doctrina. Tú eres nuestro Dios y salvador y tenemos en ti nuestra esperanza. **R.**

Acuérdate, Señor, que son eternos tu amor y tu ternura. Según ese amor y esa ternura, acuérdate de nosotros. **R.**

Porque el Señor es recto y bondadoso, indica a los pecadores el sendero, guía por la senda recta a los humildes y descubre a los pobres sus caminos. **R.**

Segunda Lectura: 1 Corintios 7, 29-31

Hermanos: Les quiero decir una cosa: la vida es corta. Por tanto, conviene que los casados vivan como si no lo estuvieran; los que sufren, como si no sufrieran; los que están alegres, como si no se alegraran; los que compran, como si no compraran; los que disfrutan del mundo, como si no disfrutaran de él; porque este mundo que vemos es pasajero.

Aclamación antes del Evangelio: Marcos 1, 15
R. Aleluya, aleluya.

El Reino de Dios ya está cerca, dice el Señor. Arrepiéntanse y crean en el Evangelio. **R.**

Evangelio: Marcos 1, 14-20

Después de que arrestaron a Juan el Bautista, Jesús se fue a Galilea para predicar el Evangelio de Dios y decía: "Se ha cumplido el tiempo y el Reino de Dios ya está cerca. Arrepiéntanse y crean en el Evangelio". Caminaba Jesús por la orilla del lago de Galilea, cuando vio a Simón y a su hermano, Andrés, echando las redes en el lago, pues eran pescadores. Jesús les dijo: "Síganme y haré de ustedes pescadores de hombres". Inmediatamente dejaron las redes y lo siguieron. Un poco más adelante, vio a Santiago y a Juan, hijos de Zebedeo, que estaban en una barca, remendando sus redes. Los llamó, y ellos, dejando en la barca a su padre con los trabajadores, se fueron con Jesús.

Lunes 22 de enero de 2024
Día de oración por la protección legal de los niños no nacidos
Primera Lectura: 2 Samuel 5, 1-7. 10

En aquellos días, todas las tribus de Israel fueron a Hebrón a ver a David, de la tribu de Judá, y le dijeron: "Somos de tu misma sangre. Ya desde antes, aunque Saúl reinaba sobre nosotros, tú eras el que conducía a Israel, pues ya el Señor te había dicho: 'Tú serás el pastor de Israel, mi pueblo; tú serás su guía' ". Así pues, los ancianos de Israel fueron a Hebrón a ver a David, rey de Judá. David hizo con ellos un pacto en presencia del Señor y ellos lo ungieron como rey de todas las tribus de Israel. David tenía treinta años, cuando comenzó a reinar. Primero reinó en Hebrón, sobre Judá, siete años y tres meses. Después, en Jerusalén, reinó sobre todo Israel y Judá, treinta y tres años. En total, su reinado duró cuarenta años. Una vez ungido rey, David y sus hombres marcharon a Jerusalén, contra los yebuseos que habitaban aquella tierra. Éstos le dijeron a David: "Tú no entrarás aquí, pues los ciegos y los cojos bastarán para rechazarte. Ellos mismos dicen: 'David jamás entrará aquí' ". Él, sin embargo, tomó la fortaleza de Sión, que en adelante se llamó "la ciudad de David". David se hacía cada vez más poderoso y el Señor estaba con él.

Salmo Responsorial: Salmo 88, 20. 21-22. 25-26
R. (25a) Contará con mi amor y mi lealtad.

Hablando tú en visión tus amigos un día les dijiste: "He escogido a un valiente de mi pueblo y he ceñido a sus sienes la corona. **R.**

He encontrado a David, mi servidor, y con mi aceite santo lo he ungido. Lo sostendrá mi mano y le dará mi brazo fortaleza. **R.**

Contará con mi amor y mi lealtad. y su poder aumentará en mi nombre. Extenderé su imperio sobre el mar, sobre los ríos todos, su dominio". **R.**

Aclamación antes del Evangelio: 2 Timoteo 1, 10

R. Aleluya, aleluya.

Jesucristo, nuestro Salvador, ha vencido la muerte y ha hecho resplandecer la vida por medio del Evangelio. **R.**

Evangelio: Marcos 3, 22-30

En aquel tiempo, los escribas que habían venido de Jerusalén, decían acerca de Jesús: "Este hombre está poseído por Satanás, príncipe de los demonios, y por eso los echa fuera". Jesús llamó entonces a los escribas y les dijo en parábolas: "¿Cómo puede Satanás expulsar a Satanás? Porque si un reino está dividido en bandos opuestos no puede subsistir. Una familia dividida tampoco puede subsistir. De la misma manera, si Satanás se rebela contra sí mismo y se divide, no podrá subsistir, pues ha llegado su fin. Nadie puede entrar en la casa de un hombre fuerte y llevarse sus cosas, si primero no lo ata. Sólo así podrá saquear la casa. Yo les aseguro que a los hombres se les perdonarán todos sus pecados y todas sus blasfemias. Pero el que blasfeme contra el Espíritu Santo nunca tendrá perdón; será reo de un pecado eterno". Jesús dijo esto, porque lo acusaban de estar poseído por un espíritu inmundo.

Martes 23 de enero de 2024
Martes de la II semana del Tiempo ordinario
Primera Lectura: 2 Samuel 6, 12-15. 17-19

En aquellos días, David fue a casa de Obededom, donde estaba el arca de la alianza, y la transportó con gran alborozo a la ciudad de David. Apenas habían dado seis pasos los que llevaban el arca, cuando él sacrificó un toro y un becerro gordo. David danzaba con todas sus fuerzas ante el Señor, ceñido con una especie de mandil de lino, que usaban los sacerdotes. David y toda la casa de Israel conducían el arca del Señor con aclamaciones de júbilo, al son de las trompetas. Llevaron el arca del Señor y la colocaron en su sitio, en medio de la tienda que David había mandado levantar. Luego David ofreció al Señor holocaustos y sacrificios de acción de gracias. Cuando terminó, David bendijo al pueblo en nombre del Señor de los ejércitos y repartió a todo el pueblo, a cada hombre y a cada mujer de Israel, un pan, un trozo de carne asada y un pastel de pasas. Después se fueron todos, cada uno a su casa.

Salmo Responsorial: Salmo 23, 7. 8. 9. 10

R. (8a) El Señor es el rey de la gloria.

¡Puertas, ábranse de par en par; agrándense, portones eternos, porque va a entrar el rey de la gloria! **R.**

Y ¿quién es el rey de la gloria? Es el Señor, fuerte y poderoso, el Señor, poderoso en la batalla. **R.**

¡Puertas, ábranse de par en par; agrándense, portones eternos, porque va a entrar el rey de la gloria! **R.**

Y ¿quién es el rey de la gloria? El Señor, Dios de los ejércitos, es el rey de la gloria. **R.**

Aclamación antes del Evangelio: Mateo 11, 25

R. Aleluya, aleluya.

Te doy gracias, Padre, Señor del cielo y de la tierra, porque has revelado los misterios del Reino a la gente sencilla. **R.**

Evangelio: Marcos 3, 31-35

En aquel tiempo, llegaron a donde estaba Jesús, su madre y sus parientes; se quedaron fuera y lo mandaron llamar. En torno a él estaba sentada una multitud, cuando le dijeron: "Ahí fuera están tu madre y tus hermanos, que te buscan". Él les respondió: "¿Quién es mi madre y quiénes son mis hermanos?" Luego, mirando a los que estaban sentados a su alrededor, dijo: "Éstos son mi madre y mis hermanos. Porque el que cumple la voluntad de Dios, ése es mi hermano, mi hermana y mi madre".

Miércoles 24 de enero de 2024

Memoria de San Francisco de Sales, obispo y doctor de la Iglesia

Primera Lectura: 2 Samuel 7, 4-17

En aquellos días, el Señor le habló al profeta Natán y le dijo: "Ve y dile a mi siervo David que el Señor le manda decir esto: '¿Piensas que vas a ser tú el que me construya una casa, para que yo habite en ella? Desde que saqué a Israel de Egipto hasta el presente, no he tenido casa, sino que he andado en una tienda de campaña, por dondequiera que han ido los hijos de Israel. ¿Acaso en todo ese tiempo le pedí a alguno de los jueces, a quienes puse como pastores de mi pueblo, Israel, que me construyera una casa de cedro?' Di, pues, a mi siervo David: 'Yo te saqué de los apriscos y de andar tras las ovejas, para que fueras el jefe de mi pueblo, Israel. Yo estaré contigo en todo lo que emprendas, acabaré con tus enemigos y te haré tan famoso como los hombres más famosos de la tierra. Le asignaré un lugar a mi pueblo, Israel; lo plantaré allí para que habite en su propia tierra. Vivirá tranquilo y sus enemigos ya no lo oprimirán más, como lo han venido haciendo desde los tiempos en que establecí jueces para gobernar a mi pueblo, Israel. Y a ti, David, te haré descansar de tus enemigos. Además, yo, el Señor, te hago saber que te daré una dinastía; y cuando tus días se hayan cumplido y descanses para siempre con tus padres, engrandeceré a tu hijo, sangre de tu sangre, y consolidaré su reino. Él me construirá una casa y yo consolidaré su trono para siempre. Yo seré para él un padre y él será para mí un hijo. Si hace el mal, yo lo castigaré con vara fuerte y con azotes, pero no le retiraré mi favor, como lo hice con Saúl, a quien quité de tu camino. Tu casa y tu reino permanecerán para siempre ante mí, y tu trono será estable eternamente' ". Natán comunicó a David todas estas palabras, conforme se las había revelado el Señor.

Salmo Responsorial: Salmo 88, 4-5. 27-28. 29-30
R. (29a) Proclamaré sin cesar la misericordia del Señor.
"Un juramento hice a David, mi servidor, una alianza pacté con mi elegido: 'Consolidaré tu dinastía para siempre y afianzaré tu trono eternamente'. **R.**
El me podrá decir: 'Tú eres mi padre, el Dios que mi protege y que mi salva'.
Y yo lo nombraré mi primogénito sobre todos los reyes de la tierra. **R.**
Yo jamás le retiraré mi amor No volaré el juramento que le hice. Nunca se

extinguirá su descendencia y su trono durará igual en el cielo". **R.**

Aclamación antes del Evangelio
R. Aleluya, aleluya.
La semilla es la palabra de Dios y el sembrador es Cristo; todo aquel que lo encuentra vivirá para siempre. **R.**

Evangelio: Marcos 4, 1-20
En aquel tiempo, Jesús se puso a enseñar otra vez junto al lago, y se reunió una muchedumbre tan grande, que Jesús tuvo que subir en una barca; ahí se sentó, mientras la gente estaba en tierra, junto a la orilla. Les estuvo enseñando muchas cosas con parábolas y les decía: "Escuchen. Salió el sembrador a sembrar. Cuando iba sembrando, unos granos cayeron en la vereda; vinieron los pájaros y se los comieron. Otros cayeron en terreno pedregoso, donde apenas había tierra; como la tierra no era profunda, las plantas brotaron enseguida; pero cuando salió el sol, se quemaron, y por falta de raíz, se secaron. Otros granos cayeron entre espinas; las espinas crecieron, ahogaron las plantas y no las dejaron madurar. Finalmente, los otros granos cayeron en tierra buena; las plantas fueron brotando y creciendo y produjeron el treinta, el sesenta o el ciento por uno". Y añadió Jesús: "El que tenga oídos para oír, que oiga". Cuando se quedaron solos, sus acompañantes y los Doce le preguntaron qué quería decir la parábola. Entonces Jesús les dijo: "A ustedes se les ha confiado el secreto del Reino de Dios; en cambio, a los que están fuera, todo les queda oscuro; *así, por más que miren, no verán; por más que oigan, no entenderán; a menos que se arrepientan y sean perdonados*". Y les dijo a continuación: "Si no entienden esta parábola, ¿cómo van a comprender todas las demás? 'El sembrador' siembra la palabra. 'Los granos de la vereda' son aquellos en quienes se siembra la palabra, pero cuando la acaban de escuchar, viene Satanás y se lleva la palabra sembrada en ellos. 'Los que reciben la semilla en terreno pedregoso', son los que, al escuchar la palabra, de momento la reciben con alegría; pero no tienen raíces, son inconstantes, y en cuanto surge un problema o una contrariedad por causa de la palabra, se dan por vencidos. 'Los que reciben la semilla entre espinas' son los que escuchan la palabra; pero por las

preocupaciones de esta vida, la seducción de las riquezas y el deseo de todo lo demás, que los invade, ahogan la palabra y la hacen estéril. Por fin, 'los que reciben la semilla en tierra buena' son aquellos que escuchan la palabra, la aceptan y dan una cosecha: unos, de treinta; otros, de sesenta; y otros, de ciento por uno".

Jueves 25 de enero de 2024
Fiesta de la Conversión de San Pablo, Apóstol
Primera Lectura: Hechos 22, 3-16

En aquellos días, Pablo dijo al pueblo: "Yo soy judío, nací en Tarso de Cilicia, pero me crié aquí, en Jerusalén; fui alumno de Gamaliel y aprendí a observar en todo su rigor la ley de nuestros padres y estaba tan lleno de celo por las cosas de Dios, como lo están ustedes ahora. Perseguí a muerte al camino cristiano, encadenando y metiendo en la cárcel a hombres y mujeres, como pueden atestiguarlo el sumo sacerdote y todo el consejo de los ancianos. Ellos me dieron cartas para los hermanos de Damasco y me dirigí hacia allá en busca de creyentes para traerlos presos a Jerusalén y castigarlos. Pero en el camino, cerca ya de Damasco, a eso del mediodía, de repente me envolvió una gran luz venida del cielo; caí por tierra y oí una voz que me decía: 'Saulo, Saulo, ¿por qué me persigues?' Yo le respondí: 'Señor, ¿quién eres tú?' Él me contestó: 'Yo soy Jesús de Nazaret, a quien tú persigues'. Los que me acompañaban vieron la luz, pero no oyeron la voz del que me hablaba. Entonces yo le dije: '¿Qué debo hacer, Señor?' El Señor me respondió: 'Levántate y vete a Damasco; allá te dirán todo lo que tienes que hacer'. Como yo no podía ver, cegado por el resplandor de aquella luz, mis compañeros me llevaron de la mano hasta Damasco. Allí, un hombre llamado Ananías, varón piadoso y observante de la ley, muy respetado por todos los judíos que vivían en Damasco, fue a verme, se me acercó y me dijo: 'Saulo, hermano, recobra la vista'. Inmediatamente recobré la vista y pude verlo. Él me dijo: 'El Dios de nuestros padres te ha elegido para que conocieras su voluntad, vieras al Justo y escucharas sus palabras, porque deberás atestiguar ante todos los hombres lo que has visto y oído. Y ahora, ¿qué esperas? Levántate, recibe el bautismo, reconoce que Jesús es el Señor y queda limpio de tus pecados' ".

O bien:

Hechos 9, 1-22

En aquellos días, Saulo, amenazando todavía de muerte a los discípulos del Señor, fue a ver al sumo sacerdote y le pidió, para las sinagogas de Damasco, cartas que lo autorizaran para traer presos a Jerusalén a todos aquellos hombres y mujeres que seguían el nuevo camino. Pero sucedió que, cuando se aproximaba a Damasco, una luz del cielo lo envolvió de repente con su resplandor. Cayó por tierra y oyó una voz que le decía: "Saulo, Saulo, ¿por qué me persigues?" Preguntó él: "¿Quién eres, Señor?" La respuesta fue: "Yo soy Jesús, a quien tú persigues. Levántate. Entra en la ciudad y allí se te dirá lo que tienes que hacer". Los hombres que lo acompañaban en el viaje se habían detenido, mudos de asombro, pues oyeron la voz, pero no vieron a nadie. Saulo se levantó del suelo, y aunque tenía abiertos los ojos, no podía ver. Lo llevaron de la mano hasta Damasco y allí estuvo tres días ciego, sin comer ni beber. Había en Damasco un discípulo que se llamaba Ananías, a quien se le apareció el Señor y le dijo: "Ananías". Él respondió: "Aquí estoy, Señor". El Señor le dijo: "Ve a la calle principal y busca en casa de Judas a un hombre de Tarso, llamado Saulo, que está orando". Saulo tuvo también la visión de un hombre llamado Ananías, que entraba y le imponía las manos para que recobrara la vista. Ananías contestó: "Señor, he oído a muchos hablar de ese individuo y del daño que ha hecho a tus fieles en Jerusalén. Además, trae autorización de los sumos sacerdotes para poner presos a todos los que invocan tu nombre". Pero el Señor le dijo: "No importa. Tú ve allá, porque yo lo he escogido como instrumento, para que me dé a conocer a las naciones, a los reyes y a los hijos de Israel. Yo le mostraré cuánto tendrá que padecer por mi causa". Ananías fue allá, entró en la casa, le impuso las manos a Saulo y le dijo: "Saulo, hermano, el Señor Jesús, que se te apareció en el camino, me envía para que recobres la vista y quedes lleno del Espíritu Santo". Al instante, algo como escamas se le desprendió de los ojos y recobró la vista. Se levantó y lo bautizaron. Luego comió y recuperó las fuerzas. Se quedó unos días con los discípulos en Damasco y se puso a predicar en las sinagogas, afirmando que Jesús era el Hijo de Dios. Todos los que lo oían quedaban sorprendidos y decían: "¿No es este hombre el que andaba persiguiendo en Jerusalén a los que invocan el nombre de Jesús y que ha venido aquí para llevarlos presos y entregarlos a los sumos sacerdotes?" Pero Saulo, cada vez con más vigor, refutaba a los judíos que vivían en Damasco, demostrándoles que Jesús era el Mesías.

Salmo Responsorial: Salmo 116, 1bc. 2
R. (Mc 16, 15) Vayan por todo el mundo y prediquen el Evangelio.

Que alaben al Señor todas las naciones, que lo aclamen todos los pueblos. **R.**

Porque grande es su amor hacia nosotros y su fidelidad dura por siempre. **R.**

Aclamación antes del Evangelio: Juan 15, 16
R. Aleluya, aleluya.

Yo los he elegido del mundo, dice el Señor, para que vayan y den fruto, y su fruto permanezca. **R.**

Evangelio: Marcos 16, 15-18

En aquel tiempo, se apareció Jesús a los Once y les dijo: "Vayan por todo el mundo y prediquen el Evangelio a toda creatura. El que crea y se bautice, se salvará; el que se resista a creer, será condenado. Éstos son los milagros que acompañarán a los que hayan creído: Arrojarán demonios en mi nombre, hablarán lenguas nuevas, cogerán serpientes en sus manos, y si beben un veneno mortal, no les hará daño; impondrán las manos a los enfermos y éstos quedarán sanos".

Viernes 26 de enero de 2024
Memoria de Santos Timoteo y Tito, obispos
Primera Lectura: 2 Timoteo 1, 1-8

Pablo, apóstol de Jesucristo por voluntad de Dios, conforme a la promesa de vida que hay en Cristo Jesús, a Timoteo, hijo querido. Te deseo la gracia, la misericordia y la paz de Dios Padre y de Cristo Jesús, Señor nuestro. Cuando de noche y de día te recuerdo en mis oraciones, le doy gracias a Dios, a quien sirvo con una conciencia pura, como lo aprendí de mis antepasados. No puedo olvidar tus lágrimas al despedirnos y anhelo volver a verte para llenarme de alegría, pues recuerdo tu fe sincera, esa fe que tuvieron tu abuela Loida y tu madre Eunice, y que estoy seguro que también tienes tú. Por eso te recomiendo que reavives el don de Dios que recibiste cuando te impuse las manos. Porque el Señor no nos ha dado un espíritu de temor, sino de fortaleza, de amor y de moderación. No te avergüences, pues, de dar testimonio de nuestro Señor, ni te avergüences de mí, que estoy preso por su causa. Al contrario, comparte conmigo los sufrimientos por la predicación del Evangelio, sostenido por la fuerza de Dios.

O bien:

Tito 1, 1-5

Yo, Pablo, soy servidor de Dios y apóstol de Jesucristo, para conducir a los elegidos de Dios a la fe y al pleno conocimiento de la verdadera religión, que se apoya en la esperanza de la vida eterna. Dios, que no miente, había prometido esta vida desde tiempos remotos, y al llegar el momento oportuno, ha cumplido su palabra por medio de la predicación que se me encomendó por mandato de Dios, nuestro salvador. Querido Tito, mi verdadero hijo en la fe que compartimos: te deseo la gracia y la paz de parte de Dios Padre y de Cristo Jesús, nuestro salvador. El motivo de haberte dejado en Creta, fue para que acabaras de organizar lo que faltaba y establecieras presbíteros en cada ciudad, como te lo ordené.

Salmo Responsorial: Salmo 95, 1-2a. 2b-3. 7-8a. 10

R. (3) Cantemos la grandeza del Señor.

Cantemos al Señor un canto nuevo, que le cante al Señor toda la tierra; cantemos al Seño y bendigámoslo. **R.**

Proclamemos su amor días tras día, su grandeza anunciemos a los pueblos; de nación en nación, sus maravillas. **R.**

Alaben al Señor, pueblo de orbe, reconozcan su gloria y su poder y tribútenle honores a su nombre. **R.**

"Reina el Señor", digamos a los pueblos. el afianzó con su poder el orbe. Gobierna a las naciones con justicia. **R.**

Aclamación antes del Evangelio: Mateo 11, 25
R. Aleluya, aleluya.
Te doy gracias, Padre, Señor del cielo y de la tierra, porque has revelado los misterios del Reino a la gente sencilla. **R.**

Evangelio: Marcos 4, 26-34
En aquel tiempo, Jesús dijo a la multitud: "El Reino de Dios se parece a lo que sucede cuando un hombre siembra la semilla en la tierra: que pasan las noches y los días, y sin que él sepa cómo, la semilla germina y crece; y la tierra, por sí sola, va produciendo el fruto: primero los tallos, luego las espigas y después los granos en las espigas. Y cuando ya están maduros los granos, el hombre echa mano de la hoz, pues ha llegado el tiempo de la cosecha". Les dijo también: "¿Con qué compararemos el Reino de Dios? ¿Con qué parábola lo podremos representar? Es como una semilla de mostaza que, cuando se siembra, es la más pequeña de las semillas; pero una vez sembrada, crece y se convierte en el mayor de los arbustos y echa ramas tan grandes, que los pájaros pueden anidar a su sombra". Y con otras muchas parábolas semejantes les estuvo exponiendo su mensaje, de acuerdo con lo que ellos podían entender. Y no les hablaba sino en parábolas; pero a sus discípulos les explicaba todo en privado.

Sábado 27 de enero de 2024
Sábado de la III semana del Tiempo ordinario
Primera Lectura: 2 Samuel 12, 1-7. 10-17
En aquellos días, el Señor envió al profeta Natán para que fuera a ver al rey David. Llegó Natán ante el rey y le dijo: "Había dos hombres en una ciudad, uno rico y el otro pobre. El rico tenía muchas ovejas y numerosas reses. El pobre sólo tenía una ovejita, que se había comprado; la había criado personalmente y ella había crecido con él y con sus hijos. Comía de su pan, bebía de su vaso y dormía junto a él. La quería como a una hija. Un día llegó un visitante a la casa del rico, y éste no quiso sacrificar ninguna de sus ovejas ni de sus reses, sino que se apoderó

de la ovejita del pobre, para agasajar a su huésped". Al escuchar esto, David se puso furioso y le dijo a Natán: "Verdad de Dios que el hombre que ha hecho eso debe morir. Puesto que no respetó la ovejita del pobre, tendrá que pagar cuatro veces su valor". Entonces Natán le dijo a David: "¡Ese hombre eres tú! Por eso te manda decir el Señor: 'La muerte por espada no se apartará nunca de tu casa, pues me has despreciado, al apoderarte de la esposa de Urías, el hitita, y hacerla tu mujer. Yo haré que de tu propia casa surja tu desgracia, te arrebataré a tus mujeres ante tus ojos y se las daré a otro, que dormirá con ellas en pleno día. Tú lo hiciste a escondidas; pero yo cumpliré esto que te digo, ante todo Israel y a la luz del sol' ". David le dijo a Natán: "He pecado contra el Señor". Natán le respondió: "El Señor te perdona tu pecado. No morirás. Pero por haber despreciado al Señor con lo que has hecho, el hijo que te ha nacido morirá". Y Natán se fue a su casa. El Señor mandó una grave enfermedad al niño que la esposa de Urías le había dado a David. Éste pidió a Dios por el niño, hizo ayunos rigurosos y de noche se acostaba en el suelo. Sus servidores de confianza le rogaban que se levantara, pero él no les hacía caso y no quería comer con ellos.

Salmo Responsorial: Salmo 50, 12-13. 14-15. 16-17
R. (12a) Crea en mí, Señor, un corazón puro.
Crea en mí, Señor, un corazón puro, un espíritu nuevo para cumplir tus mandamientos. No me arrojes, Señor, lejos de ti, ni reitres de mí tu santo espíritu. **R.**
Devuélveme tu salvación, que regocija, y mantén en mí un alma generosa. Enseñaré a los descarriados tus caminos y volverán a ti los pecadores. **R.**
Líbrame de la sangre, Dios, salvador mío y aclamará mi lengua tu justicia. Señor, abre mis labios y cantará mi boca tu alabanza. **R.**

Aclamación antes del Evangelio: Juan 3, 16
R. Aleluya, aleluya.
Tanto amó Dios al mundo, que le entregó a su Hijo único, para que todo el que crea en él tenga vida eterna. **R.**

Evangelio: Marcos 4, 35-41

Un día, al atardecer, Jesús dijo a sus discípulos: "Vamos a la otra orilla del lago". Entonces los discípulos despidieron a la gente y condujeron a Jesús en la misma barca en que estaba. Iban además otras barcas. De pronto se desató un fuerte viento y las olas se estrellaban contra la barca y la iban llenando de agua. Jesús dormía en la popa, reclinado sobre un cojín. Lo despertaron y le dijeron: "Maestro, ¿no te importa que nos hundamos?" Él se despertó, reprendió al viento y dijo al mar: "¡Cállate, enmudece!" Entonces el viento cesó y sobrevino una gran calma. Jesús les dijo: "¿Por qué tenían tanto miedo? ¿Aún no tienen fe?" Todos se quedaron espantados y se decían unos a otros: "¿Quién es éste, a quien hasta el viento y el mar obedecen?"

Domingo 28 de enero de 2024
IV Domingo Ordinario

Primera Lectura: Deuteronomio 18, 15-20

En aquellos días, habló Moisés al pueblo, diciendo: "El Señor Dios hará surgir en medio de ustedes, entre sus hermanos, un profeta como yo. A él lo escucharán. Eso es lo que pidieron al Señor, su Dios, cuando estaban reunidos en el monte Horeb: 'No queremos volver a oír la voz del Señor nuestro Dios, ni volver a ver otra vez ese gran fuego; pues no queremos morir'. El Señor me respondió: 'Está bien lo que han dicho. Yo haré surgir en medio de sus hermanos un profeta como tú. Pondré mis palabras en su boca y él dirá lo que le mande yo. A quien no escuche las palabras que él pronuncie en mi nombre, yo le pediré cuentas. Pero el profeta que se atreva a decir en mi nombre lo que yo no le haya mandado, o hable en nombre de otros dioses, será reo de muerte' ".

Salmo Responsorial: Salmo 94, 1-2. 6-7. 8-9
R. (8) Señor, que no seamos sordos a tu voz.

Vengan, lancemos vivas al Señor, aclamemos al Dios que nos salva.
Acerquémonos a él, llenos de júbilo, y démosle gracias. **R.**
Vengan, y puestos de rodillas, adoremos y bendigamos al Señor, que nos hizo,
pues él es nuestro Dios y nosotros, su pueblo; él es nuestro pastor y nosotros, sus

ovejas. **R.**

Hagámosle casa al Señor, que nos dice: "No endurezcan su corazón, como el día de la rebelión en el desierto, cuando sus padres dudaron de mí, aunque habían visto mis obras". **R.**

Segunda Lectura: 1 Corintios 7, 32-35

Hermanos: Yo quisiera que ustedes vivieran sin preocupaciones. El hombre soltero se preocupa de las cosas del Señor y de cómo agradarle; en cambio, el hombre casado se preocupa de las cosas de esta vida y de cómo agradarle a su esposa, y por eso tiene dividido el corazón. En la misma forma, la mujer que ya no tiene marido y la soltera se preocupan de las cosas del Señor y se pueden dedicar a él en cuerpo y alma. Por el contrario, la mujer casada se preocupa de las cosas de esta vida y de cómo agradarle a su esposo. Les digo todo esto para bien de ustedes. Se lo digo, no para ponerles una trampa, sino para que puedan vivir constantemente y sin distracciones en presencia del Señor, tal como conviene.

Aclamación antes del Evangelio: Mateo 4, 16
R. Aleluya, aleluya.

El pueblo que caminaba en tinieblas vio una gran luz. Sobre los que vivían en tierra de sombras una luz resplandeció. **R.**

Evangelio: Marcos 1, 21-28

En aquel tiempo, se hallaba Jesús a Cafarnaúm y el sábado siguiente fue a la sinagoga y se puso a enseñar. Los oyentes quedaron asombrados de sus palabras, pues enseñaba como quien tiene autoridad y no como los escribas. Había en la sinagoga un hombre poseído por un espíritu inmundo, que se puso a gritar: "¿Qué quieres tú con nosotros, Jesús de Nazaret? ¿Has venido a acabar con nosotros? Ya sé quién eres: el Santo de Dios". Jesús le ordenó: "¡Cállate y sal de él!" El espíritu inmundo, sacudiendo al hombre con violencia y dando un alarido, salió de él. Todos quedaron estupefactos y se preguntaban: "¿Qué es esto? ¿Qué nueva doctrina es ésta? Este hombre tiene autoridad para mandar hasta a los espíritus inmundos y lo obedecen". Y muy pronto se extendió su fama por toda Galilea.

Lunes 29 de enero de 2024
Lunes de la IV semana del Tiempo ordinario

Primera Lectura: 2 Samuel 15, 13-14. 30; 16, 5-13

En aquellos días, llegó un hombre a avisar a David: "Todos los israelitas se han puesto de parte de Absalón". Entonces David les dijo a sus servidores que estaban con él en Jerusalén: "Huyamos pronto, porque si llega Absalón no nos dejará escapar. Salgamos a toda prisa, pues si se nos adelanta y nos alcanza, nos matará y pasará a cuchillo a todos los habitantes de la ciudad". Al subir por el monte de los Olivos, David iba llorando, con la cabeza cubierta y los pies descalzos. Todos sus acompañantes iban también con la cabeza cubierta y llorando. Cuando llegaron a Bajurim, un hombre de la familia de Saúl, llamado Semeí, hijo de Guerá, les salió al encuentro y se puso a seguirlos. Los iba maldiciendo y arrojaba piedras a David y a todos sus hombres. El pueblo y los soldados se agruparon en torno a David. Semeí le gritaba: "Fuera de aquí, asesino malvado. El Señor te está castigando por toda la sangre de la casa de Saúl, cuyo trono has usurpado. El Señor ha entregado el trono a tu hijo Absalón y tú has caído en desgracia, porque eres un asesino". Abisay, hijo de Sarvia, le dijo entonces a David: "¿Por qué se ha de poner a maldecir a mi señor ese perro muerto? Déjame ir a donde está y le corto la cabeza". Pero el rey le contestó: "¿Qué le vamos a hacer? Déjalo; pues si el Señor le ha mandado que me maldiga, ¿quién se atreverá a pedirle cuentas?" Enseguida, David dijo a Abisay y a todos sus servidores: "Si mi propio hijo quiere matarme, ¿con cuánta mayor razón este hombre de la familia de Saúl? Déjenlo que me maldiga, pues se lo ha ordenado el Señor. Tal vez el Señor se apiade de mi aflicción y las maldiciones de hoy me las convierta en bendiciones". Y David y sus hombres prosiguieron su camino.

Salmo Responsorial: Salmo 3, 2-3. 4-5. 6-7

R. (7b) Levántate, Señor, y sálvame, Dios mío.

Mira, Señor, cuántos contrarios tengo, y cuántos contra mí se han levantado;

cuántos dicen de mí: "Ni Dios podrá salvarlo". **R.**

Mas tú, Señor, eres mi escudo mi gloria, y mi victoria; desde tu monte santo me responderes cuando mi voz te invoca. **R.**

En paz me acuesto, duermo y me despierto, porque el Señor es mi defensa. No temeré a la enorme muchedumbre que me cerca y me acecha. **R.**

Aclamación antes del Evangelio: Lucas 7, 16
R. Aleluya, aleluya.

Un gran profeta ha surgido entre nosotros. Dios ha visitado a su pueblo. **R.**

Evangelio: Marcos 5, 1-20

En aquel tiempo, después de atravesar el lago de Genesaret, Jesús y sus discípulos llegaron a la otra orilla, a la región de los gerasenos. Apenas desembarcó Jesús, vino corriendo desde el cementerio un hombre poseído por un espíritu inmundo, que vivía en los sepulcros. Ya ni con cadenas podían sujetarlo; a veces habían intentado sujetarlo con argollas y cadenas, pero él rompía las cadenas y destrozaba las argollas; nadie tenía fuerzas para dominarlo. Se pasaba días y noches en los sepulcros o en el monte, gritando y golpeándose con piedras. Cuando aquel hombre vio de lejos a Jesús, se echó a correr, vino a postrarse ante él y gritó a voz en cuello: "¿Qué quieres tú conmigo, Jesús, Hijo de Dios altísimo? Te ruego por Dios que no me atormentes". Dijo esto porque Jesús le había mandado al espíritu inmundo que saliera de aquel hombre. Entonces le preguntó Jesús: "¿Cómo te llamas?" Le respondió: "Me llamo Legión, porque somos muchos". Y le rogaba con insistencia que no los expulsara de aquella comarca. Había allí una gran piara de cerdos, que andaban comiendo en la falda del monte. Los espíritus le rogaban a Jesús: "Déjanos salir de aquí para meternos en esos cerdos". Y él se lo permitió. Los espíritus inmundos salieron del hombre y se metieron en los cerdos; y todos los cerdos, unos dos mil, se precipitaron por el acantilado hacia el lago y se ahogaron. Los que cuidaban los cerdos salieron huyendo y contaron lo sucedido, en el pueblo y en el campo. La gente fue a ver lo que había pasado. Se acercaron a Jesús y vieron al antes endemoniado, ahora en su sano juicio, sentado y vestido. Entonces tuvieron miedo. Y los que habían visto todo, les contaron lo que le había ocurrido al endemoniado y lo de los cerdos. Ellos comenzaron a rogarle a Jesús que se marchara de su comarca. Mientras Jesús se embarcaba, el endemoniado le suplicaba que lo admitiera en su compañía, pero él no se lo permitió y le dijo: "Vete a tu casa a vivir con tu familia y cuéntales lo misericordioso que ha sido el Señor contigo". Y aquel hombre se alejó de ahí y se puso a proclamar por la región de Decápolis lo que Jesús había hecho por él. Y todos los que lo oían se admiraban.

Martes 30 de enero de 2024
Martes de la IV semana del Tiempo ordinario

Primera Lectura: 2 Samuel 18, 9-10. 14. 24-25. 30–19, 3

En aquellos días, después de haber sido derrotado por los hombres de David, Absalón, su hijo, se dio a la fuga. Iba montado en una mula, y al meterse la mula bajo las ramas de una frondosa encina, a Absalón se le atoró la cabeza entre las ramas y se quedó colgando en el aire y la mula siguió corriendo. Uno de los soldados lo vio y le fue a avisar a Joab: "Acabo de ver a Absalón colgando de una encina". Joab se acercó a donde estaba Absalón, tomó tres flechas en la mano y se las clavó en el corazón. Mientras tanto, David estaba en Jerusalén, sentado a la puerta de la ciudad. El centinela, instalado en el mirador que está encima de la puerta de la muralla, levantó la vista y vio que un hombre venía corriendo solo. Le gritó al rey para avisarle. El rey le contestó: "Si viene solo, es señal de que trae buenas noticias. Déjalo pasar. Tú, quédate ahí". El centinela lo dejó pasar y permaneció en su puesto. El hombre que venía corriendo, que era un etíope, llegó a donde estaba David y le dijo: "Le traigo buenas noticias a mi señor, el rey. Dios te ha hecho justicia hoy, librándote de los que se habían rebelado contra ti". El rey le preguntó: "Pero, mi hijo Absalón, ¿está bien?" Respondió el etíope: "Que acaben como él todos tus enemigos y todos los que se rebelen contra mi señor, el rey". Entonces el rey se estremeció. Subió al mirador que está encima de la puerta de la ciudad y rompió a llorar, diciendo: "Hijo mío, Absalón; hijo, hijo mío, Absalón. Ojalá hubiera muerto yo en tu lugar, Absalón, hijo mío". Le avisaron entonces a Joab que el rey estaba inconsolable por la muerte de Absalón. Por eso, aquella victoria se convirtió en día de duelo para todo el ejército, cuando se enteraron de que el rey estaba inconsolable por la muerte de su hijo. Por ello, las tropas entraron a la ciudad furtivamente, como entra avergonzado un ejército que ha huido de la batalla.

Salmo Responsorial: Salmo 85, 1-2. 3-4. 5-6
R. (1a) Protégeme, Señor, porque te amo.

Presta, Señor, oídos a mi súplica, pues soy un pobre, llene de desdichas.
Protégeme, Señor, porque te amo; salva a tu servidor, que en ti confía. **R.**

Ten compasión de mí, pues clamo a ti, Dios mío, todo el día, y ya que a ti, Señor, levanta el alma, llena a este siervo tuyo de alegría. **R.**

Puesto que eres, Señor, bueno y clemente y todo amor con quien tu nombre invoca, escucha mi oración y a mi súplica da repuesta pronta. **R.**

Aclamación antes del Evangelio: Mateo 8, 17
R. Aleluya, aleluya.

Cristo hizo suyas nuestras debilidades y cargó con nuestros dolores. **R.**

Evangelio: Marcos 5, 21-43

En aquel tiempo, cuando Jesús regresó en la barca al otro lado del lago, se quedó en la orilla y ahí se le reunió mucha gente. Entonces se acercó uno de los jefes de la sinagoga, llamado Jairo. Al ver a Jesús, se echó a sus pies y le suplicaba con insistencia: "Mi hija está agonizando. Ven a imponerle las manos para que se cure y viva". Jesús se fue con él, y mucha gente lo seguía y lo apretujaba. Entre la gente había una mujer que padecía flujo de sangre desde hacía doce años. Había sufrido mucho a manos de los médicos y había gastado en eso toda su fortuna, pero en vez de mejorar, había empeorado. Oyó hablar de Jesús, vino y se le acercó por detrás entre la gente y le tocó el manto, pensando que, con sólo tocarle el vestido, se curaría. Inmediatamente se le secó la fuente de su hemorragia y sintió en su cuerpo que estaba curada. Jesús notó al instante que una fuerza curativa había salido de él, se volvió hacia la gente y les preguntó: "¿Quién ha tocado mi manto?" Sus discípulos le contestaron: "Estás viendo cómo te empuja la gente y todavía preguntas: '¿Quién me ha tocado?' " Pero él seguía mirando alrededor, para descubrir quién había sido. Entonces se acercó la mujer, asustada y temblorosa, al comprender lo que había pasado; se postró a sus pies y le confesó la verdad. Jesús la tranquilizó, diciendo: "Hija, tu fe te ha curado. Vete en paz y queda sana de tu enfermedad". Todavía estaba hablando Jesús, cuando unos criados llegaron de casa del jefe de la sinagoga para decirle a éste: "Ya se murió tu hija. ¿Para qué sigues molestando al Maestro?" Jesús alcanzó a oír lo que hablaban y le dijo al jefe de la sinagoga: "No temas, basta que tengas fe". No permitió que lo acompañaran más que Pedro, Santiago y Juan, el hermano de Santiago. Al llegar a la casa del jefe de la sinagoga, vio Jesús el alboroto de la gente y oyó los llantos y los alaridos que daban. Entró y les dijo: "¿Qué significa tanto llanto y alboroto? La niña no está muerta, está dormida". Y se reían de él. Entonces Jesús echó fuera a la gente, y con los padres de la niña y sus acompañantes, entró a donde estaba la niña. La tomó de la mano y le dijo: "¡Talitá, kum!", que significa: "¡Óyeme, niña, levántate!" La niña, que tenía doce años, se levantó inmediatamente y se puso a caminar. Todos se quedaron asombrados. Jesús les ordenó severamente que no lo dijeran a nadie y les mandó que le dieran de comer a la niña.

Miércoles 31 de enero de 2024
Memoria de san Juan Bosco, presbítero
Primera Lectura: 2 Samuel 24, 2. 9-17

En aquellos días, el rey David dio a Joab y a los jefes del ejército que estaban con él, esta orden: "Recorran todas las tribus de Israel, desde la ciudad de Dan hasta la de Bersebá, para hacer el censo de la población, a fin de que pueda yo saber cuánta gente tengo". Joab entregó al rey los resultados del censo: en Israel había ochocientos mil hombres aptos para la guerra, y en Judá quinientos mil. Pero a David le remordió la conciencia por haber mandado hacer el censo y dijo al Señor: "He pecado gravemente; pero tú, Señor, perdona la culpa de tu siervo, porque he cometido una gran locura". Aquella misma noche el Señor le habló al profeta Gad, consejero de David, y le dijo: "Ve a ver a David y dile que yo, el Señor, le mando decir esto: 'Te propongo tres castigos. Escoge uno y yo lo realizaré' ". Por la mañana, Gad se presentó ante David y le preguntó: "¿Qué castigo prefieres; tres años de hambre en tu territorio; tres meses de huir, perseguido por tus enemigos; o tres días de peste en tus dominios? Piénsalo y dímelo, para que pueda yo contestarle al Señor, que me ha enviado". David le respondió: "Estoy en un gran apuro. Pero prefiero caer en manos de Dios, que es el Señor de la misericordia, que en manos de los hombres". Y escogió la peste. Era la época de la cosecha del trigo, cuando el Señor envió la peste sobre Israel, desde aquella misma mañana hasta el tiempo señalado. Desde Dan hasta Bersebá murieron setenta mil hombres. Pero, cuando el ángel del Señor había extendido ya su mano hacia Jerusalén, para desatar ahí la peste, el Señor tuvo compasión y le dijo: "¡Basta ya! Retira tu mano". En ese momento, el ángel se hallaba cerca de Jerusalén, en los campos de Arauná, el yebuseo. Entonces el rey David, angustiado por el exterminio, oró así: "Soy yo, Señor, el que ha pecado; soy yo, el pastor, quien ha obrado mal. ¿Qué culpa tienen ellos, que son las ovejas? Castígame, pues, a mí y a los míos".

Salmo Responsorial: Salmo 31, 1-2. 5. 6. 7
R. (5c) Perdona, Señor, nuestros pecados.

Dichoso aquel que ha ido absuelto de su culpa y su culpa Dichoso aquel en el que Dios no encuentra ni delito ni engaño. **R.**

Ante el señor reconocí mi culpa no oculté mi pecado. Te confesé, Señor, mi gran delito y tú me has perdonado. **R.**

Por eso, en el momento de la angustia, que todo fiel te invoque, y no la alcanzarán las grandes aguas,aunque éstats se desborden. **R.**

Aclamación antes del Evangelio: Juan 10, 27
R. Aleluya, aleluya.

Mis ovejas escuchan mi voz, dice el Señor; yo las conozco y ellas me siguen. **R.**

Evangelio: Marcos 6, 1-6
En aquel tiempo, Jesús fue a su tierra en compañía de sus discípulos. Cuando llegó el sábado, se puso a enseñar en la sinagoga, y la multitud que lo escuchaba se preguntaba con asombro: "¿Dónde aprendió este hombre tantas cosas? ¿De

dónde le viene esa sabiduría y ese poder para hacer milagros? ¿Qué no es éste el carpintero, el hijo de María, el hermano de Santiago, José, Judas y Simón? ¿No viven aquí, entre nosotros, sus hermanas?" Y estaban desconcertados. Pero Jesús les dijo: "Todos honran a un profeta, menos los de su tierra, sus parientes y los de su casa". Y no pudo hacer allí ningún milagro, sólo curó a algunos enfermos imponiéndoles las manos. Y estaba extrañado de la incredulidad de aquella gente. Luego se fue a enseñar en los pueblos vecinos.

FEBRERO

Jueves 1 de febrero de 2024

Jueves de la IV semana del Tiempo ordinario

Primera Lectura: 1 Reyes 2, 1-4. 10-12

En aquel tiempo, sintiendo que se acercaba el día de su muerte, David le hizo estas recomendaciones a su hijo Salomón: "Yo ya me voy por el camino de todos los mortales. Ten valor y sé todo un hombre. Cumple los mandamientos del Señor, tu Dios; camina por sus sendas y observa sus preceptos, órdenes, decretos e instrucciones, tal como están escritos en la ley de Moisés. Si haces esto, tendrás éxito en todas tus empresas y el Señor cumplirá la promesa que me hizo al decirme: 'Si tus hijos me son fieles a mí, el Señor, y cumplen sinceramente mi voluntad con todo su corazón y con toda su alma, no te faltará un descendiente en el trono de Israel' ". Cuando el rey David murió, lo sepultaron en la llamada ciudad de David. Reinó sobre Israel durante cuarenta años: siete en Hebrón, y treinta y tres en Jerusalén. Su hijo Salomón lo sucedió en el trono y su reino se consolidó.

Salmo Responsorial: 1 Crónicas 29, 10. 11abc. 11d-12a. 12bcd

R. (12b) Bendito seas, Señor, Dios nuestro.

Bendito seas, Señor, Dios de nuestro padre Jacob, Desde siempre y para siempre. **R.**

Tuya es la grandeza y el poder el honor, la majestad y la gloria, pues tuyo es cuanto hay en el cielo y en la tierra. **R.**

Tuyo, Señor, es el reino, tú estás por encima de todos los reyes. De ti provienen las riquezas y la gloria. **R.**

Tu lo gobiernas todo, en tu mano están la fuerza y el poder y de tu mano proceden la gloria y la fortaleza. **R.**

Aclamación antes del Evangelio: Marcos 1, 15

R. Aleluya, aleluya.

El Reino de Dios ya está cerca, dice el Señor; arrepiéntanse y crean en el

Evangelio. **R.**

Evangelio: Marcos 6, 7-13

En aquel tiempo, llamó Jesús a los Doce, los envió de dos en dos y les dio poder sobre los espíritus inmundos. Les mandó que no llevaran nada para el camino: ni pan, ni mochila, ni dinero en el cinto, sino únicamente un bastón, sandalias y una sola túnica. Y les dijo: "Cuando entren en una casa, quédense en ella hasta que se vayan de ese lugar. Si en alguna parte no los reciben ni los escuchan, al abandonar ese lugar, sacúdanse el polvo de los pies, como una advertencia para ellos". Los discípulos se fueron a predicar el arrepentimiento. Expulsaban a los demonios, ungían con aceite a los enfermos y los curaban.

Viernes 2 de febrero de 2024
Fiesta de la Presentación del Señor
Primera Lectura: Malaquías 3, 1-4

Esto dice el Señor: "He aquí que yo envío a mi mensajero. Él preparará el camino delante de mí. De improviso entrará en el santuario el Señor, a quien ustedes buscan, el mensajero de la alianza a quien ustedes desean. Miren: Ya va entrando, dice el Señor de los ejércitos. ¿Quién podrá soportar el día de su venida? ¿Quién quedará en pie cuando aparezca? Será como fuego de fundición, como la lejía de los lavanderos. Se sentará como un fundidor que refina la plata; como a la plata y al oro, refinará a los hijos de Leví y así podrán ellos ofrecer, como es debido, las ofrendas al Señor. Entonces agradará al Señor la ofrenda de Judá y de Jerusalén, como en los días pasados, como en los años antiguos".

Salmo Responsorial: Salmo 23, 7. 8. 9. 10
R. (10b) El Señor es el rey de la gloria.
¡Puertas, ábranse de par en par; agrándense, portones eternos, porque va a entrar el rey de la gloria! **R.**
¿Y quién es el rey de la gloria? Es el Señor, fuerte y poderoso, el Señor, poderoso en la batalla. **R.**
¡Puertas, ábranse de par en par; agrándense, portones eternos, porque va a entrar

el rey de la gloria! **R.**

¿Y quién es el rey de la gloria? El Señor, Dios de los ejércitos, es el rey de la gloria.
R.

Segunda Lectura: Hebreos 2, 14-18

Hermanos: Todos los hijos de una familia tienen la misma sangre; por eso, Jesús quiso ser de nuestra misma sangre, para destruir con su muerte al diablo, que mediante la muerte, dominaba a los hombres, y para liberar a aquellos que, por temor a la muerte, vivían como esclavos toda su vida. Pues como bien saben, Jesús no vino a ayudar a los ángeles, sino a los descendientes de Abraham; por eso tuvo que hacerse semejante a sus hermanos en todo, a fin de llegar a ser sumo sacerdote, misericordioso con ellos y fiel en las relaciones que median entre Dios y los hombres, y expiar así los pecados del pueblo. Como él mismo fue probado por medio del sufrimiento, puede ahora ayudar a los que están sometidos a la prueba.

Aclamación antes del Evangelio: Lucas 2, 32
R. Aleluya, aleluya.

Tú eres, Señor, la luz que alumbra a las naciones y la gloria de tu pueblo, Israel.
R.

Evangelio: Lucas 2, 22-40

Transcurrido el tiempo de la purificación de María, según la ley de Moisés, ella y José llevaron al niño a Jerusalén para presentarlo al Señor, de acuerdo con lo escrito en la ley: *Todo primogénito varón será consagrado al Señor*, y también para ofrecer, como dice la ley, *un par de tórtolas o dos pichones*. Vivía en Jerusalén un hombre llamado Simeón, varón justo y temeroso de Dios, que aguardaba el consuelo de Israel; en él moraba el Espíritu Santo, el cual le había revelado que no moriría sin haber visto antes al Mesías del Señor. Movido por el Espíritu, fue al templo, y cuando José y María entraban con el niño Jesús para cumplir con lo prescrito por la ley, Simeón lo tomó en brazos y bendijo a Dios, diciendo: "Señor, ya puedes dejar morir en paz a tu siervo, según lo que me habías prometido, porque mis ojos han visto a tu Salvador, al que has preparado para bien de todos los pueblos; luz que alumbra a las naciones y gloria de tu pueblo, Israel". El padre y la madre del niño estaban admirados de semejantes palabras. Simeón los bendijo, y a María, la madre de Jesús, le anunció: "Este niño ha sido puesto para ruina y resurgimiento de muchos en Israel, como signo que provocará contradicción, para que queden al descubierto los pensamientos de todos los corazones. Y a ti, una espada te atravesará el alma". Había también una profetisa, Ana, hija de Fanuel, de la tribu de Aser. Era una mujer muy anciana. De joven, había vivido siete años casada, y tenía ya ochenta y cuatro años de edad. No se apartaba del templo ni de día ni de noche, sirviendo a Dios con ayunos y oraciones. Ana se acercó en aquel momento, dando gracias a Dios y hablando del niño a todos los que aguardaban la liberación de Israel. Y cuando cumplieron todo lo que prescribía la ley del Señor, se volvieron a Galilea, a su ciudad de Nazaret. El niño iba creciendo y fortaleciéndose, se llenaba de sabiduría y la gracia de Dios estaba con él.

O bien:
Lucas 2, 22-32

Transcurrido el tiempo de la purificación de María, según la ley de Moisés, ella y José llevaron al niño a Jerusalén para presentarlo al Señor, de acuerdo con lo escrito en la ley: *Todo primogénito varón será consagrado al Señor*, y también para ofrecer, como dice la ley, *un par de tórtolas o dos pichones*. Vivía en Jerusalén un hombre llamado Simeón, varón justo y temeroso de Dios, que aguardaba el consuelo de Israel; en él moraba el Espíritu Santo, el cual le había revelado que no moriría sin haber visto antes al Mesías del Señor. Movido por el Espíritu, fue al templo, y cuando José y María entraban con el niño Jesús para cumplir con lo prescrito por la ley, Simeón lo tomó en brazos y bendijo a Dios, diciendo: "Señor, ya puedes dejar morir en paz a tu siervo, según lo que me habías prometido, porque mis ojos han visto a tu Salvador, al que has preparado para bien de todos los pueblos; luz que alumbra a las naciones y gloria de tu pueblo, Israel".

Sábado de la IV semana del Tiempo ordinario

Primera Lectura: 1 Reyes 3, 4-13

En aquellos días, el rey Salomón fue al santuario de Gabaón a ofrecer sacrificios y ofreció mil holocaustos sobre el altar. Una noche, estando él dormido en aquel lugar, se le apareció el Señor y le dijo: "Salomón, pídeme lo que quieras y yo te lo daré". Salomón le respondió: "Señor, tú trataste con misericordia a tu siervo David, mi padre, porque se portó contigo con lealtad, con justicia y rectitud de corazón. Más aún, también ahora lo sigues tratando con misericordia, porque has hecho que un hijo suyo lo suceda en el trono. Sí, tú quisiste, Señor y Dios mío, que yo, tu siervo, sucediera en el trono a mi padre, David. Pero yo no soy más que un muchacho y no sé cómo actuar. Soy tu siervo y me encuentro perdido en medio de este pueblo tuyo, tan numeroso, que es imposible contarlo. Por eso te pido que me concedas sabiduría de corazón para que sepa gobernar a tu pueblo y discernir entre el bien y el mal. Pues sin ella, ¿quién será capaz de gobernar a este pueblo tuyo tan grande?" Al Señor le agradó que Salomón le hubiera pedido sabiduría y le dijo: "Por haberme pedido esto, y no una larga vida, ni riquezas, ni la muerte de tus enemigos, sino sabiduría para gobernar, yo te concedo lo que me has pedido. Te doy un corazón sabio y prudente, como no lo ha habido antes ni lo habrá después de ti. Te voy a conceder, además, lo que no me has pedido: tanta gloria y riqueza, que no habrá rey que se pueda comparar contigo".

Salmo Responsorial: Salmo 118

R. (12b) Enséñanos, Señor, a cumplir tus preceptos.

Sólo cumpliendo tus mandatos puede un joven vivir honestamente. Con todo el corazón te voy buscando, no me dejes desviar de tus preceptos. **R.**

En mi pecho guardé tus mandamientos, para nunca pecar en contra tuya. Señor, bendito seas; enséñame tus leyes. **R.**

Con mis labios he ido enumerando todos los mandamientos de tu boca. Más me gozo cumpliendo tus preceptos que teniendo riquezas. **R.**

Aclamación antes del Evangelio: Juan 10, 27

R. Aleluya, aleluya.

Mis ovejas escuchan mi voz, dice el Señor; yo las conozco y ellas me siguen. **R.**

Evangelio: Marcos 6, 30-34

En aquel tiempo, los apóstoles volvieron a reunirse con Jesús y le contaron todo lo que habían hecho y enseñado. Entonces él les dijo: "Vengan conmigo a un lugar solitario, para que descansen un poco". Porque eran tantos los que iban y venían, que no les dejaban tiempo ni para comer. Jesús y sus apóstoles se dirigieron en una barca hacia un lugar apartado y tranquilo. La gente los vio irse y los reconoció; entonces de todos los poblados fueron corriendo por tierra a aquel sitio y se les adelantaron. Cuando Jesús desembarcó, vio una numerosa multitud que lo estaba esperando y se compadeció de ellos, porque andaban como ovejas sin pastor, y se puso a enseñarles muchas cosas.

Domingo 4 de febrero de 2024
V Domingo Ordinario
Primera Lectura: Job 7, 1-4. 6-7

En aquel día, Job tomó la palabra y dijo: "La vida del hombre en la tierra es visa de soldado y sus días, como días de un jornalero. Como el esclavo suspira en vano por la sombra y el jornalero se queda aguardando su salario, así me han tocado en suerte meses de infortunio y se me han asignado noches de dolor. Al acostarme, pienso: '¿Cuándo será de día?' La noche se alarga y me canso de dar vueltas hasta que amanece. Mis días corren más aprisa que una lanzadera y se consumen sin esperanza. Recuerda, Señor, que mi vida es un soplo. Mis ojos no volverán a ver la dicha".

Salmo Responsorial: Salmo 146,1-2. 3-4. 5-6
R. (3a) Alabemos al Señor, nuestro Dios.

Alabemos al Señor, nuestro Dios, porque es hermoso y justo el albarlo. El Señor ha reconstruido a Jerusalén, y a los dispersos de Israel los ha reunido. **R.**

El Señor sana los corazones quebrantados, y venda las heridas; tiende su mano a los humildes y humilla hasta el polvo a los malvados. **R.**

El puede contar el número de estrellas y llama a cada una por su nombre. Grande es nuestro Dios, todos lo puede; su sabiduría no tiene límites. **R.**

Segunda Lectura: 1 Corintios 9, 16-19. 22-23

Hermanos: No tengo por qué presumir de predicar el Evangelio, puesto que ésa es mi obligación. ¡Ay de mí, si no anuncio el Evangelio! Si yo lo hiciera por propia iniciativa, merecería recompensa; pero si no, es que se me ha confiado una misión. Entonces, ¿en qué consiste mi recompensa? Consiste en predicar el Evangelio gratis, renunciando al derecho que tengo a vivir de la predicación. Aunque no estoy sujeto a nadie, me he convertido en esclavo de todos, para ganarlos a todos. Con los débiles me hice débil, para ganar a los débiles. Me he hecho todo a todos, a fin de ganarlos a todos. Todo lo hago por el Evangelio, para participar yo también de sus bienes.

Aclamación antes del Evangelio: Mateo 8, 17
R. Aleluya, aleluya.

Cristo hizo suyas nuestras debilidades y cargó con nuestros dolores. **R.**

Evangelio: Marcos 1, 29-39

En aquel tiempo, al salir Jesús de la sinagoga, fue con Santiago y Juan a casa de Simón y Andrés. La suegra de Simón estaba en cama, con fiebre, y enseguida le avisaron a Jesús. Él se le acercó, y tomándola de la mano, la levantó. En ese momento se le quitó la fiebre y se puso a servirles. Al atardecer, cuando el sol se ponía, le llevaron a todos los enfermos y poseídos del demonio, y todo el pueblo se apiñó junto a la puerta. Curó a muchos enfermos de diversos males y expulsó a muchos demonios, pero no dejó que los demonios hablaran, porque sabían quién era él. De madrugada, cuando todavía estaba muy oscuro, Jesús se levantó, salió y se fue a un lugar solitario, donde se puso a orar. Simón y sus compañeros lo fueron a buscar, y al encontrarlo, le dijeron: "Todos te andan buscando". Él les dijo: "Vamos a los pueblos cercanos para predicar también allá el Evangelio, pues para eso he venido". Y recorrió toda Galilea, predicando en las sinagogas y expulsando a los demonios.

Memoria de Santa Águeda, virgen y mártir

Primera Lectura: 1 Reyes 8, 1-7. 9-13

En aquellos días, el rey Salomón convocó en Jerusalén a todos los ancianos y jefes de Israel, para subir allá el arca de la alianza del Señor desde Sión, la ciudad de David. Todos los israelitas se congregaron en torno al rey Salomón para la fiesta de los tabernáculos, que se celebra el séptimo mes del año. Cuando llegaron los ancianos de Israel, unos sacerdotes cargaron el arca de la alianza, y otros, junto con los levitas, llevaron la tienda de la reunión, con todos los objetos sagrados que en ella había. El rey Salomón y toda la comunidad de Israel inmolaron frente al arca ovejas y bueyes en tal número, que no se podían ni contar. Llevaron el arca de la alianza del Señor hasta su lugar en el santuario, el lugar santísimo, y la colocaron bajo las figuras de los querubines, de tal modo, que las alas de éstos quedaron cubriendo el arca y las varas que servían para transportarla. Lo único que había en el arca eran las dos tablas de piedra, que Moisés colocó ahí, cuando el Señor estableció la alianza con los israelitas, a su salida de Egipto. En cuanto los sacerdotes salieron de aquel sitio sagrado, una nube llenó el templo, y esto les impidió continuar oficiando, porque la gloria del Señor había llenado su templo. Entonces Salomón exclamó: "El Señor dijo que habitaría en una espesa nube. Por eso, Señor, la casa que te he construido con magnificencia, será tu morada".

Salmo Responsorial: Salmo 131, 6-7. 8-10

R. (8a) Levántate, Señor, y ven con el arca.

Que se hallaba en Efrata nos dijeron; de Jaar en los campos la encontramos. Entremos en la tienda del Señor y a sus pies, adorémoslo, postrados. **R.**

Levántate, Señor, ven a tu casa; ven con el arca, poderoso auxilio. Tus sacerdotes vístanse de gala; tus fieles, jubilosos, lancen gritos. Por amor a David, tu servidor, no apartes la mirada de tu ungido. **R.**

Aclamación antes del Evangelio: Mateo 4, 23

R. Aleluya, aleluya.

Jesús proclamaba el Evangelio del Reino y curaba a la gente de toda enfermedad.

R.

Evangelio: Marcos 6, 53-56

En aquel tiempo, Jesús y sus discípulos terminaron la travesía del lago y tocaron tierra en Genesaret. Apenas bajaron de la barca, la gente los reconoció y de toda aquella región acudían a él, a cualquier parte donde sabían que se encontraba, y le llevaban en camillas a los enfermos. A dondequiera que llegaba, en los poblados, ciudades o caseríos, la gente le ponía a sus enfermos en la calle y le rogaba que por lo menos los dejara tocar la punta de su manto; y cuantos lo tocaban, quedaban curados.

Martes 6 de febrero de 2024

Memoria de San Pablo Miki y compañeros, mártires

Primera Lectura: 1 Reyes 8, 22-23. 27-30

El día de la dedicación del templo, Salomón, de pie ante el altar del Señor y en presencia de toda la asamblea de Israel, levantó los brazos al cielo y dijo esta oración: "Señor, Dios de Israel, no hay Dios como tú, ni arriba en los cielos, ni aquí abajo en la tierra. Tú eres fiel a la alianza que hiciste con tus siervos, y les muestras tu misericordia, cuando cumplen de todo corazón tu voluntad. Si ni el cielo infinito te puede contener, ¿cómo va a ser posible, Señor, que vivas en medio de los hombres y habites en esta casa que yo te he construido? Pero ciertamente atenderás a la oración de tu siervo y a su plegaria, Señor, Dios mío, y oirás el clamor y la oración que tu siervo hace hoy delante de ti: Que noche y día estén abiertos tus ojos sobre este templo, sobre este lugar, del cual has dicho: 'Yo estaré ahí'. Escucha la oración que tu siervo te dirige en este sitio. Oye, pues, Señor, la súplica de este siervo tuyo y de tu pueblo, Israel. Cuando oren en este lugar, escúchalos desde el cielo, en donde tienes tu morada. Escúchanos y perdónanos".

Salmo Responsorial: Salmo 83, 3. 4. 5 y 10. 11

R. (2) Qué agradable, Señor, es tu morada.

Anhelando los atrios del Señor se consume mi alma. Todo mi ser e gozo se estremece Y el Dios vivo es la causa. **R.**

Hasta el gorrión encuentra casa y la golondrina un lugar para su nido, cerca de tus altares, Señor de los ejércitos, Dios mío. **R.**

Dichosos los que viven en tu casa, te alabarán para siempre; dichosos los que encuentran en ti su fuerza, pues caminarán cada vez con más vigor. **R.**

Pues un día en tus atrios vale más que mil fuera de ellos, y yo prefiero el umbral de la casa de mi Dios al lujoso palacio del perverso. **R.**

Aclamación antes del Evangelio: Salmo 118, 36. 29
R. Aleluya, aleluya.

Inclina, Dios mío, mi corazón a tus preceptos y dame la gracia de cumplir tu voluntad. **R.**

Evangelio: Marcos 7, 1-13

En aquel tiempo, se acercaron a Jesús los fariseos y algunos escribas, venidos de Jerusalén. Viendo que algunos de los discípulos de Jesús comían con las manos impuras, es decir, sin habérselas lavado, los fariseos y los escribas le preguntaron: "¿Por qué tus discípulos comen con manos impuras y no siguen la tradición de nuestros mayores?" (Los fariseos y los judíos, en general, no comen sin lavarse antes las manos hasta el codo, siguiendo la tradición de sus mayores; al volver del mercado, no comen sin hacer primero las abluciones, y observan muchas otras cosas por tradición, como purificar los vasos, las jarras y las ollas). Jesús les contestó: "¡Qué bien profetizó Isaías sobre ustedes, hipócritas, cuando escribió: *Este pueblo me honra con los labios, pero su corazón está lejos de mí. Es inútil el culto que me rinden, porque enseñan doctrinas que no son sino preceptos humanos.* Ustedes dejan a un lado el mandamiento de Dios, para aferrarse a las tradiciones de los hombres". Después añadió: "De veras son ustedes muy hábiles para violar el mandamiento de Dios y conservar su tradición. Porque Moisés dijo: *Honra a tu padre y a tu madre. El que maldiga a su padre o a su madre, morirá.* Pero ustedes dicen: 'Si uno dice a su padre o a su madre: Todo aquello con que yo te podría ayudar es corbán (es decir, ofrenda para el templo), ya no puede hacer nada por su padre o por su madre'. Así anulan la palabra de Dios con esa tradición que se han transmitido. Y hacen muchas cosas semejantes a ésta".

Miércoles 7 de febrero de 2024
Miércoles de le V semana del tiempo ordinario
Primera Lectura: 1 Reyes 10, 1-10

En aquellos días, la reina de Sabá oyó hablar de la fama de Salomón y quiso cerciorarse personalmente de su sabiduría, haciéndole algunas preguntas sutiles. Llegó, pues, a Jerusalén con una gran caravana de camellos cargados de perfumes, oro en gran cantidad y piedras preciosas. Entró en el palacio de Salomón y le hizo al rey las preguntas que había preparado. Salomón respondió a todas, de modo que no dejó de contestar ni la más difícil. Cuando la reina de Sabá comprobó la sabiduría de Salomón y vio el palacio que había construido, los manjares de su mesa, las habitaciones de sus servidores, el porte y los vestidos de sus ministros, sus coperos y los sacrificios que ofrecía en el templo del Señor, se quedó maravillada y dijo al rey: "De veras es cierto lo que en mi país me habían contado de ti y de tu sabiduría. Yo no quería creerlo, pero ahora que estoy aquí y lo veo con mis propios ojos, comprendo que no me habían dicho ni la mitad, pues tu sabiduría y tu prosperidad superan todo cuanto oí decir. Dichoso tu pueblo y dichosos estos servidores tuyos, que siempre están en tu presencia y escuchan tu sabiduría. Bendito sea el Señor, tu Dios, que se ha complacido en ti y que por el amor eterno que le tiene a Israel, te ha elegido para colocarte en el trono de Israel y te ha hecho rey para que gobiernes con justicia". La reina le regaló a Salomón cuatro toneladas de oro y gran cantidad de perfumes y de piedras preciosas; nunca hubo en Jerusalén tal cantidad de perfumes como la que la reina de Sabá le obsequió a Salomón.

Salmo Responsorial: Salmo 36, 5-6. 30-31. 39-40
R. (30a) Rectas y sabias son las palabras del justo.

Pon tu vida en los manos del Señor, en él confía, y hará que tu virtud y tus derechos brillen igual que el sol de mediodía. **R.**

Rectas y sabias son las palabras del justo. Lleva en su corazón la ley de Dios, sus pasos son seguros. **R.**

La salvación del justo es el Señor; en la tribulación él es su amparo. A quien en él confía, Dios la salva de los hombres malvados. **R.**

Aclamación antes del Evangelio: Juan 17, 17
R. Aleluya, aleluya.

Tu palabra, Señor, es la verdad; santifícanos en la verdad. **R.**

Evangelio: Marcos 7, 14-23

En aquel tiempo, Jesús llamó de nuevo a la gente y les dijo: "Escúchenme todos y entiéndanme. Nada que entre de fuera puede manchar al hombre; lo que sí lo mancha es lo que sale de dentro". Cuando entró en una casa para alejarse de la muchedumbre, los discípulos le preguntaron qué quería decir aquella parábola. Él les dijo: "¿Ustedes también son incapaces de comprender? ¿No entienden que nada de lo que entra en el hombre desde afuera puede contaminarlo, porque no entra en su corazón, sino en el vientre y después, sale del cuerpo?" Con estas palabras declaraba limpios todos los alimentos. Luego agregó: "Lo que sí mancha al hombre es lo que sale de dentro; porque del corazón del hombre salen las intenciones malas, las fornicaciones, los robos, los homicidios, los adulterios, las codicias, las injusticias, los fraudes, el desenfreno, las envidias, la difamación, el orgullo y la frivolidad. Todas estas maldades salen de dentro y manchan al hombre".

Jueves 8 de febrero de 2024
Jueves de la V semana del tiempo ordinario

Primera Lectura: 1 Reyes11, 4-13

Cuando el rey Salomón envejeció, sus mujeres le desviaron el corazón hacia otros dioses; su corazón ya no perteneció por entero al Señor, como el de David, su padre. Salomón dio culto a Astarté, diosa de los fenicios, y a Molok, el abominable ídolo de los amonitas. Hizo lo que el Señor reprueba; no se mantuvo plenamente fiel al Señor, como David, su padre. Sobre el monte que está frente a

Jerusalén construyó un altar a Kemós, ídolo de Moab, y otro a Molok, ídolo de los amonitas. Y también mandó construir altares para que sus mujeres extranjeras pudieran quemar incienso y ofrecer sacrificios a sus dioses. Esto irritó al Señor, porque Salomón había desviado su corazón del Señor, Dios de Israel, que se le había aparecido dos veces y le había prohibido precisamente dar culto a otros dioses. Pero Salomón no lo obedeció. Entonces el Señor le dijo: "Porque te has portado así conmigo y has sido infiel a mi alianza y a los mandamientos que te di, te voy a arrebatar el reino y se lo voy a dar a un siervo tuyo. Sin embargo, por consideración a David, tu padre, no lo haré durante tu vida, sino en vida de tu hijo. Pero no le voy a quitar todo el reino. Por amor a mi siervo, David, y a Jerusalén, mi ciudad predilecta, le dejaré a tu hijo una tribu".

Salmo Responsorial: Salmo 105, 3-4. 35-36. 37 y 40
R. (4) Por tu pueblo, Señor, acuérdate de mí.
Dichosos los que cumplen la ley y obran siempre conforme a la justicia. Por el amor que tienes a tu pueblo, acuérdate de nosotros, Señor, y sálvanos. **R.**
Nuestros padres se unieron con paganos y aprendieron sus prácticas; dieron culto a los ídolos y éstos fueron para ellos como una trampa. **R.**
Entonces entregaron hijos e hijas en sacrificio a los demonios, y el Señor se renegó de su pueblo y estalló su enojo. **R.**

Aclamación antes del Evangelio: Santiago 1, 21
R. Aleluya, aleluya.
Acepten dócilmente la palabra que ha sido sembrada en ustedes y es capaz de salvarlos. **R.**

Evangelio: Marcos 7, 24-30
En aquel tiempo, Jesús salió de Genesaret y se fue a la región donde se encuentra Tiro. Entró en una casa, pues no quería que nadie se enterara de que estaba ahí, pero no pudo pasar inadvertido. Una mujer, que tenía una niña poseída por un espíritu impuro, se enteró enseguida, fue a buscarlo y se postró a sus pies. Cuando aquella mujer, una siria de Fenicia y pagana, le rogaba a Jesús que le

sacara el demonio a su hija, él le respondió: "Deja que coman primero los hijos. No está bien quitarles el pan a los hijos para echárselo a los perritos". La mujer le replicó: "Sí, Señor; pero también es cierto que los perritos, debajo de la mesa, comen las migajas que tiran los niños". Entonces Jesús le contestó: "Anda, vete; por eso que has dicho, el demonio ha salido ya de tu hija". Al llegar a su casa, la mujer encontró a su hija recostada en la cama, y ya el demonio había salido de ella.

Viernes 9 de febrero de 2024
Viernes de la V semana del Tiempo ordinario

Primera Lectura: 1 Reyes 11, 29-32; 12, 19

En aquel tiempo, Jeroboam, siervo de Salomón, salió de Jerusalén y se encontró por el camino al profeta Ajías, de Siló, que llevaba puesto un manto nuevo. Estaban los dos solos en el campo. Ajías tomó su manto, lo rasgó en doce pedazos y le dijo a Jeroboam: "Toma diez pedazos, pues el Señor, Dios de Israel, te manda decir: 'Voy a desgarrar el reino de Salomón. A ti te daré diez tribus, y a Salomón solamente le dejaré una en consideración a David, mi siervo, y a Jerusalén, la ciudad que elegí entre todas las tribus de Israel' ". Y desde entonces hasta el día de hoy, Israel se separó de la casa de David.

Salmo Responsorial: Salmo 80, 10-11ab. 12-13. 14-15

R. (11a y 9a) Israel, yo soy tu Dios: cumple mis mandatos.

No tendrás otro Dios fuera de mí, ni adorarás a dioses extranjeros. Pues yo, el Señor, soy el Dios tuyo, el que te sacó de Egipto, tu destierro. **R.**

Pero Israel no oyó mi voz y mi pueblo no quiso obedecerme. Los entregué, por eso, a sus caprichos y los dejé vivir como quisiesen. **R.**

¡Ojalá que mi puebla escuchara y cumpliera Israel con mis mandatos! Yo, al punto, humillaría a sus enemigos y sentirían mi mano sus contrarios. **R.**

Aclamación antes del Evangelio: Hechos 16, 14

Abre, Señor, nuestros corazones, para que aceptemos las palabras de tu Hijo. **R.**

Evangelio: Marcos 7, 31-37

En aquel tiempo, salió Jesús de la región de Tiro y vino de nuevo, por Sidón, al mar de Galilea, atravesando la región de Decápolis. Le llevaron entonces a un hombre sordo y tartamudo, y le suplicaban que le impusiera las manos. Él lo apartó a un lado de la gente, le metió los dedos en los oídos y le tocó la lengua con saliva. Después, mirando al cielo, suspiró y le dijo: "¡Effetá!" (que quiere decir "¡Ábrete!"). Al momento se le abrieron los oídos, se le soltó la traba de la lengua y empezó a hablar sin dificultad. Él les mandó que no lo dijeran a nadie; pero cuanto más se lo mandaba, ellos con más insistencia lo proclamaban; y todos estaban asombrados y decían: "¡Qué bien lo hace todo! Hace oír a los sordos y hablar a los mudos".

Sábado 10 de febrero de 2024

Memoria de Santa Escolástica, virgen

Primera Lectura: 1 Reyes 12, 26-32; 13, 33-34

En aquellos días, Jeroboam, rey de Israel, pensaba para sus adentros: El reino todavía puede volver a la casa de David. Si el pueblo sigue yendo a Jerusalén a ofrecer sacrificios en el templo del Señor, acabará por ponerse de parte de Roboam, rey de Judá, y a mí me matarán. Por lo tanto, después de consultarlo, Jeroboam mandó hacer dos becerros de oro y le dijo al pueblo: Ya no tienen para qué ir a Jerusalén, porque aquí tienes, Israel, a tu Dios, el que te sacó de Egipto". Él colocó uno de los becerros en Betel, mientras el pueblo iba con el otro a la ciudad de Dan. Además mandó construir templos en la cima de los montes y puso de sacerdotes a hombres del pueblo, que no pertenecían a la tribu de Leví. Instituyó una fiesta el día quince del octavo mes, parecida a la que se celebraba en Judá. Él mismo subió al altar en Betel para ofrecer sacrificios a los becerros que había mandado hacer; y ahí, en Betel, designó a los sacerdotes para los templos que había construido. Jeroboam no cambió su mala conducta y siguió nombrando a gente común y corriente para que fueran sacerdotes de los templos que había construido en la cima de los montes; consagraba como sacerdote a todo aquel que lo deseaba. Éste fue el pecado que causó la destrucción y el exterminio de la dinastía de Jeroboam.

Salmo Responsorial: Salmo 105, 6-7a 19-20. 21-22
R. (4a) Perdona, Señor, las culpas de tu pueblo.

Hemos pecado igual que nuestros padres, cometido maldades e injusticias. Allá en Egipto, nuestros padres, no entendieron, Señor, tus maravillas. **R.**

En el Horeb hicieron un becerro, un ídolo de oro, y lo adoraron. Cambiaron al Dios que era su gloria por la imagen de un buey que come pasto. **R.**

Se olvidaron del Dios que los salvó, y que hizo portentos en Egipto, en la tierra de Cam, mil maravillas, y en las aguas del mar Rojo, sus prodigios. **R.**

Aclamación antes del Evangelio: Mateo 4, 4
R. Aleluya, aleluya.

No sólo de pan vive el hombre, sino también de toda palabra que sale de la boca de Dios. **R.**

Evangelio: Marcos 8, 1-10

En aquellos días, vio Jesús que lo seguía mucha gente y no tenían qué comer. Entonces llamó a sus discípulos y les dijo: "Me da lástima esta gente: ya llevan tres días conmigo y no tienen qué comer. Si los mando a sus casas en ayunas, se van a desmayar en el camino. Además, algunos han venido de lejos". Sus discípulos le respondieron: "¿Y dónde se puede conseguir pan, aquí en despoblado, para que coma esta gente?" Él les preguntó: "¿Cuántos panes tienen?" Ellos le contestaron: "Siete". Jesús mandó a la gente que se sentara en el suelo; tomó los siete panes, pronunció la acción de gracias, los partió y se los fue dando a sus discípulos, para que los distribuyeran. Y ellos los fueron distribuyendo entre la gente. Tenían, además, unos cuantos pescados. Jesús los bendijo también y mandó que los distribuyeran. La gente comió hasta quedar satisfecha, y todavía se recogieron siete canastos de sobras. Eran unos cuatro mil.

Jesús los despidió y luego se embarcó con sus discípulos y llegó a la región de Dalmanuta.

Domingo 11 de febrero de 2024
VI Domingo Ordinario

Primera Lectura: Levítico 13, 1-2. 44-46

El Señor dijo a Moisés y a Aarón: "Cuando alguno tenga en su carne una o varias manchas escamosas o una mancha blanca y brillante, síntomas de la lepra, será llevado ante el sacerdote Aarón o ante cualquiera de sus hijos sacerdotes. Se trata de un leproso, y el sacerdote lo declarará impuro. El que haya sido declarado enfermo de lepra, traerá la ropa descosida, la cabeza descubierta, se cubrirá la boca e irá gritando: '¡Estoy contaminado! ¡Soy impuro!' Mientras le dure la lepra, seguirá impuro y vivirá solo, fuera del campamento".

Salmo Responsorial: Salmo 31, 1-2. 5. 11

R. (1a) Perdona, Señor, nuestros pecados.

Dichoso aquel que ha sido absuelto de su culpa a su pecado. Dichoso aquel en el que Dios no encuentra ni delito ni engaño. **R.**

Ante el Señor reconocí mi culpa, no oculté mi pecado. Te confesé, Señor, mi gran delito y tú me has perdonado. **R.**

Alégrense con el Señor y regocíjense los justos todos, y todos los hombres de corazón sincero canten de gozo. **R.**

Segunda Lectura: 1 Corintios 10, 31-11, 1

Hermanos: Todo lo que hagan ustedes, sea comer, o beber, o cualquier otra cosa, háganlo todo para gloria de Dios. No den motivo de escándalo ni a los judíos, ni a los paganos, ni a la comunidad cristiana. Por mi parte, yo procuro dar gusto a todos en todo, sin buscar mi propio interés, sino el de los demás, para que se salven. Sean, pues, imitadores míos, como yo lo soy de Cristo.

Aclamación antes del Evangelio: Lucas 7, 16

R. Aleluya, aleluya.

Un gran profeta ha surgido entre nosotros. Dios ha visitado a su pueblo. **R.**

Evangelio: Marcos 1, 40-45

En aquel tiempo, se le acercó a Jesús un leproso para suplicarle de rodillas: "Si tú quieres, puedes curarme". Jesús se compadeció de él, y extendiendo la mano, lo tocó y le dijo: "¡Sí quiero: Sana!" Inmediatamente se le quitó la lepra y quedó limpio. Al despedirlo, Jesús le mandó con severidad: "No se lo cuentes a nadie; pero para que conste, ve a presentarte al sacerdote y ofrece por tu purificación lo prescrito por Moisés". Pero aquel hombre comenzó a divulgar tanto el hecho, que Jesús no podía ya entrar abiertamente en la ciudad, sino que se quedaba fuera, en lugares solitarios, a donde acudían a él de todas partes.

Lunes 12 de febrero de 2024
Lunes de la VI semana del tiempo ordinario
Primera Lectura: Santiago 1, 1-11

Santiago, siervo de Dios y de Jesucristo, el Señor, saluda a las doce tribus, dispersas por el mundo. Hermanos míos: Cuando se vean asediados por toda clase de pruebas y tentaciones, ténganse por dichosos, sabiendo que las pruebas a que se ve sometida su fe les darán fortaleza, y esta fortaleza los llevará a la perfección en las buenas obras y a una vida íntegra e irreprochable. Si a alguno de ustedes le falta sabiduría, que se la pida a Dios y él se la dará; porque Dios da a todos con generosidad y sin regatear. Pero tiene que pedírsela con fe y sin dudar; pues el que duda se parece a las olas del mar, que van y vienen, agitadas por el viento. Quien es inconstante e indeciso en su vida, no recibirá nada del Señor. Que el hermano de condición humilde esté orgulloso de su alta dignidad, y el rico, de su humilde condición, pues se acabará como las flores del campo. Porque sale el sol y con su calor quema las hierbas; se caen las flores y se acaba su belleza. Así se marchitará el rico, en medio de todas sus empresas.

Salmo Responsorial: Salmo 118, 67. 68. 71. 72. 75. 76

R. (77a) Danos tu misericordia, Señor, y tendremos vida.

Antes de la aflicción fui un descarriado, pero ahora obedezco tus palabras. Tú que eres bueno y haces beneficios, instrúyeme en tus leyes. **R.**

Sufrir fue provechoso para mí, pues aprendí, señor, tus mandamientos. Para mí valen más tus enseñanzas que miles de monedas de oro y plata. **R.**

Yo bien sé que son justos tus decretos justos, y que tienes razón cuando me afliges. Señor, que tu amor me consuele, conforma las promesas que me has hecho. **R.**

Aclamación antes del Evangelio: Juan 14, 6
R. Aleluya, aleluya.

Yo soy el camino, la verdad y la vida; nadie va al Padre si no es por mí, dice el Señor. **R.**

Evangelio: Marcos 8, 11-13

En aquel tiempo, se acercaron a Jesús los fariseos y se pusieron a discutir con él, y para ponerlo a prueba, le pedían una señal del cielo. Jesús suspiró profundamente y dijo: "¿Por qué esta gente busca una señal? Les aseguro que a esta gente no se le dará ninguna señal". Entonces los dejó, se embarcó de nuevo y se fue a la otra orilla.

Martes 13 de febrero de 2024
Martes de la VI semana del Tiempo ordinario
Primera Lectura: Santiago 1, 12-18

Hermanos: Dichoso el hombre que sufre la tentación, porque después de superarla, recibirá en premio la corona de la vida, que Dios ha prometido a los que lo aman. Que nadie diga, cuando sufre una tentación, que es Dios el que lo tienta, porque Dios no puede ser tentado por el mal, ni pone él mismo a nadie en tentación. Más bien, cuando alguno es tentado, es su propia concupiscencia la que lo arrastra y lo seduce. La concupiscencia concibe y da a luz al pecado; y el pecado, cuando madura, engendra la muerte. No se equivoquen, queridos hermanos: Todo beneficio y todo don perfecto viene de lo alto, del creador de la luz, en quien no hay ni cambios ni sombras. Por su propia voluntad nos engendró mediante la palabra de la verdad, para que fuéramos, en cierto modo, primicias de sus creaturas.

Salmo Responsorial: Salmo 93, 12-13a 14-15. 18-19
R. (12a) Señor, dichoso aquel a quien tú educas.

Señor, dichoso aquel a quien tú educas, y enseñas a cumplir tus mandamientos; cuando lleguen las horas de desgracia, no perderá el sosiego. **R.**

Jamás rechazará Dios a su pueblo ni dejará a los suyos sin amparo. Hará justicia al justo y dará un porvenir al hombre honrado. **R.**

Cuando me hallaba al borde del sepulcro, tu amor, Señor, me conservó la vida; cuando se multiplican mis problemas, en tus consuelos halla mi delicia. **R.**

Aclamación antes del Evangelio: Juan 14, 23
R. Aleluya, aleluya.

El que me ama cumplirá mi palabra y mi Padre lo amará y haremos en él nuestra morada, dice el Señor. **R.**

Evangelio: Marcos 8, 14-21
En aquel tiempo, cuando los discípulos iban con Jesús en la barca, se dieron cuenta de que se les había olvidado llevar pan; sólo tenían uno. Jesús les hizo esta advertencia: "Fíjense bien y cuídense de la levadura de los fariseos y de la de Herodes". Entonces ellos comentaban entre sí: "Es que no tenemos panes". Dándose cuenta de ello, Jesús les dijo: "¿Por qué están comentando que no trajeron panes? ¿Todavía no entienden ni acaban de comprender? ¿Tan embotada está su mente? *¿Para qué tienen ustedes ojos, si no ven, y oídos, si no oyen?* ¿No recuerdan cuántos canastos de sobras recogieron, cuando repartí cinco panes entre cinco mil hombres?" Ellos le contestaron: "Doce". Y añadió: "¿Y cuántos canastos de sobras recogieron cuando repartí siete panes entre cuatro mil?" Le respondieron: "Siete". Entonces él dijo: "¿Y todavía no acaban de comprender?"

Miércoles de Ceniza

Primera Lectura: Joel 2, 12-18

Esto dice el Señor: "Todavía es tiempo. Vuélvanse a mí de todo corazón, con ayunos, con lágrimas y llanto; enluten su corazón y no sus vestidos. Vuélvanse al Señor Dios nuestro, porque es compasivo y misericordioso, lento a la cólera, rico en clemencia, y se conmueve ante la desgracia. Quizá se arrepienta, se compadezca de nosotros y nos deje una bendición, que haga posibles las ofrendas y libaciones al Señor, nuestro Dios. Toquen la trompeta en Sión, promulguen un ayuno, convoquen la asamblea, reúnan al pueblo, santifiquen la reunión, junten a los ancianos, convoquen a los niños, aun a los niños de pecho. Que el recién casado deje su alcoba y su tálamo la recién casada. Entre el vestíbulo y el altar lloren los sacerdotes, ministros del Señor, diciendo: 'Perdona, Señor, perdona a tu pueblo. No entregues tu heredad a la burla de las naciones. Que no digan los paganos: ¿Dónde está el Dios de Israel?' " Y el Señor se llenó de celo por su tierra y tuvo piedad de su pueblo.

Salmo Responsorial: Salmo 50, 3-4. 5-6a. 12-13. 14 y 17

R. (3a) Misericordia, Señor, hemos pecado.

Por tu inmensa compasión y misericordia, Señor, apiádate de mí y olvida mis ofensas. Lávame bien de todos mis delitos, y purifícame de mis pecados. **R.**
Puesto que reconozco mis culpas, tengo siempre presentes mis pecados. Contra ti sólo pequé, Señor, haciendo lo que a tus ojos era malo. **R.**
Crea en mí, Señor, un corazón puro, un espíritu nuevo para cumplir tus mandamientos. No me arrojes, Señor, lejos de ti, ni retires de mí ti santo espíritu. **R.**
Devuélveme tu salvación, que regocija y mantén en mí un alma generosa. Señor, abre mis labios, y cantará mi boca tu alabanza. **R.**

Segunda Lectura: 2 Corintios 5, 20-6, 2

Hermanos: Somos embajadores de Cristo, y por nuestro medio, es como si Dios mismo los exhortara a ustedes. En nombre de Cristo les pedimos que se dejen reconciliar con Dios. Al que nunca cometió pecado, Dios lo hizo "pecado" por nosotros, para que, unidos a él, recibamos la salvación de Dios y nos volvamos justos y santos. Como colaboradores que somos de Dios, los exhortamos a no echar su gracia en saco roto. Porque el Señor dice: *En el tiempo favorable te escuché y en el día de la salvación te socorrí.* Pues bien, ahora es el tiempo favorable; ahora es el día de la salvación.

Aclamación antes del Evangelio: Salmo 94, 8
R. Honor y gloria a ti, Señor Jesús.

Hagámosle caso al Señor, que nos dice: "No endurezcan su corazón". **R.**

Evangelio: Mateo 6, 1-6. 16-18

En aquel tiempo, Jesús dijo a sus discípulos: "Tengan cuidado de no practicar sus obras de piedad delante de los hombres para que los vean. De lo contrario, no tendrán recompensa con su Padre celestial. Por lo tanto, cuando des limosna, no lo anuncies con trompeta, como hacen los hipócritas en las sinagogas y por las calles, para que los alaben los hombres. Yo les aseguro que ya recibieron su recompensa. Tú, en cambio, cuando des limosna, que no sepa tu mano izquierda lo que hace la derecha, para que tu limosna quede en secreto; y tu Padre, que ve lo secreto, te recompensará. Cuando ustedes hagan oración, no sean como los hipócritas, a quienes les gusta orar de pie en las sinagogas y en las esquinas de las plazas, para que los vea la gente. Yo les aseguro que ya recibieron su recompensa. Tú, en cambio, cuando vayas a orar, entra en tu cuarto, cierra la puerta y ora ante tu Padre, que está allí, en lo secreto; y tu Padre, que ve lo secreto, te recompensará. Cuando ustedes ayunen, no pongan cara triste, como esos hipócritas que descuidan la apariencia de su rostro, para que la gente note que están ayunando. Yo les aseguro que ya recibieron su recompensa. Tú, en cambio, cuando ayunes, perfúmate la cabeza y lávate la cara, para que no sepa la gente que estás ayunando, sino tu Padre, que está en lo secreto; y tu Padre, que ve lo secreto, te recompensará".

Jueves después de ceniza

Primera Lectura: Deuteronomio 30, 15-20

Esto dice el Señor: "Mira: Hoy pongo delante de ti la vida y el bien o la muerte y el mal. Si cumples lo que yo te mando hoy, amando al Señor tu Dios, siguiendo sus caminos, cumpliendo sus preceptos, mandatos y decretos, vivirás y te multiplicarás. El Señor, tu Dios, te bendecirá en la tierra donde vas a entrar para poseerla. Pero si tu corazón se resiste y no obedeces, si te dejas arrastrar y te postras para dar culto a dioses extranjeros, yo te anuncio hoy que perecerás sin remedio y que, pasado el Jordán para entrar a poseer la tierra, no vivirás muchos años en ella. Hoy tomo por testigos al cielo y a la tierra de que les he propuesto la vida o la muerte, la bendición o la maldición. Elige la vida y vivirás, tú y tu descendencia, amando al Señor tu Dios, escuchando su voz, adhiriéndote a él; pues en eso está tu vida y el que habites largos años en la tierra que el Señor prometió dar a tus padres, Abraham, Isaac y Jacob".

Salmo Responsorial: Salmo 1, 1-2. 3. 4 y 6

R. (Sal 39, 5a) Dichoso el hombre que confiá en el Señor.

Dichoso el hombre que no se guía por mundanos criterios, que no anda en malos pasos ni se burla del bueno, que amala ley de Dios y se goza en cumplir sus mandamientos. **R.**

Es como un árbol plantado junto al rio. Que da fruto a su tiempo y nunca se marchita. En todo tendrá éxito. **R.**

En cambio los malvados serán como la paja barrida por el viento. Porque el Señor protege el camino del justo y al malo sus caminos acaban por perderlo. **R.**

Aclamación antes del Evangelio: Mateo 4, 17

R. Honor y gloria a ti, Señor Jesús.

Arrepiéntanse, dice el Señor, porque ya está cerca el Reino de los cielos. **R.**

Evangelio: Lucas 9, 22-25

En aquel tiempo, Jesús dijo a sus discípulos: "Es necesario que el Hijo del hombre sufra mucho, que sea rechazado por los ancianos, los sumos sacerdotes y los escribas, que sea entregado a la muerte y que resucite al tercer día". Luego, dirigiéndose a la multitud, les dijo: "Si alguno quiere acompañarme, que no se busque a sí mismo, que tome su cruz de cada día y me siga. Pues el que quiera conservar para sí mismo su vida, la perderá; pero el que la pierda por mi causa, ése la encontrará. En efecto, ¿de qué le sirve al hombre ganar todo el mundo, si se pierde a sí mismo o se destruye?"

Viernes 16 de febrero de 2024
Viernes después de ceniza
Primera Lectura: Isaías 58, 1-9

Esto dice el Señor: "Clama a voz en cuello y que nadie te detenga. Alza la voz como trompeta. Denuncia a mi pueblo sus delitos, a la casa de Jacob sus pecados. Me buscan día a día y quieren conocer mi voluntad, `como si fuera un pueblo que practicara la justicia y respetara los juicios de Dios. Me piden sentencias justas y anhelan tener cerca a Dios. Me dicen todos los días: '¿Para qué ayunamos, si tú no nos ves? ¿Para qué nos mortificamos, si no te das por enterado?' Es que el día en que ustedes ayunan encuentran la forma de hacer negocio y oprimen a sus trabajadores. Es que ayunan, sí, para luego reñir y disputar, para dar puñetazos sin piedad. Ése no es un ayuno que haga oír en el cielo la voz de ustedes. ¿Acaso es éste el ayuno que me agrada? ¿Es ésta la mortificación que yo acepto del hombre: encorvar la cabeza como un junco y acostarse sobre saco y ceniza? ¿A esto llaman ayuno y día agradable al Señor? El ayuno que yo quiero de ti es éste, dice el Señor: Que rompas las cadenas injustas y levantes los yugos opresores; que liberes a los oprimidos y rompas todos los yugos; que compartas tu pan con el hambriento y abras tu casa al pobre sin techo; que vistas al desnudo y no des la espalda a tu propio hermano. Entonces surgirá tu luz como la aurora y cicatrizarán de prisa tus heridas; te abrirá camino la justicia y la gloria del Señor cerrará tu marcha. Entonces clamarás al Señor y él te responderá; lo llamarás y él te dirá: 'Aquí estoy'".

Salmo Responsorial: Salmo 50, 3-4. 5-6a. 18-19

R. (19b) A un corazón contrito, Señor, no lo desprecias.

Por tu inmensa compasión y misericordia, Señor, apiádate de mí y olvida mis ofensas. Lávame bien de todos mis delitos, y purifícame de mis pecados. **R.**

Puesto que reconozco mis culpas, tengo siempre presentes mis pecados. Contra ti sólo pequé, Señor, haciendo lo que a tus ojos era malo. **R.**

Tú, Señor, no te complaces en los sacrificios y si te ofreciera un holocausto, no te agradaría. Un corazón contrito te presento, y a un corazón contrito, tú nunca lo desprecias. **R.**

Aclamación antes del Evangelio: Amós 5, 14

R. Honor y gloria a ti, Señor Jesús.

Busquen el bien y no el mal, para que vivan, y el Señor estará con ustedes. **R.**

Evangelio: Mateo 9, 14-15

En aquel tiempo, los discípulos de Juan fueron a ver a Jesús y le preguntaron: "¿Por qué tus discípulos no ayunan, mientras nosotros y los fariseos sí ayunamos?" Jesús les respondió: "¿Cómo pueden llevar luto los amigos del esposo, mientras él está con ellos? Pero ya vendrán días en que les quitarán al esposo, y entonces sí ayunarán".

Sábado 17 de febrero de 2024
Sábado después de ceniza

Primera Lectura: Isaías 58, 9-14

Esto dice el Señor: "Cuando renuncies a oprimir a los demás y destierres de ti el gesto amenazador y la palabra ofensiva; cuando compartas tu pan con el hambriento y sacies la necesidad del humillado, brillará tu luz en las tinieblas y tu oscuridad será como el mediodía. El Señor te dará reposo permanente; en el desierto saciará tu hambre y dará vigor a tu cuerpo; serás como un huerto bien regado, como un manantial cuyas aguas no se agotan. Construirás sobre tus viejas ruinas y edificarás sobre cimientos muy antiguos; te llamarán reparador de brechas y restaurador de hogares derruidos. Si detienes tus pasos para no violar el sábado y no tratas tus negocios en mi día santo, si llamas al sábado tu delicia y lo consagras a la gloria del Señor, si lo honras absteniéndote de viajes, de buscar tu interés, de tratar tus asuntos, entonces el Señor será tu delicia. Te asentaré sobre mis montañas, te haré gustar la herencia de tu padre Jacob".

Salmo Responsorial: Salmo 85, 1-2. 3-4. 5-6
R. (11a) Señor, enséñame a seguir fielmente tus caminos.

Presta, Señor, oídos mi súplica, pues soy un pobre, lleno desdichas. Protégeme, Señor, porque tu amo; salva a tu servidor, que en ti confía. **R.**

Ten compasión de mí, pues clamo a ti, Dios mío, todo el día, y ya que a ti, Señor, levanto el alma, llena a este siervo tuyo de alegría. **R.**

Puesto que eres, Señor, bueno y clemente, y todo amor con quien tu nombre invoca, escucha mi oración y a mi súplica da repuesta pronta. **R.**

Aclamación antes del Evangelio: Ezequiel 33, 11
R. Honor y gloria a ti, Señor Jesús.

No quiero la muerte del pecador, sino que se arrepienta y viva, dice el Señor. **R.**

Evangelio: Lucas 5, 27-32
En aquel tiempo, vio Jesús a un publicano, llamado Leví (Mateo), sentado en su despacho de recaudador de impuestos, y le dijo: "Sígueme". Él, dejándolo todo, se levantó y lo siguió. Leví ofreció en su casa un gran banquete en honor de Jesús, y estaban a la mesa, con ellos, un gran número de publicanos y otras personas. Los fariseos y los escribas criticaban por eso a los discípulos, diciéndoles: "¿Por qué comen y beben con publicanos y pecadores?" Jesús les respondió: "No son los sanos los que necesitan al médico, sino los enfermos. No he venido a llamar a los justos, sino a los pecadores, para que se conviertan".

Domingo 18 de febrero de 2024
I Domingo de Cuaresma

Primera Lectura: Génesis 9, 8-15

En aquellos días, dijo Dios a Noé y a sus hijos: "Ahora establezco una alianza con ustedes y con sus descendientes, con todos los animales que los acompañaron, aves, ganados y fieras, con todos los que salieron del arca, con todo ser viviente sobre la tierra. Ésta es la alianza que establezco con ustedes: No volveré a exterminar la vida con el diluvio, ni habrá otro diluvio que destruya la tierra". Y añadió: "Ésta es la señal de la alianza perpetua que yo establezco con ustedes y con todo ser viviente que esté con ustedes. Pondré mi arco iris en el cielo como señal de mi alianza con la tierra, y cuando yo cubra de nubes la tierra, aparecerá el arco iris y me acordaré de mi alianza con ustedes y con todo ser viviente. No volverán las aguas del diluvio a destruir la vida".

Salmo Responsorial: Salmo 24, 4bc-5ab. 6-7bc. 8-9
R. (10) Descúbrenos, Señor, tus caminos.

Descúbrenos, Señor, tus caminos, guíanos con la verdad de tu doctrina. Tú eres nuestro Dios y salvador y tenemos en ti nuestra esperanza. **R.**

Acuérdate, Señor, que son eternos tu amor y tu ternura. Según ese amor y esa ternura, acuérdate de nosotros. **R.**

Porque el Señor es recto y bondadoso, indica a los pecadores el sendero, guía por la senda recta a los humildes y descubre a los pobres sus caminos. **R.**

Segunda Lectura: 1 Pedro 3, 18-22

Hermanos: Cristo murió, una sola vez y para siempre, por los pecados de los hombres; él, el justo, por nosotros, los injustos, para llevarnos a Dios; murió en su cuerpo y resucitó glorificado. En esta ocasión, fue a proclamar su mensaje a los espíritus encarcelados, que habían sido rebeldes en los tiempos de Noé, cuando la paciencia de Dios aguardaba, mientras se construía el arca, en la que unos pocos, ocho personas, se salvaron flotando sobre el agua. Aquella agua era figura del bautismo, que ahora los salva a ustedes y que no consiste en quitar la inmundicia corporal, sino en el compromiso de vivir con una buena conciencia ante Dios, por la resurrección de Cristo Jesús, Señor nuestro, que subió al cielo y está a la derecha de Dios, a quien están sometidos los ángeles, las potestades y las virtudes.

Aclamación antes del Evangelio: Mateo 4, 4

R. Honor y gloria a ti, Señor Jesús.

No sólo de pan vive el hombre, sino también de toda palabra que sale de la boca de Dios. **R.**

Evangelio: Marcos 1, 12-15

En aquel tiempo, el Espíritu impulsó a Jesús a retirarse al desierto, donde permaneció cuarenta días y fue tentado por Satanás. Vivió allí entre animales salvajes, y los ángeles le servían. Después de que arrestaron a Juan el Bautista, Jesús se fue a Galilea para predicar el Evangelio de Dios y decía: "Se ha cumplido el tiempo y el Reino de Dios ya está cerca. Arrepiéntanse y crean en el Evangelio".

Lunes 19 de febrero de 2024
Lunes de la I semana de Cuaresma

Primera Lectura: Levítico 19, 1-2. 11-18

En aquellos días, dijo el Señor a Moisés: "Habla a la asamblea de los hijos de Israel y diles: 'Sean santos, porque yo, el Señor, soy santo. No hurtarán. No mentirán ni engañarán a su prójimo. No jurarán en falso por mi nombre; eso sería profanar el nombre de su Dios. Yo soy el Señor. No oprimas ni explotes a tu prójimo. No retengas hasta el día siguiente el salario del que trabaja para ti. No maldigas al sordo, ni pongas tropiezos ante el ciego. Teme a tu Dios. Yo soy el Señor. No seas injusto en la sentencia, ni por favorecer al pobre ni por respeto al poderoso. Juzga con justicia a tu prójimo. No andes calumniando a los tuyos ni des testimonio contra la vida de tu prójimo. Yo soy el Señor. No odies a tu hermano ni en lo secreto de tu corazón. Trata de corregirlo, para que no cargues tú con su pecado. No te vengues ni guardes rencor a los hijos de tu pueblo. Ama a tu prójimo como a ti mismo. Yo soy el Señor'".

Salmo Responsorial: Salmo 18, 8. 9. 10. 15

R. (Juan 6, 63) Tus palabras, Señor, son espíritu y vida.

La ley del Señor es perfecta del todo y reconforta el alma; inmutables son las palabras del Señor y hacen sabio al sencillo. **R.**

En los mandamientos del Señor hay rectitud y alegría para el corazón; so luz los preceptos del Señor para alumbrar el camino. **R.**

La voluntad del Señor es santa y para siempre estable; los mandatos del Señor son verdaderos y enteramente justos. **R.**

Que te sean gratas las palabras de mi boca, y los anhelos de mi corazón. Haz, Señor, que siempre te busque pues eres mi refugio y salvación. **R.**

Aclamación antes del Evangelio: 2 Corintios 6, 2

R. Honor y gloria a ti, Señor Jesús.

Esta es el tiempo favorable, este es el día de la salvación. **R.**

Evangelio: Mateo 25, 31-46

En aquel tiempo, Jesús dijo a sus discípulos: "Cuando venga el Hijo del hombre, rodeado de su gloria, acompañado de todos sus ángeles, se sentará en su trono de gloria. Entonces serán congregadas ante él todas las naciones, y él apartará a los unos de los otros, como aparta el pastor a las ovejas de los cabritos, y pondrá a las ovejas a su derecha y a los cabritos a su izquierda. Entonces dirá el rey a los de su derecha: 'Vengan, benditos de mi Padre; tomen posesión del Reino preparado para ustedes desde la creación del mundo; porque estuve hambriento y me dieron de comer, sediento y me dieron de beber, era forastero y me hospedaron, estuve desnudo y me vistieron, enfermo y me visitaron, encarcelado y fueron a verme'. Los justos le contestarán entonces: 'Señor, ¿cuándo te vimos hambriento y te dimos de comer, sediento y te dimos de beber? ¿Cuándo te vimos de forastero y te hospedamos, o desnudo y te vestimos? ¿Cuándo te vimos enfermo o encarcelado y te fuimos a ver?' Y el rey les dirá: 'Yo les aseguro que, cuando lo hicieron con el más insignificante de mis hermanos, conmigo lo hicieron'. Entonces dirá también a los de su izquierda: 'Apártense de mí, malditos; vayan al fuego eterno, preparado para el diablo y sus ángeles; porque estuve hambriento y no me dieron de comer, sediento y no me dieron de beber, era forastero y no me hospedaron, estuve desnudo y no me vistieron, enfermo y encarcelado y no me visitaron'. Entonces ellos le responderán: 'Señor, ¿cuándo te vimos hambriento o sediento, de forastero o desnudo, enfermo o encarcelado y no te asistimos?' Y él les replicará: 'Yo les aseguro que, cuando no lo hicieron con uno de aquellos más insignificantes, tampoco lo hicieron conmigo'. Entonces irán éstos al castigo eterno y los justos a la vida eterna".

Martes 20 de febrero de 2024
Martes de la I semana de Cuaresma
Primera Lectura: Isaías 55, 10-11

Esto dice el Señor: "Como bajan del cielo la lluvia y la nieve y no vuelven allá, sino después de empapar la tierra, de fecundarla y hacerla germinar, a fin de que dé semilla para sembrar y pan para comer, así será la palabra que sale de mi boca: no volverá a mí sin resultado, sino que hará mi voluntad y cumplirá su misión".

Salmo Responsorial: Salmo 33, 4-5. 6-7. 16-17. 18-19
R. (18b) El Señor libra al justo de todas sus angustias.

Proclamemos la grandeza del Señor, y alabemos todos juntos su poder. Cuando acudí al Señor, me hizo caso y me libró de todas mis temores. **R.**
Confía en el Señor y saltarás de gusto, jamás te sentirás decepcionado, porque el Señor escucha el clamor de los pobres, y los libra de todas sus angustias. **R.**
Los ojos del Señor cuidan al justo y a su clamor están atentos sus oídos. Contra el malvado, en cambio, está el Señor, para borrar de la tierra su recuerdo. **R.**
Escucha el Señor al hombre justo y lo libra de todas sus congojas. El Señor no está lejos de sus fieles, Y levanta a las almas abatidas. **R.**

Aclamación antes del Evangelio: Mateo 4, 4
R. Honor y gloria a ti, Señor Jesús.

No sólo de pan vive el hombre, sino también de toda palabra que sale de la boca de Dios. **R.**

Evangelio: Mateo 6, 7-15

En aquel tiempo, Jesús dijo a sus discípulos: "Cuando ustedes hagan oración no hablen mucho, como los paganos, que se imaginan que a fuerza de mucho hablar, serán escuchados. No los imiten, porque el Padre sabe lo que les hace falta, antes de que se lo pidan. Ustedes, pues, oren así: Padre nuestro, que estás en el cielo, santificado sea tu nombre, venga tu Reino, hágase tu voluntad en la tierra como en el cielo. Danos hoy nuestro pan de cada día, perdona nuestras ofensas, como también nosotros perdonamos a los que nos ofenden; no nos dejes caer en tentación y líbranos del mal. Si ustedes perdonan las faltas a los hombres, también a ustedes los perdonará el Padre celestial. Pero si ustedes no perdonan a los hombres, tampoco el Padre les perdonará a ustedes sus faltas".

Miércoles 21 de febrero de 2024
Miércoles de la I semana de Cuaresma
Primera Lectura: Jonás 3, 1-10

En aquellos días, el Señor volvió a hablar a Jonás y le dijo: "Levántate y vete a Nínive, la gran capital, para anunciar ahí el mensaje que te voy a indicar". Se levantó Jonás y se fue a Nínive, como le había mandado el Señor. Nínive era una ciudad enorme: hacían falta tres días para recorrerla. Jonás caminó por la ciudad durante un día, pregonando: "Dentro de cuarenta días Nínive será destruida". Los ninivitas creyeron en Dios, ordenaron un ayuno y se vistieron de sayal, grandes y pequeños. Llegó la noticia al rey de Nínive, que se levantó del trono, se quitó el manto, se vistió de sayal, se sentó sobre ceniza y en nombre suyo y de sus ministros, mandó proclamar en Nínive el siguiente decreto: "Que hombres y animales, vacas y ovejas, no prueben bocado, que no pasten ni beban; que todos se vistan de sayal e invoquen con fervor a Dios y que cada uno se arrepienta de su mala vida y deje de cometer injusticias. Quizá Dios se arrepienta y nos perdone, aplaque el incendio de su ira y así no moriremos". Cuando Dios vio sus obras y cómo se convertían de su mala vida, cambió de parecer y no les mandó el castigo que había determinado imponerles.

Salmo Responsorial: Salmo 50, 3-4. 12-13. 18-19

R. (19b) A un corazón contrito, Señor, no lo desprecias.

Por tu inmensa compasión y misericordia, Señor, apiádate de mí y olvida mis ofensas. Lávame bien de todos mis delitos, y purifícame de mis pecados. **R.**

Crea en mí, Señor, un corazón puro, un espíritu nuevo para cumplir tus mandamientos. No me arrojes, Señor, lejos de ti, ni retires de mí ti santo espíritu. **R.**

Tú, Señor, no te complaces en los sacrificios y si te ofreciera un holocausto, no te agradaría. Un corazón contrito te presento, y a un corazón contrito, tú nunca lo desprecias. **R.**

Aclamación antes del Evangelio: Joel 2, 12-13
R. Honor y gloria a ti, Señor Jesús.

Todavía es tiempo, dice el Señor. Arrepiéntanse de todo corazón y vuélvanse a mí, que soy compasivo y misericordioso. **R.**

Evangelio: Lucas 11, 29-32

En aquel tiempo, la multitud se apiñaba alrededor de Jesús y comenzó a decirles: "La gente de este tiempo es una gente perversa. Pide una señal, pero no se le dará más señal que la de Jonás. Pues así como Jonás fue una señal para los habitantes de Nínive, lo mismo será el Hijo del hombre para la gente de este tiempo. Cuando sean juzgados los hombres de este tiempo, la reina del sur se levantará el día del juicio para condenarlos, porque ella vino desde los últimos rincones de la tierra para escuchar la sabiduría de Salomón, y aquí hay uno que es más que Salomón. Cuando sea juzgada la gente de este tiempo, los hombres de Nínive se levantarán el día del juicio para condenarla, porque ellos se convirtieron con la predicación de Jonás, y aquí hay uno que es más que Jonás".

Jueves 22 de febrero de 2024

Fiesta de la Cátedra de San Pedro, Apóstol

Primera Lectura: 1 Pedro 5, 1-4

Hermanos: Me dirijo ahora a los pastores de las comunidades de ustedes, yo, que también soy pastor como ellos y además he sido testigo de los sufrimientos de

Cristo y participante de la gloria que se va a manifestar. Apacienten el rebaño que Dios les ha confiado y cuiden de él no como obligados por la fuerza, sino de buena gana, como Dios quiere; no por ambición de dinero, sino con entrega generosa; no como si ustedes fueran los dueños de las comunidades que se les han confiado, sino dando buen ejemplo. Y cuando aparezca el Pastor supremo, recibirán el premio inmortal de la gloria.

Salmo Responsorial: Salmo 22, 1-3a. 3b-4. 5. 6
R. (1) El Señor es mi pastor, nada me faltará.
El Señor es mi pastor, nada me falta: en verdes praderas me hace reposar y hacia fuentes tranquilas me conduce para reparar mis fuerzas. **R.**
Por ser Dios fiel a sus promesas, me guía por el sendero recto; Así, aunque camine por cañadas oscuras, Nade temo, porque tú estás conmigo. Tu vara y tu cayado me dan seguridad. **R.**
Tú mismo me preparas la mesa, a despecho de mis adversarios; me unges la cabeza con perfume y llenas mi copa hasta los bordes. **R.**
Tu bondad y tu misericordia me acompañarán todos los días de mi vida; y viviré en la casa del Señor por años sin término. **R.**

Aclamación antes del Evangelio: Mateo 16, 18
R. Aleluya, aleluya.
Tú eres Pedro y sobre esta piedra edificaré mi Iglesia, y los poderes del infierno no prevalecerán sobre ella, dice el Señor. **R.**

Evangelio: Mateo 16, 13-19
En aquel tiempo, cuando llegó Jesús a la región de Cesarea de Filipo, hizo esta pregunta a sus discípulos: "¿Quién dice la gente que es el Hijo del hombre?" Ellos le respondieron: "Unos dicen que eres Juan el Bautista; otros, que Elías; otros, que Jeremías o alguno de los profetas". Luego les preguntó: "Y ustedes, ¿quién dicen que soy yo?" Simón Pedro tomó la palabra y le dijo: "Tú eres el Mesías, el Hijo de Dios vivo". Jesús le dijo entonces: "¡Dichoso tú, Simón, hijo de Juan, porque esto no te lo ha revelado ningún hombre, sino mi Padre que está en los

cielos! Y yo te digo a ti que tú eres Pedro y sobre esta piedra edificaré mi Iglesia. Los poderes del infierno no prevalecerán sobre ella. Yo te daré las llaves del Reino de los cielos; todo lo que ates en la tierra quedará atado en el cielo y todo lo que desates en la tierra quedará desatado en el cielo".

Viernes 23 de febrero de 2024
Viernes de la I semana de Cuaresma

Primera Lectura: Ezequiel 18, 21-28

Esto dice el Señor: "Si el pecador se arrepiente de los pecados cometidos, guarda mis preceptos y practica la rectitud y la justicia, ciertamente vivirá y no morirá; no me acordaré de los delitos que cometió; vivirá a causa de la justicia que practicó. ¿Acaso quiero yo la muerte del pecador, dice el Señor, y no más bien que enmiende su conducta y viva? Si el justo se aparta de su justicia y comete maldad, no se recordará la justicia que hizo. Por la iniquidad que perpetró, por el pecado que cometió, morirá. Y si dice: 'No es justo el proceder del Señor', escucha, casa de Israel: ¿Conque es injusto mi proceder? ¿No es más bien el proceder de ustedes el injusto? Cuando el justo se aparta de su justicia, comete la maldad y muere; muere por la maldad que cometió. Cuando el pecador se arrepiente del mal que hizo y practica la rectitud y la justicia, él mismo salva su vida. Si recapacita y se aparta de los delitos cometidos, ciertamente vivirá y no morirá".

Salmo Responsorial: Salmo 129, 1-2. 3-4ab. 4c-6. 7-8
R. (3) Perdónanos, Señor, y viviremos.

Desde el abismo de mis pecados clamo a ti; Señor, escucha mi clamor; que estén atentos tus oídos a mi voz suplicante. **R.**

Si conservaras el recuerdo de las culpas, ¿quién habría, Señor, que se salvara? Pero de ti procede el perdón, por eso con amor te veneramos. **R.**

Confío en el Señor, mi alma espera y confía en su palabra; mi alma aguarda al Señor, mucho más que la aurora el centinela. **R.**

Como aguarda a la aurora el centinela, Aguarde Israel al Señor, porque del Señor viene la misericordia y la abundancia de la redención, y él redimirá a su pueblo de todos sus iniquidades. **R.**

Aclamación antes del Evangelio: Ezequiel 18, 31
R. Honor y gloria a ti, Señor Jesús.
Purifíquense de todas sus iniquidades; renueven su corazón y su espíritu, dice el
Señor. **R.**

Evangelio: Mateo 5, 20-26
En aquel tiempo, Jesús dijo a sus discípulos: "Les aseguro que si su justicia no es
mayor que la de los escribas y fariseos, ciertamente no entrarán ustedes en el
Reino de los cielos. Han oído que se dijo a los antiguos: *No matarás y el que
mate será llevado ante el tribunal.* Pero yo les digo: Todo el que se enoje con su
hermano, será llevado también ante el tribunal; el que insulte a su hermano, será
llevado ante el tribunal supremo, y el que lo desprecie, será llevado al fuego del
lugar de castigo. Por lo tanto, si cuando vas a poner tu ofrenda sobre el altar, te
acuerdas allí mismo de que tu hermano tiene alguna queja contra ti, deja tu
ofrenda junto al altar y ve primero a reconciliarte con tu hermano, y vuelve luego
a presentar tu ofrenda. Arréglate pronto con tu adversario, mientras vas con él
por el camino; no sea que te entregue al juez, el juez al policía y te metan a la
cárcel. Te aseguro que no saldrás de allí hasta que hayas pagado el último
centavo".

Sábado 24 de febrero de 2024
Sábado de la I semana de Cuaresma

Primera Lectura: Deuteronomio 26, 16-19
En aquel tiempo, habló Moisés al pueblo y le dijo: "El Señor, tu Dios, te manda
hoy que cumplas estas leyes y decretos; guárdalos, por lo tanto, y ponlos en
práctica con todo tu corazón y con toda tu alma. Hoy has oído al Señor declarar
que él será tu Dios, pero sólo si tú caminas por sus sendas, guardas sus leyes,
mandatos y decretos, y escuchas su voz. Hoy el Señor te ha oído declarar que tú
serás el pueblo de su propiedad, como él te lo ha prometido, pero sólo si guardas
sus mandamientos. Por eso él te elevará en gloria, renombre y esplendor, por

encima de todas las naciones que ha hecho y tú serás un pueblo consagrado al Señor, tu Dios, como él te lo ha prometido".

Salmo Responsorial: Salmo 118, 1-2. 4-5. 7-8
R. (1b) Dichoso el que cumple la voluntad del Señor.
Dichoso el hombre de conducta intachable, que cumple la ley del Señor. Dichoso el que es fiel a sus enseñanzas y lo busca de todo corazón. **R.**
Tú, Señor, has dado tus preceptos para que se observen exactamente. Ojalá que mis pasos se encaminen al cumplimiento de tus mandamientos. **R.**
Te alabaré con sincero corazón, cuando haya aprendido tus justos mandamientos. Quiero cumplir tu ley exactamente. Tú, Señor, no me abandones. **R.**

Aclamación antes del Evangelio: 2 Corintios 6, 2
R. Honor y gloria a ti, Señor Jesús.
Este es el tiempo favorable, este es el día de la salvación. **R.**

Evangelio: Mateo 5, 43-48
En aquel tiempo, Jesús dijo a sus discípulos: "Han oído que se dijo: *Ama a tu prójimo y odia a tu enemigo*. Yo, en cambio, les digo: Amen a sus enemigos, hagan el bien a los que los odian y rueguen por los que los persiguen y calumnian, para que sean hijos de su Padre celestial, que hace salir su sol sobre los buenos y los malos, y manda su lluvia sobre los justos y los injustos. Porque, si ustedes aman a los que los aman, ¿qué recompensa merecen? ¿No hacen eso mismo los publicanos? Y si saludan tan sólo a sus hermanos, ¿qué hacen de extraordinario? ¿No hacen eso mismo los paganos? Sean, pues, perfectos como su Padre celestial es perfecto".

Domingo 25 de febrero de 2024
II Domingo de Cuaresma

Primera Lectura: Génesis 22, 1-2. 9-13. 15-18

En aquel tiempo, Dios le puso una prueba a Abraham y le dijo: "¡Abraham, Abraham!" Él respondió: "Aquí estoy". Y Dios le dijo: "Toma a tu hijo único, Isaac, a quien tanto amas; vete a la región de Moria y ofrécemelo en sacrificio, en el monte que yo te indicaré". Cuando llegaron al sitio que Dios le había señalado, Abraham levantó un altar y acomodó la leña. Luego ató a su hijo Isaac, lo puso sobre el altar, encima de la leña, y tomó el cuchillo para degollarlo. Pero el ángel del Señor lo llamó desde el cielo y le dijo: "¡Abraham, Abraham!" Él contestó: "Aquí estoy". El ángel le dijo: "No descargues la mano contra tu hijo, ni le hagas daño. Ya veo que temes a Dios, porque no le has negado a tu hijo único". Abraham levantó los ojos y vio un carnero, enredado por los cuernos en la maleza. Atrapó el carnero y lo ofreció en sacrificio en lugar de su hijo. El ángel del Señor volvió a llamar a Abraham desde el cielo y le dijo: "Juro por mí mismo, dice el Señor, que por haber hecho esto y no haberme negado a tu hijo único, yo te bendeciré y multiplicaré tu descendencia como las estrellas del cielo y las arenas del mar. Tus descendientes conquistarán las ciudades enemigas. En tu descendencia serán bendecidos todos los pueblos de la tierra, porque obedeciste a mis palabras".

Salmo Responsorial: Salmo 115, 10 y 15. 16-17. 18-19
R. (Salmo 114, 9) Siempre confiaré en el Señor.

Aun abrumado de desgracias, siempre confié en Dios. A los ojos del Señor es muy penoso que mueran sus amigos. R.

De la muerte, Señor, me has librado, a mí, tu esclavo e hijo de tu esclava; te ofreceré con gratitud un sacrificio e invocaré tu nombre. R.

Cumpliré mis promesas al Señor ante todo su pueblo, en medio de su templo santo, que está en Jerusalén. R.

Segunda Lectura: Romanos 8, 31b-34
Hermanos: Si Dios está a nuestro favor, ¿quién estará en contra nuestra? El que no nos escatimó a su propio Hijo, sino que lo entregó por todos nosotros, ¿cómo no va a estar dispuesto a dárnoslo todo, junto con su Hijo? ¿Quién acusará a los elegidos de Dios? Si Dios mismo es quien los perdona, ¿quién será el que los

condene? ¿Acaso Jesucristo, que murió, resucitó y está a la derecha de Dios para interceder por nosotros?

Aclamación antes del Evangelio: Marcos 9,7
R. Honor y gloria a ti, Señor Jesús.

En el esplendor de la nube se oyó la voz del Padre, que decía: "Éste es mi Hijo amado; escúchenlo". **R.**

Evangelio: Marcos 9, 2-10

En aquel tiempo, Jesús tomó aparte a Pedro, a Santiago y a Juan, subió con ellos a un monte alto y se transfiguró en su presencia. Sus vestiduras se pusieron esplendorosamente blancas, con una blancura que nadie puede lograr sobre la tierra. Después se les aparecieron Elías y Moisés, conversando con Jesús. Entonces Pedro le dijo a Jesús: "Maestro, ¡qué a gusto estamos aquí! Hagamos tres chozas, una para ti, otra para Moisés y otra para Elías". En realidad no sabía lo que decía, porque estaban asustados. Se formó entonces una nube, que los cubrió con su sombra, y de esta nube salió una voz que decía: "Éste es mi Hijo amado; escúchenlo". En ese momento miraron alrededor y no vieron a nadie sino a Jesús, que estaba solo con ellos. Cuando bajaban de la montaña, Jesús les mandó que no contaran a nadie lo que habían visto, hasta que el Hijo del hombre resucitara de entre los muertos. Ellos guardaron esto en secreto, pero discutían entre sí qué querría decir eso de 'resucitar de entre los muertos'.

Lunes 26 de febrero de 2024
Lunes de la II semana de Cuaresma
Primera Lectura: Daniel 9, 4-10

En aquellos días, imploré al Señor, mi Dios, y le hice esta confesión: "Señor Dios, grande y temible, que guardas la alianza y el amor a los que te aman y observan tus mandamientos. Nosotros hemos pecado, hemos cometido iniquidades, hemos sido malos, nos hemos rebelado y nos hemos apartado de tus mandamientos y de tus normas. No hemos hecho caso a los profetas, tus siervos, que hablaban a nuestros reyes, a nuestros príncipes, a nuestros padres y a todo el pueblo. Tuya es, Señor, la justicia, y nuestra la vergüenza en el rostro, que ahora soportan los hombres de Judá, los habitantes de Jerusalén y de todo Israel, próximos y lejanos, en todos los países donde tú los dispersaste, a causa de las infidelidades que cometieron contra ti. Señor, la vergüenza es nuestra, de nuestros reyes, de nuestros príncipes y de nuestros padres, porque hemos pecado contra ti. De nuestro Dios, en cambio, es el tener misericordia y perdonar, aunque nos hemos rebelado contra él, y al no seguir las leyes que él nos había dado por medio de sus siervos, los profetas, no hemos obedecido su voz".

Salmo Responsorial: Salmo 78, 8.9. 11 y 13
R. (Sal 102, 10a) No nos trates, Señor, como merecen nuestros pecados.

No recuerdes, Señor, contra nosotros las culpas de nuestros padres. Que tu amor venga pronto a socorrernos, porque estamos totalmente abatidos. **R.**

Para que sepan quién eres, socórrenos, Dios y salvador nuestro. Para que sepan quién eres, sálvanos y perdona nuestros pecados. **R.**

Que lleguen hasta ti los gemidos del cautivo; con tu brazo poderoso salva a los condenados a muerte. Y nosotros, pueblo tuyo y ovejas de tu rebaño, te daremos gracias siempre, y de generación en generación te alabaremos. **R.**

Aclamación antes del Evangelio: Juan 6, 63. 68
R. Honor y gloria a ti, Señor Jesús.

Tus palabras, Señor, son espíritu y vida. Tú tienes palabras de vida eterna. **R.**

Evangelio: Lucas 6, 36-38
En aquel tiempo, Jesús dijo a sus discípulos: "Sean misericordiosos, como su Padre es misericordioso. No juzguen y no serán juzgados; no condenen y no serán condenados; perdonen y serán perdonados. Den y se les dará: recibirán una medida buena, bien sacudida, apretada y rebosante en los pliegues de su túnica. Porque con la misma medida con que midan, serán medidos".

Martes de la II semana de Cuaresma

Primera Lectura: Isaías 1, 10. 16-20

Oigan la palabra del Señor, príncipes de Sodoma; escucha la enseñanza de nuestro Dios, pueblo de Gomorra: "Lávense y purifíquense; aparten de mi vista sus malas acciones. Dejen de hacer el mal, aprendan a hacer el bien, busquen la justicia, auxilien al oprimido, defiendan los derechos del huérfano y la causa de la viuda. Vengan, pues, y discutamos, dice el Señor. Aunque sus pecados sean rojos como la sangre, quedarán blancos como la nieve. Aunque sean encendidos como la púrpura, vendrán a ser como blanca lana. Si son ustedes dóciles y obedecen, comerán los frutos de la tierra. Pero si se obstinan en la rebeldía, la espada los devorará".

Salmo Responsorial: Salmo 49, 8-9. 16bc-17. 21 y 23

R. (23b) Muéstranos, Señor, el camino de la salvación.

No voy a reclamarte sacrificios, dice el Señor, pues siempre están ante mí tus holocaustos. Pero ya no aceptaré un becerro de tu casa, ni cabritos de tus rebaños. **R.**

¿Por qué citas mis preceptos y hablas a toda hora de mi pacto, tú que detestas la obediencia y echas en saco roto mis mandatos? **R.**

Tú haces esto, ¿y yo tengo que callarme? ¿Crees acaso que yo soy como tú? No, yo te reprenderé y te echaré en cara tus pecados. Quien las gracias me da, ése me honra y yo salvaré al que cumple mi voluntad. **R.**

Aclamación antes del Evangelio: Ezequiel 18, 31

R. Honor y gloria a ti, Señor Jesús.

Purifíquense de todas sus iniquidades; renueven su corazón y su espíritu, dice el Señor. **R.**

Evangelio: Mateo 23, 1-12

En aquel tiempo, Jesús dijo a las multitudes y a sus discípulos: "En la cátedra de Moisés se han sentado los escribas y fariseos. Hagan, pues, todo lo que les digan, pero no imiten sus obras, porque dicen una cosa y hacen otra. Hacen fardos muy pesados y difíciles de llevar y los echan sobre las espaldas de los hombres, pero ellos ni con el dedo los quieren mover. Todo lo hacen para que los vea la gente. Ensanchan las filacterias y las franjas del manto; les agrada ocupar los primeros lugares en los banquetes y los asientos de honor en las sinagogas; les gusta que los saluden en las plazas y que la gente los llame 'maestros'. Ustedes, en cambio, no dejen que los llamen 'maestros', porque no tienen más que un Maestro y todos ustedes son hermanos. A ningún hombre sobre la tierra lo llamen 'padre', porque el Padre de ustedes es sólo el Padre celestial. No se dejen llamar 'guías', porque el guía de ustedes es solamente Cristo. Que el mayor de entre ustedes sea su servidor, porque el que se enaltece será humillado y el que se humilla será enaltecido".

Miércoles 28 de febrero de 2024

Miércoles de la II semana de Cuaresma

Primera Lectura: Jeremías 18, 18-20

En aquellos días, los enemigos del profeta se dijeron entre sí: "Vengan, tendamos un lazo a Jeremías, porque no le va a faltar doctrina al sacerdote, consejo al sabio, ni inspiración al profeta. Vengan, ataquémoslo de palabra y no hagamos caso de sus oráculos". Jeremías le dijo entonces a Dios: "Señor, atiéndeme. Oye lo que dicen mis adversarios. ¿Acaso se paga bien con mal? Porque ellos han cavado una fosa para mí. Recuerda cómo he insistido ante ti, intercediendo en su favor, para apartar de ellos tu cólera".

Salmo Responsorial: Salmo 30, 5-6. 14. 15-16

R. (17b) Sálvame, Señor, por tu misericordia.

Sácame, Señor, de la trampa que me han tendido, porque tú eres mi amparo. En tus manos encomiendo mi espíritu: y tú, mi Dios leal, me librarás. **R.**

Oigo las burlas de la gente, y todo me da miedo; se conjuran contra mí y tratan de quitarme la vida. **R.**

Pero yo, Señor, en ti confío. Tú eres mi Dios Y en tus manos está mi destino.

Líbrame de los enemigos que me persiguen. **R.**

Aclamación antes del Evangelio: Juan 8, 12
R. Honor y gloria a ti, Señor Jesús.

Yo soy la luz del mundo, dice el Señor; el que me sigue tendrá la luz de la vida. **R.**

Evangelio: Mateo 20, 17-28

En aquel tiempo, mientras iba de camino a Jerusalén, Jesús llamó aparte a los Doce y les dijo: "Ya vamos camino de Jerusalén y el Hijo del hombre va a ser entregado a los sumos sacerdotes y a los escribas, que lo condenarán a muerte y lo entregarán a los paganos para que se burlen de él, lo azoten y lo crucifiquen; pero al tercer día, resucitará". Entonces se acercó a Jesús la madre de los hijos de Zebedeo, junto con ellos, y se postró para hacerle una petición. Él le preguntó: "¿Qué deseas?" Ella respondió: "Concédeme que estos dos hijos míos se sienten, uno a tu derecha y el otro a tu izquierda, en tu Reino". Pero Jesús replicó: "No saben ustedes lo que piden. ¿Podrán beber el cáliz que yo he de beber?" Ellos contestaron: "Sí podemos". Y él les dijo: "Beberán mi cáliz; pero eso de sentarse a mi derecha o a mi izquierda no me toca a mí concederlo; es para quien mi Padre lo tiene reservado". Al oír aquello, los otros diez discípulos se indignaron contra los dos hermanos. Pero Jesús los llamó y les dijo: "Ya saben que los jefes de los pueblos los tiranizan y que los grandes los oprimen. Que no sea así entre ustedes. El que quiera ser grande entre ustedes, que sea el que los sirva, y el que quiera ser primero, que sea su esclavo; así como el Hijo del hombre no ha venido a ser servido, sino a servir y a dar la vida por la redención de todos".

Jueves 29 de febrero de 2024
Jueves de la II semana de Cuaresma
Primera Lectura: Jeremías 17, 5-10

Esto dice el Señor: "Maldito el hombre que confía en el hombre, que en él pone su fuerza y aparta del Señor su corazón. Será como un cardo en la estepa, que nunca disfrutará de la lluvia. Vivirá en la aridez del desierto, en una tierra salobre e inhabitable. Bendito el hombre que confía en el Señor y en él pone su esperanza.

Será como un árbol plantado junto al agua, que hunde en la corriente sus raíces; cuando llegue el calor, no lo sentirá y sus hojas se conservarán siempre verdes; en año de sequía no se marchitará ni dejará de dar frutos. El corazón del hombre es la cosa más traicionera y difícil de curar. ¿Quién lo podrá entender? Yo, el Señor, sondeo la mente y penetro el corazón, para dar a cada uno según sus acciones, según el fruto de sus obras".

Salmo Responsorial: Salmo 1, 1-2. 3. 4 y 6
R. (Sal 39, 5a) Dichoso el hombre que confía en el Señor.

Dichoso aquel que no se guía Por mundanos criterios, que no anda en malos pasos ni se burla del bueno, que ama la ley de Dios y se goza en cumplir sus mandamientos. **R.**

Es como un árbol plantado junto al río, que da fruto a su tiempo y nunca se marchita. En todo tendrá éxito. **R.**

En cambio los malvados serán como la paja barrida por el viento. Porque el Señor protege el camino del justo, y al malo sus caminos acaban por perderlo. **R.**

Aclamación antes del Evangelio: Lucas 8, 15
R. Honor y gloria a ti, Señor Jesús.

Dichosos los que cumplen la palabra del Señor con un corazón bueno y sincero, y perseveran hasta dar fruto. **R.**

Evangelio: Lucas 16, 19-31

En aquel tiempo, Jesús dijo a los fariseos: "Había un hombre rico, que se vestía de púrpura y telas finas y banqueteaba espléndidamente cada día. Y un mendigo, llamado Lázaro, yacía a la entrada de su casa, cubierto de llagas y ansiando llenarse con las sobras que caían de la mesa del rico. Y hasta los perros se acercaban a lamerle las llagas. Sucedió, pues, que murió el mendigo y los ángeles lo llevaron al seno de Abraham. Murió también el rico y lo enterraron. Estaba éste en el lugar de castigo, en medio de tormentos, cuando levantó los ojos y vio a lo lejos a Abraham y a Lázaro junto a él. Entonces gritó: 'Padre Abraham, ten piedad de mí. Manda a Lázaro que moje en agua la punta de su dedo y me refresque la lengua, porque me torturan estas llamas'. Pero Abraham le contestó: 'Hijo, recuerda que en tu vida recibiste bienes y Lázaro, en cambio, males. Por eso él goza ahora de consuelo, mientras que tú sufres tormentos. Además, entre ustedes y nosotros se abre un abismo inmenso, que nadie puede cruzar, ni hacia allá ni hacia acá'. El rico insistió: 'Te ruego, entonces, padre Abraham, que mandes a Lázaro a mi casa, pues me quedan allá cinco hermanos, para que les advierta y no acaben también ellos en este lugar de tormentos'. Abraham le dijo: 'Tienen a Moisés y a los profetas; que los escuchen'. Pero el rico replicó: 'No, padre Abraham. Si un muerto va a decírselo, entonces sí se arrepentirán'. Abraham repuso: 'Si no escuchan a Moisés y a los profetas, no harán caso, ni aunque resucite un muerto'".

MARZO

Viernes de la II semana de Cuaresma

Primera Lectura: Génesis 37, 3-4. 12-13. 17-28

Jacob amaba a José más que a todos sus demás hijos, porque lo había engendrado en la ancianidad. A él le había hecho una túnica de amplias mangas. Sus hermanos, viendo que lo amaba más que a todos ellos, llegaron a odiarlo, al grado de negarle la palabra. Un día en que los hermanos de José llevaron a Siquem los rebaños de su padre, Jacob le dijo a José: "Tus hermanos apacientan mis rebaños en Siquem. Te voy a enviar allá". José fue entonces en busca de sus hermanos y los encontró en Dotán. Ellos lo vieron de lejos, y antes de que se les acercara, conspiraron contra él para matarlo y se decían unos a otros: "Ahí viene ese soñador. Démosle muerte; lo arrojaremos en un pozo y diremos que una fiera lo devoró. Vamos a ver de qué le sirven sus sueños". Rubén oyó esto y trató de liberarlo de manos de sus hermanos, diciendo: "No le quiten la vida, ni derramen su sangre. Mejor arrójenlo en ese pozo que está en el desierto y no se manchen las manos". Eso lo decía para salvar a José y devolverlo a su padre. Cuando llegó José a donde estaban sus hermanos, éstos lo despojaron de su túnica y lo arrojaron a un pozo sin agua. Luego se sentaron a comer, y levantando los ojos, vieron a lo lejos una caravana de ismaelitas, que venían de Galaad, con los camellos cargados de especias, resinas, bálsamo y láudano, y se dirigían a Egipto. Judá dijo entonces a sus hermanos: "¿Qué ganamos con matar a nuestro hermano y ocultar su muerte? Vendámoslo a los ismaelitas y no mancharemos nuestras manos. Después de todo, es nuestro hermano y de nuestra misma sangre". Y sus hermanos le hicieron caso. Sacaron a José del pozo y se lo vendieron a los mercaderes por veinticinco monedas de plata. Los mercaderes se llevaron a José a Egipto.

Salmo Responsorial: Salmo 104, 16-17. 18-19. 20-21
R. (5a) Recordemos las maravillas que hizo el Señor.

Cuando el Señor mandó el hambre sobre el país y acabó con todas las cosechas, ya había enviado por delante a un hombre: a José, vendido como esclavo. **R.**

Le trabaron los pies con grilletes y rodearon su cuerpo con cadenas, hasta que se cumplió su predicción, y Dios lo acreditó con su palabra. **R.**

El rey mandó que lo soltaran, el jefe de esos pueblo lo libró, lo nombró administrador de su casa, y señor de todas sus posesiones. **R.**

Aclamación antes del Evangelio: Juan 3, 16
R. Honor y gloria a ti, Señor Jesús.

Tanto amó Dios al mundo, que le entregó a su Hijo único, para que todo el que crea en él tenga vida eterna. **R.**

Evangelio: Mateo 21, 33-43. 45-46

En aquel tiempo, Jesús dijo a los sumos sacerdotes y a los ancianos del pueblo esta parábola: "Había una vez un propietario que plantó un viñedo, lo rodeó con una cerca, cavó un lagar en él, construyó una torre para el vigilante y luego la alquiló a unos viñadores y se fue de viaje. Llegado el tiempo de la vendimia, envió a sus criados para pedir su parte de los frutos a los viñadores; pero éstos se apoderaron de los criados, golpearon a uno, mataron a otro, y a otro más lo apedrearon. Envió de nuevo a otros criados, en mayor número que los primeros, y los trataron del mismo modo. Por último, les mandó a su propio hijo, pensando: 'A mi hijo lo respetarán'. Pero cuando los viñadores lo vieron, se dijeron unos a otros: 'Éste es el heredero. Vamos a matarlo y nos quedaremos con su herencia'. Le echaron mano, lo sacaron del viñedo y lo mataron. Ahora díganme: Cuando vuelva el dueño del viñedo, ¿qué hará con esos viñadores?" Ellos le respondieron: "Dará muerte terrible a esos desalmados y arrendará el viñedo a otros viñadores, que le entreguen los frutos a su tiempo". Entonces Jesús les dijo: "¿No han leído nunca en la Escritura: *La piedra que desecharon los constructores, es ahora la piedra angular. Esto es obra del Señor y es un prodigio admirable?* Por esta razón les digo que les será quitado a ustedes el Reino de Dios y se le dará a un pueblo que produzca sus frutos". Al oír estas palabras, los sumos sacerdotes y los fariseos comprendieron que Jesús las decía por ellos y quisieron aprehenderlo, pero tuvieron miedo a la multitud, pues era tenido por un profeta.

Sábado de la II semana de Cuaresma

Primera Lectura: Miqueas 7, 14-15. 18-20

Señor, Dios nuestro, pastorea a tu pueblo con tu cayado, al rebaño de tu heredad, que vive solitario entre malezas y matorrales silvestres. Pastarán en Basán y en Galaad, como en los días de antaño, como cuando salimos de Egipto y nos mostrabas tus prodigios. ¿Qué Dios hay como tú, que quitas la iniquidad y pasas por alto la rebeldía de los sobrevivientes de Israel? No mantendrás por siempre tu cólera, pues te complaces en ser misericordioso. Volverás a compadecerte de nosotros, aplastarás con tus pies nuestras iniquidades, arrojarás a lo hondo del mar nuestros delitos. Serás fiel con Jacob y compasivo con Abraham, como juraste a nuestros padres en tiempos remotos, Señor, Dios nuestro.

Salmo Responsorial: Salmo 102, 1-2. 3-4. 9-10. 11-12

R. (8a) El Señor es compasivo y misericordioso.

Bendice al Señor, alma mía, que todo mi ser bendiga su santo nombre. Bendice al Señor, alma mía, y no te olvides de sus beneficios. **R.**

El Señor perdona tus pecados y cura tus enfermedades; él rescata tu vida del sepulcro y te colma de amor y de ternura. **R.**

El Señor no estará siempre enojado, ni durará para siempre su rencor. No nos trata como merecen nuestras culpas, ni nos paga según nuestros pecados. **R.**

Como desde la tierra hasta el cielo, así es de grande su misericordia; como dista el oriente del ocaso, así aleja de nosotros nuestros delitos. **R.**

Aclamación antes del Evangelio: Lucas 15, 18

R. Honor y gloria a ti, Señor Jesús.

Me levantaré, volveré a mi padre y le diré: "Padre, he pecado contra el cielo y contra ti." **R.**

Evangelio: Lucas 15, 1-3. 11-32

En aquel tiempo, se acercaban a Jesús los publicanos y los pecadores para escucharlo. Por lo cual los fariseos y los escribas murmuraban entre sí: "Éste recibe a los pecadores y come con ellos". Jesús les dijo entonces esta parábola: "Un hombre tenía dos hijos, y el menor de ellos le dijo a su padre: 'Padre, dame la parte de la herencia que me toca'. Y él les repartió los bienes. No muchos días después, el hijo menor, juntando todo lo suyo, se fue a un país lejano y allá derrochó su fortuna, viviendo de una manera disoluta. Después de malgastarlo todo, sobrevino en aquella región una gran hambre y él empezó a padecer necesidad. Entonces fue a pedirle trabajo a un habitante de aquel país, el cual lo mandó a sus campos a cuidar cerdos. Tenía ganas de hartarse con las bellotas que comían los cerdos, pero no lo dejaban que se las comiera. Se puso entonces a reflexionar y se dijo: '¡Cuántos trabajadores en casa de mi padre tienen pan de sobra, y yo, aquí, me estoy muriendo de hambre! Me levantaré, volveré a mi padre y le diré: Padre, he pecado contra el cielo y contra ti; ya no merezco llamarme hijo tuyo. Recíbeme como a uno de tus trabajadores'. Enseguida se puso en camino hacia la casa de su padre. Estaba todavía lejos, cuando su padre lo vio y se enterneció profundamente. Corrió hacia él, y echándole los brazos al cuello, lo cubrió de besos. El muchacho le dijo: 'Padre, he pecado contra el cielo y contra ti; ya no merezco llamarme hijo tuyo'. Pero el padre les dijo a sus criados: '¡Pronto!, traigan la túnica más rica y vístansela; pónganle un anillo en el dedo y sandalias en los pies; traigan el becerro gordo y mátenlo. Comamos y hagamos una fiesta, porque este hijo mío estaba muerto y ha vuelto a la vida, estaba perdido y lo hemos encontrado'. Y empezó el banquete. El hijo mayor estaba en el campo y al volver, cuando se acercó a la casa, oyó la música y los cantos. Entonces llamó a uno de los criados y le preguntó qué pasaba. Éste le contestó: 'Tu hermano ha regresado y tu padre mandó matar el becerro gordo, por haberlo recobrado sano y salvo'. El hermano mayor se enojó y no quería entrar. Salió entonces el padre y le rogó que entrara; pero él replicó: '¡Hace tanto tiempo que te sirvo, sin desobedecer jamás una orden tuya, y tú no me has dado nunca ni un cabrito para comérmelo con mis amigos! Pero eso sí, viene ese hijo tuyo, que despilfarró tus bienes con malas mujeres, y tú mandas matar el becerro gordo'. El padre repuso: 'Hijo, tú siempre estás conmigo y todo lo mío es tuyo. Pero era necesario hacer fiesta y regocijarnos, porque este hermano tuyo estaba muerto y ha vuelto a la vida, estaba perdido y lo hemos encontrado'".

Domingo 3 de marzo de 2024

III Domingo de Cuaresma

Primera Lectura: Éxodo 20, 1-17

En aquellos días, el Señor promulgó estos preceptos para su pueblo en el monte Sinaí, diciendo: "Yo soy el Señor, tu Dios, que te sacó de la tierra de Egipto y de la esclavitud. No tendrás otros dioses fuera de mí; no te fabricarás ídolos ni imagen alguna de lo que hay arriba, en el cielo, o abajo, en la tierra, o en el agua, y debajo de la tierra. No adorarás nada de eso ni le rendirás culto, porque yo, el Señor, tu Dios, soy un Dios celoso, que castiga la maldad de los padres en los hijos hasta la tercera y cuarta generación de aquellos que me odian; pero soy misericordioso hasta la milésima generación de aquellos que me aman y cumplen mis mandamientos. No harás mal uso del nombre del Señor, tu Dios, porque no dejará el Señor sin castigo a quien haga mal uso de su nombre. Acuérdate de santificar el sábado. Seis días trabajarás y en ellos harás todos tus quehaceres; pero el día séptimo es día de descanso, dedicado al Señor, tu Dios. No harás en él trabajo alguno, ni tú, ni tu hijo, ni tu hija, ni tu esclavo, ni tu esclava, ni tus animales, ni el forastero que viva contigo. Porque en seis días hizo el Señor el cielo, la tierra, el mar y cuanto hay en ellos, pero el séptimo, descansó. Por eso bendijo el Señor el sábado y lo santificó. Honra a tu padre y a tu madre para que vivas largos años en la tierra que el Señor, tu Dios, te va a dar. No matarás. No cometerás adulterio. No robarás. No darás falso testimonio contra tu prójimo. No codiciarás la casa de tu prójimo, ni a su mujer, ni a su esclavo, ni a su esclava, ni su buey, ni su burro, ni cosa alguna que le pertenezca".

O bien:

Éxodo 20, 1-3. 7-8. 12-17

En aquellos días, el Señor promulgó estos preceptos para su pueblo en el monte Sinaí, diciendo: "Yo soy el Señor, tu Dios, que te sacó de la tierra de Egipto y de la esclavitud. No tendrás otros dioses fuera de mí. No harás mal uso del nombre del Señor, tu Dios, porque no dejará el Señor sin castigo a quien haga mal uso de su nombre. Acuérdate de santificar el sábado. Honra a tu padre y a tu madre para que vivas largos años en la tierra que el Señor, tu Dios, te va a dar. No matarás. No cometerás adulterio. No robarás. No darás falso testimonio contra tu prójimo. No codiciarás la casa de tu prójimo, ni a su mujer, ni a su esclavo, ni a su esclava, ni su buey, ni su burro, ni cosa alguna que le pertenezca".

Salmo Responsorial: Salmo 18, 8. 9. 10. 11
R. (Juan 6, 68c) Tú tienes, Señor, palabras de vida eterna.
La ley del Señor es perfecta del todo y reconforto el alma; inmutables son las palabras del Señor y hacen sabio al sencillo. **R.**
En los mandamientos del Señor hay rectitud y alegría para el corazón; son luz los receptos del Señor para alumbrar el camino. **R.**
La voluntad del Señor es santa y para siempre estable; los mandamientos del Señor son verdaderos y enteramente justos. **R.**
Que te sean gratas las palabras de mi boca y los anhelos de mi corazón. Haz, Señor, que siempre te busque, pues eres mi refugio y salvación. **R.**

Segunda Lectura: 1 Corintios 1, 22-25
Hermanos: Los judíos exigen señales milagrosas y los paganos piden sabiduría. Pero nosotros predicamos a Cristo crucificado, que es escándalo para los judíos y locura para los paganos; en cambio, para los llamados, sean judíos o paganos, Cristo es la fuerza y la sabiduría de Dios. Porque la locura de Dios es más sabia que la sabiduría de los hombres, y la debilidad de Dios es más fuerte que la fuerza de los hombres.

Aclamación antes del Evangelio: Juan 3, 16
R. Honor y gloria a ti, Señor Jesús.
Tanto amó Dios al mundo, que le entregó a su Hijo único, para que todo el que crea en él tenga vida eterna. **R.**

Evangelio: Juan 2, 13-25
Cuando se acercaba la Pascua de los judíos, Jesús llegó a Jerusalén y encontró en el templo a los vendedores de bueyes, ovejas y palomas, y a los cambistas con sus

mesas. Entonces hizo un látigo de cordeles y los echó del templo, con todo y sus ovejas y bueyes; a los cambistas les volcó las mesas y les tiró al suelo las monedas; y a los que vendían palomas les dijo: "Quiten todo de aquí y no conviertan en un mercado la casa de mi Padre". En ese momento, sus discípulos se acordaron de lo que estaba escrito: *El celo de tu casa me devora*. Después intervinieron los judíos para preguntarle: "¿Qué señal nos das de que tienes autoridad para actuar así?" Jesús les respondió: "Destruyan este templo y en tres días lo reconstruiré". Replicaron los judíos: "Cuarenta y seis años se ha llevado la construcción del templo, ¿y tú lo vas a levantar en tres días?" Pero él hablaba del templo de su cuerpo. Por eso, cuando resucitó Jesús de entre los muertos, se acordaron sus discípulos de que había dicho aquello y creyeron en la Escritura y en las palabras que Jesús había dicho. Mientras estuvo en Jerusalén para las fiestas de Pascua, muchos creyeron en él, al ver los prodigios que hacía. Pero Jesús no se fiaba de ellos, porque los conocía a todos y no necesitaba que nadie le descubriera lo que es el hombre, porque él sabía lo que hay en el hombre.

Lunes 4 de marzo de 2024
Lunes de la III semana de Cuaresma
Primera Lectura: 2 Reyes 5, 1-15

En aquellos días, Naamán, general del ejército de Siria, gozaba de la estima y del favor de su rey, pues por su medio había dado el Señor la victoria a Siria. Pero este gran guerrero era leproso. Sucedió que una banda de sirios, en una de sus correrías, trajo cautiva a una jovencita, que pasó luego al servicio de la mujer de Naamán. Ella le dijo a su señora: "Si mi señor fuera a ver al profeta que hay en Samaria, ciertamente él lo curaría de su lepra". Entonces fue Naamán a contarle al rey, su señor: "Esto y esto dice la muchacha israelita". El rey de Siria le respondió: "Anda, pues, que yo te daré una carta para el rey de Israel". Naamán se puso en camino, llevando de regalo diez barras de plata, seis mil monedas de oro, diez vestidos nuevos y una carta para el rey de Israel que decía: "Al recibir ésta, sabrás que te envío a mi siervo Naamán, para que lo cures de la lepra". Cuando el rey de Israel leyó la carta, rasgó sus vestiduras exclamando: "¿Soy yo acaso Dios, capaz de dar vida o muerte, para que éste me pida que cure a un hombre de su lepra? Es evidente que lo que anda buscando es un pretexto para hacerme la guerra". Cuando Eliseo, el hombre de Dios, se enteró de que el rey había rasgado sus vestiduras, le envió este recado: "¿Por qué rasgaste tus vestiduras? Envíamelo y sabrá que hay un profeta en Israel". Llegó, pues, Naamán con sus caballos y su carroza, y se detuvo a la puerta de la casa de Eliseo. Éste le mandó decir con un mensajero: "Ve y báñate siete veces en el río Jordán, y tu carne quedará limpia". Naamán se alejó enojado, diciendo: "Yo había pensado que saldría en persona a mi encuentro y que, invocando el nombre del Señor, su Dios, pasaría la mano sobre la parte enferma y me curaría de la lepra. ¿Acaso los ríos de Damasco, como el Abaná y el Farfar, no valen más que todas las aguas de Israel? ¿No podría bañarme en ellos y quedar limpio?" Dio media vuelta y ya se marchaba, furioso, cuando sus criados se acercaron a él y le dijeron: "Padre mío, si el profeta te hubiera mandado una cosa muy difícil, ciertamente la habrías hecho; cuanto más, si sólo te dijo que te bañaras y quedarías sano". Entonces Naamán bajó, se bañó siete veces en el Jordán, como le había dicho el hombre de Dios, y su carne quedó limpia como la de un niño. Volvió con su comitiva a donde estaba el hombre de Dios y se le presentó, diciendo: "Ahora sé que no hay más Dios que el de Israel".

Salmo Responsorial: Salmos 41, 2.3; 42, 3.4
R. (41, 3) Estoy sediento del Dios que da la vida.
Como el venado busca El agua de los ríos, así, cansada, mi alma te busca a ti, Dios mío. **R.**
Del Dios que da la vida está mi ser sediento. ¿Cuándo será posible ver de nuevo su templo? **R.**
Envíame, Señor, tu luz y tu verdad; que ellas se conviertan en mi guía y hasta tu monte santo me conduzcan, allí donde tú habitas. **R.**
Al altar del Señor me acercaré, al Dios que es mi alegría, y al mi Dios, el Señor, le daré gracias al compás de la cítara. **R.**

Aclamación antes del Evangelio: Salmo 129, 5. 7

R. Honor y gloria a ti, Señor Jesús.

Confío en el Señor y en sus palabras, porque del Señor viene la misericordia y la redención. **R.**

Evangelio: Lucas 4, 24-30

En aquel tiempo, Jesús llegó a Nazaret, entró a la sinagoga y dijo al pueblo: "Yo les aseguro que nadie es profeta en su tierra. Había ciertamente en Israel muchas viudas en los tiempos de Elías, cuando faltó la lluvia durante tres años y medio, y hubo un hambre terrible en todo el país; sin embargo, a ninguna de ellas fue enviado Elías, sino a una viuda que vivía en Sarepta, ciudad de Sidón. Había muchos leprosos en Israel, en tiempos del profeta Eliseo; sin embargo, ninguno de ellos fue curado, sino Naamán, que era de Siria". Al oír esto, todos los que estaban en la sinagoga se llenaron de ira, y levantándose, lo sacaron de la ciudad y lo llevaron hasta una saliente del monte, sobre el que estaba construida la ciudad, para despeñarlo. Pero él, pasando por en medio de ellos, se alejó de allí.

Martes 5 de marzo de 2024
Martes de la III semana de Cuaresma
Primera Lectura: Daniel 3, 25. 34-43

En aquel tiempo, Azarías oró al Señor, diciendo: "Señor, Dios nuestro, no nos abandones nunca; por el honor de tu nombre no rompas tu alianza; no apartes de nosotros tu misericordia, por Abraham, tu amigo, por Isaac, tu siervo, por Jacob, tu santo, a quienes prometiste multiplicar su descendencia, como las estrellas del cielo y las arenas de la playa. Pero ahora, Señor, nos vemos empequeñecidos frente a los demás pueblos y estamos humillados por toda la tierra, a causa de nuestros pecados. Ahora no tenemos príncipe ni jefe ni profeta; ni holocausto ni sacrificio ni ofrenda ni incienso; ni lugar donde ofrecerte las primicias y alcanzar misericordia. Por eso, acepta nuestro corazón adolorido y nuestro espíritu humillado, como un sacrificio de carneros y toros, como un millar de corderos cebados. Que ése sea hoy nuestro sacrificio y que sea perfecto en tu presencia, porque los que en ti confían no quedan defraudados. Ahora te seguiremos de todo corazón; te respetamos y queremos encontrarte; no nos dejes defraudados.

Trátanos según tu clemencia y tu abundante misericordia. Sálvanos con tus prodigios y da gloria a tu nombre".

Salmo Responsorial: Salmo 24, 4bc-5ab. 6-7bc. 8-9
R. (6a) Sálvanos, Señor, tú que eres misericordioso.

Descúbrenos, Señor, tus caminos, guíanos con la verdad de tu doctrina. Tú ere nuestro Dios y salvador y tenemos en ti nuestra esperanza. **R.**

Acuérdate, Señor, que son eternos tu amor y tu ternura. Según ese amor y esa ternura, acuérdate de nosotros. **R.**

Porque el Señor es recto y bondadoso, indica a los pecadores el sendero, guía por la senda recta a los humildes Y descubre a los pobres sus caminos. **R.**

Aclamación antes del Evangelio: Joel 2, 12-13
R. Honor y gloria a ti, Señor Jesús.

Todavía es tiempo, dice el Señor, Arrepiéntanse de todo corazón y vuélvanse a mí, que soy compasivo y misericordioso. **R.**

Evangelio: Mateo 18, 21-35

En aquel tiempo, Pedro se acercó a Jesús y le preguntó: "Si mi hermano me ofende, ¿cuántas veces tengo que perdonarlo? ¿Hasta siete veces?" Jesús le contestó: "No sólo hasta siete, sino hasta setenta veces siete". Entonces Jesús les dijo: "El Reino de los cielos es semejante a un rey que quiso ajustar cuentas con sus servidores. El primero que le presentaron le debía diez mil talentos. Como no tenía con qué pagar, el señor mandó que lo vendieran a él, a su mujer, a sus hijos y todas sus posesiones, para saldar la deuda. El servidor, arrojándose a sus pies, le suplicaba diciendo: 'Ten paciencia conmigo y te lo pagaré todo'. El rey tuvo lástima de aquel servidor, lo soltó y hasta le perdonó la deuda. Pero, apenas había salido aquel servidor, se encontró con uno de sus compañeros, que le debía poco dinero. Entonces lo agarró por el cuello y casi lo estrangulaba, mientras le decía: 'Págame lo que me debes'. El compañero se le arrodilló y le rogaba: 'Ten paciencia conmigo y te lo pagaré todo'. Pero el otro no quiso escucharlo, sino que fue y lo metió en la cárcel hasta que le pagara la deuda. Al ver lo ocurrido, sus compañeros se llenaron de indignación y fueron a contar al rey lo sucedido. Entonces el señor lo llamó y le dijo: 'Siervo malvado. Te perdoné toda aquella deuda porque me lo suplicaste. ¿No debías tú también haber tenido compasión de tu compañero, como yo tuve compasión de ti?' Y el señor, encolerizado, lo entregó a los verdugos para que no lo soltaran hasta que pagara lo que debía. Pues lo mismo hará mi Padre celestial con ustedes, si cada cual no perdona de corazón a su hermano".

Miércoles 6 de marzo de 2024

Miércoles de la III semana de Cuaresma

Primera Lectura: Deuteronomio 4, 1. 5-9

En aquellos días, habló Moisés al pueblo, diciendo: "Ahora, Israel, escucha los mandatos y preceptos que te enseño, para que los pongas en práctica y puedas así vivir y entrar a tomar posesión de la tierra que el Señor, Dios de tus padres, te va a dar. Yo les enseño mandatos y preceptos, como me ordena el Señor, mi Dios, para que se ajusten a ellos en la tierra en que van a entrar y que van a tomar en posesión. Guárdenlos y cúmplanlos, porque ellos son su sabiduría y su prudencia a los ojos de los pueblos. Cuando tengan noticia de todos estos preceptos, se dirán: 'En verdad esta gran nación es un pueblo sabio y prudente'. Porque, ¿cuál otra nación hay tan grande que tenga dioses tan cercanos como lo está nuestro Dios, siempre que lo invocamos? ¿Cuál es la gran nación cuyos mandatos y preceptos sean tan justos como toda esta ley que ahora les doy? Pero ten cuidado y atiende bien: No vayas a olvidarte de estos hechos que tus ojos han visto, ni dejes que se aparten de tu corazón en todos los días de tu vida; al contrario, transmíteselos a tus hijos y a los hijos de tus hijos".

Salmo Responsorial: Salmo 147, 12-13. 15-16. 19-20

R. (12a) Glorifica al Señor, Jerusalén.

Glorifica al Señor, Jerusalén; a Dios ríndele honores, Israel. El refuerza el cerrojo de tus puertas y bendice a tus hijos en tu casa. **R.**

El mantiene la paz en tus fronteras, con su trigo mejor sacia tu hambre. El envía a la tierra su mensaje y su palabra corre velozmente. **R.**

Le muestra a Jacob su pensamiento sus normas y designios a Israel. No ha hecho nada igual con ningún pueblo, ni le ha confiado a otro sus proyectos. **R.**

Aclamación antes del Evangelio: Juan 6, 63. 68
R. Honor y gloria a ti, Señor Jesús.

Tus palabras, Señor, son espíritu y vida. Tú tienes palabras de vida eterna. **R.**

Evangelio: Mateo 5, 17-19

En aquel tiempo, Jesús dijo a sus discípulos: "No crean que he venido a abolir la ley o los profetas; no he venido a abolirlos, sino a darles plenitud. Yo les aseguro que antes se acabarán el cielo y la tierra, que deje de cumplirse hasta la más pequeña letra o coma de la ley. Por lo tanto, el que quebrante uno de estos preceptos menores y enseñe eso a los hombres, será el menor en el Reino de los cielos; pero el que los cumpla y los enseñe, será grande en el Reino de los cielos".

Jueves 7 de marzo de 2024
Jueves de la III semana de Cuaresma

Primera Lectura: Jeremías 7, 23-28

Esto dice el Señor: "Ésta es la orden que di a mi pueblo: 'Escuchen mi voz, y yo seré su Dios y ustedes serán mi pueblo; caminen siempre por el camino que yo les mostraré, para que les vaya bien'. Pero ellos no escucharon ni prestaron oído. Caminaron según sus ideas, según la maldad de su corazón obstinado, y en vez de darme la cara, me dieron la espalda, desde que sus padres salieron del país de Egipto hasta hoy. Yo les envié a mis siervos, los profetas, un día y otro día; pero ellos no los escucharon ni les prestaron oído. Endurecieron su cabeza y fueron peores que sus padres. Tú les dirás, pues, todas estas palabras, pero no te escucharán; los llamarás y no te responderán. Entonces les dirás: 'Éste es el pueblo que no escuchó la voz del Señor, su Dios, ni aceptó la corrección. Ya no existe fidelidad en Israel; ha desaparecido de su misma boca' ".

Salmo Responsorial: Salmo 94, 1-2. 6-7. 8-9.

R. (8) Señor, que no seamos sordos a tu voz.

Vengan, lancemos viva al Señor, aclamemos al Dios que nos salva. Acerquémonos a él, llenos de júbilo, y démosle gracias. **R.**

Vengan, y puestos de rodillas, adoremos y bendigamos al Señor, que nos hizo, pues él es nuestro Dios y nosotros, su pueblo; él es nuestro pastor y nosotros, sus ovejas. **R.**

Hagámosle caso al Señor, que nos dice: "No endurezcan su corazón, como el día de la rebelión en el desierto, cuando sus padres dudaron de mí, aunque habían visto mis obras". **R.**

Aclamación antes del Evangelio: Joel 2, 12-13
R. Honor y gloria a ti, Señor Jesús.

Todavía es tiempo, dice el Señor, Arrepiéntanse de todo corazón y vuélvanse a mí, que soy compasivo y misericordioso. **R.**

Evangelio: Lucas 11, 14-23

En aquel tiempo, Jesús expulsó a un demonio, que era mudo. Apenas salió el demonio, habló el mudo y la multitud quedó maravillada. Pero algunos decían: "Éste expulsa a los demonios con el poder de Belzebú, el príncipe de los demonios". Otros, para ponerlo a prueba, le pedían una señal milagrosa. Pero Jesús, que conocía sus malas intenciones, les dijo: "Todo reino dividido por luchas internas va a la ruina y se derrumba casa por casa. Si Satanás también está dividido contra sí mismo, ¿cómo mantendrá su reino? Ustedes dicen que yo arrojo a los demonios con el poder de Satanás. Entonces, ¿con el poder de quién los arrojan los hijos de ustedes? Por eso, ellos mismos serán sus jueces. Pero si yo arrojo a los demonios con el dedo de Dios, eso significa que ha llegado a ustedes el Reino de Dios. Cuando un hombre fuerte y bien armado guarda su palacio, sus bienes están seguros; pero si otro más fuerte lo asalta y lo vence, entonces le quita las armas en que confiaba y después dispone de sus bienes. El que no está conmigo, está contra mí; y el que no recoge conmigo, desparrama".

Viernes de la III semana de Cuaresma

Primera Lectura: Oseas 14, 2-10

Esto dice el Señor Dios: "Israel, conviértete al Señor, Dios tuyo, pues tu maldad te ha hecho sucumbir. Arrepiéntanse y acérquense al Señor para decirle: 'Perdona todas nuestras maldades, acepta nuestro arrepentimiento sincero, que solemnemente te prometemos. Ya no nos salvará Asiria, ya no confiaremos en nuestro ejército, ni volveremos a llamar "dios nuestro" a las obras de nuestras manos, pues sólo en ti encuentra piedad el huérfano'. Yo perdonaré sus infidelidades, dice el Señor; los amaré aunque no lo merezcan, porque mi cólera se ha apartado de ellos. Seré para Israel como rocío; mi pueblo florecerá como el lirio, hundirá profundamente sus raíces, como el álamo, y sus renuevos se propagarán; su esplendor será como el del olivo y tendrá la fragancia de los cedros del Líbano. Volverán a vivir bajo mi sombra, cultivarán los trigales y las viñas, que serán tan famosas como las del Líbano. Ya nada tendrá que ver Efraín con los ídolos. Yo te he castigado, pero yo también te voy a restaurar, pues soy como un ciprés, siempre verde, y gracias a mí, tú das frutos. Quien sea sabio, que comprenda estas cosas y quien sea prudente, que las conozca. Los mandamientos del Señor son rectos y los justos los cumplen; los pecadores, en cambio, tropiezan en ellos y caen".

Salmo Responsorial: Salmo 80, 6c-8a. 8bc-9. 10-11ab. 14 y 17

R. (11 y 9a) Yo soy tu Dios, escúchame.

Oyó Israel palabras nunca oídas: "He quitado la carga de tus hombros y el pesado canasto de tus manos. Clamaste en la aflicción y te libré. **R.**

Te respondí, oculto entre los truenos, y te probé en Meribá, junto a la fuente. Escucha, pueblo mío, mi advertencia. ¡Israel, si quisieras escucharme! **R.**

No tendrás otro Dios. Fuera de mi. Ni adorarás a dioses extranjeros, porque yo el Señor, soy el Dios tuyo, que te sacó de Egipto, tu destierro. **R.**

¡Ojalá que mi pueblo me escuchara y cumpliera Israel mis mandamientos! Comería de lo mejor de mi trigo y yo lo saciaría con miel silvestre". **R.**

Aclamación antes del Evangelio: Mateo 4, 17

R. Honor y gloria a ti, Señor Jesús.

Conviértanse, dice el Señor, porque ya está cerca el Reino de los cielos. **R.**

Evangelio: Marcos 12, 28-34

En aquel tiempo, uno de los escribas se acercó a Jesús y le preguntó: "¿Cuál es el primero de todos los mandamientos?" Jesús le respondió: "El primero es: *Escucha, Israel: El Señor, nuestro Dios, es el único Señor; amarás al Señor, tu Dios, con todo tu corazón, con toda tu alma, con toda tu mente y con todas tus fuerzas*. El segundo es éste: Amarás a tu prójimo como a ti mismo. No hay ningún mandamiento mayor que éstos". El escriba replicó: "Muy bien, Maestro. Tienes razón, cuando dices que el Señor es único y que no hay otro fuera de él, y amarlo con todo el corazón, con toda el alma, con todas las fuerzas, y amar al prójimo como a uno mismo, vale más que todos los holocaustos y sacrificios". Jesús, viendo que había hablado muy sensatamente, le dijo: "No estás lejos del Reino de Dios". Y ya nadie se atrevió a hacerle más preguntas.

Sábado 9 de marzo de 2024
Sábado de la III semana de Cuaresma

Primera Lectura: Oseas 6, 1-6

Esto dice el Señor: "En su aflicción, mi pueblo me buscará y se dirán unos a otros: 'Vengan, volvámonos al Señor; él nos ha desgarrado y él nos curará; él nos ha herido y él nos vendará. En dos días nos devolverá la vida, y al tercero, nos levantará y viviremos en su presencia. Esforcémonos por conocer al Señor; tan cierta como la aurora es su aparición y su juicio surge como la luz; bajará sobre nosotros como lluvia temprana, como lluvia de primavera que empapa la tierra'. ¿Qué voy a hacer contigo, Efraín? ¿Qué voy a hacer contigo, Judá? Su amor es nube mañanera, es rocío matinal que se evapora. Por eso los he azotado por medio de los profetas y les he dado muerte con mis palabras. Porque yo quiero misericordia y no sacrificios, conocimiento de Dios, más que holocaustos".

Salmo Responsorial: Salmo 50, 3-4. 18-19. 20-21ab

R. (Os 6,6) Misericordia quiero, no sacrificios, dice el Señor.

Por tu inmensa compasión y misericordia. Señor, apiádate de mí olvida mis ofensas. Lávame bien de todos mis delitos, y purifícame de mis pecados. **R.**

Tú, Señor, no te complaces en los sacrificios y si te ofreciera un holocausto, no te agradaría. Un corazón contrito te presento Y un corazón contrito, tú nunca lo desprecias. **R.**

Señor, por tu bondad, apiádate de Sión, edifica de nuevo sus murallas. Te agradarán entonces los sacrificios justos, ofrendas y holocaustos. **R.**

Aclamación antes del Evangelio: Salmo 94, 8
R. Honor y gloria a ti, Señor Jesús.

Hagámosle caso al Señor, que nos dice: "No endurezcan su corazón". **R.**

Evangelio: Lucas 18, 9-14

En aquel tiempo, Jesús dijo esta parábola sobre algunos que se tenían por justos y despreciaban a los demás: "Dos hombres subieron al templo para orar: uno era fariseo y el otro, publicano. El fariseo, erguido, oraba así en su interior: 'Dios mío, te doy gracias porque no soy como los demás hombres: ladrones, injustos y adúlteros; tampoco soy como ese publicano. Ayuno dos veces por semana y pago el diezmo de todas mis ganancias'. El publicano, en cambio, se quedó lejos y no se atrevía a levantar los ojos al cielo. Lo único que hacía era golpearse el pecho, diciendo: 'Dios mío, apiádate de mí, que soy un pecador'. Pues bien, yo les aseguro que éste bajó a su casa justificado y aquél no; porque todo el que se enaltece será humillado y el que se humilla será enaltecido".

Domingo 10 de marzo de 2024
IV Domingo de Cuaresma

Primera Lectura: 2 Crónicas 36, 14-16. 19-23

En aquellos días, todos los sumos sacerdotes y el pueblo multiplicaron sus infidelidades, practicando todas las abominables costumbres de los paganos, y mancharon la casa del Señor, que él se había consagrado en Jerusalén. El Señor, Dios de sus padres, los exhortó continuamente por medio de sus mensajeros, porque sentía compasión de su pueblo y quería preservar su santuario. Pero ellos se burlaron de los mensajeros de Dios, despreciaron sus advertencias y se mofaron de sus profetas, hasta que la ira del Señor contra su pueblo llegó a tal grado, que ya no hubo remedio. Envió entonces contra ellos al rey de los caldeos. Incendiaron la casa de Dios y derribaron las murallas de Jerusalén, pegaron fuego a todos los palacios y destruyeron todos sus objetos preciosos. A los que escaparon de la espada, los llevaron cautivos a Babilonia, donde fueron esclavos del rey y de sus hijos, hasta que el reino pasó al dominio de los persas, para que se cumpliera lo que dijo Dios por boca del profeta Jeremías: *Hasta que el país haya pagado sus sábados perdidos, descansará de la desolación, hasta que se cumplan setenta años.* En el año primero de Ciro, rey de Persia, en cumplimiento de las palabras que habló el Señor por boca de Jeremías, el Señor inspiró a Ciro, rey de los persas, el cual mandó proclamar de palabra y por escrito en todo su reino, lo siguiente: "Así habla Ciro, rey de Persia: El Señor, Dios de los cielos, me ha dado todos los reinos de la tierra y me ha mandado que le edifique una casa en Jerusalén de Judá. En consecuencia, todo aquel que pertenezca a este pueblo, que parta hacia allá, y que su Dios lo acompañe".

Salmo Responsorial: Salmo 136, 1-2. 3. 4-5. 6
R. (6a) Te recuerdo, Señor, es mi alegría.
Junto a los ríos de Babilonia nos sentábamos a llorar de nostalgia; de los sauces que esteban en la orilla colgamos nuestras arpas. **R.**
Aquello que cautivos nos tenían pidieron que cantáramos. Decían los opresores: "Algún cantar de Sión, alegres, cántennos". **R.**
Pero, ¿cómo podríamos cantar un himno al Señor en tierra extraña? ¡Que la mano derecha se me seque, si de ti, Jerusalén, yo me olvidara! **R.**
¡Que se me pegue al paladar la lengua Jerusalén, si no te recordara, o si, fuera de ti, alguna otra alegría yo buscara! **R.**

Segunda Lectura: Efesios 2, 4-10
Hermanos: La misericordia y el amor de Dios son muy grandes; porque nosotros estábamos muertos por nuestros pecados, y él nos dio la vida con Cristo y en

Cristo. Por pura generosidad suya, hemos sido salvados. Con Cristo y en Cristo nos ha resucitado y con él nos ha reservado un sitio en el cielo. Así, en todos los tiempos, Dios muestra, por medio de Jesús, la incomparable riqueza de su gracia y de su bondad para con nosotros. En efecto, ustedes han sido salvados por la gracia, mediante la fe; y esto no se debe a ustedes mismos, sino que es un don de Dios. Tampoco se debe a las obras, para que nadie pueda presumir, porque somos hechura de Dios, creados por medio de Cristo Jesús, para hacer el bien que Dios ha dispuesto que hagamos.

Aclamación antes del Evangelio: Juan 3, 16
R. Honor y gloria a ti, Señor Jesús.
Tanto amó Dios al mundo, que le entregó a su Hijo único, para que todo el que crea en él tenga vida eterna. **R.**

Evangelio: Juan 3, 14-21

En aquel tiempo, Jesús dijo a Nicodemo: "Así como Moisés levantó la serpiente en el desierto, así tiene que ser levantado el Hijo del hombre, para que todo el que crea en él tenga vida eterna. Porque tanto amó Dios al mundo, que le entregó a su Hijo único, para que todo el que crea en él no perezca, sino que tenga vida eterna. Porque Dios no envió a su Hijo para condenar al mundo, sino para que el mundo se salvara por él. El que cree en él no será condenado; pero el que no cree ya está condenado, por no haber creído en el Hijo único de Dios. La causa de la condenación es ésta: habiendo venido la luz al mundo, los hombres prefirieron las tinieblas a la luz, porque sus obras eran malas. Todo aquel que hace el mal, aborrece la luz y no se acerca a ella, para que sus obras no se descubran. En cambio, el que obra el bien conforme a la verdad, se acerca a la luz, para que se vea que sus obras están hechas según Dios".

Lunes 11 de marzo de 2024
Lunes de la IV semana de Cuaresma

Primera Lectura: Isaías 65, 17-21

Esto dice el Señor: "Voy a crear un cielo nuevo y una tierra nueva; ya no recordaré lo pasado, lo olvidaré de corazón. Se llenarán ustedes de gozo y de perpetua alegría por lo que voy a crear: Convertiré a Jerusalén en júbilo y a mi pueblo en alegría. Me alegraré por Jerusalén y me gozaré por mi pueblo. Ya no se oirán en ella gemidos ni llantos. Ya no habrá niños que vivan pocos días, ni viejos que no colmen sus años y al que no los alcance se le tendrá por maldito. Construirán casas y vivirán en ellas, plantarán viñas y comerán sus frutos".

Salmo Responsorial: Salmo 29, 2 y 4. 5-6. 11-12a y 13b
R. (2a) Te alabaré, Señor, eternamente.

Te alabaré, Señor, pues no dejaste que se rieran de mí mis enemigos. Tú, Señor, me salvaste de la muerte y a punto de morir, me reviviste. **R.**

Alaben al Señor quienes lo aman, den gracias a su nombre, porque su ira dura un solo instante y su bondad, toda la vida. El llanto nos visita por la tarde; por la mañana, el júbilo. **R.**

Escúchame, Señor, y compadécete; Señor, ven en mi ayuda. Convertiste mi duelo en alegría, te alabaré por eso eternamente. **R.**

Aclamación antes del Evangelio: Amós 5, 14
R. Honor y gloria a ti, Señor Jesús.

Busquen el bien y no el mal, para que vivan, y el Señor estará con ustedes. **R.**

Evangelio: Juan 4, 43-54

En aquel tiempo, Jesús salió de Samaria y se fue a Galilea. Jesús mismo había declarado que a ningún profeta se le honra en su propia patria. Cuando llegó, los galileos lo recibieron bien, porque habían visto todo lo que él había hecho en Jerusalén durante la fiesta, pues también ellos habían estado allí. Volvió entonces a Caná de Galilea, donde había convertido el agua en vino. Había allí un funcionario real, que tenía un hijo enfermo en Cafarnaúm. Al oír éste que Jesús había venido de Judea a Galilea, fue a verlo y le rogó que fuera a curar a su hijo, que se estaba muriendo. Jesús le dijo: "Si no ven ustedes signos y prodigios, no creen". Pero el funcionario del rey insistió: "Señor, ven antes de que mi muchachito muera". Jesús le contestó: "Vete, tu hijo ya está sano". Aquel hombre creyó en la palabra de Jesús y se puso en camino. Cuando iba llegando, sus criados le salieron al encuentro para decirle que su hijo ya estaba sano. Él les preguntó a qué hora había empezado la mejoría. Le contestaron: "Ayer, a la una de la tarde, se le quitó la fiebre". El padre reconoció que a esa misma hora Jesús le había dicho: 'Tu hijo ya está sano', y creyó con todos los de su casa. Esta fue la segunda señal milagrosa que hizo Jesús al volver de Judea a Galilea.

Martes 12 de marzo de 2024
Martes de la IV semana de Cuaresma
Primera Lectura: Ezequiel 47, 1-9. 12

En aquellos tiempos, un hombre me llevó a la entrada del templo. Por debajo del umbral manaba agua hacia el oriente, pues el templo miraba hacia el oriente, y el agua bajaba por el lado derecho del templo, al sur del altar. Luego me hizo salir por el pórtico del norte y dar la vuelta hasta el pórtico que mira hacia el oriente, y el agua corría por el lado derecho. Aquel hombre salió hacia el oriente, y con la cuerda que tenía en la mano, midió quinientos metros y me hizo atravesar por el agua, que me daba a los tobillos. Midió otros quinientos metros y me hizo pasar; el agua me daba a las rodillas. Midió quinientos más y me hizo cruzar; el agua me daba a la cintura. Era ya un torrente que yo no podía vadear, pues habían crecido las aguas y no se tocaba el fondo. Entonces me dijo: "¿Has visto, hijo de hombre?" Después me hizo volver a la orilla del torrente, y al mirar hacia atrás, vi una gran cantidad de árboles en una y otra orilla. Aquel hombre me dijo: "Estas aguas van hacia la región oriental; bajarán hasta el Arabá, entrarán en el mar de aguas saladas y lo sanearán. Todo ser viviente que se mueva por donde pasa el torrente, vivirá; habrá peces en abundancia, porque los lugares a donde lleguen estas aguas quedarán saneados y por dondequiera que el torrente pase, prosperará la vida. En ambas márgenes del torrente crecerán árboles frutales de toda especie, de follaje perenne e inagotables frutos. Darán frutos nuevos cada mes, porque los riegan las aguas que manan del santuario. Sus frutos servirán de alimento y sus hojas, de medicina".

R. (8) Con nosotros está Dios, el Señor.

Dios es nuestro refugio y nuestra fuerza, quien en todo peligro nos socorre. Por eso no tememos, aunque tiemble, y aunque al fondo del mar caigan los montes. **R.**

Un río alegra a la ciudad de Dios, su morada el Altísimo hace santa. Teniendo a Dios, Jerusalén no teme, porque Dios la protege desde el alba. **R.**

Con nosotros está Dios, el Señor; es el Dios de Israel nuestra defensa. Vengan a ver las cosas sorprendentes que ha hecho el Señor sobre la tierra. **R.**

Aclamación antes del Evangelio: Salmo 50, 12. 14

R. Honor y gloria a ti, Señor Jesús.

Crea en mí, Señor, un corazón puro y devuélveme tu salvación, que regocija. **R.**

Evangelio: Juan 5, 1-16

Era un día de fiesta para los judíos, cuando Jesús subió a Jerusalén. Hay en Jerusalén, junto a la puerta de las Ovejas, una piscina llamada Betesdá, en hebreo, con cinco pórticos, bajo los cuales yacía una multitud de enfermos, ciegos, cojos y paralíticos. Entre ellos estaba un hombre que llevaba treinta y ocho años enfermo. Al verlo ahí tendido y sabiendo que ya llevaba mucho tiempo en tal estado, Jesús le dijo: "¿Quieres curarte?" Le respondió el enfermo: "Señor, no tengo a nadie que me meta en la piscina cuando se agita el agua. Cuando logro llegar, ya otro ha bajado antes que yo". Jesús le dijo: "Levántate, toma tu camilla y anda". Al momento el hombre quedó curado, tomó su camilla y se puso a andar. Aquel día era sábado. Por eso los judíos le dijeron al que había sido curado: "No te es lícito cargar tu camilla". Pero él contestó: "El que me curó me dijo: 'Toma tu camilla y anda' ". Ellos le preguntaron: "¿Quién es el que te dijo: 'Toma tu camilla y anda'?" Pero el que había sido curado no lo sabía, porque Jesús había desaparecido entre la muchedumbre. Más tarde lo encontró Jesús en el templo y le dijo: "Mira, ya quedaste sano. No peques más, no sea que te vaya a suceder algo peor". Aquel hombre fue y les contó a los judíos que el que lo había curado era Jesús. Por eso los judíos perseguían a Jesús, porque hacía estas cosas en sábado.

Miércoles de la IV semana de Cuaresma
Primera Lectura: Isaías 49, 8-15

Esto dice el Señor: "En el tiempo de la misericordia te escuché, en el día de la salvación te auxilié. Yo te formé y te he destinado para que seas alianza del pueblo: para restaurar la tierra, para volver a ocupar los hogares destruidos, para decir a los prisioneros: 'Salgan', y a los que están en tinieblas: 'Vengan a la luz'. Pastarán de regreso a lo largo de todos los caminos, hallarán pasto hasta en las dunas del desierto. No sufrirán hambre ni sed, no los afligirá el sol ni el calor, porque el que tiene piedad de ellos los conducirá a los manantiales. Convertiré en caminos todas las montañas y pondrán terraplén a mis calzadas. Miren: éstos vienen de lejos; aquéllos, del norte y del poniente, y aquellos otros, de la tierra de Senim. Griten de alegría, cielos; regocíjate, tierra; rompan a cantar, montañas, porque el Señor consuela a su pueblo y tiene misericordia de los desamparados. Sión había dicho: 'El Señor me ha abandonado, el Señor me tiene en el olvido'. ¿Puede acaso una madre olvidarse de su creatura hasta dejar de enternecerse por el hijo de sus entrañas? Aunque hubiera una madre que se olvidara, yo nunca me olvidaré de ti", dice el Señor todopoderoso.

Salmo Responsorial: Salmo 144, 8-9. 13cd-14. 17-18
R. (8a) El Señor es compasivo y misericordioso.

El Señor es compasivo y misericordioso, lento para enojarse y generoso para perdonar. Bueno es el Señor para con todos y su amor se extiende a todas sus creaturas. **R.**

El Señor es siempre fiel a sus palabras, y bondadoso en todas sus acciones. Da su apoyo el Señor al que tropieza Y al agobiado alivia. **R.**

Siempre es justo el Señor en sus designios y están llenas de amor todas sus obras. No está lejos de aquellos que lo buscan; muy cerca está el Señor, de quien lo invoca. **R.**

Aclamación antes del Evangelio: Juan 11, 25. 26

R. Honor y gloria a ti, Señor Jesús.

Yo soy la resurrección y la vida, dice el Señor; el que cree en mí, aunque haya muerto, vivirá. **R.**

Evangelio: Juan 5, 17-30

En aquel tiempo, Jesús dijo a los judíos (que lo perseguían por hacer curaciones en sábado): "Mi Padre trabaja siempre y yo también trabajo". Por eso los judíos buscaban con mayor empeño darle muerte, ya que no sólo violaba el sábado, sino que llamaba Padre suyo a Dios, igualándose así con Dios. Entonces Jesús les habló en estos términos: "Yo les aseguro: El Hijo no puede hacer nada por su cuenta y sólo hace lo que le ve hacer al Padre; lo que hace el Padre también lo hace el Hijo. El Padre ama al Hijo y le manifiesta todo lo que hace; le manifestará obras todavía mayores que éstas, para asombro de ustedes. Así como el Padre resucita a los muertos y les da la vida, así también el Hijo da la vida a quien él quiere dársela. El Padre no juzga a nadie, porque todo juicio se lo ha dado al Hijo, para que todos honren al Hijo, como honran al Padre. El que no honra al Hijo tampoco honra al Padre. Yo les aseguro que, quien escucha mi palabra y cree en el que me envió, tiene vida eterna y no será condenado en el juicio, porque ya pasó de la muerte a la vida. Les aseguro que viene la hora, y ya está aquí, en que los muertos oirán la voz del Hijo de Dios, y los que la hayan oído vivirán. Pues así como el Padre tiene la vida en sí mismo, también le ha dado al Hijo tener la vida en sí mismo; y le ha dado el poder de juzgar, porque es el Hijo del hombre. No se asombren de esto, porque viene la hora en que todos los que yacen en la tumba oirán mi voz y resucitarán: los que hicieron el bien para la vida; los que hicieron el mal, para la condenación. Yo nada puedo hacer por mí mismo. Según lo que oigo, juzgo; y mi juicio es justo, porque no busco mi voluntad, sino la voluntad del que me envió".

Jueves 14 de marzo de 2024

Jueves de la IV semana del Cuaresma

Primera Lectura: Éxodo 32, 7-14

En aquellos días, dijo el Señor a Moisés: "Anda, baja del monte, porque tu pueblo, el que sacaste de Egipto, se ha pervertido. No tardaron en desviarse del camino que yo les había señalado. Se han hecho un becerro de metal, se han postrado ante él y le han ofrecido sacrificios y le han dicho: 'Éste es tu dios, Israel; es el que te sacó de Egipto' ". El Señor le dijo también a Moisés: "Veo que éste es un pueblo de cabeza dura. Deja que mi ira se encienda contra ellos hasta consumirlos. De ti, en cambio, haré un gran pueblo". Moisés trató de aplacar al Señor, su Dios, diciéndole: "¿Por qué ha de encenderse tu ira, Señor, contra este pueblo que tú sacaste de Egipto con gran poder y vigorosa mano? ¿Vas a dejar que digan los egipcios: 'Los sacó con malas intenciones, para hacerlos morir en las montañas y borrarlos de la superficie de la tierra'? Apaga el ardor de tu ira, renuncia al mal con que has amenazado a tu pueblo. Acuérdate de Abraham, de Isaac y de Jacob, siervos tuyos, a quienes juraste por ti mismo, diciendo: 'Multiplicaré su descendencia como las estrellas del cielo y les daré en posesión perpetua toda la tierra que les he prometido' ". Y el Señor renunció al castigo con que había amenazado a su pueblo.

Salmo Responsorial: Salmo 105, 19-20. 21-22. 23
R. (4a) Perdona me, Señor, las culpas de tu pueblo.
En el Horeb hicieron un becerro, un ídolo de oro, y lo adoraron. Cambiaron al Dios que era su gloria por la imagen de un buey que como pasto. **R.**
Se olvidaron del Dios que los salvó, y que hizo portentos en Egipto, en la tierra de Cam, mil maravillas, y en las aguas del mar Rojo, sus prodigios. **R.**
Por eso hablaba Dios de aniquilarlos; pero Moisés, que era su elegido, se interpuso, a fin de que, en su cólera, no fuera el Señor a destruirlos. **R.**

Aclamación antes del Evangelio: Juan 3, 16
R. Honor y gloria a ti, Señor Jesús.
Tanto amó Dios al mundo, que le entregó a su Hijo único, para que todo el que crea en él tenga vida eterna. **R.**

Evangelio: Juan 5, 31-47

En aquel tiempo, Jesús dijo a los judíos: "Si yo diera testimonio de mí, mi testimonio no tendría valor; otro es el que da testimonio de mí y yo bien sé que ese testimonio que da de mí, es válido. Ustedes enviaron mensajeros a Juan el Bautista y él dio testimonio de la verdad. No es que yo quiera apoyarme en el testimonio de un hombre. Si digo esto, es para que ustedes se salven. Juan era la lámpara que ardía y brillaba, y ustedes quisieron alegrarse un instante con su luz. Pero yo tengo un testimonio mejor que el de Juan: las obras que el Padre me ha concedido realizar y que son las que yo hago, dan testimonio de mí y me acreditan como enviado del Padre. El Padre, que me envió, ha dado testimonio de mí. Ustedes nunca han escuchado su voz ni han visto su rostro, y su palabra no habita en ustedes, porque no le creen al que él ha enviado. Ustedes estudian las Escrituras pensando encontrar en ellas vida eterna; pues bien, ellas son las que dan testimonio de mí. ¡Y ustedes no quieren venir a mí para tener vida! Yo no busco la gloria que viene de los hombres; es que los conozco y sé que el amor de Dios no está en ellos. Yo he venido en nombre de mi Padre y ustedes no me han recibido. Si otro viniera en nombre propio, a ése sí lo recibirían. ¿Cómo va a ser posible que crean ustedes, que aspiran a recibir gloria los unos de los otros y no buscan la gloria que sólo viene de Dios? No piensen que yo los voy a acusar ante el Padre; ya hay alguien que los acusa: Moisés, en quien ustedes tienen su esperanza. Si creyeran en Moisés, me creerían a mí, porque él escribió acerca de mí. Pero, si no dan fe a sus escritos, ¿cómo darán fe a mis palabras?"

Viernes 15 de marzo de 2024
Viernes de la IV semana de Cuaresma
Primera Lectura: Sabiduría 2, 1. 12-22

Los malvados dijeron entre sí, discurriendo equivocadamente: "Tendamos una trampa al justo, porque nos molesta y se opone a lo que hacemos; nos echa en cara nuestras violaciones a la ley, nos reprende las faltas contra los principios en que fuimos educados. Presume de que conoce a Dios y se proclama a sí mismo hijo del Señor. Ha llegado a convertirse en un vivo reproche de nuestro modo de pensar y su sola presencia es insufrible, porque lleva una vida distinta de los demás y su conducta es extraña. Nos considera como monedas falsas y se aparta de nuestro modo de vivir como de las inmundicias. Tiene por dichosa la suerte final de los justos y se gloría de tener por padre a Dios. Veamos si es cierto lo que dice, vamos a ver qué le pasa en su muerte. Si el justo es hijo de Dios, él lo ayudará y lo librará de las manos de sus enemigos. Sometámoslo a la humillación y a la tortura para conocer su temple y su valor. Condenémoslo a muerte ignominiosa, porque dice que hay quien mire por él". Así discurren los malvados, pero se engañan; su malicia los ciega. No conocen los ocultos designios de Dios, no esperan el premio de la virtud, ni creen en la recompensa de una vida intachable.

Salmo Responsorial: Salmo 33, 17-18. 19-10. 21 y 23
R. (19a) El Señor no está lejos de sus fieles.
En contra del malvado está el Señor, para borrar de la tierra su memoria. Escucha, en cambio, al hombre justo, y lo libra de todas sus congojas. **R.**
El Señor no está lejos de sus fieles y levanta a las almas abatidas. Muchas tribulaciones pasa el justo, pero de todas ellas Dios lo libra. **R.**
Por los huesos del justo vela Dios, sin dejar que ninguno se le quiebre. Salva el Señor la vida de sus siervos; no morirán quienes en él esperan. **R.**

Aclamación antes del Evangelio: Mateo 4, 4
R. Honor y gloria a ti, Señor Jesús.
No sólo de pan vive el hombre, sino también de toda palabra que sale de la boca de Dios. **R.**

Evangelio: Juan 7, 1-2. 10. 25-30
En aquel tiempo, Jesús recorría Galilea, pues no quería andar por Judea, porque los judíos trataban de matarlo. Se acercaba ya la fiesta de los judíos, llamada de los Campamentos. Cuando los parientes de Jesús habían llegado ya a Jerusalén para la fiesta, llegó también él, pero sin que la gente se diera cuenta, como de incógnito. Algunos, que eran de Jerusalén, se decían: "¿No es éste al que quieren matar? Miren cómo habla libremente y no le dicen nada. ¿Será que los jefes se han convencido de que es el Mesías? Pero nosotros sabemos de dónde viene éste;

en cambio, cuando llegue el Mesías, nadie sabrá de dónde viene". Jesús, por su parte, mientras enseñaba en el templo, exclamó: "Conque me conocen a mí y saben de dónde vengo... Pues bien, yo no vengo por mi cuenta, sino enviado por el que es veraz; y a él ustedes no lo conocen. Pero yo sí lo conozco, porque procedo de él y él me ha enviado". Trataron entonces de capturarlo, pero nadie le pudo echar mano, porque todavía no había llegado su hora.

Sábado 16 de marzo de 2024

Sábado de la IV semana de Cuaresma

Primera Lectura: Jeremías 11, 18-20

En aquel tiempo, dijo Jeremías: "El Señor me instruyó y yo comprendí; él me explicó lo que hacían. Yo era como un manso cordero que es llevado a degollar, y no sabía lo que tramaban contra mí, diciendo: 'Talemos el árbol en su pleno vigor, arranquémoslo de la tierra de los vivos y que su nombre no se pronuncie más'. Ahora tú, Señor de los ejércitos, justo juez, que sondeas lo más íntimo del corazón, haz que yo vea tu venganza contra ellos, porque a ti he encomendado mi causa".

Salmo Responsorial: Salmo 7, 2-3. 9bc-10. 11-12

R. (2a) En ti, Señor, me refugio.

En ti, Dios mío, me refugio: de mis perseguidores, sálvame. No permitas que algunos, como fieras, me destrocen y nadie me rescate. **R.**

Tú que llegas, Señor, a lo más hondo del corazón humano, Tú júzgame, Señor, según mis méritos; conforme a mi inocencia, da tu fallo. Apoya al hombre recto, Pon fin a la maldad de los malvados. **R.**

Tengo mi escudo en Dios, que salva a los de recto corazón. Alabaré al Señor por la justicia y cantaré el nombre del Altísimo. **R.**

Aclamación antes del Evangelio: Lucas 8, 15

R. Honor y gloria a ti, Señor Jesús.

Dichosos los que cumplen la palabra del Señor con un corazón bueno y sincero, y perseveran hasta dar fruto. **R.**

Evangelio: Juan 7, 40-53

En aquel tiempo, algunos de los que habían escuchado a Jesús comenzaron a decir: "Éste es verdaderamente el profeta". Otros afirmaban: "Éste es el Mesías". Otros, en cambio, decían: "¿Acaso el Mesías va a venir de Galilea? ¿No dice la Escritura que el Mesías vendrá de la familia de David, y de Belén, el pueblo de David?" Así surgió entre la gente una división por causa de Jesús. Algunos querían apoderarse de él, pero nadie le puso la mano encima. Los guardias del templo, que habían sido enviados para apresar a Jesús, volvieron a donde estaban los sumos sacerdotes y los fariseos, y éstos les dijeron: "¿Por qué no lo han traído?" Ellos respondieron: "Nadie ha hablado nunca como ese hombre". Los fariseos les replicaron: "¿Acaso también ustedes se han dejado embaucar por él? ¿Acaso ha creído en él alguno de los jefes o de los fariseos? La chusma ésa, que no entiende la ley, está maldita". Nicodemo, aquel que había ido en otro tiempo a ver a Jesús, y que era fariseo, les dijo: "¿Acaso nuestra ley condena a un hombre sin oírlo primero y sin averiguar lo que ha hecho?" Ellos le replicaron: "¿También tú eres galileo? Estudia las Escrituras y verás que de Galilea no ha salido ningún profeta". Y después de esto, cada uno de ellos se fue a su propia casa.

Domingo 17 de marzo de 2024
V Domingo de Cuaresma
Primera Lectura: Jeremías 31, 31-34

"Se acerca el tiempo, dice el Señor, en que haré con la casa de Israel y la casa de Judá una alianza nueva. No será como la alianza que hice con los padres de ustedes, cuando los tomé de la mano para sacarlos de Egipto. Ellos rompieron mi alianza y yo tuve que hacer un escarmiento con ellos. Ésta será la alianza nueva que voy a hacer con la casa de Israel: Voy a poner mi ley en lo más profundo de su mente y voy a grabarla en sus corazones. Yo seré su Dios y ellos serán mi pueblo. Ya nadie tendrá que instruir a su prójimo ni a su hermano, diciéndole: 'Conoce al

Señor', porque todos me van a conocer, desde el más pequeño hasta el mayor de todos, cuando yo les perdone sus culpas y olvide para siempre sus pecados".

Salmo Responsorial: Salmo 50, 3-4. 12-13. 14-15
R. (12a) Crea en mí, Señor, un corazón puro.

Por tu inmensa compasión y misericordia, Señor, apiádate de mí y olvida mis ofensas. Lávame bien de todos mis delitos, y purifícame de mis pecados. **R.**

Crea en mí, Señor, un corazón puro, un espíritu nuevo para cumplir tus mandamientos. No me arrojes, Señor, lejos de ti, ni retires de mí ti santo espíritu. **R.**

Devuélveme tu salvación, que regocija y mantén en mí un alma generosa. Enseñaré a los descarriados tus caminos, y volverán a ti los pecadores. **R.**

Segunda Lectura: Hebreos 5, 7-9
Hermanos: Durante su vida mortal, Cristo ofreció oraciones y súplicas, con fuertes voces y lágrimas, a aquel que podía librarlo de la muerte, y fue escuchado por su piedad. A pesar de que era el Hijo, aprendió a obedecer padeciendo, y llegado a su perfección, se convirtió en la causa de la salvación eterna para todos los que lo obedecen.

Aclamación antes del Evangelio: Juan 12, 26
R. Honor y gloria a ti, Señor Jesús.

El que quiera servirme, que me siga, para que donde yo esté, también esté mi servidor. **R.**

Evangelio: Juan 12, 20-33
Entre los que habían llegado a Jerusalén para adorar a Dios en la fiesta de Pascua, había algunos griegos, los cuales se acercaron a Felipe, el de Betsaida de Galilea, y le pidieron: "Señor, quisiéramos ver a Jesús". Felipe fue a decírselo a Andrés; Andrés y Felipe se lo dijeron a Jesús y él les respondió: "Ha llegado la hora de que el Hijo del hombre sea glorificado. Yo les aseguro que si el grano de trigo, sembrado en la tierra, no muere, queda infecundo; pero si muere,

producirá mucho fruto. El que se ama a sí mismo, se pierde; el que se aborrece a sí mismo en este mundo, se asegura para la vida eterna. El que quiera servirme, que me siga, para que donde yo esté, también esté mi servidor. El que me sirve será honrado por mi Padre. Ahora que tengo miedo, ¿le voy a decir a mi Padre: 'Padre, líbrame de esta hora'? No, pues precisamente para esta hora he venido. Padre, dale gloria a tu nombre". Se oyó entonces una voz que decía: "Lo he glorificado y volveré a glorificarlo". De entre los que estaban ahí presentes y oyeron aquella voz, unos decían que había sido un trueno; otros, que le había hablado un ángel. Pero Jesús les dijo: "Esa voz no ha venido por mí, sino por ustedes. Está llegando el juicio de este mundo; ya va a ser arrojado el príncipe de este mundo. Cuando yo sea levantado de la tierra, atraeré a todos hacia mí". Dijo esto, indicando de qué manera habría de morir.

Lunes 18 de marzo de 2024
Lunes de la V semana de Cuaresma
Primera Lectura: Daniel 13, 1-9. 15-17. 19-30. 33-62

En aquel tiempo vivía en Babilonia un hombre llamado Joaquín, casado con Susana, hija de Quelcías, mujer muy bella y temerosa de Dios. Sus padres eran virtuosos y habían educado a su hija según la ley de Moisés. Joaquín era muy rico y tenía una huerta contigua a su casa, donde solían reunirse los judíos, porque era estimado por todos. Aquel año habían sido designados jueces dos ancianos del pueblo; eran de aquellos de quienes había dicho el Señor: "En Babilonia, la iniquidad salió de ancianos elegidos como jueces, que pasaban por guías del pueblo". Éstos frecuentaban la casa de Joaquín y los que tenían litigios que resolver acudían ahí a ellos. Hacia el mediodía, cuando toda la gente se había retirado ya, Susana entraba a pasear en la huerta de su marido. Los dos viejos la veían entrar y pasearse diariamente, y se encendieron de pasión por ella, pervirtieron su corazón y cerraron sus ojos para no ver al cielo ni acordarse de lo que es justo. Un día, mientras acechaban el momento oportuno, salió ella, como de ordinario, con dos muchachas de su servicio, y como hacía calor, quiso bañarse en la huerta. No había nadie allí, fuera de los viejos, que la espiaban escondidos. Susana dijo a las doncellas: "Tráiganme jabón y perfumes, y cierren las puertas de la huerta mientras me baño". Apenas salieron las muchachas, se levantaron los dos viejos, corrieron hacia donde estaba Susana y le dijeron: "Mira: las puertas de la huerta están cerradas y nadie nos ve. Nosotros ardemos en deseos de ti. Consiente y entrégate a nosotros. Si no, te vamos a acusar de que un joven estaba contigo y que por eso despachaste a las doncellas". Susana lanzó un gemido y dijo: "No tengo ninguna salida; si me entrego a ustedes, será la muerte para mí; si resisto, no escaparé de sus manos. Pero es mejor para mí ser víctima de sus calumnias, que pecar contra el Señor". Y dicho esto, Susana comenzó a gritar. Los dos viejos se pusieron a gritar también y uno de ellos corrió a abrir la puerta del jardín. Al oír los gritos en el jardín, los criados se precipitaron por la puerta lateral para ver qué sucedía. Cuando oyeron el relato de los viejos, quedaron consternados, porque jamás se había dicho de Susana cosa semejante. Al día siguiente, todo el pueblo se reunió en la casa de Joaquín, esposo de Susana, y también fueron los dos viejos, llenos de malvadas intenciones contra ella, para hacer que la condenaran a morir. En presencia del pueblo dijeron: "Vayan a buscar a Susana, hija de Quelcías y mujer de Joaquín". Fueron por Susana, quien acudió con sus padres, sus hijos y todos sus parientes. Todos los suyos y cuantos la conocían, estaban llorando. Se levantaron entonces los dos viejos en medio de la asamblea y pusieron sus manos sobre la cabeza de Susana. Ella, llorando, levantó los ojos al cielo, porque su corazón confiaba en el Señor. Los viejos dijeron: "Mientras nosotros nos paseábamos solos por la huerta, entró ésta con dos criadas, luego les dijo que salieran y cerró la puerta. Entonces se acercó un joven que estaba escondido y se acostó con ella. Nosotros estábamos en un extremo de la huerta, y al ver aquella infamia, corrimos hacia ellos y los sorprendimos abrazados. Pero no pudimos sujetar al joven, porque era más fuerte que nosotros; abrió la puerta y se nos escapó. Entonces detuvimos a ésta y le preguntamos quién era el joven, pero se negó a decirlo. Nosotros somos testigos de todo esto". La asamblea creyó a los ancianos, que habían calumniado a Susana, y la condenaron a muerte. Entonces Susana, dando fuertes voces, exclamó: "Dios eterno, que conoces los secretos y lo sabes todo antes de que suceda, tú sabes que éstos me han levantado un falso testimonio. Y voy a morir sin haber hecho nada de lo que su maldad ha tramado contra mí". El Señor escuchó su voz. Cuando llevaban a Susana al sitio de la ejecución, el Señor hizo sentir a un muchacho, llamado Daniel, el santo impulso de ponerse a gritar: "Yo no soy responsable de la sangre de esta mujer". Todo el pueblo se volvió a mirarlo y le preguntaron: "¿Qué es lo que estás diciendo?" Entonces Daniel, de pie en medio de ellos, les respondió: "Israelitas, ¿cómo pueden ser tan ciegos? Han condenado a muerte a una hija de Israel, sin haber investigado y puesto en claro la verdad. Vuelvan al tribunal, porque ésos le han levantado un falso testimonio". Todo el pueblo regresó de prisa y los ancianos dijeron a Daniel: "Ven a sentarte en medio de nosotros y dinos lo que piensas, puesto que Dios mismo te ha dado la madurez de un anciano". Daniel les dijo entonces: "Separen a los acusadores, lejos el uno del otro, y yo los voy a interrogar". Una vez separados, Daniel mandó llamar a uno de ellos y le dijo: "Viejo en años y en crímenes, ahora van a quedar al descubierto tus pecados anteriores, cuando injustamente condenabas a los inocentes y absolvías a los culpables, contra el mandamiento del Señor: *No matarás al que es justo e inocente*. Ahora bien, si es cierto que los viste, dime debajo de qué árbol estaban juntos". Él respondió: "Debajo de una acacia". Daniel le dijo: "Muy bien. Tu mentira te va a costar la vida, pues ya el ángel ha recibido de Dios tu sentencia y te va a partir por la mitad". Daniel les dijo que se lo llevaran, mandó traer al otro y le dijo: "Raza de Canaán y no de Judá, la belleza te sedujo y la pasión te pervirtió el corazón. Lo mismo hacían ustedes con las mujeres de Israel, y ellas, por miedo, se entregaban a ustedes. Pero una mujer de Judá no ha podido soportar la maldad de ustedes. Ahora dime, ¿bajo qué árbol los sorprendiste abrazados?" Él contestó: "Debajo de una encina". Replicó Daniel: "También a ti tu mentira te costará la vida. El ángel del Señor aguarda ya con la espada en la mano, para partirte por la mitad. Así acabará con ustedes". Entonces toda la asamblea levantó la voz y bendijo a Dios, que salva a los que esperan en él. Se alzaron contra los dos viejos, a quienes, con palabras de ellos mismos, Daniel había convencido de falso testimonio, y les aplicaron la pena que ellos mismos habían maquinado contra su prójimo. Para cumplir con la ley de Moisés, los mataron, y aquel día se salvó una vida inocente.

O bien:

Daniel 13, 41-62

En aquel tiempo, la asamblea creyó a los ancianos que habían calumniado a Susana y la condenó a muerte. Entonces Susana, dando fuertes voces exclamó: "Dios eterno, que conoces los secretos y lo sabes todo antes de que suceda, tú sabes que éstos me han levantado un falso testimonio. Y voy a morir sin haber hecho nada de lo que su maldad ha tramado contra mí". El Señor escuchó su voz. Cuando llevaban a Susana al sitio de la ejecución, el Señor hizo sentir a un muchacho, llamado Daniel, el santo impulso de ponerse a gritar: "Yo no soy responsable de la sangre de esta mujer". Todo el pueblo se volvió a mirarlo y le preguntaron: "¿Qué es lo que estás diciendo?" Entonces Daniel, de pie en medio de ellos, les respondió: "Israelitas, ¿cómo pueden ser tan ciegos? Han condenado a muerte a una hija de Israel, sin haber investigado y puesto en claro la verdad. Vuelvan al tribunal, porque ésos le han levantado un falso testimonio". Todo el pueblo regresó de prisa y los ancianos dijeron a Daniel: "Ven a sentarte en medio de nosotros y dinos lo que piensas, puesto que Dios mismo te ha dado la madurez de un anciano". Daniel les dijo entonces: "Separen a los acusadores, lejos el uno del otro, y yo los voy a interrogar". Una vez separados, Daniel mandó llamar a uno de ellos y le dijo: "Viejo en años y en crímenes, ahora van a quedar al descubierto tus pecados anteriores, cuando injustamente condenabas a los inocentes y absolvías a los culpables, contra el mandamiento del Señor: *No matarás al que es justo e inocente*. Ahora bien, si es cierto que los viste, dime debajo de qué árbol estaban juntos". Él respondió: "Debajo de una acacia". Daniel le dijo: "Muy bien. Tu mentira te va a costar la vida, pues ya el ángel ha recibido de Dios tu sentencia y te va a partir por la mitad". Daniel les dijo que se lo llevaran, mandó traer al otro y le dijo: "Raza de Canaán y no de Judá, la belleza te sedujo y la pasión te pervirtió el corazón. Lo mismo hacían ustedes con las mujeres de Israel, y ellas, por miedo, se entregaban a ustedes. Pero una mujer de Judá no ha podido soportar la maldad de ustedes. Ahora dime, ¿bajo qué árbol los sorprendiste abrazados?" Él contestó: "Debajo de una encina". Replicó Daniel: "También a ti tu mentira te costará la vida. El ángel del Señor aguarda ya con la espada en la mano, para partirte por la mitad. Así acabará con ustedes". Entonces toda la asamblea levantó la voz y bendijo a Dios, que salva a los que esperan en él. Se alzaron contra los dos viejos, a quienes, con palabras de ellos mismos, Daniel había convencido de falso testimonio, y les aplicaron la pena que ellos mismos habían maquinado contra su prójimo. Para cumplir con la ley de Moisés, los mataron, y aquel día se salvó una vida inocente.

Salmo Responsorial: Salmo 22, 1-3a. 3b-4. 5-6
R. (4a) Nada temo, Señor, porque tú estás conmigo.

El Señor es mi pastor, nada me falta: en verdes praderas me hace reposar y hacia fuentes tranquilas me conduce para reparar mis fuerzas. **R.**

Por ser un Dios fiel a sus promesas, me guía por el sendero recto; así, aunque camine por cañadas oscuras, nada temo, porque tú estás conmigo. Tu vara y tu cayado me dan seguridad. **R.**

Tú mismo me preparas la mesa, a despecho de mis adversarios; me unges la cabeza con perfume y llenas mi copa hasta los bordes. **R.**

Tu bondad y tu misericordia me acompañarán todos los días de mi vida; y viviré en la casa del Señor por años sin término. **R.**

Aclamación antes del Evangelio: Ezequiel 33, 11
R. Honor y gloria a ti, Señor Jesús.

No quiero la muerte del pecador, sino que se arrepienta y viva, dice el Señor. **R.**

Evangelio: Juan 8, 1-11
En aquel tiempo, Jesús se retiró al monte de los Olivos y al amanecer se presentó de nuevo en el templo, donde la multitud se le acercaba; y él, sentado entre ellos, les enseñaba. Entonces los escribas y fariseos le llevaron a una mujer sorprendida en adulterio, y poniéndola frente a él, le dijeron: "Maestro, esta mujer ha sido sorprendida en flagrante adulterio. Moisés nos manda en la ley apedrear a estas mujeres. ¿Tú que dices?" Le preguntaban esto para ponerle una trampa y poder acusarlo. Pero Jesús se agachó y se puso a escribir en el suelo con el dedo. Como insistían en su pregunta, se incorporó y les dijo: "Aquel de ustedes que no tenga pecado, que le tire la primera piedra". Se volvió a agachar y siguió escribiendo en

el suelo. Al oír aquellas palabras, los acusadores comenzaron a escabullirse uno tras otro, empezando por los más viejos, hasta que dejaron solos a Jesús y a la mujer, que estaba de pie, junto a él. Entonces Jesús se enderezó y le preguntó: "Mujer, ¿dónde están los que te acusaban? ¿Nadie te ha condenado?" Ella le contestó: "Nadie, Señor". Y Jesús le dijo: "Tampoco yo te condeno. Vete y ya no vuelvas a pecar".

Martes 19 de marzo de 2024

Solemnidad de San José, esposo de la Santísima Virgen María

Primera Lectura: 2 Samuel 7, 4-5. 12-14. 16

En aquellos días, el Señor le habló al profeta Natán y le dijo: "Ve y dile a mi siervo David que el Señor le manda decir esto: 'Cuando tus días se hayan cumplido y descanses para siempre con tus padres, engrandeceré a tu hijo, sangre de tu sangre, y consolidaré su reino. Él me construirá una casa y yo consolidaré su trono para siempre. Yo seré para él un padre y él será para mí un hijo. Tu casa y tu reino permanecerán para siempre ante mí, y tu trono será estable eternamente'".

Salmo Responsorial: Salmo 88, 2-3. 4-5. 27 y 29

R. (37) Su descendencia perdurará eternamente.

Proclamaré sin cesar la misericordia del Señor y daré a conocer que su fidelidad es eterna, pues el Señor ha dicho: "Mi amor es para siempre y mi lealtad, más firme que los cielos. **R.**

Un juramento hice a David, mi servidor, una alianza pacté con mi elegido: 'Consolidaré tu dinastía para siempre y afianzaré tu trono eternamente'. **R.**

El me podrá decir: 'Tú eres mi padre, el Dios que me protege y que me salva'. Yo jamás le retiraré mi amor no violaré el juramento que le hice". **R.**

Segunda Lectura: Romanos 4, 13. 16-18. 22

Hermanos: La promesa que Dios hizo a Abraham y a sus descendientes, de que ellos heredarían el mundo, no dependía de la observancia de la ley, sino de la justificación obtenida mediante la fe. En esta forma, por medio de la fe, que es gratuita, queda asegurada la promesa para todos sus descendientes, no sólo para aquellos que cumplen la ley, sino también para todos los que tienen la fe de Abraham. Entonces, él es padre de todos nosotros, como dice la Escritura: *Te he constituido padre de todos los pueblos*. Así pues, Abraham es nuestro padre delante de aquel Dios en quien creyó y que da la vida a los muertos y llama a la existencia a las cosas que todavía no existen. Él, esperando contra toda esperanza, creyó que habría de ser padre de muchos pueblos, conforme a lo que Dios le había prometido: *Así de numerosa será tu descendencia*. Por eso, Dios le acreditó esta fe como justicia.

Aclamación antes del Evangelio: Salmo 83, 5
R. Honor y gloria a ti, Señor Jesús.

Dichosos los que viven en tu casa; siempre, Señor, te alabarán. **R.**

Evangelio: Mateo 1, 16. 18-21. 24

Jacob engendró a José, el esposo de María, de la cual nació Jesús, llamado Cristo. Cristo vino al mundo de la siguiente manera: Estando María, su madre, desposada con José y antes de que vivieran juntos, sucedió que ella, por obra del Espíritu Santo, estaba esperando un hijo. José, su esposo, que era hombre justo, no queriendo ponerla en evidencia, pensó dejarla en secreto. Mientras pensaba en estas cosas, un ángel del Señor le dijo en sueños: "José, hijo de David, no dudes en recibir en tu casa a María, tu esposa, porque ella ha concebido por obra del Espíritu Santo. Dará a luz un hijo y tú le pondrás el nombre de Jesús, porque él salvará a su pueblo de sus pecados". Cuando José despertó de aquel sueño, hizo lo que le había mandado el ángel del Señor.

O bien:
Lucas 2, 41-51

Los padres de Jesús solían ir cada año a Jerusalén para las festividades de la Pascua. Cuando el niño cumplió doce años, fueron a la fiesta, según la costumbre. Pasados aquellos días, se volvieron; pero el niño Jesús se quedó en Jerusalén, sin que sus padres lo supieran. Creyendo que iba en la caravana, hicieron un día de camino; entonces lo buscaron, y al no encontrarlo, regresaron a Jerusalén en su busca. Al tercer día lo encontraron en el templo, sentado en medio de los doctores, escuchándolos y haciéndoles preguntas. Todos los que lo oían se admiraban de su inteligencia y de sus respuestas. Al verlo, sus padres se quedaron atónitos y su madre le dijo: "Hijo mío, ¿por qué te has portado así con nosotros? Tu padre y yo te hemos estado buscando llenos de angustia". Él les respondió: "¿Por qué me andaban buscando? ¿No sabían que debo ocuparme en las cosas de mi Padre?" Ellos no entendieron la respuesta que les dio. Entonces volvió con ellos a Nazaret y siguió sujeto a su autoridad.

Miércoles 20 de marzo de 2024
Miércoles de la V semana de Cuaresma
Primera Lectura: Daniel 3, 14-20. 49-50. 91-92. 95

En aquellos días dijo el rey Nabucodonosor: "¿Es cierto, Sedrak, Mesak y Abednegó, que no quieren servir a mis dioses, ni adorar la estatua de oro que he mandado levantar? Pues bien, si no es cierto, estén dispuestos para que, al oír sonar el cuerno, la flauta, la cítara, el salterio, la chirimía y toda clase de instrumentos, se postren y adoren la estatua que he mandado hacer. Pero si no la adoran, serán arrojados inmediatamente a un horno encendido. ¿Y qué dios podrá librarlos entonces de mis manos?" Pero Sedrak, Mesak y Abednegó contestaron al rey Nabucodonosor: "No es necesario responder a tu pregunta, pues el Dios a quien servimos puede librarnos del horno encendido y nos librará de tus manos; y aunque no lo hiciera, sábete que de ningún modo serviremos a tus dioses, ni adoraremos la estatua de oro, que has mandado levantar". Entonces Nabucodonosor se enfureció y la expresión de su rostro cambió para Sedrak, Mesak y Abednegó. Mandó encender el horno y aumentar la fuerza del fuego siete veces más de lo acostumbrado. Después ordenó que algunos de los hombres más fuertes de su ejército ataran a Sedrak, Mesak y Abednegó y los arrojaran al horno encendido. Pero el ángel del Señor bajó del cielo, se puso junto a ellos, apartó las llamas y produjo en el horno un frescor como de brisa y de rocío, y el fuego no los atormentó, ni los hirió, ni siquiera los tocó. El rey Nabucodonosor, estupefacto, se levantó precipitadamente y dijo a sus consejeros: "¿Acaso no estaban atados los tres hombres que arrojamos al horno?" Ellos contestaron: "Sí, señor". El rey replicó: "¿Por qué, entonces, estoy viendo cuatro hombres sueltos, que se pasean entre las llamas, sin quemarse? Y el cuarto, parece un ángel". Nabucodonosor los hizo salir del horno y exclamó: "Bendito sea el Dios de Sedrak, Mesak y Abednegó, que ha enviado a su ángel para librar a sus siervos, que confiando en él, desobedecieron la orden del rey y expusieron su vida, antes que servir y adorar a un dios extraño".

Salmo Responsorial: Daniel 3, 52. 53. 54. 55. 56
R. (52b) Bendito seas, Señor, para siempre.

Bendito seas, Señor, Dios de nuestros padres. Bendito sea tu nombre santo y glorioso. **R.**

Bendito seas en el templo santo y glorioso. Bendito seas en el trono de tu reina. **R.**

Bendito eres tú, Señor, que penetras con tu mirada los abismos y sientas en un trono rodeado querubines. Bendito seas, Señor, en la bóveda. **R.**

Aclamación antes del Evangelio: Lucas 8, 15
R. Honor y gloria a ti, Señor Jesús.

Dichosos los que cumplen la palabra del Señor con un corazón bueno y sincero, y perseveran hasta dar fruto. **R.**

Evangelio: Juan 8, 31-42
En aquel tiempo, Jesús dijo a los que habían creído en él: "Si se mantienen fieles a mi palabra, serán verdaderamente discípulos míos, conocerán la verdad y la verdad los hará libres". Ellos replicaron: "Somos hijos de Abraham y nunca hemos sido esclavos de nadie. ¿Cómo dices tú: 'Serán libres'?" Jesús les contestó: "Yo les aseguro que todo el que peca es un esclavo del pecado y el esclavo no se queda en la casa para siempre; el hijo sí se queda para siempre. Si el Hijo les da la libertad, serán realmente libres. Ya sé que son hijos de Abraham; sin embargo, tratan de matarme, porque no aceptan mis palabras. Yo hablo de lo que he visto en casa de mi Padre: ustedes hacen lo que han oído en casa de su padre". Ellos le

respondieron: "Nuestro padre es Abraham". Jesús les dijo: "Si fueran hijos de Abraham, harían las obras de Abraham. Pero tratan de matarme a mí, porque les he dicho la verdad que oí de Dios. Eso no lo hizo Abraham. Ustedes hacen las obras de su padre". Le respondieron: "Nosotros no somos hijos de prostitución. No tenemos más padre que a Dios". Jesús les dijo entonces: "Si Dios fuera su Padre me amarían a mí, porque yo salí de Dios y vengo de Dios; no he venido por mi cuenta, sino enviado por él".

Jueves 21 de marzo de 2024
Jueves de la V semana de Cuaresma

Primera Lectura: Génesis 17, 3-9

Cuando Dios se le apareció, Abram se postró con el rostro en el suelo y Dios le dijo: "Aquí estoy. Ésta es la alianza que hago contigo: Serás padre de una multitud de pueblos. Ya no te llamarás Abram, sino Abraham, porque te he constituido como padre de muchas naciones. Te haré fecundo sobremanera; de ti surgirán naciones y de ti nacerán reyes. Contigo y con tus descendientes, de generación en generación, establezco una alianza perpetua para ser el Dios tuyo y de tus descendientes. A ti y a tus descendientes les daré en posesión perpetua toda la tierra de Canaán, en la que ahora vives como extranjero; y yo seré el Dios de ustedes". Después le dijo Dios a Abraham: "Cumple, pues, mi alianza, tú y tu posteridad, de generación en generación".

Salmo Responsorial: Salmo 104, 4-5. 6-7. 8-9
R. (8a) El Señor nunca olvida sus promesas.

Recurran al Señor y a su poder, búsquenlo sin descanso. Recuerdan los prodigios que él ha hecho, sus portentos y oráculos. **R.**

Descendientes de Abrahán, su servidor, estirpe de Jacob, su predilecto, escuchen: el Señor es nuestro Dios, y gobiernan la tierra sus decretos. **R.**

Ni aunque transcurran mil generaciones, se olvidará el Señor de sus promesas, de la alianza pactada con Abraham, del juramento a Isaac, que un día le hiciera. **R.**

Aclamación antes del Evangelio: Salmo 94, 8

R. Honor y gloria a ti, Señor Jesús.

Hagámosle caso al Señor, que nos dice: "No endurezcan su corazón". **R.**

Evangelio: Juan 8, 51-59

En aquel tiempo, Jesús dijo a los judíos: "Yo les aseguro: el que es fiel a mis palabras no morirá para siempre". Los judíos le dijeron: "Ahora ya no nos cabe duda de que estás endemoniado. Porque Abraham murió y los profetas también murieron, y tú dices: 'El que es fiel a mis palabras no morirá para siempre'. ¿Acaso eres tú más que nuestro padre Abraham, el cual murió? Los profetas también murieron. ¿Quién pretendes ser tú?" Contestó Jesús: "Si yo me glorificara a mí mismo, mi gloria no valdría nada. El que me glorifica es mi Padre, aquel de quien ustedes dicen: 'Es nuestro Dios', aunque no lo conocen. Yo, en cambio, sí lo conozco; y si dijera que no lo conozco, sería tan mentiroso como ustedes. Pero yo lo conozco y soy fiel a su palabra. Abraham, el padre de ustedes, se regocijaba con el pensamiento de verme; me vio y se alegró por ello". Los judíos le replicaron: "No tienes ni cincuenta años, ¿y has visto a Abraham?" Les respondió Jesús: "Yo les aseguro que desde antes que naciera Abraham, Yo Soy". Entonces recogieron piedras para arrojárselas, pero Jesús se ocultó y salió del templo.

Viernes 22 de marzo de 2024
Viernes de la V semana de Cuaresma
Primera Lectura: Jeremías 20, 10-13

En aquel tiempo, dijo Jeremías: "Yo oía el cuchicheo de la gente que decía: 'Denunciemos a Jeremías, Denunciemos al profeta del terror'. Todos los que eran mis amigos espiaban mis pasos, esperaban que tropezara y me cayera, diciendo: 'Si se tropieza y se cae, lo venceremos y podremos vengarnos de él'. Pero el Señor, guerrero poderoso, está a mi lado; por eso mis perseguidores caerán por tierra y no podrán conmigo; quedarán avergonzados de su fracaso y su ignominia será eterna e inolvidable. Señor de los ejércitos, que pones a prueba al justo y conoces lo más profundo de los corazones, haz que yo vea tu venganza contra ellos, porque a ti he encomendado mi causa. Canten y alaben al Señor, porque él ha salvado la vida de su pobre de la mano de los malvados".

Salmo Responsorial: Salmo 17, 2-3a. 3bc-4. 5-6. 7
R. (7) Sálvame, Señor, en el peligro.

Yo te amo, Señor; tú eres mi fortaleza; el Dios que me protege y me libera. **R.**

Tu eres mi refugio, mi salvación, mi escudo, mi castillo. Cuando invoqué al Señor de mi esperanza al punto me libró de mi enemigo. **R.**

Olas mortales me cercaban, torrentes destructores me envolvían; me alcanzaban las redes del abismo y me ataban los lazos de la muerte. **R.**

En el peligro invoqué al Señor, en mi angustia le grité a mi Dios; desde su templo, él escuchó mi voz, y mi grito llegó a sus oídos. **R.**

Aclamación antes del Evangelio: Juan 6, 63. 68
R. Honor y gloria a ti, Señor Jesús.

Tus palabras, Señor, son espíritu y vida. Tú tienes palabras de vida eterna. **R.**

Evangelio: Juan 10, 31-42
En aquel tiempo, cuando Jesús terminó de hablar, los judíos cogieron piedras para apedrearlo. Jesús les dijo: "He realizado ante ustedes muchas obras buenas de parte del Padre, ¿por cuál de ellas me quieren apedrear?" Le contestaron los judíos: "No te queremos apedrear por ninguna obra buena, sino por blasfemo, porque tú, no siendo más que un hombre, pretendes ser Dios". Jesús les replicó: "¿No está escrito en su ley: *Yo les he dicho: Ustedes son dioses?* Ahora bien, si ahí se llama dioses a quienes fue dirigida la palabra de Dios (y la Escritura no puede equivocarse), ¿cómo es que a mí, a quien el Padre consagró y envió al mundo, me llaman blasfemo porque he dicho: 'Soy Hijo de Dios'? Si no hago las obras de mi Padre, no me crean. Pero si las hago, aunque no me crean a mí, crean a las obras, para que puedan comprender que el Padre está en mí y yo en el Padre". Trataron entonces de apoderarse de él, pero se les escapó de las manos. Luego regresó Jesús al otro lado del Jordán, al lugar donde Juan había bautizado en un principio y se quedó allí. Muchos acudieron a él y decían: "Juan no hizo ningún

signo; pero todo lo que Juan decía de éste, era verdad". Y muchos creyeron en él allí.

Sábado 23 de marzo de 2024

Sábado de la V semana de Cuaresma

Primera Lectura: Ezequiel 37, 21-28

Esto dice el Señor Dios: "Voy a recoger de las naciones a donde emigraron, a todos los israelitas; de todas partes los congregaré para llevarlos a su tierra. Haré de ellos un solo pueblo en mi tierra, en los montes de Israel; habrá un solo rey para todos ellos y nunca más volverán a ser dos naciones, ni a dividirse en dos reinos. Ya no volverán a mancharse con sus ídolos, sus abominaciones y con todas sus iniquidades; yo los salvaré de las infidelidades que cometieron y los purificaré; ellos van a ser mi pueblo y yo voy a ser su Dios. Mi siervo David será su rey y todos ellos no tendrán más que un pastor; cumplirán mis mandamientos y pondrán por obra mis preceptos. Habitarán en la tierra que di a mi siervo Jacob y en la que habitaron los padres de ustedes, y ahí vivirán para siempre ellos, sus hijos y sus nietos; mi siervo David será su rey para siempre. Voy a hacer con ellos una alianza eterna de paz. Los asentaré, los haré crecer y pondré mi santuario entre ellos para siempre. En medio de ellos estará mi templo: yo voy a ser su Dios y ellos van a ser mi pueblo. Las naciones sabrán que yo soy el Señor que santifica a Israel, cuando vean mi santuario en medio de ellos para siempre".

Salmo Responsorial: Jeremías 31, 10. 11-12ab. 13

R. (10d) El Señor cuidará a su pueblo como un pastor a su rebaño.

Escuchen, pueblos, la palabra del Señor, anúncienla aun en las islas más remotas: "El que dispersó a Israel lo reunirá y lo cuidará como un pastor a su rebaño". **R.**

Porque el Señor redimió a Jacob, Y lo rescató de las manos del poderoso. Ellos vendrán para aclamarlo al monte Sión y vendrán a gozar de los bienes del Señor. **R.**

Entonces se alegrarán las jóvenes, danzando, se sentirán felices jóvenes y viejos, porque yo convertiré su tristeza en alegría, los llenaré de gozo y aliviaré sus penas. **R.**

Aclamación antes del Evangelio: Ezequiel 18, 31

R. Honor y gloria a ti, Señor Jesús.

Purifíquense de todas sus iniquidades; renueven su corazón y su espíritu, dice el Señor. **R.**

Evangelio: Juan 11, 45-56

En aquel tiempo, muchos de los judíos que habían ido a casa de Marta y María, al ver que Jesús había resucitado a Lázaro, creyeron en él. Pero algunos de entre ellos fueron a ver a los fariseos y les contaron lo que había hecho Jesús. Entonces los sumos sacerdotes y los fariseos convocaron al sanedrín y decían: "¿Qué será bueno hacer? Ese hombre está haciendo muchos prodigios. Si lo dejamos seguir así, todos van a creer en él, van a venir los romanos y destruirán nuestro templo y nuestra nación". Pero uno de ellos, llamado Caifás, que era sumo sacerdote aquel año, les dijo: "Ustedes no saben nada. No comprenden que conviene que un solo hombre muera por el pueblo y no que toda la nación perezca". Sin embargo, esto no lo dijo por sí mismo, sino que, siendo sumo sacerdote aquel año, profetizó que Jesús iba a morir por la nación, y no sólo por la nación, sino también para congregar en la unidad a los hijos de Dios, que estaban dispersos. Por lo tanto, desde aquel día tomaron la decisión de matarlo. Por esta razón, Jesús ya no andaba públicamente entre los judíos, sino que se retiró a la ciudad de Efraín, en la región contigua al desierto y allí se quedó con sus discípulos. Se acercaba la Pascua de los judíos y muchos de las regiones circunvecinas llegaron a Jerusalén antes de la Pascua, para purificarse. Buscaban a Jesús en el templo y se decían unos a otros: "¿Qué pasará? ¿No irá a venir para la fiesta?"

Domingo 24 de marzo de 2024

V Domingo de Cuaresma

Domingo de Ramos "De la pasión del Señor"

Procesión de las Palmas

Evangelio: Marcos 11, 1-10

Cuando Jesús y los suyos iban de camino a Jerusalén, al llegar a Betfagé y Betania, cerca del monte de los Olivos, les dijo a dos de sus discípulos: "Vayan al pueblo que ven allí enfrente; al entrar, encontrarán amarrado un burro que nadie ha montado todavía. Desátenlo y tráiganmelo. Si alguien les pregunta por qué lo hacen, contéstenle: 'El Señor lo necesita y lo devolverá pronto'". Fueron y encontraron al burro en la calle, atado junto a una puerta, y lo desamarraron. Algunos de los que allí estaban les preguntaron: "¿Por qué sueltan al burro?" Ellos les contestaron lo que había dicho Jesús y ya nadie los molestó. Llevaron el burro, le echaron encima los mantos y Jesús montó en él. Muchos extendían su manto en el camino, y otros lo tapizaban con ramas cortadas en el campo. Los que iban delante de Jesús y los que lo seguían, iban gritando vivas: "*¡Hosanna! ¡Bendito el que viene en nombre del Señor!* ¡Bendito el reino que llega, el reino de nuestro padre David! *¡Hosanna en el cielo!*"

O bien:
Juan 12, 12-16
En aquel tiempo, al enterarse la gran muchedumbre que había llegado para la fiesta, de que Jesús se dirigía a Jerusalén, cortaron hojas de palmera y salieron a su encuentro, gritando: "*¡Hosanna! ¡Bendito el que viene en nombre del Señor,* el rey de Israel!" Habiendo encontrado Jesús un burrito, lo montó, como está escrito: *No tengas temor, hija de Sión, mira que tu rey viene a ti montado en un burrito.* Sus discípulos no entendieron estas cosas al principio, pero cuando Jesús fue glorificado, se acordaron de que habían sido escritas acerca de él y que ellos las habían cumplido.

La Misa
Primera Lectura: Isaías 50, 4-7
En aquel entonces, dijo Isaías: "El Señor me ha dado una lengua experta, para que pueda confortar al abatido con palabras de aliento. Mañana tras mañana, el Señor despierta mi oído, para que escuche yo, como discípulo. El Señor Dios me ha hecho oír sus palabras y yo no he opuesto resistencia ni me he echado para atrás. Ofrecí la espalda a los que me golpeaban, la mejilla a los que me tiraban de

la barba. No aparté mi rostro de los insultos y salivazos. Pero el Señor me ayuda, por eso no quedaré confundido, por eso endurecí mi rostro como roca y sé que no quedaré avergonzado".

Salmo Responsorial: Salmo 21, 8-9. 17-18a. 19-20. 23-24
R. (2a) Dios mío, Dios mío, ¿por qué me has abandonado?

Todos los que me ven, de mí se burlan; me hacen gestos y dicen: "Confiaba en el Señor, pues que él lo salve; si de veras lo ama, que lo libre". **R.**

Los malvados me cercan por doquiera como rabiosos perros. Mis manos y mis pies han taladrado y se puedan contar todos mis huesos. **R.**

Reparten entre sí mis vestiduras y se juegan mi túnica a los dados. Señor, auxilio mío, ven y ayudarme, no te quedes de mí tan alejado. **R.**

Contaré tu fama a mis hermanos, en medio de la asamblea te alabaré. Fieles del Señor, alábenlo; glorificarlo, linaje de Jacob, témelo, estirpe de Israel. **R.**

Segunda Lectura: Filipenses 2, 6-11

Cristo, siendo Dios, no consideró que debía aferrarse a las prerrogativas de su condición divina, sino que, por el contrario, se anonadó a sí mismo, tomando la condición de siervo, y se hizo semejante a los hombres. Así, hecho uno de ellos, se humilló a sí mismo y por obediencia aceptó incluso la muerte, y una muerte de cruz. Por eso Dios lo exaltó sobre todas las cosas y le otorgó el nombre que está sobre todo nombre, para que, al nombre de Jesús, todos doblen la rodilla en el cielo, en la tierra y en los abismos, y todos reconozcan públicamente que Jesucristo es el Señor, para gloria de Dios Padre.

Aclamación antes del Evangelio: Filipenses 2, 8-9
R. Honor y gloria a ti, Señor Jesús.

Cristo se humilló por nosotros y por obediencia aceptó incluso la muerte, y una muerte de cruz. Por eso Dios lo exaltó sobre todas las cosas y le otorgó el nombre que está sobre todo nombre. **R.**

Evangelio: Marcos 14, 1-15, 47

Faltaban dos días para la fiesta de Pascua y de los panes Ázimos. Los sumos sacerdotes y los escribas andaban buscando una manera de apresar a Jesús a traición y darle muerte, pero decían: "No durante las fiestas, porque el pueblo podría amotinarse". Estando Jesús sentado a la mesa, en casa de Simón el leproso, en Betania, llegó una mujer con un frasco de perfume muy caro, de nardo puro; quebró el frasco y derramó el perfume en la cabeza de Jesús. Algunos comentaron indignados: "¿A qué viene este derroche de perfume? Podía haberse vendido por más de trescientos denarios para dárselos a los pobres". Y criticaban a la mujer; pero Jesús replicó: "Déjenla. ¿Por qué la molestan? Lo que ha hecho conmigo está bien, porque a los pobres los tienen siempre con ustedes y pueden socorrerlos cuando quieran; pero a mí no me tendrán siempre. Ella ha hecho lo que podía. Se ha adelantado a embalsamar mi cuerpo para la sepultura. Yo les aseguro que en cualquier parte del mundo donde se predique el Evangelio, se recordará también en su honor lo que ella ha hecho conmigo". Judas Iscariote, uno de los Doce, se presentó a los sumos sacerdotes para entregarles a Jesús. Al oírlo, se alegraron y le prometieron dinero; y él andaba buscando una buena ocasión para entregarlo. El primer día de la fiesta de los panes Ázimos, cuando se sacrificaba el cordero pascual, le preguntaron a Jesús sus discípulos: "¿Dónde quieres que vayamos a prepararte la cena de Pascua?" Él les dijo a dos de ellos: "Vayan a la ciudad. Encontrarán a un hombre que lleva un cántaro de agua; síganlo y díganle al dueño de la casa en donde entre: 'El Maestro manda preguntar: ¿Dónde está la habitación en que voy a comer la Pascua con mis discípulos?' Él les enseñará una sala en el segundo piso, arreglada con divanes. Prepárennos allí la cena". Los discípulos se fueron, llegaron a la ciudad, encontraron lo que Jesús les había dicho y prepararon la cena de Pascua. Al atardecer, llegó Jesús con los Doce. Estando a la mesa, cenando, les dijo: "Yo les aseguro que uno de ustedes, uno que está comiendo conmigo, me va a entregar". Ellos, consternados, empezaron a preguntarle uno tras otro: "¿Soy yo?" Él respondió: "Uno de los Doce; alguien que moja su pan en el mismo plato que yo. El Hijo del hombre va a morir, como está escrito: pero, ¡ay del que va a entregar al Hijo del hombre! ¡Más le valiera no haber nacido!" Mientras cenaban, Jesús tomó un pan, pronunció la bendición, lo partió y se lo dio a sus discípulos, diciendo: "Tomen: esto es mi cuerpo". Y tomando en sus manos una copa de vino, pronunció la acción de gracias, se la dio, todos bebieron y les dijo: "Ésta es mi sangre, sangre de la alianza, que se derrama por todos. Yo les aseguro que no volveré a beber del fruto de la vid hasta el día en que beba el vino nuevo en el Reino de Dios". Después de cantar el himno, salieron hacia el monte de los Olivos y Jesús les dijo: "Todos ustedes se van a escandalizar por mi causa, como está escrito: *Heriré al pastor y se dispersarán las ovejas*; pero cuando resucite, iré por delante de ustedes a Galilea". Pedro replicó: "Aunque todos se escandalicen, yo no". Jesús le contestó: "Yo te aseguro que hoy, esta misma noche, antes de que el gallo cante dos veces, tú me negarás tres". Pero él insistía: "Aunque tenga que morir contigo, no te negaré". Y los demás decían lo mismo. Fueron luego a un huerto, llamado Getsemaní, y Jesús dijo a sus discípulos: "Siéntense aquí mientras hago oración". Se llevó a Pedro, a Santiago y a Juan; empezó a sentir terror y angustia, y les dijo: "Tengo el alma llena de una tristeza mortal. Quédense aquí, velando". Se adelantó un poco, se postró en tierra y pedía que, si era posible, se alejara de él aquella hora. Decía: "Padre, tú lo puedes todo: aparta de mí este cáliz. Pero que no se haga lo que yo quiero, sino lo que tú quieres". Volvió a donde estaban los discípulos, y al encontrarlos dormidos, dijo a Pedro: "Simón, ¿estás dormido? ¿No has podido velar ni una hora? Velen y oren, para que no caigan en la tentación. El espíritu está pronto, pero la carne es débil". De nuevo se retiró y se puso a orar, repitiendo las mismas palabras. Volvió y otra vez los encontró dormidos, porque tenían los ojos cargados de sueño; por eso no sabían qué contestarle. Él les dijo: "Ya pueden dormir y descansar. ¡Basta! Ha llegado la hora. Miren que el Hijo del hombre va a ser entregado en manos de los pecadores. ¡Levántense! ¡Vamos! Ya está cerca el traidor". Todavía estaba hablando, cuando se presentó Judas, uno de los Doce, y con él, gente con espadas y palos, enviada por los sacerdotes, los escribas y los ancianos. El traidor les había dado una contraseña, diciéndoles: "Al que yo bese, ése es. Deténganlo y llévenselo bien sujeto". Llegó, se acercó y le dijo: "Maestro". Y lo besó. Ellos le echaron mano y lo apresaron. Pero uno de los presentes desenvainó la espada y de un golpe le cortó la oreja a un criado del sumo sacerdote. Jesús tomó la palabra y les dijo: "¿Salieron ustedes a apresarme con espadas y palos, como si se tratara de un bandido? Todos los días he estado entre ustedes, enseñando en el templo y no me han apresado. Pero así tenía que ser para que se cumplieran las Escrituras". Todos lo abandonaron y huyeron. Lo iba siguiendo un muchacho, envuelto nada más con una sábana y lo detuvieron; pero él soltó la sábana y se les escapó desnudo. Condujeron a Jesús a casa del sumo sacerdote y se reunieron todos los pontífices, los escribas y los ancianos. Pedro lo fue siguiendo de lejos, hasta el interior del patio del sumo sacerdote y se sentó con los criados, cerca de la lumbre, para calentarse. Los sumos sacerdotes y el sanedrín en pleno, buscaban una acusación contra Jesús para condenarlo a muerte y no la encontraban. Pues, aunque muchos presentaban falsas acusaciones contra él, los testimonios no concordaban. Hubo unos que se pusieron de pie y dijeron: "Nosotros lo hemos oído decir: 'Yo destruiré este templo, edificado por hombres, y en tres días construiré otro, no edificado por hombres' ". Pero ni aun en esto concordaba su testimonio. Entonces el sumo sacerdote se puso de pie y le preguntó a Jesús: "¿No tienes nada que responder a todas esas acusaciones?" Pero él no le respondió nada. El sumo sacerdote le volvió a preguntar: "¿Eres tú el Mesías, el Hijo de Dios bendito?" Jesús contestó: "Sí lo soy. Y un día verán cómo el Hijo del hombre está sentado a la derecha del Todopoderoso y cómo viene entre las nubes del cielo". El sumo sacerdote se rasgó las vestiduras exclamando: "¿Qué falta hacen ya más testigos? Ustedes mismos han oído la blasfemia. ¿Qué les parece?" Y todos lo declararon reo de muerte. Algunos se pusieron a escupirle, y tapándole la cara, lo abofeteaban y le decían: "Adivina quién fue", y los criados también le daban de bofetadas. Mientras tanto, Pedro estaba abajo, en el patio. Llegó una criada del sumo sacerdote, y al ver a Pedro calentándose, lo miró fijamente y le dijo: "Tú también andabas con Jesús Nazareno". Él lo negó, diciendo: "Ni sé ni entiendo lo que quieres decir". Salió afuera hacia el zaguán, y un gallo cantó. La criada, al verlo, se puso de nuevo a decir a los presentes: "Ése es uno de ellos". Pero él lo volvió a negar. Al poco rato, también los presentes dijeron a Pedro: "Claro que eres uno de ellos, pues eres galileo". Pero él se puso a echar maldiciones y a jurar: "No conozco a ese hombre del que hablan". En seguida cantó el gallo por segunda vez. Pedro se acordó entonces de las palabras que le había dicho Jesús: 'Antes de que el gallo cante dos veces, tú me habrás negado tres', y rompió a llorar. Luego que amaneció, se reunieron los sumos sacerdotes con los ancianos, los escribas y el sanedrín en pleno, para deliberar. Ataron a Jesús, se lo llevaron y lo entregaron a Pilato. Éste le preguntó: "¿Eres tú el rey de los judíos?" Él respondió: "Sí lo soy". Los sumos sacerdotes lo acusaban de muchas cosas. Pilato le preguntó de nuevo: "¿No contestas nada? Mira de cuántas cosas te acusan". Jesús ya no le contestó nada, de modo que Pilato estaba muy extrañado. Durante la fiesta de Pascua, Pilato solía soltarles al preso que ellos pidieran. Estaba entonces en la cárcel un tal Barrabás, con los revoltosos que habían cometido un homicidio en un motín. Vino la gente y empezó a pedir el indulto de costumbre. Pilato les dijo: "¿Quieren que les suelte al rey de los judíos?" Porque sabía que los sumos sacerdotes se lo habían entregado por envidia. Pero los sumos sacerdotes incitaron a la gente para que pidieran la libertad de Barrabás. Pilato les volvió a preguntar: "¿Y qué voy a hacer con el que llaman rey de los judíos?" Ellos gritaron: "¡Crucifícalo!" Pilato les dijo: "Pues ¿qué mal ha hecho?" Ellos gritaron más fuerte: "¡Crucifícalo!" Pilato, queriendo dar gusto a la multitud, les soltó a Barrabás; y a Jesús, después de mandarlo azotar, lo entregó para que lo crucificaran. Los soldados se lo llevaron al interior del palacio, al pretorio, y reunieron a todo el batallón. Lo vistieron con un manto de color púrpura, le pusieron una corona de espinas que habían trenzado y comenzaron a burlarse de él, dirigiéndole este saludo: "¡Viva el rey de los judíos!" Le golpeaban la cabeza con una caña, le escupían y, doblando las rodillas, se postraban ante él. Terminadas las burlas, le quitaron aquel manto de color púrpura, le pusieron su ropa y lo sacaron para crucificarlo. Entonces forzaron a cargar la cruz a un individuo que pasaba por ahí de regreso del campo, Simón de Cirene, padre de Alejandro y de Rufo, y llevaron a Jesús al Gólgota (que quiere decir "lugar de la Calavera"). Le ofrecieron vino con mirra, pero él no lo aceptó. Lo crucificaron y se repartieron sus ropas, echando suertes para ver qué le tocaba a cada uno. Era media mañana cuando lo crucificaron. En el letrero de la acusación estaba escrito: "El rey de los judíos". Crucificaron con él a dos bandidos, uno a su derecha y otro a su izquierda. Así se cumplió la Escritura que dice: *Fue contado entre los malhechores.* Los que pasaban por ahí lo injuriaban meneando la cabeza y gritándole: "¡Anda! Tú que destruías el templo y lo reconstruías en tres días, sálvate a ti mismo y baja de la cruz". Los sumos sacerdotes se burlaban también de él y le decían: "Ha salvado a otros, pero a sí mismo no se puede salvar. Que el Mesías, el rey de Israel, baje ahora de la cruz, para que lo veamos y creamos". Hasta los que estaban crucificados con él también lo insultaban. Al llegar el mediodía, toda aquella tierra se quedó en tinieblas hasta las tres de la tarde. Y a las tres, Jesús gritó con voz potente: *"Eloí, Eloí, ¿lemá sabactaní?"* (que significa: Dios mío, Dios mío, ¿por qué me has abandonado?). Algunos de los presentes, al oírlo, decían: "Miren, está llamando a Elías". Uno corrió a empapar una esponja en vinagre, la sujetó a un carrizo y se la acercó para que bebiera, diciendo: "Vamos a ver si viene Elías a bajarlo". Pero Jesús, dando un fuerte grito, expiró.

[Aquí todos se arrodillan y guardan silencio por unos instantes.]

Entonces el velo del templo se rasgó en dos, de arriba a abajo. El oficial romano que estaba frente a Jesús, al ver cómo había expirado, dijo: "De veras este hombre era Hijo de Dios". Había también ahí unas mujeres que estaban mirando todo desde lejos; entre ellas, María Magdalena, María (la madre de Santiago el menor y de José) y Salomé, que cuando Jesús estaba en Galilea, lo seguían para atenderlo; y además de ellas, otras muchas que habían venido con él a Jerusalén. Al anochecer, como era el día de la preparación, víspera del sábado, vino José de Arimatea, miembro distinguido del sanedrín, que también esperaba el Reino de Dios. Se presentó con valor ante Pilato y le pidió el cuerpo de Jesús. Pilato se extrañó de que ya hubiera muerto, y llamando al oficial, le preguntó si hacía mucho tiempo que había muerto. Informado por el oficial, concedió el cadáver a José. Éste compró una sábana, bajó el cadáver, lo envolvió en la sábana y lo puso en un sepulcro excavado en una roca y tapó con una piedra la entrada del sepulcro. María Magdalena y María, la madre de José, se fijaron en dónde lo ponían.

O bien:
Marcos 15, 1-39

Luego que amaneció, se reunieron los sumos sacerdotes con los ancianos, los escribas y el sanedrín en pleno, para deliberar. Ataron a Jesús, se lo llevaron y lo entregaron a Pilato. Éste le preguntó: "¿Eres tú el rey de los judíos?" Él respondió: "Sí lo soy". Los sumos sacerdotes lo acusaban de muchas cosas. Pilato le preguntó de nuevo: "¿No contestas nada? Mira de cuántas cosas te acusan". Jesús ya no le contestó nada, de modo que Pilato estaba muy extrañado. Durante la fiesta de Pascua, Pilato solía soltarles al preso que ellos pidieran. Estaba entonces en la cárcel un tal Barrabás, con los revoltosos que habían cometido un homicidio en un motín. Vino la gente y empezó a pedir el indulto de costumbre. Pilato les dijo: "¿Quieren que les suelte al rey de los judíos?" Porque sabía que los sumos sacerdotes se lo habían entregado por envidia. Pero los sumos sacerdotes incitaron a la gente para que pidieran la libertad de Barrabás. Pilato les volvió a preguntar: "¿Y qué voy a hacer con el que llaman rey de los judíos?" Ellos gritaron: "¡Crucifícalo!" Pilato les dijo: "Pues ¿qué mal ha hecho?" Ellos gritaron más fuerte: "¡Crucifícalo!" Pilato, queriendo dar gusto a la multitud, les soltó a Barrabás; y a Jesús, después de mandarlo azotar, lo entregó para que lo crucificaran. Los soldados se lo llevaron al interior del palacio, al pretorio, y reunieron a todo el batallón. Lo vistieron con un manto de color púrpura, le pusieron una corona de espinas que habían trenzado y comenzaron a burlarse de él, dirigiéndole este saludo: "¡Viva el rey de los judíos!" Le golpeaban la cabeza con una caña, le escupían y, doblando las rodillas, se postraban ante él. Terminadas las burlas, le quitaron aquel manto de color púrpura, le pusieron su ropa y lo sacaron para crucificarlo. Entonces forzaron a cargar la cruz a un individuo que pasaba por ahí de regreso del campo, Simón de Cirene, padre de Alejandro y de Rufo, y llevaron a Jesús al Gólgota (que quiere decir "lugar de la Calavera"). Le ofrecieron vino con mirra, pero él no lo aceptó. Lo crucificaron y se repartieron sus ropas, echando suertes para ver qué le tocaba a cada uno. Era media mañana cuando lo crucificaron. En el letrero de la acusación estaba escrito: "El rey de los judíos". Crucificaron con él a dos bandidos, uno a su derecha y otro a su izquierda. Así se cumplió la Escritura que dice: Fue contado entre los malhechores. Los que pasaban por ahí lo injuriaban meneando la cabeza y gritándole: "¡Anda! Tú que destruías el templo y lo reconstruías en tres días, sálvate a ti mismo y baja de la cruz". Los sumos sacerdotes se burlaban también de él y le decían: "Ha salvado a otros, pero a sí mismo no se puede salvar. Que el

Mesías, el rey de Israel, baje ahora de la cruz, para que lo veamos y creamos". Hasta los que estaban crucificados con él también lo insultaban. Al llegar el mediodía, toda aquella tierra se quedó en tinieblas hasta las tres de la tarde. Y a las tres, Jesús gritó con voz potente: "Eloí, Eloí, ¿lemá sabactaní?" (que significa: Dios mío, Dios mío, ¿por qué me has abandonado?). Algunos de los presentes, al oírlo, decían: "Miren, está llamando a Elías". Uno corrió a empapar una esponja en vinagre, la sujetó a un carrizo y se la acercó para que bebiera, diciendo: "Vamos a ver si viene Elías a bajarlo". Pero Jesús, dando un fuerte grito, expiró.

[Aquí todos se arrodillan y guardan silencio por unos instantes.]

Entonces el velo del templo se rasgó en dos, de arriba a abajo. El oficial romano que estaba frente a Jesús, al ver cómo había expirado, dijo: "De veras este hombre era Hijo de Dios".

Lunes 25 de marzo de 2024

Lunes de la semana santa

Primera Lectura: Isaías 42, 1-7

Esto dice el Señor: "Miren a mi siervo, a quien sostengo, a mi elegido, en quien tengo mis complacencias. En él he puesto mi espíritu, para que haga brillar la justicia sobre las naciones. No gritará, no clamará, no hará oír su voz por las calles; no romperá la caña resquebrajada, ni apagará la mecha que aún humea. Promoverá con firmeza la justicia, no titubeará ni se doblegará hasta haber establecido el derecho sobre la tierra y hasta que las islas escuchen su enseñanza". Esto dice el Señor Dios, el que creó el cielo y lo extendió, el que dio firmeza a la tierra, con lo que en ella brota; el que dio el aliento a la gente que habita la tierra y la respiración a cuanto se mueve en ella: "Yo, el Señor, fiel a mi designio de salvación, te llamé, te tomé de la mano, te he formado y te he constituido alianza de un pueblo, luz de las naciones, para que abras los ojos de los ciegos, saques a los cautivos de la prisión y de la mazmorra a los que habitan en tinieblas".

Salmo Responsorial: Salmo 26, 1. 2. 3. 13-14

R. (1a) El Señor es mi luz y mi salvación.

El Señor es mi luz y mi salvación, ¿a quién voy a tenerle miedo? El Señor es la defensa de mi vida, ¿quién podrá hacerme temblar? **R.**

Cuando me asaltan los malvados para devorarme, ellos, enemigos y adversarios, tropiezan y caen. **R.**

Aunque se lance contra mí un ejército, no temerá mi corazón; aun cuando hagan la guerra contra mí, tendré plena confianza en el Señor. **R.**

La bondad del Señor espero ver en esta misma vida. Ármate de valor y fortaleza y en el Señor confía. **R.**

Aclamación antes del Evangelio

R. Honor y gloria a ti, Señor Jesús.

Señor Jesús, rey nuestro, sólo tú has tenido compasión de nuestras faltas. **R.**

Evangelio: Juan 12, 1-11

Seis días antes de la Pascua, fue Jesús a Betania, donde vivía Lázaro, a quien había resucitado de entre los muertos. Allí le ofrecieron una cena; Marta servía y Lázaro era uno de los que estaban con él a la mesa. María tomó entonces una libra de perfume de nardo auténtico, muy costoso, le ungió a Jesús los pies con él y se los enjugó con su cabellera, y la casa se llenó con la fragancia del perfume. Entonces Judas Iscariote, uno de los discípulos, el que iba a entregar a Jesús, exclamó: "¿Por qué no se ha vendido ese perfume en trescientos denarios para dárselos a los pobres?" Esto lo dijo, no porque le importaran los pobres, sino porque era ladrón, y como tenía a su cargo la bolsa, robaba lo que echaban en ella. Entonces dijo Jesús: "Déjala. Esto lo tenía guardado para el día de mi sepultura; porque a los pobres los tendrán siempre con ustedes, pero a mí no siempre me tendrán". Mientras tanto, la multitud de judíos, que se enteró de que Jesús estaba allí, acudió, no sólo por Jesús, sino también para ver a Lázaro, a quien el Señor había resucitado de entre los muertos. Los sumos sacerdotes deliberaban para matar a Lázaro, porque a causa de él, muchos judíos se separaban y creían en Jesús.

Martes de la semana santa

Primera Lectura: Isaías 49, 1-6

Escúchenme, islas; pueblos lejanos, atiéndanme. El Señor me llamó desde el vientre de mi madre; cuando aún estaba yo en el seno materno, él pronunció mi nombre. Hizo de mi boca una espada filosa, me escondió en la sombra de su mano, me hizo flecha puntiaguda, me guardó en su aljaba y me dijo: "Tú eres mi siervo, Israel; en ti manifestaré mi gloria". Entonces yo pensé: "En vano me he cansado, inútilmente he gastado mis fuerzas; en realidad mi causa estaba en manos del Señor, mi recompensa la tenía mi Dios". Ahora habla el Señor, el que me formó desde el seno materno, para que fuera su servidor, para hacer que Jacob volviera a él y congregar a Israel en torno suyo –tanto así me honró el Señor y mi Dios fue mi fuerza–. Ahora, pues, dice el Señor: "Es poco que seas mi siervo sólo para restablecer a las tribus de Jacob y reunir a los sobrevivientes de Israel; te voy a convertir en luz de las naciones, para que mi salvación llegue hasta los últimos rincones de la tierra".

Salmo Responsorial: Salmo 70, 1-2. 3-4a. 5-6ab. 15 y 17

R. (15) En ti, Señor, he puesto mi esperanza.

Señor, tú eres mi esperanza, que no quede yo jamás defraudado. Tú, que eres justo, ayúdame y defiéndeme; escucha mi oración y ponme a salvo. **R.**

Se para mí un refugio, ciudad fortificada en que me salves. Y pues eres mi auxilio y mi defensa, líbrame, Señor, de los malvados. **R.**

Señor, tú eres mi esperanza; desde mi juventud en ti confío. Desde que esteba en el seno de mi madre, y me apoyaba en ti y tú me sostenías. **R.**

Yo proclamaré siempre tu justicia y a todas horas, tu misericordia. Me enseñaste a alabarte desde niño Y seguir alabándote es mi orgullo. **R.**

Aclamación antes del Evangelio

R. Honor y gloria a ti, Señor Jesús.

Señor Jesús, rey nuestro, para obedecer al Padre, quisiste ser llevado a la cruz como manso cordero al sacrificio. **R.**

Evangelio: Juan 13, 21-33. 36-38

En aquel tiempo, cuando Jesús estaba a la mesa con sus discípulos, se conmovió profundamente y declaró: "Yo les aseguro que uno de ustedes me va a entregar". Los discípulos se miraron perplejos unos a otros, porque no sabían de quién hablaba. Uno de ellos, al que Jesús tanto amaba, se hallaba reclinado a su derecha. Simón Pedro le hizo una seña y le preguntó: "¿De quién lo dice?" Entonces él, apoyándose en el pecho de Jesús, le preguntó: "Señor, ¿quién es?" Le contestó Jesús: "Aquel a quien yo le dé este trozo de pan, que voy a mojar". Mojó el pan y se lo dio a Judas, hijo de Simón el Iscariote; y tras el bocado, entró en él Satanás. Jesús le dijo entonces a Judas: "Lo que tienes que hacer, hazlo pronto". Pero ninguno de los comensales entendió a qué se refería; algunos supusieron que, como Judas tenía a su cargo la bolsa, Jesús le había encomendado comprar lo necesario para la fiesta o dar algo a los pobres. Judas, después de tomar el bocado, salió inmediatamente. Era de noche. Una vez que Judas se fue, Jesús dijo: "Ahora ha sido glorificado el Hijo del hombre y Dios ha sido glorificado en él. Si Dios ha sido glorificado en él, también Dios lo glorificará en sí mismo y pronto lo glorificará. Hijitos, todavía estaré un poco con ustedes. Me buscarán, pero como les dije a los judíos, así se lo digo a ustedes ahora: 'A donde yō voy, ustedes no pueden ir' ". Simón Pedro le dijo: "Señor, ¿a dónde vas?" Jesús le respondió: "A donde yo voy, no me puedes seguir ahora; me seguirás más tarde". Pedro replicó: "Señor, ¿por qué no puedo seguirte ahora? Yo daré mi vida por ti". Jesús le contestó: "¿Conque darás tu vida por mí? Yo te aseguro que no cantará el gallo, antes de que me hayas negado tres veces".

Miércoles 27 de marzo de 2024
Miércoles de la semana santa

Primera Lectura: Isaías 50, 4-9

En aquel entonces, dijo Isaías: "El Señor me ha dado una lengua experta, para que pueda confortar al abatido con palabras de aliento. Mañana tras mañana, el Señor despierta mi oído, para que escuche yo, como discípulo. El Señor Dios me ha hecho oír sus palabras y yo no he opuesto resistencia ni me he echado para atrás. Ofrecí la espalda a los que me golpeaban, la mejilla a los que me tiraban de la barba. No aparté mi rostro a los insultos y salivazos. Pero el Señor me ayuda, por eso no quedaré confundido, por eso endurecí mi rostro como roca y sé que no quedaré avergonzado. Cercano está de mí el que me hace justicia, ¿quién luchará contra mí? ¿Quién es mi adversario? ¿Quién me acusa? Que se me enfrente. El Señor es mi ayuda, ¿quién se atreverá a condenarme?"

Salmo Responsorial: Salmo 68, 8-10. 21bcd-22. 31 y 33-34
R. (14c y b) Por tu bondad, Señor, socórreme.
Por ti he sufrido injurias y la vergüenza cubre mi semblante. Extraño soy y advenedizo, aun para aquellos de mi propia sangre; pues me devora el celo de tu casa, el odio del que te odia, en mí recae. **R.**
La afrenta me destroza el corazón y desfallezco. Espero compasión y no la hallo; consoladores, y no los encuentro. En mi comida me echaron hiel, para mi sed me dieron vinagre. **R.**
En mi catar exaltaré tu nombre, proclamaré tu gloria, agradecido. Se alegrarán al verlo los que sufren, quienes buscan a Dios tendrán más ánimo, Porque el Señor jamás desoye al pobre, ni olvida al que se encuentra encadenado. **R.**

Aclamación antes del Evangelio
R. Honor y gloria a ti, Señor Jesús.
Señor Jesús, rey nuestro, sólo tú has tenido compasión de nuestras faltas. **R.**

O bien:
R. Honor y gloria a ti, Señor Jesús.
Señor Jesús, rey nuestro, para obedecer al Padre, quisiste ser llevado a la cruz como manso cordero al sacrificio. **R.**

Evangelio: Mateo 26, 14-25
En aquel tiempo, uno de los Doce, llamado Judas Iscariote, fue a ver a los sumos sacerdotes y les dijo: "¿Cuánto me dan si les entrego a Jesús?" Ellos quedaron en

darle treinta monedas de plata. Y desde ese momento andaba buscando una oportunidad para entregárselo. El primer día de la fiesta de los panes Ázimos, los discípulos se acercaron a Jesús y le preguntaron: "¿Dónde quieres que te preparemos la cena de Pascua?" Él respondió: "Vayan a la ciudad, a casa de fulano y díganle: 'El Maestro dice: Mi hora está ya cerca. Voy a celebrar la Pascua con mis discípulos en tu casa' ". Ellos hicieron lo que Jesús les había ordenado y prepararon la cena de Pascua. Al atardecer, se sentó a la mesa con los Doce, y mientras cenaban, les dijo: "Yo les aseguro que uno de ustedes va a entregarme". Ellos se pusieron muy tristes y comenzaron a preguntarle uno por uno: "¿Acaso soy yo, Señor?" Él respondió: "El que moja su pan en el mismo plato que yo, ése va a entregarme. Porque el Hijo del hombre va a morir, como está escrito de él; pero ¡ay de aquel por quien el Hijo del hombre va a ser entregado! Más le valiera a ese hombre no haber nacido". Entonces preguntó Judas, el que lo iba a entregar: "¿Acaso soy yo, Maestro?" Jesús le respondió: "Tú lo has dicho".

Jueves 28 de marzo de 2024
Jueves Santo

Misa del Santo Crisma

Primera Lectura: Isaías 61,1-3a. 6a. 8b-9

El espíritu del Señor está sobre mí, porque me ha ungido y me ha enviado para anunciar la buena nueva a los pobres, a curar a los de corazón quebrantado, a proclamar el perdón a los cautivos, la libertad a los prisioneros, y a pregonar el año de gracia del Señor, el día de la venganza de nuestro Dios. El Señor me ha enviado a consolar a los afligidos, los afligidos de Sión, a cambiar su ceniza en diadema, sus lágrimas en aceite perfumado de alegría y su abatimiento, en cánticos. Ustedes serán llamados "sacerdotes del Señor"; "ministros de nuestro Dios" se les llamará. Esto dice el Señor: "Yo les daré su recompensa fielmente y haré con ellos un pacto perpetuo. Su estirpe será célebre entre las naciones, y sus vástagos, entre los pueblos. Cuantos los vean reconocerán que son la estirpe que bendijo el Señor".

Salmo Responsorial: Salmo 88, 21-22. 25 y 27

R. (2a) Proclamaré sin cesar la misericordia del Señor.

"He encontrado a David, mi servidor, y con mi aceite santo lo he ungido. Lo sostendrá mi mano y le dará mi brazo fortaleza. **R.**

Contará con mi amor y mi lealtad y su poder aumentará en mi nombre. El me podrá: 'Tú eres mi padre, el Dios que me protege y que me salva'". **R.**

Segunda Lectura: Apocalipsis 1, 5-8

Hermanos míos: Gracia y paz a ustedes, de parte de Jesucristo, el testigo fiel, el primogénito de entre los muertos, el soberano de los reyes de la tierra; aquel que nos amó y nos purificó de nuestros pecados con su sangre y ha hecho de nosotros un reino de sacerdotes para su Dios y Padre. A él la gloria y el poder por los siglos de los siglos. Amén.

Miren: él viene entre las nubes, y todos lo verán, aun aquellos que lo traspasaron. Todos los pueblos de la tierra harán duelo por su causa. "Yo soy el Alfa y la Omega, dice el Señor Dios, el que es, el que era y el que ha de venir; el todopoderoso".

Aclamación antes del Evangelio: Isaías 61, 1 (cit. en Lucas 4, 18)
R. Honor y gloria a ti, Señor Jesús.

El Espíritu del Señor está sobre mí. Me ha enviado para anunciar la buena nueva a los pobres. **R.**

Evangelio: Lucas 4, 16-21

En aquel tiempo, Jesús fue a Nazaret, donde se había criado. Entró en la sinagoga, como era su costumbre hacerlo los sábados, y se levantó para hacer la lectura. Se le dio el volumen del profeta Isaías, lo desenrolló y encontró el pasaje en que estaba escrito: *El Espíritu del Señor está sobre mí, porque me ha ungido para llevar a los pobres la buena nueva, para anunciar la liberación a los cautivos y la curación a los ciegos, para dar libertad a los oprimidos y proclamar el año de gracia del Señor.* Enrolló el volumen, lo devolvió al encargado y se sentó. Los ojos de todos los asistentes a la sinagoga estaban fijos en él. Entonces comenzó a hablar, diciendo: "Hoy mismo se ha cumplido este pasaje de la Escritura que acaban de oír".

Misa vespertina de la Cena del Señor
Primera Lectura: Éxodo 12, 1-8. 11-14

En aquellos días, el Señor les dijo a Moisés y a Aarón en tierra de Egipto: "Este mes será para ustedes el primero de todos los meses y el principio del año. Díganle a toda la comunidad de Israel: 'El día diez de este mes, tomará cada uno un cordero por familia, uno por casa. Si la familia es demasiado pequeña para comérselo, que se junte con los vecinos y elija un cordero adecuado al número de personas y a la cantidad que cada cual pueda comer. Será un animal sin defecto, macho, de un año, cordero o cabrito. Lo guardarán hasta el día catorce del mes, cuando toda la comunidad de los hijos de Israel lo inmolará al atardecer. Tomarán la sangre y rociarán las dos jambas y el dintel de la puerta de la casa donde vayan a comer el cordero. Esa noche comerán la carne, asada a fuego; comerán panes sin levadura y hierbas amargas. Comerán así: con la cintura ceñida, las sandalias en los pies, un bastón en la mano y a toda prisa, porque es la Pascua, es decir, el paso del Señor. Yo pasaré esa noche por la tierra de Egipto y heriré a todos los primogénitos del país de Egipto, desde los hombres hasta los ganados. Castigaré a todos los dioses de Egipto, yo, el Señor. La sangre les servirá de señal en las casas donde habitan ustedes. Cuando yo vea la sangre, pasaré de largo y no habrá entre ustedes plaga exterminadora, cuando hiera yo la tierra de Egipto. Ese día será para ustedes un memorial y lo celebrarán como fiesta en honor del Señor. De generación en generación celebrarán esta festividad, como institución perpetua'".

Salmo Responsorial: Salmo 115, 12-13. 15-16bc. 17-18
R. (1 Corintios 10, 16) Gracias, Señor, por tu sangre que nos lava.

¿Cómo le pagaré al Señor todo el bien que me ha hecho? Levantaré el cáliz de salvación, e invocaré el nombre del Señor. **R.**

A los ojos del Señor es muy penoso que mueran sus amigos. De la muerte, Señor, me has librado, a mí, tu esclavo e hijo de tu esclava. **R.**

Te ofreceré con gratitud un sacrificio e invocaré tu nombre. Cumpliré mis promesas al Señor ante todo su pueblo. **R.**

Segunda Lectura: 1 Corintios 11, 23-26

Hermanos: Yo recibí del Señor lo mismo que les he trasmitido: que el Señor Jesús, la noche en que iba a ser entregado, tomó pan en sus manos, y pronunciando la acción de gracias, lo partió y dijo: "Esto es mi cuerpo, que se entrega por ustedes. Hagan esto en memoria mía". Lo mismo hizo con el cáliz después de cenar, diciendo: "Este cáliz es la nueva alianza que se sella con mi sangre. Hagan esto en memoria mía siempre que beban de él". Por eso, cada vez que ustedes comen de este pan y beben de este cáliz, proclaman la muerte del Señor, hasta que vuelva.

Aclamación antes del Evangelio: Juan 13, 34
R. Honor y gloria a ti, Señor Jesús.

Les doy un mandamiento nuevo, dice el Señor, que se amen los unos a los otros, como yo los he amado. **R.**

Evangelio: Juan 13, 1-15

Antes de la fiesta de la Pascua, sabiendo Jesús que había llegado la hora de pasar de este mundo al Padre y habiendo amado a los suyos, que estaban en el mundo, los amó hasta el extremo. En el transcurso de la cena, cuando ya el diablo había puesto en el corazón de Judas Iscariote, hijo de Simón, la idea de entregarlo, Jesús, consciente de que el Padre había puesto en sus manos todas las cosas y sabiendo que había salido de Dios y a Dios volvía, se levantó de la mesa, se quitó el manto y tomando una toalla, se la ciñó; luego echó agua en una jofaina y se puso a lavarles los pies a los discípulos y a secárselos con la toalla que se había ceñido. Cuando llegó a Simón Pedro, éste le dijo: "Señor, ¿me vas a lavar tú a mí los pies?" Jesús le replicó: "Lo que estoy haciendo tú no lo entiendes ahora, pero lo comprenderás más tarde". Pedro le dijo: "Tú no me lavarás los pies jamás". Jesús le contestó: "Si no te lavo, no tendrás parte conmigo". Entonces le dijo Simón Pedro: "En ese caso, Señor, no sólo los pies, sino también las manos y la cabeza". Jesús le dijo: "El que se ha bañado no necesita lavarse más que los pies, porque todo él está limpio. Y ustedes están limpios, aunque no todos". Como sabía quién lo iba a entregar, por eso dijo: 'No todos están limpios'. Cuando acabó de lavarles los pies, se puso otra vez el manto, volvió a la mesa y les dijo: "¿Comprenden lo que acabo de hacer con ustedes? Ustedes me llaman Maestro y Señor, y dicen bien, porque lo soy. Pues si yo, que soy el Maestro y el Señor, les he lavado los pies, también ustedes deben lavarse los pies los unos a los otros. Les he dado ejemplo, para que lo que yo he hecho con ustedes, también ustedes lo hagan".

<h1 style="text-align:center">Viernes 29 de marzo de 2024</h1>

<h2 style="text-align:center">Viernes Santa de la Pasión del Señor</h2>

Primera Lectura: Isaías 52, 13-53, 12

He aquí que mi siervo prosperará, será engrandecido y exaltado, será puesto en alto. Muchos se horrorizaron al verlo, porque estaba desfigurado su semblante, que no tenía ya aspecto de hombre; pero muchos pueblos se llenaron de asombro. Ante él los reyes cerrarán la boca, porque verán lo que nunca se les había contado y comprenderán lo que nunca se habían imaginado. ¿Quién habrá de creer lo que hemos anunciado? ¿A quién se le revelará el poder del Señor? Creció en su presencia como planta débil, como una raíz en el desierto. No tenía gracia ni belleza. No vimos en él ningún aspecto atrayente; despreciado y rechazado por los hombres, varón de dolores, habituado al sufrimiento; como uno del cual se aparta la mirada, despreciado y desestimado. Él soportó nuestros sufrimientos y aguantó nuestros dolores; nosotros lo tuvimos por leproso, herido por Dios y humillado, traspasado por nuestras rebeliones, triturado por nuestros crímenes. Él soportó el castigo que nos trae la paz. Por sus llagas hemos sido curados. Todos andábamos errantes como ovejas, cada uno siguiendo su camino, y el Señor cargó sobre él todos nuestros crímenes. Cuando lo maltrataban, se humillaba y no abría la boca, como un cordero llevado a degollar; como oveja ante el esquilador, enmudecía y no abría la boca. Inicuamente y contra toda justicia se lo llevaron. ¿Quién se preocupó de su suerte? Lo arrancaron de la tierra de los vivos, lo hirieron de muerte por los pecados de mi pueblo, le dieron sepultura con los malhechores a la hora de su muerte, aunque no había cometido crímenes, ni hubo engaño en su boca. El Señor quiso triturarlo con el sufrimiento. Cuando entregue su vida como expiación, verá a sus descendientes, prolongará sus años y por medio de él prosperarán los designios del Señor. Por las fatigas de su alma, verá la luz y se saciará; con sus sufrimientos justificará mi siervo a muchos, cargando con los crímenes de ellos. Por eso le daré una parte entre los grandes, y con los fuertes repartirá despojos, ya que indefenso se entregó a la muerte y fue contado entre los malhechores, cuando tomó sobre sí las culpas de todos e intercedió por los pecadores.

Salmo Responsorial: Salmo 30, 2 y 6. 12-13. 15-16. 17 y 25
R. (Lucas 23, 46) Padre, en tus manos encomiendo mi espíritu.
A ti, Señor, me acojo: que no quede yo nunca defraudado. En tus manos encomiendo mi espíritu: y tú, mi Dios leal, me librarás. **R.**
Se burlan de mí mis enemigos, mis vecinos y parientes de mí se espantan, los que me ven pasar huyen de mí. Estoy en el olvido, como un muerto, Como un objeto tirado en la basura. **R.**
Pero yo, Señor, en ti confío. Tú eres mi Dios, y en tus manos está mi destino. Líbrame de los enemigos que me persiguen. **R.**
Vuelve, Señor, tus ojos a tu siervo y sálvame, por tu misericordia. Sean fuertes y valientes de corazón, Ustedes, los que esperan en el Señor. **R.**

Segunda Lectura: Hebreos 4, 14-16; 5, 7-9
Hermanos: Jesús, el Hijo de Dios, es nuestro sumo sacerdote, que ha entrado en el cielo. Mantengamos firme la profesión de nuestra fe. En efecto, no tenemos un sumo sacerdote que no sea capaz de compadecerse de nuestros sufrimientos, puesto que él mismo ha pasado por las mismas pruebas que nosotros, excepto el pecado. Acerquémonos, por lo tanto, con plena confianza al trono de la gracia, para recibir misericordia, hallar la gracia y obtener ayuda en el momento oportuno. Precisamente por eso, Cristo, durante su vida mortal, ofreció oraciones y súplicas, con fuertes voces y lágrimas, a aquel que podía librarlo de la muerte, y fue escuchado por su piedad. A pesar de que era el Hijo, aprendió a obedecer

padeciendo, y llegado a su perfección, se convirtió en la causa de la salvación eterna para todos los que lo obedecen.

Aclamación antes del Evangelio: Filipenses 2, 8-9
R. Honor y gloria a ti, Señor Jesús.
Cristo se humilló por nosotros y por obediencia aceptó incluso la muerte, y una muerte de cruz. Por eso Dios lo exaltó sobre todas las cosas y le otorgó el nombre que está sobre todo nombre. **R.**

Evangelio: Juan 18, 1-19, 42
En aquel tiempo, Jesús fue con sus discípulos al otro lado del torrente Cedrón, donde había un huerto, y entraron allí él y sus discípulos. Judas, el traidor, conocía también el sitio, porque Jesús se reunía a menudo allí con sus discípulos. Entonces Judas tomó un batallón de soldados y guardias de los sumos sacerdotes y de los fariseos y entró en el huerto con linternas, antorchas y armas. Jesús, sabiendo todo lo que iba a suceder, se adelantó y les dijo: "¿A quién buscan?" Le contestaron: "A Jesús, el nazareno". Les dijo Jesús: "Yo soy". Estaba también con ellos Judas, el traidor. Al decirles 'Yo soy', retrocedieron y cayeron a tierra. Jesús les volvió a preguntar: "¿A quién buscan?" Ellos dijeron: "A Jesús, el nazareno". Jesús contestó: "Les he dicho que soy yo. Si me buscan a mí, dejen que éstos se vayan". Así se cumplió lo que Jesús había dicho: 'No he perdido a ninguno de los que me diste'. Entonces Simón Pedro, que llevaba una espada, la sacó e hirió a un criado del sumo sacerdote y le cortó la oreja derecha. Este criado se llamaba Malco. Dijo entonces Jesús a Pedro: "Mete la espada en la vaina. ¿No voy a beber el cáliz que me ha dado mi Padre?" El batallón, su comandante y los criados de los judíos apresaron a Jesús, lo ataron y lo llevaron primero ante Anás, porque era suegro de Caifás, sumo sacerdote aquel año. Caifás era el que había dado a los judíos este consejo: 'Conviene que muera un solo hombre por el pueblo'. Simón Pedro y otro discípulo iban siguiendo a Jesús. Este discípulo era conocido del sumo sacerdote y entró con Jesús en el palacio del sumo sacerdote, mientras Pedro se quedaba fuera, junto a la puerta. Salió el otro discípulo, el conocido del sumo sacerdote, habló con la portera e hizo entrar a Pedro. La portera dijo

entonces a Pedro: "¿No eres tú también uno de los discípulos de ese hombre?" Él dijo: "No lo soy". Los criados y los guardias habían encendido un brasero, porque hacía frío, y se calentaban. También Pedro estaba con ellos de pie, calentándose.

El sumo sacerdote interrogó a Jesús acerca de sus discípulos y de su doctrina. Jesús le contestó: "Yo he hablado abiertamente al mundo y he enseñado continuamente en la sinagoga y en el templo, donde se reúnen todos los judíos, y no he dicho nada a escondidas. ¿Por qué me interrogas a mí? Interroga a los que me han oído, sobre lo que les he hablado. Ellos saben lo que he dicho". Apenas dijo esto, uno de los guardias le dio una bofetada a Jesús, diciéndole: "¿Así contestas al sumo sacerdote?" Jesús le respondió: "Si he faltado al hablar, demuestra en qué he faltado; pero si he hablado como se debe, ¿por qué me pegas?" Entonces Anás lo envió atado a Caifás, el sumo sacerdote. Simón Pedro estaba de pie, calentándose, y le dijeron: "¿No eres tú también uno de sus discípulos?" Él lo negó diciendo: "No lo soy". Uno de los criados del sumo sacerdote, pariente de aquel a quien Pedro le había cortado la oreja, le dijo: "¿Qué no te vi yo con él en el huerto?" Pedro volvió a negarlo y enseguida cantó un gallo.

Llevaron a Jesús de casa de Caifás al pretorio. Era muy de mañana y ellos no entraron en el palacio para no incurrir en impureza y poder así comer la cena de Pascua. Salió entonces Pilato a donde estaban ellos y les dijo: "¿De qué acusan a este hombre?" Le contestaron: "Si éste no fuera un malhechor, no te lo hubiéramos traído". Pilato les dijo: "Pues llévenselo y júzguenlo según su ley". Los judíos le respondieron: "No estamos autorizados para dar muerte a nadie". Así se cumplió lo que había dicho Jesús, indicando de qué muerte iba a morir. Entró otra vez Pilato en el pretorio, llamó a Jesús y le dijo: "¿Eres tú el rey de los judíos?" Jesús le contestó: "¿Eso lo preguntas por tu cuenta o te lo han dicho otros?" Pilato le respondió: "¿Acaso soy yo judío? Tu pueblo y los sumos sacerdotes te han entregado a mí. ¿Qué es lo que has hecho?" Jesús le contestó: "Mi Reino no es de este mundo. Si mi Reino fuera de este mundo, mis servidores habrían luchado para que no cayera yo en manos de los judíos. Pero mi Reino no es de aquí". Pilato le dijo: "¿Conque tú eres rey?" Jesús le contestó: "Tú lo has dicho. Soy rey. Yo nací y vine al mundo para ser testigo de la verdad. Todo el que es de la verdad, escucha mi voz". Pilato le dijo: "¿Y qué es la verdad?" Dicho esto, salió otra vez a donde estaban los judíos y les dijo: "No encuentro en él ninguna culpa. Entre ustedes es costumbre que por Pascua ponga en libertad a un preso. ¿Quieren que les suelte al rey de los judíos?" Pero todos ellos gritaron: "¡No, a ése no! ¡A Barrabás!" (El tal Barrabás era un bandido).

Entonces Pilato tomó a Jesús y lo mandó azotar. Los soldados trenzaron una corona de espinas, se la pusieron en la cabeza, le echaron encima un manto color púrpura, y acercándose a él, le decían: "¡Viva el rey de los judíos!", y le daban de bofetadas. Pilato salió otra vez afuera y les dijo: "Aquí lo traigo para que sepan que no encuentro en él ninguna culpa". Salió, pues, Jesús, llevando la corona de espinas y el manto color púrpura. Pilato les dijo: "Aquí está el hombre". Cuando lo vieron los sumos sacerdotes y sus servidores, gritaron: "¡Crucifícalo, crucifícalo!" Pilato les dijo: "Llévenselo ustedes y crucifíquenlo, porque yo no encuentro culpa en él". Los judíos le contestaron: "Nosotros tenemos una ley y según esa ley tiene que morir, porque se ha declarado Hijo de Dios". Cuando Pilato oyó estas palabras, se asustó aún más, y entrando otra vez en el pretorio, dijo a Jesús: "¿De dónde eres tú?" Pero Jesús no le respondió. Pilato le dijo entonces: "¿A mí no me hablas? ¿No sabes que tengo autoridad para soltarte y autoridad para crucificarte?" Jesús le contestó: "No tendrías ninguna autoridad sobre mí, si no te la hubieran dado de lo alto. Por eso, el que me ha entregado a ti tiene un pecado mayor". Desde ese momento Pilato trataba de soltarlo, pero los judíos gritaban: "¡Si sueltas a ése, no eres amigo del César!; porque todo el que pretende ser rey, es enemigo del César".

Al oír estas palabras, Pilato sacó a Jesús y lo sentó en el tribunal, en el sitio que llaman "el Enlosado" (en hebreo Gábbata). Era el día de la preparación de la Pascua, hacia el mediodía. Y dijo Pilato a los judíos: "Aquí tienen a su rey". Ellos gritaron: "¡Fuera, fuera! ¡Crucifícalo!" Pilato les dijo: "¿A su rey voy a crucificar?" Contestaron los sumos sacerdotes: "No tenemos más rey que el César". Entonces se lo entregó para que lo crucificaran. Tomaron a Jesús, y él, cargando con la cruz se dirigió hacia el sitio llamado "la Calavera" (que en hebreo se dice Gólgota), donde lo crucificaron, y con él a otros dos, uno de cada lado, y en medio Jesús. Pilato mandó escribir un letrero y ponerlo encima de la cruz; en él estaba escrito: 'Jesús el nazareno, el rey de los judíos'. Leyeron el letrero muchos judíos, porque estaba cerca el lugar donde crucificaron a Jesús y estaba escrito en hebreo, latín y griego. Entonces los sumos sacerdotes de los judíos le dijeron a Pilato: "No escribas: 'El rey de los judíos', sino: 'Éste ha dicho: Soy rey de los judíos'". Pilato les contestó: "Lo escrito, escrito está". Cuando crucificaron a Jesús, los soldados cogieron su ropa e hicieron cuatro partes, una para cada soldado, y apartaron la túnica. Era una túnica sin costura, tejida toda de una pieza de arriba a abajo. Por eso se dijeron: "No la rasguemos, sino echemos suertes para ver a quién le toca". Así se cumplió lo que dice la Escritura: *Se repartieron mi ropa y echaron a suerte mi túnica.* Y eso hicieron los soldados. Junto a la cruz de Jesús estaban su madre, la hermana de su madre, María la de Cleofás, y María Magdalena. Al ver a su madre y junto a ella al discípulo que tanto quería, Jesús dijo a su madre: "Mujer, ahí está tu hijo". Luego dijo al discípulo: "Ahí está tu madre". Y desde aquella hora el discípulo se la llevó a vivir con él. Después de esto, sabiendo Jesús que todo había llegado a su término, para que se cumpliera la Escritura dijo: "Tengo sed". Había allí un jarro lleno de vinagre. Los soldados sujetaron una esponja empapada en vinagre a una caña de hisopo y se la acercaron a la boca. Jesús probó el vinagre y dijo: "Todo está cumplido", e inclinando la cabeza, entregó el espíritu.

[Aquí se arrodillan todos y se hace una breve pausa.]

Entonces, los judíos, como era el día de la preparación de la Pascua, para que los cuerpos de los ajusticiados no se quedaran en la cruz el sábado, porque aquel sábado era un día muy solemne, pidieron a Pilato que les quebraran las piernas y los quitaran de la cruz. Fueron los soldados, le quebraron las piernas a uno y luego al otro de los que habían sido crucificados con él. Pero al llegar a Jesús, viendo que ya había muerto, no le quebraron las piernas, sino que uno de los soldados le traspasó el costado con una lanza e inmediatamente salió sangre y agua. El que vio da testimonio de esto y su testimonio es verdadero y él sabe que dice la verdad, para que también ustedes crean. Esto sucedió para que se cumpliera lo que dice la Escritura: *No le quebrarán ningún hueso*; y en otro lugar la Escritura dice: *Mirarán al que traspasaron.* Después de esto, José de Arimatea, que era discípulo de Jesús, pero oculto por miedo a los judíos, pidió a Pilato que lo dejara llevarse el cuerpo de Jesús. Y Pilato lo autorizó. Él fue entonces y se llevó el cuerpo. Llegó también Nicodemo, el que había ido a verlo de noche, y trajo unas cien libras de una mezcla de mirra y áloe. Tomaron el cuerpo de Jesús y lo envolvieron en lienzos con esos aromas, según se acostumbra enterrar entre los judíos. Había un huerto en el sitio donde lo crucificaron, y en el huerto, un sepulcro nuevo, donde nadie había sido enterrado todavía. Y como para los judíos era el día de la preparación de la Pascua y el sepulcro estaba cerca, allí pusieron a Jesús.

Sábado 30 de marzo de 2024

Sábado Santo: Vigilia pascual en la noche santa

Primera lectura: Génesis 1, 1-2, 2

En el principio creó Dios el cielo y la tierra. La tierra era soledad y caos; y las tinieblas cubrían la faz del abismo. El espíritu de Dios se movía sobre la superficie de las aguas. Dijo Dios: "Que exista la luz", y la luz existió. Vio Dios que la luz era buena, y separó la luz de las tinieblas. Llamó a la luz "día" y a las tinieblas, "noche". Fue la tarde y la mañana del primer día.

Dijo Dios: "Que haya una bóveda entre las aguas, que separe unas aguas de otras". E hizo Dios una bóveda y separó con ella las aguas de arriba, de las aguas de abajo. Y así fue. Llamó Dios a la bóveda "cielo". Fue la tarde y la mañana del segundo día.

Dijo Dios: "Que se junten las aguas de debajo del cielo en un solo lugar y que aparezca el suelo seco". Y así fue. Llamó Dios "tierra" al suelo seco y "mar" a la masa de las aguas. Y vio Dios que era bueno. Dijo Dios: "Verdee la tierra con plantas que den semilla y árboles que den fruto y semilla, según su especie, sobre la tierra". Y así fue. Brotó de la tierra hierba verde, que producía semilla, según su especie, y árboles que daban fruto y llevaban semilla, según su especie. Y vio Dios que era bueno. Fue la tarde y la mañana del tercer día.

Dijo Dios: "Que haya lumbreras en la bóveda del cielo, que separen el día de la noche, señalen las estaciones, los días y los años, y luzcan en la bóveda del cielo para iluminar la tierra". Y así fue. Hizo Dios las dos grandes lumbreras: la lumbrera mayor para regir el día y la menor, para regir la noche; y también hizo las estrellas. Dios puso las lumbreras en la bóveda del cielo para iluminar la tierra, para regir el día y la noche, y separar la luz de las tinieblas. Y vio Dios que era bueno. Fue la tarde y la mañana del cuarto día.

Dijo Dios: "Agítense las aguas con un hervidero de seres vivientes y revoloteen sobre la tierra las aves, bajo la bóveda del cielo". Creó Dios los grandes animales marinos y los vivientes que en el agua se deslizan y la pueblan, según su especie. Creó también el mundo de las aves, según sus especies. Vio Dios que era bueno y los bendijo, diciendo: "Sean fecundos y multiplíquense; llenen las aguas del mar; que las aves se multipliquen en la tierra". Fue la tarde y la mañana del quinto día.

Dijo Dios: "Produzca la tierra vivientes, según sus especies: animales domésticos, reptiles y fieras, según sus especies". Y así fue. Hizo Dios las fieras, los animales domésticos y los reptiles, cada uno según su especie. Y vio Dios que era bueno.

Dijo Dios: "Hagamos al hombre a nuestra imagen y semejanza; que domine a los peces del mar, a las aves del cielo, a los animales domésticos y a todo animal que se arrastra sobre la tierra". Y creó Dios al hombre a su imagen; a imagen suya lo creó; hombre y mujer los creó. Y los bendijo Dios y les dijo: "Sean fecundos y multiplíquense, llenen la tierra y sométanla; dominen a los peces del mar, a las aves del cielo y a todo ser viviente que se mueve sobre la tierra". Y dijo Dios: "He aquí que les entrego todas las plantas de semilla que hay sobre la faz de la tierra, y todos los árboles que producen fruto y semilla, para que les sirvan de alimento. Y a todas las fieras de la tierra, a todas las aves del cielo, a todos los reptiles de la tierra, a todos los seres que respiran, también les doy por alimento las verdes plantas". Y así fue. Vio Dios todo lo que había hecho y lo encontró muy bueno. Fue la tarde y la mañana del sexto día.

Así quedaron concluidos el cielo y la tierra con todos sus ornamentos, y terminada su obra, descansó Dios el séptimo día de todo cuanto había hecho.

O bien:
Génesis 1, 1. 26-31a

En el principio creó Dios el cielo y la tierra. Y dijo Dios: "Hagamos al hombre a nuestra imagen y semejanza; que domine a los peces del mar, a las aves del cielo, a los animales domésticos y a todo animal que se arrastra sobre la tierra". Y creó Dios al hombre a su imagen; a imagen suya lo creó; hombre y mujer los creó. Y los bendijo Dios y les dijo: "Sean fecundos y multiplíquense, llenen la tierra y sométanla; dominen a los peces del mar, a las aves del cielo y a todo ser viviente que se mueve sobre la tierra". Y dijo Dios: "He aquí que les entrego todas las plantas de semilla que hay sobre la faz de la tierra, y todos los árboles que producen fruto y semilla, para que les sirvan de alimento. Y a todas las fieras de la tierra, a todas las aves del cielo, a todos los reptiles de la tierra, a todos los seres que respiran, también les doy por alimento las verdes plantas". Y así fue. Vio Dios todo lo que había hecho y lo encontró muy bueno.

Salmo Responsorial: Salmo 103, 1-2a. 5-6. 10 y 12. 13-14. 24 y 35c.

R. (30) Bendice al Señor, alma mía.

Bendice al Señor, alma mía; Señor y Dios mío, inmensa es tu grandeza. Te vistes de belleza y majestad, la luz te envuelve como un manto. **R.**

Sobre bases inconmovibles asentaste la tierra para siempre. Con un vestido de mares la cubriste y las aguasen los montes concentraste. **R.**

En los valles hacer brotar las fuentes, que van corriendo entre montañas; junto al arroyo vienen a vivir las aves, que cantan entre las ramas. **R.**

Desde tu cielo riegas los montes y sacias la tierra del fruto de tus manos; haces brotar hierba para los ganados y pasto para los que sirven al hombre. **R.**

¡Que numerosas son tus obras, Señor, y todas las hiciste con maestría! La tierra está llena de tus creaturas. Bendice al Señor, alma mía **R.**

O bien:

Salmo 32, 4-5. 6-7. 12-13. 20 y 22

R. (5b) La tierra llena está de tus bondades.

Sincera es la palabra del Señor y todas sus acciones son leales. El ama la justicia y el derecho, la tierra llena está sus bondades. **R.**

La palabra del Señor hizo los cielos y su aliento, los astros. Los mares encerró como en un odre Y como en una presa, los océanos. **R.**

Feliz la nación cuyo Dios es el Señor; dichoso el pueblo que escogió por suyo. Desde el cielo el Señor, atentamente, mira a todos los hombres. **R.**

En el Señor está nuestra esperanza, pues él es nuestra ayuda y nuestro amparo.

Muéstrate bondadoso con nosotros, puesto que en ti, Señor, hemos confiado. **R.**

Segunda Lectura: Génesis 22, 1-18

En aquel tiempo, Dios le puso una prueba a Abraham y le dijo: "¡Abraham, Abraham!" Él respondió: "Aquí estoy". Y Dios le dijo: "Toma a tu hijo único, Isaac, a quien tanto amas; vete a la región de Moria y ofrécemelo en sacrificio, en el monte que yo te indicaré". Abraham madrugó, aparejó su burro, tomó consigo a dos de sus criados y a su hijo Isaac; cortó leña para el sacrificio y se encaminó al lugar que Dios le había indicado. Al tercer día divisó a lo lejos el lugar. Les dijo entonces a sus criados: "Quédense aquí con el burro; yo iré con el muchacho hasta allá, para adorar a Dios y después regresaremos". Abraham tomó la leña para el sacrificio, se la cargó a su hijo Isaac y tomó en su mano el fuego y el cuchillo. Los dos caminaban juntos. Isaac dijo a su padre Abraham: "¡Padre!" Él respondió: "¿Qué quieres, hijo?" El muchacho contestó: "Ya tenemos fuego y leña, pero, ¿dónde está el cordero para el sacrificio?" Abraham le contestó: "Dios nos dará el cordero para el sacrificio, hijo mío". Y siguieron caminando juntos. Cuando llegaron al sitio que Dios le había señalado, Abraham levantó un altar y acomodó la leña. Luego ató a su hijo Isaac, lo puso sobre el altar, encima de la leña, y tomó el cuchillo para degollarlo. Pero el ángel del Señor lo llamó desde el cielo y le dijo: "¡Abraham, Abraham!" Él contestó: "Aquí estoy". El ángel le dijo: "No descargues la mano contra tu hijo, ni le hagas daño. Ya veo que temes a Dios, porque no le has negado a tu hijo único". Abraham levantó los ojos y vio un carnero, enredado por los cuernos en la maleza. Atrapó el carnero y lo ofreció en sacrificio en lugar de su hijo. Abraham puso por nombre a aquel sitio "el Señor provee", por lo que aun el día de hoy se dice: "el monte donde el Señor provee". El ángel del Señor volvió a llamar a Abraham desde el cielo y le dijo: "Juro por mí mismo, dice el Señor, que por haber hecho esto y no haberme negado a tu hijo único, yo te bendeciré y multiplicaré tu descendencia como las estrellas del cielo y las arenas del mar. Tus descendientes conquistarán las ciudades enemigas. En tu descendencia serán bendecidos todos los pueblos de la tierra, porque obedeciste a mis palabras".

O bien:

Génesis 22, 1-2. 9a. 10-13. 15-18

En aquel tiempo, Dios le puso una prueba a Abraham y le dijo: "¡Abraham, Abraham!" Él respondió: "Aquí estoy". Y Dios le dijo: "Toma a tu hijo único, Isaac, a quien tanto amas; vete a la región de Moria y ofrécemelo en sacrificio, en el monte que yo te indicaré". Cuando llegaron al sitio que Dios le había señalado, Abraham levantó un altar y acomodó la leña. Luego ató a su hijo Isaac, lo puso sobre el altar, encima de la leña, y tomó el cuchillo para degollarlo. Pero el ángel del Señor lo llamó desde el cielo y le dijo: "¡Abraham, Abraham!" Él contestó: "Aquí estoy". El ángel le dijo: "No descargues la mano contra tu hijo, ni le hagas daño. Ya veo que temes a Dios, porque no le has negado a tu hijo único". Abraham levantó los ojos y vio un carnero, enredado por los cuernos en la maleza. Atrapó el carnero y lo ofreció en sacrificio en lugar de su hijo. El ángel del Señor volvió a llamar a Abraham desde el cielo y le dijo: "Juro por mí mismo, dice el Señor, que por haber hecho esto y no haberme negado a tu hijo único, yo te bendeciré y multiplicaré tu descendencia como las estrellas del cielo y las arenas del mar. Tus descendientes conquistarán las ciudades enemigas. En tu descendencia serán bendecidos todos los pueblos de la tierra, porque obedeciste a mis palabras".

Salmo Responsorial: Salmo 15, 5 y 8. 9-10. 11

R. (1) Protégeme, Dios mío, porque me refugio en ti.

El Señor es la parte que me ha tocado en herencia: mi vida está en tus manos.
Tengo siempre presente al Señor, y con él a mi lado, jamás tropezaré. **R.**
Por eso se me alegran el corazón y el alma y mi cuerpo vivirá tranquilo, porque tú
no me abandonarás a la muerte, ni dejarás que sufra yo la corrupción. **R.**
Enséñame el camino de la vida, sáciame de gozo en tu presencia y de alegría
perpetua junto a ti. **R.**

Tercera Lectura: Éxodo 14, 15-15, 1

En aquellos días, dijo el Señor a Moisés: "¿Por qué sigues clamando a mí? Diles a los israelitas que se pongan en marcha. Y tú, alza tu bastón, extiende tu mano sobre el mar y divídelo, para que los israelitas entren en el mar sin mojarse. Yo voy a endurecer el corazón de los egipcios para que los persigan, y me cubriré de gloria a expensas del faraón y de todo su ejército, de sus carros y jinetes. Cuando me haya cubierto de gloria a expensas del faraón, de sus carros y jinetes, los egipcios sabrán que yo soy el Señor". El ángel del Señor, que iba al frente de las huestes de Israel, se colocó tras ellas. Y la columna de nubes que iba adelante, también se desplazó y se puso a sus espaldas, entre el campamento de los israelitas y el campamento de los egipcios. La nube era tinieblas para unos y claridad para otros, y así los ejércitos no trabaron contacto durante toda la noche. Moisés extendió la mano sobre el mar, y el Señor hizo soplar durante toda la noche un fuerte viento del este, que secó el mar, y dividió las aguas. Los israelitas entraron en el mar y no se mojaban, mientras las aguas formaban una muralla a su derecha y a su izquierda. Los egipcios se lanzaron en su persecución y toda la caballería del faraón, sus carros y jinetes, entraron tras ellos en el mar.

Hacia el amanecer, el Señor miró desde la columna de fuego y humo al ejército de los egipcios y sembró entre ellos el pánico. Trabó las ruedas de sus carros, de suerte que no avanzaban sino pesadamente. Dijeron entonces los egipcios: "Huyamos de Israel, porque el Señor lucha en su favor contra Egipto". Entonces el Señor le dijo a Moisés: "Extiende tu mano sobre el mar, para que vuelvan las aguas sobre los egipcios, sus carros y sus jinetes". Y extendió Moisés su mano sobre el mar, y al amanecer, las aguas volvieron a su sitio, de suerte que al huir, los egipcios se encontraron con ellas, y el Señor los derribó en medio del mar. Volvieron las aguas y cubrieron los carros, a los jinetes y a todo el ejército del faraón, que se había metido en el mar para perseguir a Israel. Ni uno solo se salvó. Pero los hijos de Israel caminaban por lo seco en medio del mar. Las aguas les hacían muralla a derecha e izquierda. Aquel día salvó el Señor a Israel de las manos de Egipto. Israel vio a los egipcios, muertos en la orilla del mar. Israel vio la mano fuerte del Señor sobre los egipcios, y el pueblo temió al Señor y creyó en el Señor y en Moisés, su siervo. Entonces Moisés y los hijos de Israel cantaron este cántico al Señor:

Salmo Responsorial: Éxodo 15, 1-2. 3-4. 5-6. 17-18

R. (1a) Alabemos Señor por su victoria.

Cantamos al Señor, sublime es su victoria: caballos y jinetes arrojó en el mar. Mi fortaleza y mi canto es el Señor, él es mi salvación; él es mi Dios, y yo lo alabaré, es el Dios de mis padres, y yo le cantaré. **R.**

El Señor es un guerrero, su nombre es el Señor. Precipitó en el mar los carros del faraón y a sus guerreros; ahogó en el mar Rojo a sus mejores capitanes. **R.**

Las olas los cubrieron, cayeron hasta el fondo, como piedras. Señor, tu diestra brilla por su fuerza, tu diestra, Señor, tritura el enemigo. **R.**

Tú llevas a tu pueblo plantarlo en el monte que le diste en herencia, en el lugar que convertiste en tu morada, en el santuario que construyeron tus manos. Tú, Señor, reinarás para siempre. **R.**

Cuarta Lectura: Isaías 54, 5-14

"El que te creó, te tomará por esposa; su nombre es 'Señor de los ejércitos'. Tu redentor es el Santo de Israel; será llamado 'Dios de toda la tierra'. Como a una mujer abandonada y abatida te vuelve a llamar el Señor. ¿Acaso repudia uno a la esposa de la juventud?, dice tu Dios. Por un instante te abandoné, pero con inmensa misericordia te volveré a tomar. En un arrebato de ira te oculté un instante mi rostro, pero con amor eterno me he apiadado de ti, dice el Señor, tu redentor. Me pasa ahora como en los días de Noé: entonces juré que las aguas del diluvio no volverían a cubrir la tierra; ahora juro no enojarme ya contra ti ni volver a amenazarte. Podrán desaparecer los montes y hundirse las colinas, pero mi amor por ti no desaparecerá y mi alianza de paz quedará firme para siempre. Lo dice el Señor, el que se apiada de ti. Tú, la afligida, la zarandeada por la tempestad, la no consolada: He aquí que yo mismo coloco tus piedras sobre piedras finas, tus cimientos sobre zafiros; te pondré almenas de rubí y puertas de esmeralda y murallas de piedras preciosas. Todos tus hijos serán discípulos del Señor, y será grande su prosperidad. Serás consolada en la justicia. Destierra la angustia, pues ya nada tienes que temer; olvida tu miedo, porque ya no se acercará a ti".

Salmo Responsorial: Salmo 29, 2 y 4. 5-6. 11 y 12a y 13b.

R. (2a) Te alabaré, Señor, eternamente.

Te alabaré, Señor, pues no dejaste que se rieran de mí mis enemigos. Tú, Señor, me salvaste de la muerte y a punto de morir, me reviviste. **R.**

Alaben al Señor quienes lo aman, den gracias a su nombre, porque su ira dura un solo instante y su bondad, toda la vida. El llanto nos visita por la tarde; por la mañana, el júbilo. **R.**

Escúchame, Señor, y compadécete; Señor, ven en mi ayuda. Convertiste mi duelo en alegría, te alabaré por eso eternamente. **R.**

Quinta Lectura: Isaías 55, 1-11

Esto dice el Señor: ""Todos ustedes, los que tienen sed, vengan por agua; y los que no tienen dinero, vengan, tomen trigo y coman; tomen vino y leche sin pagar. ¿Por qué gastar el dinero en lo que no es pan y el salario, en lo que no alimenta? Escúchenme atentos y comerán bien, saborearán platillos sustanciosos. Préstenme atención, vengan a mí, escúchenme y vivirán. Sellaré con ustedes una alianza perpetua, cumpliré las promesas que hice a David. Como a él lo puse por testigo ante los pueblos, como príncipe y soberano de las naciones, así tú reunirás a un pueblo desconocido, y las naciones que no te conocían acudirán a ti, por amor del Señor, tu Dios, por el Santo de Israel, que te ha honrado. Busquen al Señor mientras lo pueden encontrar, invóquenlo mientras está cerca; que el malvado abandone su camino, y el criminal, sus planes; que regrese al Señor, y él tendrá piedad; a nuestro Dios, que es rico en perdón. Mis pensamientos no son los pensamientos de ustedes, sus caminos no son mis caminos. Porque así como aventajan los cielos a la tierra, así aventajan mis caminos a los de ustedes y mis pensamientos a sus pensamientos. Como bajan del cielo la lluvia y la nieve y no vuelven allá, sino después de empapar la tierra, de fecundarla y hacerla germinar a fin de que dé semilla para sembrar y pan para comer, así será la palabra que sale de mi boca: no volverá a mí sin resultado, sino que hará mi voluntad y cumplirá su misión".

Salmo Responsorial: Isaías 12, 2-3, 4bcd. 5-6

R. (3) Sacarán agua con gozo de la fuente de la salvación.

El Señor es mi Dios y salvador, con él estoy seguro y nada temo. El Señor es mi protección y mi fuerza y ha sido mi salvación. Sacarán agua con gozo de la fuente de salvación. **R.**

Den gracias al Señor, invoquen su nombre, cuenten a los pueblos sus hazañas, proclamen que su nombre es sublime. **R.**

Alaben al Señor por sus proezas, anúncienlas a toda la tierra. Griten jubilosos, habitantes de Sión, porque el Dios de Israel ha sido grande con ustedes. **R.**

Sexta Lectura: Baruc 3, 9-15. 32-4, 4

Escucha, Israel, los mandatos de vida, presta oído para que adquieras prudencia. ¿A qué se debe, Israel, que estés aún en país enemigo, que envejezcas en tierra extranjera, que te hayas contaminado por el trato con los muertos, que te veas contado entre los que descienden al abismo? Es que abandonaste la fuente de la sabiduría. Si hubieras seguido los senderos de Dios, habitarías en paz eternamente. Aprende dónde están la prudencia, la inteligencia y la energía, así aprenderás dónde se encuentra el secreto de vivir larga vida, y dónde la luz de los ojos y la paz. ¿Quién es el que halló el lugar de la sabiduría y tuvo acceso a sus tesoros? El que todo lo sabe, la conoce; con su inteligencia la ha escudriñado. El que cimentó la tierra para todos los tiempos, y la pobló de animales cuadrúpedos; el que envía la luz, y ella va, la llama, y temblorosa le obedece; llama a los astros, que brillan jubilosos en sus puestos de guardia, y ellos le responden: ""Aquí estamos"", y refulgen gozosos para aquel que los hizo. Él es nuestro Dios y no hay otro como él; él ha escudriñado los caminos de la sabiduría y se la dio a su hijo Jacob, a Israel, su predilecto. Después de esto, ella apareció en el mundo y convivió con los hombres. La sabiduría es el libro de los mandatos de Dios, la ley de validez eterna; los que la guardan, vivirán, los que la abandonan, morirán. Vuélvete a ella, Jacob, y abrázala; camina hacia la claridad de su luz; no entregues a otros tu gloria, ni tu dignidad a un pueblo extranjero. Bienaventurados nosotros, Israel, porque lo que agrada al Señor nos ha sido revelado.

Salmo Responsorial: Salmo 18, 8. 9. 10. 11

R. (Juan 6, 68c) Tú tienes, Señor, palabras de vida eterna.

La ley del Señor es perfecta del todo y reconforto el alma; inmutables son las palabras del Señor y hacen sabio al sencillo. **R.**

En los mandamientos del Señor hay rectitud y alegría para el corazón; son luz los receptos del Señor para alumbrar el camino. **R.**

La voluntad del Señor es santa y para siempre estable; los mandamientos del Señor son verdaderos y enteramente justos. **R.**

Más deseables que el oro y las piedras preciosas las normas del Señor, y más dulces que la miel de un panal que gotea. **R.**

Séptima Lectura: Ezequiel 36, 16-17a. 18-28

En aquel tiempo, me fue dirigida la palabra del Señor en estos términos: ""Hijo de hombre, cuando los de la casa de Israel habitaban en su tierra, la mancharon con su conducta y con sus obras; como inmundicia fue su proceder ante mis ojos. Entonces descargué mi furor contra ellos, por la sangre que habían derramado en el país y por haberlo profanado con sus idolatrías. Los dispersé entre las naciones y anduvieron errantes por todas las tierras. Los juzgué según su conducta, según sus acciones los sentencié. Y en las naciones a las que se fueron, desacreditaron mi santo nombre, haciendo que de ellos se dijera: 'Éste es el pueblo del Señor, y ha tenido que salir de su tierra'. Pero, por mi santo nombre, que la casa de Israel profanó entre las naciones a donde llegó, me he compadecido. Por eso, dile a la casa de Israel: 'Esto dice el Señor: no lo hago por ustedes, casa de Israel. Yo mismo mostraré la santidad de mi nombre excelso, que ustedes profanaron entre las naciones. Entonces ellas reconocerán que yo soy el Señor, cuando, por medio de ustedes les haga ver mi santidad. Los sacaré a ustedes de entre las naciones, los reuniré de todos los países y los llevaré a su tierra. Los rociaré con agua pura y quedarán purificados; los purificaré de todas sus inmundicias e idolatrías. Les daré un corazón nuevo y les infundiré un espíritu nuevo; arrancaré de ustedes el corazón de piedra y les daré un corazón de carne. Les infundiré mi espíritu y los haré vivir según mis preceptos y guardar y cumplir mis mandamientos. Habitarán en la tierra que di a sus padres; ustedes serán mi pueblo y yo seré su Dios' ""

Salmo Responsorial: Salmo 41, 3. 5bcd; Salmo 42, 3-4

R. (Salmo 41, 2) Estoy sediento del Dios que de la vida.

Como el vanado busca el agua de los ríos, así, cansada, mi alma te busca a tu,
Dios mío. **R.**

Del Dios que de la vida está mi ser sediento. ¿Cuándo será posible Ver de nuevo
su templo? **R.**

Recuerdo cuando íbamos A casa del Señor, Cantando, jubilosos, alabanzas a Dios.
R.

Envíame, Señor, te luz y tu verdad; que ellas se conviertan en mi guía y hasta tu
monte santo me conduzcan, allí donde tú habitas **R.**

Al altar de Señor me acercaré, al Dios que es mi alegría, y a mi Dios, el Señor, le
daré gracias al compás de la citara. **R.**

O bien:

[cuando hay bautizos.]

Isaías 12, 2-3, 4bcd. 5-6

R. (3) Sacarán agua con gozo de la fuente de la salvación.

El Señor es mi Dios y salvador, con él estoy seguro y nada temo. El Señor es mi
protección y mi fuerza y ha sido mi salvación. Sacarán agua con gozo de la fuente
de salvación. **R.**

Den gracias al Señor, invoquen su nombre, cuenten a los pueblos sus hazañas,
proclamen que su nombre es sublime. **R.**

Alaben al Señor por sus proezas, anúncienlas a toda la tierra. Griten jubilosos,
habitantes de Sión, porque el Dios de Israel ha sido grande con ustedes. **R.**

O bien:

Salmo 50, 12-13. 14-15. 18-19

R. (12a) Crea en mí, Señor, un corazón puro.

Crea en mí, Señor, un corazón puro, un espíritu nuevo para cumplir tus
mandamientos. No me arrojes, Señor, lejos de ti, ni retires de mí ti santo espíritu.
R.

Devuélveme tu salvación, que regocija y mantén en mí un alma generosa.
Enseñaré a los descarriados tus caminos y volverán a ti los pecadores. **R.**
Tú, Señor, no te complaces en los sacrificios y si te ofreciera un holocausto, no lo agradaría. Un corazón contrito te presento, y a un corazón contrito, tú nunca lo desprecias. **R.**

Epístola: Romanos 6, 3-11

Hermanos: Todos los que hemos sido incorporados a Cristo Jesús por medio del bautismo, hemos sido incorporados a él en su muerte. En efecto, por el bautismo fuimos sepultados con él en su muerte, para que, así como Cristo resucitó de entre los muertos por la gloria del Padre, así también nosotros llevemos una vida nueva. Porque, si hemos estado íntimamente unidos a él por una muerte semejante a la suya, también lo estaremos en su resurrección. Sabemos que nuestro hombre viejo fue crucificado con Cristo, para que el cuerpo del pecado quedara destruido, a fin de que ya no sirvamos al pecado, pues el que ha muerto queda libre del pecado. Por lo tanto, si hemos muerto con Cristo, estamos seguros de que también viviremos con él; pues sabemos que Cristo, una vez resucitado de entre los muertos, ya no nunca morirá. La muerte ya no tiene dominio sobre él, porque al morir, murió al pecado de una vez para siempre; y al resucitar, vive ahora para Dios. Lo mismo ustedes, considérense muertos al pecado y vivos para Dios en Cristo Jesús, Señor nuestro.

Salmo Responsorial: Salmo 117, 1-2. 16ab-17. 22-23
R. Aleluya, aleluya.

Te damos gracias, Señor, porque eres bueno, porque tu misericordia es eterna.
Diga la casa de Israel: "Su misericordia es eterna". **R.**
La diestra del Señor es poderosa, la diestra del Señor es nuestra orgillo. No moriré, continuaré viviendo para contar lo que el Señor ha hecho. **R.**
La piedra que desecharon los constructores, es ahora la piedra angular. Esto es obra de la mano del Señor, es un milagro patente. **R.**

Evangelio: Lucas 24, 1-12

El primer día después del sábado, muy de mañana, llegaron las mujeres al sepulcro, llevando los perfumes que habían preparado. Encontraron que la piedra ya había sido retirada del sepulcro y entraron, pero no hallaron el cuerpo del Señor Jesús. Estando ellas todas desconcertadas por esto, se les presentaron dos varones con vestidos resplandecientes. Como ellas se llenaron de miedo e inclinaron el rostro a tierra, los varones les dijeron: "¿Por qué buscan entre los muertos al que está vivo? No está aquí; ha resucitado. Recuerden que cuando estaba todavía en Galilea les dijo: 'Es necesario que el Hijo del hombre sea entregado en manos de los pecadores y sea crucificado y al tercer día resucite' ". Y ellas recordaron sus palabras. Cuando regresaron del sepulcro, las mujeres anunciaron todas estas cosas a los Once y a todos los demás. Las que decían estas cosas a los apóstoles eran María Magdalena, Juana, María (la madre de Santiago) y las demás que estaban con ellas. Pero todas estas palabras les parecían desvaríos y no les creían. Pedro se levantó y corrió al sepulcro. Se asomó, pero sólo vio los lienzos y se regresó a su casa, asombrado por lo sucedido.

Domingo 31 de marzo de 2024
Domingo de Pascua—La Resurrección del Señor
Misa del día
Primera Lectura: Hechos 10, 34a. 37-43

En aquellos días, Pedro tomó la palabra y dijo: "Ya saben ustedes lo sucedido en toda Judea, que tuvo principio en Galilea, después del bautismo predicado por Juan: cómo Dios ungió con el poder del Espíritu Santo a Jesús de Nazaret, y cómo éste pasó haciendo el bien, sanando a todos los oprimidos por el diablo, porque Dios estaba con él. Nosotros somos testigos de cuanto él hizo en Judea y en Jerusalén. Lo mataron colgándolo de la cruz, pero Dios lo resucitó al tercer día y concedió verlo, no a todo el pueblo, sino únicamente a los testigos que él, de antemano, había escogido: a nosotros, que hemos comido y bebido con él después de que resucitó de entre los muertos. Él nos mandó predicar al pueblo y dar testimonio de que Dios lo ha constituido juez de vivos y muertos. El testimonio de los profetas es unánime: que cuantos creen en él reciben, por su medio, el perdón de los pecados".

Salmo Responsorial: Salmo 117, 1-2. 16ab-17. 22-23

R. (24) Éste es el día del triunfo del Señor. Aleluya.

Te damos gracias, Señor, porque eres bueno, porque tu misericordia es eterna.
Diga la casa de Israel: "Su misericordia es eterna". **R.**

La diestra del Señor es poderosa, la diestra del Señor es nuestro orgullo. No
moriré, continuaré viviendo para contar lo que el Señor ha hecho. **R.**

La piedra que desecharon los constructores es ahora la piedra angular. Esto es
obra de la mano del Señor, es un milagro patente. **R.**

Segunda Lectura: Colosenses 3, 1-4

Hermanos: Puesto que han resucitado con Cristo, busquen los bienes de arriba,
donde está Cristo, sentado a la derecha de Dios. Pongan todo el corazón en los
bienes del cielo, no en los de la tierra, porque han muerto y su vida está
escondida con Cristo en Dios. Cuando se manifieste Cristo, vida de ustedes,
entonces también ustedes se manifestarán gloriosos, juntamente con él.

O bien:

1 Corintios 5, 6b-8

Hermanos: ¿No saben ustedes que un poco de levadura hace fermentar toda la
masa? Tiren la antigua levadura, para que sean ustedes una masa nueva, ya que
son pan sin levadura, pues Cristo, nuestro cordero pascual, ha sido inmolado.
Celebremos, pues, la fiesta de la Pascua, no con la antigua levadura, que es de
vicio y maldad, sino con el pan sin levadura, que es de sinceridad y verdad.

Secuencia: Victimae paschali laudes

Ofrezcan los cristianos
ofrendas de alabanza
a gloria de la Víctima
propicia de la Pascua.
Cordero sin pecado,
que a las ovejas salva,

a Dios y a los culpables
unió con nueva alianza.
Lucharon vida y muerte
en singular batalla,
y, muerto el que es la vida,
triunfante se levanta.
"¿Qué has visto de camino,
María, en la mañana?"
"A mi Señor glorioso,
la tumba abandonada,
Los ángeles testigos,
sudarios y mortaja.
¡Resucitó de veras
mi amor y mi esperanza!
Vengan a Galilea,
allí el Señor aguarda;
allí verán los suyos
la gloria de la Pascua".
Primicia de los muertos,
sabemos por tu gracia
que estás resucitado;
la muerte en ti no manda.
Rey vencedor, apiádate
de la miseria humana
y da a tus fieles parte
en tu victoria santa.

Aclamación antes del Evangelio: 1 Corintios 5, 7b-8a
R. Aleluya, aleluya.
Cristo, nuestro cordero pascual, ha sido inmolado; celebremos, pues, la Pascua.
R.

Evangelio: Juan 20, 1-9

El primer día después del sábado, estando todavía oscuro, fue María Magdalena al sepulcro y vio removida la piedra que lo cerraba. Echó a correr, llegó a la casa donde estaban Simón Pedro y el otro discípulo, a quien Jesús amaba, y les dijo: "Se han llevado del sepulcro al Señor y no sabemos dónde lo habrán puesto". Salieron Pedro y el otro discípulo camino del sepulcro. Los dos iban corriendo juntos, pero el otro discípulo corrió más aprisa que Pedro y llegó primero al sepulcro, e inclinándose, miró los lienzos puestos en el suelo, pero no entró. En eso llegó también Simón Pedro, que lo venía siguiendo, y entró en el sepulcro. Contempló los lienzos puestos en el suelo y el sudario, que había estado sobre la cabeza de Jesús, puesto no con los lienzos en el suelo, sino doblado en sitio aparte. Entonces entró también el otro discípulo, el que había llegado primero al sepulcro, y vio y creyó, porque hasta entonces no habían entendido las Escrituras, según las cuales Jesús debía resucitar de entre los muertos.

ABRIL

Lunes de la octava de Pascua

Primera Lectura: Hechos 2, 14. 22-33

El día de Pentecostés, se presentó Pedro, junto con los Once, ante la multitud, y levantando la voz, dijo: "Israelitas, escúchenme. Jesús de Nazaret fue un hombre acreditado por Dios ante ustedes, mediante los milagros, prodigios y señales que Dios realizó por medio de él y que ustedes bien conocen. Conforme al plan previsto y sancionado por Dios, Jesús fue entregado, y ustedes utilizaron a los paganos para clavarlo en la cruz. Pero Dios lo resucitó, rompiendo las ataduras de la muerte, ya que no era posible que la muerte lo retuviera bajo su dominio. En efecto, David dice, refiriéndose a él: *Yo veía constantemente al Señor delante de mí, puesto que él está a mi lado para que yo no tropiece. Por eso se alegra mi corazón y mi lengua se alboroza; por eso también mi cuerpo vivirá en la esperanza, porque tú, Señor, no me abandonarás a la muerte, ni dejarás que tu santo sufra la corrupción. Me has enseñado el sendero de la vida y me saciarás de gozo en tu presencia.* Hermanos, que me sea permitido hablarles con toda claridad; el patriarca David murió y lo enterraron, y su sepulcro se conserva entre nosotros hasta el día de hoy. Pero como era profeta y sabía que Dios le había prometido con juramento que un descendiente suyo ocuparía su trono, con visión profética habló de la resurrección de Cristo, el cual no fue abandonado a la muerte ni sufrió la corrupción. Pues bien, a este Jesús Dios lo resucitó, y de ello todos nosotros somos testigos. Llevado a los cielos por el poder de Dios, recibió del Padre el Espíritu Santo prometido a él y lo ha comunicado, como ustedes lo están viendo y oyendo".

Salmo Responsorial: Salmo 15, 1-2a y 5. 7-8. 9-10. 11

R. (1) Protege, Señor, a los que esperamos en ti. Aleluya.

Protégeme, Dios mío, pues eres mi refugio. Yo siempre he dicho que tú eres mi Señor. El Señor es el parte que me ha tocado en herencia; mi vida está en sus manos. **R.**

Bendeciré al Señor, que me aconseja, hasta de noche me instruye internamente.

Tengo siempre presente al Señor, y con él a mi lado, jamás tropezaré. **R.**

Por eso se me alegra el corazón y el alma y mi cuerpo vivirá tranquilo, porque tú no me abandonarás a la muerte, ni dejarás que sufra yo la corrupción. **R.**

Enséñame el camino de la vida, sáciame de gozo en tu presencia y de alegría perpetua junto a ti. **R.**

Aclamación antes del Evangelio: Salmo 117, 24
R. Aleluya, aleluya.

Éste es el día del triunfo del Señor, día de júbilo y de gozo. **R.**

Evangelio: Mateo 28, 8-15

Después de escuchar las palabras del ángel, las mujeres se alejaron a toda prisa del sepulcro, y llenas de temor y de gran alegría, corrieron a dar la noticia a los discípulos. Pero de repente Jesús les salió al encuentro y las saludó. Ellas se le acercaron, le abrazaron los pies y lo adoraron. Entonces les dijo Jesús: "No tengan miedo. Vayan a decir a mis hermanos que se dirijan a Galilea. Allá me verán". Mientras las mujeres iban de camino, algunos soldados de la guardia fueron a la ciudad y dieron parte a los sumos sacerdotes de todo lo ocurrido. Éstos se reunieron con los ancianos, y juntos acordaron dar una fuerte suma de dinero a los soldados, con estas instrucciones: "Digan: 'Durante la noche, estando nosotros dormidos, llegaron sus discípulos y se robaron el cuerpo'. Y si esto llega a oídos del gobernador, nosotros nos arreglaremos con él y les evitaremos cualquier complicación". Ellos tomaron el dinero y actuaron conforme a las instrucciones recibidas. Esta versión de los soldados se ha ido difundiendo entre los judíos hasta el día de hoy.

Martes 2 de abril de 2024
Martes de la octava de Pascua
Primera Lectura: Hechos 2, 36-41

El día de Pentecostés, dijo Pedro a los judíos: "Sepa todo Israel, con absoluta certeza, que Dios ha constituido Señor y Mesías al mismo Jesús, a quien ustedes han crucificado". Estas palabras les llegaron al corazón y preguntaron a Pedro y a los demás apóstoles: "¿Qué tenemos que hacer, hermanos?" Pedro les contestó: "Arrepiéntanse y bautícense en el nombre de Jesucristo para el perdón de sus pecados y recibirán el Espíritu Santo. Porque las promesas de Dios valen para ustedes y para sus hijos y también para todos los paganos que el Señor, Dios nuestro, quiera llamar, aunque estén lejos". Con éstas y otras muchas razones los instaba y exhortaba, diciéndoles: "Pónganse a salvo de este mundo corrompido". Los que aceptaron sus palabras se bautizaron, y aquel día se les agregaron unas tres mil personas.

Salmo Responsorial: Salmo 32, 4-5. 18-19. 20 y 22
R. (5b) En el Señor está nuestra esperanza. Aleluya.

Sincera es la palabra del Señor y todas sus acciones son leales. El ama la justicia y el derecho, la tierra llena está de sus bondades. **R.**

Cuida el Señor de aquellos que lo temen y en su bondad confían; los salva de la muerte y en épocas de hambre les da vida. **R.**

En el Señor está nuestra esperanza, pues él nuestro ayuda y nuestro amparo. Muéstrate bondadoso con nosotros, puesto que en ti, Señor, hemos confiado. **R.**

Aclamación antes del Evangelio: Salmo 117, 24
R. Aleluya, aleluya.

Éste es el día del triunfo del Señor, día de júbilo y de gozo. **R.**

Evangelio: Juan 20, 11-18
El día de la resurrección, María se había quedado llorando junto al sepulcro de Jesús. Sin dejar de llorar, se asomó al sepulcro y vio dos ángeles vestidos de blanco, sentados en el lugar donde había estado el cuerpo de Jesús, uno en la cabecera y el otro junto a los pies. Los ángeles le preguntaron: "¿Por qué estás llorando, mujer?" Ella les contestó: "Porque se han llevado a mi Señor y no sé dónde lo habrán puesto". Dicho esto, miró hacia atrás y vio a Jesús de pie, pero no sabía que era Jesús. Entonces él le dijo: "Mujer, ¿por qué estás llorando? ¿A quién buscas?" Ella, creyendo que era el jardinero, le respondió: "Señor, si tú te lo llevaste, dime dónde lo has puesto". Jesús le dijo: "¡María!" Ella se volvió y

exclamó: "¡Rabuní!", que en hebreo significa 'maestro'. Jesús le dijo: "Déjame ya, porque todavía no he subido al Padre. Ve a decir a mis hermanos: 'Subo a mi Padre y su Padre, a mi Dios y su Dios' ". María Magdalena se fue a ver a los discípulos para decirles que había visto al Señor y para darles su mensaje.

Miércoles 3 de abril de 2024
Miércoles de la octava de Pascua
Primera Lectura: Hechos 3, 1-10

En aquel tiempo, Pedro y Juan subieron al templo para la oración vespertina, a eso de las tres de la tarde. Había allí un hombre lisiado de nacimiento, a quien diariamente llevaban y ponían ante la puerta llamada la "Hermosa", para que pidiera limosna a los que entraban en el templo. Aquel hombre, al ver a Pedro y a Juan cuando iban a entrar, les pidió limosna. Pedro y Juan fijaron en él los ojos, y Pedro le dijo: "Míranos". El hombre se quedó mirándolos en espera de que le dieran algo. Entonces Pedro le dijo: "No tengo ni oro ni plata, pero te voy a dar lo que tengo: En el nombre de Jesucristo nazareno, levántate y camina". Y, tomándolo de la mano, lo incorporó. Al instante sus pies y sus tobillos adquirieron firmeza. De un salto se puso de pie, empezó a andar y entró con ellos al templo caminando, saltando y alabando a Dios. Todo el pueblo lo vio caminar y alabar a Dios, y al darse cuenta de que era el mismo que pedía limosna sentado junto a la puerta "Hermosa" del templo, quedaron llenos de miedo y no salían de su asombro por lo que había sucedido.

Salmo Responsorial: Salmo 104, 1-2. 3-4. 6-7. 8-9
R. (5b) Cantemos al Señor con alegría. Aleluya.

Aclamen al Señor y denle gracias, relaten sus prodigios a los pueblos. Entonen en su honor himnos y cantos, celebren sus portentos. **R.**

Del nombre del Señor enorgullézcanse y siéntase feliz el que lo busca. Recurran al Señor y a su poder, y a su presencia acudan. **R.**

Descendientes de Abrahán, su servidor, estirpe de Jacob, su predilecto, escuchen: el Señor es nuestro Dios y gobiernan la tierra sus decretos. **R.**

Ni aunque transcurran mil generaciones, se olvidará el señor de sus promesas, de la alianza pactada con Abraham, del juramento a Isaac, que un día le hiciera. **R.**

Aclamación antes del Evangelio: Salmo 117, 24
R. Aleluya, aleluya.
Éste es el día del triunfo del Señor, día de júbilo y de gozo. **R.**

Evangelio: Lucas 24, 13-35
El mismo día de la resurrección, iban dos de los discípulos hacia un pueblo llamado Emaús, situado a unos once kilómetros de Jerusalén, y comentaban todo lo que había sucedido. Mientras conversaban y discutían, Jesús se les acercó y comenzó a caminar con ellos; pero los ojos de los dos discípulos estaban velados y no lo reconocieron. Él les preguntó: "¿De qué cosas vienen hablando, tan llenos de tristeza?" Uno de ellos, llamado Cleofás, le respondió: "¿Eres tú el único forastero que no sabe lo que ha sucedido estos días en Jerusalén?" Él les preguntó: "¿Qué cosa?" Ellos le respondieron: "Lo de Jesús el nazareno, que era un profeta poderoso en obras y palabras, ante Dios y ante todo el pueblo. Cómo los sumos sacerdotes y nuestros jefes lo entregaron para que lo condenaran a muerte, y lo crucificaron. Nosotros esperábamos que él sería el libertador de Israel, y sin embargo, han pasado ya tres días desde que estas cosas sucedieron. Es cierto que algunas mujeres de nuestro grupo nos han desconcertado, pues fueron de madrugada al sepulcro, no encontraron el cuerpo y llegaron contando que se les habían aparecido unos ángeles, que les dijeron que estaba vivo. Algunos de nuestros compañeros fueron al sepulcro y hallaron todo como habían dicho las mujeres, pero a él no lo vieron". Entonces Jesús les dijo: "¡Qué insensatos son ustedes y qué duros de corazón para creer todo lo anunciado por los profetas! ¿Acaso no era necesario que el Mesías padeciera todo esto y así entrara en su gloria?" Y comenzando por Moisés y siguiendo con todos los profetas, les explicó todos los pasajes de la Escritura que se referían a él. Ya cerca del pueblo a donde se dirigían, él hizo como que iba más lejos; pero ellos le insistieron, diciendo: "Quédate con nosotros, porque ya es tarde y pronto va a oscurecer". Y entró para quedarse con ellos. Cuando estaban a la mesa, tomó un pan, pronunció la bendición, lo partió y se lo dio. Entonces se les abrieron los

ojos y lo reconocieron, pero él se les desapareció. Y ellos se decían el uno al otro: "¡Con razón nuestro corazón ardía, mientras nos hablaba por el camino y nos explicaba las Escrituras!" Se levantaron inmediatamente y regresaron a Jerusalén, donde encontraron reunidos a los Once con sus compañeros, los cuales les dijeron: "De veras ha resucitado el Señor y se le ha aparecido a Simón". Entonces ellos contaron lo que les había pasado en el camino y cómo lo habían reconocido al partir el pan.

Jueves 4 de abril de 2024
Jueves de la octava de Pascua
Primera Lectura: Hechos 3, 11-26

Como el paralítico curado por Pedro y Juan no se les despegaba, todo el pueblo, asombrado, corrió hacia ellos al pórtico de Salomón. Al ver a la muchedumbre, Pedro les dirigió la palabra: "Israelitas: ¿Por qué les causa admiración esto y por qué nos miran de ese modo, como si por nuestro poder o nuestra virtud hubiéramos hecho andar a este hombre? El Dios de Abraham, de Isaac y de Jacob, el Dios de nuestros padres, ha glorificado a su siervo Jesús, a quien ustedes entregaron a Pilato, y a quien rechazaron en su presencia, cuando él ya había decidido ponerlo en libertad. Rechazaron al santo, al justo, y pidieron el indulto de un asesino; han dado muerte al autor de la vida, pero Dios lo resucitó de entre los muertos y de ello nosotros somos testigos. El nombre de Jesús y la fe en él es lo que ha robustecido los miembros de este hombre al que están viendo y todos conocen. Esta fe es la que le ha restituido completamente la salud, como pueden observar. Ahora bien, hermanos, yo sé que ustedes han obrado por ignorancia, de la misma manera que sus jefes; pero Dios cumplió así lo que había predicho por boca de los profetas: que su Mesías tenía que padecer. Por lo tanto, arrepiéntanse y conviértanse, para que se les perdonen sus pecados y el Señor les mande el tiempo de la consolación y les envíe de nuevo a Jesús, el Mesías que les estaba destinado; aunque él tiene que quedarse en el cielo hasta la restauración universal, de la que habló Dios por boca de su profeta desde muy antiguo. En efecto, Moisés dijo: *El Señor Dios hará surgir de entre sus hermanos un profeta como yo. Escuchen todo cuanto les diga; quien no escuche al profeta, será expulsado del pueblo*. Todos los profetas, a partir de Samuel, anunciaron igualmente estos días. Ustedes son herederos de los profetas y beneficiarios de la alianza que Dios hizo con sus padres, cuando le dijo a Abraham: *Tu descendencia será fuente de bendición para toda la humanidad.* Para ustedes, en primer lugar, ha resucitado Dios a su siervo y lo ha enviado para bendecirlos y ayudarlos a que cada uno se aparte de sus iniquidades".

Salmo Responsorial: Salmo 8, 2a y 5. 6-7. 8-9
R. (2ab) ¡Qué admirable, Señor, es tu poder! Aleluya.

¡Qué admirable es, Señor y Dios nuestro, tu poder en toda la tierra! ¿Qué es el hombre, para que de él te acuerdes, ese pobre ser humano, para que de él te preocupes? **R.**

Sin embargo, lo hiciste un poquito inferior a los ángeles, lo coronaste de gloria y dignidad, le diste el mando sobre las obras de tus manos, y todo lo sometiste bajo sus pies. **R.**

Pusiste a su servicio los rebaños y las manadas, todos los animales salvajes, las aves del cielo y los peces del mar, que recorren los caminos de las aguas. **R.**

Aclamación antes del Evangelio: Salmo 117, 24
R. Aleluya, aleluya.

Éste es el día del triunfo del Señor, día de júbilo y de gozo. **R.**

Evangelio: Lucas 24, 35-48
Cuando los dos discípulos regresaron de Emaús y llegaron al sitio donde estaban reunidos los apóstoles, les contaron lo que les había pasado en el camino y cómo habían reconocido a Jesús al partir el pan. Mientras hablaban de esas cosas, se presentó Jesús en medio de ellos y les dijo: "La paz esté con ustedes". Ellos, desconcertados y llenos de temor, creían ver un fantasma. Pero él les dijo: "No teman; soy yo. ¿Por qué se espantan? ¿Por qué surgen dudas en su interior? Miren mis manos y mis pies. Soy yo en persona, tóquenme y convénzanse: un fantasma no tiene ni carne ni huesos, como ven que tengo yo". Y les mostró las manos y los pies. Pero como ellos no acababan de creer de pura alegría y seguían

atónitos, les dijo: "¿Tienen aquí algo de comer?" Le ofrecieron un trozo de pescado asado; él lo tomó y se puso a comer delante de ellos. Después les dijo: "Lo que ha sucedido es aquello de que les hablaba yo, cuando aún estaba con ustedes: que tenía que cumplirse todo lo que estaba escrito de mí en la ley de Moisés, en los profetas y en los salmos". Entonces les abrió el entendimiento para que comprendieran las Escrituras y les dijo: "Está escrito que el Mesías tenía que padecer y había de resucitar de entre los muertos al tercer día, y que en su nombre se había de predicar a todas las naciones, comenzando por Jerusalén, la necesidad de volverse a Dios para el perdón de los pecados. Ustedes son testigos de esto".

Viernes 5 de abril de 2024
Viernes en la Octava de Pascua
Primera Lectura: Hechos 4, 1-12

En aquellos días, mientras Pedro y Juan hablaban al pueblo, se presentaron los sacerdotes, el jefe de la guardia del templo y los saduceos, indignados porque los apóstoles enseñaban al pueblo y anunciaban la resurrección de los muertos por el poder de Jesús. Los aprehendieron, y como ya era tarde, los encerraron en la cárcel hasta el día siguiente. Pero ya muchos de los que habían escuchado sus palabras, unos cinco mil hombres, habían abrazado la fe. Al día siguiente, se reunieron en Jerusalén los jefes del pueblo, los ancianos y los escribas, el sumo sacerdote Anás, Caifás, Juan, Alejandro y cuantos pertenecían a las familias de los sumos sacerdotes. Hicieron comparecer ante ellos a Pedro y a Juan y les preguntaron: "¿Con qué poder o en nombre de quién han hecho todo esto?" Pedro, lleno del Espíritu Santo, dijo: "Jefes del pueblo y ancianos, puesto que hoy se nos interroga acerca del beneficio hecho a un hombre enfermo, para saber cómo fue curado, sépanlo ustedes y sépalo todo el pueblo de Israel: este hombre ha quedado sano en el nombre de Jesús de Nazaret, a quien ustedes crucificaron y a quien Dios resucitó de entre los muertos. Este mismo Jesús *es la piedra que ustedes, los constructores, han desechado y que ahora es la piedra angular.* Ningún otro puede salvarnos, porque no hay bajo el cielo otro nombre dado a los hombres por el que nosotros debamos salvarnos".

Salmo Responsorial: Salmo 117, 1-2 y 4. 22-24. 25-27a

R. (22) La piedra que desecharon los constructores es ahora la piedra angular. Aleluya.

Te damos gracias, Señor, porque eres bueno, porque tu misericordia es eterna. Diga la casa de Israel: "Su misericordia es eterna". Digan los que temen al Señor: "Su misericordia es eterna". **R.**

La piedra que desecharon los constructores, es ahora la piedra angular. Esto es obra de la mano del Señor, es un milagro patente. Este es el día del triunfo del Señor: día de júbilo y de gozo. **R.**

Libéranos, Señor, y danos tu victoria. Bendito el que viene en el nombre del Señor. Que Dios desde su templo nos bendiga. Que el Señor, nuestro Dios, nos ilumine. **R.**

Aclamación antes del Evangelio: Salmo 117, 24

R. Aleluya, aleluya.

Éste es el día del triunfo del Señor, día de júbilo y de gozo. **R.**

Evangelio: Juan 21, 1-14

En aquel tiempo, Jesús se les apareció otra vez a los discípulos junto al lago de Tiberíades. Se les apareció de esta manera: Estaban juntos Simón Pedro, Tomás (llamado el Gemelo), Natanael (el de Caná de Galilea), los hijos de Zebedeo y otros dos discípulos. Simón Pedro les dijo: "Voy a pescar". Ellos le respondieron: "También nosotros vamos contigo". Salieron y se embarcaron, pero aquella noche no pescaron nada. Estaba amaneciendo, cuando Jesús se apareció en la orilla, pero los discípulos no lo reconocieron. Jesús les dijo: "Muchachos, ¿han pescado algo?" Ellos contestaron: "No". Entonces él les dijo: "Echen la red a la derecha de la barca y encontrarán peces". Así lo hicieron, y luego ya no podían jalar la red por tantos pescados. Entonces el discípulo a quien amaba Jesús le dijo a Pedro: "Es el Señor". Tan pronto como Simón Pedro oyó decir que era el Señor, se anudó a la cintura la túnica, pues se la había quitado, y se tiró al agua. Los otros discípulos llegaron en la barca, arrastrando la red con los pescados, pues no distaban de tierra más de cien metros. Tan pronto como saltaron a tierra, vieron unas brasas y sobre ellas un pescado y pan. Jesús les dijo: "Traigan algunos pescados de los que acaban de pescar". Entonces Simón Pedro subió a la barca y arrastró hasta la orilla la red, repleta de pescados grandes. Eran ciento cincuenta y tres, y a pesar de que eran tantos, no se rompió la red. Luego les dijo Jesús: "Vengan a almorzar". Y ninguno de los discípulos se atrevía a preguntarle: '¿Quién eres?', porque ya sabían que era el Señor. Jesús se acercó, tomó el pan y se lo dio y también el pescado. Ésta fue la tercera vez que Jesús se apareció a sus discípulos después de resucitar de entre los muertos.

Sábado 6 de abril de 2024
Sábado de la octava de Pascua
Primera Lectura: Hechos 4, 13-21

En aquellos días, los sumos sacerdotes, los ancianos y los escribas, se quedaron sorprendidos al ver el aplomo con que Pedro y Juan hablaban, pues sabían que eran hombres del pueblo sin ninguna instrucción. Ya los habían reconocido como pertenecientes al grupo que andaba con Jesús, pero no se atrevían a refutarlos, porque ahí estaba de pie, entre ellos, el hombre paralítico que había sido curado. Por consiguiente, les mandaron que salieran del sanedrín, y ellos comenzaron a deliberar entre sí: "¿Qué vamos a hacer con estos hombres? Han hecho un milagro evidente, que todo Jerusalén conoce y que no podemos negar; pero a fin de que todo esto no se divulgue más entre el pueblo, hay que prohibirles con amenazas hablar en nombre de Jesús". Entonces mandaron llamar a Pedro y a Juan y les ordenaron que por ningún motivo hablaran ni enseñaran en nombre de Jesús. Ellos replicaron: "Digan ustedes mismos si es justo delante de Dios obedecerlos a ustedes antes que a Dios. Nosotros no podemos dejar de contar lo que hemos visto y oído". Los miembros del sanedrín repitieron las amenazas y los soltaron, porque no encontraron la manera de castigarlos, ya que el pueblo entero glorificaba a Dios por lo sucedido.

Salmo Responsorial: Salmo 117, 1 y 14-15. 16ab-18. 19-21

R. (21a) La diestra del Señor ha hecho maravillas. Aleluya.

Te damos gracias, Señor, porque eres bueno, porque tu misericordia es eterna. El Señor es mi fuerza y mi alegría; en el Señor es mi salvación. Escuchemos el canto de victoria que sale de la casa de los justos. **R.**

"La diestra del Señor es poderosa, la diestra del Señor es nuestro orgullo". No moriré, continuaré viviendo para contar lo que Señor ha hecho. Me castigó, me castigó el Señor, pero no me abandonó a la muerte. **R.**

Ábranme las puertas del templo, que quiere entra a dar gracias a Dios. Esta es la puerta del Señor y por ella entrarán los que le viven fieles. Te doy gracias, Señor, pues me escuchaste y fuiste para mí la salvación. **R.**

Aclamación antes del Evangelio: Salmo 117, 24
R. Aleluya, aleluya.

Éste es el día del triunfo del Señor, día de júbilo y de gozo. **R.**

Evangelio: Marcos 16, 9-15

Habiendo resucitado al amanecer del primer día de la semana, Jesús se apareció primero a María Magdalena, de la que había arrojado siete demonios. Ella fue a llevar la noticia a los discípulos, los cuales estaban llorando, agobiados por la tristeza; pero cuando la oyeron decir que estaba vivo y que lo había visto, no le creyeron. Después de esto, se apareció en otra forma a dos discípulos, que iban de camino hacia una aldea. También ellos fueron a anunciarlo a los demás; pero tampoco a ellos les creyeron. Por último, se apareció Jesús a los Once, cuando estaban a la mesa, y les echó en cara su incredulidad y dureza de corazón, porque no les habían creído a los que lo habían visto resucitado. Jesús les dijo entonces: "Vayan por todo el mundo y prediquen el Evangelio a toda creatura".

Domingo 7 de abril de 2024
II Domingo de Pascua o Domingo de Divina Misericordia

Primera Lectura: Hechos 4, 32-35

La multitud de los que habían creído tenía un solo corazón y una sola alma; todo lo poseían en común y nadie consideraba suyo nada de lo que tenía. Con grandes muestras de poder, los apóstoles daban testimonio de la resurrección del Señor Jesús y todos gozaban de gran estimación entre el pueblo. Ninguno pasaba necesidad, pues los que poseían terrenos o casas, los vendían, llevaban el dinero y lo ponían a disposición de los apóstoles, y luego se distribuía según lo que necesitaba cada uno.

Salmo Responsorial: Salmo 117, 2-4. 16ab-15. 22-24
R. (1) La misericordia del Señor es eterna. Aleluya.

Diga la casa de Israel: "Su misericordia es eterna". Diga la casa de Aarón: "Su misericordia es eterna". Digan los que temen al Señor: "Su misericordia es eterna". **R.**

La diestra del Señor es poderosa, la diestra del Señor es nuestro orgullo. No moriré, continuaré viviendo para contar lo que el Señor ha hecho. Me castigó, me castigó el Señor, pero no me abandonó a la muerte. **R.**

La piedra que desecharon los constructores, es ahora la piedra angular. Esto es obra de la mano del Señor, es un milagro patente. Este es el día de triunfo del Señor: día de júbilo y de gozo. **R.**

Segunda Lectura: 1 Juan 5, 1-6
Queridos hermanos: Todo el que cree que Jesús es el Mesías, ha nacido de Dios; todo el que ama a un padre, ama también a los hijos de éste. Conocemos que amamos a los hijos de Dios en que amamos a Dios y cumplimos sus mandamientos, pues el amor de Dios consiste en que cumplamos sus preceptos. Y sus mandamientos no son pesados, porque todo el que ha nacido de Dios vence al mundo. Y nuestra fe es la que nos ha dado la victoria sobre el mundo. Porque, ¿quién es el que vence al mundo? Sólo el que cree que Jesús es el Hijo de Dios. Jesucristo es el que vino por medio del agua y de la sangre; él vino, no sólo con agua, sino con agua y con sangre. Y el Espíritu es el que da testimonio, porque el Espíritu es la verdad.

Aclamación antes del Evangelio: Juan 20, 29

R. Aleluya, aleluya.

Tomás, tú crees porque me has visto. Dichosos los que creen sin haberme visto, dice el Señor. **R.**

Evangelio: Juan 20, 19-31

Al anochecer del día de la resurrección, estando cerradas las puertas de la casa donde se hallaban los discípulos, por miedo a los judíos, se presentó Jesús en medio de ellos y les dijo: "La paz esté con ustedes". Dicho esto, les mostró las manos y el costado. Cuando los discípulos vieron al Señor, se llenaron de alegría. De nuevo les dijo Jesús: "La paz esté con ustedes. Como el Padre me ha enviado, así también los envío yo". Después de decir esto, sopló sobre ellos y les dijo: "Reciban el Espíritu Santo. A los que les perdonen los pecados, les quedarán perdonados; y a los que no se los perdonen, les quedarán sin perdonar". Tomás, uno de los Doce, a quien llamaban el Gemelo, no estaba con ellos cuando vino Jesús, y los otros discípulos le decían: "Hemos visto al Señor". Pero él les contestó: "Si no veo en sus manos la señal de los clavos y si no meto mi dedo en los agujeros de los clavos y no meto mi mano en su costado, no creeré". Ocho días después, estaban reunidos los discípulos a puerta cerrada y Tomás estaba con ellos. Jesús se presentó de nuevo en medio de ellos y les dijo: "La paz esté con ustedes". Luego le dijo a Tomás: "Aquí están mis manos; acerca tu dedo. Trae acá tu mano, métela en mi costado y no sigas dudando, sino cree". Tomás le respondió: "¡Señor mío y Dios mío!" Jesús añadió: "Tú crees porque me has visto; dichosos los que creen sin haber visto". Otros muchos signos hizo Jesús en presencia de sus discípulos, pero no están escritos en este libro. Se escribieron éstas para que ustedes crean que Jesús es el Mesías, el Hijo de Dios, y para que, creyendo, tengan vida en su nombre.

Lunes 8 de abril de 2024
Solemnidad de la Anunciación del Señor
Primera Lectura: Isaías 7, 10-14

En aquellos tiempos, el Señor le habló a Ajaz diciendo: "Pide al Señor, tu Dios, una señal de abajo, en lo profundo o de arriba, en lo alto". Contestó Ajaz: "No la pediré. No tentaré al Señor". Entonces dijo Isaías: "Oye, pues, casa de David: ¿No satisfechos con cansar a los hombres, quieren cansar también a mi Dios? Pues bien, el Señor mismo les dará por eso una señal: He aquí que la virgen concebirá y dará a luz un hijo y le pondrán el nombre de Emmanuel, que quiere decir Dios-con-nosotros".

Salmo Responsorial: Salmo 39, 7-8a. 8b-9. 10. 11
R. (8a y 9a) Aquí estoy, Señor, para hacer tu voluntad.
Sacrificios, Señor, tú no quisiste, abriste, en cambio, mis oídos a tu voz. No exigiste holocaustos por la culpa, así que dije: "Aquí estoy". **R.**
En tus libros se me ordena Hacer tu voluntad; esto es, Señor, lo que deseo: tu ley en medio de mi corazón **R.**
He anunciado tu justicia en la gran asamblea; no he cerrado mis labios, tú lo sabes, Señor. **R.**
No callé tu justicia, antes bien, proclamé tu lealtad y tu auxilio. Tu amor y tu lealtad no los he ocultado a la gran asamblea. **R.**

Segunda Lectura: Hebreos 10, 4-10
Hermanos: Es imposible que la sangre de toros y machos cabríos pueda borrar los pecados. Por eso, al entrar al mundo, Cristo dijo conforme al salmo: *No quisiste víctimas ni ofrendas; en cambio me has dado un cuerpo. No te agradaron los holocaustos ni los sacrificios por el pecado; entonces dije – porque a mí se refiere la Escritura–: "Aquí estoy, Dios mío; vengo para cumplir tu voluntad".* Comienza por decir: *No quisiste víctimas ni ofrendas, no te agradaron los holocaustos ni los sacrificios por el pecado* –siendo así que es lo que pedía la ley–; y luego añade: *Aquí estoy, Dios mío; vengo para cumplir tu voluntad.* Con esto, Cristo suprime los antiguos sacrificios, para establecer el nuevo. Y en virtud de esta voluntad, todos quedamos santificados por la ofrenda del cuerpo de Jesucristo, hecha de una vez por todas.

Aclamación antes del Evangelio: Juan 1,14

R. Honor y gloria a ti, Señor Jesús.

Aquel que es la Palabra se hizo hombre y habitó entre nosotros y hemos visto su gloria. **R.**

Evangelio: Lucas 1, 26-38

En aquel tiempo, el ángel Gabriel fue enviado por Dios a una ciudad de Galilea, llamada Nazaret, a una virgen desposada con un varón de la estirpe de David, llamado José. La virgen se llamaba María. Entró el ángel a donde ella estaba y le dijo: "Alégrate, llena de gracia, el Señor está contigo". Al oír estas palabras, ella se preocupó mucho y se preguntaba qué querría decir semejante saludo. El ángel le dijo: "No temas, María, porque has hallado gracia ante Dios. Vas a concebir y a dar a luz un hijo y le pondrás por nombre Jesús. Él será grande y será llamado Hijo del Altísimo; el Señor Dios le dará el trono de David, su padre, y él reinará sobre la casa de Jacob por los siglos y su reinado no tendrá fin". María le dijo entonces al ángel: "¿Cómo podrá ser esto, puesto que yo permanezco virgen?" El ángel le contestó: "El Espíritu Santo descenderá sobre ti y el poder del Altísimo te cubrirá con su sombra. Por eso, el Santo, que va a nacer de ti, será llamado Hijo de Dios. Ahí tienes a tu parienta Isabel, que a pesar de su vejez, ha concebido un hijo y ya va en el sexto mes la que llamaban estéril, porque no hay nada imposible para Dios". María contestó: "Yo soy la esclava del Señor; cúmplase en mí lo que me has dicho". Y el ángel se retiró de su presencia.

Martes 9 de abril de 2024
Martes de la II semana de Pascua
Primera Lectura: Hechos 4, 32-37

La multitud de los que habían creído tenía un solo corazón y una sola alma; todo lo poseían en común y nadie consideraba suyo nada de lo que tenía. Con grandes muestras de poder, los apóstoles daban testimonio de la resurrección del Señor Jesús y todos gozaban de gran estimación entre el pueblo. Ninguno pasaba necesidad, pues los que poseían terrenos o casas, los vendían, llevaban el dinero y lo ponían a disposición de los apóstoles, y luego se distribuía según lo que necesitaba cada uno. José, levita nacido en Chipre, a quien los apóstoles llamaban

Bernabé (que significa hábil para exhortar), tenía un campo; lo vendió y puso el dinero a disposición de los apóstoles.

Salmo Responsorial: Salmo 92, 1ab. 1c-2. 5
R. (1a) El Señor es un rey magnifico. Aleluya.

Tú eres, Señor, el rey de todos los reyes. Estás revestido de poder y majestad. Tú mantienes el orbe y no vacila. Eres eterno, y para siempre está firme tu trono **R.** Muy dignas de confianza son tus leyes y desde hoy y para siempre, Señor, la santidad adorna tu templo. **R.**

Aclamación antes del Evangelio: Juan 3, 15
R. Aleluya, aleluya.

El Hijo del hombre debe ser levantado en la cruz, para que los que creen en él tengan vida eterna. **R.**

Evangelio: Juan 3, 7-15

En aquel tiempo, Jesús dijo a Nicodemo: "No te extrañes de que te haya dicho: 'Tienen que renacer de lo alto'. El viento sopla donde quiere y oyes su ruido, pero no sabes de dónde viene ni a dónde va. Así pasa con quien ha nacido del Espíritu". Nicodemo le preguntó entonces: "¿Cómo puede ser esto?" Jesús le respondió: "Tú eres maestro de Israel, ¿y no sabes esto? Yo te aseguro que nosotros hablamos de lo que sabemos y damos testimonio de lo que hemos visto, pero ustedes no aceptan nuestro testimonio. Si no creen cuando les hablo de las cosas de la tierra, ¿cómo creerán si les hablo de las celestiales? Nadie ha subido al cielo sino el Hijo del hombre, que bajó del cielo y está en el cielo. Así como Moisés levantó la serpiente en el desierto, así tiene que ser levantado el Hijo del hombre, para que todo el que crea en él tenga vida eterna".

Miércoles 10 de abril de 2024
Miércoles de la II semana de Pascua

Primera Lectura: Hechos 5, 17-26

En aquellos días, el sumo sacerdote y los de su partido, que eran los saduceos, llenos de ira contra los apóstoles, los mandaron aprehender y los metieron en la cárcel. Pero durante la noche, un ángel del Señor les abrió las puertas, los sacó de ahí y les dijo: "Vayan al templo y pónganse a enseñar al pueblo todo lo referente a esta nueva vida". Para obedecer la orden, se fueron de madrugada al templo y ahí se pusieron a enseñar. Cuando llegó el sumo sacerdote con los de su partido convocaron al sanedrín, es decir, a todo el senado de los hijos de Israel, y mandaron traer de la cárcel a los presos. Al llegar los guardias a la cárcel, no los hallaron y regresaron a informar: "Encontramos la cárcel bien cerrada y a los centinelas en sus puestos, pero al abrir no encontramos a nadie adentro". Al oír estas palabras, el jefe de la guardia del templo y los sumos sacerdotes se quedaron sin saber qué pensar; pero en ese momento llegó uno y les dijo: "Los hombres que habían metido en la cárcel están en el templo, enseñando al pueblo". Entonces el jefe de la guardia, con sus hombres, trajo a los apóstoles, pero sin violencia, porque temían ser apedreados por el pueblo.

Salmo Responsorial: Salmo 33, 2-3. 4-5. 6-7. 8-9
R. (7a) Haz la prueba y verás qué bueno es el Señor, Aleluya.
Bendeciré al Señor a todas horas, no cesará mi boca de alabarlo. Yo me siento orgulloso del Señor, que se alegre su pueblo al escucharlo. **R.**
Proclamemos la grandeza del Señor y alabemos todos juntos su poder. Cuando acudí al Señor, me hizo caso y me libró de todas mis temores. **R.**
Confía en el Señor y saltarás de gusto, jamás te sentirás decepcionado, porque el Señor escucha el clamor de los pobres y los libra de todas sus angustias. **R.**
Junto a aquellos que temen al Señor el ángel del Señor acampa y los protege. Haz la prueba y verás qué bueno es el Señor. Dichoso el hombre que se refugia en él. **R.**

Aclamación antes del Evangelio: Juan 3, 16
R. Aleluya, aleluya.
Tanto amó Dios al mundo, que le entregó a su Hijo único, para que todo el que

crea en él tenga vida eterna. **R.**

Evangelio: Juan 3, 16-21

"Tanto amó Dios al mundo, que le entregó a su Hijo único, para que todo el que crea en él no perezca, sino que tenga vida eterna. Porque Dios no envió a su Hijo para condenar al mundo, sino para que el mundo se salvara por él. El que cree en él no será condenado; pero el que no cree ya está condenado, por no haber creído en el Hijo único de Dios. La causa de la condenación es ésta: habiendo venido la luz al mundo, los hombres prefirieron las tinieblas a la luz, porque sus obras eran malas. Todo aquel que hace el mal, aborrece la luz y no se acerca a ella, para que sus obras no se descubran. En cambio, el que obra el bien conforme a la verdad, se acerca a la luz, para que se vea que sus obras están hechas según Dios".

Jueves 11 de abril de 2024
Memoria de San Estanislao, obispo y mártir
Primera Lectura: Hechos 5, 27-33

En aquellos días, los guardias condujeron a los apóstoles ante el sanedrín, y el sumo sacerdote los reprendió, diciéndoles: "Les hemos prohibido enseñar en nombre de ese Jesús; sin embargo, ustedes han llenado a Jerusalén con sus enseñanzas y quieren hacernos responsables de la sangre de ese hombre". Pedro y los otros apóstoles replicaron: "Primero hay que obedecer a Dios y luego a los hombres. El Dios de nuestros padres resucitó a Jesús, a quien ustedes dieron muerte colgándolo de la cruz. La mano de Dios lo exaltó y lo ha hecho jefe y Salvador, para dar a Israel la gracia de la conversión y el perdón de los pecados. Nosotros somos testigos de todo esto y también lo es el Espíritu Santo, que Dios ha dado a los que lo obedecen". Esta respuesta los exasperó y decidieron matarlos.

Salmo Responsorial: Salmo 33, 2 y 9. 17-18. 19-20
R. (7a) Haz la prueba y verás qué bueno es el Señor. Aleluya.

Bendeciré al Señor a todas horas; no cesará mi boca de alabarlo. Haz la prueba y verás qué bueno es el Señor. Dichoso el hombre que se refugia en él. **R.**

En contra del malvado está el Señor para borrar de la tierra su recuerdo; escucha, en cambio, al hombre justo y lo libra de todas sus angustias. **R.**

El Señor no está lejos de sus fieles y levanta a las almas abatidas. Muchas tribulaciones pasa el justo, pero de todas ellas Dios lo libra. **R.**

Aclamación antes del Evangelio: Juan 20, 29
R. Aleluya, aleluya.

Tomás, tú crees porque me has visto. Dichosos los que creen sin haberme visto, dice el Señor. **R.**

Evangelio: Juan 3, 31-36

"El que viene de lo alto está por encima de todos; pero el que viene de la tierra pertenece a la tierra y habla de las cosas de la tierra. El que viene del cielo está por encima de todos. Da testimonio de lo que ha visto y oído, pero nadie acepta su testimonio. El que acepta su testimonio certifica que Dios es veraz. Aquel a quien Dios envió habla las palabras de Dios, porque Dios le ha concedido sin medida su Espíritu. El Padre ama a su Hijo y todo lo ha puesto en sus manos. El que cree en el Hijo tiene vida eterna. Pero el que es rebelde al Hijo no verá la vida, porque la cólera divina perdura en contra de él".

Viernes 12 de abril de 2024
Viernes de la II semana de Pascua
Primera Lectura: Hechos 5, 34-42

En aquellos días, un fariseo llamado Gamaliel, doctor de la ley respetado por todo el pueblo, se levantó en el sanedrín, mandó que hicieran salir por un momento a los apóstoles y dijo a la asamblea: "Israelitas, piensen bien lo que van a hacer con esos hombres. No hace mucho surgió un tal Teudas, que pretendía ser un caudillo, y reunió unos cuatrocientos hombres. Fue ejecutado, dispersaron a sus secuaces y todo quedó en nada. Más tarde, en la época del censo, se levantó Judas el Galileo y muchos lo siguieron. Pero también Judas pereció y se desbandaron todos sus seguidores. En el caso presente, yo les aconsejo que no se metan con esos hombres; suéltenlos. Porque si lo que se proponen y están haciendo es de origen humano, se acabará por sí mismo. Pero si es cosa de Dios, no podrán ustedes deshacerlo. No se expongan a luchar contra Dios". Los demás siguieron su consejo: mandaron traer a los apóstoles, los azotaron, les prohibieron hablar en nombre de Jesús y los soltaron. Ellos se retiraron del sanedrín, felices de haber padecido aquellos ultrajes por el nombre de Jesús. Y todos los días enseñaban sin cesar y anunciaban el Evangelio de Cristo Jesús, tanto en el templo como en las casas.

Salmo Responsorial: Salmo 26, 1. 4. 13-14
R. (4ab) El Señor es mi luz y mi salvación. Aleluya.

El Señor es mi luz y mi salvación, ¿a quién voy a tenerle miedo? El Señor es la defensa de mi vida, ¿quién podrá hacerme temblar? **R.**

Lo único que pido. Lo único que busco, Es vivir en la casa del Señor toda mi vida, para disfrutar las bondades del Señor, y estar continuamente en su presencia. **R.**

La bondad del Señor espero ver en esta misma vida. Ármate de valor y fortaleza y en el Señor confía. **R.**

Aclamación antes del Evangelio: Mateo 4, 4b
R. Aleluya, aleluya.

No sólo de pan vive el hombre, sino también de toda palabra que sale de la boca de Dios. **R.**

Evangelio: Juan 6, 1-15
En aquel tiempo, Jesús se fue a la otra orilla del mar de Galilea o lago de Tiberíades. Lo seguía mucha gente, porque habían visto los signos que hacía curando a los enfermos. Jesús subió al monte y se sentó allí con sus discípulos. Estaba cerca la Pascua, festividad de los judíos. Viendo Jesús que mucha gente lo seguía, le dijo a Felipe: "¿Cómo compraremos pan para que coman éstos?" Le hizo esta pregunta para ponerlo a prueba, pues él bien sabía lo que iba a hacer. Felipe le respondió: "Ni doscientos denarios de pan bastarían para que a cada uno le tocara un pedazo de pan". Otro de sus discípulos, Andrés, el hermano de Simón Pedro, le dijo: "Aquí hay un muchacho que trae cinco panes de cebada y

dos pescados. Pero, ¿qué es eso para tanta gente?" Jesús le respondió: "Díganle a la gente que se siente". En aquel lugar había mucha hierba. Todos, pues, se sentaron ahí; y tan sólo los hombres eran unos cinco mil. Enseguida tomó Jesús los panes, y después de dar gracias a Dios, se los fue repartiendo a los que se habían sentado a comer. Igualmente les fue dando de los pescados todo lo que quisieron. Después de que todos se saciaron, dijo a sus discípulos: "Recojan los pedazos sobrantes, para que no se desperdicien". Los recogieron y con los pedazos que sobraron de los cinco panes llenaron doce canastos. Entonces la gente, al ver el signo que Jesús había hecho, decía: "Éste es, en verdad, el profeta que habría de venir al mundo". Pero Jesús, sabiendo que iban a llevárselo para proclamarlo rey, se retiró de nuevo a la montaña, él solo.

Sábado 13 de abril de 2024
Sábado de la II semana de Pascua

Primera Lectura: Hechos 6, 1-7

En aquellos días, como aumentaba mucho el número de los discípulos, hubo ciertas quejas de los judíos griegos contra los hebreos, de que no se atendía bien a sus viudas en el servicio de caridad de todos los días. Los Doce convocaron entonces a la multitud de los discípulos y les dijeron: "No es justo que, dejando el ministerio de la palabra de Dios, nos dediquemos a administrar los bienes. Escojan entre ustedes a siete hombres de buena reputación, llenos del Espíritu Santo y de sabiduría, a los cuales encargaremos este servicio. Nosotros nos dedicaremos a la oración y al servicio de la palabra". Todos estuvieron de acuerdo y eligieron a Esteban, hombre lleno de fe y del Espíritu Santo, a Felipe, Prócoro, Nicanor, Timón, Pármenas y Nicolás, prosélito de Antioquía. Se los presentaron a los apóstoles, y éstos, después de haber orado, les impusieron las manos. Mientras tanto, la palabra de Dios iba cundiendo. En Jerusalén se multiplicaba grandemente el número de los discípulos. Incluso un grupo numeroso de sacerdotes había aceptado la fe.

Salmo Responsorial: Salmo 32, 1-2. 4-5. 18-19

R. (22) El Señor cuida de aquellos que lo temen. Aleluya.

Que los justos aclamen al Señor; es proprio de los justos alabarlo. Demos gracias a Dios, al son del arpa, que la lira acompañe nuestros cantos. **R.**

Sincera es la palabra del Señor y todas sus acciones son leales. El ama la justicia y el derecho, la tierra llena está de sus bondades. **R.**

Cuida el Señor de aquellos que lo temen y en su bondad confían; los salva de la muerta y en épocas de hambre les da vida. **R.**

Aclamación antes del Evangelio

R. Aleluya, aleluya.

Ha resucitado Cristo, el Señor, que creó el mundo, y que ha salvado a los hombres por su misericordia. **R.**

Evangelio: Juan 6, 16-21

Al atardecer del día de la multiplicación de los panes, los discípulos de Jesús bajaron al lago, se embarcaron y empezaron a atravesar hacia Cafarnaúm. Ya había caído la noche y Jesús todavía no los había alcanzado. Soplaba un viento fuerte y las aguas del lago se iban encrespando. Cuando habían avanzado unos cinco o seis kilómetros, vieron a Jesús caminando sobre las aguas, acercándose a la barca, y se asustaron. Pero él les dijo: "Soy yo, no tengan miedo". Ellos quisieron recogerlo a bordo y rápidamente la barca tocó tierra en el lugar a donde se dirigían.

Domingo 14 de abril de 2024
III Domingo de Pascua

Primera Lectura: Hechos 3, 13-15. 17-19

En aquellos días, Pedro tomó la palabra y dijo: "El Dios de Abraham, de Isaac y de Jacob, el Dios de nuestros padres, ha glorificado a su siervo Jesús, a quien ustedes entregaron a Pilato, y a quien rechazaron en su presencia, cuando él ya había decidido ponerlo en libertad. Rechazaron al santo, al justo, y pidieron el indulto de un asesino; han dado muerte al autor de la vida, pero Dios lo resucitó de entre los muertos y de ello nosotros somos testigos. Ahora bien, hermanos, yo sé que ustedes han obrado por ignorancia, de la misma manera que sus jefes; pero Dios cumplió así lo que había predicho por boca de los profetas: que su Mesías tenía que padecer. Por lo tanto, arrepiéntanse y conviértanse, para que se les perdonen sus pecados".

Salmo Responsorial: Salmo 4, 2. 7. 9
R. (7a) En ti, señor, confío. Aleluya.

Tú que conoces lo justo de mi causa, Señor, responde a mi clamor. Tú que me has sacado con bien de mis angustias, apiádate y escucha mi oración. **R.**

Admirable en bondad ha sido el Señor para conmigo, y siempre que lo invoco me ha escuchado; por eso en él confío. **R.**

En paz, Señor, me acuesto y duermo en paz, pues solo tú, Señor, eres mi tranquilidad. **R.**

Segunda Lectura: 1 Juan 2, 1-5a

Hijitos míos: Les escribo esto para que no pequen. Pero, si alguien peca, tenemos como intercesor ante el Padre, a Jesucristo, el justo. Porque él se ofreció como víctima de expiación por nuestros pecados, y no sólo por los nuestros, sino por los del mundo entero. En esto tenemos una prueba de que conocemos a Dios, en que cumplimos sus mandamientos. El que dice: "Yo lo conozco", pero no cumple sus mandamientos, es un mentiroso y la verdad no está en él. Pero en aquel que cumple su palabra, el amor de Dios ha llegado a su plenitud, y precisamente en esto conocemos que estamos unidos a él.

Aclamación antes del Evangelio: Lucas 24, 32
R. Aleluya, aleluya.

Señor Jesús, haz que comprendamos la Sagrada Escritura. Enciende nuestro corazón mientras nos hablas. **R.**

Evangelio: Lucas 24, 35-48

Cuando los dos discípulos regresaron de Emaús y llegaron al sitio donde estaban reunidos los apóstoles, les contaron lo que les había pasado en el camino y cómo habían reconocido a Jesús al partir el pan. Mientras hablaban de esas cosas, se presentó Jesús en medio de ellos y les dijo: "La paz esté con ustedes". Ellos, desconcertados y llenos de temor, creían ver un fantasma. Pero él les dijo: "No teman; soy yo. ¿Por qué se espantan? ¿Por qué surgen dudas en su interior? Miren mis manos y mis pies. Soy yo en persona. Tóquenme y convénzanse: un fantasma no tiene ni carne ni huesos, como ven que tengo yo". Y les mostró las manos y los pies. Pero como ellos no acababan de creer de pura alegría y seguían atónitos, les dijo: "¿Tienen aquí algo de comer?" Le ofrecieron un trozo de pescado asado; él lo tomó y se puso a comer delante de ellos. Después les dijo: "Lo que ha sucedido es aquello de que les hablaba yo, cuando aún estaba con ustedes: que tenía que cumplirse todo lo que estaba escrito de mí en la ley de Moisés, en los profetas y en los salmos". Entonces les abrió el entendimiento para que comprendieran las Escrituras y les dijo: "Está escrito que el Mesías tenía que padecer y había de resucitar de entre los muertos al tercer día, y que en su nombre se había de predicar a todas las naciones, comenzando por Jerusalén, la necesidad de volverse a Dios para el perdón de los pecados. Ustedes son testigos de esto".

Lunes 15 de abril de 2024
Lunes de la III semana de Pascua
Primera Lectura: Hechos 6, 8-15

En aquellos días, Esteban, lleno de gracia y de poder, realizaba grandes prodigios y signos entre la gente. Algunos judíos de la sinagoga llamada "de los Libertos", procedentes de Cirene, Alejandría, Cilicia y Asia, se pusieron a discutir con Esteban; pero no podían refutar la sabiduría y al Espíritu con que hablaba. Entonces sobornaron a algunos hombres para que dijeran: "Nosotros hemos oído a este hombre blasfemar contra Moisés y contra Dios". Alborotaron al pueblo, a los ancianos y a los escribas; cayeron sobre Esteban, se apoderaron de él por sorpresa y lo llevaron ante el sanedrín. Allí presentaron testigos falsos, que dijeron: "Este hombre no deja de hablar contra el lugar santo del templo y contra la ley. Lo hemos oído decir que ese Jesús de Nazaret va a destruir el lugar santo y a cambiar las tradiciones que recibimos de Moisés". Los miembros del sanedrín miraron a Esteban y su rostro les pareció tan imponente como el de un ángel.

Salmo Responsorial: Salmo 118, 23-24. 26-27. 29-30
R. (1b) Dichoso el que cumple en la voluntad del Señor. Aleluya.

Aunque los poderosos se burlen de mí, yo seguiré observando fielmente tu ley. Tus mandamientos, Señor, son mi alegría; ellos son también mis consejeros. **R.**

Te conté mis necesidades y me escuchaste; enséñame, Señor, tu voluntad. Dame nueva luz para conocer tu ley y para meditar las maravillas de tu amor. **R.**

Apártame de los caminos falsos, y dame la gracia de cumplir tu voluntad. He escogido el camino de la lealtad a tu voluntad y a tus mandamientos. **R.**

Aclamación antes del Evangelio: Mateo 4, 4
R. Aleluya, aleluya.

No sólo de pan vive el hombre, sino también de toda palabra que sale de la boca de Dios. **R.**

Evangelio: Juan 6, 22-29

Después de la multiplicación de los panes, cuando Jesús dio de comer a cinco mil hombres, sus discípulos lo vieron caminando sobre el lago. Al día siguiente, la multitud, que estaba en la otra orilla del lago, se dio cuenta de que allí no había más que una sola barca y de que Jesús no se había embarcado con sus discípulos, sino que éstos habían partido solos. En eso llegaron otras barcas desde Tiberíades al lugar donde la multitud había comido el pan. Cuando la gente vio que ni Jesús ni sus discípulos estaban allí, se embarcaron y fueron a Cafarnaúm para buscar a Jesús. Al encontrarlo en la otra orilla del lago, le preguntaron: "Maestro, ¿cuándo llegaste acá?" Jesús les contestó: "Yo les aseguro que ustedes no me andan buscando por haber visto signos, sino por haber comido de aquellos panes hasta saciarse. No trabajen por ese alimento que se acaba, sino por el alimento que dura para la vida eterna y que les dará el Hijo del hombre; porque a éste, el Padre Dios lo ha marcado con su sello". Ellos le dijeron: "¿Qué necesitamos para llevar a cabo las obras de Dios?" Respondió Jesús: "La obra de Dios consiste en que crean en aquel a quien él ha enviado".

Martes 16 de abril de 2024
Martes de la III semana de Pascua
Primera Lectura: Hechos 7, 51-8, 1

En aquellos días, habló Esteban ante el sanedrín, diciendo: "Hombres de cabeza dura, cerrados de corazón y de oídos. Ustedes resisten siempre al Espíritu Santo; ustedes son iguales a sus padres. ¿A qué profeta no persiguieron sus padres? Ellos mataron a los que anunciaban la venida del Justo, al que ahora ustedes han traicionado y dado muerte. Recibieron la ley por medio de los ángeles y no la han observado". Al oír estas cosas, los miembros del sanedrín se enfurecieron y rechinaban los dientes de rabia contra él. Pero Esteban, lleno del Espíritu Santo, miró al cielo, vio la gloria de Dios y a Jesús, que estaba de pie a la derecha de Dios, y dijo: "Estoy viendo los cielos abiertos y al Hijo del hombre de pie a la derecha de Dios". Entonces los miembros del sanedrín gritaron con fuerza, se taparon los oídos y todos a una se precipitaron sobre él. Lo sacaron fuera de la ciudad y empezaron a apedrearlo. Los falsos testigos depositaron sus mantos a los pies de un joven, llamado Saulo. Mientras lo apedreaban, Esteban repetía esta oración: "Señor Jesús, recibe mi espíritu". Después se puso de rodillas y dijo con fuerte voz: "Señor, no les tomes en cuenta este pecado". Diciendo esto, se durmió en el Señor. Y Saulo estuvo de acuerdo en que mataran a Esteban.

Salmo Responsorial: Salmo 30, 3cd-4. 6ab y 7b y 8a. 17 y 21ab
R. (6a) En tus manos, Señor, encomiendo mi espíritu. Aleluya.

Sé tú, Señor, mi fortaleza y mi refugio, la muralla que me salve. Tú, que eres mi fortaleza y mi defensa, por tu nombre, dirígeme y guíame. **R.**

En tus manos encomiendo mi espíritu y tú, mi Dios leal, me librarás. En ti, Señor, deposito mi confianza y tu misericordia llenará de alegría. **R.**

Vuelve, Señor, tus ojos a tu siervo y sálvame, por tu misericordia; cuídame, Señor, y escóndeme junto a ti, lejos de las intrigas de los hombres. **R.**

Aclamación antes del Evangelio: Juan 6, 35

R. Aleluya, aleluya.

Yo soy el pan de la vida, dice el Señor; el que viene a mí no tendrá hambre. **R.**

Evangelio: Juan 6, 30-35

En aquel tiempo, la gente le preguntó a Jesús: "¿Qué signo vas a realizar tú, para que lo veamos y podamos creerte? ¿Cuáles son tus obras? Nuestros padres comieron el maná en el desierto, como está escrito: *Les dio a comer pan del cielo*". Jesús les respondió: "Yo les aseguro: No fue Moisés quien les dio pan del cielo; es mi Padre quien les da el verdadero pan del cielo. Porque el pan de Dios es aquel que baja del cielo y da la vida al mundo". Entonces le dijeron: "Señor, danos siempre de ese pan". Jesús les contestó: "Yo soy el pan de la vida. El que viene a mí no tendrá hambre, y el que cree en mí nunca tendrá sed".

Miércoles 17 de abril de 2024

Miércoles de la III semana de Pascua

Primera Lectura: Hechos 8, 1-8

El mismo día de la muerte de Esteban, se desató una violenta persecución contra la Iglesia de Jerusalén, y todos, menos los apóstoles, se dispersaron por Judea y por Samaria. Unos hombres piadosos sepultaron a Esteban e hicieron gran duelo por él. Entre tanto, Saulo hacía estragos en la Iglesia: entraba en las casas para llevarse a hombres y mujeres y meterlos en la cárcel. Los que se habían dispersado, al pasar de un lugar a otro, iban difundiendo el Evangelio. Felipe bajó a la ciudad de Samaria y predicaba ahí a Cristo. La multitud escuchaba con atención lo que decía Felipe, porque habían oído hablar de los milagros que hacía y los estaban viendo: de muchos poseídos salían los espíritus inmundos, lanzando gritos, y muchos paralíticos y lisiados quedaban curados. Esto despertó gran alegría en aquella ciudad.

Salmo Responsorial: Salmo 65, 1-3a. 4-5. 6-7a

R. (1) Los obras del Señor son admirables. Aleluya.

Que aclame al Señor toda la tierra. Celebremos su gloria y su poder, cantemos un himno de alabanza, digamos al Señor: "Tu obra es admirable". **R.**

Que se postre ante ti la tierra entera, y celebre con cánticos tu nombre.

Admiremos las obras del Señor, los prodigios que ha hecho por los hombres. **R.**

El transformó el mar Rojo en tierra firme y los hozo cruzar el Jordán a pie enjuto.

Llenémonos por eso de gozo y gratitud: el Señor es eterno y poderoso. **R.**

Aclamación antes del Evangelio: Juan 6, 40
R. Aleluya, aleluya.

El que cree en mí tiene vida eterna, dice el Señor, y yo lo resucitaré en el último día. **R.**

Evangelio: Juan 6, 35-40

En aquel tiempo, Jesús dijo a la multitud: "Yo soy el pan de la vida. El que viene a mí no tendrá hambre, y el que cree en mí nunca tendrá sed. Pero como ya les he dicho: me han visto y no creen. Todo aquel que me da el Padre viene hacia mí; y al que viene a mí yo no lo echaré fuera, porque he bajado del cielo, no para hacer mi voluntad, sino la voluntad del que me envió. Y la voluntad del que me envió es que yo no pierda nada de lo que él me ha dado, sino que lo resucite en el último día. La voluntad de mi Padre consiste en que todo el que vea al Hijo y crea en él, tenga vida eterna y yo lo resucite en el último día".

Jueves 18 de abril de 2024
Jueves de la III semana de Pascua

Primera Lectura: Hechos 8, 26-40

En aquellos días, un ángel del Señor le dijo a Felipe: "Levántate y toma el camino del sur, que va de Jerusalén a Gaza y que es poco transitado". Felipe se puso en camino. Y sucedió que un etíope, alto funcionario de Candaces, reina de Etiopía, y administrador de sus tesoros, que había venido a Jerusalén para adorar a Dios, regresaba en su carro, leyendo al profeta Isaías. Entonces el Espíritu le dijo a Felipe: "Acércate y camina junto a ese carro". Corrió Felipe, y oyendo que el hombre leía al profeta Isaías, le preguntó: "¿Entiendes lo que estás leyendo?" Él le contestó: "¿Cómo voy a entenderlo, si nadie me lo explica?" Entonces invitó a

Felipe a subir y a sentarse junto a él. El pasaje de la Escritura que estaba leyendo, era éste: *Como oveja fue llevado a la muerte; como cordero que no se queja frente al que lo trasquila, así él no abrió la boca. En su humillación no se le hizo justicia. ¿Quién podrá hablar de su descendencia, puesto que su vida ha sido arrancada de la tierra?* El etíope le preguntó a Felipe: "Dime, por favor: ¿De quién dice esto el profeta, de sí mismo o de otro?" Felipe comenzó a hablarle y partiendo de aquel pasaje, le anunció el Evangelio de Jesús. Siguieron adelante, llegaron a un sitio donde había agua y dijo el etíope: "Aquí hay agua. ¿Hay alguna dificultad para que me bautices?" Felipe le contestó: "Ninguna, si crees de todo corazón". Respondió el etíope: "Creo que Jesús es el Hijo de Dios". Mandó parar el carro, bajaron los dos al agua y Felipe lo bautizó. Cuando salieron del agua, el Espíritu del Señor arrebató a Felipe. El etíope ya no lo vio más y prosiguió su viaje, lleno de alegría. En cuanto a Felipe, se encontró en la ciudad de Azoto y evangelizaba los poblados que encontraba a su paso, hasta que llegó a Cesarea.

Salmo Responsorial: Salmo 65, 8-9. 16-17. 20
R. (1) Tu salvación, Señor, es para todos. Aleluya.

Naciones, bendigan a nuestro Dios, hagan resonar sus alabanzas, porque él nos ha devuelto la vida y no dejó que tropezaran nuestros pies. **R.**

Cuantos temen a Dios, vengan y escuchen, y les diré lo que ha hecho por mí; a él dirigí mis oraciones y mi lengua le cantó alabanzas. **R.**

Bendito sea Dios, que no rechazó mi súplica ni me retiró su gracia. **R.**

Aclamación antes del Evangelio: Juan 6, 51
R. Aleluya, aleluya.

Yo soy el pan vivo que ha bajado del cielo, dice el Señor; el que coma de este pan vivirá para siempre. **R.**

Evangelio: Juan 6, 44-51
En aquel tiempo, Jesús dijo a los judíos: "Nadie puede venir a mí, si no lo atrae el Padre, que me ha enviado; y a ése yo lo resucitaré el último día. Está escrito en los profetas: *Todos serán discípulos de Dios.* Todo aquel que escucha al Padre y

aprende de él, se acerca a mí. No es que alguien haya visto al Padre, fuera de aquel que procede de Dios. Ese sí ha visto al Padre. Yo les aseguro: el que cree en mí, tiene vida eterna. Yo soy el pan de la vida. Sus padres comieron el maná en el desierto y sin embargo, murieron. Éste es el pan que ha bajado del cielo para que, quien lo coma, no muera. Yo soy el pan vivo que ha bajado del cielo; el que coma de este pan vivirá para siempre, y el pan que yo les voy a dar es mi carne para que el mundo tenga vida".

Viernes 19 de abril de 2024
Viernes de la III semana de Pascua
Primera Lectura: Hechos 9, 1-20

En aquellos días, Saulo, amenazando todavía de muerte a los discípulos del Señor, fue a ver al sumo sacerdote y le pidió, para las sinagogas de Damasco, cartas que lo autorizaran para traer presos a Jerusalén a todos aquellos hombres y mujeres seguidores del Camino. Pero sucedió que, cuando se aproximaba a Damasco, una luz del cielo lo envolvió de repente con su resplandor. Cayó por tierra y oyó una voz que le decía: "Saulo, Saulo, ¿por qué me persigues?" Preguntó él: "¿Quién eres, Señor?" La respuesta fue: "Yo soy Jesús, a quien tú persigues. Levántate. Entra en la ciudad y allí se te dirá lo que tienes que hacer". Los hombres que lo acompañaban en el viaje se habían detenido, mudos de asombro, pues oyeron la voz, pero no vieron a nadie. Saulo se levantó del suelo, y aunque tenía abiertos los ojos, no podía ver. Lo llevaron de la mano hasta Damasco y allí estuvo tres días ciego, sin comer ni beber. Había en Damasco un discípulo que se llamaba Ananías, a quien se le apareció el Señor y le dijo: "Ananías". Él respondió: "Aquí estoy, Señor". El Señor le dijo: "Ve a la calle principal y busca en casa de Judas a un hombre de Tarso, llamado Saulo, que está orando". Saulo tuvo también la visión de un hombre llamado Ananías, que entraba y le imponía las manos para que recobrara la vista. Ananías contestó: "Señor, he oído a muchos hablar de ese individuo y del daño que ha hecho a tus fieles en Jerusalén. Además, trae autorización de los sumos sacerdotes para poner presos a todos los que invocan tu nombre". Pero el Señor le dijo: "No importa. Tú ve allá, porque yo lo he escogido como instrumento, para que me dé a conocer a las naciones, a los reyes y a los hijos de Israel. Yo le mostraré cuánto tendrá que padecer por mi causa". Ananías fue allá, entró en la casa, le impuso las manos a Saulo y le dijo: "Saulo, hermano, el Señor Jesús, que se te apareció en el camino, me envía para que recobres la vista y quedes lleno del Espíritu Santo". Al instante, algo como escamas se le desprendió de los ojos y recobró la vista. Se levantó y lo bautizaron. Luego comió y recuperó las fuerzas. Se quedó unos días con los discípulos en Damasco y se puso a predicar en las sinagogas, afirmando que Jesús era el Hijo de Dios.

Salmo Responsorial: Salmo 116, 1. 2
R. (Marcos 16, 15) Que aclamen al Señor todos los pueblos. Aleluya.
Que alaben al Señor, todas las naciones, que lo aclamen todos los pueblos. **R.**
Porque grande es su amor hacia nosotros y su fidelidad dura por siempre. **R.**

Aclamación antes del Evangelio: Juan 6, 56
R. Aleluya, aleluya.
El que come mi carne y bebe mi sangre, permanece en mí y yo en él, dice el Señor.
R.

Evangelio: Juan 6, 52-59
En aquel tiempo, los judíos se pusieron a discutir entre sí: "¿Cómo puede éste darnos a comer su carne?" Jesús les dijo: "Yo les aseguro: Si no comen la carne del Hijo del hombre y no beben su sangre, no podrán tener vida en ustedes. El que come mi carne y bebe mi sangre, tiene vida eterna y yo lo resucitaré el último día. Mi carne es verdadera comida y mi sangre es verdadera bebida. El que come mi carne y bebe mi sangre, permanece en mí y yo en él. Como el Padre, que me ha enviado, posee la vida y yo vivo por él, así también el que me come vivirá por mí. Éste es el pan que ha bajado del cielo; no es como el maná que comieron sus padres, pues murieron. El que come de este pan vivirá para siempre". Esto lo dijo Jesús enseñando en la sinagoga de Cafarnaúm.

Sábado de la III semana de Pascua

Primera Lectura: Hechos 9, 31-42

En aquellos días, las comunidades cristianas gozaban de paz en toda Judea, Galilea y Samaria, con lo cual se iban consolidando, progresaban en la fidelidad a Dios y se multiplicaban, animadas por el Espíritu Santo. Pedro recorría toda la región y una vez fue a visitar a los fieles que vivían en Lida. Ahí encontró a un hombre, llamado Eneas, que tenía ya ocho años de estar en cama, paralítico. Pedro le dijo: "Eneas, Jesucristo te da la salud. Levántate y tiende tu cama". Eneas se levantó inmediatamente; y todos los habitantes de Lida y de la llanura de Sarón que lo vieron, se convirtieron al Señor. Había en Jafa, entre los discípulos, una mujer llamada Tabitá (que significa "gacela"), la cual hacía infinidad de obras buenas y repartía limosnas. En aquellos días cayó enferma y murió. Lavaron su cadáver y lo tendieron en una habitación del segundo piso. Como Lida está cerca de Jafa, los discípulos, sabiendo que Pedro estaba allá, enviaron dos hombres para suplicarle que fuera a Jafa sin tardar. Pedro fue con ellos. Tan pronto como llegó, lo condujeron a la habitación del segundo piso. Allí lo rodearon todas las viudas, llorando y mostrándole las túnicas y los vestidos que Tabitá les había hecho, cuando aún vivía. Pedro mandó salir a todos, se postró de rodillas y se puso a orar; luego, dirigiéndose a la muerta, dijo: "Tabitá, levántate". Ella abrió los ojos y al ver a Pedro, se incorporó. Él la tomó de la mano y la levantó; llamó a los fieles y a las viudas y se la entregó viva. Esto se supo por toda Jafa y muchos creyeron en el Señor.

Salmo Responsorial: Salmo 115, 12-13. 14-15. 16-17

R. (12) ¿Cómo le pagaré al Señor todo el bien que me ha hecho? Aleluya.

¿Cómo le pagaré al Señor todo el bien que me ha hecho? Levantaré el cáliz de salvación e invocaré el nombre del Señor. **R.**

Cumpliré mis promesas al Señor ante todo su pueblo. A los ojos de Dios es muy penoso que mueran sus amigos. **R.**

De la muerte, Señor, me has librado, a mí, tu esclavo e hijo de tu esclava. Te ofreceré con gratitud un sacrificio e invocaré tu nombre. **R.**

Aclamación antes del Evangelio: Juan 6, 63. 68
R. Aleluya, aleluya.

Tus palabras, Señor, son espíritu y vida. Tú tienes palabras de vida eterna. **R.**

Evangelio: Juan 6, 60-69

En aquel tiempo, muchos discípulos de Jesús dijeron al oír sus palabras: "Este modo de hablar es intolerable, ¿quién puede admitir eso?" Dándose cuenta Jesús de que sus discípulos murmuraban, les dijo: "¿Esto los escandaliza? ¿Qué sería si vieran al Hijo del hombre subir a donde estaba antes? El Espíritu es quien da la vida; la carne para nada aprovecha. Las palabras que les he dicho son espíritu y vida, y a pesar de esto, algunos de ustedes no creen". (En efecto, Jesús sabía desde el principio quienes no creían y quién lo habría de traicionar). Después añadió: "Por eso les he dicho que nadie puede venir a mí, si el Padre no se lo concede". Desde entonces, muchos de sus discípulos se echaron para atrás y ya no querían andar con él. Entonces Jesús les dijo a los Doce: "¿También ustedes quieren dejarme?" Simón Pedro le respondió: "Señor, ¿a quién iremos? Tú tienes palabras de vida eterna; y nosotros creemos y sabemos que tú eres el Santo de Dios".

Domingo 21 de abril de 2024
IV Domingo de Pascua
Primera Lectura: Hechos 4, 8-12

En aquellos días, Pedro, lleno del Espíritu Santo, dijo: "Jefes del pueblo y ancianos, puesto que hoy se nos interroga acerca del beneficio hecho a un hombre enfermo, para saber cómo fue curado, sépanlo ustedes y sépalo todo el pueblo de Israel: este hombre ha quedado sano en el nombre de Jesús de Nazaret, a quien ustedes crucificaron y a quien Dios resucitó de entre los muertos. Este mismo Jesús es *la piedra que ustedes, los constructores, han desechado y que ahora es la piedra angular.* Ningún otro puede salvarnos, pues en la tierra no existe ninguna otra persona a quien Dios haya constituido como salvador nuestro".

Salmo Responsorial: Salmo 117, 1 y 8-9. 21-23. 26 y 28cd y 29

R. (22) La piedra que desecharon los constructores es ahora la piedra angular. Aleluya.

Te damos gracias, Señor, porque es bueno, porque tu misericordia es eterna. Más vale refugiarse en el Señor que poner en los hombres la confianza; más vale refugiarse en el Señor que buscar con los fuertes una alianza. **R.**

Te doy gracias pues me escuchaste y fuiste para mí la salvación. La piedra que desecharon los constructores es ahora la piedra angular. Esto es obra de la mano del Señor Es un milagro patente. **R.**

Bendito el que viene en nombre del Señor. Que Dios desde su templo nos bendiga. Tú eres mi Dios, te doy gracias. Tú eres mi Dios, y yo te alabo. Te damos gracias, Señor, porque eres bueno, Porque tu misericordia es eterna. **R.**

Segunda Lectura: 1 Juan 3, 1-2

Queridos hijos: Miren cuánto amor nos ha tenido el Padre, pues no sólo nos llamamos hijos de Dios, sino que lo somos. Si el mundo no nos reconoce, es porque tampoco lo ha reconocido a él. Hermanos míos, ahora somos hijos de Dios, pero aún no se ha manifestado cómo seremos al fin. Y ya sabemos que, cuando él se manifieste, vamos a ser semejantes a él, porque lo veremos tal cual es.

Aclamación antes del Evangelio: Juan 10, 14

R. Aleluya, aleluya.

Yo soy el buen pastor, dice el Señor; yo conozco a mis ovejas y ellas me conocen a mí. **R.**

Evangelio: Juan 10, 11-18

En aquel tiempo, Jesús dijo a los fariseos: "Yo soy el buen pastor. El buen pastor da la vida por sus ovejas. En cambio, el asalariado, el que no es el pastor ni el dueño de las ovejas, cuando ve venir al lobo, abandona las ovejas y huye; el lobo se arroja sobre ellas y las dispersa, porque a un asalariado no le importan las ovejas. Yo soy el buen pastor, porque conozco a mis ovejas y ellas me conocen a mí, así como el Padre me conoce a mí y yo conozco al Padre. Yo doy la vida por mis ovejas. Tengo además otras ovejas que no son de este redil y es necesario que las traiga también a ellas; escucharán mi voz y habrá un solo rebaño y un solo pastor. El Padre me ama porque doy mi vida para volverla a tomar. Nadie me la quita; yo la doy porque quiero. Tengo poder para darla y lo tengo también para volverla a tomar. Éste es el mandato que he recibido de mi Padre".

Lunes 22 de abril de 2024
Lunes de la IV semana de Pascua
Primera Lectura: Hechos 11, 1-18

En aquellos días, los apóstoles y los hermanos que vivían en Judea se enteraron de que también los paganos habían recibido la palabra de Dios. Cuando Pedro regresó a Jerusalén, los circuncidados le hicieron reproches, diciendo: "Has entrado en la casa de unos incircuncisos y has comido con ellos". Entonces Pedro les contó desde el principio lo que le había pasado: "Estaba yo en la ciudad de Jafa, en oración, cuando tuve una visión y vi algo semejante a un gran mantel, que sostenido por las cuatro puntas, bajaba del cielo hasta donde yo me encontraba. Miré con atención aquella cosa y descubrí que había en ella toda clase de cuadrúpedos, fieras, reptiles y aves. Oí luego una voz que me decía: 'Levántate, Pedro. Mata el animal que quieras y come'. Pero yo le respondí: 'Ni pensarlo, Señor. Jamás he comido nada profano o impuro'. La voz del cielo me habló de nuevo: 'No tengas tú por impuro lo que Dios ha hecho puro'. Esto se repitió tres veces y luego todo fue recogido hacia el cielo. En aquel instante, se presentaron en la casa donde yo estaba tres hombres, que venían de Cesarea, con un recado para mí. El Espíritu me dijo entonces que me fuera con ellos sin dudar. También fueron conmigo estos seis hermanos y todos entramos en casa de aquel hombre. Él nos contó cómo había visto de pie, ante él, a un ángel que le dijo: 'Manda a buscar en Jafa a Simón, llamado Pedro. Lo que él te diga, te traerá la salvación a ti y a toda tu familia'. En cuanto empecé a hablar, el Espíritu Santo descendió sobre ellos, como había descendido al principio sobre nosotros. Entonces me acordé de lo que había dicho el Señor: 'Juan bautizó con agua; pero ustedes serán bautizados con el Espíritu Santo'. Por lo tanto, si Dios les ha dado a ellos el mismo don que a nosotros, por haber creído en el Señor Jesús, ¿quién soy yo para oponerme a Dios?" Con esto se apaciguaron y alabaron a Dios, diciendo: "Por lo visto, también a los paganos les ha concedido Dios la conversión que lleva a la vida".

Salmo Responsorial: Salmos 41, 2-3; 42, 3.4
R. (41, 3a) Estoy sediento del Dios que de la vida. Aleluya.

Como el venado busca el agua de los ríos, así, cansada, mi alma te busca a ti, Dios mío. **R.**

Del Dios que da la vida está mi ser sediento. ¿Cuándo será posible ver de nuevo su templo? **R.**

Envíame, Señor, tu luz y tu verdad; que ellas se conviertan en mi guía y hasta tu monte santo me conduzcan, allí donde tú habitas. **R.**

Al altar del Señor me acercaré, al Dios que es mi alegría, y a mi Dios, el Señor, le daré gracias al compás de la citara. **R.**

Aclamación antes del Evangelio: Juan 10, 14
R. Aleluya, aleluya.

Yo soy el buen pastor, dice el Señor; yo conozco a mis ovejas y ellas me conocen a mí. **R.**

Evangelio: Juan 10, 1-10
En aquel tiempo, Jesús dijo a los fariseos: "Yo les aseguro que el que no entra por la puerta del redil de las ovejas, sino que salta por otro lado, es un ladrón, un bandido; pero el que entra por la puerta, ése es el pastor de las ovejas. A ése le abre el que cuida la puerta, y las ovejas reconocen su voz; él llama a cada una por su nombre y las conduce afuera. Y cuando ha sacado a todas sus ovejas, camina delante de ellas, y ellas lo siguen, porque conocen su voz. Pero a un extraño no lo seguirán, sino que huirán de él, porque no conocen la voz de los extraños". Jesús les puso esta comparación, pero ellos no entendieron lo que les quería decir. Por eso añadió: "Les aseguro que yo soy la puerta de las ovejas. Todos los que han

venido antes que yo, son ladrones y bandidos; pero mis ovejas no los han escuchado. Yo soy la puerta; quien entre por mí se salvará, podrá entrar y salir y encontrará pastos. El ladrón sólo viene a robar, a matar y a destruir. Yo he venido para que tengan vida y la tengan en abundancia".

Martes 23 de abril de 2024
Martes de la IV semana de Pascua

Primera Lectura: Hechos 11, 19-26

En aquellos días, algunos de los que se habían dispersado, huyendo de la persecución desatada después de la muerte de Esteban, llegaron hasta Fenicia, Chipre y Antioquía; pero predicaban el Evangelio solamente a los judíos. Sin embargo, hubo entre ellos algunos chipriotas y cirenenses, que al llegar a Antioquía, comenzaron a dirigirse también a los griegos y a predicarles el Evangelio del Señor Jesús. Y como la mano del Señor estaba con ellos, muchos se convirtieron y abrazaron la fe. Cuando llegaron estas noticias a la comunidad cristiana de Jerusalén, Bernabé fue enviado a Antioquía. Llegó Bernabé, y viendo la acción de la gracia de Dios, se alegró mucho; y como era hombre bueno, lleno del Espíritu Santo y de fe, exhortó a todos a que, firmes en su propósito, permanecieran fieles al Señor. Así se ganó para el Señor una gran muchedumbre. Entonces Bernabé partió hacia Tarso, en busca de Saulo; y cuando lo encontró, lo llevó consigo a Antioquía. Ambos vivieron durante todo un año en esa comunidad y enseñaron a mucha gente. Allí, en Antioquía, fue donde por primera vez los discípulos recibieron el nombre de "cristianos".

Salmo Responsorial: Salmo 86, 1-3. 4-5. 6-7

R. (Salmo 116, 1a) Alaben al Señor todas los pueblos. Aleluya.

Jerusalén gloriosa, el Señor ha puesto en ti su templo. Tú eres más querida para Dios que todos los santuarios de Israel. **R.**

De ti, Jerusalén, cuidad del Señor, se dirán maravillas. Egipto y Babilonia adorarán al Señor; Serán como tus hijos. **R.**

Y de ti, Jerusalén, afirmarán: "Todos los pueblos han nacido en ti y el Altísimo es su fortaleza". **R.**

El Señor registrará en el libro de la vida a cada pueblo, convertido en ciudadano tuyo; y todos los pueblos te cantarán, Bailando: "Tú eres la fuente de nuestra salvación". **R.**

Aclamación antes del Evangelio: Juan 10, 27
R. Aleluya, aleluya.

Mis ovejas escuchan mi voz, dice el Señor; yo las conozco y ellas me siguen. **R.**

Evangelio: Juan 10, 22-30

Por aquellos días, se celebraba en Jerusalén la fiesta de la dedicación del templo. Era invierno. Jesús se paseaba por el templo, bajo el pórtico de Salomón. Entonces lo rodearon los judíos y le preguntaron: "¿Hasta cuándo nos vas a tener en suspenso? Si tú eres el Mesías, dínoslo claramente". Jesús les respondió: "Ya se lo he dicho y no me creen. Las obras que hago en nombre de mi Padre dan testimonio de mí, pero ustedes no creen, porque no son de mis ovejas. Mis ovejas escuchan mi voz; yo las conozco y ellas me siguen. Yo les doy la vida eterna y no perecerán jamás; nadie las arrebatará de mi mano. Me las ha dado mi Padre, y él es superior a todos, y nadie puede arrebatarlas de la mano del Padre. El Padre y yo somos uno".

Miércoles 24 de abril de 2024
Miércoles de la IV semana de Pascua

Primera Lectura: Hechos 12, 24-13, 5

En aquel tiempo, la palabra del Señor cundía y se propagaba. Cumplida su misión en Jerusalén, Saulo y Bernabé regresaron a Antioquía, llevando consigo a Juan Marcos. Había en la comunidad cristiana de Antioquía algunos profetas y maestros, como Bernabé, Simón (apodado el "Negro"), Lucio el de Cirene, Manahén (que se crió junto con el tetrarca Herodes) y Saulo. Un día estaban ellos ayunando y dando culto al Señor, y el Espíritu Santo les dijo: "Resérvenme a Saulo y a Bernabé para la misión que les tengo destinada". Todos volvieron a ayunar y a orar; después les impusieron las manos y los despidieron. Así, enviados por el Espíritu Santo, Saulo y Bernabé fueron a Seleucia y zarparon para

Chipre. Al llegar a Salamina, anunciaron la palabra de Dios en las sinagogas de los judíos.

Salmo Responsorial: Salmo 66, 2-3. 5. 6 y 8
R. (4) Que te alaben, Señor, todos los pueblos. Aleluya.
Ten piedad de nosotros y bendícenos; vuelve, Señor, tus ojos a nosotros. Que conozca la tierra tu bondad y los pueblos tu obra salvadora. **R.**
Las naciones con júbilo te canten, porque juzgas al mundo con justicia; con equidad tú juzgas a los pueblos y riges en la tierra a las naciones. **R.**
Que te alaben, Señor, todos los pueblos, que los pueblos te aclamen todos juntos. Que nos bendiga Dios y que le rinda honor el mundo entero. **R.**

Aclamación antes del Evangelio: Juan 8, 12
R. Aleluya, aleluya.
Yo soy la luz del mundo, dice el Señor; el que me sigue tendrá la luz de la vida. **R.**

Evangelio: Juan 12, 44-50
En aquel tiempo, exclamó Jesús con fuerte voz: "El que cree en mí, no cree en mí, sino en aquel que me ha enviado; el que me ve a mí, ve a aquel que me ha enviado. Yo he venido al mundo como luz, para que todo el que crea en mí no siga en tinieblas. Si alguno oye mis palabras y no las pone en práctica, yo no lo voy a condenar; porque no he venido al mundo para condenar al mundo, sino para salvarlo. El que me rechaza y no acepta mis palabras, tiene ya quien lo condene: las palabras que yo he hablado lo condenarán en el último día. Porque yo no he hablado por mi cuenta, sino que mi Padre, que me envió, me ha mandado lo que tengo que decir y hablar. Y yo sé que su mandamiento es vida eterna. Así, pues, lo que hablo, lo digo como el Padre me lo ha dicho".

Jueves 25 de abril de 2024

Fiesta de San Marcos, evangelista

Primera Lectura: 1 Pedro 5, 5-14

Queridos hermanos: Que en su trato mutuo la humildad esté siempre presente, pues *Dios es enemigo de los soberbios, y en cambio, a los humildes les concede su gracia.* Humíllense, pues, ante la mano poderosa de Dios, para que él los levante y encumbre en el momento oportuno. Dejen en sus manos todas sus preocupaciones, pues él cuida de ustedes. Estén alerta y no se dejen sorprender, porque su enemigo, el diablo, como un león rugiente, anda buscando a quien devorar. Resístanle con la firmeza de la fe, sabiendo que sus hermanos, dispersos por el mundo, soportan los mismos sufrimientos que ustedes. Dios, que es la fuente de todos los bienes, nos ha llamado a participar de su gloria eterna en unión con Cristo, y después de estos sufrimientos tan breves, los restaurará a ustedes, los afianzará, fortalecerá y hará inconmovibles. Suyos son la gloria y el poder para siempre. Amén.

Por medio de Silvano, a quien considero hermano digno de toda confianza, les he escrito esta breve carta para que sepan cuál es la verdadera gracia de Dios y animarlos a permanecer firmes en ella. Los saluda la comunidad de Babilonia, a la que Dios ha elegido, lo mismo que a ustedes. También los saluda mi hijo Marcos. Salúdense los unos a los otros con el beso fraterno. Les deseo la paz a todos ustedes, los que son de Cristo.

Salmo Responsorial: Salmo 88, 2-3. 6-7. 16-17
R. (2a) Proclamaré sin cesar la misericordia del Señor. Aleluya.

Proclamaré sin cesar la misericordia del Señor y daré a conocer que su fidelidad es eterna, pues el Señor ha dicho: "Mi amor es para siempre y mi lealtad, más firme que los cielos". **R.**

El cielo, Señor, proclama tus maravillas, y tu lealtad, la asamblea de los santos. ¿Quién se compara a Dios sobre las nubes? ¿Quién es como el Señor entre los dioses? **R.**

Señor. Feliz el pueblo que te alaba y que a tu luz camina, que en tu nombre se alegra a todas horas y al que llena de orgullo tu justicia. **R.**

Aclamación antes del Evangelio: 1 Corintios 1, 23. 24

R. Aleluya, aleluya.

Nosotros predicamos a Cristo crucificado, que es la fuerza y la sabiduría de Dios.

R.

Evangelio: Marcos 16, 15-20

En aquel tiempo, se apareció Jesús a los Once y les dijo: "Vayan por todo el mundo y prediquen el Evangelio a toda criatura. El que crea y se bautice, se salvará; el que se resista a creer, será condenado. Éstos son los milagros que acompañarán a los que hayan creído: arrojarán demonios en mi nombre, hablarán lenguas nuevas, cogerán serpientes en sus manos, y si beben un veneno mortal, no les hará daño; impondrán las manos a los enfermos y éstos quedarán sanos". El Señor Jesús, después de hablarles, subió al cielo y está sentado a la derecha de Dios. Ellos fueron y proclamaron el Evangelio por todas partes, y el Señor actuaba con ellos y confirmaba su predicación con los milagros que hacían.

Viernes 26 de abril de 2024

Viernes de la IV semana de Pascua

Primera Lectura: Hechos 13, 26-33

En aquellos días, Pablo continuó su predicación en la sinagoga de Antioquía de Pisidia con estas palabras: "Hermanos míos, descendientes de Abraham, y cuantos temen a Dios: Este mensaje de salvación les ha sido enviado a ustedes. Los habitantes de Jerusalén y sus autoridades no reconocieron a Jesús, y al condenarlo, cumplieron las palabras de los profetas que se leen cada sábado: no hallaron en Jesús nada que mereciera la muerte, y sin embargo, le pidieron a Pilato que lo mandara ejecutar. Y después de cumplir todo lo que de él estaba escrito, lo bajaron de la cruz y lo pusieron en el sepulcro. Pero Dios lo resucitó de entre los muertos, y él, ya resucitado, se apareció durante muchos días a los que lo habían seguido de Galilea a Jerusalén. Ellos son ahora sus testigos ante el pueblo. Nosotros les damos la buena nueva de que la promesa hecha a nuestros padres nos la ha cumplido Dios a nosotros, los hijos, resucitando a Jesús, como está escrito en el salmo segundo: *Tú eres mi hijo, yo te he engendrado hoy*".

Salmo Responsorial: Salmo 2, 6-7. 8-9. 10-11

R. (7) Jesucristo es el rey de las naciones. Aleluya.

El Señor me ha consagrado como rey de Sión, su ciudad santa. Anunciaré el decreto del Señor He aquí lo que me dijo: **R.**

"Hijo mío eres tú, yo te engendrado hoy. Te daré en herencia las naciones, y como propiedad, toda la tierra. Podrás gobernarlas con cetro de hierro, y despedazarlas como jarros". **R.**

Escuchen y comprendan estas cosas, reyes y gobernantes de la tierra. Adoren al Señor con reverencia, sírvanlo con temor. **R.**

Aclamación antes del Evangelio: Juan 14, 6

R. Aleluya, aleluya.

Yo soy el camino, la verdad y la vida; nadie va al Padre si no es por mí, dice el Señor. **R.**

Evangelio: Juan 14, 1-6

En aquel tiempo, Jesús dijo a sus discípulos: "No pierdan la paz. Si creen en Dios, crean también en mí. En la casa de mi Padre hay muchas habitaciones. Si no fuera así, yo se lo habría dicho a ustedes, porque ahora voy a prepararles un lugar. Cuando me vaya y les prepare un sitio, volveré y los llevaré conmigo, para que donde yo esté, estén también ustedes. Y ya saben el camino para llegar al lugar a donde voy". Entonces Tomás le dijo: "Señor, no sabemos a dónde vas, ¿cómo podemos saber el camino?" Jesús le respondió: "Yo soy el camino, la verdad y la vida. Nadie va al Padre si no es por mí".

Sábado 27 de abril de 2024
Sábado de la IV semana de Pascua

Primera Lectura: Hechos 13, 44-52

El sábado siguiente casi toda la ciudad de Antioquía acudió a oír la palabra de Dios. Cuando los judíos vieron una concurrencia tan grande, se llenaron de envidia y comenzaron a contradecir a Pablo con palabras injuriosas. Entonces Pablo y Bernabé dijeron con valentía: "La palabra de Dios debía ser predicada primero a ustedes; pero como la rechazan y no se juzgan dignos de la vida eterna, nos dirigiremos a los paganos. Así nos lo ha ordenado el Señor, cuando dijo: *Yo te he puesto como luz de los paganos, para que lleves la salvación hasta los últimos rincones de la tierra*". Al enterarse de esto, los paganos se regocijaban y glorificaban la palabra de Dios, y abrazaron la fe todos aquellos que estaban destinados a la vida eterna. La palabra de Dios se iba propagando por toda la región. Pero los judíos azuzaron a las mujeres devotas de la alta sociedad y a los ciudadanos principales, y provocaron una persecución contra Pablo y Bernabé, hasta expulsarlos de su territorio. Pablo y Bernabé se sacudieron el polvo de los pies, como señal de protesta, y se marcharon a Iconio, mientras los discípulos se quedaron llenos de alegría y del Espíritu Santo.

Salmo Responsorial: Salmo 97, 1. 2-3ab. 3cd-4
R. (3cd) Cantemos las maravillas del Señor. Aleluya.

Cantemos al Señor un canto nuevo, pues ha hecho maravillas. Su diestra y su santo brazo le han dado la victoria. **R.**

El Señor ha dado a conocer su victoria y ha revelado a las naciones su justicia. Una vez más ha demostrado Dios su amor y su lealtad hacia Israel. **R.**

La tierra entera ha contemplado la victoria de nuestro Dios. Que todos los pueblos y naciones aclamen con júbilo al Señor. **R.**

Aclamación antes del Evangelio: Juan 8, 31. 32
R. Aleluya, aleluya.

Si se mantienen fieles a mi palabra, dice el Señor, serán verdaderamente discípulos míos y conocerán la verdad. **R.**

Evangelio: Juan 14, 7-14

En aquel tiempo, Jesús dijo a sus discípulos: "Si ustedes me conocen a mí, conocen también a mi Padre. Ya desde ahora lo conocen y lo han visto". Le dijo Felipe: "Señor, muéstranos al Padre y eso nos basta". Jesús le replicó: "Felipe, tanto tiempo hace que estoy con ustedes, ¿y todavía no me conoces? Quien me ve a mí, ve al Padre. ¿Entonces por qué dices: 'Muéstranos al Padre'? ¿O no crees que yo estoy en el Padre y que el Padre está en mí? Las palabras que yo les digo, no las digo por mi propia cuenta. Es el Padre, que permanece en mí, quien hace las obras. Créanme: yo estoy en el Padre y el Padre está en mí. Si no me dan fe a mí, créanlo por las obras. Yo les aseguro: el que crea en mí, hará las obras que hago yo y las hará aún mayores, porque yo me voy al Padre; y cualquier cosa que pidan en mi nombre, yo la haré para que el Padre sea glorificado en el Hijo. Yo haré cualquier cosa que me pidan en mi nombre".

Domingo 28 de abril de 2024

V Domingo de Pascua

Primera Lectura: Hechos 9, 26-31

Cuando Pablo regresó a Jerusalén, trató de unirse a los discípulos, pero todos le tenían miedo, porque no creían que se hubiera convertido en discípulo. Entonces, Bernabé lo presentó a los apóstoles y les refirió cómo Saulo había visto al Señor en el camino, cómo el Señor le había hablado y cómo él había predicado, en Damasco, con valentía, en el nombre de Jesús. Desde entonces, vivió con ellos en Jerusalén, iba y venía, predicando abiertamente en el nombre del Señor, hablaba y discutía con los judíos de habla griega y éstos intentaban matarlo. Al enterarse de esto, los hermanos condujeron a Pablo a Cesarea y lo despacharon a Tarso. En aquellos días, las comunidades cristianas gozaban de paz en toda Judea, Galilea y Samaria, con lo cual se iban consolidando, progresaban en la fidelidad a Dios y se multiplicaban, animadas por el Espíritu Santo.

Salmo Responsorial: Salmo 21, 26b-27. 28 y 30. 31-32

R. (26a) Bendito sea el Señor. Aleluya.

Le cumpliré mis promesas al Señor delante de sus fieles. Los pobres comerán hasta saciarse y alabarán al Señor los que lo buscan: su corazón he de vivir para siempre. **R.**

Recordarán al Señor y volverán a él desde los últimos lugares del mundo; en su presencia se postrarán todas las familias de los pueblos. Sólo ante él se postrarán todos los que mueren. **R.**

Mi descendencia lo servirá y le contará a la siguiente generación, al pueblo que ha de nacer: la justicia del Señor y todo lo que él ha hecho. **R.**

Segunda Lectura: 1 Juan 3, 18-24

Hijos míos: No amemos solamente de palabra, amemos de verdad y con las obras. En esto conoceremos que somos de la verdad y delante de Dios tranquilizaremos nuestra conciencia de cualquier cosa que ella nos reprochare, porque Dios es más grande que nuestra conciencia y todo lo conoce. Si nuestra conciencia no nos remuerde, entonces, hermanos míos, nuestra confianza en Dios es total. Puesto que cumplimos los mandamientos de Dios y hacemos lo que le agrada, ciertamente obtendremos de él todo lo que le pidamos. Ahora bien, éste es su mandamiento: que creamos en la persona de Jesucristo, su Hijo, y nos amemos los unos a los otros, conforme al precepto que nos dio. Quien cumple sus mandamientos permanece en Dios y Dios en él. En esto conocemos, por el Espíritu que él nos ha dado, que él permanece en nosotros.

Aclamación antes del Evangelio: Juan 15, 4a. 5b
R. Aleluya, aleluya.
Permanezcan en mí y yo en ustedes, dice el Señor; el que permanece en mí da fruto abundante. **R.**

Evangelio: Juan 15, 1-8

En aquel tiempo, Jesús dijo a sus discípulos: "Yo soy la verdadera vid y mi Padre es el viñador. Al sarmiento que no da fruto en mí, él lo arranca, y al que da fruto lo poda para que dé más fruto. Ustedes ya están purificados por las palabras que les he dicho. Permanezcan en mí y yo en ustedes. Como el sarmiento no puede dar fruto por sí mismo, si no permanece en la vid, así tampoco ustedes, si no permanecen en mí. Yo soy la vid, ustedes los sarmientos; el que permanece en mí y yo en él, ése da fruto abundante, porque sin mí nada pueden hacer. Al que no permanece en mí se le echa fuera, como al sarmiento, y se seca; luego lo recogen, lo arrojan al fuego y arde. Si permanecen en mí y mis palabras permanecen en ustedes, pidan lo que quieran y se les concederá. La gloria de mi Padre consiste en que den mucho fruto y se manifiesten así como discípulos míos".

Lunes 29 de abril de 2024

Memoria de Santa Catalina de Siena, virgen y doctora de la Iglesia

Primera Lectura: Hechos 14, 5-18

En aquellos días, los paganos y los judíos de Iconio, apoyados por las autoridades, comenzaron a agitarse con la intención de maltratar y apedrear a Pablo y a Bernabé. Pero ellos se dieron cuenta de la situación y huyeron a Listra y Derbe, ciudades de Licaonia, y predicaron el Evangelio en toda la región. Había en Listra un hombre tullido de los pies desde su nacimiento que se pasaba la vida sentado y nunca había podido andar. El tullido escuchaba el discurso de Pablo, y éste, mirándolo fijamente, advirtió que aquel hombre tenía fe suficiente como para ser curado, y le ordenó en voz alta: "Levántate y ponte derecho sobre tus pies". De un salto el hombre se puso en pie y comenzó a caminar. Cuando la gente vio lo que Pablo había hecho, empezaron a gritar en la lengua de Licaonia: "¡Dioses en figura de hombres han bajado a visitarnos!" Decían que Bernabé era el dios Júpiter y Pablo el dios Mercurio, porque éste era el que hablaba. El sacerdote del templo de Júpiter, situado a la entrada de la ciudad, llevó a las puertas unos toros adornados con guirnaldas, y junto con la muchedumbre, quería ofrecerles un sacrificio. Al darse cuenta de todo esto, los apóstoles Bernabé y Pablo se rasgaron las vestiduras e irrumpieron por entre la multitud, gritando: "Ciudadanos, ¿por qué hacen semejante cosa? Nosotros somos hombres mortales, lo mismo que ustedes. Les predicamos el Evangelio que los hará dejar los falsos dioses y convertirse al Dios vivo, que hizo el cielo, la tierra, el mar y todo cuanto contienen. En épocas pasadas, Dios dejó que cada pueblo siguiera su camino, aunque siempre se dio a conocer por sus beneficios, mandando la lluvia y la cosecha a su tiempo, dándoles así comida y alegría en abundancia". Y diciendo estas palabras, consiguieron impedir, a duras penas, que la multitud les ofreciera un sacrificio.

Salmo Responsorial: Salmo 113, 1-2. 3-4. 15-16

R. (1) Que todos te alaben sólo a ti, Señor. Aleluya.

No por nosotros, Señor, no por nosotros, sino por ti mismo, manifiesta tu grandeza, porque eres fiel y bondadoso. Que no nos pregunten los paganos: ¿Dónde está el Dios de Israel?" **R.**

Nuestro Dios está en el cielo, y él ha hecho todo lo que quiso. En cambio, los ídolos de los paganos son oro y plata, son dioses hechos por artesanos. **R.**

Que los llene de bendiciones el Señor, que hizo el cielo y la tierra. El Señor se ha reservado para sí el cielo y a los hombres les ha entregado la tierra. **R.**

Aclamación antes del Evangelio: Juan 14, 26
R. Aleluya, aleluya.
El Espíritu Santo les enseñará todas las cosas y les recordará todo cuanto yo les he dicho, dice el Señor. **R.**

Evangelio: Juan 14, 21-26
En aquel tiempo, Jesús dijo a sus discípulos: "El que acepta mis mandamientos y los cumple, ése me ama. Al que me ama a mí, lo amará mi Padre, yo también lo amaré y me manifestaré a él". Entonces le dijo Judas (no el Iscariote): "Señor, ¿por qué razón a nosotros sí te nos vas a manifestar y al mundo no?" Le respondió Jesús: "El que me ama, cumplirá mi palabra y mi Padre lo amará y vendremos a él y haremos en él nuestra morada. El que no me ama no cumplirá mis palabras. Y la palabra que están oyendo no es mía, sino del Padre, que me envió. Les he hablado de esto ahora que estoy con ustedes; pero el Paráclito, el Espíritu Santo que mi Padre les enviará en mi nombre, les enseñará todas las cosas y les recordará todo cuanto yo les he dicho".

Martes 30 de abril de 2024
Martes de la V semana de Pascua
Primera Lectura: Hechos 14, 19-28
En aquellos días, llegaron a Listra, procedentes de Antioquía y de Iconio, unos judíos, que se ganaron a la multitud y apedrearon a Pablo; lo dieron por muerto y lo arrastraron fuera de la ciudad. Cuando lo rodearon los discípulos, Pablo se levantó y regresó a la ciudad. Pero al día siguiente, salió con Bernabé hacia Derbe. Después de predicar el Evangelio y de hacer muchos discípulos en aquella

ciudad, volvieron a Listra, Iconio y Antioquía, y ahí animaban a los discípulos y los exhortaban a perseverar en la fe, diciéndoles que hay que pasar por muchas tribulaciones para entrar en el Reino de Dios. En cada comunidad designaban presbíteros, y con oraciones y ayunos los encomendaban al Señor, en quien habían creído. Atravesaron luego Pisidia y llegaron a Panfilia; predicaron en Perge y llegaron a Atalía. De allí se embarcaron para Antioquía, de donde habían salido, con la gracia de Dios, para la misión que acababan de cumplir. Al llegar, reunieron a la comunidad y les contaron lo que había hecho Dios por medio de ellos y cómo les había abierto a los paganos las puertas de la fe. Ahí se quedaron bastante tiempo con los discípulos.

Salmo Responsorial: Salmo 144, 10-11. 12-13ab. 21
R. (12a) Bendigamos al Señor eternamente. Aleluya.
Que te alaben, Señor, todas tus obras y que todos tus fieles te bendigan. Que proclamen la gloria de tu reino y den a conocer tus maravillas. **R.**
Que muestren a los hombres tus proezas, El esplendor y la gloria de tu reino. Tu reino, Señor, es para siempre y tú imperio, para todas las generaciones. **R.**
Que mis labios alaben al Señor, que todos los seres lo bendigan ahora y para siempre. **R.**

Aclamación antes del Evangelio: Lucas 24, 46. 26
R. Aleluya, aleluya.
Cristo tenía que morir y resucitar de entre los muertos, para entrar así en su gloria. **R.**

Evangelio: Juan 14, 27-31
En aquel tiempo, Jesús dijo a sus discípulos: "La paz les dejo, mi paz les doy. No se la doy como la da el mundo. No pierdan la paz ni se acobarden. Me han oído decir: 'Me voy, pero volveré a su lado'. Si me amaran, se alegrarían de que me vaya al Padre, porque el Padre es más que yo. Se lo he dicho ahora, antes de que suceda, para que cuando suceda, crean. Ya no hablaré muchas cosas con ustedes, porque se acerca el príncipe de este mundo; no es que él tenga poder sobre mí,

pero es necesario que el mundo sepa que amo al Padre y que cumplo exactamente lo que el Padre me ha mandado".

MAYO

Miércoles de la V semana de Pascua

Primera Lectura: Hechos 15, 1-6

En aquellos días, vinieron de Judea a Antioquía algunos discípulos y se pusieron a enseñar a los hermanos que si no se circuncidaban conforme a la ley de Moisés, no podrían salvarse. Esto provocó un altercado y una violenta discusión con Pablo y Bernabé; al fin se decidió que Pablo, Bernabé y algunos más fueran a Jerusalén para tratar el asunto con los apóstoles y los presbíteros. La comunidad cristiana los proveyó para el viaje, y ellos atravesaron Fenicia y Samaria, contando a los hermanos cómo se convertían los paganos, y los llenaban de gozo con esta noticia. Al llegar a Jerusalén, fueron recibidos por la comunidad cristiana, los apóstoles y los presbíteros, y ellos refirieron todo cuanto Dios había hecho por su medio. Pero algunos de los fariseos convertidos intervinieron, diciendo: "Hay que circuncidar a los paganos y exigirles que cumplan la ley de Moisés". Entonces se reunieron los apóstoles y los presbíteros para examinar el asunto.

Salmo Responsorial: Salmo 121, 1-2. 3-4a. 4b-5

R. (1) Vayamos con alegría al encuentro del Señor. Aleluya.

¡Qué alegría sentí, cuando me dijeron: "Vayamos a la casa del Señor" Y hoy estamos aquí, Jerusalén, Jubilosos, delante de tus puertas. **R.**

A ti, Jerusalén, suben las tribus, las tribus del Señor, según lo que a Israel se le ha ordenado, para alabar el nombre del Señor. **R.**

Por el amor que tengo a mis hermanos, voy a decir: "La paz esté contigo". Y por la casa del Señor, mi Dios, Pediré para ti todos los bienes. **R.**

Aclamación antes del Evangelio: Juan 15, 4. 5

R. Aleluya, aleluya.

Permanezcan en mí y yo en ustedes, dice el Señor; el que permanece en mí da fruto abundante. **R.**

Evangelio: Juan 15, 1-8

En aquel tiempo, Jesús dijo a sus discípulos: "Yo soy la verdadera vid y mi Padre es el viñador. Al sarmiento que no da fruto en mí, él lo arranca, y al que da fruto lo poda para que dé más fruto. Ustedes ya están purificados por las palabras que les he dicho. Permanezcan en mí y yo en ustedes. Como el sarmiento no puede dar fruto por sí mismo, si no permanece en la vid, así tampoco ustedes, si no permanecen en mí. Yo soy la vid, ustedes los sarmientos; el que permanece en mí y yo en él, ése da fruto abundante, porque sin mí nada pueden hacer. Al que no permanece en mí se le echa fuera, como al sarmiento, y se seca; luego lo recogen, lo arrojan al fuego y arde. Si permanecen en mí y mis palabras permanecen en ustedes, pidan lo que quieran y se les concederá. La gloria de mi Padre consiste en que den mucho fruto y se manifiesten así como discípulos míos".

Jueves 2 de mayo de 2024
Memoria de San Atanasio, obispo y doctor de la Iglesia
Primera Lectura: Hechos 15, 7-21

Por aquellos días, después de una larga discusión sobre el asunto de la circuncisión, Pedro se levantó y dijo a los apóstoles y a los presbíteros: "Hermanos: Ustedes saben que, ya desde los primeros días, Dios me eligió entre ustedes para que los paganos oyeran, por mi medio, las palabras del Evangelio y creyeran. Dios, que conoce los corazones, mostró su aprobación dándoles el Espíritu Santo, igual que a nosotros. No hizo distinción alguna, ya que purificó sus corazones con la fe. ¿Por qué quieren irritar a Dios imponiendo sobre los discípulos ese yugo, que ni nuestros padres ni nosotros hemos podido soportar? Nosotros creemos que nos salvaremos por la gracia del Señor Jesús, del mismo modo que ellos". Toda la asamblea guardó silencio y se pusieron a oír a Bernabé y a Pablo, que contaban las grandes señales y prodigios que Dios había hecho entre los paganos por medio suyo. Cuando terminaron de hablar, Santiago tomó la palabra y dijo: "Hermanos, escúchenme. Pedro nos ha referido cómo, por primera vez, se dignó Dios escoger entre los paganos un pueblo que fuera suyo. Esto concuerda con las palabras de los profetas, porque está escrito: *Después de estos sucesos volveré y reconstruiré de nuevo la casa de David, que se había* derrumbado; repararé sus ruinas y la reedificaré, para que el resto de los hombres busque al Señor, lo mismo que todas las naciones que han sido consagradas a mi nombre. El Señor que hace estas cosas es quien lo dice. Él las conoce desde la eternidad. Por lo cual, yo juzgo que no se debe molestar a los paganos que se convierten a Dios; basta prescribirles que se abstengan de la fornicación, de comer lo inmolado a los ídolos, la sangre y los animales estrangulados. Si alguien se extraña, Moisés tiene, desde antiguo, quienes lo predican en las ciudades, puesto que cada sábado se lee en las sinagogas".

Salmo Responsorial: Salmo 95, 1-2a. 2b-3. 10
R. (3) Cantemos la grandeza del Señor. Aleluya.
Cantemos al Señor un canto nuevo, que le cante al Señor toda la tierra; cantemos al Señor y bendigámoslo. **R.**
Proclamemos su amor día tras día, su grandeza anunciemos a los pueblos, de nación en nación, sus maravillas. **R.**
Caigamos en su templo de rodillas. "Reina el Señor", digamos a los pueblos, gobierna a las naciones con justicia. **R.**

Aclamación antes del Evangelio: Juan 10, 27
R. Aleluya, aleluya.
Mis ovejas escuchan mi voz, dice el Señor; yo las conozco y ellas me siguen. **R.**

Evangelio: Juan 15, 9-11
En aquel tiempo, Jesús dijo a sus discípulos: "Como el Padre me ama, así los amo yo. Permanezcan en mi amor. Si cumplen mis mandamientos, permanecen en mi amor; lo mismo que yo cumplo los mandamientos de mi Padre y permanezco en su amor. Les he dicho esto para que mi alegría esté en ustedes y su alegría sea plena".

Viernes 3 de mayo de 2024
Fiesta de los Santos Felipe y Santiago, Apóstoles

Primera Lectura: 1 Corintios 15, 1-8

Hermanos: Les recuerdo el Evangelio que yo les prediqué y que ustedes aceptaron y en el cual están firmes. Este Evangelio los salvará, si lo cumplen tal y como yo lo prediqué. De otro modo, habrán creído en vano. Les transmití, ante todo, lo que yo mismo recibí: Que Cristo murió por nuestros pecados, como dicen las Escrituras; que fue sepultado y que resucitó al tercer día, según estaba escrito; que se le apareció a Pedro y luego a los Doce; después se apareció a más de quinientos hermanos reunidos, la mayoría de los cuales vive aún y otros ya murieron. Más tarde se le apareció a Santiago y luego a todos los apóstoles. Finalmente, se me apareció también a mí.

Salmo Responsorial: Salmo 18, 2-3. 4-5
R. (5a) El mensaje del Señor llega a toda la tierra.

Los cielos proclaman la gloria de Dios y el firmamento anuncia la obra de sus manos. Un día comunica su mensaje al otro día y una noche se lo transmite a la otra noche. **R.**

Sin que los cielos pronuncien una palabra, sin que resuene su voz, a toda la tierra llega su sonido y su mensaje hasta el fin del mundo. **R.**

Aclamación antes del Evangelio: Juan 14, 6. 9
R. Aleluya, aleluya.

Yo soy el camino, la verdad y la vida, dice el Señor. Felipe, el que me ve a mí, ve también al Padre. **R.**

Evangelio: Juan 14, 6-14
En aquel tiempo, Jesús dijo a Tomás: "Yo soy el camino, la verdad y la vida. Nadie va al Padre si no es por mí. Si ustedes me conocen a mí, conocen también a mi Padre. Ya desde ahora lo conocen y lo han visto". Le dijo Felipe: "Señor, muéstranos al Padre y eso nos basta". Jesús le replicó: "Felipe, tanto tiempo hace que estoy con ustedes, ¿y todavía no me conoces? Quien me ha visto a mí, ha visto al Padre. ¿Entonces por qué dices: 'Muéstranos al Padre'? ¿O no crees que yo estoy en el Padre y que el Padre está en mí? Las palabras que yo les digo, no las digo por mi propia cuenta. Es el Padre, que permanece en mí, quien hace las

obras. Créanme: yo estoy en el Padre y el Padre está en mí. Si no me dan fe a mí, créanlo por las obras. Yo les aseguro: el que crea en mí, hará las obras que hago yo y las hará aún mayores, porque yo me voy al Padre; y cualquier cosa que pidan en mi nombre, yo la haré para que el Padre sea glorificado en el Hijo. Yo haré cualquier cosa que me pidan en mi nombre".

Sábado 4 de mayo de 2024

Sábado de la V semana de Pascua

Primera Lectura: Hechos 16, 1-10

En aquellos días, Pablo fue a Derbe y luego a Listra. Había allí un discípulo, llamado Timoteo, hijo de padre griego y de madre judía cristiana. Timoteo gozaba de muy buena fama entre los hermanos de Listra e Iconio. Pablo quiso llevarlo consigo y lo circuncidó, en atención a los judíos de aquellas regiones, pues todos sabían que su padre era pagano. En todas las ciudades por donde iban pasando, daban a conocer las decisiones tomadas por los apóstoles y los presbíteros de Jerusalén, para que las pusieran en práctica. De esta manera las comunidades cristianas se fortalecían en la fe y el número de creyentes aumentaba cada día más. Como el Espíritu Santo les había prohibido predicar la palabra en la provincia de Asia, Pablo y Timoteo atravesaron Frigia y Galacia. Al llegar a los límites de Misia, se propusieron ir a Bitinia, pero el Espíritu de Jesús no se lo permitió. Entonces atravesaron Misia y llegaron a Tróade. Por la noche, Pablo tuvo una aparición: vio a un macedonio, que de pie ante él, le rogaba: "¡Ven a Macedonia y ayúdanos!" Después de esta visión, determinamos salir para Macedonia, convencidos de que Dios nos llamaba a predicar allí el Evangelio.

Salmo Responsorial: Salmo 99, 2. 3. 5

R. (2a) El Señor es nuestro Dios y nosotros su pueblo. Aleluya.

Alabemos a Dios todos los hombres, sirvamos al Señor con alegría y con júbilo entremos en su templo. **R.**

Reconozcamos que el Señor es Dios, que él fue nos hizo y somos suyos, que somos su pueblo y su rebaño. **R.**

Porque el Señor es bueno, bendigámoslo, porque es eterna su misericordia y su fidelidad nunca se acaba. **R.**

Aclamación antes del Evangelio: Colosenses 3, 1
R. Aleluya, aleluya.

Si han resucitado con Cristo, busquen las cosas del cielo, donde está Cristo, sentado a la derecha de Dios. **R.**

Evangelio: Juan 15, 18-21

En aquel tiempo, Jesús dijo a sus discípulos: "Si el mundo los odia, sepan que me ha odiado a mí antes que a ustedes. Si fueran del mundo, el mundo los amaría como cosa suya; pero el mundo los odia porque no son del mundo, pues al elegirlos, yo los he separado del mundo. Acuérdense de lo que les dije: 'El siervo no es superior a su señor'. Si a mí me han perseguido, también a ustedes los perseguirán, y el caso que han hecho de mis palabras lo harán de las de ustedes. Todo esto se lo van a hacer por mi causa, pues no conocen a aquel que me envió".

Domingo 5 de mayo de 2024
VI Domingo de Pascua

Primera Lectura: Hechos 10, 25-26. 34-35. 44-48

En aquel tiempo, entró Pedro en la casa del oficial Cornelio, y éste le salió al encuentro y se postró ante él en señal de adoración. Pedro lo levantó y le dijo: "Ponte de pie, pues soy un hombre como tú". Luego añadió: "Ahora caigo en la cuenta de que Dios no hace distinción de personas, sino que acepta al que lo teme y practica la justicia, sea de la nación que fuere". Todavía estaba hablando Pedro, cuando el Espíritu Santo descendió sobre todos los que estaban escuchando el mensaje. Al oírlos hablar en lenguas desconocidas y proclamar la grandeza de Dios, los creyentes judíos que habían venido con Pedro, se sorprendieron de que el don del Espíritu Santo se hubiera derramado también sobre los paganos. Entonces Pedro sacó esta conclusión: "¿Quién puede negar el agua del bautismo a los que han recibido el Espíritu Santo lo mismo que nosotros?" Y los mandó bautizar en el nombre de Jesucristo. Luego le rogaron que se quedara con ellos algunos días.

Salmo Responsorial: Salmo 97, 1. 2-3ab. 3cd-4

R. (2b) El Señor nos ha mostrado su amor y su lealtad. Aleluya.

Cantemos al Señor un canto nuevo, pues ha hecho maravillas. Su diestra y su santo brazo le han dado la victoria. **R.**

El Señor ha dado a conocer su victoria y ha revelado a las naciones su justicia. Una vez más ha demostrado Dios su amor y su lealtad hacia Israel. **R.**

La tierra entera ha contemplado la victoria de nuestro Dios. Que todos los pueblos y naciones Aclamen con júbilo al Señor. **R.**

Segunda Lectura: 1 Juan 4, 7-10

Queridos hijos: Amémonos los unos a los otros, porque el amor viene de Dios, y todo el que ama ha nacido de Dios y conoce a Dios. El que no ama, no conoce a Dios, porque Dios es amor. El amor que Dios nos tiene se ha manifestado en que envió al mundo a su Hijo unigénito, para que vivamos por él. El amor consiste en esto: no en que nosotros hayamos amado a Dios, sino en que él nos amó primero y nos envió a su Hijo, como víctima de expiación por nuestros pecados.

Aclamación antes del Evangelio: Juan 14, 23

R. Aleluya, aleluya.

El que me ama, cumplirá mi palabra, dice el Señor; y mi Padre lo amará y vendremos a él. **R.**

Evangelio: Juan 15, 9-17

En aquel tiempo, Jesús dijo a sus discípulos: "Como el Padre me ama, así los amo yo. Permanezcan en mi amor. Si cumplen mis mandamientos, permanecen en mi amor; lo mismo que yo cumplo los mandamientos de mi Padre y permanezco en su amor. Les he dicho esto para que mi alegría esté en ustedes y su alegría sea plena. Éste es mi mandamiento: que se amen los unos a los otros como yo los he amado. Nadie tiene amor más grande a sus amigos que el que da la vida por ellos. Ustedes son mis amigos, si hacen lo que yo les mando. Ya no los llamo siervos, porque el siervo no sabe lo que hace su amo; a ustedes los llamo amigos, porque les he dado a conocer todo lo que le he oído a mi Padre. No son ustedes los que me han elegido, soy yo quien los ha elegido y los ha destinado para que vayan y den fruto y su fruto permanezca, de modo que el Padre les conceda cuanto le pidan en mi nombre. Esto es lo que les mando: que se amen los unos a los otros".

Lunes 6 de mayo de 2024

Lunes de la VI semana de Pascua

Primera Lectura: Hechos 16, 11-15

Por aquellos días, zarpamos de Tróade y navegamos rumbo a Samotracia; al día siguiente, hacia Neápolis y de ahí a Filipos, colonia romana y ciudad principal de la región de Macedonia. En Filipos nos quedamos unos días. El sábado salimos de la ciudad y nos fuimos por la orilla del río hasta un sitio donde solían tenerse las reuniones de oración. Allí nos sentamos y trabamos conversación con las mujeres que habían acudido. Entre las que nos escuchaban, había una mujer, llamada Lidia, de la ciudad de Tiatira, comerciante en púrpura, que adoraba al verdadero Dios. El Señor le tocó el corazón para que aceptara el mensaje de Pablo. Después de recibir el bautismo junto con toda su familia, nos hizo esta súplica: "Si están convencidos de que mi fe en el Señor es sincera, vengan a hospedarse en mi casa". Y así, nos obligó a aceptar.

Salmo Responsorial: Salmo 149, 1-2. 3-4. 5-6a y 9b
R. (4a) El Señor es amigo de su pueblo. Aleluya.

Entonen al Señor un canto nuevo, en la reunión litúrgica proclámenlo. En su creador y rey, en el Señor, alégrese Israel, su pueblo santo. **R.**

En honor de su nombre, que haya danzas, alábenlo con arpa y tamboriles. El Señor es amigo de su pueblo y otorga la victoria a los humildes. **R.**

Que se alegren los fieles en el triunfo, que inunde el regocijo sus hogares, que alaben al Señor con sus palabras, Porque en esto su pueblo se complace. **R.**

Aclamación antes del Evangelio: Juan 15, 26. 27
R. Aleluya, aleluya.

El Espíritu de verdad dará testimonio de mí, dice el Señor, y también ustedes serán mis testigos. **R.**

Evangelio: Juan 15, 26-16, 4

En aquel tiempo, Jesús dijo a sus discípulos: "Cuando venga el Consolador, que yo les enviaré a ustedes de parte del Padre, el Espíritu de la verdad que procede del Padre, él dará testimonio de mí y ustedes también darán testimonio, pues desde el principio han estado conmigo. Les he hablado de estas cosas para que su fe no tropiece. Los expulsarán de las sinagogas y hasta llegará un tiempo, cuando el que les dé muerte creerá dar culto a Dios. Esto lo harán, porque no nos han conocido ni al Padre ni a mí. Les he hablado de estas cosas para que, cuando llegue la hora de su cumplimiento, recuerden que ya se lo había predicho yo".

Martes 7 de mayo de 2024
Martes de la VI semana de Pascua
Primera Lectura: Hechos 16, 22-34

En aquellos días, la gente de la ciudad de Filipos se alborotó contra Pablo y Silas, y los magistrados ordenaron que los desnudaran y los azotaran. Después de azotarlos mucho, los metieron en la cárcel y le ordenaron al carcelero que los vigilara bien. Siguiendo esta orden, él los metió en el calabozo de más adentro y les aseguró los pies en el cepo. A eso de la medianoche, Pablo y Silas estaban en oración, cantando himnos al Señor, y los otros presos los escuchaban. De pronto sobrevino un temblor tan violento, que se sacudieron los cimientos de la cárcel, las puertas se abrieron de golpe y a todos se les soltaron las cadenas. El carcelero se despertó, y al ver las puertas de la cárcel abiertas de par en par, pensó que los presos se habían fugado y sacó su espada para matarse. Pero entonces Pablo le gritó: "No te hagas ningún daño; aquí estamos todos". El carcelero pidió una lámpara, se precipitó hacia dentro, y temblando, se arrojó a los pies de Pablo y Silas. Después los sacó de allí y les preguntó: "¿Qué debo hacer para salvarme?" Ellos le contestaron: "Cree en el Señor Jesús y te salvarás, tú y tu familia". Y les explicaron la palabra del Señor a él y a todos los de su casa. El carcelero se los llevó aparte, y en aquella misma hora de la noche les lavó las heridas y enseguida se bautizó él con todos los suyos. Después los invitó a su casa, les preparó la mesa y celebraron una fiesta familiar por haber creído en Dios.

Salmo Responsorial: Salmo 137, 1-2a. 2bc-3. 7c-8
R. (7c) Señor, tu amor perdura eternamente. Aleluya.

De todo corazón te damos gracias, Señor, porque escuchaste nuestros ruegos. Te cantaremos delante de tus ángeles te adoraremos en tu templo. **R.**

Señor, te damos gracias por tu lealtad y tu amor: siempre que te invocamos nos oíste y nos llenaste de valor. **R.**

Tu mano, Señor, nos pondrá a salvo, y así concluirás en nosotros tu obra. Señor, tu amor perdura eternamente; obra tuya soy, no me abandonas. **R.**

Aclamación antes del Evangelio: Juan 16, 7. 13
R. Aleluya, aleluya.

Yo les enviaré el Espíritu de la verdad, y él los irá guiando hasta la verdad plena, dice el Señor. **R.**

Evangelio: Juan 16, 5-11
En aquel tiempo, Jesús dijo a sus discípulos: "Me voy ya al que me envió y ninguno de ustedes me pregunta: '¿A dónde vas?' Es que su corazón se ha llenado de tristeza porque les he dicho estas cosas. Sin embargo, es cierto lo que les digo: les conviene que me vaya; porque si no me voy, no vendrá a ustedes el Paráclito; en cambio, si me voy, yo se lo enviaré. Y cuando él venga, establecerá la culpabilidad del mundo en materia de pecado, de justicia y de juicio; de pecado, porque ellos no han creído en mí; de justicia, porque me voy al Padre y ya no me verán ustedes; de juicio, porque el príncipe de este mundo ya está condenado".

Miércoles 8 de mayo de 2024
Miércoles de la VI semana de Pascua
Primera Lectura: Hechos 17, 15-16. 22-18, 1
En aquellos días, los cristianos que ayudaron a Pablo a escapar de Berea, lo llevaron hasta la ciudad de Atenas. Pablo los envió de regreso con la orden de que

Silas y Timoteo fueran a reunirse con él cuanto antes. Un día, mientras los esperaba en Atenas, Pablo sentía que la indignación se apoderaba de él, al contemplar la ciudad llena de ídolos. Entonces se presentó en el Areópago y dijo: "Atenienses: Por lo que veo, ustedes son en extremo religiosos. Al recorrer la ciudad y contemplar sus monumentos, encontré un altar con esta inscripción: 'Al Dios desconocido'. Pues bien, yo vengo a anunciarle a ese Dios que ustedes veneran sin conocerlo. El Dios que hizo el mundo y todo cuanto hay en él, siendo el Señor del cielo y de la tierra, no habita en templos hechos por hombres, ni es servido por mano de hombres, como si necesitara de algo o de alguien; porque él es quien da a todos la vida, el aliento y cuanto tienen. De un solo hombre sacó todo el género humano para que habitara toda la tierra, determinó las épocas de su historia y estableció los límites de sus territorios. Dios quería que lo buscaran a él y que lo encontraran, aunque fuera a tientas, pues en realidad no está lejos de nosotros, ya que en él vivimos, nos movemos y somos. Como lo ha dicho alguno de los poetas de ustedes: 'Somos de su mismo linaje'. Por lo tanto, si somos linaje de Dios, no debemos pensar que Dios es como una imagen de oro, plata o mármol, labrada artísticamente por los hombres según su imaginación. Dios no tomó en cuenta la ignorancia de la gente en tiempos pasados, pues ahora quiere que todos los hombres se conviertan, porque tiene determinado un día en el cual ha de juzgar al universo con justicia, por medio de un hombre designado por él, y ha dado a todos la prueba de esto, resucitándolo de entre los muertos". Al oír hablar de la resurrección de los muertos, algunos se burlaron y otros dijeron: "De esto te oiremos hablar en otra ocasión". Entonces Pablo se retiró. Sin embargo, algunos se adhirieron a él y creyeron. Entre ellos se contaban Dionisio, el areopagita; una mujer, que se llamaba Dámaris, y algunos más. Después de esto, Pablo salió de Atenas y se fue a Corinto.

Salmo Responsorial: Salmo 148, 1-2. 11-12ab. 12c-14a. 14bcd
R. La gloria del Señor sobrepasa cielo y tierra. Aleluya.
Alaben al Señor en las alturas, Alábenlo en el cielo; que alaben al Señor todos sus ángeles, celestiales ejércitos. **R.**
Reyes y pueblos todos de la tierra, gobernantes y jueces de este mundo; hombres,

mujeres, jóvenes y ancianos, alaben al Señor y denle culto. **R.**

El nombre del Señor alaben todos, pues su nombre ex excelso, su gloria sobrepasa cielo y tierra y ha hecho fuerte a su pueblo. **R.**

Que alaben al Señor todos sus fieles, los hijos de Israel, el pueblo que ha gozado siempre de familiaridad con él. **R.**

Aclamación antes del Evangelio: Juan 14, 16
R. Aleluya, aleluya.

Yo le pediré al Padre, y él les dará otro Consolador, Que se quedará para siempre con ustedes, dice el Señor. **R.**

Evangelio: Juan 16, 12-15

En aquel tiempo, Jesús dijo a sus discípulos: "Aún tengo muchas cosas que decirles, pero todavía no las pueden comprender. Pero cuando venga el Espíritu de la verdad, él los irá guiando hasta la verdad plena, porque no hablará por su cuenta, sino que dirá lo que haya oído y les anunciará las cosas que van a suceder. Él me glorificará, porque primero recibirá de mí lo que les vaya comunicando. Todo lo que tiene el Padre es mío. Por eso he dicho que tomará de lo mío y se lo comunicará a ustedes".

Jueves 9 de mayo de 2024

Jueves de la VI semana de Pascua o Solemnidad de la Ascensión del Señor

Solemnidad de la Ascensión del Señor

Primera Lectura: Hechos 1, 1-11

En mi primer libro, querido Teófilo, escribí acerca de todo lo que Jesús hizo y enseñó, hasta el día en que ascendió al cielo, después de dar sus instrucciones, por medio del Espíritu Santo, a los apóstoles que había elegido. A ellos se les apareció después de la pasión, les dio numerosas pruebas de que estaba vivo y durante cuarenta días se dejó ver por ellos y les habló del Reino de Dios. Un día, estando con ellos a la mesa, les mandó: "No se alejen de Jerusalén. Aguarden aquí a que se cumpla la promesa de mi Padre, de la que ya les he hablado: Juan bautizó con agua; dentro de pocos días ustedes serán bautizados con el Espíritu Santo". Los ahí reunidos le preguntaban: "Señor, ¿ahora sí vas a restablecer la soberanía de Israel?" Jesús les contestó: "A ustedes no les toca conocer el tiempo y la hora que el Padre ha determinado con su autoridad; pero cuando el Espíritu Santo descienda sobre ustedes, los llenará de fortaleza y serán mis testigos en Jerusalén, en toda Judea, en Samaria y hasta los últimos rincones de la tierra". Dicho esto, se fue elevando a la vista de ellos, hasta que una nube lo ocultó a sus ojos. Mientras miraban fijamente al cielo, viéndolo alejarse, se les presentaron dos hombres vestidos de blanco, que les dijeron: "Galileos, ¿qué hacen allí parados, mirando al cielo? Ese mismo Jesús que los ha dejado para subir al cielo, volverá como lo han visto alejarse".

Salmo Responsorial: Salmo 46, 2-3. 6-7. 8-9
R. (6) Entre voces de júbilo, Dios asciende a su trono. Aleluya.
Aplaudan, pueblos todos, aclamen al Señor, de gozos llenos; que el Señor, el Altísimo, es terrible y de toda la tierra, rey supremo. **R.**
Entre voces de júbilo y trompetas, Dios, el Señor, asciende hasta su trono. Cantemos en honor de nuestro Dios, al rey honremos y cantemos todos. **R.**
Porque Dios es el rey del universo, cantemos el mejor de nuestros cantos. Reina Dios sobre todas las naciones desde su trono santo. **R.**

Segunda Lectura: Efesios 1, 17-23
Hermanos: Pido al Dios de nuestro Señor Jesucristo, el Padre de la gloria, que les conceda espíritu de sabiduría y de revelación para conocerlo. Le pido que les ilumine la mente para que comprendan cuál es la esperanza que les da su llamamiento, cuán gloriosa y rica es la herencia que Dios da a los que son suyos y cuál la extraordinaria grandeza de su poder para con nosotros, los que confiamos en él, por la eficacia de su fuerza poderosa. Con esta fuerza resucitó a Cristo de entre los muertos y lo hizo sentar a su derecha en el cielo, por encima de todos los ángeles, principados, potestades, virtudes y dominaciones, y por encima de cualquier persona, no sólo del mundo actual sino también del futuro. Todo lo

puso bajo sus pies y a él mismo lo constituyó cabeza suprema de la Iglesia, que es su cuerpo, y la plenitud del que lo consuma todo en todo.

O bien:

Efesios 4, 1-13

Hermanos: Yo, Pablo, prisionero por la causa del Señor, los exhorto a que lleven una vida digna del llamamiento que han recibido. Sean siempre humildes y amables; sean comprensivos y sopórtense mutuamente con amor; esfuércense en mantenerse unidos en el Espíritu con el vínculo de la paz. Porque no hay más que un solo cuerpo y un solo Espíritu, como es también sólo una la esperanza del llamamiento que ustedes han recibido. Un solo Señor, una sola fe, un solo bautismo, un solo Dios y Padre de todos, que reina sobre todos, actúa a través de todos y vive en todos. Cada uno de nosotros ha recibido la gracia en la medida en que Cristo se la ha dado. Por eso dice la Escritura: *Subiendo a las alturas, llevó consigo a los cautivos y dio dones a los hombres.* ¿Y qué quiere decir "subió"? Que primero bajó a lo profundo de la tierra. Y el que bajó es el mismo que subió a lo más alto de los cielos, para llenarlo todo. Él fue quien concedió a unos ser apóstoles; a otros, ser profetas; a otros, ser evangelizadores; a otros, ser pastores y maestros. Y esto, para capacitar a los fieles, a fin de que, desempeñando debidamente su tarea, construyan el cuerpo de Cristo, hasta que todos lleguemos a estar unidos en la fe y en el conocimiento del Hijo de Dios, y lleguemos a ser hombres perfectos, que alcancemos en todas sus dimensiones la plenitud de Cristo.

O bien:

Efesios 4, 1-7. 11-13

Hermanos: Yo, Pablo, prisionero por la causa del Señor, los exhorto a que lleven una vida digna del llamamiento que han recibido. Sean siempre humildes y amables; sean comprensivos y sopórtense mutuamente con amor; esfuércense en mantenerse unidos en el Espíritu con el vínculo de la paz. Porque no hay más que un solo cuerpo y un solo Espíritu, como es también sólo una la esperanza del llamamiento que ustedes han recibido. Un solo Señor, una sola fe, un solo bautismo, un solo Dios y Padre de todos, que reina sobre todos, actúa a través de todos y vive en todos. Cada uno de nosotros ha recibido la gracia en la medida en que Cristo se la ha dado. Él fue quien concedió a unos ser apóstoles; a otros, ser profetas; a otros, ser evangelizadores; a otros, ser pastores y maestros. Y esto, para capacitar a los fieles, a fin de que, desempeñando debidamente su tarea, construyan el cuerpo de Cristo, hasta que todos lleguemos a estar unidos en la fe y en el conocimiento del Hijo de Dios, y lleguemos a ser hombres perfectos, que alcancemos en todas sus dimensiones la plenitud de Cristo.

Aclamación antes del Evangelio: Mateo 28, 19. 20
R. Aleluya, aleluya.

Vayan y enseñen a todas las naciones, dice el Señor, y sepan que yo estaré con ustedes todos los días, hasta el fin del mundo. **R.**

Evangelio: Marcos 16, 15-20

En aquel tiempo, se apareció Jesús a los Once y les dijo: "Vayan por todo el mundo y prediquen el Evangelio a toda creatura. El que crea y se bautice, se salvará; el que se resista a creer, será condenado. Éstos son los milagros que acompañarán a los que hayan creído: arrojarán demonios en mi nombre, hablarán lenguas nuevas, cogerán serpientes en sus manos, y si beben un veneno mortal, no les hará daño; impondrán las manos a los enfermos y éstos quedarán sanos". El Señor Jesús, después de hablarles, subió al cielo y está sentado a la derecha de Dios. Ellos fueron y proclamaron el Evangelio por todas partes, y el Señor actuaba con ellos y confirmaba su predicación con los milagros que hacían.

Jueves de la VI semana de Pascua
(Cuando la fiesta de la Ascensión del Señor se celebra el VII Domingo de Pascua, se leen hoy las lecturas siguientes.)

Primera Lectura: Hechos 18, 1-8

En aquellos días, Pablo salió de Atenas y se fue a Corinto. Allí encontró a un judío, llamado Aquila, natural del Ponto, que acababa de llegar de Italia con su mujer, Priscila, en acatamiento a las órdenes de Claudio, que expulsó de Roma a todos los judíos. Pablo se acercó a ellos, y como eran del mismo oficio, se quedó a vivir y a trabajar con ellos. Su oficio era fabricar tiendas de campaña. Cada sábado Pablo discutía en la sinagoga y trataba de convencer a judíos y griegos. Cuando Silas y Timoteo llegaron de Macedonia, Pablo se dedicó por completo a la predicación y afirmó delante de los judíos que Jesús era el Mesías. Como éstos lo contradecían y lo insultaban, se rasgó las vestiduras y dijo: "Que la sangre de ustedes caiga sobre su propia cabeza: yo soy inocente. De ahora en adelante, iré a hablar a los paganos". Salió de allí y entró en la casa de Tito Justo, que adoraba a Dios, y cuya casa estaba al lado de la sinagoga. Crispo, el jefe de la sinagoga, creyó en el Señor, junto con toda su familia. Asimismo, al oír a Pablo, muchos de los corintios creyeron y recibieron el bautismo.

Salmo Responsorial: Salmo 97, 1. 2-3ab. 3cd-4
R. (2b) El Señor nos ha demostrado su amor y su lealtad. Aleluya.
Cantemos al Señor un canto nuevo, pues ha hecho maravillas. Su diestra y su santo brazo le han dado la victoria. **R.**
El Señor ha dado a conocer su victoria y ha revelado a las naciones su justicia. Una vez más ha demostrado Dios su amor y su lealtad hacia Israel. **R.**
La tierra entera ha contemplado la victoria de nuestro Dios. Que todos los pueblos y naciones, aclamen con júbilo al Señor. **R.**

Aclamación antes del Evangelio: Juan 14, 18
R. Aleluya, aleluya.
No los dejaré desamparados, dice el Señor; me voy, pero volveré a ustedes y entonces se alegrará su corazón. **R.**

Evangelio: Juan 16, 16-20
En aquel tiempo, Jesús dijo a sus discípulos: "Dentro de poco tiempo ya no me verán; y dentro de otro poco me volverán a ver". Algunos de sus discípulos se preguntaban unos a otros: "¿Qué querrá decir con eso de que: 'Dentro de poco tiempo ya no me verán, y dentro de otro poco me volverán a ver', y con eso de que: 'Me voy al Padre'?" Y se decían: "¿Qué significa ese 'un poco'? No entendemos lo que quiere decir". Jesús comprendió que querían preguntarle algo

y les dijo: "Están confundidos porque les he dicho: 'Dentro de poco tiempo ya no me verán y dentro de otro poco me volverán a ver'. Les aseguro que ustedes llorarán y se entristecerán, mientras el mundo se alegrará. Ustedes estarán tristes, pero su tristeza se transformará en alegría".

Viernes de la VI semana de Pascua
Primera Lectura: Hechos 18, 9-18

En aquellos días, Pablo tuvo una visión nocturna en Corinto, en la que le dijo el Señor: "No tengas miedo. Habla y no calles, porque yo estoy contigo y nadie pondrá la mano sobre ti para perjudicarte. Muchos de esta ciudad pertenecen a mi pueblo". Por eso Pablo se quedó allí un año y medio, explicándoles la palabra de Dios. Pero cuando Galión era procónsul de Acaya, los judíos, de común acuerdo, se abalanzaron contra Pablo y lo llevaron hasta el tribunal, donde dijeron: "Este hombre trata de convencer a la gente de que den a Dios un culto contrario a la ley". Iba Pablo a tomar la palabra para responder, cuando Galión dijo a los judíos: "Si se tratara de un crimen o de un delito grave, yo los escucharía, como es razón; pero si la disputa es acerca de palabras o de nombres o de su ley, arréglense ustedes". Y los echó del tribunal. Entonces se apoderaron de Sóstenes, jefe de la sinagoga, y lo golpearon delante del tribunal, sin que Galión se preocupara en lo más mínimo. Pablo se quedó en Corinto todavía algún tiempo. Después se despidió de los hermanos y se embarcó para Siria, con Priscila y Aquila. En Céncreas se rapó la cabeza para cumplir una promesa que había hecho.

Salmo Responsorial: Salmo 46, 2-3. 4-5, 6-7
R. (8a) Dios es el rey del universo. Aleluya.

Aplaudan, pueblos todos, aclamen al Señor, de gozo llenos, que el Señor, el Altísimo, es terrible, y de toda tierra, rey supremo. **R.**

Fue él quien nos puso por encima de todas las naciones y los pueblos, al elegirnos como herencia suya, orgullo de Jacob, su predilecto. **R.**

Entre voces de júbilo y trompetas, Dios, el Señor, asciende hasta su trono.

Cantemos en honor de nuestro Dios, al rey honremos y cantemos todas. **R.**

Aclamación antes del Evangelio: Lucas 24, 46. 26
R. Aleluya, aleluya.

Cristo tenía que morir y resucitar de entre los muertos, para entrar así en su gloria. **R.**

Evangelio: Juan 16, 20-23

En aquel tiempo, Jesús dijo a sus discípulos: "Les aseguro que ustedes llorarán y se entristecerán, mientras el mundo se alegrará. Ustedes estarán tristes, pero su tristeza se transformará en alegría. Cuando una mujer va a dar a luz, se angustia, porque le ha llegado la hora; pero una vez que ha dado a luz, ya no se acuerda de su angustia, por la alegría de haber traído un hombre al mundo. Así también ahora ustedes están tristes, pero yo los volveré a ver, se alegrará su corazón y nadie podrá quitarles su alegría. Aquel día no me preguntarán nada".

Sábado 11 de mayo de 2024
Sábado de la VI semana de Pascua
Primera Lectura: Hechos 18, 23-28

En aquellos días, después de haber estado en Antioquía algún tiempo, emprendió Pablo otro viaje y recorrió Galacia y Frigia, confirmando en la fe a los discípulos. Un judío, natural de Alejandría, llamado Apolo, hombre elocuente y muy versado en las Escrituras, había ido a Éfeso. Aquel hombre estaba instruido en la doctrina del Señor, y siendo de ferviente espíritu, disertaba y enseñaba con exactitud lo concerniente a Jesús, aunque no conocía más que el bautismo de Juan. Apolo comenzó a hablar valientemente en la sinagoga. Cuando lo oyeron Priscila y Aquila, lo tomaron por su cuenta y le explicaron con mayor exactitud la doctrina del Señor. Como él deseaba pasar a Grecia, los hermanos lo animaron y escribieron a los discípulos de allá para que lo recibieran bien. Cuando llegó, contribuyó mucho, con la ayuda de la gracia, al provecho de los creyentes, pues refutaba vigorosamente en público a los judíos, demostrando, por medio de las Escrituras, que Jesús era el Mesías.

Salmo Responsorial: Salmo 46, 2-3. 8-9. 10

R. (8a) Dios es el rey del universo. Aleluya.

Aplaudan, pueblos todos, aclamen al Señor, de gozos llenos; que el Señor, el Altisimo, es terrible y de toda la tierra, rey supremo. **R.**

Porque Dios es el rey del universo, cantemos el mejor de nuestros cantos. Reina Dios sobre todas las naciones desde su trono santo. **R.**

Los jefes de los pueblos se han reunido con el pueblo de Dios, Dios de Abraham, porque de Dios son los grandes de la tierra. Por encima de todo Dios está. **R.**

Aclamación antes del Evangelio: Juan 16, 28

R. Aleluya, aleluya.

Salí del Padre y vine al mundo; ahora dejo el mundo y vuelvo al Padre, dice el Señor. **R.**

Evangelio: Juan 16, 23-28

En aquel tiempo, Jesús dijo a sus discípulos: "Yo les aseguro: cuanto pidan al Padre en mi nombre, se lo concederá. Hasta ahora no han pedido nada en mi nombre. Pidan y recibirán, para que su alegría sea completa. Les he dicho estas cosas en parábolas; pero se acerca la hora en que ya no les hablaré en parábolas, sino que les hablaré del Padre abiertamente. En aquel día pedirán en mi nombre, y no les digo que rogaré por ustedes al Padre, pues el Padre mismo los ama, porque ustedes me han amado y han creído que salí del Padre. Yo salí del Padre y vine al mundo; ahora dejo el mundo y vuelvo al Padre".

Domingo 12 de mayo de 2024

VII Domingo de Pascua o Solemnidad de la Ascensión del Señor

Solemnidad de la Ascensión del Señor

Primera Lectura: Hechos 1, 1-11

En mi primer libro, querido Teófilo, escribí acerca de todo lo que Jesús hizo y enseñó, hasta el día en que ascendió al cielo, después de dar sus instrucciones, por medio del Espíritu Santo, a los apóstoles que había elegido. A ellos se les apareció después de la pasión, les dio numerosas pruebas de que estaba vivo y durante cuarenta días se dejó ver por ellos y les habló del Reino de Dios. Un día, estando con ellos a la mesa, les mandó: "No se alejen de Jerusalén. Aguarden aquí a que se cumpla la promesa de mi Padre, de la que ya les he hablado: Juan bautizó con agua; dentro de pocos días ustedes serán bautizados con el Espíritu Santo". Los ahí reunidos le preguntaban: "Señor, ¿ahora sí vas a restablecer la soberanía de Israel?" Jesús les contestó: "A ustedes no les toca conocer el tiempo y la hora que el Padre ha determinado con su autoridad; pero cuando el Espíritu Santo descienda sobre ustedes, los llenará de fortaleza y serán mis testigos en Jerusalén, en toda Judea, en Samaria y hasta los últimos rincones de la tierra". Dicho esto, se fue elevando a la vista de ellos, hasta que una nube lo ocultó a sus ojos. Mientras miraban fijamente al cielo, viéndolo alejarse, se les presentaron dos hombres vestidos de blanco, que les dijeron: "Galileos, ¿qué hacen allí parados, mirando al cielo? Ese mismo Jesús que los ha dejado para subir al cielo, volverá como lo han visto alejarse".

Salmo Responsorial: Salmo 46, 2-3. 6-7. 8-9

R. (6) Entre voces de júbilo, Dios asciende a su trono. Aleluya.

Aplaudan, pueblos todos, aclamen al Señor, de gozos llenos; que el Señor, el Altísimo, es terrible y de toda la tierra, rey supremo. **R.**

Entre voces de júbilo y trompetas, Dios, el Señor, asciende hasta su trono. Cantemos en honor de nuestro Dios, al rey honremos y cantemos todos. **R.**

Porque Dios es el rey del universo, cantemos el mejor de nuestros cantos. Reina Dios sobre todas las naciones desde su trono santo. **R.**

Segunda Lectura: Efesios 1, 17-23

Hermanos: Pido al Dios de nuestro Señor Jesucristo, el Padre de la gloria, que les conceda espíritu de sabiduría y de revelación para conocerlo. Le pido que les ilumine la mente para que comprendan cuál es la esperanza que les da su llamamiento, cuán gloriosa y rica es la herencia que Dios da a los que son suyos y cuál la extraordinaria grandeza de su poder para con nosotros, los que confiamos en él, por la eficacia de su fuerza poderosa. Con esta fuerza resucitó a Cristo de entre los muertos y lo hizo sentar a su derecha en el cielo, por encima de todos los ángeles, principados, potestades, virtudes y dominaciones, y por encima de cualquier persona, no sólo del mundo actual sino también del futuro. Todo lo puso bajo sus pies y a él mismo lo constituyó cabeza suprema de la Iglesia, que es su cuerpo, y la plenitud del que lo consuma todo en todo.

O bien:
Efesios 4, 1-13
Hermanos: Yo, Pablo, prisionero por la causa del Señor, los exhorto a que lleven una vida digna del llamamiento que han recibido. Sean siempre humildes y amables; sean comprensivos y sopórtense mutuamente con amor; esfuércense en mantenerse unidos en el Espíritu con el vínculo de la paz. Porque no hay más que un solo cuerpo y un solo Espíritu, como es también sólo una la esperanza del llamamiento que ustedes han recibido. Un solo Señor, una sola fe, un solo bautismo, un solo Dios y Padre de todos, que reina sobre todos, actúa a través de todos y vive en todos. Cada uno de nosotros ha recibido la gracia en la medida en que Cristo se la ha dado. Por eso dice la Escritura: *Subiendo a las alturas, llevó consigo a los cautivos y dio dones a los hombres.* ¿Y qué quiere decir "subió"? Que primero bajó a lo profundo de la tierra. Y el que bajó es el mismo que subió a lo más alto de los cielos, para llenarlo todo. Él fue quien concedió a unos ser apóstoles; a otros, ser profetas; a otros, ser evangelizadores; a otros, ser pastores y maestros. Y esto, para capacitar a los fieles, a fin de que, desempeñando debidamente su tarea, construyan el cuerpo de Cristo, hasta que todos lleguemos a estar unidos en la fe y en el conocimiento del Hijo de Dios, y lleguemos a ser hombres perfectos, que alcancemos en todas sus dimensiones la plenitud de Cristo.

O bien:
Efesios 4, 1-7. 11-13
Hermanos: Yo, Pablo, prisionero por la causa del Señor, los exhorto a que lleven una vida digna del llamamiento que han recibido. Sean siempre humildes y amables; sean comprensivos y sopórtense mutuamente con amor; esfuércense en

mantenerse unidos en el Espíritu con el vínculo de la paz. Porque no hay más que un solo cuerpo y un solo Espíritu, como es también sólo una la esperanza del llamamiento que ustedes han recibido. Un solo Señor, una sola fe, un solo bautismo, un solo Dios y Padre de todos, que reina sobre todos, actúa a través de todos y vive en todos. Cada uno de nosotros ha recibido la gracia en la medida en que Cristo se la ha dado. Él fue quien concedió a unos ser apóstoles; a otros, ser profetas; a otros, ser evangelizadores; a otros, ser pastores y maestros. Y esto, para capacitar a los fieles, a fin de que, desempeñando debidamente su tarea, construyan el cuerpo de Cristo, hasta que todos lleguemos a estar unidos en la fe y en el conocimiento del Hijo de Dios, y lleguemos a ser hombres perfectos, que alcancemos en todas sus dimensiones la plenitud de Cristo.

Aclamación antes del Evangelio: Mateo 28, 19. 20
R. Aleluya, aleluya.
Vayan y enseñen a todas las naciones, dice el Señor, y sepan que yo estaré con ustedes todos los días, hasta el fin del mundo. **R.**

Evangelio: Marcos 16, 15-20
En aquel tiempo, se apareció Jesús a los Once y les dijo: "Vayan por todo el mundo y prediquen el Evangelio a toda creatura. El que crea y se bautice, se salvará; el que se resista a creer, será condenado. Éstos son los milagros que acompañarán a los que hayan creído: arrojarán demonios en mi nombre, hablarán lenguas nuevas, cogerán serpientes en sus manos, y si beben un veneno mortal, no les hará daño; impondrán las manos a los enfermos y éstos quedarán sanos". El Señor Jesús, después de hablarles, subió al cielo y está sentado a la derecha de Dios. Ellos fueron y proclamaron el Evangelio por todas partes, y el Señor actuaba con ellos y confirmaba su predicación con los milagros que hacían.

VII Domingo de Pascua
(Las siguientes lecturas se utilizan en este Séptimo Domingo de Pascua si la Ascensión del Señor se celebró el jueves.)
Primera Lectura: Hechos 1, 15-17. 20a. 20c-26

En aquellos días, Pedro se puso de pie en medio de los hermanos, que eran unos ciento veinte, y dijo: "Hermanos, tenía que cumplirse aquel pasaje de la Escritura en que el Espíritu Santo, por boca de David, hizo una predicción tocante a Judas, quien fue el que guió a los que apresaron a Jesús. Él era de nuestro grupo y había sido llamado a desempeñar con nosotros este ministerio. Ahora bien, en el libro de los Salmos está escrito: *Que su morada quede desierta y que no haya quien habite en ella; que su cargo lo ocupe otro.* Hace falta, por lo tanto, que uno se asocie a nosotros como testigo de la resurrección de Jesús, uno que sea de los que nos acompañaron mientras convivió con nosotros el Señor Jesús, desde que Juan bautizaba hasta el día de la ascensión". Propusieron entonces a dos: a José Barsabá, por sobrenombre "el Justo", y a Matías, y se pusieron a orar de este modo: "Tú, Señor, que conoces los corazones de todos, muestra a cuál de estos dos has elegido para desempeñar este ministerio y apostolado, del que Judas desertó para irse a su propio lugar". Echaron suertes, le tocó a Matías y lo asociaron a los once apóstoles.

Salmo Responsorial: Salmo 102, 1-2. 11-12. 19-20ab
R. (19a) Bendigamos al Señor. Aleluya.

Bendice, al Señor, alma mía, que todo mi ser bendiga su santo nombre. Bendice, al Señor, alma mía, y no te olvides de sus beneficios. **R.**

Como desde la tierra hasta el cielo, así es de grande su misericordia; como dista el oriente del ocaso, así aleja de nosotros nuestros delitos. **R.**

En el cielo el Señor puso su trono, y su reino abarca el universo. Bendigan al Señor todos los ángeles, ejecutores fieles de sus órdenes. **R.**

Segunda Lectura: 1 Juan 4, 11-16

Queridos hijos: Si Dios nos ha amado tanto, también nosotros debemos amarnos los unos a los otros. A Dios nadie lo ha visto nunca; pero si nos amamos los unos a los otros, Dios permanece en nosotros y su amor en nosotros es perfecto. En esto conocemos que permanecemos en él, y él en nosotros: en que nos ha dado su Espíritu. Nosotros hemos visto, y de ello damos testimonio, que el Padre envió a su Hijo como salvador del mundo. Quien confiesa que Jesús es Hijo de Dios, permanece en Dios y Dios en él. Nosotros hemos conocido el amor que Dios nos tiene y hemos creído en ese amor. Dios es amor, y quien permanece en el amor permanece en Dios y Dios en él.

Aclamación antes del Evangelio: Juan 14, 18
R. Aleluya, aleluya.

No los dejaré desamparados, dice el Señor; me voy, pero volveré a ustedes y entonces se alegrará su corazón. **R.**

Evangelio: Juan 17, 11b-19

En aquel tiempo, Jesús levantó los ojos al cielo y dijo: "Padre santo, cuida en tu nombre a los que me has dado, para que sean uno, como nosotros. Cuando estaba con ellos, yo cuidaba en tu nombre a los que me diste; yo velaba por ellos y ninguno de ellos se perdió, excepto el que tenía que perderse, para que se cumpliera la Escritura. Pero ahora voy a ti, y mientras estoy aún en el mundo, digo estas cosas para que mi gozo llegue a su plenitud en ellos. Yo les he entregado tu palabra y el mundo los odia, porque no son del mundo, como yo tampoco soy del mundo. No te pido que los saques del mundo, sino que los libres del mal. Ellos no son del mundo, como tampoco yo soy del mundo. Santifícalos en la verdad. Tu palabra es la verdad. Así como tú me enviaste al mundo, así los envío yo también al mundo. Yo me santifico a mí mismo por ellos, para que también ellos sean santificados en la verdad".

Lunes 13 de mayo de 2024
Lunes de la VII semana de Pascua
Primera Lectura: Hechos 19, 1-8

En aquellos días, mientras Apolo estaba en Corinto, Pablo atravesó las regiones altas de Galacia y Frigia y bajó a Éfeso. Encontró allí a unos discípulos y les preguntó: "¿Han recibido el Espíritu Santo, cuando abrazaron la fe?" Ellos respondieron: "Ni siquiera hemos oído decir que exista el Espíritu Santo". Pablo replicó: "Entonces, ¿qué bautismo han recibido?" Ellos respondieron: "El bautismo de Juan". Pablo les dijo: "Juan bautizó con un bautismo de conversión, pero advirtiendo al pueblo que debían creer en aquel que vendría después de él, esto es, en Jesús". Al oír esto, los discípulos fueron bautizados en el nombre del Señor Jesús, y cuando Pablo les impuso las manos, descendió el Espíritu Santo y comenzaron a hablar lenguas desconocidas y a profetizar. Eran en total unos doce hombres. Durante los tres meses siguientes, Pablo frecuentó la sinagoga y habló con toda libertad, disputando acerca del Reino de Dios y tratando de convencerlos.

Salmo Responsorial: Salmo 67, 2-3ab. 4-5acd. 6-7ab
R. (33a) Cantemos a Dios un canto de alabanza. Aleluya.

Cuando al Señor actúa sus enemigos se dispersan y huyen ante su faz los que lo odian; cual se disipa el humo, se disipan; como la cera se derrite al fuego, así ante Dios perecen los malvados. **R.**

Ante el Señor, su Dios, gocen los justos y salten de alegría. Entonen alabanzas a su nombre. En honor del Señor toquen la cítara. **R.**

Porque el Señor, desde su templo santo, a huérfanos y viudas da su auxilio; él fue quien dio a los desvalidos casa, libertad y riqueza a los cautivos. **R.**

Aclamación antes del Evangelio: Colosenses 3, 1
R. Aleluya, aleluya.

Si han resucitado con Cristo, busquen las cosas del cielo, donde está Cristo, sentado a la derecha de Dios. **R.**

Evangelio: Juan 16, 29-33
En aquel tiempo, los discípulos le dijeron a Jesús: "Ahora sí nos estás hablando claro y no en parábolas. Ahora sí estamos convencidos de que lo sabes todo y no necesitas que nadie te pregunte. Por eso creemos que has venido de Dios". Les contestó Jesús: "¿De veras creen? Pues miren que viene la hora, más aún, ya llegó, en que se van a dispersar cada uno por su lado y me dejarán solo. Sin embargo, no estaré solo, porque el Padre está conmigo. Les he dicho estas cosas, para que tengan paz en mí. En el mundo tendrán tribulaciones; pero tengan valor, porque yo he vencido al mundo".

Fiesta de san Matías, Apóstol

Primera Lectura: Hechos 1, 15-17. 20-26

En aquellos días, Pedro se puso de pie en medio de los hermanos y dijo: "Hermanos, tenía que cumplirse aquel pasaje de la Escritura en que el Espíritu Santo, por boca de David, hizo una predicción tocante a Judas, quien fue el que guió a los que apresaron a Jesús. Él era de nuestro grupo y había sido llamado a desempeñar con nosotros este ministerio. Ahora bien, en el libro de los Salmos está escrito: *Que su morada quede desierta y que no haya quien habite en ella; que su cargo lo ocupe otro.* Hace falta, por lo tanto, que uno se asocie a nosotros como testigo de la resurrección de Jesús, uno que sea de los que nos acompañaron mientras convivió con nosotros el Señor Jesús, desde que Juan bautizaba hasta el día de la ascensión". Propusieron entonces a dos: a José Barsabá, por sobrenombre "el Justo", y a Matías, y se pusieron a orar de este modo: "Tú, Señor, que conoces los corazones de todos, muestra a cuál de estos dos has elegido para desempeñar este ministerio y apostolado, del que Judas desertó para irse a su propio lugar". Echaron suertes, le tocó a Matías y lo asociaron a los once apóstoles.

Salmo Responsorial: Salmo 112, 1-2. 3-4. 5-6. 7-8

R. (8) Lo puso el Señor entre los jefes de su pueblo.

Bendito sea el Señor, alábenlo sus siervos. Bendito sea el Señor, desde ahora y por siempre. **R.**

Desde que sale el sol hasta su ocaso, alabado sea el nombre del Señor. Dios está sobre todas las naciones, su gloria, por encima de los cielos. **R.**

¿Quién hay como el Señor, ¿Quién iguala al Dios nuestro, que tiene en las alturas su morada, Y sin embargo de esto, bajar se digna su mirada para ver tierra y cielo? **R.**

El levanta del polvo al desvalido, y saca al indigente del estiércol, para hacerlo sentar entre los grandes, los jefes de su pueblo. **R.**

Aclamación antes del Evangelio: Juan 15, 16

R. Aleluya, aleluya.

Yo los he elegido del mundo, dice el Señor, para que vayan y den fruto y su fruto permanezca. **R.**

Evangelio: Juan 15, 9-17

En aquel tiempo, Jesús dijo a sus discípulos: "Como el Padre me ama, así los amo yo. Permanezcan en mi amor. Si cumplen mis mandamientos, permanecen en mi amor; lo mismo que yo cumplo los mandamientos de mi Padre y permanezco en su amor. Les he dicho esto para que mi alegría esté en ustedes y su alegría sea plena. Este es mi mandamiento: que se amen los unos a los otros como yo los he amado. Nadie tiene amor más grande a sus amigos, que el que da la vida por ellos. Ustedes son mis amigos, si hacen lo que yo les mando. Ya no los llamo siervos, porque el siervo no sabe lo que hace su amo; a ustedes los llamo amigos, porque les he dado a conocer todo lo que le he oído a mi Padre. No son ustedes los que me han elegido, soy yo quien los ha elegido y los ha destinado para que vayan y den fruto y su fruto permanezca, de modo que el Padre les conceda cuanto le pidan en mi nombre. Esto es lo que les mando: que se amen los unos a los otros".

Miércoles 15 de mayo de 2024

Miércoles de la VII semana de Pascua

Primera Lectura: Hechos 20, 28-38

En aquellos días, Pablo dijo a los presbíteros de la comunidad cristiana de Éfeso: "Miren por ustedes mismos y por todo el rebaño, del que los constituyó pastores el Espíritu Santo, para apacentar a la Iglesia que Dios adquirió con la sangre de su Hijo. Yo sé que después de mi partida, se introducirán entre ustedes lobos rapaces, que no tendrán piedad del rebaño y sé que, de entre ustedes mismos, surgirán hombres que predicarán doctrinas perversas y arrastrarán a los fieles detrás de sí. Por eso estén alerta. Acuérdense que durante tres años, ni de día ni de noche he dejado de aconsejar, con lágrimas en los ojos, a cada uno de ustedes. Ahora los encomiendo a Dios y a su palabra salvadora, la cual tiene fuerza para que todos los consagrados a Dios crezcan en el espíritu y alcancen la herencia prometida. Yo no he codiciado ni el oro ni la plata ni la ropa de nadie. Bien saben que cuanto he necesitado para mí y para mis compañeros, lo he ganado con mis manos. Siempre he mostrado que hay que trabajar así, para ayudar como se debe a los necesitados, recordando las palabras del Señor Jesús: 'Hay más felicidad en dar que en recibir' ". Dicho esto, se arrodilló para orar con todos ellos. Todos se pusieron a llorar y abrazaban y besaban a Pablo, afligidos, sobre todo, porque les había dicho que no lo volverían a ver. Y todos lo acompañaron hasta el barco.

Salmo Responsorial: Salmo 67, 29-30. 33-35a. 35bc-36ab
R. (33a) Reyes de la tierra, canten al Señor. Aleluya.

Señor, despliega tu poder, reafirma lo que has hecho por nosotros, desde Jerusalén, desde tu templo, a donde vienen los reyes con sus dones. **R.**

Cántenle al Señor, reyes de la tierra, denle gloria al Señor, que recorre los cielos seculares, y que dice con voz como de trueno: "Glorifiquen a Dios". **R.**

Sobre Israel su majestad se extiende y su poder, sobre las nubes. Bendito sea nuestro Dios. **R.**

Aclamación antes del Evangelio: Juan 17, 17
R. Aleluya, aleluya.

Tu palabra, Señor, es la verdad; santifícanos en la verdad. **R.**

Evangelio: Juan 17, 11-19

En aquel tiempo, Jesús levantó los ojos al cielo y dijo: "Padre santo, cuida en tu nombre a los que me has dado, para que sean uno, como nosotros. Cuando estaba con ellos, yo cuidaba en tu nombre a los que me diste; yo velaba por ellos y ninguno de ellos se perdió, excepto el que tenía que perderse, para que se cumpliera la Escritura. Pero ahora voy a ti, y mientras estoy aún en el mundo, digo estas cosas para que mi gozo llegue a su plenitud en ellos. Yo les he entregado tu palabra y el mundo los odia, porque no son del mundo, como yo tampoco soy del mundo. No te pido que los saques del mundo, sino que los libres del mal. Ellos no son del mundo, como tampoco yo soy del mundo. Santifícalos en la verdad. Tu palabra es la verdad. Así como tú me enviaste al mundo, así los envío yo también al mundo. Yo me santifico a mí mismo por ellos, para que también ellos sean santificados en la verdad".

Jueves 16 de mayo 2024

Jueves de la VII semana de Pascua

Primera Lectura: Hechos 22, 30; 23, 6-11

En aquellos días, el comandante, queriendo saber con exactitud de qué acusaban a Pablo los judíos, mandó que le quitaran las cadenas, convocó a los sumos sacerdotes y a todo el sanedrín, y llevando consigo a Pablo, lo hizo comparecer ante ellos. Como Pablo sabía que una parte del sanedrín era de saduceos y otra de fariseos, exclamó: "Hermanos: Yo soy fariseo, hijo de fariseos, y me quieren juzgar porque espero la resurrección de los muertos". Apenas dijo esto, se produjo un altercado entre fariseos y saduceos, que ocasionó la división de la asamblea. (Porque los saduceos niegan la otra vida, sea de ángeles o de espíritus resucitados; mientras que los fariseos admiten ambas cosas). Estalló luego una terrible gritería y algunos escribas del partido de los fariseos, se pusieron de pie y declararon enérgicamente: "Nosotros no encontramos ningún delito en este hombre. ¿Quién puede decirnos que no le ha hablado un espíritu o un ángel?" El alboroto llegó a tal grado, que el comandante, temiendo que hicieran pedazos a Pablo, mandó traer a la guarnición para sacarlo de allí y llevárselo al cuartel. En la noche siguiente se le apareció el Señor a Pablo y le dijo: "Ten ánimo, Pablo; porque así como en Jerusalén has dado testimonio de mí, así también tendrás que darlo en Roma".

Salmo Responsorial: Salmo 15, 1-2a y 5. 7-8. 9-10. 11

R. (1) Enséñanos, Señor, el camino de la vida. Aleluya.

Protégeme, Dios mío, pues eres mi refugio. Yo siempre he dicho que tú eres mi Señor. El Señor es la parte que me ha tocado en herencia; mi vida está en sus manos. **R.**

Bendeciré al Señor, que me aconseja, hasta de noche me instruye internamente. Tengo siempre presente al Señor, y con él a mi lado, jamás tropezaré. **R.**

Por eso se me alegran el corazón y el alma, y mi cuerpo vivirá tranquilo, porque tú no me abandonarás a la muerte, ni dejarás que sufra yo la corrupción. **R.**
Enséñame el camino de la vida, sáciame de gozo en tu presencia y de alegría perpetua junto a ti. **R.**

Aclamación antes del Evangelio: Juan 17, 21
R. Aleluya, aleluya.
Que todos sean uno, como tú, Padre, en mí y yo en ti, somos uno, a fin de que el mundo crea que tú me has enviado, dice el Señor. **R.**

Evangelio: Juan 17, 20-26
En aquel tiempo, Jesús levantó los ojos al cielo y dijo: "Padre, no sólo te pido por mis discípulos, sino también por los que van a creer en mí por la palabra de ellos, para que todos sean uno, como tú, Padre, en mí y yo en ti somos uno, a fin de que sean uno en nosotros y el mundo crea que tú me has enviado. Yo les he dado la gloria que tú me diste, para que sean uno, como nosotros somos uno. Yo en ellos y tú en mí, para que su unidad sea perfecta y así el mundo conozca que tú me has enviado y que los amas, como me amas a mí. Padre, quiero que donde yo esté, estén también conmigo los que me has dado, para que contemplen mi gloria, la que me diste, porque me has amado desde antes de la creación del mundo. Padre justo, el mundo no te ha conocido; pero yo sí te conozco y éstos han conocido que tú me enviaste. Yo les he dado a conocer tu nombre y se lo seguiré dando a conocer, para que el amor con que me amas esté en ellos y yo también en ellos".

Viernes 17 de mayo de 2024
Viernes de la VII semana de Pascua

Primera Lectura: Hechos 25, 13-21
En aquellos días, el rey Agripa y Berenice llegaron a Cesarea para saludar a Festo. Como se detuvieron algún tiempo allí, Festo expuso al rey el caso de Pablo con estas palabras: "Tengo aquí un preso que me dejó Félix, cuya condenación me pidieron los sumos sacerdotes y los ancianos de los judíos, cuando estuve en Jerusalén. Yo les respondí que no era costumbre romana condenar a ningún

hombre, sin carearlo antes con sus acusadores, para darle la oportunidad de defenderse de la acusación. Vinieron conmigo a Cesarea, y sin dar largas al asunto, me senté en el tribunal al día siguiente y mandé que compareciera ese hombre. Los acusadores que se presentaron contra él, no le hicieron cargo de ninguno de los delitos que yo sospechaba. Se trataba sólo de ciertas discusiones acerca de su religión y de un tal Jesús, ya muerto, que Pablo asegura que está vivo. No sabiendo qué determinación tomar, le pregunté a Pablo si quería ir a Jerusalén para que se le juzgara allá de esos cargos; pero como él pidió ser juzgado por el César, ordené que siguiera detenido hasta que yo pudiera enviárselo".

Salmo Responsorial: Salmo 102, 1-2. 11-12. 19-20ab
R. (19a) Bendigamos al Señor, que es el rey del universo. Aleluya.

Bendice, al Señor, alma mía, que todo mi ser bendiga su santo nombre. Bendice, al Señor, alma mía, y no te olvides de sus beneficios. **R.**

Como desde la tierra hasta el cielo, así es de grande su misericordia; como dista el oriente del ocas, así aleja de nosotros nuestros delitos. **R.**

E n el cielo el Señor puso su trono, y su reino abarca el universo. Bendigan al Señor todos los ángeles, ejecutores fieles de sus órdenes. **R.**

Aclamación antes del Evangelio: Juan 14, 26
R. Aleluya, aleluya.

El Espíritu Santo les enseñará todas las cosas y les recordará todo cuanto yo les he dicho, dice el Señor. **R.**

Evangelio: Juan 21, 15-19

En aquel tiempo, le preguntó Jesús a Simón Pedro: "Simón, hijo de Juan, ¿me amas más que éstos?" Él le contestó: "Sí, Señor, tú sabes que te quiero". Jesús le dijo: "Apacienta mis corderos". Por segunda vez le preguntó: "Simón, hijo de Juan, ¿me amas?" Él le respondió: "Sí, Señor, tú sabes que te quiero". Jesús le dijo: "Pastorea mis ovejas". Por tercera vez le preguntó: "Simón, hijo de Juan, ¿me quieres?" Pedro se entristeció de que Jesús le hubiera preguntado por tercera vez si lo quería, y le contestó: "Señor, tú lo sabes todo; tú bien sabes que te quiero". Jesús le dijo: "Apacienta mis ovejas. Yo te aseguro: cuando eras joven, tú mismo te ceñías la ropa e ibas a donde querías; pero cuando seas viejo, extenderás los brazos y otro te ceñirá y te llevará a donde no quieras". Esto se lo dijo para indicarle con qué género de muerte habría de glorificar a Dios. Después le dijo: "Sígueme".

Sábado 18 de mayo de 2024
Sábado de la VII semana de Pascua

Misa por la mañana

Primera Lectura: Hechos 28, 16-20. 30-31

En aquellos días, cuando llegamos a Roma, se le permitió a Pablo vivir en una casa particular, con un soldado de guardia. Tres días después de su llegada, convocó a los judíos principales, y una vez reunidos, les dijo: "Hermanos, sin haber hecho nada en contra de mi pueblo, ni de las tradiciones de nuestros padres, fui preso en Jerusalén y entregado a los romanos. Ellos, después de interrogarme, querían ponerme en libertad, porque no encontraron en mí nada que mereciera la muerte. Pero los judíos se opusieron y tuve que apelar al César, sin pretender por ello acusar a mi pueblo. Por esta razón he querido verlos y hablar con ustedes, pues llevo estas cadenas a causa de la esperanza de Israel". Dos años enteros pasó Pablo en una casa alquilada; ahí recibía a todos los que acudían a él, predicaba el Reino de Dios y les explicaba la vida de Jesucristo, el Señor, con absoluta libertad y sin estorbo alguno.

Salmo Responsorial: Salmo 10, 4. 5 y 7
R. (7b) El Señor verá a los justos con complacencia. Aleluya.

Desde su santo templo allá en el cielo, donde tiene su trono y su morada, los ojos del Señor miran al mundo y examina a los hombres su mirada. **R.**

Examina a inocentes y malvados y aborrece al que ama la violencia. Pues el justo el Señor y ama lo justo, a los justos verá con complacencia. **R.**

Aclamación antes del Evangelio: Juan 16, 7. 13

R. Aleluya, aleluya.

Yo les enviaré el Espíritu de la verdad, y él los irá guiando hasta la verdad plena, dice el Señor. **R.**

Evangelio: Juan 21, 20-25

En aquel tiempo, Jesús dijo a Pedro: "Sígueme". Pedro, volviendo la cara, vio que iba detrás de ellos el discípulo a quien Jesús amaba, el mismo que en la cena se había reclinado sobre su pecho y le había preguntado: 'Señor, ¿quién es el que te va a traicionar?' Al verlo, Pedro le dijo a Jesús: "Señor, ¿qué va a pasar con éste?" Jesús le respondió: "Si yo quiero que éste permanezca vivo hasta que yo vuelva, ¿a ti qué? Tú, sígueme". Por eso comenzó a correr entre los hermanos el rumor de que ese discípulo no habría de morir. Pero Jesús no dijo que no moriría, sino: 'Si yo quiero que permanezca vivo hasta que yo vuelva, ¿a ti qué?' Éste es el discípulo que atestigua estas cosas y las ha puesto por escrito, y estamos ciertos de que su testimonio es verdadero. Muchas otras cosas hizo Jesús y creo que, si se relataran una por una, no cabrían en todo el mundo los libros que se escribieran.

Domingo 19 de mayo de 2024
Domingo de Pentecostés

Misa vespertina de la vigilia

Primera Lectura: Génesis 11, 1-9

En aquel tiempo, toda la tierra tenía una sola lengua y unas mismas palabras. Al emigrar los hombres desde el oriente, encontraron una llanura en la región de Sinaar y ahí se establecieron. Entonces se dijeron unos a otros: "Vamos a fabricar ladrillos y a cocerlos". Utilizaron, pues, ladrillos en vez de piedras, y asfalto en vez de mezcla. Luego dijeron: "Construyamos una ciudad y una torre que llegue hasta el cielo, para hacernos famosos antes de dispersarnos por la tierra". El Señor bajó a ver la ciudad y la torre que los hombres estaban construyendo y se dijo: "Son un solo pueblo y hablan una sola lengua. Si ya empezaron esta obra, en adelante ningún proyecto les parecerá imposible. Vayamos, pues, y confundamos su lengua, para que no se entiendan unos con otros". Entonces el Señor los dispersó por toda la tierra y dejaron de construir su ciudad; por eso, la ciudad se llamó

Babel, porque ahí confundió el Señor la lengua de todos los hombres y desde ahí los dispersó por la superficie de la tierra.

O bien:

Éxodo 19, 3-8a. 16-20b

En aquellos días, Moisés subió al monte Sinaí para hablar con Dios. El Señor lo llamó desde el monte y le dijo: "Esto dirás a la casa de Jacob, esto anunciarás a los hijos de Israel: 'Ustedes han visto cómo castigué a los egipcios y de qué manera los he levantado a ustedes sobre alas de águila y los he traído a mí. Ahora bien, si escuchan mi voz y guardan mi alianza, serán mi especial tesoro entre todos los pueblos, aunque toda la tierra es mía. Ustedes serán para mí un reino de sacerdotes y una nación consagrada'. Éstas son las palabras que has de decir a los hijos de Israel". Moisés convocó entonces a los ancianos del pueblo y les expuso todo lo que el Señor le había mandado. Todo el pueblo, a una, respondió: "Haremos cuanto ha dicho el Señor". Al rayar el alba del tercer día, hubo truenos y relámpagos; una densa nube cubrió el monte y se escuchó un fragoroso resonar de trompetas. Esto hizo temblar al pueblo, que estaba en el campamento. Moisés hizo salir al pueblo para ir al encuentro de Dios; pero la gente se detuvo al pie del monte. Todo el monte Sinaí humeaba, porque el Señor había descendido sobre él en medio del fuego. Salía humo como de un horno y todo el monte retemblaba con violencia. El sonido de las trompetas se hacía cada vez más fuerte. Moisés hablaba y Dios le respondía con truenos. El Señor bajó a la cumbre del monte y le dijo a Moisés que subiera.

O bien:

Ezequiel 37, 1-4

En aquellos días, la mano del Señor se posó sobre mí, y su espíritu me trasladó y me colocó en medio de un campo lleno de huesos. Me hizo dar vuelta en torno a ellos. Había una cantidad innumerable de huesos sobre la superficie del campo y estaban completamente secos. Entonces el Señor me preguntó: "Hijo de hombre, ¿podrán acaso revivir estos huesos?" Yo respondí: "Señor, tú lo sabes". Él me dijo: "Habla en mi nombre a estos huesos y diles: 'Huesos secos, escuchen la palabra del Señor. Esto dice el Señor Dios a estos huesos: He aquí que yo les infundiré el espíritu y revivirán. Les pondré nervios, haré que les brote carne, la cubriré de piel, les infundiré el espíritu y revivirán. Entonces reconocerán ustedes que yo soy el Señor' ". Yo pronuncié en nombre del Señor las palabras que él me había ordenado, y mientras hablaba, se oyó un gran estrépito, se produjo un terremoto y los huesos se juntaron unos con otros. Y vi cómo les iban saliendo nervios y carne y cómo se cubrían de piel; pero no tenían espíritu. Entonces me dijo el Señor: "Hijo de hombre, habla en mi nombre al espíritu y dile: 'Esto dice el Señor: Ven, espíritu, desde los cuatro vientos y sopla sobre estos muertos, para que vuelvan a la vida' ". Yo hablé en nombre del Señor, como él me había ordenado. Vino sobre ellos el espíritu, revivieron y se pusieron de pie. Era una multitud innumerable. El Señor me dijo: "Hijo de hombre: Estos huesos son toda la casa de Israel, que ha dicho: 'Nuestros huesos están secos; pereció nuestra esperanza y estamos destrozados'. Por eso, habla en mi nombre y diles: 'Esto dice el Señor: Pueblo mío, yo mismo abriré sus sepulcros, los haré salir de ellos y los conduciré de nuevo a la tierra de Israel. Cuando abra sus sepulcros y los saque de ellos, pueblo mío, ustedes dirán que yo soy el Señor. Entonces les infundiré mi espíritu y vivirán, los estableceré en su tierra y sabrán que yo, el Señor, lo dije y lo cumplí' ".

O bien:
Joel 3, 1-5

Esto dice el Señor Dios: "Derramaré mi espíritu sobre todos; profetizarán sus hijos y sus hijas, sus ancianos soñarán sueños y sus jóvenes verán visiones. También sobre mis siervos y mis siervas derramaré mi espíritu en aquellos días. Haré prodigios en el cielo y en la tierra: sangre, fuego, columnas de humo. El sol se oscurecerá, la luna se pondrá color de sangre, antes de que llegue el día grande y terrible del Señor. Cuando invoquen el nombre del Señor se salvarán, porque en el monte Sión y en Jerusalén quedará un grupo, como lo ha prometido el Señor a los sobrevivientes que ha elegido".

Salmo Responsorial: Del Salmo 103

R. (30) Envía, Señor, tu Espíritu, a renovar la tierra. Aleluya.

Bendice, al Señor, alma mía; Señor y Dios mío, inmensa es su grandeza. Te vistes de belleza y majestad, la luz te envuelve como un manto. **R.**

¡Que numerosas son tus obras, Señor, y todas las hiciste con maestría! La tierra está llena de tus creaturas. Bendice, al Señor, alma mía. **R.**

Todos los vivientes aguardan que les des comer a su tiempo; les das el alimento y lo recogen, abres tu mano y se sacian de bienes. **R.**

Si retiras ti aliento, toda creatura muere y vuelve al polvo. Pero envías tu espíritu, que da vida, y renuevas el aspecto de la tierra. **R.**

Segunda Lectura: Romanos 8, 22-27

Hermanos: Sabemos que la creación entera gime hasta el presente y sufre dolores de parto; y no sólo ella, sino también nosotros, los que poseemos las primicias del Espíritu, gemimos interiormente, anhelando que se realice plenamente nuestra condición de hijos de Dios, la redención de nuestro cuerpo. Porque ya es nuestra la salvación, pero su plenitud es todavía objeto de esperanza. Esperar lo que ya se posee no es tener esperanza, porque, ¿cómo se puede esperar lo que ya se posee? En cambio, si esperamos algo que todavía no poseemos, tenemos que esperarlo con paciencia. El Espíritu nos ayuda en nuestra debilidad, porque nosotros no sabemos pedir lo que nos conviene; pero el Espíritu mismo intercede por nosotros con gemidos que no pueden expresarse con palabras. Y Dios, que conoce profundamente los corazones, sabe lo que el Espíritu quiere decir, porque el Espíritu ruega conforme a la voluntad de Dios, por los que le pertenecen.

Aclamación antes del Evangelio
R. Aleluya, aleluya.

Ven, Espíritu Santo, llena los corazones de tus fieles y enciende en ellos el fuego de tu amor. **R.**

Evangelio: Juan 7,37-39

El último día de la fiesta, que era el más solemne, exclamó Jesús en voz alta: "El que tenga sed, que venga a mí; y beba, aquel que cree en mí. Como dice la

Escritura: *Del corazón del que cree en mí brotarán ríos de agua viva".* Al decir esto, se refería al Espíritu Santo que habían de recibir los que creyeran en él, pues aún no había venido el Espíritu, porque Jesús no había sido glorificado.

Misa del día

Primera Lectura: Hechos 2,1-11

El día de Pentecostés, todos los discípulos estaban reunidos en un mismo lugar. De repente se oyó un gran ruido que venía del cielo, como cuando sopla un viento fuerte, que resonó por toda la casa donde se encontraban. Entonces aparecieron lenguas de fuego, que se distribuyeron y se posaron sobre ellos; se llenaron todos del Espíritu Santo y empezaron a hablar en otros idiomas, según el Espíritu los inducía a expresarse. En esos días había en Jerusalén judíos devotos, venidos de todas partes del mundo. Al oír el ruido, acudieron en masa y quedaron desconcertados, porque cada uno los oía hablar en su propio idioma. Atónitos y llenos de admiración, preguntaban: "¿No son galileos, todos estos que están hablando? ¿Cómo, pues, los oímos hablar en nuestra lengua nativa? Entre nosotros hay medos, partos y elamitas; otros vivimos en Mesopotamia, Judea, Capadocia, en el Ponto y en Asia, en Frigia y en Panfilia, en Egipto o en la zona de Libia que limita con Cirene. Algunos somos visitantes, venidos de Roma, judíos y prosélitos; también hay cretenses y árabes. Y sin embargo, cada quien los oye hablar de las maravillas de Dios en su propia lengua".

Salmo Responsorial: Del Salmo 103

R. (30) Envía, Señor, tu Espíritu, a renovar la tierra. Aleluya.

Bendice, al Señor, alma mía; Señor y Dios mío, inmensa es su grandeza. Te vistes de belleza y majestad, la luz te envuelve como un manto. **R.**

Si retiras tu aliento, toda creatura muere y vuelve al polvo. Pero envías tu espíritu, que da vida, y renuevas el aspecto de la tierra. **R.**

Que Dios sea glorificado para siempre y se goce en sus creaturas. Ojalá que le agraden mis palabras y yo me alegraré en el Señor. **R.**

Segunda Lectura: 1 Corintios 12, 3b-7. 12-13

Hermanos: Nadie puede llamar a Jesús "Señor", si no es bajo la acción del Espíritu Santo. Hay diferentes dones, pero el Espíritu es el mismo. Hay diferentes servicios, pero el Señor es el mismo. Hay diferentes actividades, pero Dios, que hace todo en todos, es el mismo. En cada uno se manifiesta el Espíritu para el bien común. Porque así como el cuerpo es uno y tiene muchos miembros y todos ellos, a pesar de ser muchos, forman un solo cuerpo, así también es Cristo. Porque todos nosotros, seamos judíos o no judíos, esclavos o libres, hemos sido bautizados en un mismo Espíritu para formar un solo cuerpo, y a todos se nos ha dado a beber del mismo Espíritu.

O bien:
Gálatas 5,16-25

Hermanos: Los exhorto a que vivan de acuerdo con las exigencias del Espíritu; así no se dejarán arrastrar por el desorden egoísta del hombre. Este desorden está en contra del Espíritu de Dios, y el Espíritu está en contra de ese desorden. Y esta oposición es tan radical, que les impide a ustedes hacer lo que querrían hacer. Pero si los guía el Espíritu, ya no están ustedes bajo el dominio de la ley. Son manifiestas las obras que proceden del desorden egoísta del hombre: la lujuria, la impureza, el libertinaje, la idolatría, la brujería, las enemistades, los pleitos, las rivalidades, la ira, las rencillas, las divisiones, las discordias, las envidias, las borracheras, las orgías y otras cosas semejantes. Respecto a ellas les advierto, como ya lo hice antes, que quienes hacen estas cosas no conseguirán el Reino de Dios. En cambio, los frutos del Espíritu Santo son: el amor, la alegría, la paz, la generosidad, la benignidad, la bondad, la fidelidad, la mansedumbre y el dominio de sí mismo. Ninguna ley existe que vaya en contra de estas cosas. Y los que son de Jesucristo ya han crucificado su egoísmo, junto con sus pasiones y malos deseos. Si tenemos la vida del Espíritu, actuemos conforme a ese mismo Espíritu.

Secuencia: Veni, Sancte Spiritus

Ven, Dios Espíritu Santo,
y envíanos desde el cielo
tu luz, para iluminarnos.

Ven ya, padre de los pobres,
luz que penetra en las almas,
dador de todos los dones.
Fuente de todo consuelo,
amable huésped de alma,
paz en las horas de duelo.
Eres pausa en al trabajo;
brisa, en un clima de fuego;
consuelo, en medio del llanto.
Ven, luz santificadora,
y entra hasta el fondo del alma
de todos los que te adoran.
Sin tu inspiración
divina los hombres nada
podemos y el pecado nos domina.
Lava nuestras inmundicias,
fecunda nuestras desiertos
y cura nuestras heridas.
Doblega nuestra soberbia,
calienta nuestras frialdad,
endereza nuestras sendas.
Concede a aquellos que ponen
en ti su fe y su confianza
tus siete sagrados dones.
Danos virtudes y méritos,
danos una buena muerte
y contigo el gozo eterno.

Aclamación antes del Evangelio
R. Aleluya, aleluya.
Ven, Espíritu Santo, llena los corazones de tus fieles y enciende en ellos el fuego

de tu amor. **R.**

Evangelio: Juan 20, 19-23

Al anochecer del día de la resurrección, estando cerradas las puertas de la casa donde se hallaban los discípulos, por miedo a los judíos, se presentó Jesús en medio de ellos y les dijo: "La paz esté con ustedes". Dicho esto, les mostró las manos y el costado. Cuando los discípulos vieron al Señor, se llenaron de alegría. De nuevo les dijo Jesús: "La paz esté con ustedes. Como el Padre me ha enviado, así también los envío yo". Después de decir esto, sopló sobre ellos y les dijo: "Reciban el Espíritu Santo. A los que les perdonen los pecados, les quedarán perdonados; y a los que no se los perdonen, les quedarán sin perdonar".

O bien:

Juan 15,26-27; 16,12-15

En aquel tiempo, Jesús dijo a sus discípulos: "Cuando venga el Consolador, que yo les enviaré a ustedes de parte del Padre, el Espíritu de la verdad que procede del Padre, él dará testimonio de mí y ustedes también darán testimonio, pues desde el principio han estado conmigo. Aún tengo muchas cosas que decirles, pero todavía no las pueden comprender. Pero cuando venga el Espíritu de la verdad, él los irá guiando hasta la verdad plena, porque no hablará por su cuenta, sino que dirá lo que haya oído y les anunciará las cosas que van a suceder. Él me glorificará, porque primero recibirá de mí lo que les vaya comunicando. Todo lo que tiene el Padre es mío. Por eso he dicho que tomará de lo mío y se lo comunicará a ustedes".

Lunes 20 de mayo de 2024
Memoria de la Bienaventurada Virgen María, Madre De La Iglesia
Primera Lectura: Génesis 3, 9-15. 20

Después de que el hombre y la mujer comieron del fruto del árbol prohibido, el Señor Dios llamó al hombre y le preguntó, "¿Dónde estás?" Éste le respondió, "Oí tus pasos en el jardín; y tuve miedo, porque estoy desnudo, y me escondí". Entonces le dijo Dios, "¿Y quién te ha dicho que estabas desnudo? ¿Has comido acaso del árbol del que te prohibí comer?" Respondió Adán: "La mujer que me diste por compañera me ofreció del fruto del árbol y comí". El Señor Dios dijo a la mujer: "¿Por qué has hecho esto?" Repuso la mujer: "La serpiente me engañó y comí." Entonces dijo el Señor Dios a la serpiente: "Porque has hecho esto, serás maldita entre todos los animales y entre todas las bestias salvajes. Te arrastrarás sobre tu vientre y comerás polvo todos los días de tu vida. Pondré enemistad entre ti y la mujer, entre tu descendencia y la suya; y su descendencia te aplastará la cabeza, mientras tú tratarás de morder su talón". El hombre le puso a su mujer el nombre de "Eva", porque ella fue la madre de todos los vivientes.

O bien:
Hechos 1, 12-14

Después de la ascensión de Jesús a los cielos, los apóstoles regresaron a Jerusalén desde el monte de los Olivos, que dista de la ciudad lo que se permite caminar en sábado. Cuando llegaron a la ciudad, subieron al piso alto de la casa donde se alojaban, Pedro y Juan, Santiago y Andrés, Felipe y Tomás, Bartolomé y Mateo, Santiago (el hijo de Alfeo), Simón el Cananeo y Judas, el hijo de Santiago. Todos ellos perseveraban unánimes en la oración, junto con María, la madre de Jesús, con los parientes de Jesús y algunas mujeres.

Salmo Responsorial: Salmo 87, 1-2. 3 y 5. 6-7
R. (3) ¡Qué pregón tan glorioso para ti, ciudad de Dios!

Él la ha cimentado sobre el monte santo; y el Señor prefiere las puertas de Sión a todas las moradas de Jacob. **R.**

¡Qué pregón tan glorioso para ti, ciudad de Dios! Se dirá de Sión: "Uno por uno, todos han nacido en ella; el Altísimo en persona la ha fundado". **R.**

El Señor escribirá en el registro de los pueblos: "Éste ha nacido allí". Y cantarán mientras danzan: "Todas mis fuentes están en ti". **R.**

Aclamación antes del Evangelio
R. Aleluya, aleluya.

¡Oh, dichosa Virgen, que diste a luz al Señor, oh, dichosa Madre de la Iglesia, que avivas en nosotros el Espíritu de tu Hijo Jesucristo! **R.**

Evangelio: Juan 19, 25-34

En aquel tiempo, junto a la cruz de Jesús estaban su madre, la hermana de su madre, María la de Cleofás, y María Magdalena. Al ver a su madre y junto a ella al discípulo que tanto quería, Jesús dijo a su madre: "Mujer, ahí está tu hijo". Luego dijo al discípulo: "Ahí está tu madre". Y desde entonces el discípulo se la llevó a vivir con él. Después de esto, sabiendo Jesús que todo había llegado a su término, para que se cumpliera la Escritura, dijo: "Tengo sed". Había allí un jarro lleno de vinagre. Los soldados sujetaron una esponja empapada en vinagre a una caña de hisopo y se la acercaron a la boca. Jesús probó el vinagre y dijo: "Todo está cumplido", e inclinando la cabeza, entrego el espíritu. Entonces, los judíos, como era el día de la preparación de la Pascua, para que los cuerpos de los ajusticiados no se quedaran en la cruz el sábado, porque aquel sábado era un día muy solemne, pidieron a Pilato que les quebraran las piernas y los quitaran de la cruz. Fueron los soldados, le quebraron las piernas a uno y luego al otro de los que habían sido crucificados con Jesús. Pero al llegar a él, viendo que ya había muerto, no le quebraron las piernas, sino que uno de los soldados le traspasó el costado con una lanza e inmediatamente salió sangre y agua.

Martes 21 de mayo de 2024
Martes de la VII semana del Tiempo ordinario
Primera Lectura: Santiago 4, 1-10

Hermanos míos: ¿De dónde vienen las luchas y los conflictos entre ustedes? ¿No es, acaso, de las malas pasiones, que siempre están en guerra dentro de ustedes? Ustedes codician lo que no pueden tener y acaban asesinando. Ambicionan algo que no pueden alcanzar, y entonces combaten y hacen la guerra. Y si no lo alcanzan, es porque no se lo piden a Dios. O si se lo piden y no lo reciben, es porque piden mal, para derrocharlo en placeres. Gente infiel, ¿no saben que la amistad con el mundo es enemistad con Dios? Por lo tanto, quien decide ser amigo del mundo se hace enemigo de Dios. No piensen que la Escritura dice en vano: *Dios ama celosamente a nuestro espíritu y nos da su gracia con generosidad.* Por eso dice también la Escritura: *Dios aborrece a los soberbios y concede su gracia a los humildes.* Por consiguiente, sométanse a Dios; resistan al diablo y se alejará de ustedes. Acérquense a Dios y él se acercará a ustedes. Que los pecadores se purifiquen las manos y se decidan por Dios los indecisos. Comiencen ya a lamentar y a llorar su miseria. Que su risa se convierta en llanto y su alegría en tristeza. Humíllense ante el Señor y él los enaltecerá.

Salmo Responsorial: Salmo 54, 7-8. 9-10a. 10b-11a. 23
R. (23a) Descarga en el Señor lo que te agobia.

En la angustia me dije: "Si tuviera, como la paloma, alas, yo me iría volando por el desierto, para poder vivir libre de intrigas. **R.**

A salvo me pondría del viento huracanado, de las voces que dan mis enemigos y de sus opresiones". **R.**

Sólo veo en la ciudad violencias y discordias, que da día y noche por sus murallas rondan. **R.**

Descarga en el Señor lo que te agobia y él te aliviará. La derrota del justo para siempre jamás permitirá. **R.**

Aclamación antes del Evangelio: Gálatas 6, 14
R. Aleluya, aleluya.

No permita Dios que yo me gloríe en algo que no sea la cruz de nuestro Señor Jesucristo, por el cual el mundo está crucificado para mí y yo para el mundo. **R.**

Evangelio: Marcos 9, 30-37
En aquel tiempo, Jesús y sus discípulos atravesaban Galilea, pero él no quería que nadie lo supiera, porque iba enseñando a sus discípulos. Les decía: "El Hijo del hombre va a ser entregado en manos de los hombres; le darán muerte, y tres días después de muerto, resucitará". Pero ellos no entendían aquellas palabras y tenían miedo de pedir explicaciones. Llegaron a Cafarnaúm, y una vez en casa, les preguntó: "¿De qué discutían por el camino?" Pero ellos se quedaron callados, porque en el camino habían discutido sobre quién de ellos era el más importante. Entonces Jesús se sentó, llamó a los Doce y les dijo: "Si alguno quiere ser el

primero, que sea el último de todos y el servidor de todos". Después, tomando a un niño, lo puso en medio de ellos, lo abrazó y les dijo: "El que reciba en mi nombre a uno de estos niños, a mí me recibe. Y el que me reciba a mí, no me recibe a mí, sino a aquel que me ha enviado".

Miércoles 22 de mayo de 2024
Miércoles de la VII semana del Tiempo ordinario
Primera Lectura: Santiago 4, 13-17

Hermanos míos: Consideremos ahora a los que dicen: "Hoy o mañana saldremos para tal ciudad, ahí viviremos unos años, pondremos un negocio y nos haremos ricos". Ésos no tienen idea de lo que será el mañana. Pues ¿qué cosa es la vida de ustedes? Una nubecilla que se ve un rato y luego se desvanece. Lo que ustedes deberían decir es esto: "Si el Señor nos presta vida, haremos esto y aquello". En lugar de eso, presumen de ser autosuficientes; y toda esa clase de presunciones es mala. En resumen, el que sabe cómo portarse bien y no lo hace, está en pecado.

Salmo Responsorial: Salmo 48, 2-3. 6-7. 8-10. 11
R. (Mateo 5, 3) Dichosos los pobres de espíritu porque de ellos es el Reino de los cielos.

Escuchen, pueblos todos de la tierra, habitantes del mundo, estén atentos, los ricos y los pobres, lo mismo el hombre noble que el plebeyo. **R.**

¿Por qué temer en días de desgracia, cuando nos cerca la malicia de aquellos que presumen de sus bienes y en sus riquezas confían? **R.**

Nadie puede comprar su propia vida, ni por ella pagarle a Dios rescate. No hay dinero capaz de hacer que alguno de la muerte se escape. **R.**

Lo mismo que los necios e ignorantes, también los sabios mueren, y a las manos de extraños van a parar sus bienes. **R.**

Aclamación antes del Evangelio: Juan 14, 6
R. Aleluya, aleluya.

Yo soy el camino, la verdad y la vida; nadie va al Padre si no es por mí, dice el

Señor. **R.**

Evangelio: Marcos 9, 38-40

En aquel tiempo, Juan le dijo a Jesús: "Hemos visto a uno que expulsaba a los demonios en tu nombre, y como no es de los nuestros, se lo prohibimos". Pero Jesús le respondió: "No se lo prohíban, porque no hay ninguno que haga milagros en mi nombre, que luego sea capaz de hablar mal de mí. Todo aquel que no está contra nosotros, está a nuestro favor".

Jueves 23 de mayo de 2024
Jueves de la VII semana del Tiempo ordinario
Primera Lectura: Santiago 5, 1-6

Lloren y laméntense, ustedes, los ricos, por las desgracias que esperan. Sus riquezas se han corrompido; la polilla se ha comido sus vestidos; enmohecidos están su oro y su plata, y ese moho será una prueba contra ustedes y consumirá sus carnes, como el fuego. Con esto ustedes han atesorado un castigo para los últimos días. El salario que ustedes han defraudado a los trabajadores que segaron sus campos está clamando contra ustedes; sus gritos han llegado hasta el oído del Señor de los ejércitos. Han vivido ustedes en este mundo entregados al lujo y al placer, engordando como reses para el día de la matanza. Han condenado a los inocentes y los han matado, porque no podían defenderse.

Salmo Responsorial: Salmo 48, 14-15ab. 15cd-16. 17-18. 19-20
R. (Mateo 5, 3) Dichosos los pobres de espíritu, porque de ellos es el Reino de los cielos.

Como bestias sumisas, pastoreadas por la muerte en el reino de los muertos, así terminarán los que confían en sí mismos y viven satisfechos. **R.**
Se desvanece al punto su figura y morarán por siempre en el abismo. En cambio, Dios me salvará la vida, me llevará consigo. **R.**
No te inquietes cuando alguien se enriquece y aumentan las riquezas su poder. Nada podrá llevarse, cuando muera, ni podrá su poder bajar con él. **R.**
Aunque feliz se sienta mientras viva y por pasarla bien todos lo alaben, ahí donde

jamás verá la luz descenderá a reunirse con sus padres. **R.**

Aclamación antes del Evangelio: 1 Tesalonicenses 2, 13
R. Aleluya, aleluya.

Reciban la palabra de Dios, no como palabra humana, sino como palabra divina, tal como es en realidad. **R.**

Evangelio: Marcos 9, 41-50

En aquel tiempo, Jesús dijo a sus discípulos: "Todo aquel que les dé a beber un vaso de agua por el hecho de que son de Cristo, les aseguro que no se quedará sin recompensa. Al que sea ocasión de pecado para esta gente sencilla que cree en mí, más le valdría que le pusieran al cuello una de esas enormes piedras de molino y lo arrojaran al mar. Si tu mano te es ocasión de pecado, córtatela; pues más te vale entrar manco en la vida eterna, que ir con tus dos manos al lugar de castigo, al fuego que no se apaga. Y si tu pie te es ocasión de pecado, córtatelo; pues más te vale entrar cojo en la vida eterna, que con tus dos pies ser arrojado al lugar de castigo. Y si tu ojo te es ocasión de pecado, sácatelo; pues más te vale entrar tuerto en el Reino de Dios, que ser arrojado con tus dos ojos al lugar de castigo, *donde el gusano no muere y el fuego no se apaga*. Todos serán salados con fuego. La sal es cosa buena; pero si pierde su sabor, ¿con qué se lo volverán a dar? Tengan sal en ustedes y tengan paz los unos con los otros".

Viernes 24 de mayo de 2024
Viernes de la VII semana del Tiempo ordinario

Primera Lectura: Santiago 5, 9-12

Hermanos míos: No murmuren los unos de los otros, para que en el día del juicio no sean condenados. Miren que el juez ya está a la puerta. Tomen como ejemplo de paciencia en el sufrimiento a los profetas, los cuales hablaron en nombre del Señor. Llamamos dichosos a los que supieron soportar el sufrimiento. Ustedes han oído hablar de la paciencia de Job y ya ven el final que le dio el Señor, porque *el Señor es compasivo y misericordioso*. Pero sobre todo, hermanos míos, no juren ni por el cielo ni por la tierra, ni por ninguna otra cosa; que el sí de ustedes sea sí, y el no de ustedes sea no, para que no queden expuestos a ser condenados en el juicio.

Salmo Responsorial: Salmo 102, 1-2. 3-4. 9-10. 11-12
R. (8a) El Señor es compasivo y misericordioso.

Bendice, al Señor, alma mía, que todo mi ser bendiga su santo nombre. Bendice, al Señor, alma mía, y no te olvides de sus beneficios. **R.**

El Señor perdona tus pecados y cura tus enfermedades; él rescata tu vida del sepulcro y te colma de amor y de ternura. **R.**

El Señor es compasivo y misericordioso, Lento para enojarse y generoso para perdonar. El Señor no estará siempre enojado. Ni durará para siempre su rencor. **R.**

Como desde la tierra hasta el cielo. Así es de grande su misericordia; como un padre es compasivo con sus hijos, así es compasivo el Señor con quien lo ama. **R.**

Aclamación antes del Evangelio: Juan 17, 17
R. Aleluya, aleluya.

Tu palabra, Señor, es la verdad; santifícanos en la verdad. **R.**

Evangelio: Marcos 10, 1-12
En aquel tiempo, se fue Jesús al territorio de Judea y Transjordania, y de nuevo se le fue acercando la gente; él los estuvo enseñando, como era su costumbre. Se acercaron también unos fariseos y le preguntaron, para ponerlo a prueba: "¿Le es lícito a un hombre divorciarse de su esposa?" Él les respondió: "¿Qué les prescribió Moisés?" Ellos contestaron: "Moisés nos permitió el divorcio mediante la entrega de un acta de divorcio a la esposa". Jesús les dijo: "Moisés prescribió esto, debido a la dureza del corazón de ustedes. Pero desde el principio, al crearlos, Dios *los hizo hombre y mujer. Por eso dejará el hombre a su padre y a su madre y se unirá a su esposa y serán los dos una sola cosa.* De modo que ya no son dos, sino una sola cosa. Por eso, lo que Dios unió, que no lo separe el hombre". Ya en casa, los discípulos le volvieron a preguntar sobre el asunto. Jesús les dijo: "Si uno se divorcia de su esposa y se casa con otra, comete

adulterio contra la primera. Y si ella se divorcia de su marido y se casa con otro, comete adulterio".

Sábado 25 de mayo de 2024
Sábado de la VII semana del Tiempo ordinario

Primera Lectura: Santiago 5, 13-20

Hermanos míos: ¿Sufre alguno de ustedes? Que haga oración. ¿Está de buen humor? Que entone cantos al Señor. ¿Hay alguno enfermo? Que llame a los presbíteros de la Iglesia, para que oren por él y lo unjan con aceite, invocando al Señor. La oración hecha con fe le dará la salud al enfermo y el Señor hará que se levante; y si tiene pecados, se le perdonarán. Por lo tanto, confiesen sus pecados los unos a los otros y oren los unos por los otros para que se curen. Mucho puede la oración insistente del justo: Elías era un hombre igual a nosotros, y cuando oró con insistencia para que no lloviera, no llovió en tres años y medio; volvió a orar, y el cielo dio su lluvia, y la tierra, sus cosechas. Hermanos míos, si alguno de ustedes se desvía de la verdad y otro lo hace volver al buen camino, tengan presente que quien hace volver a un pecador de su extravío, salvará su propia alma de la muerte y sepultará una multitud de pecados.

Salmo Responsorial: Salmo 140, 1-2. 3 y 8

R. (2a) Que sea, Señor, mi oración como el incienso.

A ti clamo, Señor, acude pronto; cuando te invoco, escucha mi plegaria. Que sea mi oración como el incienso; como ofrenda, mis manos levantades. **R.**

Pon, Señor, en mi boca un centinela, un vigía, a la puerta de mis labios. En ti, Señor, están puestos mis ojos, no me niegues tu amparo. **R.**

Aclamación antes del Evangelio: Mateo 11, 25

R. Aleluya, aleluya.

Te doy gracias, Padre, Señor del cielo y de la tierra, porque has revelado los misterios del Reino a la gente sencilla. **R.**

Evangelio: Marcos 10, 13-16

En aquel tiempo, la gente le llevó a Jesús unos niños para que los tocara, pero los discípulos trataban de impedirlo. Al ver aquello, Jesús se disgustó y les dijo: "Dejen que los niños se acerquen a mí y no se lo impidan, porque el Reino de Dios es de los que son como ellos. Les aseguro que el que no reciba el Reino de Dios como un niño, no entrará en él". Después tomó en brazos a los niños y los bendijo imponiéndoles las manos.

Domingo 26 de mayo de 2024
Solemnidad de la Santísima Trinidad
Primera Lectura: Deuteronomio 4, 32-34. 39-40

En aquellos días, habló Moisés al pueblo y le dijo: "Pregunta a los tiempos pasados, investiga desde el día en que Dios creó al hombre sobre la tierra. ¿Hubo jamás, desde un extremo al otro del cielo, una cosa tan grande como ésta? ¿Se oyó algo semejante? ¿Qué pueblo ha oído sin perecer, que Dios le hable desde el fuego, como tú lo has oído? ¿Hubo algún dios que haya ido a buscarse un pueblo en medio de otro pueblo, a fuerza de pruebas, de milagros y de guerras, con mano fuerte y brazo poderoso? ¿Hubo acaso hechos tan grandes como los que, ante sus propios ojos, hizo por ustedes en Egipto el Señor su Dios? Reconoce, pues, y graba hoy en tu corazón que el Señor es el Dios del cielo y de la tierra y que no hay otro. Cumple sus leyes y mandamientos, que yo te prescribo hoy, para que seas feliz tú y tu descendencia, y para que vivas muchos años en la tierra que el Señor, tu Dios, te da para siempre".

Salmo Responsorial: Salmo 32, 4-5. 6 y 9. 18-19. 20 y 22
R. (12b) Dichoso el pueblo escogido por Dios.

Sincera es palabra del Señor y todas sus acciones son leales. El ama la justicia y el derecho, la tierra llena está de sus bondades. **R.**

La palabra del Señor hizo los cielos y su aliento, sus astros; pues el Señor habló y fue hecho todo; lo mandó con su voz y surgió el orbe. **R.**

Cuida el Señor de aquellos que lo temen en su bondad confían; los salva de la muerte y en épocas de hambres les da vida. **R.**

En el Señor está nuestra esperanza, pues él es nuestra ayuda y nuestra amparo.

Muéstrate bondadoso con nosotros, Puesto que en ti, Señor, hemos confiado. **R.**

Segunda Lectura: Romanos 8, 14-17

Hermanos: Los que se dejan guiar por el Espíritu de Dios, ésos son hijos de Dios. No han recibido ustedes un espíritu de esclavos, que los haga temer de nuevo, sino un espíritu de hijos, en virtud del cual podemos llamar Padre a Dios. El mismo Espíritu Santo, a una con nuestro propio espíritu, da testimonio de que somos hijos de Dios. Y si somos hijos, somos también herederos de Dios y coherederos con Cristo, puesto que sufrimos con él para ser glorificados junto con él.

Aclamación antes del Evangelio: Apocalipsis 1, 8
R. Aleluya, aleluya.

Gloria al Padre y al Hijo y al Espíritu Santo. Al Dios que es, que era y que vendrá. **R.**

Evangelio: Mateo 28, 16-20

En aquel tiempo, los once discípulos se fueron a Galilea y subieron al monte en el que Jesús los había citado. Al ver a Jesús, se postraron, aunque algunos titubeaban. Entonces Jesús se acercó a ellos y les dijo: "Me ha sido dado todo poder en el cielo y en la tierra. Vayan, pues, y enseñen a todas las naciones, bautizándolas en el nombre del Padre y del Hijo y del Espíritu Santo, y enseñándolas a cumplir todo cuanto yo les he mandado; y sepan que yo estaré con ustedes todos los días, hasta el fin del mundo".

Lunes 27 de mayo de 2024
Lunes de la VIII semana del Tiempo ordinario
Primera Lectura: 1 Pedro 1, 3-9

Bendito sea Dios, Padre de nuestro Señor Jesucristo, por su gran misericordia, porque al resucitar a Jesucristo de entre los muertos, nos concedió renacer a la esperanza de una vida nueva, que no puede corromperse ni mancharse y que él nos tiene reservada como herencia en el cielo. Porque ustedes tienen fe en Dios, él los protege con su poder, para que alcancen la salvación que les tiene preparada y que él revelará al final de los tiempos. Por esta razón, alégrense, aun cuando ahora tengan que sufrir un poco por adversidades de todas clases, a fin de que su fe, sometida a la prueba, sea hallada digna de alabanza, gloria y honor, el día de la manifestación de Cristo. Porque la fe de ustedes es más preciosa que el oro, y el oro se acrisola por el fuego. A Cristo Jesús no lo han visto y, sin embargo, lo aman; al creer en él ahora, sin verlo, se llenan de una alegría radiante e indescriptible, seguros de alcanzar la salvación de sus almas, que es la meta de la fe.

Salmo Responsorial: Salmo 110, 1. 2. 4-5. 9 y 10c
R. (5b) El Señor se acuerda siempre de su alianza.

Quiero alabar a Dios, de corazón, en las reuniones de los justos. Grandiosas son las obras del Señor, y para todo fiel, dignas de estudio. **R.**

Ha hecho inolvidables sus prodigios. El Señor es piadoso y es clemente. Acordándose siempre de su alianza, él le da de comer al que lo teme. **R.**

El redimió a su pueblo y estableció su alianza para siempre. Dios es santo y terrible y su gloria perdura eternamente. **R.**

Aclamación antes del Evangelio: 2 Corintios 8, 9
R. Aleluya, aleluya.

Jesucristo, siendo rico, se hizo pobre, para enriquecernos con su pobreza. **R.**

Evangelio: Marcos 10, 17-27
En aquel tiempo, cuando salía Jesús al camino, se le acercó corriendo un hombre, se arrodilló ante él y le preguntó: "Maestro bueno, ¿qué debo hacer para alcanzar la vida eterna?" Jesús le contestó: "¿Por qué me llamas bueno? Nadie es bueno sino sólo Dios. Ya sabes los mandamientos: *No matarás, no cometerás adulterio, no robarás, no levantarás falso testimonio*, no cometerás fraudes, honrarás a tu padre y a tu madre". Entonces él le contestó: "Maestro, todo eso lo he cumplido desde muy joven". Jesús lo miró con amor y le dijo: "Sólo una cosa te falta: Ve y vende lo que tienes, da el dinero a los pobres y así tendrás un tesoro en los cielos.

Después, ven y sígueme". Pero al oír estas palabras, el hombre se entristeció y se fue apesadumbrado, porque tenía muchos bienes. Jesús, mirando a su alrededor, dijo entonces a sus discípulos: "¡Qué difícil les va a ser a los ricos entrar en el Reino de Dios!" Los discípulos quedaron sorprendidos ante estas palabras; pero Jesús insistió: "Hijitos, ¡qué difícil es para los que confían en las riquezas, entrar en el Reino de Dios! Más fácil le es a un camello pasar por el ojo de una aguja, que a un rico entrar en el Reino de Dios". Ellos se asombraron todavía más y comentaban entre sí: "Entonces, ¿quién puede salvarse?" Jesús, mirándolos fijamente, les dijo: "Es imposible para los hombres, mas no para Dios. Para Dios todo es posible".

<h2 style="text-align:center">Martes 28 de mayo de 2024</h2>

Martes de la VIII semana del Tiempo ordinario

Primera Lectura: 1 Pedro 1, 10-16

Hermanos: Los profetas, cuando predijeron la gracia destinada a ustedes, investigaron también profundamente acerca de la salvación de ustedes. Ellos trataron de descubrir en qué tiempo y en qué circunstancias se habrían de verificar las indicaciones que el Espíritu de Cristo, que moraba en ellos, les había revelado sobre los sufrimientos de Cristo y el triunfo glorioso que los seguiría. Pero se les dio a conocer que ellos no verían lo que profetizaban, sino que estaba reservado para nosotros. Todo esto les ha sido anunciado ahora a ustedes, por medio de aquellos que les han predicado el Evangelio con la fuerza del Espíritu Santo, enviado del cielo, y ciertamente es algo que los ángeles anhelan contemplar. Por eso, viviendo siempre atentos y vigilantes, pongan toda su esperanza en la gracia que les va a traer la manifestación gloriosa de Jesucristo. Como hijos obedientes, no vivan conforme a las pasiones que tenían antes, en el tiempo de su ignorancia. Al contrario, así como es santo el que los llamó, sean también ustedes santos en toda su conducta, pues la Escritura dice: *Sean santos, porque yo, el Señor, soy santo.*

Salmo Responsorial: Salmo 97, 1. 2-3ab. 3cd-4

R. (2a) Cantemos al Señor un canto nuevo.

Cantemos al Señor un canto nuevo, pues ha hecho maravillas. Su diestra y su santo brazo le han dado la victoria. **R.**

El Señor ha dado a conocer su victoria Y ha revelado a las naciones su justicia. Una vez más ha demostrado Dios su amor y su lealtad hacia Israel. **R.**

La tierra entera ha contemplado la victoria de nuestro Dios. Que todos los pueblos y naciones aclamen con júbilo el Señor. **R.**

Aclamación antes del Evangelio: Mateo 11, 25
R. Aleluya, aleluya.

Te doy gracias, Padre, Señor del cielo y de la tierra, porque has revelado los misterios del Reino a la gente sencilla. **R.**

Evangelio: Marcos 10, 28-31

En aquel tiempo, Pedro le dijo a Jesús: "Señor, ya ves que nosotros lo hemos dejado todo para seguirte". Jesús le respondió: "Yo les aseguro: Nadie que haya dejado casa, o hermanos o hermanas, o padre o madre, o hijos o tierras, por mí y por el Evangelio, dejará de recibir, en esta vida, el ciento por uno en casas, hermanos y hermanas, madres e hijos y tierras, junto con persecuciones, y en el otro mundo, la vida eterna. Y muchos que ahora son los primeros serán los últimos, y muchos que ahora son los últimos, serán los primeros".

Miércoles 29 de mayo de 2024
Miércoles de la VIII semana del Tiempo ordinario

Primera Lectura: 1 Pedro 1, 18-25

Hermanos: Bien saben ustedes que de su estéril manera de vivir, heredada de sus padres, los ha rescatado Dios, no con bienes efímeros, como el oro y la plata, sino con la sangre preciosa de Cristo, el cordero sin defecto ni mancha, al cual Dios había elegido desde antes de la creación del mundo y, por amor a ustedes, lo ha manifestado en estos tiempos, que son los últimos. Por Cristo, ustedes creen en Dios, quien lo resucitó de entre los muertos y lo llenó de gloria, a fin de que la fe de ustedes sea también esperanza en Dios. Así pues, purificados ya internamente por la obediencia a la verdad, que conduce al amor sincero a los hermanos, ámense los unos a los otros de corazón e intensamente. Porque han vuelto ustedes a nacer, y no de una semilla mortal, sino inmortal, por medio de la palabra viva y permanente de Dios. En efecto, *todo mortal es hierba y toda su belleza es flor de hierba: se seca la hierba y cae la flor; en cambio, la palabra del Señor permanece para siempre.* Y ésa es la palabra que se les ha anunciado.

Salmo Responsorial: Salmo 147, 12-13.14-15. 19-20
R. (12a) Demos gloria al Señor.

Glorifica al Señor, Jerusalén; a Dios ríndele honores, Israel. El refuerza el cerrojo de tus puertas y bendice a tus hijos en tu casa. **R.**

El mantiene la paz en tus fronteras, con su trigo mejor sacia tu hambre. El envía a la tierra su mensaje, y su palabra corre velozmente. **R.**

La muestra a Jacob pensamiento, sus normas y designios a Israel. No ha hecho nada igual con ningún pueblo, ni le ha confiado a otro sus proyectos. **R.**

Aclamación antes del Evangelio: Marcos 10, 45
R. Aleluya, aleluya.

Jesucristo vino a servir y a dar su vida por la salvación de todos. **R.**

Evangelio: Marcos 10, 32-45

En aquel tiempo, Jesús y sus discípulos iban camino de Jerusalén y Jesús se les iba adelantando. Los discípulos estaban sorprendidos y la gente que lo seguía tenía miedo. Él se llevó aparte otra vez a los Doce y se puso a decirles lo que le iba a suceder: "Ya ven que nos estamos dirigiendo a Jerusalén y el Hijo del hombre va a ser entregado a los sumos sacerdotes y a los escribas; van a condenarlo a muerte y a entregarlo a los paganos; se van a burlar de él, van a escupirlo, a azotarlo y a matarlo; pero al tercer día resucitará". Entonces se acercaron a Jesús Santiago y Juan, los hijos de Zebedeo, y le dijeron: "Maestro, queremos que nos concedas lo que vamos a pedirte". Él les dijo: "¿Qué es lo que desean?" Le respondieron: "Concede que nos sentemos uno a tu derecha y otro a tu izquierda, cuando estés en tu gloria". Jesús les replicó: "No saben lo que piden. ¿Podrán pasar la prueba que yo voy a pasar y recibir el bautismo con que seré bautizado?" Le respondieron: "Sí podemos". Y Jesús les dijo: "Ciertamente pasarán la prueba que yo voy a pasar y recibirán el bautismo con que yo seré bautizado; pero eso de sentarse a mi derecha o a mi izquierda no me toca a mí concederlo; eso es para quienes está reservado". Cuando los otros diez apóstoles oyeron esto, se indignaron contra Santiago y Juan. Jesús reunió entonces a los Doce y les dijo: "Ya saben que los jefes de las naciones las gobiernan como si fueran sus dueños y los poderosos las oprimen. Pero no debe ser así entre ustedes. Al contrario: el que quiera ser grande entre ustedes que sea su servidor, y el que quiera ser el primero, que sea el esclavo de todos, así como el Hijo del hombre, que no ha venido a que lo sirvan, sino a servir y a dar su vida por la redención de todos".

<h3 style="text-align:center">Jueves 30 de mayo de 2024</h3>

Jueves de la VIII semana del Tiempo ordinario

Primera Lectura: 1 Pedro 2, 2-5. 9-12

Hermanos: Como niños recién nacidos, deseen una leche pura y espiritual, para que crezcan hasta alcanzar la salvación, ya que han probado lo bueno que es el Señor. Acérquense, pues, al Señor Jesús, la piedra viva, rechazada por los hombres, pero escogida y preciosa a los ojos de Dios; porque ustedes también son piedras vivas, que van entrando en la edificación del templo espiritual, para formar un sacerdocio santo, destinado a ofrecer sacrificios espirituales, agradables a Dios, por medio de Jesucristo. Ustedes son *estirpe elegida, sacerdocio real, nación consagrada a Dios y pueblo de su propiedad,* para que proclamen las obras maravillosas de aquel que los llamó de las tinieblas a su luz admirable. Ustedes, los que antes *no eran pueblo, ahora son pueblo de Dios; ustedes, los que antes no habían alcanzado misericordia, ahora han alcanzado misericordia.* Queridos hermanos, como a extranjeros que viven fuera de su patria, les recomiendo que se alejen de las pasiones bajas, que hacen la guerra al espíritu. Vivan entre los paganos de modo ejemplar; pues si los llegan a acusar de malhechores, las buenas acciones de que son testigos los harán a ellos glorificar a Dios el día del juicio.

Salmo Responsorial: Salmo 99, 2. 3. 4. 5

R. (2c) El Señor es nuestro Dios y nosotros su pueblo.

Alabemos a Dios todos los hombres, sirvamos al Señor con alegría, y con júbilo entremos en su templo. **R.**

Reconozcamos que el Señor es Dios, que él fue quien nos hizo y somos suyos, que somos su pueblo y su rebaño. **R.**

Entremos por sus puertas dando gracias, crucemos por sus atrios entre himnos, alabando al Señor y bendiciéndolo. **R.**

Porque el Señor es bueno, bendigámoslo, porque es eterna su misericordia y su fidelidad nunca se acaba. **R.**

Aclamación antes del Evangelio: Juan 8, 12

R. Aleluya, aleluya.

Yo soy la luz del mundo, dice el Señor; el que me sigue tendrá la luz de la vida. **R.**

Evangelio: Marcos 10, 46-52

En aquel tiempo, al salir Jesús de Jericó en compañía de sus discípulos y de mucha gente, un ciego, llamado Bartimeo, se hallaba sentado al borde del camino pidiendo limosna. Al oír que el que pasaba era Jesús Nazareno, comenzó a gritar: "¡Jesús, hijo de David, ten compasión de mí!" Muchos lo reprendían para que se callara, pero él seguía gritando todavía más fuerte: "¡Hijo de David, ten compasión de mí!" Jesús se detuvo entonces y dijo: "Llámenlo". Y llamaron al ciego, diciéndole: "¡Ánimo! Levántate, porque él te llama". El ciego tiró su manto; de un salto se puso en pie y se acercó a Jesús. Entonces le dijo Jesús: "¿Qué quieres que haga por ti?" El ciego le contestó: "Maestro, que pueda ver". Jesús le dijo: "Vete; tu fe te ha salvado". Al momento recobró la vista y comenzó a seguirlo por el camino.

Viernes 31 de mayo de 2024

Fiesta de la Visitación de la Bienaventurada Virgen María

Primera Lectura: Sofonías 3, 14-18

Canta, hija de Sión, da gritos de júbilo, Israel, gózate y regocíjate de todo corazón, Jerusalén. El Señor ha levantado su sentencia contra ti, ha expulsado a todos tus enemigos. El Señor será el rey de Israel en medio de ti y ya no temerás ningún mal. Aquel día dirán a Jerusalén: "No temas, Sión, que no desfallezcan tus manos. El Señor, tu Dios, tu poderoso salvador, está en medio de ti. Él se goza y se complace en ti; él te ama y se llenará de júbilo por tu causa, como en los días de fiesta". Aparté de ti la desgracia y el oprobio que pesa sobre ti".

O bien:
Romanos 12, 9-16

Hermanos: Que el amor de ustedes sea sincero. Aborrezcan el mal y practiquen el bien; ámense cordialmente los unos a los otros, como buenos hermanos; que cada uno estime a los otros más que a sí mismo. En el cumplimiento de su deber, no sean negligentes y mantengan un espíritu fervoroso al servicio del Señor. Que la esperanza los mantenga alegres; sean constantes en la tribulación y perseverantes en la oración. Ayuden a los hermanos en sus necesidades y esmérense en la hospitalidad. Bendigan a los que los persiguen; bendíganlos, no los maldigan. Alégrense con los que se alegran; lloren con los que lloran. Que reine la concordia entre ustedes. No sean, pues, altivos; más bien pónganse al nivel de los humildes.

Salmo Responsorial: Isaías 12, 2-3. 4bcd. 5-6
R. (6b) El Señor ha hecho maravillas con nosotros.

El Señor es mi Dios y salvador, con él estoy seguro y nada temo. El Señor es mi protección y mi fuerza y ha sido mi salvación. Sacarán agua con gozo de la fuente de la salvación. **R.**

Den gracias al Señor invoquen su nombre, cuenten a los pueblos sus hazañas, proclamen que su nombre es sublime. **R.**

Alaben al Señor por sus proezas, anúncienlas a toda la tierra. Griten jubilosos, habitantes de Sión, porque el Dios de Israel ha sido grande con nosotros. **R.**

Aclamación antes del Evangelio: Lucas 1, 45

R. Aleluya, aleluya.

Dichosa tú, santísima Virgen María, que has creído, porque se cumplirá cuanto te fue anunciado de parte del Señor. **R.**

Evangelio: Lucas 1, 39-56

En aquellos días, María se encaminó presurosa a un pueblo de las montañas de Judea y, entrando en la casa de Zacarías, saludó a Isabel. En cuanto ésta oyó el saludo de María, la creatura saltó en su seno. Entonces Isabel quedó llena del Espíritu Santo, y levantando la voz, exclamó: "¡Bendita tú entre las mujeres y bendito el fruto de tu vientre! ¿Quién soy yo para que la madre de mi Señor venga a verme? Apenas llegó tu saludo a mis oídos, el niño saltó de gozo en mi seno. Dichosa tú, que has creído, porque se cumplirá cuanto te fue anunciado de parte del Señor". Entonces dijo María: "Mi alma glorifica al Señor *y mi espíritu se llena de júbilo en Dios, mi salvador,* porque *puso sus ojos en la humildad de su esclava.* Desde ahora me llamarán dichosa todas las generaciones, porque ha hecho en mí grandes cosas el que todo lo puede. *Santo es su nombre y su misericordia llega de generación en generación a los que lo temen.* Ha hecho sentir el poder de su brazo: dispersó a los de corazón altanero, *destronó a los potentados y exaltó a los humildes. A los hambrientos los colmó de bienes* y a los ricos los despidió sin nada. *Acordándose de su misericordia, vino en ayuda de Israel, su siervo,* como lo había prometido a nuestros padres, a Abraham y a su descendencia, para siempre". María permaneció con Isabel unos tres meses, y luego regresó a su casa.

JUNIO

Memoria de San Justino, mártir

Primera Lectura: Judas 17. 20-25

Queridos hermanos: Recuerden las palabras que les predicaron los apóstoles de nuestro Señor Jesucristo. Consolídense sobre el cimiento de su fe santa, oren movidos por el Espíritu Santo, conserven en ustedes el amor a Dios, en espera de que la misericordia de nuestro Señor Jesucristo les dé la vida eterna. A los indecisos traten de convencerlos, para arrancarlos del fuego de la condenación; a los otros, manifiéstenles compasión, pero con cautela, aborreciendo aun la ropa contaminada por su mala vida. Al Dios único, nuestro Salvador, que puede preservarlos a ustedes de todo pecado y hacer que se presenten ante su gloria gozosos y sin mancha, honor y gloria, fuerza y poder, por Jesucristo, nuestro Señor, desde siempre, ahora y por todos los siglos. Amén.

Salmo Responsorial: Salmo 62, 2. 3-4. 5-6. 8-9
R. (2b) Señor, mi alma tiene sed de ti.

Señor, tú eres mi Dios, a ti te busco; de ti sedienta está mi alma. Señor, todo mi ser te añora como el suelo reseco añora del agua. **R.**

Para admirar tu gloria y tu poder, con este afán te busco en tu santuario. Pues mejor es tu amor que la existencia; siempre, Señor, te alabarán mis labios. **R.**

Podré así bendecirte mientras viva y levantar en oración mis manos. De lo mejor se saciará mi alma; te alabaré con jubilosos labios. **R.**

Aclamación antes del Evangelio: Colosenses 3, 16. 17
R. Aleluya, aleluya.

Que la palabra de Cristo habite en ustedes abundantemente. Háganlo todo dando gracias a Dios Padre, por medio de Cristo. **R.**

Evangelio: Marcos 11, 27-33

En aquel tiempo, Jesús y sus discípulos llegaron de nuevo a Jerusalén, y mientras Jesús caminaba por el templo, se le acercaron los sumos sacerdotes, los escribas y los ancianos, y le preguntaron: "¿Con qué autoridad haces todo esto? ¿Quién te ha dado autoridad para actuar así?" Jesús les respondió: "Les voy a hacer una pregunta. Si me la contestan yo les diré con qué autoridad hago todo esto. El bautismo de Juan, ¿era cosa de Dios o de los hombres? Contéstenme". Ellos se pusieron a razonar entre sí: "Si le decimos que de Dios, nos dirá: 'Entonces ¿por qué no le creyeron?', y ¿si le decimos que de los hombres?" Pero, como le tenían miedo a la multitud, pues todos consideraban a Juan como verdadero profeta, le respondieron a Jesús: "No lo sabemos". Entonces Jesús les replicó: "Pues tampoco yo les diré con qué autoridad hago todo esto".

Domingo 2 de junio de 2024
Solemnidad del Cuerpo y la Sangre de Cristo

Primera Lectura: Éxodo 24, 3-8

En aquellos días, Moisés bajó del monte Sinaí y refirió al pueblo todo lo que el Señor le había dicho y los mandamientos que le había dado. Y el pueblo contestó a una voz: "Haremos todo lo que dice el Señor". Moisés puso por escrito todas las palabras del Señor. Se levantó temprano, construyó un altar al pie del monte y puso al lado del altar doce piedras conmemorativas, en representación de las doce tribus de Israel. Después mandó a algunos jóvenes israelitas a ofrecer holocaustos e inmolar novillos, como sacrificios pacíficos en honor del Señor. Tomó la mitad de la sangre, la puso en vasijas y derramó sobre el altar la otra mitad. Entonces tomó el libro de la alianza y lo leyó al pueblo, y el pueblo respondió: "Obedeceremos. Haremos todo lo que manda el Señor". Luego Moisés roció al pueblo con la sangre, diciendo: "Ésta es la sangre de la alianza que el Señor ha hecho con ustedes, conforme a las palabras que han oído".

Salmo Responsorial: Salmo 115, 12-13. 15 y 16bc. 17-18
R. (13) Levantaré el cáliz de la salvación.

¿Cómo pagaré al Señor todo el bien que me ha hecho? Levantaré el cáliz de la salvación, e invocaré el nombre del Señor. **R.**

A los ojos del Señor es muy penoso que mueran sus amigos. De la muerte, Señor, me has librado, A mí, tu esclavo e hijo de tu esclava. **R.**

Te ofreceré con gratitud un sacrificio e invocaré tu nombre. Cumpliré mis promesas al Señor ante todo su pueblo. **R.**

Segunda Lectura: Hebreos 9, 11-15

Hermanos: Cuando Cristo se presentó como sumo sacerdote que nos obtiene los bienes definitivos, penetró una sola vez y para siempre en el "lugar santísimo", a través de una tienda, que no estaba hecha por mano de hombres, ni pertenecía a esta creación. No llevó consigo sangre de animales, sino su propia sangre, con la cual nos obtuvo una redención eterna. Porque si la sangre de los machos cabríos y de los becerros y las cenizas de una ternera, cuando se esparcían sobre los impuros, eran capaces de conferir a los israelitas una pureza legal, meramente exterior, ¡cuánto más la sangre de Cristo purificará nuestra conciencia de todo pecado, a fin de que demos culto al Dios vivo, ya que a impulsos del Espíritu Santo, se ofreció a sí mismo como sacrificio inmaculado a Dios, y así podrá purificar nuestra conciencia de las obras que conducen a la muerte, para servir al Dios vivo! Por eso, Cristo es el mediador de una alianza nueva. Con su muerte hizo que fueran perdonados los delitos cometidos durante la antigua alianza, para que los llamados por Dios pudieran recibir la herencia eterna que él les había prometido.

Aclamación antes del Evangelio: Juan 6, 51
R. Aleluya, aleluya.

Yo soy el pan vivo que ha bajado del cielo, dice el Señor; el que coma de este pan vivirá para siempre. **R.**

Evangelio: Marcos 14, 12-16. 22-26

El primer día de la fiesta de los panes Ázimos, cuando se sacrificaba el cordero pascual, le preguntaron a Jesús sus discípulos: "¿Dónde quieres que vayamos a prepararte la cena de Pascua?" Él les dijo a dos de ellos: "Vayan a la ciudad. Encontrarán a un hombre que lleva un cántaro de agua; síganlo y díganle al dueño de la casa en donde entre: 'El Maestro manda preguntar: ¿Dónde está la habitación en que voy a comer la Pascua con mis discípulos?' Él les enseñará una sala en el segundo piso, arreglada con divanes. Prepárennos allí la cena". Los discípulos se fueron, llegaron a la ciudad, encontraron lo que Jesús les había dicho y prepararon la cena de Pascua. Mientras cenaban, Jesús tomó un pan, pronunció la bendición, lo partió y se lo dio a sus discípulos, diciendo: "Tomen: esto es mi cuerpo". Y tomando en sus manos una copa de vino, pronunció la acción de gracias, se la dio, todos bebieron y les dijo: "Ésta es mi sangre, sangre de la alianza, que se derrama por todos. Yo les aseguro que no volveré a beber del fruto de la vid hasta el día en que beba el vino nuevo en el Reino de Dios". Después de cantar el himno, salieron hacia el monte de los Olivos.

Lunes 3 de junio de 2024
Memoria de San Carlos Lwanga y compañeros, mártires
Primera Lectura: 2 Pedro 1, 1-7

Yo, Simón Pedro, siervo y apóstol de Jesucristo, les escribo a ustedes, los que han obtenido una fe tan preciosa como la nuestra, gracias a la justicia de Jesucristo, nuestro Dios y Salvador. Que abunden entre ustedes la gracia y la paz, por el conocimiento de Jesucristo, nuestro Señor. Su acción divina nos ha otorgado todo lo necesario para llevar una vida de santidad, mediante el conocimiento profundo del que nos ha llamado con su propia gloria y poder. Por medio de los cuales nos han sido otorgados también los grandes y maravillosos bienes prometidos, para que por ellos puedan ustedes escapar de la corrupción que las pasiones desordenadas provocan en el mundo, y lleguen a participar de la naturaleza divina. Por eso, esfuércense en añadir a su fe, buena conducta; a la buena conducta, el conocimiento; al conocimiento, el dominio propio; al dominio propio, la paciencia; a la paciencia, la piedad; a la piedad, el amor fraterno, y al amor fraterno, la caridad.

Salmo Responsorial: Salmo 90, 1-2. 14-15ab. 15c-16
R. (2b) Tú eres mi Dios y en ti confío.

Tú, que vivas al amparo del Altísimo, y descansas a la sombra del todopoderoso, dile al Señor: "Tú eres mi refugio y fortaleza; tú eres mi Dios y en ti confío". **R.**

"Puesto que tú me conoces y me amas, dice el Señor, yo te libraré y te pondré a salvo. Cuando tú me invoques, yo te escucharé y en tus angustias estaré contigo". **R.**

"A quien se acoge a mí, dice el Señor, yo lo defenderé y colmaré de honores; lo haré disfrutar de larga vida y haré que pueda ver mi salvación". **R.**

Aclamación antes del Evangelio: Apocalipsis 1, 5
R. Aleluya, aleluya.

Señor Jesús, testigo fiel, primogénito de entre los muertos, tu amor por nosotros es tan grande, que has lavado nuestras culpas con tu sangre. **R.**

Evangelio: Marcos 12, 1-12

En aquel tiempo, Jesús comenzó a hablar en parábolas a los sumos sacerdotes, a los escribas y a los ancianos y les dijo: "Un hombre plantó una viña, la rodeó con una cerca, cavó un lagar, construyó una torre para el vigilante, se la alquiló a unos viñadores y se fue de viaje al extranjero. A su tiempo, les envió a los viñadores un criado para recoger su parte del fruto de la viña. Ellos se apoderaron de él, lo golpearon y lo devolvieron sin nada. Les envió otro criado, pero ellos lo descalabraron y lo insultaron. Volvió a enviarles otro y lo mataron. Les envió otros muchos y los golpearon o los mataron. Ya sólo le quedaba por enviar a uno, su hijo querido, y finalmente también se lo envió, pensando: 'A mi hijo sí lo respetarán'. Pero al verlo llegar, aquellos viñadores se dijeron: 'Éste es el heredero; vamos a matarlo y la herencia será nuestra'. Se apoderaron de él, lo mataron y arrojaron su cuerpo fuera de la viña. ¿Qué hará entonces el dueño de la viña? Vendrá y acabará con esos viñadores y dará la viña a otros. ¿Acaso no han leído en las Escrituras: La piedra que desecharon los constructores es ahora la piedra angular. Esto es obra de la mano del Señor, es un milagro patente?" Entonces los sumos sacerdotes, los escribas y los ancianos, quisieron apoderarse de Jesús, porque se dieron cuenta de que por ellos había dicho aquella parábola, pero le tuvieron miedo a la multitud, dejaron a Jesús y se fueron de ahí.

Martes 4 de junio de 2024
Martes de la IX semana del Tiempo ordinario

Primera Lectura: 2 Pedro 3, 12-15. 17-18

Hermanos: Piensen con cuánta santidad y entrega deben vivir ustedes esperando y apresurando el advenimiento del día del Señor, cuando desaparecerán los cielos, consumidos por el fuego, y se derretirán los elementos. Pero nosotros confiamos en la promesa del Señor y esperamos un cielo nuevo y una tierra nueva, en que habite la justicia. Por lo tanto, queridos hermanos, apoyados en esta esperanza, pongan todo su empeño en que el Señor los halle en paz con él, sin mancha ni reproche, y consideren que la magnanimidad de Dios es nuestra salvación. Así pues, queridos hermanos, ya están ustedes avisados; vivan en guardia para que no los arrastre el error de los malvados y pierdan su seguridad. Crezcan en la gracia y el conocimiento de nuestro Señor y Salvador, Jesucristo. A él la gloria, ahora y hasta el día de la eternidad. Amén.

Salmo Responsorial: Salmo 89, 2. 3-4. 12-13. 14 y 16

R. (1) Tu eres, Señor, nuestro refugio.

Desde antes que surgieran las montañas, y la tierra y el mundo apareciesen, existes tú, Dios mío. Desde siempre por siempre. **R.**

Tú haces volver a polvo a los humanos, diciendo a los mortales que retornen. Mil años son para ti como un día, que ya pasó; como una breve noche. **R.**

Setenta son los años que vivimos; llegar a los ochenta es más bien raro; pena y trabajo son los más de ellos, como suspiro pasan y pasamos. **R.**

Llénanos de tu amor por la mañana y júbilo será la vida toda. Haz, Señor, que tus siervos y sus hijos puedan mirar tus obras y tu gloria. **R.**

Aclamación antes del Evangelio: Efesios 1, 17-18

R. Aleluya, aleluya.

Que el Padre de nuestro Señor Jesucristo ilumine nuestras mentes, para que podamos comprender cuál es la esperanza que nos da su llamamiento. **R.**

Evangelio: Marcos 12, 13-17

En aquel tiempo, los sumos sacerdotes, los escribas y los ancianos le enviaron a Jesús unos fariseos y unos partidarios de Herodes, para hacerle una pregunta capciosa. Se acercaron, pues, a él y le dijeron: "Maestro, sabemos que eres sincero y que no te importa lo que diga la gente, porque no tratas de adular a los hombres, sino que enseñas con toda verdad el camino de Dios. ¿Está permitido o no, pagarle el tributo al César? ¿Se lo damos o no se lo damos?" Jesús, notando su hipocresía, les dijo: "¿Por qué me ponen una trampa? Tráiganme una moneda para que yo la vea". Se la trajeron y él les preguntó: "¿De quién es la imagen y el nombre que lleva escrito?" Le contestaron: "Del César". Entonces les respondió Jesús: "Den al César lo que es del César, y a Dios lo que es de Dios". Y los dejó admirados.

Miércoles 5 de junio de 2024
Memoria de San Bonifacio, obispo y mártir
Primera Lectura: 2 Timoteo 1, 1-3. 6-12

Pablo, apóstol de Jesucristo por voluntad de Dios, conforme a la promesa de vida que hay en Cristo Jesús, a Timoteo, hijo querido. Te deseo la gracia, la misericordia y la paz de Dios Padre y de Cristo Jesús, Señor nuestro. Cuando de noche y de día te recuerdo en mis oraciones, le doy gracias a Dios, a quien sirvo con una conciencia pura, como lo aprendí de mis antepasados. Por eso te recomiendo que reavives el don de Dios que recibiste cuando te impuse las manos. Porque el Señor no nos ha dado un espíritu de temor, sino de fortaleza, de amor y de moderación. No te avergüences, pues, de dar testimonio de nuestro Señor, ni te avergüences de mí, que estoy preso por su causa. Al contrario, comparte conmigo los sufrimientos por la predicación del Evangelio, sostenido por la fuerza de Dios. El nos ha salvado y nos ha llamado a llevar una vida santa, no por nuestros méritos, sino por su propia determinación y por la gracia que nos ha sido dada, en Cristo Jesús, desde toda la eternidad. Esta gracia es la que se ha manifestado ahora con el advenimiento de nuestro salvador, Jesucristo, quien ha destruido la muerte e irradiado la vida y la inmortalidad por medio del Evangelio, del que he sido nombrado predicador, apóstol y maestro. Por este motivo soporto esta prisión, pero no me da vergüenza, porque sé en quién he puesto mi confianza, y estoy seguro de que él con su poder cuidará, hasta el último día, lo que me ha encomendado.

Salmo Responsorial: Salmo 122, 1-2a. 2bcd

R. (1a) En ti, Señor, tengo fijos mis ojos.

En ti, Señor, que habitas en lo alto, fijos los ojos tengo, como fijan sus ojos en los manos de tu señor, los siervos. **R.**

Así como la esclava en su señora tiene fijo los ojos fijos están en el Señor los nuestros hasta que Dios se apiado de nosotros. **R.**

Aclamación antes del Evangelio: Juan 11, 25. 26

R. Aleluya, aleluya.

Yo soy la resurrección y la vida, dice el Señor; el que cree en mí no morirá para siempre. **R.**

Evangelio: Marcos 12, 18-27

En aquel tiempo, fueron a ver a Jesús algunos de los saduceos, los cuales afirman que los muertos no resucitan, y le dijeron: "Maestro, Moisés nos dejó escrito que *si un hombre muere dejando a su viuda sin hijos, que la tome por mujer el hermano del que murió, para darle descendencia a su hermano.* Había una vez siete hermanos, el primero de los cuales se casó y murió sin dejar hijos. El segundo se casó con la viuda y murió también, sin dejar hijos; lo mismo el tercero. Los siete se casaron con ella y ninguno de ellos dejó descendencia. Por último, después de todos, murió también la mujer. El día de la resurrección, cuando resuciten de entre los muertos, ¿de cuál de los siete será mujer? Porque fue mujer de los siete". Jesús les contestó: "Están en un error, porque no entienden las Escrituras ni el poder de Dios. Pues cuando resuciten de entre los muertos, ni los hombres tendrán mujer ni las mujeres marido, sino que serán como los ángeles del cielo. Y en cuanto al hecho de que los muertos resucitan, ¿acaso no han leído en el libro de Moisés aquel pasaje de la zarza, en que Dios le dijo: *Yo soy el Dios de Abraham, el Dios de Isaac, el Dios de Jacob?* Dios no es Dios de muertos, sino de vivos. Están, pues, muy equivocados".

Jueves de la IX semana del Tiempo ordinario

Primera Lectura: 2 Timoteo 2, 8-15

Querido hermano: Recuerda siempre que Jesucristo, descendiente de David, resucitó de entre los muertos, conforme al Evangelio que yo predico. Por este Evangelio sufro hasta llevar cadenas, como un malhechor; pero la Palabra de Dios no está encadenada. Por eso lo sobrellevo todo por amor a los elegidos, para que ellos también alcancen en Cristo Jesús la salvación, y con ella, la gloria eterna. Es verdad lo que decimos: "Si morimos con él, viviremos con él; si nos mantenemos firmes, reinaremos con él; si lo negamos, él también nos negará; si le somos infieles, él permanece fiel, porque no puede contradecirse a sí mismo". Eso es lo que has de enseñar. Adviérteles a todos, delante de Dios, que eviten las discusiones por cuestión de palabras, lo cual no sirve para nada, sino para perdición de los oyentes. Esfuérzate por presentarte ante Dios como un trabajador intachable, que no tiene de qué avergonzarse y predica fielmente la verdad.

Salmo Responsorial: Salmo 24, 4bc-5ab. 8-9. 10 y 14
R. (4a) Descúbrenos, Señor, tus caminos.

Descúbrenos, Señor, tus caminos, guíanos con la verdad de tu doctrina. Tú eres nuestro Dios y salvador, y tenemos en ti nuestra esperanza. **R.**

Porque el Señor es recto y bondadoso, indica a los pecadores el sendero, guía por la senda recta a los humildes y descubre a los pobres sus caminos. **R.**

Con quien guarda su alianza y sus mandatos el Señor es leal y bondadoso. El Señor se descubre a quien lo teme y le enseña el sentido de su alianza. **R.**

Aclamación antes del Evangelio: 2 Timoteo 1, 10
R. Aleluya, aleluya.

Jesucristo, nuestro salvador, ha vencido la muerte y ha hecho resplandecer la vida por medio del Evangelio. **R.**

Evangelio: Marcos 12, 28-34

En aquel tiempo, uno de los escribas se acercó a Jesús y le preguntó: "¿Cuál es el primero de todos los mandamientos?" Jesús le respondió: *"El primero es: Escucha, Israel: El Señor, nuestro Dios, es el único Señor; amarás al Señor, tu Dios, con todo tu corazón, con toda tu alma,* con toda tu mente *y con todas tus fuerzas.* El segundo es éste: *Amarás a tu prójimo como a ti mismo.* No hay ningún mandamiento mayor que éstos". El escriba replicó: "Muy bien, Maestro. Tienes razón, cuando dices que el Señor es único y que no hay otro fuera de él, y amarlo con todo el corazón, con toda el alma, con todas las fuerzas, y amar al prójimo como a uno mismo, vale más que todos los holocaustos y sacrificios". Jesús, viendo que había hablado muy sensatamente, le dijo: "No estás lejos del Reino de Dios". Y ya nadie se atrevió a hacerle más preguntas.

Viernes 7 de junio de 2024
Solemnidad del Sagrado Corazón de Jesús

Primera Lectura: Oseas 11, 1. 3-4. 8-9

"Cuando Israel era niño, yo lo amé, y de Egipto llamé a mi hijo, dice el Señor. Yo fui quien enseñó a andar a Efraín; yo, quien lo llevaba en brazos; pero no comprendieron que yo cuidaba de ellos. Yo los atraía hacia mí con los lazos del cariño, con las cadenas del amor. Yo fui para ellos como un padre que estrecha a su creatura y se inclina hacia ella para darle de comer. Mi corazón se conmueve dentro de mí y se inflama toda mi compasión. No cederé al ardor de mi cólera, no volveré a destruir a Efraín, pues yo soy Dios y no hombre, santo en medio de ti y no enemigo a la puerta".

Salmo Responsorial: Isaías 12, 2-3. 4bcd. 5-6
R. (3) El Señor es mi Dios y mi salvador.

El Señores mi Dios y Salvador: con él estoy segura y nada temo. El Señor es mi protección y mi fuerza, y ha sido mi salvación. Sacarán agua con gozo de la fuente de la salvación. **R.**

Den gracias al Señor, invoquen su nombre, cuentan a los pueblos sus hazañas, proclamen que su nombre es sublime. **R.**

Alaben al Señor por sus proezas, anúncienlas a toda la tierra. Griten jubilosos, habitantes de Sión: porque el Dios de Israel ha sido grande con ustedes. **R.**

Segunda Lectura: Efesios 3, 8-12. 14-19

Hermanos: A mí, el más insignificante de todos los fieles, se me ha dado la gracia de anunciar a los paganos la incalculable riqueza que hay en Cristo, y dar a conocer a todos cómo va cumpliéndose este designio de salvación, oculto desde el principio de los siglos en Dios, creador de todo. Él lo dispuso así, para que la multiforme sabiduría de Dios, sea dada a conocer ahora, por medio de la Iglesia, a los espíritus celestiales, según el designio eterno realizado en Cristo Jesús, nuestro Señor, por quien podemos acercarnos libre y confiadamente a Dios, por medio de la fe en Cristo. Me arrodillo ante el Padre, de quien procede toda paternidad en el cielo y en la tierra, para que, conforme a los tesoros de su bondad, les conceda que su Espíritu los fortalezca interiormente y que Cristo habite por la fe en sus corazones. Así, arraigados y cimentados en el amor, podrán comprender con todo el pueblo de Dios, la anchura y la longitud, la altura y la profundidad del amor de Cristo, y experimentar ese amor que sobrepasa todo conocimiento humano, para que así queden ustedes colmados con la plenitud misma de Dios.

Aclamación antes del Evangelio: Mateo 11, 29
R. Aleluya, aleluya.
Tomen mi yugo sobre ustedes, dice el Señor, y aprendan de mí, que soy manso y humilde de corazón. **R.**
O bien:
1 Juan 4, 10
R. Aleluya, aleluya.
Dios nos amó y nos envió a su Hijo, como víctima de expiación por nuestros pecados. **R.**

Evangelio: Juan 19, 31-37

Como era el día de la preparación de la Pascua, para que los cuerpos de los ajusticiados no se quedaran en la cruz el sábado, porque aquel sábado era un día muy solemne, los judíos pidieron a Pilato que les quebraran las piernas y los quitaran de la cruz. Fueron los soldados, le quebraron las piernas a uno y luego al otro de los que habían sido crucificados con Jesús. Pero al llegar a él, viendo que ya había muerto, no le quebraron las piernas, sino que uno de los soldados le traspasó el costado con una lanza e inmediatamente salió sangre y agua. El que vio da testimonio de esto y su testimonio es verdadero y él sabe que dice la verdad, para que también ustedes crean. Esto sucedió para que se cumpliera lo que dice la Escritura: *No le quebrarán ningún hueso*; y en otro lugar la Escritura dice: *Mirarán al que traspasaron.*

Sábado 8 de junio de 2024
Memoria del Corazón Inmaculado de María
Primera Lectura: 2 Timoteo 4, 1-8

Querido hermano: En presencia de Dios y de Cristo Jesús, que ha de venir a juzgar a los vivos y a los muertos, te pido encarecidamente, por su advenimiento y por su Reino, que anuncies la palabra; insiste a tiempo y a destiempo; convence, reprende y exhorta con toda paciencia y sabiduría. Porque vendrá un tiempo en que los hombres no soportarán la doctrina sana, sino que, arrastrados por sus propias pasiones, se rodearán de maestros que les halaguen el oído; se harán sordos a la verdad y sólo escucharán las fábulas. Tú, en cambio, sé siempre prudente, soporta los sufrimientos, cumple tu trabajo de evangelizador y desempeña a la perfección tu ministerio. Para mí ha llegado la hora del sacrificio y se acerca el momento de mi partida. He luchado bien en el combate, he corrido hasta la meta, he perseverado en la fe. Ahora sólo espero la corona merecida, con la que el Señor, justo juez, me premiará en aquel día, y no solamente a mí, sino a todos aquellos que esperan con amor su glorioso advenimiento.

Salmo Responsorial: Salmo 70, 8-9. 14-15ab. 16-17. 22
R. (15a) Mi boca, Señor, anunciará siempre tu salvación.

Mis labios no han cesado de alabarte y pregonan tu gloria todo el día. Señor, en la vejez no me rechaces ni me abandones, falto de energías. **R.**
En ti, Señor, yo seguiré confiando, y más y más te alabará mi boca. Yo proclamaré

siempre tu justicia y a todas horas, tu misericordia. **R.**

Tus hazañas, Señor, alabaré; diré a todos que sólo tú eres justo. Me enseñaste a alabarte desde niño y seguir alabándote es mi orgullo. **R.**

La lealtad del Señor para conmigo celebrará mi lira. Al Santo de Israel, a ti, Dios mío, cantaré con mi cítara. **R.**

Aclamación antes del Evangelio: Lucas 2, 19
R. Aleluya, aleluya.

Dichosa la Virgen María, que guardaba la palabra de Dios y la meditaba en su corazón. **R.**

Evangelio: Lucas 2, 41-51

Los padres de Jesús solían ir cada año a Jerusalén para las festividades de la Pascua. Cuando el niño cumplió doce años, fueron a la fiesta, según la costumbre. Pasados aquellos días, se volvieron; pero el niño Jesús se quedó en Jerusalén, sin que sus padres lo supieran. Creyendo que iba en la caravana, hicieron un día de camino; entonces lo buscaron, y al no encontrarlo, regresaron a Jerusalén en su busca. Al tercer día lo encontraron en el templo, sentado en medio de los doctores, escuchándolos y haciéndoles preguntas. Todos los que lo oían se admiraban de su inteligencia y de sus respuestas. Al verlo, sus padres se quedaron atónitos y su madre le dijo: "Hijo mío, ¿por qué te has portado así con nosotros? Tu padre y yo te hemos estado buscando llenos de angustia". Él les respondió: "¿Por qué me andaban buscando? ¿No sabían que debo ocuparme en las cosas de mi Padre?" Ellos no entendieron la respuesta que les dio. Entonces volvió con ellos a Nazaret y siguió sujeto a su autoridad. Su madre conservaba en su corazón todas aquellas cosas.

Domingo 9 de junio de 2024
X Domingo ordinario
Primera Lectura: Génesis 3, 9-15

Después de que el hombre y la mujer comieron del fruto del árbol prohibido, el Señor Dios llamó al hombre y le preguntó: "¿Dónde estás?" Éste le respondió: "Oí

tus pasos en el jardín; y tuve miedo, porque estoy desnudo, y me escondí".
Entonces le dijo Dios: "¿Y quién te ha dicho que estabas desnudo? ¿Has comido
acaso del árbol del que te prohibí comer?" Respondió Adán: "La mujer que me
diste por compañera me ofreció del fruto del árbol y comí". El Señor Dios dijo a la
mujer: "¿Por qué has hecho esto?" Repuso la mujer: "La serpiente me engañó y
comí". Entonces dijo el Señor Dios a la serpiente: "Porque has hecho esto, serás
maldita entre todos los animales y entre todas las bestias salvajes. Te arrastrarás
sobre tu vientre y comerás polvo todos los días de tu vida. Pondré enemistad
entre ti y la mujer, entre tu descendencia y la suya; y su descendencia te aplastará
la cabeza, mientras tú tratarás de morder su talón".

Salmo Responsorial: Salmo 129, 1-2. 3-4ab. 4c-6.7-8
R. (7) Perdónanos, Señor, y viviremos.
Desde el abismo de mis pecados clamo a ti; Señor, escucha mi clamor; que estén
atentos tus oídos a mi voz suplicante. **R.**
Si conservaras el recuerdo de las culpas, ¿quién habría, Señor, que se salvara?
Pero de ti procede el perdón, por eso con amor te veneramos. **R.**
Confío en el Señor, mi alma espera y confía en su palabra; mi alma aguarda al
Señor, mucho más que a la aurora el centinela. **R.**
Como aguarda a la aurora el centinela, aguarda Israel del Señor, porque del Señor
viene la misericordia, y la abundancia de la redención, y él redimirá a su pueblo
de todas sus iniquidades. **R.**

Segunda Lectura: 2 Corintios 4, 13-5, 1
Hermanos: Como poseemos el mismo espíritu de fe que se expresa en aquel texto
de la Escritura: Creo, por eso hablo, también nosotros creemos y por eso
hablamos, sabiendo que aquel que resucitó a Jesús nos resucitará también a
nosotros con Jesús y nos colocará a su lado con ustedes. Y todo esto es para bien
de ustedes, de manera que, al extenderse la gracia a más y más personas, se
multiplique la acción de gracias para gloria de Dios. Por esta razón no nos
acobardamos; pues aunque nuestro cuerpo se va desgastando, nuestro espíritu se
renueva de día en día. Nuestros sufrimientos momentáneos y ligeros nos

producen una riqueza eterna, una gloria que los sobrepasa con exceso. Nosotros no ponemos la mira en lo que se ve, sino en lo que no se ve, porque lo que se ve es transitorio y lo que no se ve es eterno. Sabemos que, aunque se desmorone esta morada terrena, que nos sirve de habitación, Dios nos tiene preparada en el cielo una morada eterna, no construida por manos humanas.

Aclamación antes del Evangelio: Juan 12, 31-32
R. Aleluya, aleluya.

Ya va a ser arrojado el príncipe de este mundo. Cuando yo sea levantado de la tierra, atraeré a todos hacia mí, dice el Señor. **R.**

Evangelio: Marcos 3, 20-35

En aquel tiempo, Jesús entró en una casa con sus discípulos y acudió tanta gente, que no los dejaban ni comer. Al enterarse sus parientes, fueron a buscarlo, pues decían que se había vuelto loco. Los escribas que habían venido de Jerusalén, decían acerca de Jesús: "Este hombre está poseído por Satanás, príncipe de los demonios, y por eso los echa fuera". Jesús llamó entonces a los escribas y les dijo en parábolas: "¿Cómo puede Satanás expulsar a Satanás? Porque si un reino está dividido en bandos opuestos, no puede subsistir. Una familia dividida tampoco puede subsistir. De la misma manera, si Satanás se rebela contra sí mismo y se divide, no podrá subsistir, pues ha llegado su fin. Nadie puede entrar en la casa de un hombre fuerte y llevarse sus cosas, si primero no lo ata. Sólo así podrá saquear la casa. Yo les aseguro que a los hombres se les perdonarán todos sus pecados y todas sus blasfemias. Pero el que blasfeme contra el Espíritu Santo nunca tendrá perdón; será reo de un pecado eterno". Jesús dijo esto, porque lo acusaban de estar poseído por un espíritu inmundo. Llegaron entonces su madre y sus parientes; se quedaron fuera y lo mandaron llamar. En torno a él estaba sentada una multitud, cuando le dijeron: "Ahí fuera están tu madre y tus hermanos, que te buscan". Él les respondió: "¿Quién es mi madre y quiénes son mis hermanos?" Luego, mirando a los que estaban sentados a su alrededor, dijo: "Éstos son mi madre y mis hermanos. Porque el que cumple la voluntad de Dios, ése es mi hermano, mi hermana y mi madre".

Lunes 10 de junio de 2024
Lunes de la X semana Tiempo ordinario

Primera Lectura: 1 Reyes 17, 1-6

Por aquel tiempo, el profeta Elías, del pueblo de Tisbé, en Galaad, le dijo al rey Ajab: "Juro por Dios, el Señor de Israel, a quien yo sirvo, que en estos años no habrá rocío ni lluvia, si yo no lo mando". Luego, el Señor le dijo a Elías: "Vete de aquí; dirígete hacia el oriente y escóndete en el torrente de Kerit, que queda al este del Jordán. Bebe del torrente y yo les encargaré a los cuervos que te lleven de comer". Elías hizo lo que le mandó el Señor, y se fue a vivir en el torrente de Kerit, que queda al este del Jordán. Los cuervos le llevaban pan y carne por la mañana y por la tarde, y bebía del torrente.

Salmo Responsorial: Salmo 120, 1-2. 3-4. 5-6. 7-8
R. (2) Siempre me cuidará el Señor.

La mirada dirijo hacia la altura de donde ha de venirme todo auxilio. El auxilio me viene del Señor, que hizo el cielo y la tierra. **R.**

No dejará que des un paso en falso, pues es tu guardián y nunca duerme. No, jamás se dormirá o descuidará el guardián de Israel. **R.**

El Señor te protege y te da sombra, está siempre a tu lado. No te hará daño el sol durante el día ni la luna, de noche. **R.**

Te guardará el Señor en los peligros y cuidará tu vida; protegerá tus ires y venires, ahora y para siempre. **R.**

Aclamación antes del Evangelio: Mateo 5, 12
R. Aleluya, aleluya.

Alégrense y salten de contento, porque su premio será grande en los cielos. **R.**

Evangelio: Mateo 5, 1-12

En aquel tiempo, cuando Jesús vio a la muchedumbre, subió al monte y se sentó. Entonces se le acercaron sus discípulos. Enseguida comenzó a enseñarles, habándoles así: "Dichosos los pobres de espíritu, porque de ellos es el Reino de los cielos.

Dichosos los que lloran, porque serán consolados.

Dichosos los sufridos, porque heredarán la tierra.

Dichosos los que tienen hambre y sed de justicia, porque serán saciados.

Dichosos los misericordiosos, porque obtendrán misericordia.

Dichosos los limpios de corazón, porque verán a Dios.

Dichosos los que trabajan por la paz, porque se les llamará hijos de Dios.

Dichosos los perseguidos por causa de la justicia, porque de ellos es el Reino de los cielos.

Dichosos serán ustedes cuando los injurien, los persigan y digan cosas falsas de ustedes por causa mía. Alégrense y salten de contento, porque su premio será grande en los cielos, puesto que de la misma manera persiguieron a los profetas que vivieron antes que ustedes".

Martes 11 de junio de 2024
Memoria de san Bernabé, Apóstiol
Primera Lectura: Hechos 11, 21-26; 13, 1-3

En aquellos días, fueron muchos los que se convirtieron y abrazaron la fe. Cuando llegaron estas noticias a la comunidad cristiana de Jerusalén, Bernabé fue enviado a Antioquía. Llegó Bernabé, y viendo la acción de la gracia de Dios, se alegró mucho; y como era hombre bueno, lleno del Espíritu Santo y de fe, exhortó a todos a que, firmes en su propósito, permanecieran fieles al Señor. Así se ganó para el Señor una gran muchedumbre. Entonces Bernabé partió hacia Tarso, en busca de Saulo; y cuando lo encontró, lo llevó consigo a Antioquía. Ambos vivieron durante todo un año en esa comunidad y enseñaron a mucha gente. Allí, en Antioquía, fue donde por primera vez los discípulos recibieron el nombre de "cristianos". Había en la comunidad cristiana de Antioquía algunos profetas y maestros, como Bernabé, Simón (apodado el "Negro"), Lucio el de Cirene, Manahén (que se crió junto con el tetrarca Herodes) y Saulo. Un día estaban ellos ayunando y dando culto al Señor, y el Espíritu Santo les dijo: "Resérvenme a Saulo y a Bernabé para la misión que les tengo destinada". Todos volvieron a ayunar y a orar; después les impusieron las manos y los despidieron.

Salmo Responsorial: Salmo 97, 1. 2ab. 3cd-4. 5-6

R. (2b) El Señor ha revelado a las naciones su justicia.

Cantemos al Señor un canto nuevo, pues ha hecho maravillas. Su diestra y su santo brazo le han dado la victoria. **R.**

El Señor ha dado a conocer su victoria, y ha revelado a las naciones su justicia. Una vez más ha demostrado Dios su amor y su lealtad hacia Israel. **R.**

La tierra entera ha contemplado la victoria de nuestro Dios. Que todos los pueblos y naciones aclamen con júbilo al Señor. **R.**

Cantemos al Señor al son del arpa, suenen los instrumentos. Aclamemos al son de los clarines al Señor, nuestro Rey. **R.**

Aclamación antes del Evangelio: Mateo 5, 16

R. Aleluya, aleluya.

Que brille la luz de ustedes ante los hombres, dice el Señor, para que viendo las buenas obras que ustedes hacen, den gloria a su Padre, que está en los cielos. **R.**

Evangelio: Mateo 5, 13-16

En aquel tiempo, Jesús dijo a sus discípulos: "Ustedes son la sal de la tierra. Si la sal se vuelve insípida, ¿con qué se le devolverá el sabor? Ya no sirve para nada y se tira a la calle para que la pise la gente. Ustedes son la luz del mundo. No se puede ocultar una ciudad construida en lo alto de un monte; y cuando se enciende una vela, no se esconde debajo de una olla, sino que se pone sobre un candelero, para que alumbre a todos los de la casa. Que de igual manera brille la luz de ustedes ante los hombres, para que viendo las buenas obras que ustedes hacen, den gloria a su Padre, que está en los cielos".

Miércoles 12 de junio de 2024

Miércoles de la X semana del Tiempo ordinario

Primera Lectura: 1 Reyes 18, 20-39

En aquellos días, el rey Ajab envió mensajeros a todo Israel y reunió a los profetas de Baal en el monte Carmelo. Elías se acercó al pueblo y le dijo: "¿Hasta cuándo van a andar indecisos? Si el Señor es el verdadero Dios, síganlo; y si lo es Baal, sigan a Baal". Pero el pueblo no supo qué responderle. Entonces Elías les dijo: "Yo soy el único sobreviviente de los profetas del Señor; en cambio, los profetas de Baal son cuatrocientos cincuenta. Que nos den dos novillos; que ellos escojan uno, que lo descuarticen y lo pongan sobre la leña sin prenderle fuego. Yo prepararé el otro novillo y lo pondré sobre la leña sin prenderle fuego. Ustedes invocarán a su dios y yo invocaré al Señor; y el Dios que responda enviando fuego, ése es el verdadero Dios". Todo el pueblo respondió: "Está bien". Elías dijo entonces a los profetas de Baal: "Escojan un novillo y comiencen ustedes primero, pues son más numerosos. Invoquen a su dios, pero sin prender fuego". Ellos tomaron el novillo que les dieron, lo prepararon e invocaron a Baal desde la mañana hasta el mediodía, diciendo: "Baal, respóndenos". Pero no se oyó ninguna respuesta, y ellos seguían danzando y brincando junto al altar que habían hecho. Llegado el medio día, Elías comenzó a reírse de ellos, diciéndoles: "Griten más fuerte, porque a lo mejor Baal, su dios, está muy entretenido conversando o tiene algún negocio o está de viaje. A lo mejor está dormido y así lo despiertan". Ellos gritaron más fuerte y empezaron a sangrarse, según su costumbre, con cuchillos y punzones, hasta que la sangre les chorreaba por todo el cuerpo. Cuando pasó el mediodía, se pusieron en trance hasta la hora de la ofrenda, pero no se escuchó respuesta alguna ni hubo nadie que atendiera sus ruegos. Entonces Elías le dijo al pueblo: "Acérquense a mí". Y todo el pueblo se le acercó. Preparó el altar del Señor, que había sido demolido. Tomó doce piedras, según el número de las tribus de los hijos de Jacob (a quien el Señor había dicho: Tú te llamarás Israel). Con las piedras levantó un altar en honor del Señor e hizo alrededor del altar una zanja, del ancho de un surco. Acomodó la leña, descuartizó el novillo y lo puso sobre la leña. Después dijo: "Llenen cuatro cántaros de agua y derrámenla sobre el holocausto y sobre la leña". Y lo hicieron así. Volvió a decirles: "Háganlo otra vez". Y lo repitieron. De nuevo les dijo: "Háganlo por tercera vez". Y así lo hicieron. El agua corrió alrededor del altar y llenó la zanja por completo. A la hora de la ofrenda se acercó el profeta Elías y dijo: "Señor, Dios de Abraham, de Isaac y de Jacob; que se vea hoy que tú eres el Dios de Israel, que yo soy tu servidor y que por orden tuya he ejecutado todas estas cosas. Respóndeme, Señor, respóndeme, para que todo este pueblo sepa que tú, Señor, eres el Dios verdadero, que puede cambiar los corazones". Entonces bajó el fuego del Señor y consumió la víctima destinada al holocausto y la leña, y secó el agua de la zanja. Al ver esto, todo el pueblo tuvo miedo, y postrándose en tierra, dijo: "El Señor es el Dios verdadero. El Señor es el Dios verdadero".

Salmo Responsorial: Salmo 15, 1-2a. 4. 5 y8. 11
R. (1) Protégeme, Dios mío, pues eres mi refugio.

Protégeme, Dios mío, pues eres mi refugio. Yo siempre he dicho que tú eres mi Señor. **R.**

Los ídolos abundan y tras ellos se van todos corriendo; más yo no he de ofrecerles sacrificios, jamás invocaré sus nombres. **R.**

El Señor es la parte que me tocado en herencia: mi vida está en sus manos. Tengo siempre presente al Señor y con él a mi lado jamás tropezaré. **R.**

Enséñame el camino de la vida, sáciame de gozo en tu presencia y de alegría perpetua junto a ti. **R.**

Aclamación antes del Evangelio: Salmo 24, 4. 5
R. Aleluya, aleluya.

Descúbrenos, Señor, tus caminos y guíanos con la verdad de tu doctrina. **R.**

Evangelio: Mateo 5, 17-19
En aquel tiempo, Jesús dijo a sus discípulos: "No crean que he venido a abolir la ley o los profetas; no he venido a abolirlos, sino a darles plenitud. Yo les aseguro que antes se acabarán el cielo y la tierra, que deje de cumplirse hasta la más pequeña letra o coma de la ley. Por lo tanto, el que quebrante uno de estos preceptos menores y enseñe eso a los hombres, será el menor en el Reino de los cielos; pero el que los cumpla y los enseñe, será grande en el Reino de los cielos".

Jueves 13 de junio de 2024
Memoria de san Antonio de Padua, presbítero y doctor de le Iglesia

Primera Lectura: 1 Reyes 18, 41-46

En aquellos días, dijo Elías a Ajab: "Vete a comer y a beber, pues ya se oye el ruido de la lluvia". Ajab se fue a comer y a beber. Elías, mientras tanto, subió a la cumbre del monte Carmelo, se arrodilló y con su cabeza tocó la tierra. Entonces le dijo a su criado: "Ve a divisar el mar". El criado fue a ver y le dijo: "No se ve nada". Elías insistió: "Ve otra vez". El criado volvió siete veces, y a la séptima le dijo: "Una nubecilla, como la palma de la mano, sube del mar". Entonces Elías le dijo: "Ve a decirle a Ajab que enganche su carro y se vaya, para que no lo detenga la lluvia". Y en un instante el cielo se oscureció de nubes, empezó a soplar el viento y cayó un fuerte aguacero. Ajab montó en su carro y se fue a Yezrael, y Elías, por inspiración y con la fuerza del Señor, se ciñó la túnica y fue corriendo delante del carro de Ajab hasta la entrada de Yezrael.

Salmo Responsorial: Salmo 64, 10abcd. 10e-11. 12-13
R. (2a) Señor, danos siempre de tu agua.

Señor, tú cuidas de la tierra; la riegas y la colmas de riquezas. las nubes del Señor van por los campos, rebosantes de agua, como acequias. **R.**

Tú preparas las tierras para el trigo: riegas los surcos, aplanas los terrenos, reblandeces el suelo con la lluvia, bendices los renuevos. **R.**

Tú coronas el año con tus bienes, tus senderos derraman abundancia, están verdes los pastos del desierto, las colinas con flores adornadas. **R.**

Los prados se visten de rebaños, de trigales los valles se engalanan. Todo aclama al Señor. Todo la canta. **R.**

Aclamación antes del Evangelio: Juan 13, 34
R. Aleluya, aleluya.

Les doy un mandamiento nuevo, dice el Señor, que se amen los unos a los otros, como yo los he amado. **R.**

Evangelio: Mateo 5, 20-26

En aquel tiempo, Jesús dijo a sus discípulos: "Les aseguro que si su justicia no es mayor que la de los escribas y fariseos, ciertamente no entrarán ustedes en el

Reino de los cielos. Han oído ustedes que se dijo a los antiguos: *No matarás y el que mate será llevado ante el tribunal.* Pero yo les digo: Todo el que se enoje con su hermano, será llevado también ante el tribunal; el que insulte a su hermano, será llevado ante el tribunal supremo, y el que lo desprecie, será llevado al fuego del lugar de castigo. Por lo tanto, si cuando vas a poner tu ofrenda sobre el altar, te acuerdas allí mismo de que tu hermano tiene alguna queja contra ti, deja tu ofrenda junto al altar y ve primero a reconciliarte con tu hermano, y vuelve luego a presentar tu ofrenda. Arréglate pronto con tu adversario, mientras vas con él por el camino; no sea que te entregue al juez, el juez al policía y te metan a la cárcel. Te aseguro que no saldrás de allí hasta que hayas pagado el último centavo".

Viernes 14 de junio de 2024
Viernes de la X semana del Tiempo ordinario
Primera Lectura: 1 Reyes 19, 9. 11-16

Al llegar al monte de Dios, el Horeb, el profeta Elías entró en una cueva y permaneció allí. El Señor le dijo: "Sal de la cueva y quédate en el monte para ver al Señor, porque el Señor va a pasar". Así lo hizo Elías, y al acercarse el Señor, vino primero un viento huracanado, que partía las montañas y resquebrajaba las rocas; pero el Señor no estaba en el viento. Se produjo después un terremoto; pero el Señor no estaba en el terremoto. Luego vino un fuego; pero el Señor no estaba en el fuego. Después del fuego se escuchó el murmullo de una brisa suave. Al oírlo, Elías se cubrió el rostro con el manto y salió a la entrada de la cueva. Entonces oyó una voz que le dijo: "¿Qué haces aquí, Elías?" Él respondió: "Me consume el celo por tu honra, Señor, Dios de los ejércitos, porque los israelitas han abandonado tu alianza, han derribado tus altares y asesinado a tus profetas; sólo quedo yo y me andan buscando para matarme". El Señor le dijo: "Desanda tu camino hacia el desierto de Damasco. Ve y unge a Jazael como rey de Siria; a Jehú, hijo de Nimsí, como rey de Israel; y a Eliseo, hijo de Safat, úngelo como profeta, sucesor tuyo".

Salmo Responsorial: Salmo 26, 7-8a. 8b-9abc. 13-14

R. (8b) Oye, Señor, mi voz y mis clamores.

Oye, Señor, mi voz y mi clamores y tenme compasión; el corazón me dice que te busque y buscándote estoy. **R.**

No rechaces con cólera a tu siervo, tú eres mi único auxilio; no me abandones ni me dejes solo, Dios y salvador mío. **R.**

La bondad del Señor espero ver en esta misma vida. Armate de valor y fortaleza y en el Señor confía. **R.**

Aclamación antes del Evangelio: Filipenses 2, 15. 16
R. Aleluya, aleluya.

Iluminen al mundo con la luz del Evangelio reflejada en su vida. **R.**

Evangelio: Mateo 5, 27-32

En aquel tiempo, Jesús dijo a sus discípulos: "Han oído ustedes que se dijo a los antiguos: No cometerás adulterio; pero yo les digo que quien mire con malos deseos a una mujer, ya cometió adulterio con ella en su corazón. Por eso, si tu ojo derecho es para ti ocasión de pecado, arráncatelo y tíralo lejos, porque más te vale perder una parte de tu cuerpo y no que todo él sea arrojado al lugar de castigo. Y si tu mano derecha es para ti ocasión de pecado, córtatela y arrójala lejos de ti, porque más te vale perder una parte de tu cuerpo y no que todo él sea arrojado al lugar de castigo. También se dijo antes: *El que se divorcie, que le dé a su mujer un certificado de divorcio;* pero yo les digo que el que se divorcia, salvo el caso de que vivan en unión ilegítima, expone a su mujer al adulterio, y el que se casa con una divorciada comete adulterio".

Sábado 15 de junio de 2024
Sábado de la X semana del Tiempo ordinario

Primera Lectura: 1 Reyes 9, 19-21

Por aquel entonces, Elías partió luego y encontró a Eliseo, hijo de Safat, que estaba arando. Delante de él trabajaban doce yuntas de bueyes y él trabajaba con la última. Elías pasó junto a él y le echó encima su manto. Entonces Eliseo abandonó sus bueyes, corrió detrás de Elías y le dijo: "Déjame dar a mis padres el beso de despedida y te seguiré". Elías le contestó: "Ve y vuelve, porque bien sabes lo que ha hecho el Señor contigo". Se fue Eliseo, se llevó los dos bueyes de la yunta, los sacrificó, asó la carne en la hoguera que hizo con la madera del arado y la repartió a su gente para que se la comieran. Luego se levantó, siguió a Elías y se puso a su servicio.

Salmo Responsorial: Salmo 15, 1-2a y 5. 7-8. 9-10
R. (5a) Señor, mi vida está en tus manos.
Protégeme, Dios mío, pues eres mi refugio. Yo siempre he dicho que tú eres mi Señor. El Señor es la parte que me ha tocado en herencia: mi vida está en tus manos. **R.**
Bendeciré al Señor, que me aconseja; hasta de noche me instruye internamente. Tengo siempre presente al Señor y con él a mi lado, jamás tropezaré. **R.**
Por eso se me alegran el corazón y el alma y mi cuerpo vivirá tranquilo, porque tú no me abandonarás a la muerte ni dejarás que sufra yo la corrupción. **R.**

Aclamación antes del Evangelio: Salmo 118, 36. 29
R. Aleluya, aleluya.
Inclina, Dios mío, mi corazón a tus preceptos y dame la gracia de cumplir tu voluntad. **R.**

Evangelio: Mateo 5, 33-37
En aquel tiempo, Jesús dijo a sus discípulos: "Han oído ustedes que se dijo a los antiguos: *No jurarás en falso y le cumplirás al Señor lo que le hayas prometido con juramento.* Pero yo les digo: No juren de ninguna manera, ni por el cielo, que es el trono de Dios; ni por la tierra, porque es donde él pone los pies; ni por Jerusalén, que es la ciudad del gran Rey. Tampoco jures por tu cabeza, porque no puedes hacer blanco o negro uno solo de tus cabellos. Digan simplemente sí, cuando es sí; y no, cuando es no. Lo que se diga de más, viene del maligno".

Domingo 16 de junio de 2024
XI Domingo Ordinario

Primera Lectura: Ezequiel 17, 22-24

Esto dice el Señor Dios: "Yo tomaré un renuevo de la copa de un gran cedro, de su más alta rama cortaré un retoño. Lo plantaré en la cima de un monte excelso y sublime. Lo plantaré en la montaña más alta de Israel. Echará ramas, dará fruto y se convertirá en un cedro magnífico. En él anidarán toda clase de pájaros y descansarán al abrigo de sus ramas. Así, todos los árboles del campo sabrán que yo, el Señor, humillo los árboles altos y elevo los árboles pequeños; que seco los árboles lozanos y hago florecer los árboles secos. Yo, el Señor, lo he dicho y lo haré".

Salmo Responsorial: Salmo 91, 2-3. 13-14. 15-16
R. (2a) ¡Qué bueno es darte gracias Señor!

¡Que bueno es darte gracias, Dios altísimo y celebrar tu nombre, pregonando tu amor cada mañana y tu fidelidad, todas las noches. **R.**

Los justos crecerán como las palmas, come los cedros en los altos montes; plantados en la casa del Señor, en medio de sus atrios darán flores. **R.**

Seguirán dando fruto en su vejez, frondosos y lozanos como jóvenes, para anunciar que en Dios, mi protector, ni maldad ni injusticia se conocen. **R.**

Segunda Lectura: 2 Corintios 5, 6-10

Hermanos: Siempre tenemos confianza, aunque sabemos que, mientras vivimos en el cuerpo, estamos desterrados, lejos del Señor. Caminamos guiados por la fe, sin ver todavía. Estamos, pues, llenos de confianza y preferimos salir de este cuerpo para vivir con el Señor. Por eso procuramos agradarle, en el destierro o en la patria. Porque todos tendremos que comparecer ante el tribunal de Cristo, para recibir el premio o el castigo por lo que hayamos hecho en esta vida.

Aclamación antes del Evangelio
R. Aleluya, aleluya.

La semilla es la palabra de Dios y el sembrador es Cristo; todo aquel que lo encuentra vivirá para siempre. **R.**

Evangelio: Marcos 4, 26-34

En aquel tiempo, Jesús dijo a la multitud: "El Reino de Dios se parece a lo que sucede cuando un hombre siembra la semilla en la tierra: que pasan las noches y los días, y sin que él sepa cómo, la semilla germina y crece; y la tierra, por sí sola, va produciendo el fruto: primero los tallos, luego las espigas y después los granos en las espigas. Y cuando ya están maduros los granos, el hombre echa mano de la hoz, pues ha llegado el tiempo de la cosecha". Les dijo también: "¿Con qué compararemos el Reino de Dios? ¿Con qué parábola lo podremos representar? Es como una semilla de mostaza que, cuando se siembra, es la más pequeña de las semillas; pero una vez sembrada, crece y se convierte en el mayor de los arbustos y echa ramas tan grandes, que los pájaros pueden anidar a su sombra". Y con otras muchas parábolas semejantes les estuvo exponiendo su mensaje, de acuerdo con lo que ellos podían entender. Y no les hablaba sino en parábolas; pero a sus discípulos les explicaba todo en privado.

Lunes 17 de junio de 2024
Lunes de la XI semana del Tiempo ordinario
Primera Lectura 1 Reyes 21, 1-16

Nabot de Yezrael tenía una viña junto al palacio de Ajab, rey de Samaria, y Ajab le dijo a Nabot: "Dame tu viña para plantar ahí una huerta, ya que está pegada a mi casa; yo te doy por ella una viña mejor o si prefieres, te pago con dinero". Nabot le respondió a Ajab: "Dios me libre de darte la herencia de mis padres". Ajab se fue a su casa, triste y enfurecido, porque Nabot le había dicho: "No te daré la herencia de mis padres". Se acostó en su cama, se volvió de cara a la pared y no quiso comer. Entonces se le acercó su esposa, Jezabel, y le dijo: "¿Por qué estás de mal humor y no quieres comer?" Él respondió: "Es que hablé con Nabot de Yezrael y le dije que me vendiera su viña o que, si prefería, yo se la cambiaría por otra mejor; pero él me respondió que no me daría su viña". Su esposa Jezabel, le dijo: "¿No que tú eres el rey poderoso que manda en Israel? Levántate, come y alégrate. Yo te daré la viña de Nabot". Entonces ella escribió unas cartas en nombre de Ajab, las selló con el sello del rey y las envió a los ancianos y hombres principales de la ciudad en que vivía Nabot. Las cartas decían: "Promulguen un ayuno, convoquen una asamblea y sienten a Nabot en primera fila. Pongan frente a él a dos malvados que lo acusen, diciendo: 'Ha maldecido a Dios y al rey'. Luego lo sacan fuera de la ciudad y lo apedrean hasta que muera". Los habitantes de la ciudad, los ancianos y los hombres principales que vivían cerca de Nabot, hicieron lo que Jezabel les había mandado, de acuerdo con lo escrito en las cartas que les había remitido. Promulgaron un ayuno y en la asamblea sentaron a Nabot en primera fila. Llegaron los dos malvados, se sentaron frente a él y lo acusaron delante del pueblo, diciendo: "Nabot ha maldecido a Dios y al rey". Luego lo sacaron fuera de la ciudad y lo apedrearon hasta que murió. En seguida le mandaron avisar a Jezabel que Nabot había muerto apedreado. Cuando Jezabel supo que Nabot había muerto apedreado, le dijo a Ajab: "Ve a tomar posesión de la viña de Nabot de Yezrael, que no quiso vendértela, pues Nabot ya no vive: ha muerto". Apenas oyó Ajab que Nabot había muerto, fue a tomar posesión de la viña de Nabot de Yezrael.

Salmo Responsorial: Salmo 5, 2-3. 5-6. 7
R. (2b) Señor, atiende a mis gemidos.
Señor, oye mi voz, atiende a mis gemidos, haz caso de mis súplicas, rey y Dios mío. **R.**
Pues tú no eres un Dios al que pudiera la maldad agradarle, ni el malvado es tu huésped ni ante ti puede estar el arrogante. **R.**
Al malhechor detestas, y destruyes, Señor, al embustero; aborreces al hombre sanguinario y a quien es traicionero. **R.**

Aclamación antes del Evangelio: Salmo 118, 105
R. Aleluya, aleluya.
Tus palabras, Señor, son una antorcha para mis pasos y una luz en mi sendero. **R.**

Evangelio: Mateo 5, 38-42
En aquel tiempo, Jesús dijo a sus discípulos: "Ustedes han oído que se dijo: *Ojo por ojo, diente por diente*; pero yo les digo que no hagan resistencia al hombre malo. Si alguno te golpea en la mejilla derecha, preséntale también la izquierda;

al que te quiera demandar en juicio para quitarte la túnica, cédele también el manto. Si alguno te obliga a caminar mil pasos en su servicio, camina con él dos mil. Al que te pide, dale; y al que quiere que le prestes, no le vuelvas la espalda".

Martes 18 de junio de 2024

Martes de la XI semana del Tiempo ordinario

Primera Lectura: 1 Reyes 21, 17-29

Después de la muerte de Nabot, el Señor le dirigió la palabra al profeta Elías y le dijo: "Levántate y ve al encuentro de Ajab, rey de Israel, que vive en Samaria. Se encuentra en la viña de Nabot, a donde ha ido para apropiársela. Dile lo siguiente: 'Esto dice el Señor: ¿Así que, además de asesinar, estás robando?' Dile también: 'Por eso, dice el Señor, en el mismo lugar en que los perros han lamido la sangre de Nabot, los perros lamerán también tu propia sangre' ". Ajab le dijo a Elías: "¿Has vuelto a encontrarme, enemigo mío?" Le respondió Elías: "Sí, te he vuelto a encontrar. 'Porque te has prestado para hacer el mal ante mis ojos, dice el Señor, yo mismo voy a castigarte: voy a barrer a tu posteridad y a exterminar en Israel a todo varón de tu casa, libre o esclavo. Haré con tu casa lo que hice con la de Jeroboam, hijo de Nebat, y con la de Basá, hijo de Ajías, porque has provocado mi cólera y has hecho pecar a Israel. A los hijos de Ajab que mueran en la ciudad, los devorarán los perros; y a los que mueran en el campo, se los comerán los buitres'. También contra Jezabel ha hablado el Señor y ha dicho: 'Los perros devorarán a Jezabel en el campo de Yezrael'". (Y es que en realidad no hubo otro que se prestara tanto como Ajab para hacer el mal ante los ojos del Señor, instigado por su esposa Jezabel. Su proceder fue abominable, porque adoró a los ídolos que habían hecho los amorreos, a quienes el Señor expulsó del país para dárselo a los hijos de Israel). Cuando Ajab oyó estas palabras, desgarró sus vestiduras, se puso un vestido de sayal y ayunó; se acostaba con el sayal puesto y andaba cabizbajo. Entonces el Señor le habló al profeta Elías y le dijo: "¿Has visto cómo se ha humillado Ajab en mi presencia? Por eso, no lo castigaré a él durante su vida, pero en vida de su hijo castigaré a su casa".

Salmo Responsorial: Salmo 50, 3-4. 5-6a.11 y 16

R. (3a) Misericordia, Señor, hemos pecado.

Por tu inmensa compasión Señor, apiádate de mí y olvida mis ofensas. Lávame bien de todos mis delitos y purifícame de mis pecados. **R.**

Puesto que reconozco mis culpas, tengo siempre presentes mis pecados. Contra ti sólo pequé, Señor, haciendo lo que a tus ojos era malo. **R.**

Aleja de tu vista mis maldades y olvídate de todos mis pecados. Líbrame de la sangre, oh Dios, salvador mío, y aclamará mi lengua tu justicia. **R.**

Aclamación antes del Evangelio: Juan 13, 34
R. Aleluya, aleluya.

Les doy un mandamiento nuevo, dice el Señor, que se amen los unos a los otros, como yo los he amado. **R.**

Evangelio: Mateo 5, 43-48

En aquel tiempo, Jesús dijo a sus discípulos: "Han oído ustedes que se dijo: *Ama a tu prójimo y odia a tu enemigo*; yo, en cambio, les digo: Amen a sus enemigos, hagan el bien a los que los odian y rueguen por los que los persiguen y calumnian, para que sean hijos de su Padre celestial, que hace salir su sol sobre los buenos y los malos, y manda su lluvia sobre los justos y los injustos. Porque si ustedes aman a los que los aman, ¿qué recompensa merecen? ¿No hacen eso mismo los publicanos? Y si saludan tan sólo a sus hermanos, ¿qué hacen de extraordinario? ¿No hacen eso mismo los paganos? Ustedes, pues, sean perfectos, como su Padre celestial es perfecto".

Miércoles 19 de junio de 2024
Miércoles de la XI semana del Tiempo ordinario
Primera Lectura: 2 Reyes 2, 1. 6-14

Esto fue lo que sucedió cuando el Señor iba a arrebatar a Elías en un remolino hacia el cielo. Ese día Elías y Eliseo habían salido de Guilgal. Al llegar a Jericó, Elías le dijo a Eliseo: "Quédate aquí, porque el Señor me envía al Jordán". Respondió Eliseo: "Por Dios y por tu vida que no te dejaré ir solo". Y se fueron los dos juntos. Los acompañaban cincuenta hombres de la comunidad de los profetas, los cuales, al llegar Elías y Eliseo a la orilla del Jordán, se detuvieron a cierta distancia de ellos. Elías tomó su manto, lo enrolló y con él golpeó las aguas; éstas se separaron a un lado y a otro, y ambos pasaron el río sin mojarse. Después de cruzar, Elías le dijo a Eliseo: "Pídeme lo que quieras que haga por ti, antes de que sea arrebatado de tu lado". Respondió Eliseo: "Que sea el heredero principal de tu espíritu". Le dijo Elías: "Es difícil lo que pides; pero si alcanzas a verme, cuando sea arrebatado de tu lado, lo obtendrás; si no, no lo obtendrás". Siguieron caminando y conversando, cuando un carro de fuego, con caballos de fuego, se interpuso entre ellos, y Elías subió al cielo en un remolino. Eliseo lo veía alejarse y le gritaba: "¡Padre mío, padre mío, carro y auriga de Israel!" Y ya no lo volvió a ver. Entonces se rasgó las vestiduras, recogió el manto que se le había caído a Elías, regresó y se detuvo en la orilla del Jordán. Tomó el manto de Elías y golpeó con él las aguas, y no se separaron. Entonces dijo: "¿Dónde está el Señor, el Dios de Elías?" Volvió a golpear las aguas y entonces se separaron a un lado y a otro, y pasó Eliseo.

Salmo Responsorial: Salmo 30, 20. 21.22. 23. 24
R. (25) Amemos al Señor todos sus fieles.

¡Qué grande es la bondad que has reservado, Señor, para tus fieles! Con quien se acoge a ti, Señor, ¡que bueno eres! **R.**

Tu presencia lo ampara de todos las intrigas de los hombres, y lo pone a resguardo de las burlas y las murmuraciones. **R.**

Que amen al Señor todos sus fieles, Pues protege a los leales y a los soberbios da lo que merecen. **R.**

Aclamación antes del Evangelio: Juan 14, 23
R. Aleluya, aleluya.

El que me ama cumplirá mi palabra y mi Padre lo amará y haremos en él nuestra morada, dice el Señor. **R.**

Evangelio: Mateo 6, 1-6. 16-18

En aquel tiempo, Jesús dijo a sus discípulos: "Tengan cuidado de no practicar sus obras de piedad delante de los hombres para que los vean. De lo contrario, no tendrán recompensa con su Padre celestial. Por lo tanto, cuando des limosna, no lo anuncies con trompeta, como hacen los hipócritas en las sinagogas y por las calles, para que los alaben los hombres. Yo les aseguro que ya recibieron su recompensa. Tú, en cambio, cuando des limosna, que no sepa tu mano izquierda lo que hace la derecha, para que tu limosna quede en secreto; y tu Padre, que ve lo secreto, te recompensará. Cuando ustedes hagan oración, no sean como los hipócritas, a quienes les gusta orar de pie en las sinagogas y en las esquinas de las plazas, para que los vea la gente. Yo les aseguro que ya recibieron su recompensa. Tú, en cambio, cuando vayas a orar, entra en tu cuarto, cierra la puerta y ora ante tu Padre, que está allí, en lo secreto; y tu Padre, que ve lo secreto, te recompensará. Cuando ustedes ayunen, no pongan cara triste, como esos hipócritas que descuidan la apariencia de su rostro, para que la gente note que están ayunando. Yo les aseguro que ya recibieron su recompensa. Tú, en cambio, cuando ayunes, perfúmate la cabeza y lávate la cara, para que no sepa la gente que estás ayunando, sino tu Padre, que está en lo secreto; y tu Padre, que ve lo secreto, te recompensará".

Jueves 20 de junio de 2024
Jueves de la XI semana del Tiempo ordinario
Primera Lectura: Eclesiástico (Sirácide) 48, 1-15

En aquel tiempo, surgió Elías, un profeta de fuego; su palabra quemaba como una llama. Él hizo caer sobre los israelitas el hambre y con celo los diezmó. En el nombre del Señor cerró las compuertas del cielo e hizo que descendiera tres veces fuego de lo alto. ¡Qué glorioso eres, Elías, por tus prodigios! ¿Quién puede jactarse de ser igual a ti? Tú resucitaste del sepulcro a un muerto, lo arrancaste de la muerte por la palabra del Altísimo. Tú llevaste la ruina a los reyes y la muerte a los príncipes en su lecho. Tú escuchaste las amenazas de Dios en el Sinaí y sus palabras de castigo en el Horeb. Tú ungiste a reyes vengadores y nombraste como sucesor tuyo a un profeta. En un torbellino de llamas fuiste arrebatado al cielo, sobre un carro tirado por caballos de fuego. Escrito está de ti que volverás, cargado de amenazas, en el tiempo señalado, para aplacar la cólera antes de que estalle, para hacer que el corazón de los padres se vuelva hacia los hijos y congregar a las tribus de Israel. Dichosos los que te vieron y murieron gozando de tu amistad; pero más dichosos los que estén vivos, cuando vuelvas. Cuando Elías fue arrebatado por el torbellino, Eliseo quedó lleno de su espíritu. Ningún príncipe lo intimidó, nadie lo pudo dominar. Ninguna cosa le era imposible y aun estando en el sepulcro, resucitó a un muerto. En vida hizo prodigios y después de muerto, obras admirables.

Salmo Responsorial: Salmo 96, 1-2. 3-4. 5-6. 7
R. (12a) Que se alegren los justos con el Señor.

Reina el Señor, alégrese la tierra; cante de regocijo el mundo entero. El trono del Señor se asienta En la justicia y el derecho. **R.**

Un fuego que devora a sus contrarios a nuestro Dios precede; deslumbran sus relámpagos el orbe y, viéndolos, la tierra se estremece. **R.**

Los montes se derriten como cera ante el Señor de toda la tierra. Los cielos pregonan su justicia, su inmensa gloria ven todos los pueblos. **R.**

Los que adoran estatuas que se llenen de pena y se sonrojen lo mismo el que se jacta de sus ídolos. Que caigan ante Dios todos los dioses. **R.**

Aclamación antes del Evangelio: Romanos 8, 15
R. Aleluya, aleluya.

Hemos recibido un espíritu de hijos, que nos hace exclamar: ¡Padre! **R.**

Evangelio: Mateo 6, 7-15

En aquel tiempo, Jesús dijo a sus discípulos: "Cuando ustedes hagan oración, no hablen mucho, como los paganos, que se imaginan que a fuerza de mucho hablar serán escuchados. No los imiten, porque el Padre sabe lo que les hace falta, antes de que se lo pidan. Ustedes pues, oren así: Padre nuestro, que estás en el cielo, santificado sea tu nombre, venga tu Reino, hágase tu voluntad en la tierra como en el cielo. Danos hoy nuestro pan de cada día, perdona nuestras ofensas, como también nosotros perdonamos a los que nos ofenden; no nos dejes caer en tentación y líbranos del mal. Si ustedes perdonan las faltas a los hombres, también a ustedes los perdonará el Padre celestial. Pero si ustedes no perdonan a los hombres, tampoco el Padre les perdonará a ustedes sus faltas".

Viernes 21 de junio de 2024
Memoria de San Luis Gonzaga, religioso
Primera Lectura: 2 Reyes 11, 1-4. 9-18. 20

Por aquel entonces, Atalía, madre del rey Ocozías, viendo que había muerto su hijo, decidió exterminar a toda la familia real. Pero Yehosebá, hija del rey Joram y hermana de Ocozías, tomó a su sobrino Joás y lo sacó a escondidas de entre los hijos del rey, cuando los estaban asesinando, para ocultarlo de Atalía. Escondió al niño y a su nodriza, y así el niño pudo escapar de la muerte. Seis años estuvo oculto con ella en el templo del Señor, y entre tanto Atalía reinó en el país. El año séptimo, el sacerdote Yehoyadá mandó llamar a los oficiales del ejército y a los soldados de éstos, los introdujo en el templo del Señor, les mostró al hijo del rey e hizo con ellos un pacto con juramento, de cuidar al hijo del rey. Los oficiales cumplieron el pacto que habían hecho con el sacerdote Yehoyadá. Cada cual se puso al frente de sus hombres, que entraban de guardia el sábado o terminaban su guardia el sábado, y se presentaron ante el sacerdote Yehoyadá. Éste les entregó las lanzas y los escudos del rey David, que estaban en el templo del Señor. Cuando los soldados de la guardia, con las armas en la mano, se pusieron en fila desde el lado sur hasta el lado norte del templo, rodeando el altar, Yehoyadá sacó al hijo del rey, le puso la diadema y las insignias reales y lo ungió. Entonces todos aplaudieron y gritaron: "¡Viva el rey!" Cuando Atalía escuchó el clamor popular, fue al templo del Señor, donde estaba reunida la gente. Entonces vio al rey, que estaba de pie sobre el estrado, según la costumbre, a los oficiales del ejército y a los heraldos en torno al rey, y a todo el pueblo que daba muestras de gran alegría, mientras sonaban las trompetas. Entonces Atalía rasgó sus vestiduras y gritó: "¡Traición, traición!" El sacerdote Yehoyadá dio esta orden a los oficiales: "Sáquenla del templo y maten al que la siga". El sacerdote les había dicho: "No podemos matarla en el templo del Señor". Así pues, los guardias la llevaron hasta el palacio real y le dieron muerte en la puerta de los caballos.

Entonces el sacerdote Yehoyadá renovó la alianza entre el Señor, el rey y el pueblo, por la cual ellos serían el pueblo del Señor. Todo el pueblo penetró en el templo de Baal y lo destrozaron; destruyeron completamente el altar y sus estatuas, y a Matán, sacerdote de Baal, le dieron muerte delante del altar. El sacerdote Yehoyadá puso centinelas en el templo del Señor. Todo el pueblo se llenó de alegría y la ciudad quedó tranquila. Atalía había sido muerta en el palacio real.

Salmo Responsorial: Salmo 131, 11. 12. 13-14. 17-18
R. (13) Dios le dará el trono de su padre David.
Dios prometió a David –y el Señor no revoca sus promesas–: "Pondré sobre tu trono A uno de tu propia descendencia. **R.**
Si tus hijos son fieles a mi alianza y cumplen los mandatos que yo enseñe, también ocuparán sus hijos, Tu trono para siempre". **R.**
Esto es así, porque el Señor ha elegido a Sión como morada: "Aquí está mi reposo para siempre; porque así me agradó, será mi casa. **R.**
Aquí haré renacer el poder de David y encenderé una lámpara a mi ungido; pondré sobre su frente mí diadema Ignominia daré a sus enemigos. **R.**

Aclamación antes del Evangelio: Mateo 5, 3
R. Aleluya, aleluya.
Dichosos los pobres de espíritu, porque de ellos es el Reino de los cielos. **R.**

Evangelio: Mateo 6, 19-23
En aquel tiempo, Jesús dijo a sus discípulos: "No acumulen ustedes tesoros en la tierra, donde la polilla y el moho los destruyen, donde los ladrones perforan las paredes y se los roban. Más bien acumulen tesoros en el cielo, donde ni la polilla ni el moho los destruyen, ni hay ladrones que perforen las paredes y se los roben; porque donde está tu tesoro, ahí también está tu corazón. Tus ojos son la luz de tu cuerpo; de manera que, si tus ojos están sanos, todo tu cuerpo tendrá luz. Pero si tus ojos están enfermos, todo tu cuerpo tendrá oscuridad. Y si lo que en ti debería ser luz, no es más que oscuridad, ¡qué negra no será tu propia oscuridad!"

Sábado de la XI semana del Tiempo ordinario

Primera Lectura: 2 Crónicas 24, 17-25

Después de la muerte del sacerdote Yehoyadá, vinieron los jefes de Judá a postrarse ante el rey; a éste, sobornado por sus regalos, le pareció bien lo que le propusieron. Entonces abandonaron el templo del Señor, Dios de sus padres, y dieron culto a los bosques sagrados y a los ídolos. Este pecado provocó la ira de Dios sobre Judá y Jerusalén. El Señor les envió profetas para que se arrepintieran, pero no hicieron caso a sus amonestaciones. Entonces el espíritu de Dios inspiró a Zacarías, hijo del sacerdote Yehoyadá, para que se presentara ante el pueblo y le dijera: "Esto dice el Señor Dios: '¿Por qué quebrantan los preceptos de Dios? Van al fracaso. Han abandonado al Señor y él los abandonará a ustedes' ".Pero el pueblo conspiró contra él y, por orden del rey, lo apedrearon en el atrio del templo. El rey Joás no tuvo en cuenta el bien que le había hecho Yehoyadá y mató a su hijo, Zacarías, quien exclamó al morir: "Que el Señor te juzgue y te pida cuentas". Al cabo de un año, el ejército sirio se dirigió contra Joás y penetró en Judá y en Jerusalén; mataron a todos los jefes del pueblo y enviaron todo el botín al rey de Damasco. Aunque no era muy numeroso el ejército sirio, el Señor le dio la victoria sobre el enorme ejército de los judíos, porque el pueblo había abandonado al Señor, Dios de sus padres. Así fue como se hizo justicia contra Joás. Al retirarse los sirios, lo dejaron gravemente herido y entonces sus cortesanos conspiraron contra él para vengar al hijo del sacerdote Yehoyadá, y lo asesinaron en su cama. Lo enterraron en la ciudad de David, pero no le dieron sepultura en las tumbas de los reyes.

Salmo Responsorial: Salmo 88, 4-5. 29-30. 31-32. 33-34

R. (29a) Proclamaré sin cesar la misericordia del Señor.

"Un juramento hice a David, mi servidor, dice el Señor, una alianza pacté con mi elegido: 'Consolidaré tu dinastía para siempre y afianzaré tu trono eternamente'.
R.

Yo jamás le retiraré mi amor ni violaré el juramento que le hice. Nunca se extinguirá su descendencia y su trono durará igual que el cielo. **R.**

Pero, si sus hijos abandonan mi ley y no cumplen mis mandatos, si violan mis preceptos y no guardan mi alianza, castigaré con la vara sus pecados y con el látigo sus culpas, pero no les retiraré mi favor. **R.**

No desmentiré mi fidelidad, no violaré mi alianza ni cambiaré mis promesas". **R.**

Aclamación antes del Evangelio: 2 Corintios 8, 9
R. Aleluya, aleluya.

Jesucristo, siendo rico, se hizo pobre, para enriquecernos con su pobreza. **R.**

Evangelio: Mateo 6, 24-34

En aquel tiempo, Jesús dijo a sus discípulos: "Nadie puede servir a dos amos, porque odiará a uno y amará al otro, o bien obedecerá al primero y no hará caso al segundo. En resumen, no pueden ustedes servir a Dios y al dinero. Por eso les digo que no se preocupen por su vida, pensando qué comerán o con qué se vestirán. ¿Acaso no vale más la vida que el alimento, y el cuerpo más que el vestido? Miren las aves del cielo, que ni siembran, ni cosechan, ni guardan en graneros y, sin embargo, el Padre celestial las alimenta. ¿Acaso no valen ustedes más que ellas? ¿Quién de ustedes, a fuerza de preocuparse, puede prolongar su vida siquiera un momento? ¿Y por qué se preocupan del vestido? Miren cómo crecen los lirios del campo, que no trabajan ni hilan. Pues bien, yo les aseguro que ni Salomón, en todo el esplendor de su gloria, se vestía como uno de ellos. Y si Dios viste así a la hierba del campo, que hoy florece y mañana es echada al horno, ¿no hará mucho más por ustedes, hombres de poca fe? No se inquieten, pues, pensando: ¿Qué comeremos o qué beberemos o con qué nos vestiremos? Los que no conocen a Dios se desviven por todas estas cosas; pero el Padre celestial ya sabe que ustedes tienen necesidad de ellas. Por consiguiente, busquen primero el Reino de Dios y su justicia, y todas estas cosas se les darán por añadidura. No se preocupen por el día de mañana, porque el día de mañana traerá ya sus propias preocupaciones. A cada día le bastan sus propios problemas".

XII Domingo Ordinario

Primera Lectura: Job 38, 1. 8-11

El Señor habló a Job desde la tormenta y le dijo: "Yo le puse límites al mar, cuando salía impetuoso del seno materno; yo hice de la niebla sus mantillas y de las nubes sus pañales; yo le impuse límites con puertas y cerrojos y le dije: 'Hasta aquí llegarás, no más allá. Aquí se romperá la arrogancia de tus olas'".

Salmo Responsorial: Salmo 106, 23-24. 25-26. 28-29. 30-31

R. (1b) Demos gracias al Señor por su bondades.

Los que la mar surcaban con sus naves, por las aguas inmensas negociando, el poder del Señor y sus prodigios en media del abismo contemplaron. **R.**

Habló el Señor y un viento huracanado las olas encrespó; al cielo y al abismo eran lanzados, sobrecogidos de terror. **R.**

Clamaron al Señor en tal apuro y él los libró de sus congojas Cambio la tempestad en suave brisa, y apaciguó las olas. **R.**

Se alegraron al ver la mar tranquila y el Señor los llevó al puerto anhelado. Den gracias al Señor por los prodigios que su amor por el hombre ha realizado. **R.**

Segunda Lectura: 2 Corintios 5, 14-17

Hermanos: El amor de Cristo nos apremia, al pensar que si uno murió por todos, todos murieron. Cristo murió por todos para que los que viven ya no vivan para sí mismos, sino para aquel que murió y resucitó por ellos. Por eso nosotros ya no juzgamos a nadie con criterios humanos. Si alguna vez hemos juzgado a Cristo con tales criterios, ahora ya no lo hacemos. El que vive según Cristo es una creatura nueva; para él todo lo viejo ha pasado. Ya todo es nuevo.

Aclamación antes del Evangelio: Lucas 7, 16

R. Aleluya, aleluya.

Un gran profeta ha surgido entre nosotros. Dios ha visitado a su pueblo. **R.**

Evangelio: Marcos 4, 35-41

Un día, al atardecer, Jesús dijo a sus discípulos: "Vamos a la otra orilla del lago". Entonces los discípulos despidieron a la gente y condujeron a Jesús en la misma barca en que estaba. Iban además otras barcas. De pronto se desató un fuerte viento y las olas se estrellaban contra la barca y la iban llenando de agua. Jesús dormía en la popa, reclinado sobre un cojín. Lo despertaron y le dijeron: "Maestro, ¿no te importa que nos hundamos?" Él se despertó, reprendió al viento y dijo al mar: "¡Cállate, enmudece!" Entonces el viento cesó y sobrevino una gran calma. Jesús les dijo: "¿Por qué tenían tanto miedo? ¿Aún no tienen fe?" Todos se quedaron espantados y se decían unos a otros: "¿Quién es éste, a quien hasta el viento y el mar obedecen?"

Lunes 24 de junio de 2024
Solemnidad de Natividad de san Juan Bautista

Misa del día

Primera Lectura: Isaías 49, 1-6

Escúchenme, islas; pueblos lejanos, atiéndanme. El Señor me llamó desde el vientre de mi madre; cuando aún estaba yo en el seno materno, él pronunció mi nombre. Hizo de mi boca una espada filosa, me escondió en la sombra de su mano, me hizo flecha puntiaguda, me guardó en su aljaba y me dijo: "Tú eres mi siervo, Israel; en ti manifestaré mi gloria". Entonces yo pensé: "En vano me he cansado, inútilmente he gastado mis fuerzas; en realidad mi causa estaba en manos del Señor, mi recompensa la tenía mi Dios". Ahora habla el Señor, el que me formó desde el seno materno, para que fuera su servidor, para hacer que Jacob volviera a él y congregar a Israel en torno suyo –tanto así me honró el Señor y mi Dios fue mi fuerza–. Ahora, pues, dice el Señor: "Es poco que seas mi siervo sólo para restablecer a las tribus de Jacob y reunir a los sobrevivientes de Israel; te voy a convertir en luz de las naciones, para que mi salvación llegue hasta los últimos rincones de la tierra".

Salmo Responsorial: Salmo 138, 1-3. 13-14ab. 14c-15
R. (14a) Te doy gracias, Señor, porque me has formado maravillosamente.

Tú me conoces, Señor, profundamente: tú conoces cuándo me siento y me levanto, desde lejos sabes mis pensamientos, tú observas mi camino y mi descanso, todas mis sendas te son familiares. **R.**

Tú formaste mis entrañas, me tejiste en el seno materno. Te doy gracias por tan grandes maravillas; soy un prodigio y tus obras son prodigiosas. **R.**

Conocías plenamente mi alma; no se te escondía mi organismo, cuando en lo oculto me iba formando, y entretejiendo en lo profundo de la tierra. **R.**

Segunda Lectura: Hechos 13, 22-26

En aquellos días, Pablo les dijo a los judíos: "Hermanos: Dios les dio a nuestros padres como rey a David, de quien hizo esta alabanza: *He hallado a David, hijo de Jesé, hombre según mi corazón, quien realizará todos mis designios.* Del linaje de David, conforme a la promesa, Dios hizo nacer para Israel un salvador: Jesús. Juan preparó su venida, predicando a todo el pueblo de Israel un bautismo de penitencia, y hacia el final de su vida, Juan decía: 'Yo no soy el que ustedes piensan. Después de mí viene uno a quien no merezco desatarle las sandalias'. Hermanos míos, descendientes de Abraham, y cuantos temen a Dios: Este mensaje de salvación les ha sido enviado a ustedes".

Aclamación antes del Evangelio: Lucas 1, 76
R. Aleluya, aleluya.

Y a ti, niño, te llamarán profeta del Altísimo, porque irás delante del Señor a preparar sus caminos. **R.**

Evangelio: Lucas 1, 57-66. 80

Por aquellos días, le llegó a Isabel la hora de dar a luz y tuvo un hijo. Cuando sus vecinos y parientes se enteraron de que el Señor le había manifestado tan grande misericordia, se regocijaron con ella. A los ocho días fueron a circuncidar al niño y le querían poner Zacarías, como su padre; pero la madre se opuso, diciéndoles: "No. Su nombre será Juan". Ellos le decían: "Pero si ninguno de tus parientes se llama así". Entonces le preguntaron por señas al padre cómo quería que se llamara el niño. Él pidió una tablilla y escribió: "Juan es su nombre". Todos se quedaron extrañados. En ese momento a Zacarías se le soltó la lengua, recobró el habla y empezó a bendecir a Dios. Un sentimiento de temor se apoderó de los vecinos y en toda la región montañosa de Judea se comentaba este suceso. Cuantos se enteraban de ello se preguntaban impresionados: "¿Qué va a ser de este niño?" Esto lo decían, porque realmente la mano de Dios estaba con él. El niño se iba desarrollando físicamente y su espíritu se iba fortaleciendo, y vivió en el desierto hasta el día en que se dio a conocer al pueblo de Israel.

Martes 25 de junio de 2024
Martes de la XII semana del Tiempo ordinario
Primera Lectura: 2 Reyes 19, 9-11. 14-21. 31-35. 36

En aquellos días, Senaquerib, rey de Asiria, envió mensajeros para decir a Ezequías: "Díganle esto a Ezequías, rey de Judá: 'Que no te engañe tu Dios, en el que confías, pensando que no será entregada Jerusalén en manos del rey de Asiria. Sabes bien que los reyes de Asiria han exterminado a todos los países, ¿y crees que sólo tú te vas a librar de mí?' " Ezequías tomó la carta de manos de los mensajeros y la leyó. Luego se fue al templo, y desenrollando la carta delante del Señor, hizo esta oración: "Señor, Dios de Israel, que estás sobre los querubines, tú eres el único Dios de todas las naciones del mundo, tú has hecho los cielos y la tierra. Acerca, Señor, tus oídos y escucha; abre, Señor, tus ojos y mira. Oye las palabras con que Senaquerib te ha insultado a ti, Dios vivo. Es cierto, Señor, que los reyes de Asiria han exterminado a todas las naciones y han entregado sus dioses al fuego, porque ésos no son dioses, sino objetos de madera y de piedra, hechos por hombres, y por eso han sido aniquilados. Pero tú, Señor, Dios nuestro, sálvanos de su mano para que sepan todas las naciones que sólo tú, Señor, eres Dios". Entonces el profeta Isaías, hijo de Amós, mandó decir a Ezequías: "Esto dice el Señor, Dios de Israel: 'He escuchado tu oración'. Esta es la palabra que el Señor pronuncia contra Senaquerib, rey de Asiria: 'Te desprecia y se burla de ti la doncella, la ciudad de Sión; a tus espaldas se ríe de ti la ciudad de Jerusalén. De Jerusalén saldrá un pequeño grupo y del monte Sión unos sobrevivientes. El celo del Señor de los ejércitos lo cumplirá'. Por eso, esto dice el Señor contra el rey de Asiria: 'No entrará en esta ciudad. No lanzará sus flechas contra ella. No se le acercará con escudos ni levantará terraplenes frente a ella. Por el camino por donde vino se volverá. No entrará en esta ciudad'. Lo dice el Señor. 'La protegeré y la salvaré por ser yo quien soy y por David, mi siervo' ". Aquella misma noche salió el ángel del Señor e hirió a ciento ochenta y cinco mil hombres en el campamento asirio. Por la mañana, al contemplar los cadáveres, Senaquerib, rey de Asiria, levantó su campamento y regresó a Nínive.

Salmo Responsorial: Salmo 47, 2-3a. 3b-4. 9. 10-11
R. (9d) Recordamos, Señor, tu gran amor.
Grande es el Señor y muy digno de alabanza en la ciudad de nuestro Dios. Su monte santo, altura hermosa, es la alegría de toda la tierra. **R.**
El monte Sión, en el extremo norte, es la ciudad del rey supremo. Entre sus baluartes ha surgido Dios como una fortaleza inexpugnable. **R.**
Recordamos, Señor, tu gran amor en medio de tu templo. Tu renombre, Señor, y tu alabanza, llenan el mundo entero. **R.**

Aclamación antes del Evangelio: Juan 8, 12
R. Aleluya, aleluya.
Yo soy la luz del mundo, dice el Señor; el que me sigue tendrá la luz de la vida. **R.**

Evangelio: Mateo 7, 6. 12-14
En aquel tiempo, Jesús dijo a sus discípulos: "No den a los perros las cosas santas ni echen sus perlas a los cerdos, no sea que las pisoteen y después se vuelvan contra ustedes y los despedacen. Traten a los demás como quieren que ellos los traten a ustedes. En esto se resumen la ley y los profetas. Entren por la puerta estrecha; porque ancha es la puerta y amplio el camino que conduce a la perdición, y son muchos los que entran por él. Pero ¡qué estrecha es la puerta y qué angosto el camino que conduce a la vida, y qué pocos son los que lo encuentran!"

Miércoles 26 de junio de 2024
Miércoles de la XII semana del Tiempo ordinario

Primera Lectura: 2 Reyes 22, 8-13; 23, 1-3

Por aquel entonces, el sumo sacerdote Jilquías dijo a Safán, delegado del rey Josías: "He hallado en el templo el libro de la ley". Jilquías entregó el libro a Safán, quien lo leyó. Luego, Safán fue a ver al rey y le rindió cuentas, diciendo: "Tus siervos han fundido el dinero del templo y se lo han entregado a los encargados de las obras". Y añadió: "El sacerdote Jilquías me ha entregado un libro". Y lo leyó en presencia del rey. Cuando el rey oyó las palabras del libro de la ley, rasgó sus vestiduras y ordenó al sacerdote Jilquías; a Ajicam, hijo de Safán; a Akbor, hijo de Miqueas; al delegado Safán y a Asaías, ministro suyo: "Vayan a consultar lo que dice el Señor acerca de mí, del pueblo y de todo Judá en este libro que se ha encontrado, pues el Señor está enfurecido con nosotros, porque nuestros padres no escucharon las palabras de este libro y no cumplieron lo que en él está escrito". Cuando ellos trajeron la respuesta, el rey convocó a todos los ancianos de Judá y de Jerusalén y se dirigió hacia el templo, acompañado por los hombres de Judá y todos los habitantes de Jerusalén, los sacerdotes, los profetas y todo el pueblo, desde el más pequeño hasta el más grande, y les leyó el libro de la alianza hallado en el templo. Después, de pie sobre el estrado y en presencia del Señor, renovó la alianza, comprometiéndose a seguir al Señor y a cumplir sus preceptos, normas y mandatos, con todo el corazón y toda el alma, y a poner en vigor las palabras de esta alianza, escritas en el libro. Y todo el pueblo renovó también la alianza.

Salmo Responsorial: Salmo 118, 33. 34-35. 36. 37. 40
R. (33a) Muéstranos, Señor, el camino de tus leyes.

Muéstrame, Señor, el camino de tus leyes, y yo lo seguiré con cuidado. Enséñame a cumplir tu voluntad y a guardarla de todo corazón. **R.**

Guíame por la senda de tu ley, que es lo que quiero. Inclina mi corazón a tus preceptos, y no a la avaricia. **R.**

Aparta mis ojos de las vanidades, dame vida con tu palabra. Mira cómo anhelo tus decretos: dame vida con tu justicia. **R.**

Aclamación antes del Evangelio: Juan 15, 4. 5

R. Aleluya, aleluya.

Permanezcan en mí y yo en ustedes, dice el Señor; el que permanece en mí da fruto abundante. **R.**

Evangelio: Mateo 7, 15-20

En aquel tiempo, Jesús dijo a sus discípulos: "Cuidado con los falsos profetas. Se acercan a ustedes disfrazados de ovejas, pero por dentro son lobos rapaces. Por sus frutos los conocerán. ¿Acaso se recogen uvas de los espinos o higos de los cardos? Todo árbol bueno da frutos buenos y el árbol malo da frutos malos. Un árbol bueno no puede producir frutos malos y un árbol malo no puede producir frutos buenos. Todo árbol que no produce frutos buenos es cortado y arrojado al fuego. Así que por sus frutos los conocerán".

Jueves 27 de junio de 2024
Jueves de la XII semana del Tiempo ordinario
Primera lectura: 2 Reyes 24, 8-17

Joaquín tenía dieciocho años cuando subió al trono, y reinó tres meses en Jerusalén. Su madre se llamaba Nejustá, hija de Elnatán, de Jerusalén. Joaquín, igual que su padre, hizo lo que el Señor reprueba. En aquel tiempo, subió contra Jerusalén el ejército de Nabucodonosor, rey de Babilonia, y sitió la ciudad. Nabucodonosor llegó a la ciudad mientras sus hombres la sitiaban. Entonces Joaquín, rey de Judá, junto con su madre, sus servidores, sus jefes y sus funcionarios, se rindieron al rey de Babilonia y éste los hizo prisioneros. Era el octavo año del reinado de Nabucodonosor. Nabucodonosor se llevó de Jerusalén todos los tesoros del templo del Señor y los del palacio real. Destrozó todos los objetos de oro que Salomón, rey de Israel, había hecho para el templo, conforme a las órdenes del Señor. Nabucodonosor se llevó al cautiverio a toda Jerusalén, a todos los jefes y hombres de importancia, con todos los carpinteros y herreros, en número de diez mil, y sólo dejó a la gente pobre de la región. También llevó cautivos a Babilonia al rey Joaquín, con su madre, sus mujeres, los funcionarios de palacio y toda la gente valiosa, todos los soldados, en número de siete mil, los carpinteros y herreros, en número de mil; y todos los hombres aptos para la guerra fueron deportados a Babilonia. Y en lugar de Joaquín, Nabucodonosor nombró rey a un tío de Joaquín, Matanías, a quien le puso el nombre de Sedecías.

Salmo Responsorial: Salmo 78, 1-2. 3-5. 8. 9
R. (9b) Socórrenos, Dios, salvador nuestro.

Dios mío, los paganos han invadido tu propiedad, han profanado tu santo templo y han convertido a Jerusalén en ruinas. **R.**

Han echado los cadáveres de tus siervos a las aves de rapiña, y la carne de tus fieles, a los animales feroces. **R.**

Hemos sido el escarnio de nuestros vecinos, la irrisión y la burla de los que nos rodean. ¿Hasta cuándo, Señor, vas a estar enojado y va a arder como fuego tu ira? **R.**

No recuerdes, Señor, contra nosotros las culpas de nuestros padres. Que tu amor venga pronto a socorrernos, porque estamos totalmente abatidos. **R.**

Para que sepan quién eres. Socórrenos, Dios y salvador nuestro. Para que sepan quién eres, sálvanos y perdona nuestros pecados. **R.**

Aclamación antes del Evangelio: Juan 14, 23
R. Aleluya, aleluya.

El que me ama cumplirá mi palabra y mi Padre lo amará y haremos en él nuestra morada, dice el Señor. **R.**

Evangelio: Mateo 7, 21-29

En aquel tiempo, Jesús dijo a sus discípulos: "No todo el que me diga: 'iSeñor, Señor!', entrará en el Reino de los cielos, sino el que cumpla la voluntad de mi Padre, que está en los cielos. Aquel día muchos me dirán: 'iSeñor, Señor!, ¿no hemos hablado y arrojado demonios en tu nombre y no hemos hecho, en tu nombre, muchos milagros?' Entonces yo les diré en su cara: 'Nunca los he conocido. Aléjense de mí, ustedes, los que han hecho el mal'. El que escucha estas palabras mías y las pone en práctica, se parece a un hombre prudente, que edificó su casa sobre roca. Vino la lluvia, bajaron las crecientes, se desataron los vientos y dieron contra aquella casa; pero no se cayó, porque estaba construida sobre roca. El que escucha estas palabras mías y no las pone en práctica, se parece a un hombre imprudente, que edificó su casa sobre arena. Vino la lluvia, bajaron las crecientes, se desataron los vientos, dieron contra aquella casa y la arrasaron completamente". Cuando Jesús terminó de hablar, la gente quedó asombrada de su doctrina, porque les enseñaba como quien tiene autoridad y no como los escribas.

Viernes 28 de junio de 2024
Memoria de San Ireneo, obispo y mártir
Primera Lectura: 2 Reyes 25, 1-12

El día diez del mes décimo del año noveno del reinado de Sedecías, Nabucodonosor, rey de Babilonia, vino a Jerusalén con todo su ejército, la sitió y construyó torres de asalto alrededor de ella. La ciudad estuvo sitiada hasta el año undécimo del reinado de Sedecías. El día nueve del cuarto mes, cuando el hambre había arreciado en la ciudad y la población no tenía ya nada que comer, abrieron una brecha en la muralla de la ciudad. El rey Sedecías y sus hombres huyeron de noche por el camino de la puerta que está entre los dos muros del jardín del rey, y ocultándose de los caldeos, que tenían cercada la ciudad, escaparon en dirección al desierto. El ejército caldeo persiguió al rey y le dio alcance en los llanos de Jericó, donde su ejército se dispersó y lo abandonó. Los caldeos capturaron al rey y lo llevaron a Riblá, donde estaba Nabucodonosor, rey de Babilonia, quien lo sometió a juicio. Nabucodonosor hizo degollar a los hijos de Sedecías en su presencia, mandó que le sacaran los ojos y lo condujo encadenado a Babilonia. El día séptimo del quinto mes del año décimo noveno del reinado de Nabucodonosor en Babilonia, Nebuzaradán, jefe del ejército caldeo y súbdito del rey de Babilonia, entró en Jerusalén, quemó el templo del Señor, el palacio real y todas las casas de Jerusalén. Los soldados caldeos, que estaban con el jefe del ejército, destruyeron las murallas que rodeaban la ciudad. Nebuzaradán deportó al resto de la población y también a los que se habían rendido al rey de Babilonia, y sólo dejó a algunos campesinos pobres para trabajar las viñas y los campos.

Salmo Responsorial: Salmo 136, 1-2. 3. 4-5. 6

R. (6a) Tu recuerdo, Señor, es mi alegría.

Junto a los ríos de Babilonia nos sentábamos a llorar de nostalgia; de los sauces que esteban en la orilla colgamos nuestras arpas. **R.**

Aquellos que cautivos nos tenían pidieron que cantáramos. Decían los opresores: "Algún cantar de Sión, alegres, cántennos". **R.**

Pero, ¿cómo podíamos cantar un himno del Señor en tierra extraña? ¡Que la mano derecha se me seque, si de ti, Jerusalén, yo me olvidara! **R.**

¡Que se me pegue al paladar la lengua, Jerusalén, si no te recordara, o si fuera de ti, alguna otra alegría yo buscara! **R.**

Aclamación antes del Evangelio: Mateo 8, 17

R. Aleluya, aleluya.

Cristo hizo suyas nuestras debilidades y cargó con nuestros dolores. **R.**

Evangelio: Mateo 8, 1-4

En aquel tiempo, cuando Jesús bajó de la montaña, lo iba siguiendo una gran multitud. De pronto se le acercó un leproso, se postró ante él y le dijo: "Señor, si quieres, puedes curarme". Jesús extendió la mano y lo tocó, diciéndole: "Sí quiero, queda curado". Inmediatamente quedó limpio de la lepra. Jesús le dijo: "No le vayas a contar esto a nadie. Pero ve ahora a presentarte al sacerdote y lleva la ofrenda prescrita por Moisés para probar tu curación".

Sábado 29 de junio de 2024

Solemnidad de san Pedro y san Pablo, Apóstoles

Misa vespertina de la vigilia

Primera lectura: Hechos 3, 1-10

En aquel tiempo, Pedro y Juan subieron al templo para la oración vespertina, a eso de las tres de la tarde. Había allí un hombre lisiado de nacimiento, a quien diariamente llevaban y ponían ante la puerta llamada la "Hermosa", para que pidiera limosna a los que entraban en el templo. Aquel hombre, al ver a Pedro y a Juan cuando iban a entrar, les pidió limosna. Pedro y Juan fijaron en él los ojos y Pedro le dijo: "Míranos". El hombre se quedó mirándolos en espera de que le dieran algo. Entonces Pedro le dijo: "No tengo ni oro ni plata, pero te voy a dar lo que tengo: En el nombre de Jesucristo nazareno, levántate y camina". Y, tomándolo de la mano, lo incorporó. Al instante sus pies y sus tobillos adquirieron firmeza. De un salto se puso de pie, empezó a andar y entró con ellos al templo caminando, saltando y alabando a Dios. Todo el pueblo lo vio caminar y alabar a Dios, y al darse cuenta de que era el mismo que pedía limosna sentado junto a la puerta "Hermosa" del templo, quedaron llenos de miedo y no salían de su asombro por lo que había sucedido.

Salmo Responsorial: Salmo 18, 2-3. 4-5
R. (5a) El mensaje del Señor resuena en toda la tierra.

Los cielos proclaman la gloria de Dios y el firmamento anuncia la obra de sus manos. Un día comunica su mensaje al otro día y una noche se lo transmite a la otra noche. **R.**

Sin que pronuncien una palabra, sin que resuene su voz, a toda la tierra llega su sonido y su mansaje hasta el fin del mundo. **R.**

Segunda Lectura: Gálatas 1, 11-20

Hermanos: Les hago saber que el Evangelio que he predicado no proviene de los hombres, pues no lo recibí ni lo aprendí de hombre alguno, sino por revelación de Jesucristo. Ciertamente ustedes han oído hablar de mi conducta anterior en el judaísmo, cuando yo perseguía encarnizadamente a la Iglesia de Dios, tratando de destruirla; deben saber que me distinguía en el judaísmo, entre los jóvenes de mi pueblo y de mi edad, porque los superaba en el celo por las tradiciones paternas. Pero Dios me había elegido desde el seno de mi madre, y por su gracia me llamó. Un día quiso revelarme a su Hijo, para que yo lo anunciara entre los paganos. Inmediatamente, sin solicitar ningún consejo humano y sin ir siquiera a Jerusalén para ver a los apóstoles anteriores a mí, me trasladé a Arabia y después regresé a Damasco. Al cabo de tres años fui a Jerusalén, para ver a Pedro y estuve con él quince días. No vi a ningún otro de los apóstoles, excepto a Santiago, el pariente del Señor. Y Dios es testigo de que no miento en lo que les escribo.

Aclamación antes del Evangelio: Juan 21, 17

R. Aleluya, aleluya.

Señor, tú lo sabes todo; tú bien sabes que te quiero. **R.**

Evangelio: Juan 21, 15-19

En aquel tiempo, le preguntó Jesús a Simón Pedro: "Simón, hijo de Juan, ¿me amas más que éstos?" Él le contestó: "Sí, Señor, tú sabes que te quiero". Jesús le dijo: "Apacienta mis corderos". Por segunda vez le preguntó: "Simón, hijo de Juan, ¿me amas?" Él le respondió: "Sí, Señor, tú sabes que te quiero". Jesús le dijo: "Pastorea mis ovejas". Por tercera vez le preguntó: "Simón, hijo de Juan, ¿me quieres?" Pedro se entristeció de que Jesús le hubiera preguntado por tercera vez si lo quería, y le contestó: "Señor, tú lo sabes todo; tú bien sabes que te quiero". Jesús le dijo: "Apacienta mis ovejas. Yo te aseguro: cuando eras joven, tú mismo te ceñías la ropa e ibas a donde querías; pero cuando seas viejo, extenderás los brazos y otro te ceñirá y te llevará a donde no quieras". Esto se lo dijo para indicarle con qué género de muerte habría de glorificar a Dios. Después le dijo: "Sígueme".

Misa del día

Primera lectura: Hechos 12, 1-11

En aquellos días, el rey Herodes mandó apresar a algunos miembros de la Iglesia para maltratarlos. Mandó pasar a cuchillo a Santiago, hermano de Juan, y viendo que eso agradaba a los judíos, también hizo apresar a Pedro. Esto sucedió durante los días de la fiesta de los panes Ázimos. Después de apresarlo, lo hizo encarcelar y lo puso bajo la vigilancia de cuatro turnos de guardia, de cuatro soldados cada turno. Su intención era hacerlo comparecer ante el pueblo después de la Pascua. Mientras Pedro estaba en la cárcel, la comunidad no cesaba de orar a Dios por él. La noche anterior al día en que Herodes iba a hacerlo comparecer ante el pueblo, Pedro estaba durmiendo entre dos soldados, atado con dos cadenas y los centinelas cuidaban la puerta de la prisión. De pronto apareció el ángel del Señor y el calabozo se llenó de luz. El ángel tocó a Pedro en el costado, lo despertó y le dijo: "Levántate pronto". Entonces las cadenas que le sujetaban las manos se le cayeron. El ángel le dijo: "Cíñete la túnica y ponte las sandalias", y Pedro obedeció. Después le dijo: "Ponte el manto y sígueme". Pedro salió detrás de él, sin saber si era verdad ò no lo que el ángel hacía, y le parecía más bien que estaba soñando. Pasaron el primero y el segundo puesto de guardia y llegaron a la puerta de hierro que daba a la calle. La puerta se abrió sola delante de ellos. Salieron y caminaron hasta la esquina de la calle y de pronto el ángel desapareció. Entonces, Pedro se dio cuenta de lo que pasaba y dijo: "Ahora sí estoy seguro de que el Señor envió a su ángel para librarme de las manos de Herodes y de todo cuanto el pueblo judío esperaba que me hicieran".

Salmo Responsorial: Salmo 33, 2-3. 4-5. 6-7. 8-9
R. (5) El Señor me libró de todos mis temores.

Bendeciré al Señor a todas horas, no cesará mi boca de alabarlo. Yo me siento orgulloso del Señor, que se alegren su pueblo al escucharlo. **R.**

Proclamemos la grandeza del Señor, y alabemos todos untos su poder. Cuando acudí al Señor, me hizo caso y me libró de todos mis temores. **R.**

Confía en el Señor y saltarás de gusto, jamás te sentirás decepcionado, porque el Señor el clamor de los pobres y los libra de todas sus angustias. **R.**

Junto a aquellos que temen al Señor el ángel del Señor acampa y los protege. Haz la prueba y verás qué bueno es el Señor. Dichoso el hombre que se refugia en él. **R.**

Segunda Lectura: 2 Timoteo 4, 6-8. 17-18

Querido hermano: Ha llegado para mí la hora del sacrificio y se acerca el momento de mi partida. He luchado bien en el combate, he corrido hasta la meta, he perseverado en la fe. Ahora sólo espero la corona merecida, con la que el Señor, justo juez, me premiará en aquel día, y no solamente a mí, sino a todos aquellos que esperan con amor su glorioso advenimiento. Cuando todos me abandonaron, el Señor estuvo a mi lado y me dio fuerzas para que, por mi medio, se proclamara claramente el mensaje de salvación y lo oyeran todos los paganos. Y fui librado de las fauces del león. El Señor me seguirá librando de todos los peligros y me llevará sano y salvo a su Reino celestial.

Aclamación antes del Evangelio: Mateo 16, 18

R. Aleluya, aleluya.

Tú eres Pedro y sobre esta piedra edificaré mi Iglesia, y los poderes del infierno no prevalecerán sobre ella, dice el Señor. **R.**

Evangelio: Mateo 16, 13-19

En aquel tiempo, cuando llegó Jesús a la región de Cesarea de Filipo, hizo esta pregunta a sus discípulos: "¿Quién dice la gente que es el Hijo del hombre?" Ellos le respondieron: "Unos dicen que eres Juan el Bautista; otros, que Elías; otros, que Jeremías o alguno de los profetas". Luego les preguntó: "Y ustedes, ¿quién dicen que soy yo?" Simón Pedro tomó la palabra y le dijo: "Tú eres el Mesías, el Hijo de Dios vivo". Jesús le dijo entonces: "¡Dichoso tú, Simón, hijo de Juan, porque esto no te lo ha revelado ningún hombre, sino mi Padre que está en los cielos! Y yo te digo a ti que tú eres Pedro y sobre esta piedra edificaré mi Iglesia. Los poderes del infierno no prevalecerán sobre ella. Yo te daré las llaves del Reino de los cielos; todo lo que ates en la tierra quedará atado en el cielo, y todo lo que desates en la tierra quedará desatado en el cielo".

Domingo 30 de junio de 2024
XIII Domingo Ordinario

Primera Lectura: Sabiduría 1, 13-15; 2, 23-24

Dios no hizo la muerte, ni se recrea en la destrucción de los vivientes. Todo lo creó para que subsistiera. Las creaturas del mundo son saludables; no hay en ellas veneno mortal. Dios creó al hombre para que nunca muriera, porque lo hizo a imagen y semejanza de sí mismo; mas por envidia del diablo entró la muerte en el mundo y la experimentan quienes le pertenecen.

Salmo Responsorial: Salmo 29, 2 y 4. 5-6. 11 y 12a y 13b

R. (2a) Te alabaré, Señor, eternamente.

Te alabaré, Señor, pues no dejaste que se rieran de mí mis enemigos. Tú, Señor, me salvaste de la muerte y a punto de morir, me reviviste. **R.**

Alaben al Señor quienes lo aman, den gracias a su nombre, porque su ira dura un solo instante y su bondad, toda la vida. El llanto nos visita por la tarde; por la mañana, el júbilo. **R.**

Escúchame, Señor, y compadécete; Señor, ven en mi ayuda. Convertiste mi duela en alegría, te alabaré por eso eternamente. **R.**

Segunda Lectura: 2 Corintios 8, 7. 9. 13-15

Hermanos: Ya que ustedes se distinguen en todo: en fe, en palabra, en sabiduría, en diligencia para todo y en amor hacia nosotros, distínganse también ahora por su generosidad. Bien saben lo generoso que ha sido nuestro Señor Jesucristo, que siendo rico, se hizo pobre por ustedes, para que ustedes se hicieran ricos con su pobreza. No se trata de que los demás vivan tranquilos, mientras ustedes están sufriendo. Se trata, más bien, de aplicar durante nuestra vida una medida justa; porque entonces la abundancia de ustedes remediará las carencias de ellos, y ellos, por su parte, los socorrerán a ustedes en sus necesidades. En esa forma habrá un justo medio, como dice la Escritura: *Al que recogía mucho, nada le sobraba; al que recogía poco, nada le faltaba.*

Aclamación antes del Evangelio: 2 Timoteo 1, 10
R. Aleluya, aleluya.

Jesucristo, nuestro Salvador, ha vencido la muerte y ha hecho resplandecer la vida por medio del Evangelio. **R.**

Evangelio: Marcos 5, 21-43

En aquel tiempo, cuando Jesús regresó en la barca al otro lado del lago, se quedó en la orilla y ahí se le reunió mucha gente. Entonces se acercó uno de los jefes de la sinagoga, llamado Jairo. Al ver a Jesús, se echó a sus pies y le suplicaba con insistencia: "Mi hija está agonizando. Ven a imponerle las manos para que se cure y viva". Jesús se fue con él, y mucha gente lo seguía y lo apretujaba. Entre la gente había una mujer que padecía flujo de sangre desde hacía doce años. Había sufrido mucho a manos de los médicos y había gastado en eso toda su fortuna, pero en vez de mejorar, había empeorado. Oyó hablar de Jesús, vino y se le acercó por detrás entre la gente y le tocó el manto, pensando que, con sólo tocarle el vestido, se curaría. Inmediatamente se le secó la fuente de su hemorragia y sintió en su cuerpo que estaba curada. Jesús notó al instante que una fuerza curativa había salido de él, se volvió hacia la gente y les preguntó: "¿Quién ha tocado mi manto?" Sus discípulos le contestaron: "Estás viendo cómo te empuja la gente y todavía preguntas: '¿Quién me ha tocado?' " Pero él seguía mirando alrededor, para descubrir quién había sido. Entonces se acercó la mujer, asustada y temblorosa, al comprender lo que había pasado; se postró a sus pies y le confesó la verdad. Jesús la tranquilizó, diciendo: "Hija, tu fe te ha curado. Vete en paz y queda sana de tu enfermedad". Todavía estaba hablando Jesús, cuando unos criados llegaron de casa del jefe de la sinagoga para decirle a éste: "Ya se murió tu hija. ¿Para qué sigues molestando al Maestro?" Jesús alcanzó a oír lo que hablaban y le dijo al jefe de la sinagoga: "No temas, basta que tengas fe". No permitió que lo acompañaran más que Pedro, Santiago y Juan, el hermano de Santiago. Al llegar a la casa del jefe de la sinagoga, vio Jesús el alboroto de la gente y oyó los llantos y los alaridos que daban. Entró y les dijo: "¿Qué significa tanto llanto y alboroto? La niña no está muerta, está dormida". Y se reían de él. Entonces Jesús echó fuera a la gente, y con los padres de la niña y sus acompañantes, entró a donde estaba la niña. La tomó de la mano y le dijo: "¡Talitá, kum!", que significa: "¡Óyeme, niña, levántate!" La niña, que tenía doce años, se levantó inmediatamente y se puso a caminar. Todos se quedaron asombrados. Jesús les ordenó severamente que no lo dijeran a nadie y les mandó que le dieran de comer a la niña.

O bien:

Marcos 5, 21-24. 35-43

En aquel tiempo, cuando Jesús regresó en la barca al otro lado del lago, se quedó en la orilla y ahí se le reunió mucha gente. Entonces se acercó uno de los jefes de la sinagoga, llamado Jairo. Al ver a Jesús, se echó a sus pies y le suplicaba con insistencia: "Mi hija está agonizando. Ven a imponerle las manos para que se cure y viva". Jesús se fue con él, y mucha gente lo seguía. Unos criados llegaron de casa del jefe de la sinagoga para decirle a éste: "Ya se murió tu hija. ¿Para qué sigues molestando al Maestro?" Jesús alcanzó a oír lo que hablaban y le dijo al jefe de la sinagoga: "No temas, basta que tengas fe". No permitió que lo acompañaran más que Pedro, Santiago y Juan, el hermano de Santiago. Al llegar a la casa del jefe de la sinagoga, vio Jesús el alboroto de la gente y oyó los llantos y los alaridos que daban. Entró y les dijo: "¿Qué significa tanto llanto y alboroto? La niña no está muerta, está dormida". Y se reían de él. Entonces Jesús echó fuera a la gente, y con los padres de la niña y sus acompañantes, entró a donde estaba la niña. La tomó de la mano y le dijo: "¡Talitá, kum!", que significa: "¡Óyeme, niña, levántate!" La niña, que tenía doce años, se levantó inmediatamente y se puso a caminar. Todos se quedaron asombrados. Jesús les ordenó severamente que no lo dijeran a nadie y les mandó que le dieran de comer a la niña.

JULIO

Lunes 1 de julio de 2024

Lunes de la XIII semana del Tiempo ordinario

Primera Lectura: Amós 2, 6-10. 13-16

Esto dice el Señor: "Por sus innumerables pecados no perdonaré a Israel. Porque venden al inocente por dinero, y al pobre, por un par de sandalias. Aplastan a los pobres contra el suelo y sacan del camino a los humildes. Padre e hijo acuden a la misma mujer, profanando mi santo nombre. Sobre ropas tomadas como prenda se sientan a comer en sus santuarios y se beben las multas de los pobres en el templo de su Dios. Cuando ustedes llegaron a esta tierra, yo destruí a los amorreos; eran altos como los cedros y fuertes como las encinas; destruí sus frutos por arriba, y por abajo, sus raíces. En cambio, a ustedes yo los saqué de Egipto y los conduje por el desierto durante cuarenta años, para darles en posesión la tierra de los amorreos. Pues bien, ahora yo los aplastaré contra el suelo, como la carreta tritura las espigas. El más veloz no logrará escapar, al más fuerte de nada le servirá su fuerza, y ni el más valiente salvará su vida. El arquero no resistirá, no se librará el más ágil, el jinete no se salvará, el soldado más fuerte y valiente huirá desnudo aquel día".

Salmo Responsorial: Salmo 49, 16bc-17.18-19. 20-21. 22-23

R. (22a) Perdona a tu pueblo, Señor.

¿Por qué citas mis preceptos y hablas a toda hora de mi pacto, tú, que detestas la obediencia y echas en sacoroto mis mandatos? **R.**

Cuando ves un ladrón, corres con él, te juntas con los adúlteros; usas tu lengua para el mal, tu boca trama el engaño. **R.**

Te pones a insultar a tu hermano y deshonras al hijo de tu madre. Tú haces esto, ¿y yo tengo que callarme? ¿Crees acaso que yo soy como tú? No, yo te reprenderé y te echaré en cara tus pecados. **R.**

Quien las gracias me da, ése me honra, y yo salvaré al que cumple mi voluntad. Entiendan bien esto los que olvidan a Dios, no sea que los destroce sin remedio. **R.**

Aclamación antes del Evangelio: Salmo 94, 8

R. Aleluya, aleluya.

Hagámosle caso al Señor, que nos dice: "No endurezcan su corazón". **R.**

Evangelio: Mateo 8, 18-22

En aquel tiempo, al ver Jesús que la multitud lo rodeaba, les ordenó a sus discípulos que cruzaran el lago hacia la orilla de enfrente. En ese momento se le acercó un escriba y le dijo: "Maestro, te seguiré a dondequiera que vayas". Jesús le respondió: "Las zorras tienen madrigueras y las aves del cielo, nidos; pero el Hijo del hombre no tiene en donde reclinar la cabeza". Otro discípulo le dijo: "Señor, permíteme ir primero a enterrar a mi padre". Pero Jesús le respondió: "Tú sígueme y deja que los muertos entierren a sus muertos".

Martes 2 de julio de 2024
Martes de la XIII semana del Tiempo ordinario
Primera Lectura: Amós 3, 1-8; 4, 11-12

Escuchen estas palabras que el Señor les dirige a ustedes, hijos de Israel, y a todo el pueblo que hizo salir de Egipto: "Sólo a ustedes los elegí entre todos los pueblos de la tierra, por eso los castigaré con mayor rigor por todos sus crímenes. ¿Acaso podrán caminar dos juntos, si no están de acuerdo? ¿Acaso no ruge el león en la selva, cuando tiene ya su presa? ¿Lanza su rugido el cachorro de león desde su cueva, si no ha cazado nada? ¿Cae el pájaro al suelo, sin que se le haya tendido una trampa? ¿Se levanta del suelo la trampa, sin que haya atrapado algo? ¿Se toca la trompeta en la ciudad, sin que se alarme la gente? ¿Hay alguna desgracia en la ciudad, sin que el Señor la mande? Ciertamente el Señor no hace nada sin revelar antes su designio a sus profetas. Pues bien, ya ha rugido el león, ¿quién no tendrá miedo? El Señor Dios ha hablado, ¿quién no profetizará? Los he destruido a ustedes como a Sodoma y a Gomorra; han quedado como un tizón sacado del incendio y no se han vuelto a mí, dice el Señor. Por eso te voy a tratar así, Israel, y porque así te voy a tratar, prepárate, Israel, a comparecer ante tu Dios".

Salmo Responsorial: Salmo 5, 5-6. 7-8

R. (9a) Enséñame, Señor, tu santidad.

Tú no eres, Señor, un Dios al que pudiera la maldad agradarle, ni el malvado es tu huésped ni ante ti puede estar el arrogante. **R.**

Al malhechor detestas, y destruyes, Señor, al embustero; aborreces al hombre sanguinario y a quien es traicionero. **R.**

Pero yo, por tu gran misericordia, entraré en tu casa, y me postraré en tu templo santo con reverencia de alma. **R.**

Aclamación antes del Evangelio: Salmo 129, 5

R. Aleluya, aleluya.

Confío en el Señor, mi alma espera y confía en su palabra. **R.**

Evangelio: Mateo 8, 23-27

En aquel tiempo, Jesús subió a una barca junto con sus discípulos. De pronto se levantó en el mar una tempestad tan fuerte, que las olas cubrían la barca; pero él estaba dormido. Los discípulos lo despertaron, diciéndole: "Señor, ¡sálvanos, que perecemos!" Él les respondió: "¿Por qué tienen miedo, hombres de poca fe?" Entonces se levantó, dio una orden terminante a los vientos y al mar, y sobrevino una gran calma. Y aquellos hombres, maravillados, decían: "¿Quién es éste, a quien hasta los vientos y el mar obedecen?".

Miércoles 3 de julio de 2024

Fiesta de santo Tomás, Apóstol

Primera Lectura: Efesios 2, 19-22

Hermanos: Ya no son ustedes extranjeros ni advenedizos; son conciudadanos de los santos y pertenecen a la familia de Dios, porque han sido edificados sobre el cimiento de los apóstoles y de los profetas, siendo Cristo Jesús la piedra angular. Sobre Cristo, todo el edificio se va levantando bien estructurado, para formar el templo santo del Señor, y unidos a él también ustedes se van incorporando al edificio, por medio del Espíritu Santo, para ser morada de Dios.

Salmo Responsorial: Salmo 116, 1.2

R. (Marcos 16, 15) Vayan por todo el mundo y prediquen el Evangelio.

Que alaben al Señor todas las naciones, que lo aclamen todos los pueblos. **R.**

Porque grande es su amor hacia nosotros y su fidelidad dura por siempre. **R.**

Aclamación antes del Evangelio: Juan 20, 29

R. Aleluya, aleluya.

Tomás, tú crees porque me has visto, dice el Señor; dichosos los que creen sin haberme visto. **R.**

Evangelio: Juan 20, 24-29

Tomás, uno de los Doce, a quien llamaban el Gemelo, no estaba con ellos cuando vino Jesús, y los otros discípulos le decían: "Hemos visto al Señor". Pero él les contestó: "Si no veo en sus manos la señal de los clavos y si no meto mi dedo en los agujeros de los clavos y no meto mi mano en su costado, no creeré". Ocho días después, estaban reunidos los discípulos a puerta cerrada y Tomás estaba con ellos. Jesús se presentó de nuevo en medio de ellos y les dijo: "La paz esté con ustedes". Luego le dijo a Tomás: "Aquí están mis manos; acerca tu dedo. Trae acá tu mano; métela en mi costado y no sigas dudando, sino cree". Tomás le respondió: "¡Señor mío y Dios mío!" Jesús añadió: "Tú crees porque me has visto; dichosos los que creen sin haber visto".

Jueves 4 de julio de 2024

Jueves de la XIII semana del Tiempo ordinario

Primera Lectura: Amós 7, 10-17

En aquel tiempo, Amasías, sacerdote de Betel, le envió este mensaje a Jeroboam, rey de Israel: "Amós está conspirando contra ti en Israel y el país ya no puede soportar sus palabras, pues anda diciendo que Jeroboam morirá a espada e Israel saldrá de su país al destierro". Amasías le dijo a Amós: "Vete de aquí, visionario, y huye al país de Judá; gánate allá el pan, profetizando; pero no vuelvas a profetizar en Betel, porque es santuario del rey y templo del reino". Respondió Amós: "Yo no soy profeta ni hijo de profeta, sino pastor y cultivador de higos. El

Señor me sacó de junto al rebaño y me dijo: 'Ve y profetiza a mi pueblo, Israel'. Y ahora escucha tú la palabra del Señor: 'Tú me dices: No profetices contra la casa de Israel. No vaticines contra la casa de Isaac'. Pues bien, esto dice el Señor: 'Tu mujer será deshonrada en plena calle; tus hijos e hijas morirán a espada; tu tierra se la repartirán los vencedores; tú mismo morirás en tierra pagana e Israel será desterrado lejos de su país' ".

Salmo Responsorial: Salmo 18, 8. 9. 10. 11
R. (10b) La voluntad de Dios es santa.

La ley del Señor es perfecta del todo y reconforta el alma; inmutables son las palabras del Señor y hacen sabio al sencillo. **R.**

En los mandamientos de Dios hay rectitud y alegría para el corazón; son luz los preceptos de Señor para alumbrar el camino. **R.**

La voluntad de Dios es santa y para siempre estable; los mandamientos del Señor son verdaderos y enteramente justos. **R.**

Más deseables que el oro y las piedras preciosas las normas del Señor, y más dulces que la miel de un panal que gotea. **R.**

Aclamación antes del Evangelio: 2 Corintios 5, 19
R. Aleluya, aleluya.

Dios ha reconciliado consigo al mundo, por medio de Cristo, y nos ha encomendado a nosotros el mensaje de la reconciliación. **R.**

Evangelio: Mateo 9, 1-8

En aquel tiempo, Jesús subió de nuevo a la barca, pasó a la otra orilla del lago y llegó a Cafarnaúm, su ciudad. En esto, trajeron a donde él estaba a un paralítico postrado en una camilla. Viendo Jesús la fe de aquellos hombres, le dijo al paralítico: "Ten confianza, hijo. Se te perdonan tus pecados". Al oír esto, algunos escribas pensaron: "Este hombre está blasfemando". Pero Jesús, conociendo sus pensamientos, les dijo: "¿Por qué piensan mal en sus corazones? ¿Qué es más fácil: decir 'Se te perdonan tus pecados', o decir 'Levántate y anda'? Pues para que sepan que el Hijo del hombre tiene poder en la tierra para perdonar los pecados,

–le dijo entonces al paralítico–: Levántate, toma tu camilla y vete a tu casa". El se levantó y se fue a su casa. Al ver esto, la gente se llenó de temor y glorificó a Dios, que había dado tanto poder a los hombres.

Viernes 5 de julio de 2024
Viernes de la XIII semana del Tiempo ordinario
Primera Lectura: Amós 8, 4-6. 9-12

Escuchen esto, los que buscan al pobre sólo para arruinarlo y andan diciendo: "¿Cuándo pasará el descanso del primer día del mes para vender nuestro trigo, y el descanso del sábado para reabrir nuestros graneros?" Disminuyen las medidas, aumentan los precios, alteran las balanzas, obligan a los pobres a venderse; por un par de sandalias los compran y hasta venden el salvado como trigo. "Pues bien, en aquel día, dice el Señor, yo haré que se oscurezca el sol en pleno día y, a plena luz, cubriré la tierra de tinieblas. Convertiré en duelo las fiestas de ustedes y en gemidos, sus canciones. Haré que todos se vistan de sayal y se rapen por completo la cabeza. Ese día será como de luto por el hijo único y su final será de llanto y amargura. Días vendrán, dice el Señor, en que les haré sentir hambre, pero no hambre de pan ni sed de agua, sino de oír la palabra del Señor. Entonces andarán errantes de norte a sur y de oriente a poniente buscando la palabra del Señor, pero no la encontrarán".

Salmo Responsorial: Salmo 118, 2.10. 20. 30. 40. 131
R. Con todo el corazón, Señor, te busco.

Dichoso el que es fiel a las enseñanzas de Señor y lo busca de todo corazón. Con todo el corazón te voy buscando, no me dejes desviar de tus preceptos. **R.**

Mi alma se consume, Deseando sin cesar tus mandamientos. He escogido el camino de la lealtad a tu voluntad y a tus mandamientos. **R.**

Mira cómo anhelo tus decretos: dame vida con tu justicia. Hondamente suspiro, Señor, por guardar tus mandamientos. **R.**

Aclamación antes del Evangelio: Mateo 11, 28

R. Aleluya, aleluya.

Vengan a mí, todos los que están fatigados y agobiados por la carga, y yo les daré alivio, dice el Señor. **R.**

Evangelio: Mateo 9, 9-13

En aquel tiempo, Jesús vio a un hombre llamado Mateo, sentado a su mesa de recaudador de impuestos, y le dijo: "Sígueme". Él se levantó y lo siguió. Después, cuando estaba a la mesa en casa de Mateo, muchos publicanos y pecadores se sentaron también a comer con Jesús y sus discípulos. Viendo esto, los fariseos preguntaron a los discípulos: "¿Por qué su Maestro come con publicanos y pecadores?" Jesús los oyó y les dijo: "No son los sanos los que necesitan de médico, sino los enfermos. Vayan, pues, y aprendan lo que significa: Yo quiero misericordia y no sacrificios. Yo no he venido a llamar a los justos, sino a los pecadores".

Sábado 6 de julio de 2024

Sábado de la XIII semana del Tiempo ordinario

Primera Lectura: Amós 9, 11-15

Esto dice el Señor: "Aquel día renovaré la casa de David convertida en ruinas, taparé sus brechas, levantaré sus muros y la reconstruiré como era en otros tiempos, para que entre en posesión de lo que queda de Edom y de todas las naciones donde se invocó mi nombre". Esto dice el Señor y él se encargará de cumplirlo. "Días vendrán, dice el Señor, cuando el que ara alcanzará al segador y el que pisa las uvas, al sembrador; de los montes brotará vino y correrá por las colinas. Entonces haré volver a los cautivos de Israel: reconstruirán las ciudades destruidas y las habitarán, plantarán viñas y beberán de su vino, cultivarán huertos y comerán de sus frutos. Los plantaré en su suelo y ya no serán arrancados de la tierra que yo les di", dice el Señor, tu Dios.

Salmo Responsorial: Salmo 84, 9. 11-12. 13-14
R. (9) Escucharé las palabras del Señor.

Escucharé las palabras del Señor, palabras de paz para su pueblo santo y para los que se convierten de corazón. **R.**

La misericordia y la verdad se encontraron, la justicia y la paz se besaron, la fidelidad brotó en la tierra y la justicia vino del cielo. **R.**

Cuando el Señor nos muestre su bondad, nuestra tierra producirá su fruto. La justicia le abrirá camino al Señor e irá siguiendo sus pisadas. **R.**

Aclamación antes del Evangelio: Juan 10, 27
R. Aleluya, aleluya.

Mis ovejas escuchan mi voz, dice el Señor; yo las conozco y ellas me siguen. **R.**

Evangelio: Mateo 9, 14-17

En aquel tiempo, los discípulos de Juan fueron a ver a Jesús y le preguntaron: "¿Por qué tus discípulos no ayunan, mientras nosotros y los fariseos sí ayunamos?" Jesús les respondió: "¿Cómo pueden llevar luto los amigos del esposo, mientras él está con ellos? Pero ya vendrán días en que les quitarán al esposo, y entonces sí ayunarán. Nadie remienda un vestido viejo con un parche de tela nueva, porque el remiendo nuevo encoge, rompe la tela vieja y así se hace luego más grande la rotura. Nadie echa el vino nuevo en odres viejos, porque los odres se rasgan, se tira el vino y se echan a perder los odres. El vino nuevo se echa en odres nuevos y así las dos cosas se conservan".

Domingo 7 de julio de 2024

XIV Domingo Ordinario
Primera Lectura: Ezequiel 2, 2-5

En aquellos días, el espíritu entró en mí, hizo que me pusiera en pie y oí una voz que me decía: "Hijo de hombre, yo te envío a los israelitas, a un pueblo rebelde, que se ha sublevado contra mí. Ellos y sus padres me han traicionado hasta el día de hoy. También sus hijos son testarudos y obstinados. A ellos te envío para que les comuniques mis palabras. Y ellos, te escuchen o no, porque son una raza rebelde, sabrán que hay un profeta en medio de ellos".

Salmo Responsorial: Salmo 123, 1-2a. 2bcd. 3-4

R. (2cd) Ten piedad de nosotros, ten piedad.

En ti, Señor, que habitas en lo alto, fijos los ojos tengo, como fijan sus ojos en la manos de su señor, los siervos. **R.**

Así como la esclava en su señora tiene fijos los ojos, fijos en el Señor están los nuestros, hasta que Dios se apiade de nosotros. **R.**

Ten piedad de nosotros, ten piedad, porque estamos, Señor, hartos de injurias; saturados estamos de desprecios, de insolencias y burlas. **R.**

Segunda Lectura: 2 Corintios 12, 7b-10

Hermanos: Para que yo no me llene de soberbia por la sublimidad de las revelaciones que he tenido, llevo una espina clavada en mi carne, un enviado de Satanás, que me abofetea para humillarme. Tres veces le he pedido al Señor que me libre de esto, pero él me ha respondido: "Te basta mi gracia, porque mi poder se manifiesta en la debilidad". Así pues, de buena gana prefiero gloriarme de mis debilidades, para que se manifieste en mí el poder de Cristo. Por eso me alegro de las debilidades, los insultos, las necesidades, las persecuciones y las dificultades que sufro por Cristo, porque cuando soy más débil, soy más fuerte.

Aclamación antes del Evangelio: Lucas 4, 18
R. Aleluya, aleluya.

El Espíritu del Señor está sobre mí; él me ha enviado para anunciar a los pobres la buena nueva. **R.**

Evangelio: Marcos 6, 1-6

En aquel tiempo, Jesús fue a su tierra en compañía de sus discípulos. Cuando llegó el sábado, se puso a enseñar en la sinagoga, y la multitud que lo escuchaba se preguntaba con asombro: "¿Dónde aprendió este hombre tantas cosas? ¿De dónde le viene esa sabiduría y ese poder para hacer milagros? ¿Qué no es éste el carpintero, el hijo de María, el hermano de Santiago, José, Judas y Simón? ¿No viven aquí, entre nosotros, sus hermanas?" Y estaban desconcertados. Pero Jesús les dijo: "Todos honran a un profeta, menos los de su tierra, sus parientes y los de su casa". Y no pudo hacer allí ningún milagro, sólo curó a algunos enfermos imponiéndoles las manos. Y estaba extrañado de la incredulidad de aquella gente. Luego se fue a enseñar en los pueblos vecinos.

Lunes 8 de julio de 2024
Lunes de la XIV semana del Tiempo ordinario
Primera Lectura: Oseas 2, 16. 17-18. 21-22

Esto dice el Señor: "Yo conduciré a Israel, mi esposa infiel, al desierto y le hablaré al corazón. Ella me responderá allá, como cuando era joven, como el día en que salió de Egipto. Aquel día, palabra del Señor, ella me llamará 'Esposo mío', y no me volverá a decir 'Baal mío'. Israel, yo te desposaré conmigo para siempre. Nos uniremos en la justicia y la rectitud, en el amor constante y la ternura; yo te desposaré en la fidelidad y entonces tú conocerás al Señor".

Salmo Responsorial: Salmo 144, 2-3. 4-5. 6-7. 8-9
R. (8a) El Señor es compasivo y misericordioso.

Un día tras otro, Señor, bendeciré tu nombre y no cesará mi boca de alabarte. Muy digno de alabanza es el Señor, por ser su grandeza incalculable. **R.**

Cada generación a la que sigue anunciará tus obras y proezas. Se hablará de tus hechos portentosos, del glorioso esplendor de tu grandeza. **R.**

Alabarán tus maravillosos prodigios y contarán tus grandes acciones; difundirán la memoria de tu inmensa bondad y aclamarán tus victorias. **R.**

El Señor es compasivo y misericordioso, lento para enojarse y generoso para perdonar. Bueno es el Señor para con todos y su amor se extiende a todas sus creaturas. **R.**

Aclamación antes del Evangelio: 2 Timoteo 1, 10
R. Aleluya, aleluya.

Jesucristo, nuestro salvador, ha vencido la muerte y ha hecho resplandecer la vida por medio del Evangelio. **R.**

Evangelio: Mateo 9, 18-26

En aquel tiempo, mientras Jesús hablaba, se le acercó un jefe de la sinagoga, se postró ante él y le dijo: "Señor, mi hija acaba de morir; pero ven tú a imponerle las manos y volverá a vivir". Jesús se levantó y lo siguió, acompañado de sus discípulos. Entonces, una mujer que padecía flujo de sangre desde hacía doce años, se le acercó por detrás y le tocó la orilla del manto, pues pensaba: "Con sólo tocar su manto, me curaré". Jesús, volviéndose, la miró y le dijo: "Hija, ten confianza; tu fe te ha curado". Y en aquel mismo instante quedó curada la mujer. Cuando llegó a la casa del jefe de la sinagoga, vio Jesús a los flautistas, y el tumulto de la gente y les dijo: "Retírense de aquí. La niña no está muerta; está dormida". Y todos se burlaron de él. En cuanto hicieron salir a la gente, entró Jesús, tomó a la niña de la mano y ésta se levantó. La noticia se difundió por toda aquella región.

Martes 9 de julio de 2024

Martes de la XIV semana del Tiempo ordinario

Primera Lectura: Oseas 8, 4-7. 11-13

Esto dice el Señor: "Han nombrado reyes sin contar conmigo, han escogido príncipes sin saberlo yo. Con su oro y su plata se han hecho ídolos, para su perdición. Tu becerro, Samaria, es repulsivo y mi ira arde contra él. ¿Hasta cuándo serán incapaces de purificarse los hijos de Israel? Un artesano ha hecho ese becerro, que no es Dios, por eso quedará hecho trizas. Siembran vientos y cosecharán tempestades; su trigo no dará espigas, no producirá harina su grano, y si la produce, los extranjeros se la comerán. Efraín ha construido multitud de altares, y sólo le han servido para pecar. Aunque yo les escribiera todas mis leyes, las ignorarían como si fueran de un extraño. Aunque inmolen víctimas en mi honor y coman su carne, no me dan gusto, pues tengo presentes sus culpas y castigaré sus pecados. Por eso volverán a la esclavitud".

Salmo Responsorial: Salmo 113, 3-4. 5-6. 7ab-8. 9-10

R. (9a) Nosotros confiamos en el Señor.

Nuestro Dios está en el cielo, y él ha hecho todo lo que quiso. En cambio, los ídolos de los paganos son oro y plata, son dioses hechos por artesanos. **R.**

Tienen boca, pero no hablan; tienen ojos, pero no ven; tienen orejas, pero no oyen; tienen nariz, pero no huelen. **R.**

Tienen manos, pero no tocan; tienen pies, pero no andan. Que sean como ellos quienes los hacen y cuantos confían en ellos. **R.**

Los hijos de Israel confían en el Señor: él es su auxilio y su escudo; los hijos de Aarón confían en el Señor: él es su auxilio y su escudo. **R.**

Aclamación antes del Evangelio: Juan 10, 14
R. Aleluya, aleluya.

Yo soy el buen pastor, dice el Señor; yo conozco a mis ovejas y ellas me conocen a mí. **R.**

Evangelio: Mateo 9, 32-38

En aquel tiempo, llevaron ante Jesús a un hombre mudo, que estaba poseído por el demonio. Jesús expulsó al demonio y el mudo habló. La multitud, maravillada, decía: "Nunca se había visto nada semejante en Israel". Pero los fariseos decían: "Expulsa a los demonios por autoridad del príncipe de los demonios". Jesús recorría todas las ciudades y los pueblos, enseñando en las sinagogas, predicando el Evangelio del Reino y curando toda enfermedad y dolencia. Al ver a las multitudes, se compadecía de ellas, porque estaban extenuadas y desamparadas, como ovejas sin pastor. Entonces dijo a sus discípulos: "La cosecha es mucha y los trabajadores, pocos. Rueguen, por lo tanto, al dueño de la mies que envíe trabajadores a sus campos".

Miércoles 10 de julio de 2024
Miércoles de la XIV semana del Tiempo ordinario
Primera Lectura: Oseas 10, 1-3. 7-8. 12

Israel era una viña frondosa que daba abundante fruto. Pero cuanto más se multiplicaban sus frutos, más se multiplicaban sus altares paganos; cuanto más rico era el país, más ricos fueron sus monumentos a los ídolos. Su corazón está dividido y van a pagar sus culpas. El Señor derribará sus altares y demolerá sus monumentos. Pero ellos dicen: "No tenemos rey". Pero si no temen al Señor, ¿qué podrá hacer por ellos el rey? Samaria y su becerro desaparecerán como espuma sobre el agua. Todos los santuarios de los ídolos serán destruidos y sobre sus altares crecerán espinas y cardos, porque la idolatría ha sido el pecado de Israel. Entonces gritarán a los montes: "¡Cúbrannos!", y a las colinas: "¡Sepúltennos!" Siembren justicia y cosecharán misericordia; preparen sus tierras para la siembra, pues ya es tiempo de buscar al Señor, para que venga y llueva la salvación sobre ustedes.

Salmo Responsorial: Salmo 104, 2-3. 4-5. 6-7
R. (4b) Recurramos al Señor y a su poder.

Entonen en su honor himnos y cantos celebren los portentos del Señor. Del nombre del Señor enorgullézcanse y siéntase feliz el que lo busca. **R.**

Recurran al Señor y a su poder, y a su presencia acudan. Recuerden los prodigios que él ha hecho, sus portentos y oráculos. **R.**

Descendientes de Abrahán, su servidor, estirpe de Jacob, su predilecto, escuchen: El Señor es nuestro Dios y gobiernan la tierra sus decretos. **R.**

Aclamación antes del Evangelio: Marcos 1, 15
R. Aleluya, aleluya.

El Reino de Dios está cerca, dice el Señor; arrepiéntanse y crean en el Evangelio. **R.**

Evangelio: Mateo 10, 1-7

En aquel tiempo, llamando Jesús a sus doce discípulos, les dio poder para expulsar a los espíritus impuros y curar toda clase de enfermedades y dolencias. Estos son los nombres de los doce apóstoles: el primero de todos, Simón, llamado Pedro, y su hermano Andrés; Santiago y su hermano Juan, hijos del Zebedeo; Felipe y Bartolomé; Tomás y Mateo, el publicano; Santiago, hijo de Alfeo, y Tadeo; Simón, el cananeo, y Judas Iscariote, que fue el traidor. A estos doce los envió Jesús con estas instrucciones: "No vayan a tierra de paganos, ni entren en ciudades de samaritanos. Vayan más bien en busca de las ovejas perdidas de la casa de Israel. Vayan y proclamen por el camino que ya se acerca el Reino de los cielos".

Jueves 11 de julio de 2024
Memoria de San Benito, abad

Primera Lectura: Oseas 11, 1-4. 8-9

"Cuando Israel era niño, yo lo amé, y de Egipto llamé a mi hijo, dice el Señor. Pero, mientras más lo llamaba, más se alejaba de mí; ofrecía sacrificios a los dioses falsos y quemaba ofrendas a los ídolos. Yo fui quien enseñó a andar a Efraín, yo quien lo llevaba en brazos; pero no comprendieron que yo cuidaba de ellos. Yo los atraía hacia mí con los lazos del cariño, con las cadenas del amor. Yo fui para ellos como un padre, que estrecha a su creatura y se inclina hacia ella para darle de comer. Mi corazón se conmueve dentro de mí y se inflama toda mi compasión. No cederé al ardor de mi cólera, no volveré a destruir a Efraín, pues yo soy Dios y no hombre, yo soy el Santo que vive en ti y no enemigo a la puerta".

Salmo Responsorial: Salmo 79, 2ac y3b. 15-16
R. (4b) Ven, Señor, a salvarnos.

Escúchanos, pastor de Israel, tú que estás rodeado de querubines, manifiéstate, despierta tu poder y ven a salvarnos. **R.**

Señor, Dios de los ejércitos, vuelve tus ojos, mira tu viña y visítala; protege la cepa plantada por tu mano, el renuevo que tú mismo cultivaste. **R.**

Aclamación antes del Evangelio: Marcos 1, 15
R. Aleluya, aleluya.

El Reino de Dios está cerca, dice el Señor; arrepiéntanse y crean en el Evangelio. **R.**

Evangelio: Mateo 10, 7-15

En aquel tiempo, envió Jesús a los Doce con estas instrucciones: 'Vayan y proclamen por el camino que ya se acerca el Reino de los cielos. Curen a los leprosos y demás enfermos; resuciten a los muertos y echen fuera a los demonios.

Gratuitamente han recibido este poder; ejérzanlo, pues, gratuitamente. No lleven con ustedes, en su cinturón, monedas de oro, de plata o de cobre. No lleven morral para el camino ni dos túnicas ni sandalias ni bordón, porque el trabajador tiene derecho a su sustento. Cuando entren en una ciudad o en un pueblo, pregunten por alguien respetable y hospédense en su casa hasta que se vayan. Al entrar, saluden así: 'Que haya paz en esta casa'. Y si aquella casa es digna, la paz de ustedes reinará en ella; si no es digna, el saludo de paz de ustedes no les aprovechará. Y si no los reciben o no escuchan sus palabras, al salir de aquella casa o de aquella ciudad, sacúdanse el polvo de los pies. Yo les aseguro que el día del juicio, Sodoma y Gomorra serán tratadas con menos rigor que esa ciudad".

Viernes 12 de julio de 2024
Viernes de la XIV semana del Tiempo ordinario
Primera Lectura: Oseas 14, 2-10

Esto dice el Señor Dios: "Israel, conviértete al Señor, Dios tuyo, pues tu maldad te ha hecho sucumbir. Arrepiéntanse y acérquense al Señor para decirle: 'Perdona todas nuestras maldades, acepta nuestro arrepentimiento sincero, que solemnemente te prometemos. Ya no nos salvará Asiria, ya no confiaremos en nuestro ejército, ni volveremos a llamar "dios nuestro" a las obras de nuestras manos, pues sólo en ti encuentra piedad el huérfano'. Yo perdonaré sus infidelidades, dice el Señor; los amaré, aunque no lo merezcan, porque mi cólera se ha apartado de ellos. Seré para Israel como rocío; mi pueblo florecerá como el lirio, hundirá profundamente sus raíces, como el álamo, y sus renuevos se propagarán; su esplendor será como el del olivo y tendrá la fragancia de los cedros del Líbano. Volverán a vivir bajo mi sombra, cultivarán los trigales y las viñas, que serán tan famosas como las del Líbano. Ya nada tendrá que ver Efraín con los ídolos. Yo te he castigado, pero yo también te voy a restaurar, pues soy como un ciprés verde, y gracias a mí, tú das frutos. Quien sea sabio, que comprenda estas cosas y quien sea prudente, que las conozca. Los mandamientos del Señor son rectos y los justos los cumplen; los pecadores, en cambio, tropiezan en ellos y caen".

Salmo Responsorial: Salmo 50, 3-4. 8-9. 12-13. 14 y 17

R. (17b) Abre, Señor, mis labios t te alabaré.

Por tu inmensa compasión y misericordia, Señor, apiádate de mi y olvida mis ofensas. Lávame bien de todos mis delitos y purifícame de mis pecados. **R.**

Enséñame, Señor, La rectitud de corazón que quieres. Lávame tú, Señor, y purifícame y quedaré más blanco que la nieve. **R.**

Crea en mí, Señor, un corazón puro, un espíritu nuevo para cumplir tus mandamientos. No me arrojes, Señor, lejos de ti ni retires de mí tu santo espíritu. **R.**

Devuélveme tu salvación, que regocija, y mantén en mí una alma generosa. Señor, abre mis labios y cantará mi boca tu alabanza. **R.**

Aclamación antes del Evangelio: Juan 16, 13a; 14, 26

R. Aleluya, aleluya.

Cuando venga el Espíritu de verdad, él les enseñará toda la verdad y les recordará todo cuanto yo les he dicho, dice el Señor. **R.**

Evangelio: Mateo 10, 16-23

En aquel tiempo, Jesús dijo a sus apóstoles: "Yo los envío como ovejas entre lobos. Sean, pues, precavidos como las serpientes y sencillos como las palomas. Cuídense de la gente, porque los llevarán a los tribunales, los azotarán en las sinagogas, los llevarán ante gobernadores y reyes por mi causa; así darán testimonio de mí ante ellos y ante los paganos. Pero, cuando los enjuicien, no se preocupen por lo que van a decir o por la forma de decirlo, porque en ese momento se les inspirará lo que han de decir. Pues no serán ustedes los que hablen, sino el Espíritu de su Padre el que hablará por ustedes. El hermano entregará a su hermano a la muerte, y el padre a su hijo; los hijos se levantarán contra sus padres y los matarán; todos los odiarán a ustedes por mi causa, pero el que persevere hasta el fin, se salvará. Cuando los persigan en una ciudad, huyan a otra. Yo les aseguro que no alcanzarán a recorrer todas las ciudades de Israel, antes de que venga el Hijo del hombre".

Sábado 13 de julio de 2024

Sábado de la XIV semana del Tiempo ordinario

Primera Lectura: Isaías 6, 1-8

El año de la muerte del rey Ozías, vi al Señor, sentado sobre un trono muy alto y magnífico. La orla de su manto llenaba el templo. Había dos serafines junto a él, con seis alas cada uno: con un par se cubrían el rostro; con otro, se cubrían los pies, y con el otro, volaban. Y se gritaban el uno al otro: "Santo, santo, santo es el Señor, Dios de los ejércitos; su gloria llena toda la tierra". Temblaban las puertas al clamor de su voz y el templo se llenaba de humo. Entonces exclamé: "¡Ay de mí!, estoy perdido, porque soy un hombre de labios impuros, que habito en medio de un pueblo de labios impuros, porque he visto con mis ojos al rey y Señor de los ejércitos". Después voló hacia mí uno de los serafines. Llevaba en la mano una brasa, que había tomado del altar con unas tenazas. Con la brasa me tocó la boca, diciéndome: "Mira: Esto ha tocado tus labios. Tu iniquidad ha sido quitada y tus pecados están perdonados". Escuché entonces la voz del Señor que decía: "¿A quién enviaré? ¿Quién irá de parte mía?" Yo le respondí: "Aquí estoy, Señor, envíame".

Salmo Responsorial: Salmo 92, 1ab. 1c-2. 5

R. (1a) Señor, tú eres nuestro rey.

Tú eres, Señor, el rey de todos los reyes. Estás revestido de poder y majestad. **R.**
Tú mantienes el orbe y no vacila. Eres eterno, y para siempre está firme ti trono. **R.**

Muy dignas de confianza son tus leyes y desde hoy y para siempre, Señor, la santidad adorna tu templo. **R.**

Aclamación antes del Evangelio: 1 Pedro 4, 14

R. Aleluya, aleluya.

Dichosos ustedes, si los injurian por ser cristianos; porque el Espíritu de Dios descansa en ustedes. **R.**

Evangelio: Mateo 10, 24-33

En aquel tiempo, Jesús dijo a sus apóstoles: "El discípulo no es más que el maestro, ni el criado más que su señor. Le basta al discípulo ser como su maestro y al criado ser como su señor. Si al señor de la casa lo han llamado Satanás, ¡qué no dirán de sus servidores! No teman a los hombres. No hay nada oculto que no llegue a descubrirse; no hay nada secreto que no llegue a saberse. Lo que les digo de noche, repítanlo en pleno día y lo que les digo al oído, pregónenlo desde las azoteas. No tengan miedo a los que matan el cuerpo, pero no pueden matar el alma. Teman, más bien, a quien puede arrojar al lugar de castigo el alma y el cuerpo. ¿No es verdad que se venden dos pajarillos por una moneda? Sin embargo, ni uno solo de ellos cae por tierra si no lo permite el Padre. En cuanto a ustedes, hasta los cabellos de su cabeza están contados. Por lo tanto, no tengan miedo, porque ustedes valen mucho más que todos los pájaros del mundo. A quien me reconozca delante de los hombres, yo también lo reconoceré ante mi Padre, que está en los cielos; pero al que me niegue delante de los hombres, yo también lo negaré ante mi Padre, que está en los cielos".

Domingo 14 de julio de 2024
XV Domingo Ordinario
Primera Lectura: Amós 7, 12-15

En aquel tiempo, Amasías, sacerdote de Betel, le dijo al profeta Amós: "Vete de aquí, visionario, y huye al país de Judá; gánate allá el pan, profetizando; pero no vuelvas a profetizar en Betel, porque es santuario del rey y templo del reino". Respondió Amós: "Yo no soy profeta ni hijo de profeta, sino pastor y cultivador de higos. El Señor me sacó de junto al rebaño y me dijo: 'Ve y profetiza a mi pueblo, Israel'".

Salmo Responsorial: Salmo 85, 9-10. 11-12. 13-14
R. (8) Muéstranos, Señor, tu misericordia.

Escucharé las palabras del Señor, palabras de paz para su pueblo santo. Está ya cerca nuestra salvación y la gloria del Señor habitará en la tierra. **R.**

La misericordia y la verdad se encontraron, la justicia y la paz se besaron, la fidelidad brotó en la tierra y la justicia vino del cielo. **R.**

Cuando el Señor nos muestre su bondad, nuestra tierra producirá su fruto. La justicia le abrirá camino al Señor e irá siguiendo sus pisadas. **R.**

Segunda Lectura: Efesios 1, 3-14 o 1,3-10

Bendito sea Dios, Padre de nuestro Señor Jesucristo, que nos ha bendecido en él con toda clase de bienes espirituales y celestiales. Él nos eligió en Cristo, antes de crear el mundo, para que fuéramos santos e irreprochables a sus ojos, por el amor, y determinó, porque así lo quiso, que, por medio de Jesucristo, fuéramos sus hijos, para que alabemos y glorifiquemos la gracia con que nos ha favorecido por medio de su Hijo amado. Pues por Cristo, por su sangre, hemos recibido la redención, el perdón de los pecados. Él ha prodigado sobre nosotros el tesoro de su gracia, con toda sabiduría e inteligencia, dándonos a conocer el misterio de su voluntad. Éste es el plan que había proyectado realizar por Cristo, cuando llegara la plenitud de los tiempos: hacer que todas las cosas, las del cielo y las de la tierra, tuvieran a Cristo por cabeza. Con Cristo somos herederos también nosotros. Para esto estábamos destinados, por decisión del que lo hace todo según su voluntad: para que fuéramos una alabanza continua de su gloria, nosotros, los que ya antes esperábamos en Cristo. En él también ustedes, después de escuchar la palabra de la verdad, el Evangelio de su salvación, y después de creer, han sido marcados con el Espíritu Santo prometido. Este Espíritu es la garantía de nuestra herencia, mientras llega la liberación del pueblo adquirido por Dios, para alabanza de su gloria.

O bien:
Efesios 1, 3-10

Bendito sea Dios, Padre de nuestro Señor Jesucristo, que nos ha bendecido en él con toda clase de bienes espirituales y celestiales. Él nos eligió en Cristo, antes de crear el mundo, para que fuéramos santos e irreprochables a sus ojos, por el amor, y determinó, porque así lo quiso, que, por medio de Jesucristo, fuéramos sus hijos, para que alabemos y glorifiquemos la gracia con que nos ha favorecido por medio de su Hijo amado. Pues por Cristo, por su sangre, hemos recibido la redención, el perdón de los pecados. Él ha prodigado sobre nosotros el tesoro de su gracia, con toda sabiduría e inteligencia, dándonos a conocer el misterio de su voluntad. Éste es el plan que había proyectado realizar por Cristo, cuando llegara la plenitud de los tiempos: hacer que todas las cosas, las del cielo y las de la tierra, tuvieran a Cristo por cabeza.

Aclamación antes del Evangelio: Efesios 1, 17-18
R. Aleluya, aleluya.

Que el Padre de nuestro Señor Jesucristo ilumine nuestras mentes para que podamos comprendamos cuál es la esperanza que nos da su llamamiento. **R.**

Evangelio: Marcos 6, 7-13

En aquel tiempo, llamó Jesús a los Doce, los envió de dos en dos y les dio poder sobre los espíritus inmundos. Les mandó que no llevaran nada para el camino: ni pan, ni mochila, ni dinero en el cinto, sino únicamente un bastón, sandalias y una sola túnica. Y les dijo: "Cuando entren en una casa, quédense en ella hasta que se vayan de ese lugar. Si en alguna parte no los reciben ni los escuchan, al abandonar ese lugar, sacúdanse el polvo de los pies, como una advertencia para ellos". Los discípulos se fueron a predicar el arrepentimiento. Expulsaban a los demonios, ungían con aceite a los enfermos y los curaban.

Lunes 15 de julio de 2024
Memoria de San Buenaventura, obispo y doctor de la Iglesia
Primera Lectura: Isaías 1, 10-17

Oigan la palabra del Señor, príncipes de Sodoma; escucha la enseñanza de nuestro Dios, pueblo de Gomorra: "¿Qué me importan a mí todos sus sacrificios?", dice el Señor. Estoy harto de holocaustos de carneros y de grasa de becerros; ya no quiero sangre de toros, corderos y cabritos. ¿Quién les ha pedido que me ofrezcan todo eso cuando vienen al templo para visitarme? Dejen ya de pisotear mis atrios y no me traigan dones vacíos ni incienso abominable. Ya no aguanto sus novilunios y sábados ni sus asambleas. Sus solemnidades y fiestas las detesto; se me han vuelto una carga insoportable. Cuando extienden sus manos para orar, cierro los ojos; aunque multipliquen sus plegarias, no los escucharé.

Sus manos están llenas de sangre. Lávense y purifíquense; aparten de mí sus malas acciones. Dejen de hacer el mal, aprendan a hacer el bien, busquen la justicia, auxilien al oprimido, defiendan los derechos del huérfano y la causa de la viuda".

Salmo Responsorial: Salmo 49, 8-9. 16bc-17. 21 y 23
R. (23b) Dios salva al que cumple su voluntad.

No voy a reclamarte sacrificios, dice el Señor, pues siempre están ante mí tus holocaustos. Pero ya no aceptaré becerros de tu casa ni cabritos de tus rebaños. **R.**

"¿Por qué citas mis preceptos y hablas a toda hora de mi pacto, tú, que detestas la obediencia y echas en saco roto mis mandatos"? **R.**

Tú haces esto, ¿y yo tengo que callarme? ¿Crees acaso que yo soy como tú? Quien las gracias me da, ése me honra y yo salvaré al que cumple mi voluntad. **R.**

Aclamación antes del Evangelio: Mateo 5, 10
R. Aleluya, aleluya.

Dichosos los perseguidos por causa de la justicia, porque de ellos es el Reino de los cielos, dice el Señor. **R.**

Evangelio: Mateo 10, 34-11,1

En aquel tiempo, Jesús dijo a sus apóstoles: "No piensen que he venido a traer la paz a la tierra; no he venido a traer la paz, sino la guerra. He venido a enfrentar al hijo con su padre, a la hija con su madre, a la nuera con su suegra; y los enemigos de cada uno serán los de su propia familia. El que ama a su padre o a su madre más que a mí, no es digno de mí; el que ama a su hijo o a su hija más que a mí, no es digno de mí; y el que no toma su cruz y me sigue, no es digno de mí. El que salve su vida, la perderá y el que la pierda por mí, la salvará. Quien los recibe a ustedes, me recibe a mí; y quien me recibe a mí, recibe al que me ha enviado. El que recibe a un profeta por ser profeta, recibirá recompensa de profeta; el que recibe a un justo por ser justo, recibirá recompensa de justo. Quien diere, aunque no sea más que un vaso de agua fría a uno de estos pequeños, por ser discípulo mío, yo les aseguro que no perderá su recompensa". Cuando acabó de dar instrucciones a sus doce discípulos, Jesús partió de ahí para enseñar y predicar en otras ciudades.

Martes 16 de julio de 2024
Martes de la XV semana del Tiempo ordinario
Primera Lectura: Isaías 7, 1-9

Cuando Ajaz, hijo de Jotam, hijo de Ozías, reinaba en Judá, Rasón rey de Siria, y Pécaj, hijo de Remalías y rey de Israel, fueron a Jerusalén para atacarla, pero no lograron conquistarla. Cuando al heredero de David le llegó la noticia de que los sirios acampaban en Efraín, se estremeció su corazón y el del pueblo, como se estremecen los árboles del bosque, agitados por el viento. Entonces el Señor le dijo a Isaías: "Sal al encuentro de Ajaz con tu hijo Sear Yasub, donde termina el canal de la alberca superior, junto a la calzada del batanero, y dile: 'Manténte alerta, pero tranquilo. No le tengas miedo a ese par de tizones humeantes; no te acobardes ante la cólera de Rasón, rey de Siria, y de Pécaj, rey de Israel. No importa que tramen tu ruina, diciendo: Ataquemos a Judá, sitiémosla, conquistémosla y nombremos rey de ella al hijo de Tabel' ". Esto dice el Señor: "Eso no llegará a suceder. Damasco es la capital de Siria y Rasón es el rey de Damasco; Samaria es la capital de Efraín y el hijo de Remalías es el rey de Samaria. Pues bien, dentro de sesenta y cinco años Efraín será destruido y dejará de ser pueblo. Y si ustedes no creen en mí, también irán a la ruina".

Salmo Responsorial: Salmo 47, 2-3a. 3b-4. 5-6. 7-8
R. (9d) Dios es nuestro defensor.

Grande es el Señor y muy digno de alabanza en la ciudad de nuestro Dios. Su monte santo, altura hermosa, es la alegría de toda la tierra. **R.**

El monte Sión, en extremo norte, es la ciudad del rey supremo. Entre sus baluartes ha surgido Dios como una fortaleza inexpugnable. **R.**

Los reyes se aliaron para atacarla juntos; pero al verla, quedaron aterrados y huyeron despavoridos. **R.**

Allí los invadió el pánico y dolores como de parto; como un viento del desierto, que destroza las naves de Tarsis. **R.**

Aclamación antes del Evangelio: Salmo 94, 8
R. Aleluya, aleluya.

Hagámosle caso al Señor, que nos dice: "No endurezcan su corazón". **R.**

Evangelio: Mateo 11, 20-24

En aquel tiempo, Jesús se puso a reprender a las ciudades que habían visto sus numerosos milagros, por no haberse arrepentido. Les decía: "¡Ay de ti, Corozaín! ¡Ay de ti, Betsaida! Porque si en Tiro y en Sidón se hubieran realizado los milagros que se han hecho en ustedes, hace tiempo que hubieran hecho penitencia, cubiertas de sayal y de ceniza. Pero yo les aseguro que el día del juicio será menos riguroso para Tiro y Sidón, que para ustedes. Y tú, Cafarnaúm, ¿crees que serás encumbrada hasta el cielo? No. Serás precipitada en el abismo, porque si en Sodoma se hubieran realizado los milagros que en ti se han hecho, quizá estaría en pie hasta el día de hoy. Pero yo te digo que será menos riguroso el día del juicio para Sodoma que para ti"

Miércoles 17 de julio de 2024
Miércoles de la XV semana del Tiempo ordinario

Primera Lectura: Isaías 10, 5-7. 13-16

Esto dice el Señor: "¡Ay Asiria, bastón de mi ira, vara que mi furor maneja! Contra una nación impía voy a guiarte, contra un pueblo que experimenta mi cólera voy a mandarte, para que lo saquees y lo despojes y lo pisotees como el lodo de las calles. Pero Asiria no lo piensa así ni son éstos sus planes; su intención es arrasar y exterminar numerosas naciones, pues dice: 'Con el poder de mi mano lo hice y con mi sabiduría, porque soy inteligente; he borrado las fronteras de los pueblos, he saqueado sus tesoros y, como un gigante, he derribado a sus jefes. Como un nido al alcance de mi mano alcancé la riqueza de los pueblos y como se recogen los huevos abandonados, así cogí yo toda la tierra y no hubo quien aleteara ni abriera el pico ni piara' ". Pero el Señor dice: "¿Acaso presume el hacha frente al que corta con ella? ¿O la sierra se tiene por más grande que aquel que la maneja? Como si la vara pudiera mover al que la levanta y el bastón pudiera levantar a quien no es de madera. Por eso, el Señor de los ejércitos hará enflaquecer a los bien alimentados y le prenderá fuego a su lujo, como se enciende la leña".

Salmo Responsorial: Salmo 93, 5-6. 7-8. 9-10. 14-15
R. (14a) Escucha, Señor, a tu pueblo.
Señor, los malvados humillan a tu pueblo y oprimen a tu heredad; asesinan a las viudas y a los forasteros y degüellan a los huérfanos. **R.**
Y comentan: ""El Señor no lo ve, el Dios de Jacob no se entera"". Entérense, insensatos; necios, ¿cuándo van ustedes a entender? **R.**
El que plantó el oído ¿no va a oír? El formó el ojo ¿no va a ver? El que educa a los pueblos ¿no va a castigar? El que instruye al hombre ¿no va a saber? **R.**
Jamás rechazará Dios a su pueblo ni dejará a los suyos sin amparo. Hará justicia al justo y dará un porvenir al hombre honrado. **R.**

Aclamación antes del Evangelio: Mateo 11, 25
R. Aleluya, aleluya.
Te doy gracias, Padre, Señor del cielo y de la tierra, porque has revelado los misterios del Reino a la gente sencilla. **R.**

Evangelio: Mateo 11, 25-27
En aquel tiempo, Jesús exclamó: "¡Te doy gracias, Padre, Señor del cielo y de la tierra, porque has escondido estas cosas a los sabios y entendidos, y las has revelado a la gente sencilla! Gracias, Padre, porque así te ha parecido bien. El Padre ha puesto todas las cosas en mis manos. Nadie conoce al Hijo sino el Padre, y nadie conoce al Padre sino el Hijo y aquel a quien el Hijo se lo quiera revelar".

Jueves 18 de julio de 2024
Jueves de la XV semana del Tiempo ordinario
Primera Lectura: Isaías 26, 7-9. 12. 16-19

La senda del justo es recta porque tú, Señor, le allanas el sendero. En el camino de tus mandamientos te buscamos, anhelando, Señor, tu nombre y tu recuerdo. Mi alma te desea por la noche y mi espíritu te busca por la mañana, porque tus mandamientos son la luz de la tierra y enseñan justicia a los habitantes del orbe. Tú nos darás, Señor, la paz, porque todo lo que hemos hecho eres tú quien lo ha hecho por nosotros. Acudimos a ti, Señor, en el peligro, cuando nos angustiaba la fuerza de tu castigo. Como una mujer que va a dar a luz, que se retuerce y grita angustiada, así éramos, Señor, en tu presencia: concebimos y nos retorcimos, ¡pero lo único que hemos dado a luz ha sido viento! No le hemos dado salvación al país, no le han nacido habitantes al mundo. Tus muertos vivirán, sus cadáveres resucitarán, despertarán jubilosos los que habitan en los sepulcros, porque tu rocío es rocío luminoso y la tierra de las sombras dará a luz.

Salmo Responsorial: Salmo 101, 13-14ab y 15. 16-18. 19-21
R. (20b) El Señor tiene compasión de nosotros.

Tú, Señor, reinas para siempre y tu fama pasa de generación en generación.
Levántate y ten misericordia de Sión, pues ya es tiempo de que te apiades de ella.
Tus siervos aman sus piedras y se compadecen de sus ruinas. **R.**

Cuando el Señor reedifique a Sión a aparezca glorioso, cuando oiga el clamor del oprimido y no se muestre a sus plegarias sordo, entonces temerán al Señor todos los pueblos, y su gloria verán los poderosos. **R.**

Esto se escribirá para el futuro y alabará al Señor el pueblo nuevo. porque el Señor, desde su altura santa, ha mirado a la tierra desde el cielo, para oír los gemidos del cautivo y librar de la muerte al prisionero. **R.**

Aclamación antes del Evangelio: Mateo 11, 28
R. Aleluya, aleluya.

Vengan a mí, todos los que están fatigados y agobiados por la carga, y yo les daré alivio, dice el Señor. **R.**

Evangelio: Mateo 11, 28-30

En aquel tiempo, Jesús dijo: "Vengan a mí, todos los que están fatigados y agobiados por la carga, y yo les daré aliviaré. Tomen mi yugo sobre ustedes y aprendan de mí, que soy manso y humilde de corazón, y encontrarán descanso, porque mi yugo es suave y mi carga, ligera".

Viernes 19 de julio de 2024
Viernes de la XV semana del Tiempo ordinario

Primera Lectura: Isaías 38, 1-6. 21-22. 7-8

En aquel tiempo, el rey Ezequías enfermó de muerte y vino a verlo el profeta Isaías, hijo de Amós, y le dijo: "Esto dice el Señor: 'Arregla todos tus asuntos, porque no te vas a aliviar y te vas a morir' ". Ezequías volvió la cara hacia la pared, oró al Señor y dijo: "Acuérdate, Señor, de que te he servido con fidelidad y rectitud de corazón y de que he hecho siempre lo que a ti te agrada". Y lloró con abundantes lágrimas. Entonces el Señor le habló a Isaías y le dijo: "Ve a decirle a Ezequías: 'Esto dice el Señor, Dios de tu padre, David: He escuchado tu oración y he visto tus lágrimas. Voy a curarte y en tres días podrás ir al templo del Señor. Voy a darte quince años más de vida. Te libraré de la mano del rey de Asiria a ti y a tu ciudad, y protegeré a Jerusalén' ". Dijo entonces Isaías: "Traigan un emplasto de higos y apliquénselo en la llaga para que se alivie". Y Ezequías dijo: "¿Cuál es la señal de que podré ir al templo del Señor?" Respondió Isaías: "Esta será para ti la señal de que el Señor cumplirá las cosas que te ha dicho: voy a hacer que la sombra retroceda los diez grados que ha avanzado en el reloj de sol de Ajaz". Y el sol retrocedió los diez grados que había avanzado.

Salmo Responsorial: Isaías 38, 10. 11. 12abcd. 16
R. (17b) Sálvame, Señor, y viviré.

Yo pensaba que a la mitad de mi vida tendría que dirigirme hacia las puertas del abismo y me privarían del resto de mis años. **R.**

Yo pensaba que ya no volvería a ver al Señor en la tierra de los vivos, que ya no volvería a ver a los hombres entre los habitantes del mundo. **R.**

Levantan y enrollan mi vida como una tienda de pastores. Como un tejedor tejía yo mi vida, y me cortaron la trama. **R.**

A los que Dios protege viven, y entre ellos vivirá mi espíritu; me has curado, me has hecho revivir. **R.**

Aclamación antes del Evangelio: Juan 10, 27
R. Aleluya, aleluya.

Mis ovejas escuchan mi voz, dice el Señor; yo las conozco y ellas me siguen. **R.**

Evangelio: Mateo 12, 1-8

Un sábado, atravesaba Jesús por los sembrados. Los discípulos, que iban con él, tenían hambre y se pusieron a arrancar espigas y a comerse los granos. Cuando los fariseos los vieron, le dijeron a Jesús: "Tus discípulos están haciendo algo que no está permitido hacer en sábado". El les contestó: "¿No han leído ustedes lo que hizo David una vez que sintieron hambre él y sus compañeros? ¿No recuerdan cómo entraron en la casa de Dios y comieron los panes consagrados, de los cuales ni él ni sus compañeros podían comer, sino tan sólo los sacerdotes? ¿Tampoco han leído en la ley que los sacerdotes violan el sábado porque ofician en el templo y no por eso cometen pecado? Pues yo digo que aquí hay alguien más grande que el templo. Si ustedes comprendieran el sentido de las palabras: Misericordia quiero y no sacrificios, no condenarían a quienes no tienen ninguna culpa. Por lo demás, el Hijo del hombre también es dueño del sábado".

Sábado 20 de julio de 2024
Sábado de la XV semana del Tiempo ordinario
Primera Lectura: Miqueas 2, 1-5

¡Ay de aquellos que planean injusticias, que traman el mal durante la noche y al despuntar la mañana, lo ejecutan, porque son gente poderosa! Codician los campos y los roban, codician las casas y las usurpan, violando todos los derechos arruinan al hombre y lo despojan de su herencia. Por eso dice el Señor: "Estoy planeando contra esta gente una serie de calamidades de las que no podrán escapar. Entonces ya no caminarán con altivez, porque será un tiempo de desgracias. Aquel día, la gente se burlará de ellos y les cantará un triste canto: Nos han despojado de todo y se han repartido nuestras tierras; se han apoderado de nuestra herencia y no hay quien nos la devuelva". Por eso dice el Señor: "Cuando la asamblea del pueblo distribuya nuevamente las tierras, no habrá parte para ellos".

Salmo Responsorial: Salmo 9, 22-23. 24-25. 28.29. 35
R. (12b) Señor, no te olvides de los pobres.

¿Por qué te quedas lejos, Señor, y te escondes en el momento de la angustia? La soberbia del malvado oprime al pobre. ¡Que se enrede en las intrigas que ha tramado! **R.**

El malvado presume de su ambición, Y e; avaro maldice al Señor. El malvado dice con insolencia que no hay Dios que le pida cuentas. **R.**

Su boca está llena de engaños y fraudes, Su lengua esconde maldad y opresión; Se gazapa junto a la casa del inocente para matarlo a escondidas. **R.**

Pero tú, Señor, ves las penas y los trabajos, tú los miras y los tomas en tus manos; el pobre se encomienda a ti, tú eres el socorro del huérfano. **R.**

Aclamación antes del Evangelio: 2 Corintios 5, 9
R. Aleluya, aleluya.

Dios ha reconciliado consigo al mundo, por medio de Cristo, y nos ha encomendado a nosotros el mensaje de la reconciliación. **R.**

Evangelio: Mateo 12, 14-21

En aquel tiempo, los fariseos se confabularon contra Jesús para acabar con él. Al saberlo, Jesús se retiró de ahí. Muchos lo siguieron y él curó a todos los enfermos y les mandó enérgicamente que no lo publicaran, para que se cumplieran las palabras del profeta Isaías: *Miren a mi siervo, a quien sostengo; a mi elegido, en quien tengo mis complacencias. En él he puesto mi Espíritu, para que haga brillar la justicia sobre las naciones. No gritará ni clamará, no hará oír su voz en las plazas, no romperá la caña resquebrajada, ni apagará la mecha que aún humea, hasta que haga triunfar la justicia sobre la tierra; y en él pondrán todas las naciones su esperanza.*

XVI Domingo Ordinario

Primera Lectura: Jeremías 23, 1-6

"¡Ay de los pastores que dispersan y dejan perecer a las ovejas de mi rebaño!, dice el Señor. Por eso habló así el Señor, Dios de Israel, contra los pastores que apacientan a mi pueblo: "Ustedes han rechazado y dispersado a mis ovejas y no las han cuidado. Yo me encargaré de castigar la maldad de las acciones de ustedes. Yo mismo reuniré al resto de mis ovejas de todos los países a donde las había expulsado y las volveré a traer a sus pastos, para que ahí crezcan y se multipliquen. Les pondré pastores que las apacienten. Ya no temerán ni se espantarán y ninguna se perderá. Miren: Viene un tiempo, dice el Señor, en que haré surgir un renuevo en el tronco de David: será un rey justo y prudente y hará que en la tierra se observen la ley y la justicia. En sus días será puesto a salvo Judá, Israel habitará confiadamente y a él lo llamarán con este nombre: 'El Señor es nuestra justicia'".

Salmo Responsorial: Salmo 22, 1-3a. 3b-4. 5.6

R. (1) El Señor es mi pastor, nada me faltará.

El Señor es mi pastor, nada me falta: en verdes praderas me hace reposar y hacia fuentes tranquilas me conduce para reparar mis fuerzas. **R.**

Por ser un Dios fiel a sus promesas, me guía por el sendero recto; así, aunque camine por cañadas oscuras, nada temo, porque tú estás conmigo. Tu vara y tu cayado me dan seguridad. **R.**

Tú mismo me preparas la mesa, a despecho de mis adversarios; me unges la cabeza con perfume, y llenas mi copa hasta los bordes. **R.**

Tu bondad y tu misericordia me acompañaran todos los días de mi vida; y viviré en la casa del Señor por años sin término. **R.**

Segunda Lectura: Efesios 2, 13-18

Hermanos: Ahora, unidos a Cristo Jesús, ustedes, que antes estaban lejos, están cerca, en virtud de la sangre de Cristo. Porque él es nuestra paz; él hizo de los judíos y de los no judíos un solo pueblo; él destruyó, en su propio cuerpo, la barrera que los separaba: el odio; él abolió la ley, que consistía en mandatos y reglamentos, para crear en sí mismo, de los dos pueblos, un solo hombre nuevo, estableciendo la paz, y para reconciliar a ambos, hechos un solo cuerpo, con Dios, por medio de la cruz, dando muerte en sí mismo al odio. Vino para anunciar la buena nueva de la paz, tanto a ustedes, los que estaban lejos, como a los que estaban cerca. Así, unos y otros podemos acercarnos al Padre, por la acción de un mismo Espíritu.

Aclamación antes del Evangelio: Juan 10, 27

R. Aleluya, aleluya.

Mis ovejas escuchan mi voz, dice el Señor; yo las conozco y ellas me siguen. **R.**

Evangelio: Marcos 6, 30-34

En aquel tiempo, los apóstoles volvieron a reunirse con Jesús y le contaron todo lo que habían hecho y enseñado. Entonces él les dijo: "Vengan conmigo a un lugar solitario, para que descansen un poco", porque eran tantos los que iban y venían, que no les dejaban tiempo ni para comer. Jesús y sus apóstoles se dirigieron en una barca hacia un lugar apartado y tranquilo. La gente los vio irse y los reconoció; entonces de todos los poblados fueron corriendo por tierra a aquel sitio y se les adelantaron. Cuando Jesús desembarcó, vio una numerosa multitud que lo estaba esperando y se compadeció de ellos, porque andaban como ovejas sin pastor, y se puso a enseñarles muchas cosas.

Lunes 22 de julio de 2024

Fiesta de Santa María Magdalena

Primera Lectura: Cantares 3, 1-4

Esto dice la esposa: "En mi lecho, por las noches, a mi amado yo buscaba. Lo busqué, pero fue en vano. Me levantaré. Por las plazas y barrios de la ciudad buscaré al amor de mi alma. Lo busqué, pero fue en vano. Y me encontraron los guardias de la ciudad, y les dije: '¿Qué no vieron a aquel que ama mi alma?' Y apenas se fueron, encontré al amor de mi alma".

O bien:

2 Corintios 5, 14-17

Hermanos: El amor de Cristo nos apremia, al pensar que si uno murió por todos, todos murieron. Cristo murió por todos para que los que viven ya no vivan para sí mismos, sino para aquel que murió y resucitó por ellos. Por eso nosotros ya no juzgamos a nadie con criterios humanos. Si alguna vez hemos juzgado a Cristo con tales criterios, ahora ya no lo hacemos. El que vive según Cristo es una criatura nueva; para él todo lo viejo ha pasado. Ya todo es nuevo.

Salmo Responsorial: Salmo 62, 2. 3-4. 5-6. 8-9

R. (2b) Señor, mi alma tiene sed de ti.

Señor, tú eres mi Dios, a ti te busco; de ti sedienta está mi alma. Señor, todo mi ser te añora, como el suelo reseco añora el agua. **R.**

Para admirar tu gloria y tu poder, anhelo contemplarte en el santuario. Pues mejor es tu amor que la existencia; siempre, Señor, te alabarán mis labios. **R.**

Podré así bendecirte mientras viva y levantar en oración mis manos. De lo mejor se saciará mi alma; te alabaré con júbilo en los labios. **R.**

Fuiste mi auxilio y a tu sombra, canté lleno de gozo. A ti se adhiere mi alma y tu diestra me da seguro apoyo. **R.**

Aclamación antes del Evangelio

R. Aleluya, aleluya.

¿Qué has visto de camino, María, en la mañana? A mi Señor glorioso, la tumba abandonada. **R.**

Evangelio: Juan 20, 1-2. 11-18

El primer día después del sábado, estando todavía oscuro, fue María Magdalena al sepulcro y vio removida la piedra que lo cerraba. Echó a correr, llegó a la casa donde estaban Simón Pedro y el otro discípulo, a quien Jesús amaba, y les dijo: "Se han llevado del sepulcro al Señor y no sabemos dónde lo habrán puesto". María se había quedado llorando junto al sepulcro de Jesús. Sin dejar de llorar, se asomó al sepulcro y vio dos ángeles vestidos de blanco, sentados en el lugar donde había estado el cuerpo de Jesús, uno en la cabecera y el otro junto a los pies. Los ángeles le preguntaron: "¿Por qué estás llorando, mujer?" Ella les contestó: "Porque se han llevado a mi Señor y no sé dónde lo habrán puesto". Dicho esto, miró hacia atrás y vio a Jesús de pie, pero no sabía que era Jesús. Entonces él le dijo: "Mujer, ¿por qué estás llorando? ¿A quién buscas?" Ella, creyendo que era el jardinero, le respondió: "Señor, si tú te lo llevaste, dime dónde lo has puesto". Jesús le dijo: "¡María!" Ella se volvió y exclamó: "¡Rabbuní!", que en hebreo significa 'maestro'. Jesús le dijo: "Déjame ya, porque todavía no he subido al Padre. Ve a decir a mis hermanos: 'Subo a mi Padre y su Padre, a mi Dios y su Dios' ". María Magdalena se fue a ver a los discípulos para decirles que había visto al Señor y para darles su mensaje.

Martes 23 de julio de 2024
Martes de la XVI semana del Tiempo ordinario
Primera Lectura: Miqueas 7, 14-15. 18-20

Señor, Dios nuestro, pastorea a tu pueblo con tu cayado, a las ovejas de tu heredad, que permanecen aisladas en la maleza, en medio de campos feraces. Pastarán en Basán y en Galaad, como en los días de antaño, como cuando salimos de Egipto y nos mostrabas tus prodigios. ¿Qué Dios hay como tú, que quitas la iniquidad y pasas por alto la rebeldía de los sobrevivientes de Israel? No mantendrás por siempre tu cólera, pues te complaces en ser misericordioso. Volverás a compadecerte de nosotros, aplastarás con tus pies nuestras iniquidades, arrojarás a lo hondo del mar nuestros delitos. Serás fiel con Jacob y compasivo con Abraham, como juraste a nuestros padres en tiempos remotos, Señor, Dios nuestro.

Salmo Responsorial: Salmo 84, 2-4. 5-6. 7-8
R. (8a) Muéstranos, Señor, tu misericordia.

Señor, has sido bueno con tu tierra, pues cambiaste la suerte de Jacob, perdonaste las culpas de tu pueblo y sepultaste todos sus pecados; reprimiste tu cólera, y frenaste el incendio de tu ira. **R.**

También ahora cambia nuestra suerte, Dios, salvador nuestro, y deja ya tu rencor contra nosotros. ¿O es que vas a estar siempre enojado, y a prolongar tu ira de generación en generación? **R.**

¿No vas a devolvernos la vida, para que tu pueblo se alegre contigo? Muéstranos, Señor, tu misericordia, y danos tu salvación. **R.**

Aclamación antes del Evangelio: Juan 14, 23
R. Aleluya, aleluya.

El que me ama cumplirá mi palabra y mi Padre lo amará y haremos en él nuestra morada, dice el Señor. **R.**

Evangelio: Mateo 12, 46-50

En aquel tiempo, Jesús estaba hablando a la muchedumbre, cuando su madre y sus parientes se acercaron y trataban de hablar con él. Alguien le dijo entonces a Jesús: "Oye, ahí fuera están tu madre y tus hermanos, y quieren hablar contigo". Pero él respondió al que se lo decía: "¿Quién es mi madre y quiénes son mis hermanos?" Y señalando con la mano a sus discípulos, dijo: "Éstos son mi madre y mis hermanos. Pues todo el que cumple la voluntad de mi Padre, que está en los cielos, ése es mi hermano, mi hermana y mi madre".

Miércoles 24 de julio de 2024
Miércoles de la XVI semana del Tiempo ordinario
Primera Lectura: Jeremías 1, 1. 4-10

Palabras de Jeremías, hijo de Jilquías, uno de los sacerdotes residentes en Anatot, territorio de Benjamín. En tiempo de Josías, el Señor me dirigió estas palabras: "Desde antes de formarte en el seno materno, te conozco; desde antes de que nacieras, te consagré como profeta para las naciones". Yo le contesté: "Pero, Señor mío, yo no sé expresarme, porque apenas soy un muchacho". El Señor me dijo: "No digas que eres un muchacho, pues irás a donde yo te envíe y dirás lo que yo te mande. No tengas miedo, porque yo estoy contigo para protegerte", palabra del Señor. El Señor extendió entonces su brazo, con su mano me tocó la boca y me dijo: "Desde hoy pongo mis palabras en tu boca y te doy autoridad sobre pueblos y reyes, para que arranques y derribes, para que destruyas y deshagas, para que edifiques y plantes".

Salmo Responsorial: Salmo 70, 1-2. 3-4a. 5-6ab. 15ab y 17
R. (15) Señor, tú eres mi esperanza.

Señor, tú eres mi esperanza, Que no quede yo jamás defraudado. Tú que eres justo, ayúdame y defiéndeme; escucha mi oración y ponme a salvo. **R.**

Sé para mí un refugio, ciudad fortificada en que mi salves. Y pies eres mi auxilio y mi defensa, líbrame, Señor, de los malvados. **R.**

Señor, tú eres mi esperanza; desde mi juventud en ti confío. Desde que estaba en el seno de mi madre, yo me apoyaba en ti y tú me sostenías. **R.**

Yo proclamaré siempre tu justicia y a todas horas, tu misericordia. Me enseñaste a alabarte desde miño y seguir alabándote es mi orgullo. **R.**

Aclamación antes del Evangelio
R. Aleluya, aleluya.

La semilla es la palabra de Dios y el sembrador es Cristo; todo aquel que lo encuentra vivirá para siempre. **R.**

Evangelio: Mateo 13, 1-9

Un día salió Jesús de la casa donde se hospedaba y se sentó a la orilla del mar. Se reunió en torno suyo tanta gente, que él se vio obligado a subir a una barca, donde se sentó, mientras la gente permanecía en la orilla. Entonces Jesús les habló de muchas cosas en parábolas y les dijo: "Una vez salió un sembrador a sembrar, y al ir arrojando la semilla, unos granos cayeron a lo largo del camino; vinieron los pájaros y se los comieron. Otros granos cayeron en terreno pedregoso, que tenía poca tierra; ahí germinaron pronto, porque la tierra no era gruesa; pero cuando subió el sol, los brotes se marchitaron, y como no tenían raíces, se secaron. Otros cayeron entre espinos, y cuando los espinos crecieron, sofocaron las plantitas. Otros granos cayeron en tierra buena y dieron fruto: unos, ciento por uno; otros, sesenta; y otros, treinta. El que tenga oídos, que oiga".

Fiesta de Santiago, Apóstol

Primera Lectura: 2 Corintios 4, 7-15

Hermanos: Llevamos un tesoro en vasijas de barro, para que se vea que esta fuerza tan extraordinaria proviene de Dios y no de nosotros mismos. Por eso sufrimos toda clase de pruebas, pero no nos angustiamos. Nos abruman las preocupaciones, pero no nos desesperamos. Nos vemos perseguidos, pero no desamparados; derribados, pero no vencidos. Llevamos siempre y por todas partes la muerte de Jesús en nuestro cuerpo, para que en este mismo cuerpo se manifieste también la vida de Jesús. Nuestra vida es un continuo estar expuestos a la muerte por causa de Jesús, para que también la vida de Jesús se manifieste en nuestra carne mortal. De modo que la muerte actúa en nosotros, y en ustedes, la vida. Y como poseemos el mismo espíritu de fe que se expresa en aquel texto de la Escritura: *Creo, por eso hablo,* también nosotros creemos y por eso hablamos, sabiendo que aquel que resucitó a Jesús nos resucitará también a nosotros con Jesús y nos colocará a su lado con ustedes. Y todo esto es para bien de ustedes, de manera que, al extenderse la gracia a más y más personas, se multiplique la acción de gracias para gloria de Dios.

Salmo Responsorial: Salmo 125, 1-2ab. 2cd-3. 4-5. 6

R. (5) Entre gritos de júbilo cosecharán aquellos que siembran con dolor.

Cuando el Señor nos hizo volver del cautiverio, creíamos soñar; entonces no cesaba de reír nuestra boca, ni se cansaba entonces la lengua de cantar. **R.**

Au los mismos paganos con asombro decían: "¡Grandes cosas ha hecho por ellos el Señor!" Y estábamos alegres, pues ha hecho grandes cosas por su pueblo el Señor. **R.**

Como cambian los ríos la suerte del desierto, cambia también ahora nuestra suerte, Señor, y entre gritos de júbilo cosecharán aquellos que siembran con dolor. **R.**

Al ir, iban llorando, cargando la semilla; al regresar, cantando vendrán con sus gavillas. **R.**

Aclamación antes del Evangelio: Juan 15, 16
R. Aleluya, aleluya.
Yo los he elegido del mundo, dice el Señor, para que vayan y den fruto y su fruto permanezca. **R.**

Evangelio: Mateo 20, 20-28
En aquel tiempo, se acercó a Jesús la madre de los hijos de Zebedeo, junto con ellos, y se postró para hacerle una petición. Él le preguntó: "¿Qué deseas?" Ella respondió: "Concédeme que estos dos hijos míos se sienten, uno a tu derecha y el otro a tu izquierda, en tu Reino". Pero Jesús replicó: "No saben ustedes lo que piden. ¿Podrán beber el cáliz que yo he de beber?" Ellos contestaron: "Sí podemos". Y él les dijo: "Beberán mi cáliz; pero eso de sentarse a mi derecha o a mi izquierda no me toca a mí concederlo; es para quien mi Padre lo tiene reservado". Al oír aquello, los otros diez discípulos se indignaron contra los dos hermanos. Pero Jesús los llamó y les dijo: "Ya saben que los jefes de los pueblos los tiranizan y que los grandes los oprimen. Que no sea así entre ustedes. El que quiera ser grande entre ustedes, que sea el que los sirva, y el que quiera ser primero, que sea su esclavo; así como el Hijo del hombre no ha venido a ser servido, sino a servir y a dar la vida por la redención de todos".

Viernes 26 de julio de 2024
Memoria de San Joaquín y Santa Ana, padres de la Santísima Virgen María
Primera Lectura: Jeremías 3, 14-17
"Vuélvanse a mí, hijos rebeldes, porque yo soy su dueño, dice el Señor: Iré tomando conmigo a uno de cada ciudad, a dos de cada familia y los traeré a Sión; les daré pastores según mi corazón, que los apacienten con sabiduría y prudencia. Después, cuando ustedes se hayan multiplicado y hayan prosperado en el país, palabra del Señor, ya no habrá necesidad de invocar el arca de la alianza del Señor, pues ya no pensarán en ella, ni se acordarán de ella, ni la echarán de

menos, ni se les ocurrirá hacer otra. En aquel tiempo, llamarán a Jerusalén 'el trono del Señor', acudirán a ella todos los pueblos en el nombre del Señor y ya no seguirán la maldad de su corazón obstinado".

Salmo Responsorial: Jeremías 31, 10. 11-12ab. 13
R. (10d) El Señor es nuestro pastor.

Escuchen, pueblos, la palabra del Señor, y anúncienla aun es las islas más remotas: "El que dispersó a Israel lo reunirá y lo cuidará como el pastor a su rebaño". **R.**

Porque el Señor redimió a Jacob y lo rescató de las manos del poderoso. Ellos vendrán para aclamarlo al monte Sión Y correrán hacia los bienes del Señor. **R.**

Entonces se alegrarán las jóvenes, danzando; se sentirán felices jóvenes y viejos, porque yo convertiré su tristeza en alegría, y los llenaré de gozo y aliviaré sus penas. **R.**

Aclamación antes del Evangelio: Lucas 8, 15
R. Aleluya, aleluya.

Dichosos los que cumplen la palabra del Señor con un corazón bueno y sincero, y perseveran hasta dar fruto. **R.**

Evangelio: Mateo 13, 18-23

En aquel tiempo, Jesús dijo a sus discípulos: "Escuchen ustedes lo que significa la parábola del sembrador. A todo hombre que oye la palabra del Reino y no la entiende, le llega el diablo y le arrebata lo sembrado en su corazón. Esto es lo que significan los granos que cayeron a lo largo del camino. Lo sembrado sobre terreno pedregoso significa al que oye la palabra y la acepta inmediatamente con alegría; pero, como es inconstante, no la deja echar raíces, y apenas le viene una tribulación o una persecución por causa de la palabra, sucumbe. Lo sembrado entre los espinos representa a aquel que oye la palabra, pero las preocupaciones de la vida y la seducción de las riquezas, la sofocan y queda sin fruto. En cambio, lo sembrado en tierra buena, representa a quienes oyen la palabra, la entienden y dan fruto; unos, el ciento por uno; otros, el sesenta; y otros, el treinta".

Sábado de la XVI semana del Tiempo ordinario

Primera Lectura: Jeremías 7, 1-11

Ésta es la palabra del Señor que escuchó Jeremías: "Ponte a la entrada del templo y proclama allí estas palabras: 'Escucha, Judá, la palabra del Señor; escúchenla ustedes los que entran por estas puertas para adorar al Señor. Esto dice el Señor de los ejércitos, el Dios de Israel: Corrijan su conducta y sus intenciones, y viviré con ustedes en este lugar. No se hagan ilusiones con razones falsas, repitiendo: ¡Este es el templo del Señor, este es el templo del Señor, este es el templo del Señor! Si corrigen su conducta y sus intenciones; si aplican bien la justicia entre los hombres y no explotan al forastero, al huérfano y a la viuda; si no derraman sangre inocente en este lugar y no siguen, para mal de ustedes, a dioses extranjeros, entonces yo habitaré con ustedes en este lugar, en la tierra que desde hace tanto tiempo y para siempre les di a sus padres. Ustedes, en cambio, ponen su confianza en palabras engañosas, que no sirven de nada. Porque roban, matan, cometen adulterios y perjurios, queman incienso a los ídolos, adoran a dioses extranjeros y desconocidos, y creen que, con venir después a presentarse ante mí en este templo, donde se invoca mi nombre, y con decir: 'estamos salvados', basta para poder seguir cometiendo todas esas iniquidades. ¿Creen, acaso, que este templo, donde se invoca mi nombre es una cueva de ladrones? Tengan cuidado, porque no estoy ciego, dice el Señor'".

Salmo Responsorial: Salmo 83, 3. 4. 5-6a y 8a. 11

R. (2) Qué agradable, Señor, es tu morada.

Anhelando los atrios del Señor se consume mi alma. Todo mi ser de gozo se estremece y el Dios vivo es la causa. **R.**

Hasta el gorrión encuentra casa y la golondrina un lugar para su nido, cerca de tus altares, Señor de los ejércitos, Dios mío. **R.**

Dichosos los que viven en tu casa, te alabarán para siempre; dichosos los que encuentran en ti su fuerza, pues caminarán cada vez con más vigor. **R.**

Pues un día en tus atrios vale más que mil fuera de ellos; yo prefiero el umbral de la casa de mi Dios, al lujoso palacio del perverso. **R.**

Aclamación antes del Evangelio: Santiago 1, 21
R. Aleluya, aleluya.
Acepten dócilmente la palabra que ha sido sembrada en ustedes y es capaz de salvarlos. **R.**

Evangelio: Mateo 13, 24-30
En aquel tiempo, Jesús propuso esta otra parábola a la muchedumbre: "El Reino de los cielos se parece a un hombre que sembró buena semilla en su campo; pero mientras los trabajadores dormían, llegó un enemigo del dueño, sembró cizaña entre el trigo y se marchó. Cuando crecieron las plantas y se empezaba a formar la espiga, apareció también la cizaña. Entonces los trabajadores fueron a decirle al amo: 'Señor, ¿qué no sembraste buena semilla en tu campo? ¿De dónde, pues, salió esta cizaña?' El amo les respondió: 'De seguro lo hizo un enemigo mío'. Ellos le dijeron: '¿Quieres que vayamos a arrancarla?' Pero él les contestó: 'No. No sea que al arrancar la cizaña, arranquen también el trigo. Dejen que crezcan juntos hasta el tiempo de la cosecha y, cuando llegue la cosecha, diré a los segadores: Arranquen primero la cizaña y átenla en gavillas para quemarla; y luego almacenen el trigo en mi granero' ".

Domingo 28 de julio de 2024
XVIII Domingo Ordinario
Primera Lectura: 2 Reyes 4, 42-44
En aquellos días, llegó de Baal-Salisá un hombre que traía para el siervo de Dios, Eliseo, como primicias, veinte panes de cebada y grano tierno en espiga. Entonces Eliseo dijo a su criado: "Dáselos a la gente para que coman". Pero él le respondió: "¿Cómo voy a repartir estos panes entre cien hombres?" Eliseo insistió: "Dáselos a la gente para que coman, porque esto dice el Señor: 'Comerán todos y sobrará'". El criado repartió los panes a la gente; todos comieron y todavía sobró, como había dicho el Señor.

Salmo Responsorial: Salmo 144, 10-11. 15-16. 17-18

R. (16) Bendeciré al Señor eternamente.

Que te alaben, Señor, todas tus obras y que todos tus fieles te bendigan. Que proclamen la gloria de tu reino y den a conocer tus maravillas. **R.**

A ti, Señor, sus ojos vuelven todos y tú los alimentas a su tiempo. Abres, Señor, tus manos generosas y cuantos viven quedan satisfechos. **R.**

Siempre es justo el Señor en sus designios y están llenas de amor todas sus obras. No está lejos de aquellos que lo buscan; muy cerca está el Señor de quien lo invoca. **R.**

Segunda Lectura: Efesios 4, 1-6

Hermanos: Yo, Pablo, prisionero por la causa del Señor, los exhorto a que lleven una vida digna del llamamiento que han recibido. Sean siempre humildes y amables; sean comprensivos y sopórtense mutuamente con amor; esfuércense en mantenerse unidos en el Espíritu con el vínculo de la paz. Porque no hay más que un solo cuerpo y un solo Espíritu, como también una sola es la esperanza del llamamiento que ustedes han recibido. Un solo Señor, una sola fe, un solo bautismo, un solo Dios y Padre de todos, que reina sobre todos, actúa a través de todos y vive en todos.

Aclamación antes del Evangelio: Lucas 7, 16

R. Aleluya, aleluya.

Un gran profeta ha surgido entre nosotros. Dios ha visitado a su pueblo. **R.**

Evangelio: Juan 6, 1-15

En aquel tiempo, Jesús se fue a la otra orilla del mar de Galilea o lago de Tiberíades. Lo seguía mucha gente, porque habían visto los signos que hacía curando a los enfermos. Jesús subió al monte y se sentó allí con sus discípulos. Estaba cerca la Pascua, festividad de los judíos. Viendo Jesús que mucha gente lo seguía, le dijo a Felipe: "¿Cómo compraremos pan para que coman éstos?" Le hizo esta pregunta para ponerlo a prueba, pues él bien sabía lo que iba a hacer. Felipe le respondió: "Ni doscientos denarios de pan bastarían para que a cada uno le tocara un pedazo de pan". Otro de sus discípulos, Andrés, el hermano de Simón Pedro, le dijo: "Aquí hay un muchacho que trae cinco panes de cebada y dos pescados. Pero, ¿qué es eso para tanta gente?" Jesús le respondió: "Díganle a la gente que se siente". En aquel lugar había mucha hierba. Todos, pues, se sentaron ahí; y tan sólo los hombres eran unos cinco mil. Enseguida tomó Jesús los panes, y después de dar gracias a Dios, se los fue repartiendo a los que se habían sentado a comer. Igualmente les fue dando de los pescados todo lo que quisieron. Después de que todos se saciaron, dijo a sus discípulos: "Recojan los pedazos sobrantes, para que no se desperdicien". Los recogieron y con los pedazos que sobraron de los cinco panes llenaron doce canastos. Entonces la gente, al ver el signo que Jesús había hecho, decía: "Éste es, en verdad, el profeta que habría de venir al mundo". Pero Jesús, sabiendo que iban a llevárselo para proclamarlo rey, se retiró de nuevo a la montaña, él solo.

Lunes 29 de julio de 2024
Memoria de Santas Marta, María y Lázaro
Primera Lectura: Jeremías 13, 1-11

El Señor me dijo: "Ve a comprar un cinturón de lino y póntelo en la cintura, pero no lo metas en el agua". Compré el cinturón y me lo puse en la cintura, según la orden del Señor. Entonces el Señor me habló por segunda vez y me dijo: "Toma el cinturón que compraste y que llevas puesto en la cintura, levántate y vete al río Eufrates y escóndelo ahí, en el agujero de una roca". Fui y lo escondí en el Eufrates, como me había ordenado el Señor. Al cabo de mucho tiempo, me dijo el Señor: "Levántate, vete al Eufrates y recoge el cinturón que te mandé que escondieras ahí". Fui al Eufrates, escarbé y recogí el cinturón del sitio donde lo había escondido; pero el cinturón se había podrido: no servía para nada. Entonces el Señor me habló y me dijo: "Esto dice el Señor: 'Del mismo modo haré yo que se pudra la gran soberbia de Judá y de Jerusalén. Ese pueblo malvado se ha negado a obedecerme, se porta obstinadamente, ha seguido a otros dioses para servirlos y adorarlos, y será como este cinturón, que ya no sirve para nada. Porque así como el cinturón va adherido al cuerpo, así quise llevar unidas a mí a la casa de Israel y a la casa de Judá, para que fueran mi pueblo, mi fama, mi gloria y mi honor; pero ellos no me escucharon'".

Salmo Responsorial: Deuteronomio 32, 18-19. 20. 21
R. (18a) Abandonaron a Dios, que les dio la vida.

Abandonaron a Dios, que los creó, y olvidaron al Señor, que les dio la vida. Lo vio el Señor, y encolerizado, rechazó a sus hijos y a sus hijas. **R.**

El Señor pensó: "Me les voy a esconder y voy a ver en qué acaban, porque son una generación depravada, unos hijos infieles. **R.**

Ellos me han dado celos con un dios que no es Dios y me han encolerizado con sus ídolos; yo también les voy a dar celos con un pueblo que no es pueblo y los voy a encolerizar con una nación insensata". **R.**

Aclamación antes del Evangelio: Juan 8, 12
R. Aleluya, aleluya.

Yo soy la luz del mundo, dice el Señor; el que me sigue tendrá la luz de la vida. **R.**

Evangelio: Juan 11, 19-27

En aquel tiempo, muchos judíos habían ido a ver a Marta y a María para consolarlas por la muerte de su hermano Lázaro. Apenas oyó Marta que Jesús llegaba, salió a su encuentro; pero María se quedó en casa. Le dijo Marta a Jesús: "Señor, si hubieras estado aquí, no habría muerto mi hermano. Pero aún ahora estoy segura de que Dios te concederá cuanto le pidas". Jesús le dijo: "Tu hermano resucitará". Marta respondió: "Ya sé que resucitará en la resurrección del último día". Jesús le dijo: "Yo soy la resurrección y la vida. El que cree en mí, aunque haya muerto, vivirá; y todo aquel que está vivo y cree en mí, no morirá para siempre. ¿Crees tú esto?" Ella le contestó: "Sí, Señor. Creo firmemente que tú eres el Mesías, el Hijo de Dios, el que tenía que venir al mundo".

O bien:
Lucas 10, 38-42

En aquel tiempo, Jesús entró en un poblado, y una mujer, llamada Marta, lo recibió en su casa. Ella tenía una hermana, llamada María, la cual se sentó a los pies de Jesús y se puso a escuchar su palabra. Marta, entre tanto, se afanaba en diversos quehaceres, hasta que, acercándose a Jesús, le dijo: "Señor, ¿no te has dado cuenta de que mi hermana me ha dejado sola con todo el quehacer? Dile que me ayude". El Señor le respondió: "Marta, Marta, muchas cosas te preocupan y te inquietan, siendo así que una sola es necesaria. María escogió la mejor parte y nadie se la quitará".

Martes 30 de julio de 2024
Martes de la XVII Semana del Tiempo ordinario
Primera Lectura: Jeremías 14, 17-22

Que mis ojos lloren sin cesar de día y de noche, porque la capital de mi pueblo está afligida por un gran desastre, por una herida gravísima. Si salgo al campo, encuentro gente muerta por la espada; si entro en la ciudad, hallo gente que se muere de hambre. Hasta los profetas y los sacerdotes andan errantes por el país y no saben qué hacer. ¿Acaso has rechazado, Señor, a Judá? ¿O te has cansado ya de Sión? ¿Por qué nos has herido tan gravemente, que ya no tenemos remedio? Esperábamos tranquilidad y sólo hay perturbación; esperábamos la curación y sólo encontramos miedo. Reconocemos, Señor, nuestras maldades y las culpas de nuestros padres; hemos pecado contra ti. Por ser tú quien eres, no nos rechaces; no deshonres el trono de tu gloria. Acuérdate, Señor, de tu alianza con nosotros y no la quebrantes. ¿Acaso los ídolos de los paganos pueden hacer llover? ¿Acaso los cielos, por sí solos, pueden darnos la lluvia? Tú solo, Señor y Dios nuestro, haces todas estas cosas, por eso en ti tenemos puesta nuestra esperanza.

Salmo Responsorial: Salmo 78, 8. 9. 11 y 13
R. (9bc) Socórrenos, Seño, y te alabaremos.

No recuerdes, Señor, contra nosotros, las culpas de nuestros padres. Que tu amor venga pronto a socorrernos, porque estamos totalmente abatidos. **R.**

Para que sepan quién eres, socórrenos, Dios y salvador nuestro. Por el honor de tu nombre, sálvanos y perdona nuestros pecados. **R.**

Que lleguen hasta ti los gemidos del cautivo; con tu brazo poderoso salva a los condenados a muerte. Y nosotros, pueblo tuyo y ovejas de tu rebaño, te daremos gracias siempre y de generación en generación te alabaremos. **R.**

Aclamación antes del Evangelio
R. Aleluya, aleluya.

La semilla es la palabra de Dios y el sembrador es Cristo; todo aquel que lo encuentra vivirá para siempre. **R.**

R. Aleluya.

Evangelio: Mateo 13, 36-43

En aquel tiempo, Jesús despidió a la multitud y se fue a su casa. Entonces se le acercaron sus discípulos y le dijeron: "Explícanos la parábola de la cizaña sembrada en el campo". Jesús les contestó: "El sembrador de la buena semilla es el Hijo del hombre; el campo es el mundo; la buena semilla son los ciudadanos del Reino; la cizaña son los partidarios del demonio; el enemigo que la siembra es el demonio; el tiempo de la cosecha es el fin del mundo, y los segadores son los ángeles. Y así como recogen la cizaña y la queman en el fuego, así sucederá al fin del mundo: el Hijo del hombre enviará a sus ángeles para que arranquen de su Reino a todos los que inducen a otros al pecado y a todos los malvados, y los arrojen en el horno encendido. Allí será el llanto y la desesperación. Entonces los justos brillarán como el sol en el Reino de su Padre. El que tenga oídos, que oiga".

Miércoles 31 de julio de 2024
Memoria de San Ignacio, presbítero
Primera Lectura: Jeremías 15, 10. 16-21

¡Ay de mí, madre mía! ¿Por qué me engendraste para que fuera objeto de pleitos y discordias en todo el país? A nadie debo dinero, ni me lo deben a mí, y sin embargo, todos me maldicen. Siempre que oí tus palabras, Señor, las acepté con gusto; tus palabras eran mi gozo y la alegría de mi corazón, porque yo defendía tu causa, Señor, Dios de los ejércitos. No me senté a reír con los que se divertían; forzado por tu mano, me sentaba aparte, porque me habías contagiado con tu propia ira. ¿Por qué mi dolor no acaba nunca y mi herida se ha vuelto incurable? ¿Acaso te has convertido para mí, Señor, en espejismo de aguas que no existen? Entonces el Señor me respondió: "Si te vuelves a mí, yo haré que cambies de actitud, y seguirás a mi servicio; si separas el metal precioso de la escoria, seguirás siendo mi profeta. Ellos cambiarán de actitud para contigo y no tú para con ellos. Yo te convertiré frente a este pueblo en una poderosa muralla de bronce: lucharán contra ti, pero no podrán contigo, porque yo estaré a tu lado para librarte y defenderte, dice el Señor. Te libraré de las manos de los perversos, te rescataré de las manos de los poderosos".

Salmo Responsorial: Salmo 58, 2-3. 4-5a. 10-11. 17. 18
R. (17d) Me alegraré, Señor, por tu bondad.
Dios mío, líbrame de mis enemigos protégeme de mis agresores, líbrame de los que hacen injusticias, sálvame de los hombres sanguinarios. **R.**
Mira cómo se conjuran contra mí los poderosos y esperan el momento de matarme. Sin embargo, Señor, en mí no hay crimen ni pecado; sin culpa mía, avanzan contra mí para atacarme. **R.**
En ti, Señor, tendré fijos los ojos, porque tú eres mi fuerza y mi refugio. El Dios de mi amor vendrá en mi ayuda y me hará ver la derrota de mis enemigos. **R.**
Yo celebraré tu poder y desde la mañana me alegraré por tu bondad, porque has sido mi defensa y mi refugio en el día de la tribulación. **R.**

Aclamación antes del Evangelio: Juan 15, 15
R. Aleluya, aleluya.
A ustedes los llamo amigos, dice el Señor, porque les he dado a conocer todo lo que le he oído a mi Padre. **R.**

Evangelio: Mateo 13, 44-46
En aquel tiempo, Jesús dijo a la multitud: "El Reino de los cielos se parece a un tesoro escondido en un campo. El que lo encuentra lo vuelve a esconder, y lleno de alegría, va y vende cuanto tiene y compra aquel campo. El Reino de los cielos

se parece también a un comerciante en perlas finas que, al encontrar una perla muy valiosa, va y vende cuanto tiene y la compra".

AGOSTO

Memoria de San Alfonso María de Ligorio, obispo y doctor de la Iglesia

Primera Lectura: Jeremías 18, 1-6

Esto es lo que el Señor me dijo: "Jeremías, ve a la casa del alfarero y ahí te haré oír mis palabras". Fui, pues, a la casa del alfarero y lo hallé trabajando en su torno. Cuando se le estropeaba la vasija que estaba modelando, volvía a hacer otra con el mismo barro, como mejor le parecía. Entonces el Señor me dijo: "¿Acaso no puedo hacer yo con ustedes, casa de Israel, lo mismo que hace este alfarero? Como está el barro en las manos del alfarero, así ustedes, casa de Israel, están en mis manos".

Salmo Responsorial: Salmo 145, 2abc. 2d-4. 5-6

R. (5a) Dichoso el que espera en el Señor.

Alaba, alma mía, al Señor: alabaré al Señor toda mi vida; tocaré y cantaré para mi Dios, mientras yo exista. **R.**

No pongas tu confianza en los que mandan Ni en el mortal, que no puede salvarte; pues cuando mueren, se convierten en polvo y ese mismo día se acaban sus proyectos. **R.**

Dichoso aquel que es auxiliado por el Dios de Jacob y pone su esperanza en el Señor, su Dios, que hizo el cielo y la tierra, el mar y cuanto el mar encierra. **R.**

Aclamación antes del Evangelio: Hechos 16, 14

R. Aleluya, aleluya.

Abre, Señor, nuestros corazones para que comprendamos las palabras de tu Hijo. **R.**

Evangelio: Mateo 13, 47-53

En aquel tiempo, Jesús dijo a la multitud: "El Reino de los cielos se parece también a la red que los pescadores echan en el mar y recoge toda clase de peces. Cuando se llena la red, los pescadores la sacan a la playa y se sientan a escoger los pescados; ponen los buenos en canastos y tiran los malos. Lo mismo sucederá al final de los tiempos: vendrán los ángeles, separarán a los malos de los buenos y los arrojarán al horno encendido. Allí será el llanto y la desesperación. ¿Han entendido todo esto?" Ellos le contestaron: "Sí". Entonces él les dijo: "Por eso, todo escriba instruido en las cosas del Reino de los cielos es semejante al padre de familia, que va sacando de su tesoro cosas nuevas y cosas antiguas". Y cuando acabó de decir estas parábolas, Jesús se marchó de allí.

Viernes 2 de agosto de 2024
Viernes de la XVII semana del Tiempo ordinario
Primera Lectura: Jeremías 26, 1-9

Al principio del reinado de Joaquín, hijo de Josías y rey de Judá, el Señor le habló a Jeremías y le dijo: "Esto dice el Señor: 'Ve al atrio del templo y diles a todos los habitantes de Judá que entran en el templo para adorar al Señor, todas las palabras que yo te voy a ordenar, sin omitir ninguna. A ver si las escuchan y se convierten de su mala vida, y me arrepiento del castigo que he pensado imponerles a causa de sus malas acciones'. Diles, pues: 'Esto dice el Señor: Si no me obedecen, ni cumplen la ley que he dado, ni escuchan las palabras de mis siervos, los profetas, que sin cesar les he enviado y a quienes ustedes no han escuchado, entonces yo trataré a este templo como al de Siló y haré que esta ciudad sirva de escarmiento para todos los pueblos de la tierra' ". Los sacerdotes, los profetas y el pueblo oyeron a Jeremías pronunciar estas palabras en el templo del Señor. Y cuando él terminó de decir cuanto el Señor le había mandado, los sacerdotes y los profetas lo apresaron, diciéndole al pueblo: "Este hombre debe morir, porque ha profetizado en nombre del Señor que este templo será como el de Siló y que esta ciudad será destruida y quedará deshabitada". Entonces la gente se amotinó contra Jeremías en el templo del Señor.

Salmo Responsorial: Salmo 68, 35. 8-10. 14
R. (14c) Escúchanos, Señor, conforme a tu clemencia.

Son más que mis cabellos los que me odian sin tener un motivo y más fuertes que yo los que pretenden con sus calumnias acabar conmigo. Lo que yo no robé,

¿acaso tengo yo que restituirlo? **R.**

Por ti he sufrido injurias y la vergüenza cubre mi semblante. Extraño soy y advenedizo, aun para aquellos de mi propia sangre; pues me devora el celo de tu casa, el odio del que te odia, en mí recae. **R.**

A ti, Señor elevo mi plegaria, ven en mi ayuda pronto; escúchame conforme a tu clemencia, Dios fiel en el socorro. **R.**

Aclamación antes del Evangelio: 1 Pedro 1, 25
R. Aleluya, aleluya.

La palabra de Dios permanece para siempre. Y ésa es la palabra que se les ha anunciado. **R.**

Evangelio: Mateo 13, 54-58

En aquel tiempo, Jesús llegó a su tierra y se puso a enseñar a la gente en la sinagoga, de tal forma, que todos estaban asombrados y se preguntaban: "¿De dónde ha sacado éste esa sabiduría y esos poderes milagrosos? ¿Acaso no es éste el hijo del carpintero? ¿No se llama María su madre y no son sus hermanos Santiago, José, Simón y Judas? ¿Qué no viven entre nosotros todas sus hermanas? ¿De dónde, pues, ha sacado todas estas cosas?" Y se negaban a creer en él. Entonces, Jesús les dijo: "Un profeta no es despreciado más que en su patria y en su casa". Y no hizo muchos milagros allí por la incredulidad de ellos.

Sábado 3 de agosto de 2024

Sábado de la XVII semana del Tiempo ordinario
Primera Lectura: Jeremías 26, 11-16. 24

En aquellos días, los sacerdotes y los profetas dijeron a los jefes y al pueblo: "Ese hombre, Jeremías, merece la muerte, porque ha profetizado contra esta ciudad, como ustedes mismos lo han oído". Pero Jeremías les dijo a los jefes y al pueblo: "El Señor me ha enviado a profetizar todo lo que han oído contra este templo y esta ciudad. Pues bien, corrijan su conducta y sus obras, escuchen la voz del Señor, su Dios, y el Señor se retractará de la amenaza que ha pronunciado contra ustedes. Por mi parte, yo estoy en manos de ustedes: hagan de mí lo que les parezca justo y conveniente. Pero sépanlo bien: si me matan, ustedes, la ciudad y sus habitantes serán responsables de la muerte de un inocente, porque es cierto que el Señor me ha enviado a ustedes para anunciarles todas estas cosas". Los jefes y todo el pueblo dijeron a los sacerdotes y a los profetas: "Este hombre no merece sentencia de muerte, porque nos ha hablado en nombre del Señor, nuestro Dios". Entonces Ajicam, hijo de Safán, defendió a Jeremías, para que no fuera entregado en manos del pueblo y lo mataran.

Salmo Responsorial: Salmo 68, 15-16. 30-31. 33-34
R. (14) Por tu gran misericordia, escúchame, Señor.

Sácame de este cieno, no vaya a ser que no me hunda; ponme a salvo, Señor, de los que me odian y de estas aguas tan profundas. **R.**

No dejes que me arrastre la corriente y que me trague el remolino; no dejes que se cierre sobre mí la boca del abismo. **R.**

Mírame enfermo y afligido; defiéndeme y ayúdame, Dios mío. En mi cantar exaltaré tu nombre, Proclamaré tu gloria, agradecido. **R.**

Se alegrarán al verlo los que sufren; quienes buscan a Dios tendrán más ánimo, porque el Señor jamás desoye al pobre, no olvida al que se encuentra encadenado. **R.**

Aclamación antes del Evangelio: Mateo 5, 10
R. Aleluya, aleluya.

Dichosos los perseguidos por causa de la justicia, porque de ellos es el Reino de los cielos, dice el Señor. **R.**

Evangelio: Mateo 14, 1-12

En aquel tiempo, el rey Herodes oyó lo que contaban de Jesús y les dijo a sus cortesanos: "Es Juan el Bautista, que ha resucitado de entre los muertos y por eso actúan en él fuerzas milagrosas". Herodes había apresado a Juan y lo había encadenado en la cárcel por causa de Herodías, la mujer de su hermano Filipo, pues Juan le decía a Herodes que no le estaba permitido tenerla por mujer. Y aunque quería quitarle la vida, le tenía miedo a la gente, porque creían que Juan era un profeta. Pero llegó el cumpleaños de Herodes, y la hija de Herodías bailó delante de todos y le gustó tanto a Herodes, que juró darle lo que le pidiera. Ella, aconsejada por su madre, le dijo: "Dame, sobre esta bandeja, la cabeza de Juan el Bautista". El rey se entristeció, pero a causa de su juramento y por no quedar mal con los invitados, ordenó que se la dieran; y entonces mandó degollar a Juan en la cárcel. Trajeron, pues, la cabeza en una bandeja, se la entregaron a la joven y ella se la llevó a su madre. Después vinieron los discípulos de Juan, recogieron el cuerpo, lo sepultaron, y luego fueron a avisarle a Jesús.

Domingo 4 de agosto de 2024
XVIII Domingo ordinario

Primera Lectura: Éxodo 16, 2-4. 12-15

En aquellos días, toda la comunidad de los hijos de Israel murmuró contra Moisés y Aarón en el desierto, diciendo: "Ojalá hubiéramos muerto a manos del Señor en Egipto, cuando nos sentábamos junto a las ollas de carne y comíamos pan hasta saciarnos. Ustedes nos han traído a este desierto para matar de hambre a toda esta multitud". Entonces dijo el Señor a Moisés: "Voy a hacer que llueva pan del cielo. Que el pueblo salga a recoger cada día lo que necesita, pues quiero probar si guarda mi ley o no. He oído las murmuraciones de los hijos de Israel. Diles de parte mía: 'Por la tarde comerán carne y por la mañana se hartarán de pan, para que sepan que yo soy el Señor, su Dios' ". Aquella misma tarde, una bandada de codornices cubrió el campamento. A la mañana siguiente había en torno a él una capa de rocío que, al evaporarse, dejó el suelo cubierto con una especie de polvo blanco semejante a la escarcha. Al ver eso, los israelitas se dijeron unos a otros: "¿Qué es esto?", pues no sabían lo que era. Moisés les dijo: "Éste es el pan que el Señor les da por alimento".

Salmo Responsorial: Salmo 77, 3 y 4bc. 23-24. 25 y 54
R. (24b) El Señor les dio pan del cielo.
Cuanto hemos escuchado y conocemos del poder del Señor y de su gloria, cuanto nos han narrado nuestros padres, nuestros hijos lo oirán de nuestra boca. **R.**
A las nubes mandó desde lo alto que abrieran las compuertas de los cielos; hizo

llover maná sobre su pueblo, trigo celeste envió como alimento. **R.**

Así el hombre comió pan de los ángeles; Dios le dio de comer en abundancia y luego los condujo hasta la tierra y el monte que su diestra conquistara. **R.**

Segunda Lectura: Efesios 4, 17. 20-24

Hermanos: Declaro y doy testimonio en el Señor, de que no deben ustedes vivir como los paganos, que proceden conforme a lo vano de sus criterios. Esto no es lo que ustedes han aprendido de Cristo; han oído hablar de él y en él han sido adoctrinados, conforme a la verdad de Jesús. Él les ha enseñado a abandonar su antiguo modo de vivir, ese viejo yo, corrompido por deseos de placer. Dejen que el Espíritu renueve su mente y revístanse del nuevo yo, creado a imagen de Dios, en la justicia y en la santidad de la verdad.

Aclamación antes del Evangelio: Mateo 4, 4b

R. Aleluya, aleluya.

No sólo de pan vive el hombre, sino también de toda palabra que sale de la boca de Dios. **R.**

Evangelio: Juan 6, 24-35

En aquel tiempo, cuando la gente vio que en aquella parte del lago no estaban Jesús ni sus discípulos, se embarcaron y fueron a Cafarnaúm para buscar a Jesús. Al encontrarlo en la otra orilla del lago, le preguntaron: "Maestro, ¿cuándo llegaste acá?" Jesús les contestó: "Yo les aseguro que ustedes no me andan buscando por haber visto señales milagrosas, sino por haber comido de aquellos panes hasta saciarse. No trabajen por ese alimento que se acaba, sino por el alimento que dura para la vida eterna y que les dará el Hijo del hombre; porque a éste, el Padre Dios lo ha marcado con su sello". Ellos le dijeron: "¿Qué necesitamos para llevar a cabo las obras de Dios?" Respondió Jesús: "La obra de Dios consiste en que crean en aquel a quien él ha enviado". Entonces la gente le preguntó a Jesús: "¿Qué signo vas a realizar tú, para que la veamos y podamos creerte? ¿Cuáles son tus obras? Nuestros padres comieron el maná en el desierto, como está escrito: *Les dio a comer pan del cielo*". Jesús les respondió: "Yo les aseguro: No fue Moisés quien les dio pan del cielo; es mi Padre quien les da el verdadero pan del cielo. Porque el pan de Dios es aquel que baja del cielo y da la vida al mundo". Entonces le dijeron: "Señor, danos siempre de ese pan". Jesús les contestó: "Yo soy el pan de la vida. El que viene a mí no tendrá hambre y el que cree en mí nunca tendrá sed".

Lunes 5 de agosto de 2024

Lunes de la XVIII semana del Tiempo ordinario

Primera Lectura: Jeremías 28, 1-17

El quinto mes del cuarto año del reinado de Sedecías, Jananías, hijo de Azur y profeta de Gabaón, le dijo a Jeremías en el templo, en presencia de los sacerdotes y de todo el pueblo: "Esto dice el Señor de los ejércitos, el Dios de Israel: 'Voy a romper el yugo del rey de Babilonia. Dentro de dos años haré que se devuelvan todos los objetos del templo del Señor, que el rey Nabucodonosor tomó de este lugar y se llevó a Babilonia; haré volver a Jeconías, hijo de Joaquín y rey de Judá, y a todos los desterrados de Judá que han ido a Babilonia, en cuanto yo rompa, dice el Señor, el yugo del rey Nabucodonosor'". Entonces el profeta Jeremías le respondió a Jananías, en presencia de los sacerdotes y de todo el pueblo que estaba en el templo del Señor: "Amén. Que así lo haga el Señor. Que el Señor confirme lo que has predicho y haga retornar de Babilonia a este lugar los objetos del templo del Señor y a todos los desterrados. Pero, pon atención a lo que voy a decirte delante de todo el pueblo: Antes de mí y antes de ti, siempre ha habido profetas que predijeron a muchos países y a grandes reinos la guerra, el hambre y la peste. Y cuando un profeta predice la paz, sólo hasta que se cumplen sus palabras, se puede reconocer que es verdadero profeta, enviado por el Señor". Entonces Jananías tomó el yugo que traía Jeremías en el cuello, lo rompió y dijo delante de todo el pueblo: "Esto dice el Señor: 'Así romperé el yugo de Nabucodonosor, rey de Babilonia, dentro de dos años y lo quitaré del cuello de todas las naciones' ". Jeremías se alejó de allí. Pero un tiempo después de que Jananías había roto el yugo del cuello del profeta Jeremías, el Señor le habló a éste y le dijo: "Ve y dile a Jananías: 'Esto dice el Señor: Has roto un yugo de madera, pero yo lo sustituiré por uno de hierro. Porque esto dice el Señor de los ejércitos, el Dios de Israel: He puesto en el cuello de todas estas naciones un yugo de hierro, para someterlas al servicio de Nabucodonosor, rey de Babilonia, y hasta las bestias del campo lo servirán' ". Y Jeremías añadió: "Escucha, Jananías: No te ha enviado el Señor y tú has hecho que el pueblo crea en una mentira. Por eso el Señor te dice: 'Yo te borraré de la superficie de la tierra. Este año morirás, por haber incitado a la rebelión contra el Señor' ". Y el profeta Jananías murió aquel mismo año, en el mes séptimo.

Salmo Responsorial: Salmo 118, 29. 43. 79. 80. 95. 102
R. (68b) Enséñame, Señor, tus mandamientos.
Apártame de los caminos falsos, y dame la gracia de cumplir tu voluntad. No quites de mi boca las palabras sinceras, porque yo espero en tus mandamientos. **R.**
Que se vuelvan hacia mí tus fieles, los que hacen caso de tus preceptos. Que sea mi corazón perfecto en tus leyes, así no quedaré avergonzado. **R.**
Los malvados me esperaban para matarme, pero yo meditaba tus preceptos. No me aparto de tus mandamientos, porque tú me has instruido. **R.**

Aclamación antes del Evangelio: Mateo 4, 4
R. Aleluya, aleluya.
No sólo de pan vive el hombre, sino también de toda palabra que sale de la boca de Dios. **R.**

Evangelio: Mateo 14, 13-21
En aquel tiempo, al enterarse Jesús de la muerte de Juan el Bautista, subió a una barca y se dirigió a un lugar apartado y solitario. Al saberlo la gente, lo siguió por tierra desde los pueblos. Cuando Jesús desembarcó, vio aquella muchedumbre, se compadeció de ella y curó a los enfermos. Como ya se hacía tarde, se acercaron sus discípulos a decirle: "Estamos en despoblado y empieza a oscurecer. Despide a la gente para que vayan a los caseríos y compren algo de comer". Pero Jesús les replicó: "No hace falta que vayan. Denles ustedes de comer". Ellos le contestaron: "No tenemos aquí más que cinco panes y dos pescados". Él les dijo:

"Tráiganmelos". Luego mandó que la gente se sentara sobre el pasto. Tomó los cinco panes y los dos pescados, y mirando al cielo, pronunció una bendición, partió los panes y se los dio a los discípulos para que los distribuyeran a la gente. Todos comieron hasta saciarse y con los pedazos que habían sobrado, se llenaron doce canastos. Los que comieron eran unos cinco mil hombres, sin contar a las mujeres y a los niños.

Martes 6 de agosto de 2024
Fiesta de la Transfiguración del Señor
Primera Lectura: Daniel 7, 9-10. 13-14

Yo, Daniel, tuve una visión nocturna: Vi que colocaban unos tronos y un anciano se sentó. Su vestido era blanco como la nieve, y sus cabellos, blancos como lana. Su trono, llamas de fuego, con ruedas encendidas. Un río de fuego brotaba delante de él. Miles y miles lo servían, millones y millones estaban a sus órdenes. Comenzó el juicio y se abrieron los libros. Yo seguí contemplando en mi visión nocturna y vi a alguien semejante a un hijo de hombre, que venía entre las nubes del cielo. Avanzó hacia el anciano de muchos siglos y fue introducido a su presencia. Entonces recibió la soberanía, la gloria y el reino. Y todos los pueblos y naciones de todas las lenguas lo servían. Su poder nunca se acabará, porque es un poder eterno, y su reino jamás será destruido.

Salmo Responsorial: Salmo 96, 1-2. 5-6. 9
R. (1a y 9a) Reina el Señor, alégrese la tierra.

Reina el Señor, alégrese la tierra; cante de regocijo el mundo entero. Tinieblas y nubes rodean el trono del Señor que se asienta en la justicia y el derecho. **R.**

Los montes se derriten como cera ante el Señor de toda la tierra. Los cielos pregonan su justicia, su inmensa gloria ven todos los pueblos. **R.**

Tú, Señor, altísimo, estás muy por encima de la tierra y mucho más en alto que los dioses. **R.**

Segunda Lectura: 2 Pedro 1, 16-19

Hermanos: Cuando les anunciamos la venida gloriosa y llena de poder de nuestro Señor Jesucristo, no lo hicimos fundados en fábulas hechas con astucia, sino por haberlo visto con nuestros propios ojos en toda su grandeza. En efecto, Dios lo llenó de gloria y honor, cuando la sublime voz del Padre resonó sobre él, diciendo: "Éste es mi Hijo amado, en quien yo me complazco". Y nosotros escuchamos esta voz, venida del cielo, mientras estábamos con el Señor en el monte santo. Tenemos también la firmísima palabra de los profetas, a la que con toda razón ustedes consideran como una lámpara que ilumina en la oscuridad, hasta que despunte el día y el lucero de la mañana amanezca en los corazones de ustedes.

Aclamación antes del Evangelio: Mateo 17, 5
R. Aleluya, aleluya.

Éste es mi Hijo muy amado, dice el Señor, en quien tengo puestas todas mis complacencias; escúchenlo. **R.**

Evangelio: Marcos 9, 2-10

En aquel tiempo, Jesús tomó aparte a Pedro, a Santiago y a Juan, subió con ellos a un monte alto y se transfiguró en su presencia. Sus vestiduras se pusieron esplendorosamente blancas, con una blancura que nadie puede lograr sobre la tierra. Después se les aparecieron Elías y Moisés, conversando con Jesús. Entonces Pedro le dijo a Jesús: "Maestro, ¡qué a gusto estamos aquí! Hagamos tres chozas, una para ti, otra para Moisés y otra para Elías". En realidad no sabía lo que decía, porque estaban asustados. Se formó entonces una nube, que los cubrió con su sombra, y de esta nube salió una voz que decía: "Éste es mi Hijo amado; escúchenlo". En ese momento miraron alrededor y no vieron a nadie sino a Jesús, que estaba solo con ellos. Cuando bajaban de la montaña, Jesús les mandó que no contaran a nadie lo que habían visto, hasta que el Hijo del hombre resucitara de entre los muertos. Ellos guardaron esto en secreto, pero discutían entre sí qué querría decir eso de "resucitar de entre los muertos".

Miércoles de la XVIII semana del Tiempo ordinario

Primera Lectura: Jeremías 31, 1-7

"En aquel tiempo, dice el Señor, yo seré el Dios de todas las tribus de Israel y ellos serán mi pueblo. El pueblo de Israel, que se libró de la espada, halló misericordia en el desierto y camina hacia el descanso; el Señor se le apareció de lejos". Esto dice el Señor: "Yo te amo con amor eterno, por eso siempre me apiado de ti. Volveré, pues, a construirte y serás reconstruida, capital de Israel. Volverás a tocar tus panderos y saldrás a bailar entre músicos y coros; volverás a plantar viñas en los montes de Samaria y los que las planten, las disfrutarán. En la montaña de Efraín gritarán los centinelas: '¡Ya es de día! ¡Levántense y vayamos a Sión, hacia el Señor, nuestro Dios!' " Esto dice el Señor: "Griten de alegría por Jacob, regocíjense por el mejor de los pueblos; proclamen, alaben y digan: 'El Señor ha salvado a su pueblo, al grupo de los sobrevivientes de Israel' ".

Salmo Responsorial: Jeremías 31, 10. 11-12ab. 13

R. (10d) El Señor será nuestro pastor.

Escuchen, pueblos, la palabra del Señor, y anúncienla aun es las islas más remotas: "El que dispersó a Israel lo reunirá y lo cuidará como el pastor a su rebaño". **R.**

Porque el Señor redimió a Jacob y lo rescató de las manos del poderoso. Ellos vendrán para aclamar al monte Sión, Y vendrán a gozar de los bienes del Señor. **R.**

Entonces se alegrarán los jóvenes, danzando; se sentirán felices jóvenes y viejos, porque yo convertiré su tristeza en alegría, los llenaré de gozo y aliviaré sus penas. **R.**

Aclamación antes del Evangelio: Lucas 7,16

R. Aleluya, aleluya.

Un gran profeta ha surgido entre nosotros. Dios ha visitado a su pueblo. **R.**

Evangelio: Mateo 15, 21-28

En aquel tiempo, Jesús se retiró a la comarca de Tiro y Sidón. Entonces una mujer cananea le salió al encuentro y se puso a gritar: "Señor, hijo de David, ten compasión de mí. Mi hija está terriblemente atormentada por un demonio". Jesús no le contestó una sola palabra; pero los discípulos se acercaron y le rogaban: "Atiéndela, porque viene gritando detrás de nosotros". Él les contestó: "Yo no he sido enviado sino a las ovejas descarriadas de la casa de Israel". Ella se acercó entonces a Jesús y postrada ante él, le dijo: "¡Señor, ayúdame!" El le respondió: "No está bien quitarles el pan a los hijos para echárselo a los perritos". Pero ella replicó: "Es cierto, Señor; pero también los perritos se comen las migajas que caen de la mesa de sus amos". Entonces Jesús le respondió: "Mujer, ¡qué grande es tu fe! Que se cumpla lo que deseas". Y en aquel mismo instante quedó curada su hija.

Jueves 8 de agosto de 2024
Memoria de Santo Domingo, presbítero
Primera Lectura: Jeremías 31, 31-34

"Se acerca el tiempo, dice el Señor, en que haré con la casa de Israel y la casa de Judá una alianza nueva. No será como la alianza que hice con los padres de ustedes, cuando los tomé de la mano para sacarlos de Egipto. Ellos rompieron mi alianza y yo tuve que hacer un escarmiento con ellos. Ésta será la alianza nueva que voy a hacer con la casa de Israel: Voy a poner mi ley en lo más profundo de su mente y voy a grabarla en sus corazones. Yo seré su Dios y ellos serán mi pueblo. Ya nadie tendrá que instruir a su prójimo ni a su hermano, diciéndole: 'Conoce al Señor', porque todos me van a conocer, desde el más pequeño hasta el mayor de todos, cuando yo les perdone sus culpas y olvide para siempre sus pecados".

Salmo Responsorial: Salmo 50, 12-13. 14-15. 18-19
R. (12a) Crea en mí, Señor, un corazón puro.

Crea en mí, Señor, un corazón puro, un espíritu nuevo para cumplir tus mandamientos. No me arrojes, Señor, lejos de ti, ni retires de mí tu santo espíritu. **R.**

Devuélveme tu salvación, que regocija, mantén en mí un alma generosa.

Enseñaré a los descarriados tus caminos y volverán a ti los pescadores. **R.**

Tú, Señor, no te complaces en los sacrificios y si te ofreciera un holocausto, no te agradaría. Un corazón contrito presento, y un corazón contrito, tú nunca lo desprecias. **R.**

Aclamación antes del Evangelio: Mateo 16, 18
R. Aleluya, aleluya.

Tú eres Pedro y sobre esta piedra edificaré mi Iglesia, y los poderes del infierno no prevalecerán sobre ella, dice el Señor. **R.**

Evangelio: Mateo 16, 13-23

En aquel tiempo, cuando llegó Jesús a la región de Cesarea de Filipo, hizo esta pregunta a sus discípulos: "¿Quién dice la gente que es el Hijo del hombre?" Ellos le respondieron: "Unos dicen que eres Juan el Bautista; otros, que Elías; otros, que Jeremías o alguno de los profetas". Luego les preguntó: "Y ustedes, ¿quién dicen que soy yo?" Simón Pedro tomó la palabra y le dijo: "Tú eres el Mesías, el Hijo de Dios vivo". Jesús le dijo entonces: "¡Dichoso tú, Simón, hijo de Juan, porque esto no te lo ha revelado ningún hombre, sino mi Padre, que está en los cielos! Y yo te digo a ti que tú eres Pedro y sobre esta piedra edificaré mi Iglesia. Los poderes del infierno no prevalecerán sobre ella. Yo te daré las llaves del Reino de los cielos; todo lo que ates en la tierra quedará atado en el cielo, y todo lo que desates en la tierra quedará desatado en el cielo". Y les ordenó a sus discípulos que no dijeran a nadie que él era el Mesías. A partir de entonces, comenzó Jesús a anunciar a sus discípulos que tenía que ir a Jerusalén para padecer allí mucho de parte de los ancianos, de los sumos sacerdotes y de los escribas; que tenía que ser condenado a muerte y resucitar al tercer día. Pedro se lo llevó aparte y trató de disuadirlo, diciéndole: "No lo permita Dios, Señor. Eso no te puede suceder a ti". Pero Jesús se volvió a Pedro y le dijo: "¡Apártate de mí, Satanás, y no intentes hacerme tropezar en mi camino, porque tu modo de pensar no es el de Dios, sino el de los hombres!"

Viernes de la XVIII semana del Tiempo ordinario

Primera Lectura: Nahúm 2, 1. 3; 3, 1-3. 6-7

Ya viene por el monte el mensajero de buenas noticias, que anuncia la paz. Celebra tus fiestas, Judá, y cumple tus promesas, porque el malvado no te volverá a invadir, pues ha sido aniquilado. El Señor restaurará la viña de Jacob, que es el orgullo de Israel. Los invasores la habían devastado, habían destruido sus sarmientos. En cambio, ¡ay de ti, Nínive, ciudad sanguinaria, toda llena de mentiras y despojos, que no has cesado de robar! Escucha el chasquido de los látigos y el estrépito de las ruedas, los caballos que galopan, los carros que saltan y la caballería que avanza. Mira el llamear de las espadas y el centellear de las lanzas. Contempla la multitud de heridos y los montones de muertos, la interminable cantidad de cadáveres con los que uno se tropieza. Arrojaré inmundicias sobre ti, te deshonraré y te expondré a la vergüenza pública. Y todo el que te vea huirá de ti y dirá: "Nínive está destruida". ¿Quién tendrá compasión de ti? ¿Dónde podré encontrar alguien que te consuele?

Salmo Responsorial: Deuteronomio 32, 35cd-36ab. 39abcd. 41

R. (39c) Yo doy la muerte y la vida.

El día de su perdición se acerca y su suerte se apresura, porque el Señor defenderá a su pueblo y tendrá compasión de sus siervos. **R.**

Miren que sólo yo soy Dios y no hay otro fuera de mí; yo doy la muerte y la vida, yo hiero y yo curo. **R.**

Cuando afile el relámpago de mi espada y tome en mis manos la justicia, yo me vengaré del enemigo y le daré su merecido al adversario. **R.**

Aclamación antes del Evangelio: Mateo 5, 10

R. Aleluya, aleluya.

Dichosos los perseguidos por causa de la justicia, porque de ellos es el Reino de los cielos, dice el Señor. **R.**

Evangelio: Mateo 16, 24-28

En aquel tiempo, Jesús dijo a sus discípulos: "El que quiera venir conmigo, que renuncie a sí mismo, que tome su cruz y me siga. Pues el que quiera salvar su vida, la perderá; pero el que pierda su vida por mí, la encontrará. ¿De qué le sirve a uno ganar el mundo entero, si pierde su vida? ¿Y qué podrá dar uno a cambio para recobrarla? Porque el Hijo del hombre ha de venir rodeado de la gloria de su Padre, en compañía de sus ángeles, y entonces dará a cada uno lo que merecen sus obras. Yo les aseguro que algunos de los aquí presentes no morirán, sin haber visto primero llegar al Hijo del hombre como rey".

Sábado 10 de agosto de 2024
Fiesta de san Lorenzo, diácono y mártir
Primera Lectura: 2 Corintios 9, 6-10

Hermanos: Recuerden que el que poco siembra, cosecha poco, y el que mucho siembra cosecha mucho. Cada cual dé lo que su corazón le diga y no de mala gana ni por compromiso, pues *Dios ama al que da con alegría*. Y poderoso es Dios para colmarlos de toda clase de favores, a fin de que, teniendo siempre todo lo necesario, puedan participar generosamente en toda obra buena. Como dice la Escritura: *Repartió a manos llenas a los pobres; su justicia permanece eternamente*. Dios, que proporciona la semilla al sembrador y le da pan para comer, les proporcionará a ustedes una cosecha abundante y multiplicará los frutos de su justicia.

Salmo Responsorial: Salmo 111, 1-2. 3-4. 5-7a. 7b-8. 9
R. (5a) Dichoso el hombre honrado, que se compadece y presta.

Dichosos los que temen al Señor y aman de corazón sus mandamientos; poderosos serán sus descendientes., Dios bendice a los hijos de los buenos. **R.**

Quienes, compadecidos, prestan y llevan su negocio honradamente jamás se desviarán; vivirá su recuerdo para siempre. **R.**

No temerán malas noticias, puesto que en el Señor viven confiados. Firme está y sin temor su corazón, pues vencidos verán a sus contrarios. **R.**

Al pobre dan limosna, obran siempre conforme a la justicia; su frente se alzará llena de gloria. **R.**

Aclamación antes del Evangelio: Juan 8, 12
R. Aleluya, aleluya.

El que me sigue no caminará en la oscuridad, y tendrá la luz de la vida, dice el Señor. **R.**

Evangelio: Juan 12, 24-26

En aquel tiempo, Jesús dijo a sus discípulos: "Yo les aseguro que si el grano de trigo sembrado en la tierra no muere, queda infecundo; pero si muere, producirá mucho fruto. El que se ama a sí mismo, se pierde; el que se aborrece a sí mismo en este mundo, se asegura para la vida eterna. El que quiera servirme que me siga, para que donde yo esté, también esté mi servidor. El que me sirve será honrado por mi Padre".

Domingo 11 de agosto de 2024
XIX Domingo Ordinario
Primera Lectura: 1 Reyes 19, 4-8

En aquellos tiempos, caminó Elías por el desierto un día entero y finalmente se sentó bajo un árbol de retama, sintió deseos de morir y dijo: "Basta ya, Señor. Quítame la vida, pues yo no valgo más que mis padres". Después se recostó y se quedó dormido. Pero un ángel del Señor llegó a despertarlo y le dijo: "Levántate y come". Elías abrió los ojos y vio a su cabecera un pan cocido en las brasas y un jarro de agua. Después de comer y beber, se volvió a recostar y se durmió. Por segunda vez, el ángel del Señor lo despertó y le dijo: "Levántate y come, porque aún te queda un largo camino". Se levantó Elías. Comió y bebió. Y con la fuerza de aquel alimento, caminó cuarenta días y cuarenta noches hasta el Horeb, el monte de Dios.

Salmo Responsorial: Salmo 33, 2-3. 4-5. 6-7. 8-9
R. (9a) Haz la prueba y verás qué bueno es el Señor.

Bendeciré al Señor a todas horas, no cesará mi boca de alabarlo. Yo me siento orgulloso del Señor, que se alegre su pueblo al escucharlo. **R.**

Proclamemos la grandeza del Señor y alabemos todos juntos su poder. Cuando acudí al Señor, me hizo caso y me libró de todas mis temores. **R.**

Confía en el Señor y saltarás de gusto; jamás te sentirás decepcionado, porque el Señor escucha el clamor de los pobres y los libra de todas sus angustias. **R.**

Junto a aquellos que temen al Señor el ángel del Señor acampa y los protege. Haz la prueba y verás qué bueno es el Señor. Dichoso el hombre que se refugia en él. **R.**

Segunda Lectura: Efesios 4, 30-5, 2

Hermanos: No le causen tristeza al Espíritu Santo, con el que Dios los ha marcado para el día de la liberación final. Destierren de ustedes la aspereza, la ira, la indignación, los insultos, la maledicencia y toda clase de maldad. Sean buenos y comprensivos, y perdónense los unos a los otros, como Dios los perdonó, por medio de Cristo. Imiten, pues, a Dios como hijos queridos. Vivan amando como Cristo, que nos amó y se entregó por nosotros, como ofrenda y víctima de fragancia agradable a Dios.

Aclamación antes del Evangelio: Juan 6, 51

R. Aleluya, aleluya.

Yo soy el pan vivo que ha bajado cielo, dice el Señor; el que coma de este pan vivirá para siempre. **R.**

Evangelio: Juan 6, 41-51

En aquel tiempo, los judíos murmuraban contra Jesús, porque había dicho: "Yo soy el pan vivo que ha bajado del cielo", y decían: "¿No es éste, Jesús, el hijo de José? ¿Acaso no conocemos a su padre y a su madre? ¿Cómo nos dice ahora que ha bajado del cielo?" Jesús les respondió: "No murmuren. Nadie puede venir a mí, si no lo atrae el Padre, que me ha enviado; y a ése yo lo resucitaré el último día. Está escrito en los profetas: *Todos serán discípulos de Dios.* Todo aquel que escucha al Padre y aprende de él, se acerca a mí. No es que alguien haya visto al Padre, fuera de aquel que procede de Dios. Ese sí ha visto al Padre. Yo les aseguro: el que cree en mí, tiene vida eterna. Yo soy el pan de la vida. Sus padres comieron el maná en el desierto y sin embargo, murieron. Éste es el pan que ha bajado del cielo para que, quien lo coma, no muera. Yo soy el pan vivo que ha bajado del cielo; el que coma de este pan vivirá para siempre. Y el pan que yo les voy a dar es mi carne para que el mundo tenga vida".

<h3 style="text-align:center">Lunes 12 de agosto de 2024</h3>

Lunes de la XIX semana del Tiempo ordinario

Primera Lectura: Ezequiel 1, 2-5. 24-28

El día cinco del mes cuarto (era el año quinto de la deportación del rey Joaquín), me fue dirigida la palabra del Señor a mí, Ezequiel, sacerdote, hijo de Buzí, en el país de los caldeos, a orillas del río Kebar, y fui arrebatado en éxtasis. Vi venir del norte un viento huracanado, una gran nube rodeada de resplandores y relámpagos, y en su centro, algo parecido al brillo del ámbar. En medio aparecían cuatro seres vivientes, que tenían forma humana. Oí el ruido de sus alas cuando se movían: era como el estruendo de un río caudaloso, como el trueno del Altísimo, como la gritería de una multitud o como el estruendo de un ejército en batalla. Cuando se detenían, plegaban sus alas. Encima de la plataforma había una especie de zafiro en forma de trono y de esta especie de trono sobresalía una figura, que parecía un hombre. Vi luego una luz, como brillo de ámbar, como un fuego que envolvía al hombre, desde la cintura para arriba; desde la cintura para abajo, vi también algo como fuego, que difundía su resplandor, parecido al del arco iris que se ve en las nubes, cuando llueve. Tal era la apariencia visible de la gloria del Señor. Cuando yo la vi, caí rostro en tierra.

Salmo Responsorial: Salmo 148, 1-2. 11-12ab. 12c-14a. 14bcd
R. El cielo y la tierra están llenos de tu gloria.

Alaben al Señor en los alturas, alábenlo en el cielo; que alaben al Señor todos sus ángeles; celestiales ejércitos. **R.**

Reyes y pueblos todos de la tierra. Gobernantes y jueces de este mundo; hombres, mujeres, jóvenes y ancianos, alaben al Señor y denle culto. **R.**

El nombre del Señor alaben todos, pues su nombre es excelso; su gloria sobrepasa cielo y tierra, y ha hecho fuerte a su pueblo. **R.**

Que alaben al Señor todos sus fieles, los hijos de Israel, el pueblo que ha gozado siempre de familiaridad con él. **R.**

Aclamación antes del Evangelio: 2 Tesalonicenses 2, 14
R. Aleluya, aleluya.

Dios nos ha llamado, por medio del Evangelio, a participar de la gloria de nuestro Señor Jesucristo. **R.**

Evangelio: Mateo 17, 22-27

En aquel tiempo, se hallaba Jesús con sus discípulos en Galilea y les dijo: "El Hijo del hombre va a ser entregado en manos de los hombres; lo van a matar, pero al tercer día va a resucitar". Al oír esto, los discípulos se llenaron de tristeza. Cuando llegaron a Cafarnaúm, se acercaron a Pedro los recaudadores del impuesto para el templo y le dijeron: "¿Acaso tu maestro no paga el impuesto?" Él les respondió: "Sí lo paga". Al entrar Pedro en la casa, Jesús se adelantó a preguntarle: "¿Qué te parece, Simón? ¿A quiénes les cobran impuestos los reyes de la tierra, a los hijos o a los extraños?" Pedro le respondió: "A los extraños". Entonces Jesús le dijo: "Por lo tanto, los hijos están exentos. Pero para no darles motivo de escándalo, ve al lago y echa el anzuelo, saca el primer pez que pique, ábrele la boca y encontrarás una moneda. Tómala y paga por mí y por ti".

Martes 13 de agosto de 2024
Martes de la XIX semana del Tiempo ordinario

Primera Lectura: Ezequiel 2, 8-3, 4

Esto dice el Señor: "Hijo de hombre, escucha lo que voy a decirte y no seas rebelde como la casa rebelde. Abre la boca y come lo que voy a darte". Vi entonces una mano tendida hacia mí, con un libro enrollado. Lo desenrolló ante mí: estaba escrito por dentro y por fuera; tenía escritas lamentaciones y amenazas. Y me dijo: "Hijo de hombre, come lo que tienes aquí; cómete este libro y vete a hablar a los hijos de Israel". Abrí la boca y me dio a comer el libro, diciéndome: "Hijo de hombre, alimenta tu vientre y sacia tus entrañas con este libro que te doy". Me lo comí y me supo dulce como la miel. Y me dijo: "Hijo de hombre, anda; dirígete a los hijos de Israel y diles mis palabras".

Salmo Responsorial: Salmo 118, 14. 24. 72 103. 111. 131
R. (103a) Tus mandamientos, Señor, son mi alegría.

Me gozo más cumpliendo tus preceptos que teniendo riquezas. Tus mandamientos, Señor, so mi alegría; ellos son también mis consejeros. **R.**
Para mí valen más estimo tus enseñanzas que miles de monedas de oro y plata. ¡Qué dulces al paladar son tus promesas! Más que la miel en la boca. **R.**
Tus preceptos son mi herencia perpetua, la alegría de mi corazón. Hondamente suspiro, Señor, por guardar tus mandamientos. **R.**

Aclamación antes del Evangelio: Mateo 11, 29
R. Aleluya, aleluya.

Tomen mi yugo sobre ustedes, dice el Señor, y aprendan de mí, que soy manso y humilde de corazón. **R.**

Evangelio: Mateo 18, 1-5. 10. 12-14

En cierta ocasión, los discípulos se acercaron a Jesús y le preguntaron: "¿Quién es el más grande en el Reino de los cielos?" Jesús llamó a un niño, lo puso en medio de ellos y les dijo: "Yo les aseguro a ustedes que si no cambian y no se hacen como los niños, no entrarán en el Reino de los cielos. Así pues, quien se haga pequeño como este niño, ése es el más grande en el Reino de los cielos. Y el que reciba a un niño como éste en mi nombre, me recibe a mí. Cuidado con despreciar a uno de estos pequeños, pues yo les digo que sus ángeles, en el cielo, ven continuamente el rostro de mi Padre, que está en el cielo. ¿Qué les parece? Si un hombre tiene cien ovejas y se le pierde una, ¿acaso no deja las noventa y nueve en los montes, y se va a buscar a la que se le perdió? Y si llega a encontrarla, les aseguro que se alegrará más por ella, que por las noventa y nueve que no se le perdieron. De igual modo, el Padre celestial no quiere que se pierda ni uno solo de estos pequeños".

Memoria de San Maximiliano María Kolbe, presbítero y mártir

Primera Lectura: Ezequiel 9, 1-7; 10, 18-22

En aquellos días, oí que el Señor gritaba con voz potente: "¡Acérquense los que van a castigar a la ciudad, empuñando cada uno su arma mortal!" Entonces aparecieron, en dirección del pórtico que da al norte, seis hombres, cada cual con su arma mortal en la mano. En medio de ellos estaba un hombre vestido de lino, que llevaba en la cintura un estuche para escribir. Entraron y se detuvieron ante el altar de bronce. La gloria del Dios de Israel que descansaba sobre los querubines, se elevó y se dirigió a la entrada del templo. El Señor llamó al hombre vestido de lino que llevaba en la cintura el estuche para escribir y le dijo: "Recorre a Jerusalén y marca con una señal en la frente a los hombres que gimen y lloran por todas las prácticas abominables que se cometen en la ciudad". Y oí que les dijo a los otros: "Recorran la ciudad detrás de él y maten sin piedad ni compasión; maten a los viejos y a los jóvenes, a las doncellas, a los niños y a las mujeres, hasta que no quede ni uno. Pero al que tenga la señal en la frente no lo toquen. Comiencen, pues, por mi santuario". Entonces ellos empezaron a matar a los ancianos que estaban delante del templo, y el Señor les dijo: "Profanen el templo; llenen sus atrios de cadáveres y salgan después a matar a los que se encuentran en la ciudad". Luego la gloria del Señor se elevó del umbral del templo y se posó sobre los querubines. Al partir, los querubines desplegaron sus alas y se elevaron del suelo ante mis ojos. Se detuvieron a la entrada del pórtico oriental del templo del Señor, y la gloria del Dios de Israel estaba encima de ellos. Eran los mismos seres vivientes que yo había visto debajo del Dios de Israel, junto al río Kebar, y reconocí que eran los querubines. Cada uno tenía cuatro caras y cuatro alas, y unas como manos bajo las alas. Sus caras se parecían a las que yo había visto junto al río Kebar. Y todos caminaban hacia el frente.

Salmo Responsorial: Salmo 112, 1-2. 3-4. 5-6
R. Bendita sea al Señor ahora y para siempre.

Bendito sea el Señor, alábenlo sus siervos. Bendito sea el Señor, desde ahora y para siempre. **R.**

Desde que sale el sol hasta su ocaso, alabado sea el nombre del Señor. Dios está sobra todas las naciones, su gloria, por encima de los cielos. **R.**

¿Quién hay como el Señor? ¿Quién iguala al Dois nuestro, que tiene en las alturas su morada, y sin embargo de esto, bajar se digna su mirada para ver tierra y cielo? **R.**

Aclamación antes del Evangelio: 2 Corintios 5, 19
R. Aleluya, aleluya.

Dios ha reconciliado consigo al mundo, por medio de Cristo, y nos ha encomendado a nosotros el mensaje de la reconciliación. **R.**

Evangelio: Mateo 18, 15-20

En aquel tiempo, Jesús dijo a sus discípulos: "Si tu hermano comete un pecado, ve y amonéstalo a solas. Si te escucha, habrás salvado a tu hermano. Si no te hace caso, hazte acompañar de una o dos personas, para que todo lo que se diga conste por boca de dos o tres testigos. Pero si ni así te hace caso, díselo a la comunidad; y si ni a la comunidad le hace caso, apártate de él como de un pagano o de un publicano. Yo les aseguro que todo lo que aten en la tierra, quedará atado en el cielo, y todo lo que desaten en la tierra, quedará desatado en el cielo. Yo les aseguro también que si dos de ustedes se ponen de acuerdo para pedir algo, sea lo que fuere, mi Padre celestial se lo concederá; pues donde dos o tres se reúnen en mi nombre, ahí estoy yo en medio de ellos".

Jueves 15 de agosto de 2024
Solemnidad de Asunción de la Santísima Virgen María

Misa vespertina de la vigilia

Primera Lectura: 1 Crónicas 15, 3-4. 15-16; 16, 1-2

En aquellos días, David congregó en Jerusalén a todos los israelitas, para trasladar el arca de la alianza al lugar que le había preparado. Reunió también a los hijos de Aarón y a los levitas. Luego los levitas se echaron los varales a los hombros y levantaron en peso el arca de la alianza, tal como lo había mandado Moisés, por orden del Señor. David ordenó a los jefes de los levitas que entre los de su tribu nombraran cantores para que entonaran cantos festivos, acompañados de arpas, cítaras y platillos. Introdujeron, pues, el arca de la alianza y la instalaron en el centro de la tienda que David le había preparado. Ofrecieron a Dios holocaustos y sacrificios de comunión, y cuando David terminó de ofrecerlos, bendijo al pueblo en nombre del Señor.

Salmo Responsorial: Salmo 132, 6-7. 9-10. 13-14
R. (8) Ven, Señor, a tu morada.

Que se hallaba en Efrata nos dijeron; de Jaar en los campos la encontramos.
Entremos en la tienda del Señor y a sus pies, adorémoslo, postrados. **R.**
Tus sacerdotes vístanse de gala; tus fieles, jubilosos, lancen gritos. Por amor a David, tu servidor, no apartes la mirada de tu ungido. **R.**
Esto es así, porque el Señor ha elegido a Sión como morada: "Aquí está mi reposo para siempre; porque así me agradó, será mi casa". **R.**

Segunda Lectura: 1 Corintios 15, 54b-57
Hermanos: Cuando nuestro ser corruptible y mortal se revista de incorruptibilidad e inmortalidad, entonces se cumplirá la palabra de la Escritura: *La muerte ha sido aniquilada por la victoria. ¿Dónde está, muerte, tu victoria? ¿Dónde está, muerte, tu aguijón?* El aguijón de la muerte es el pecado y la fuerza del pecado es la ley. Gracias a Dios, que nos ha dado la victoria por nuestro Señor Jesucristo.

Aclamación antes del Evangelio: Lucas 11, 28
R. Aleluya, aleluya.
Dichosos los que escuchan la palabra de Dios y la ponen en práctica, dice el Señor. **R.**

Evangelio: Lucas 11, 27-28
En aquel tiempo, mientras Jesús hablaba a la multitud, una mujer del pueblo, gritando, le dijo: "¡Dichosa la mujer que te llevó en su seno y cuyos pechos te

amamantaron!" Pero Jesús le respondió: "Dichosos todavía más los que escuchan la palabra de Dios y la ponen en práctica".

Misa del día

Primera Lectura: Apocalipsis 11, 19; 12, 1-6. 10

Se abrió el templo de Dios en el cielo y dentro de él se vio el arca de la alianza. Apareció entonces en el cielo una figura prodigiosa: una mujer envuelta por el sol, con la luna bajo sus pies y con una corona de doce estrellas en la cabeza. Estaba encinta y a punto de dar a luz y gemía con los dolores del parto. Pero apareció también en el cielo otra figura: un enorme dragón, color de fuego, con siete cabezas y diez cuernos, y una corona en cada una de sus siete cabezas. Con su cola barrió la tercera parte de las estrellas del cielo y las arrojó sobre la tierra. Después se detuvo delante de la mujer que iba a dar a luz, para devorar a su hijo, en cuanto éste naciera. La mujer dio a luz un hijo varón, destinado a gobernar todas las naciones con cetro de hierro; y su hijo fue llevado hasta Dios y hasta su trono. Y la mujer huyó al desierto, a un lugar preparado por Dios. Entonces oí en el cielo una voz poderosa, que decía: "Ha sonado la hora de la victoria de nuestro Dios, de su dominio y de su reinado, y del poder de su Mesías".

Salmo Responsorial: Salmo 44, 10bc. 11. 12ab. 16

R. (10b) De pie, a tu derecha, está la reina.

Hijas de reyes salen a tu encuentro. De pie, a tu derecha, está la reina, enjoyada con oro de Ofir. **R.**

Escucha, hija, mira y pon atención: olvida a tu pueblo y la casa paterna; el rey está prendado de tu belleza; ríndele homenaje, porque él es tu señor. **R.**

Entre alegría y regocijo van entrando en el palacio real. A cambio de tus padres, tendrás hijos, que nombrarás príncipes por toda la tierra. **R.**

Segunda Lectura: 1 Corintios 15, 20-27

Hermanos: Cristo resucitó, y resucitó como la primicia de todos los muertos. Porque si por un hombre vino la muerte, también por un hombre vendrá la resurrección de los muertos. En efecto, así como en Adán todos mueren, así en

Cristo todos volverán a la vida, pero cada uno en su orden: primero Cristo, como primicia; después, a la hora de su advenimiento, los que son de Cristo. Enseguida será la consumación, cuando Cristo entregue el Reino a su Padre, después de haber aniquilado todos los poderes del mal. Porque él tiene que reinar hasta que el Padre ponga bajo sus pies a todos sus enemigos. El último de los enemigos en ser aniquilado, será la muerte, porque todo lo ha sometido Dios bajo los pies de Cristo.

Aclamación antes del Evangelio
R. Aleluya, aleluya.
María fue llevada al cielo y todos los ángeles se alegran. **R.**

Evangelio: Lucas 1, 39-56
En aquellos días, María se encaminó presurosa a un pueblo de las montañas de Judea, y entrando en la casa de Zacarías, saludó a Isabel. En cuanto ésta oyó el saludo de María, la creatura saltó en su seno. Entonces Isabel quedó llena del Espíritu Santo, y levantando la voz, exclamó: "¡Bendita tú entre las mujeres y bendito el fruto de tu vientre! ¿Quién soy yo para que la madre de mi Señor venga a verme? Apenas llegó tu saludo a mis oídos, el niño saltó de gozo en mi seno. Dichosa tú, que has creído, porque se cumplirá cuanto te fue anunciado de parte del Señor". Entonces dijo María: "Mi alma glorifica al Señor *y mi espíritu se llena de júbilo en Dios, mi salvador,* porque *puso sus ojos en la humildad de su esclava.* Desde ahora me llamarán dichosa todas las generaciones, porque ha hecho en mí grandes cosas el que todo lo puede. *Santo es su nombre y su misericordia llega de generación en generación a los que lo temen.* Ha hecho sentir el poder de su brazo: dispersó a los de corazón altanero, *destronó a los potentados y exaltó a los humildes. A los hambrientos los colmó de bienes* y a los ricos los despidió sin nada. *Acordándose de su misericordia, vino en ayuda de Israel, su siervo,* como lo había prometido a nuestros padres, a Abraham y a su descendencia para siempre". María permaneció con Isabel unos tres meses, y luego regresó a su casa.

Viernes de la XIX semana del Tiempo ordinario

Primera Lectura: Ezequiel 16, 1-15. 60. 63

El Señor me habló y me dijo: "Hijo de hombre, dale a conocer a Jerusalén sus pecados. Dile de mi parte: 'La patria en que naciste es el país de Canaán. Tu padre era un amorreo y tu madre una hitita. El día en que naciste no te cortaron el ombligo, ni te bañaron, ni te frotaron con sal, ni te envolvieron en pañales. Nadie tuvo compasión de ti para brindarte alguno de estos servicios y quedaste tirada en pleno campo, porque causabas repugnancia el día en que naciste. Yo pasé a tu lado, te vi revolcándote en tu sangre y te dije, cuando estabas toda ensangrentada: Vive y crece como la hierba del campo. Tú creciste, te desarrollaste y te hiciste mujer. Entraste a la pubertad, se formaron tus senos y te creció el vello. Pero estabas desnuda y cubierta de vergüenza. Volví a pasar a tu lado y vi que estabas en la edad del amor. Extendí mi manto sobre ti y te cubrí con él; con juramento hice una alianza contigo, dice el Señor, y fuiste mía. Te lavé la sangre que te cubría y te ungí con aceite. Te puse vestidos bordados, sandalias finas, una banda de lino en la cabeza y un manto de seda. Te engalané con joyas: con pulseras y collares; te puse un anillo, aretes y una espléndida diadema en la cabeza; lucías joyas de oro y plata y vestidos de lino, de seda y de bordados. Te alimentabas con trigo fino, con miel y con aceite. Eras cada día más bella, tan hermosa como una reina. La fama de tu belleza se extendió entre las naciones, porque yo, dice el Señor, te llené de encantos. Entonces te envaneciste por tu belleza, te aprovechaste de tu fama para prostituirte y te entregaste a todo el que pasaba. Pero yo tendré presente la alianza que hice contigo cuando eras joven y haré contigo una alianza eterna, para que tengas presente tu pasado, te avergüences y no vuelvas a abrir la boca para presumir, cuando yo te perdone todo lo que hiciste' ". Esto dice el Señor todopoderoso.

O bien:

Ezequiel 16, 59-63

Esto dice del Señor: "Yo te trataré, Jerusalén, conforme a tus acciones, pues despreciaste tu juramento y quebrantaste mi alianza. Pero yo tendré presente la alianza que hice contigo cuando eras joven y haré contigo una alianza eterna. Tú te acordarás de tu conducta y te avergonzarás al recibir a tus hermanas, las mayores y las menores, pues yo te las daré como hijas, pero no en virtud de la alianza hecha contigo. Yo mismo haré una alianza eterna contigo y sabrás que yo soy el Señor, para que tengas presente tu pasado, te avergüences y no vuelvas a abrir la boca para presumir, cuando yo te perdone todo lo que hiciste". Esto dice el Señor todopoderoso.

Salmo Responsorial: Isaías 12, 2-3. 4bcd. 5-6
R. (1c) El Señor es mi Dios y salvador.

El Señor es mi Dios y salvador: con él estoy seguro y nada temo. El Señor es mi protección y mi fuerza y ha sido mi salvación. Sacarán agua con gozo de la fuente de la salvación. **R.**

Den gracias al Señor e invoquen su nombre, cuenten a los pueblos sus hazañas, proclamen que su nombre es sublime. **R.**

Alaben al Señor por sus proezas, anúncienlas a toda la tierra. Griten jubilosos, habitantes de Sión, Porque el Dios de Isarel ha sido grande con nosotros. **R.**

Aclamación antes del Evangelio: 1 Tesalonicenses 2, 13
R. Aleluya, aleluya.

Reciban la palabra de Dios, no como palabra humana, sino como palabra divina, tal como es en realidad. **R.**

Evangelio: Mateo 19, 3-12

En aquel tiempo, se acercaron a Jesús unos fariseos y le preguntaron, para ponerle una trampa: "¿Le está permitido al hombre divorciarse de su esposa por cualquier motivo?" Jesús les respondió: "¿No han leído que el Creador, desde un principio *los hizo hombre y mujer, y dijo: 'Por eso el hombre dejará a su padre y a su madre, para unirse a su mujer, y serán los dos una sola cosa?'* De modo que ya no son dos, sino una sola cosa. Así pues, lo que Dios ha unido, que no lo separe el hombre". Pero ellos replicaron: "Entonces ¿por qué ordenó Moisés que el esposo le diera a la mujer un acta de separación, cuando se divorcia de ella?"

Jesús les contestó: "Por la dureza de su corazón, Moisés les permitió divorciarse de sus esposas; pero al principio no fue así. Y yo les declaro que quienquiera que se divorcie de su esposa, salvo el caso de que vivan en unión ilegítima, y se case con otra, comete adulterio; y el que se case con la divorciada, también comete adulterio". Entonces le dijeron sus discípulos: "Si ésa es la situación del hombre con respecto a su mujer, no conviene casarse". Pero Jesús les dijo: "No todos comprenden esta enseñanza, sino sólo aquellos a quienes se les ha concedido. Pues hay hombres que, desde su nacimiento, son incapaces para el matrimonio; otros han sido mutilados por los hombres, y hay otros que han renunciado al matrimonio por el Reino de los cielos. Que lo comprenda aquel que pueda comprenderlo".

Sábado 17 de agosto de 2024
Sábado de la XIX semana del Tiempo ordinario
Primera Lectura: Ezequiel 18, 1-10. 13. 30-32

El Señor me habló y me dijo: "¿Por qué andan repitiendo este refrán en Israel: 'Los padres fueron los que comieron uvas verdes y son los hijos a quienes se les destemplan los dientes'? Les juro por mi vida, dice el Señor Dios, que nadie volverá a repetir ese refrán en Israel. Sépanlo: todas las vidas son mías, lo mismo la vida del padre que la del hijo. Así pues, el hombre que peque, ése morirá. El hombre que es justo y vive de acuerdo con el derecho y la justicia; que no ofrece sacrificios a los ídolos ni los adora; que no deshonra a la mujer de su prójimo; que no explota a sus semejantes y les devuelve la prenda empeñada; que no roba, sino que da de comer al hambriento y viste al desnudo; que no presta con usura ni acumula intereses; que no comete maldades y juzga imparcialmente los delitos; que observa mis preceptos y cumple con fidelidad mis mandamientos, ese hombre es justo y ciertamente vivirá, dice el Señor Dios. Si el hijo del justo es ladrón u homicida y quebranta alguno de mis mandamientos, ciertamente morirá y será responsable de sus propios crímenes. Pues bien, pueblo de Israel, yo juzgaré a cada uno de ustedes según su proceder, dice el Señor Dios. Arrepiéntanse de todos sus pecados, apártense de ellos y no morirán. Arrepiéntanse de todas las infidelidades que han cometido, estrenen un corazón nuevo y un espíritu nuevo y así no morirán, pues yo no quiero que nadie muera, dice el Señor Dios. Arrepiéntanse y vivirán".

Salmo Responsorial: Salmo 50, 12-13. 14-15. 18-19
R. (12a) Crea en mí, Señor, un corazón puro.

Crea en mí, Señor, un corazón puro. Un espíritu nuevo para cumplir tus mandamientos. No me arrojes, Señor, lejos de ti ni retires de mí tu santo espíritu. **R.**

Devuélveme ti salvación, que regocija, y mantén en mí un alma generosa. Enseñaré a los descarriados tus caminos, y volverán a ti los pecadores. **R.**

Tú, Señor, no te complaces en los sacrificios, y si te ofreciera un holocausto, no te agradaría. Un corazón contrito te presento y a un corazón contrito, tú nunca lo desprecias. **R.**

Aclamación antes del Evangelio: Mateo 11, 25
R. Aleluya, aleluya.

Te doy gracias, Padre, Señor del cielo y de la tierra, porque has revelado los misterios del Reino a la gente sencilla. **R.**

Evangelio: Mateo 19, 13-15
En aquel tiempo, le presentaron unos niños a Jesús para que les impusiera las manos y orase por ellos. Los discípulos regañaron a la gente; pero Jesús les dijo: "Dejen a los niños y no les impidan que se acerquen a mí, porque de los que son como ellos es el Reino de los cielos". Después les impuso las manos y continuó su camino.

Domingo 18 de agosto de 2024

XX Domingo Ordinario

Primera Lectura: Proverbios 9, 1-6
La sabiduría se ha edificado una casa, ha preparado un banquete, ha mezclado el vino y puesto la mesa. Ha enviado a sus criados para que, desde los puntos que dominan la ciudad, anuncien esto: "Si alguno es sencillo, que venga acá". Y a los

faltos de juicio les dice: "Vengan a comer de mi pan y a beber del vino que he preparado. Dejen su ignorancia y vivirán; avancen por el camino de la prudencia".

Salmo Responsorial: Salmo 33, 2-3. 10-11. 12-13. 14-15
R. (9a) Haz la prueba y verás qué bueno es el Señor.

Bendeciré al Señor a todas horas, no cesará mi boca de alabarlo. Yo me siento orgulloso del Señor, que se alegre su pueblo al escucharlo. **R.**

Que amen al Señor todos sus fieles, pues nada faltará a los que lo aman. El rico empobrece y pasa hambre; a quien busca al Señor, nada le falta. **R.**

Escúchame, hijo mío: voy a enseñarte cómo amar al Señor. ¿Quieres vivir y disfrutar la vida? Guarda del mal tu lengua Y aleja de tus labios el engaño.; Apártate del mal y haz el bien; busca la paz y ve tras ella. **R.**

Segunda Lectura: Efesios 5, 15-20

Hermanos: Tengan cuidado de portarse no como insensatos, sino como prudentes, aprovechando el momento presente, porque los tiempos son malos. No sean irreflexivos, antes bien, traten de entender cuál es la voluntad de Dios. No se embriaguen, porque el vino lleva al libertinaje. Llénense, más bien, del Espíritu Santo; expresen sus sentimientos con salmos, himnos y cánticos espirituales, cantando con todo el corazón las alabanzas al Señor. Den continuamente gracias a Dios Padre por todas las cosas, en el nombre de nuestro Señor Jesucristo.

Aclamación antes del Evangelio: Juan 6, 56
R. Aleluya, aleluya.

El que come mi carne y bebe mi sangre, permanece en mí y yo en él, dice el Señor. **R.**

Evangelio: Juan 6, 51-58

En aquel tiempo, Jesús dijo a los judíos: "Yo soy el pan vivo, que ha bajado del cielo; el que coma de este pan vivirá para siempre. Y el pan que yo les voy a dar es mi carne, para que el mundo tenga vida". Entonces los judíos se pusieron a discutir entre sí: "¿Cómo puede éste darnos a comer su carne?" Jesús les dijo: "Yo les aseguro: Si no comen la carne del Hijo del hombre y no beben su sangre, no podrán tener vida en ustedes. El que come mi carne y bebe mi sangre, tiene vida eterna y yo lo resucitaré el último día. Mi carne es verdadera comida y mi sangre es verdadera bebida. El que come mi carne y bebe mi sangre, permanece en mí y yo en él. Como el Padre, que me ha enviado, posee la vida y yo vivo por él, así también el que me come vivirá por mí. Éste es el pan que ha bajado del cielo; no es como el maná que comieron sus padres, pues murieron. El que come de este pan vivirá para siempre".

Lunes, 19 de agosto de 2024
Lunes de la XX semana del Tiempo ordinario
Primera Lectura: Ezequiel 24, 15-24

El Señor me habló y me dijo: "Hijo de hombre, voy a arrebatarte repentinamente a tu esposa, que es el encanto de tus ojos; pero no llores ni hagas duelo ni derrames lágrimas; aflígete en silencio, sin hacer duelo; ponte el turbante y las sandalias; no te cubras la cara ni comas comida de duelo". Por la mañana estuve hablando a la gente y por la tarde murió mi esposa. A la mañana siguiente hice lo que el Señor me había mandado. Entonces me preguntó la gente: "¿Quieres explicarnos lo que estás haciendo?" Yo les respondí: "El Señor me ha dicho: 'Dile a la casa de Israel que el Señor dice esto: Voy a profanar mi santuario, que es la causa del orgullo de ustedes, el encanto de sus ojos y el amor de su corazón. Sus hijos e hijas morirán a espada. Entonces harán lo que Ezequiel ha hecho: no se cubrirán la cara ni comerán comida de duelo; seguirán con el turbante en la cabeza y las sandalias en los pies; no llorarán ni harán duelo; se consumirán por su culpa y se lamentarán unos con otros. Ezequiel les servirá de ejemplo; ustedes harán lo mismo que él ha hecho. Y cuando esto suceda, sabrán que yo soy el Señor Dios' ".

Salmo Responsorial: Deuteronomio 32, 18-19. 20. 21

R. (18a) Abandonaron a Dios, que les dio la vida.

Abandonaron a Dios, que los creó y olvidaron al Señor, que les dio la vida. Lo vio el Señor, y encolerizado, rechazó a sus hijos e hijas. **R.**

El Señor pensó: "Me les voy a esconder y voy a ver en qué acaban, porque son una generación depravada, unos hijos infieles. **R.**

Ellos me han dado celos con un dios que no es Dios y me han encolerizado con sus ídolos; yo también les voy a dar celos con un pueblo que no es pueblo y los voy a encolerizar con una nación insensata". **R.**

Aclamación antes del Evangelio: Mateo 5, 3
R. Aleluya, aleluya.

Dichosos los pobres de espíritu, porque de ellos es el Reino de los cielos. **R.**

Evangelio: Mateo 19, 16-22

En aquel tiempo, se acercó a Jesús un joven y le preguntó: "Maestro, ¿qué cosas buenas tengo que hacer para conseguir la vida eterna?" Le respondió Jesús: "¿Por qué me preguntas a mí acerca de lo bueno? Uno solo es el bueno: Dios. Pero, si quieres entrar en la vida, cumple los mandamientos". El replicó: "¿Cuáles?" Jesús le dijo: *No matarás, no cometerás adulterio, no robarás, no levantarás falso testimonio, honra a tu padre y a tu madre, ama a tu prójimo como a ti mismo.* Le dijo entonces el joven: "Todo eso lo he cumplido desde mi niñez, ¿qué más me falta?" Jesús le dijo: "Si quieres ser perfecto, ve a vender todo lo que tienes, dales el dinero a los pobres, y tendrás un tesoro en el cielo; luego ven y sígueme". Al oír estas palabras, el joven se fue entristecido, porque era muy rico.

Martes 20 de agosto de 2024
Memoria de San Bernardo, abad y doctor de la Iglesia

Primera Lectura: Ezequiel 28, 1-10

En aquellos días, el Señor me habló y me dijo: "Hijo de hombre, dile al príncipe de Tiro: 'El Señor Dios dice esto: Tu corazón se ha ensoberbecido y has dicho: Soy Dios, estoy sentado en el trono de Dios, en medio de los mares; pero eres hombre y no Dios, y te crees tan sabio como Dios; pretendes ser más inteligente que

Daniel y conocer todos los secretos; con tu sabiduría y habilidad te has hecho rico, has amontonado oro y plata en tus tesoros; con astucia de comerciante has aumentado tus riquezas y te has ensoberbecido por tu fortuna' ". Por eso dice el Señor: "Porque te has creído tan sabio como Dios, por eso mandaré contra ti a los más feroces de los pueblos extranjeros, que desenvainarán su espada contra tu esplendor y tu sabiduría y acabarán con tu grandeza. Ellos te matarán y el mar será tu sepultura. ¿Ante la mano misma de tus verdugos te atreverás a afirmar todavía que eres Dios, cuando no eres más que un hombre? Morirás como un pagano a manos de extranjeros, porque así lo digo yo, el Señor Dios".

Salmo Responsorial: Deuteronomio 32, 26-27ab. 27cd-28. 30. 35cd-36ab

R. (39c) El Señor da la muerte y la vida.

El Señor pensó: "Voy a dispersarlos y a borrar su memoria entre los hombres". Pero no; que temo la presunción del enemigo y la mala interpretación del adversario. **R.**

Pues diría al enemigo que su mano había vencido y que no era el Señor el que lo había hecho, porque son una nación que ha perdido el juicio. **R.**

¿Cómo puede uno persiguir a mil y dos poner en fuga a diez mil? ¿No es porque su Dios los ha vendido, porque el Señor los ha entregado? **R.**

El día de su destrucción se acerca, y su suerte se apresura, porque el Señor defenderá a su pueblo y tendrá compasión de sus siervos. **R.**

Aclamación antes del Evangelio: 2 Corintios 8, 9

R. Aleluya, aleluya.

Jesucristo, siendo rico, se hizo pobre, para enriquecernos con su pobreza. **R.**

Evangelio: Mateo 19, 23-30

En aquel tiempo, Jesús dijo a sus discípulos: "Yo les aseguro que un rico difícilmente entrará en el Reino de los cielos. Se lo repito: es más fácil que un camello pase por el ojo de una aguja, que un rico entre en el Reino de los cielos". Al oír esto, los discípulos se quedaron asombrados y exclamaron: "Entonces

¿quién podrá salvarse?" Pero Jesús, mirándolos fijamente, les respondió: "Para los hombres eso es imposible, mas para Dios todo es posible". Entonces Pedro, tomando la palabra, le dijo a Jesús: "Señor, nosotros lo hemos dejado todo y te hemos seguido, ¿qué nos va a tocar?" Jesús les dijo: "Yo les aseguro que en la vida nueva, cuando el Hijo del hombre se siente en su trono de gloria, ustedes, los que me han seguido, se sentarán también en doce tronos, para juzgar a las doce tribus de Israel. Y todo aquel que por mí haya dejado casa, o hermanos o hermanas, o padre o madre, o esposa o hijos, o propiedades, recibirá cien veces más y heredará la vida eterna. Y muchos primeros serán últimos y muchos últimos, primeros".

Miércoles 21 de agosto de 2024
Memoria de San Pio X, papa
Primera Lectura: Ezequiel 34, 1-11

En aquellos días, el Señor me habló y me dijo: "Hijo de hombre, profetiza contra los pastores de Israel y diles: 'Esto dice el Señor: ¡Ay de los pastores de Israel, que se apacientan a sí mismos! ¿No deben los pastores apacentar a las ovejas? Pero ustedes se toman la leche de ellas, se visten con su lana, sacrifican las ovejas mejor alimentadas y no apacientan al rebaño. No fortalecen a las ovejas débiles, no curan a las enfermas ni cuidan a las que están heridas. No hacen volver a las descarriadas ni buscan a las perdidas, sino que las dominan con crueldad y violencia. Mis ovejas se han dispersado por falta de pastor y se han convertido en presa de todos los animales salvajes. Mi rebaño anda errante por todas partes, por los montes y las colinas; mi rebaño anda disperso por toda la superficie de la tierra y no hay nadie que se preocupe de él, nadie que lo busque'. Por eso, pastores, escuchen la palabra del Señor: 'Mi rebaño ha sido expuesto al pillaje y se ha convertido en presa de todos los animales salvajes por falta de pastor, pues mis pastores no se preocupan por mi rebaño; se apacientan a sí mismos y no apacientan a mi rebaño'. Por eso, pastores, escuchen la palabra del Señor: 'Lo juro por mi vida: Me voy a enfrentar a los pastores para reclamarles mis ovejas y destituirlos de su cargo. Los pastores ya no volverán a apacentarse a sí mismos.

Les arrancaré mis ovejas de la boca y no se las volverán a comer'. Esto dice el Señor: 'Yo mismo buscaré a mis ovejas y las cuidaré' ".

Salmo Responsorial: Salmo 22, 1-3. 4. 5. 6

R. (1) El Señor es mi pastor, nada me faltará.

El Señor es mi pastor, nada me falta; en verdes praderas me hace reposar y hacia fuentes tranquilas me conduce para reparar mis fuerzas. **R.**

Por ser un Dios fiel a sus promesas, me guía por el sendero recto; así, aunque camine por cañadas oscuras, nada temo, porque tú estás conmigo. Tu vara y tu cayado me dan seguridad. **R.**

Tú mismo me preparas la mesa, a despecho de mis adversarios; me unges la cabeza con perfume, y llenos mi copa hasta los bordes. **R.**

Tu bondad y tu misericordia me acompañarán todos los días de mi vida, y viviré en la casa del Señor por años sin término. **R.**

Aclamación antes del Evangelio: Hebreos 4, 12

R. Aleluya, aleluya.

La palabra de Dios es viva y eficaz y descubre los pensamientos e intenciones del corazón. **R.**

Evangelio: Mateo 20, 1-16

En aquel tiempo, Jesús dijo a sus discípulos esta parábola: "El Reino de los cielos es semejante a un propietario que, al amanecer, salió a contratar trabajadores para su viña. Después de quedar con ellos en pagarles un denario por día, los mandó a su viña. Salió otra vez a media mañana, vio a unos que estaban ociosos en la plaza y les dijo: 'Vayan también ustedes a mi viña y les pagaré lo que sea justo'. Salió de nuevo a medio día y a media tarde e hizo lo mismo. Por último, salió también al caer la tarde y encontró todavía a otros que estaban en la plaza y les dijo: '¿Por qué han estado aquí todo el día sin trabajar?' Ellos le respondieron: 'Porque nadie nos ha contratado'. El les dijo: 'Vayan también ustedes a mi viña'. Al atardecer, el dueño de la viña le dijo a su administrador: 'Llama a los trabajadores y págales su jornal, comenzando por los últimos hasta que llegues a los primeros'. Se acercaron, pues, los que habían llegado al caer la tarde y recibieron un denario cada uno. Cuando les llegó su turno a los primeros, creyeron que recibirían más; pero también ellos recibieron un denario cada uno. Al recibirlo, comenzaron a reclamarle al propietario, diciéndole: 'Esos que llegaron al último sólo trabajaron una hora, y sin embargo, les pagas lo mismo que a nosotros, que soportamos el peso del día y del calor'. Pero él respondió a uno de ellos: 'Amigo, yo no te hago ninguna injusticia. ¿Acaso no quedamos en que te pagaría un denario? Toma, pues, lo tuyo y vete. Yo quiero darle al que llegó al último lo mismo que a ti. ¿Qué no puedo hacer con lo mío lo que yo quiero? ¿O vas a tenerme rencor porque yo soy bueno?' De igual manera, los últimos serán los primeros, y los primeros, los últimos".

Jueves 22 de agosto de 2024
Memoria de Nuestra Señora María Reina
Primera Lectura: Ezequiel 36, 23-28

Esto dice el Señor: "Yo mismo mostraré la santidad de mi nombre excelso, profanado entre las naciones, profanado por ustedes en medio de ellas, y reconocerán que yo soy el Señor, cuando por medio de ustedes les haga ver mi santidad. Los sacaré de entre las naciones, los reuniré de todos los países y los llevaré a su tierra. Los rociaré con agua pura y quedarán purificados; los purificaré de todas sus inmundicias e idolatrías. Les daré un corazón nuevo y les infundiré un espíritu nuevo; arrancaré de ustedes el corazón de piedra y les daré un corazón de carne. Les infundiré mi espíritu y los haré vivir según mis preceptos, y guardar y cumplir mis mandamientos. Habitarán en la tierra que di a sus padres; ustedes serán mi pueblo y yo seré su Dios".

Salmo Responsorial: Salmo 50, 12-13. 14-15. 18-19
R. (12a) Crea en mí, Señor, un corazón puro.

Crea en mí, Señor, un corazón puro. Un espíritu nuevo para cumplir tus mandamientos. No me arrojes, Señor, lejos de ti ni retires de mí tu santo espíritu.
R.

Devuélveme ti salvación, que regocija, y mantén en mí un alma generosa.

Enseñaré a los descarriados tus caminos, y volverán a ti los pecadores. **R.**

Tú, Señor, no te complaces en los sacrificios, y si te ofreciera un holocausto, no te agradaría. Un corazón contrito te presento y a un corazón contrito, tú nunca lo desprecias. **R.**

Aclamación antes del Evangelio: Salmo 94, 8
R. Aleluya, aleluya.

Hagámosle caso al Señor que nos dice: No endurezcan su corazón. **R.**

Evangelio: Mateo 22, 1-14

En aquel tiempo, volvió Jesús a hablar en parábolas a los sumos sacerdotes y a los ancianos del pueblo, diciendo: "El Reino de los cielos es semejante a un rey que preparó un banquete de bodas para su hijo. Mandó a sus criados que llamaran a los invitados, pero éstos no quisieron ir. Envió de nuevo a otros criados que les dijeran: 'Tengo preparado el banquete; he hecho matar mis terneras y los otros animales gordos; todo está listo. Vengan a la boda'. Pero los invitados no hicieron caso. Uno se fue a su campo, otro a su negocio y los demás se les echaron encima a los criados, los insultaron y los mataron. Entonces el rey se llenó de cólera y mandó sus tropas, que dieron muerte a aquellos asesinos y prendieron fuego a la ciudad. Luego les dijo a sus criados: 'La boda está preparada; pero los que habían sido invitados no fueron dignos. Salgan, pues, a los cruces de los caminos y conviden al banquete de bodas a todos los que encuentren'. Los criados salieron a los caminos y reunieron a todos los que encontraron, malos y buenos, y la sala del banquete se llenó de convidados. Cuando el rey entró a saludar a los convidados, vio entre ellos a un hombre que no iba vestido con traje de fiesta y le preguntó: 'Amigo, ¿cómo has entrado aquí sin traje de fiesta?' Aquel hombre se quedó callado. Entonces el rey dijo a los criados: 'Átenlo de pies y manos y arrójenlo fuera, a las tinieblas. Allí será el llanto y la desesperación'. Porque muchos son los llamados y pocos los escogidos".

Viernes de la XX semana del Tiempo ordinario

Primera Lectura: Ezequiel 37, 1-14

En aquellos días, la mano del Señor se posó sobre mí, y su espíritu me trasladó y me colocó en medio de un campo lleno de huesos. Me hizo dar vueltas en torno a ellos. Había una cantidad innumerable de huesos sobre la superficie del campo y estaban completamente secos. Entonces el Señor me preguntó: "Hijo de hombre, ¿podrán acaso revivir estos huesos?" Yo respondí: "Señor, tú lo sabes". El me dijo: "Habla en mi nombre a estos huesos y diles: 'Huesos secos, escuchen la palabra del Señor. Esto dice el Señor Dios a estos huesos: He aquí que yo les infundiré el espíritu y revivirán. Les pondré nervios, haré que les brote carne, la cubriré de piel, les infundiré el espíritu y revivirán. Entonces reconocerán que yo soy el Señor' ". Yo pronuncié en nombre del Señor las palabras que él me había ordenado, y mientras hablaba, se oyó un gran estrépito, se produjo un terremoto y los huesos se juntaron unos con otros. Y vi cómo les iban saliendo nervios y carne y cómo se cubrían de piel; pero no tenían espíritu. Entonces me dijo el Señor: "Hijo de hombre, habla en mi nombre al espíritu y dile: 'Esto dice el Señor: Ven, espíritu, desde los cuatro vientos y sopla sobre estos muertos, para que vuelvan a la vida' ". Yo hablé en nombre del Señor, como él me había ordenado. Vino sobre ellos el espíritu, revivieron y se pusieron de pie. Era una multitud innumerable. El Señor me dijo: "Hijo de hombre: Estos huesos son toda la casa de Israel, que ha dicho: 'Nuestros huesos están secos; pereció nuestra esperanza y estamos destrozados'. Por eso, habla en mi nombre y diles: 'Esto dice el Señor: Pueblo mío, yo mismo abriré sus sepulcros, los haré salir de ellos y los conduciré de nuevo a la tierra de Israel. Cuando abra sus sepulcros y los saque de ellos, pueblo mío, ustedes dirán que yo soy el Señor. Entonces les infundiré mi espíritu, los estableceré en su tierra y sabrán que yo, el Señor, lo dije y lo cumplí' ".

Salmo Responsorial: Salmo 106, 2-3. 4-5. 6-7. 8-9

R. (1) Demos gracias a Dios, porque nos ama.

Que lo confiesen los redimidos por el Señor, los que él rescató de la mano del enemigo, los que reunió de todos los países: de norte y sur, de oriente y occidente. **R.**

Andaban errantes por un desierto solitario, no encontraban el camino de ningún poblado; sufrían hambre y sed, se les iba agotando la vida. **R.**

Pero gritaron al Señor en su angustia, y los arrancó de la tribulación. Los guió por un camino derecho, para que llegaran a un poblado. **R.**

Demos gracias a Dios porque nos ama, por las maravillas que hace con los hombres. El calmó la sed de los sedientos, y a los hambrientos los llenó de bienes **R.**

Aclamación antes del Evangelio: Salmo 24, 4. 5
R. Aleluya, aleluya.

Descúbrenos, Señor, tus caminos y guíanos con la verdad de tu doctrina. **R.**

Evangelio: Mateo 22, 34-40

En aquel tiempo, habiéndose enterado los fariseos de que Jesús había dejado callados a los saduceos, se acercaron a él. Uno de ellos, que era doctor de la ley, le preguntó para ponerlo a prueba: "Maestro, ¿cuál es el mandamiento más grande de la ley?" Jesús le respondió: *"Amarás al Señor, tu Dios, con todo tu corazón, con toda tu alma y con toda tu mente. Este es el más grande y el primero de los mandamientos. Y el segundo es semejante a éste: Amarás a tu prójimo como a ti mismo.* En estos dos mandamientos se fundan toda la ley y los profetas

Sábado 24 de agosto de 2024

Fiesta de San Bartolomé, Apóstol
Primera Lectura: Apocalipsis 21, 9-14

Uno de los ángeles me habló y me dijo: "Ven, que te voy a enseñar a la novia, a la esposa del Cordero". Entonces me transportó en espíritu a una montaña elevada y me mostró a Jerusalén, la ciudad santa, que descendía del cielo, resplandeciente con la gloria de Dios. Su fulgor era semejante al de una piedra preciosa, como el de un diamante cristalino. Tenía una muralla ancha y elevada, con doce puertas monumentales, y sobre ellas, doce ángeles y doce nombres escritos, los nombres de las doce tribus de Israel. Tres de estas puertas daban al oriente, tres al norte, tres al sur y tres al poniente. La muralla descansaba sobre doce cimientos, en los que estaban escritos los doce nombres de los apóstoles del Cordero.

Salmo Responsorial: Salmo 144, 10-11. 12-13. 17-18
R. (12a) Señor, que todos tus fieles te bendigan.

Que te alaben, Señor, todas tus obras y que todos tus fieles te bendigan. Que proclamen la gloria de tu reino y den a conocer tus maravillas. **R.**

Que muestren a los hombres tus proezas, el esplendor y la gloria de tu reino Tu reino, Señor, es para siempre y tu imperio, por todos las generaciones. **R.**

Siempre es justo el Señor en sus designios y están llenas de amor todas sus obras. No está lejas de aquellos que lo buscan; muy cerca está el Señor, de quien lo invoca. **R.**

Aclamación antes del Evangelio: Juan 1, 49
R. Aleluya, aleluya.

Maestro, tú eres el Hijo de Dios, tú eres el rey de Israel. **R.**

Evangelio: Juan 1, 45-51
En aquel tiempo, Felipe se encontró con Natanael y le dijo: "Hemos encontrado a aquel de quien escribió Moisés en la ley y también los profetas. Es Jesús de Nazaret, el hijo de José". Natanael replicó: "¿Acaso puede salir de Nazaret algo bueno?" Felipe le contestó: "Ven y lo verás". Cuando Jesús vio que Natanael se acercaba, dijo: "Éste es un verdadero israelita en el que no hay doblez". Natanael le preguntó: "¿De dónde me conoces?" Jesús le respondió: "Antes de que Felipe te llamara, te vi cuando estabas debajo de la higuera". Respondió Natanael: "Maestro, tú eres el Hijo de Dios, tú eres el rey de Israel". Jesús le contestó: "Tú crees, porque te he dicho que te vi debajo de la higuera. Mayores cosas has de ver". Después añadió: "Yo les aseguro que verán el cielo abierto y a los ángeles de Dios subir y bajar sobre el Hijo del hombre".

XXI Domingo Ordinario

Primera Lectura: Josué 24, 1-2a. 15-17. 18b

En aquellos días, Josué convocó en Siquem a todas las tribus de Israel y reunió a los ancianos, a los jueces, a los jefes y a los escribas. Cuando todos estuvieron en presencia del Señor, Josué le dijo al pueblo: "Si no les agrada servir al Señor, digan aquí y ahora a quién quieren servir: ¿a los dioses a los que sirvieron sus antepasados al otro lado del río Eufrates, o a los dioses de los amorreos, en cuyo país ustedes habitan? En cuanto a mí toca, mi familia y yo serviremos al Señor".

El pueblo respondió: "Lejos de nosotros abandonar al Señor para servir a otros dioses, porque el Señor es nuestro Dios; él fue quien nos sacó de la esclavitud de Egipto, el que hizo ante nosotros grandes prodigios, nos protegió por todo el camino que recorrimos y en los pueblos por donde pasamos. Así pues, también nosotros serviremos al Señor, porque él es nuestro Dios".

Salmo Responsorial: Salmo 33, 2-3. 16-17. 18-19. 20-21

R. (9a) Haz la prueba y verás qué bueno es el Señor.

Bendeciré al Señor a todas horas, no cesará mi boca de alabarlo. Yo me siento orgulloso del Señor, que se alegre su pueblo al escucharlo. **R.**

Los ojos del Señor cuidan al justo, y a su clamor están atentos sus oídos. Contra el malvado, en cambio, está el Señor, para borrar de la tierra su recuerdo. **R.**

Escucha el Señor al hombre justo y lo libra de todos sus congojas. El Señor no está lejos de sus fieles y levanta a las almas abatidos. **R.**

Muchas tribulaciones pasa el justo, para de todos ellas Dios lo libra. por los huesos del justo vela Dios, sin dejar que ninguno se le quiebre. Salva el Señor la vida de sus siervos; No morirán quienes en él esperan. **R.**

Segunda Lectura: Efesios 5, 21-32 o 5, 2a. 25-32

Hermanos: Respétense unos a otros, por reverencia a Cristo: que las mujeres respeten a sus maridos, como si se tratara del Señor, porque el marido es cabeza de la mujer, como Cristo es cabeza y salvador de la Iglesia, que es su cuerpo. Por lo tanto, así como la Iglesia es dócil a Cristo, así también las mujeres sean dóciles a sus maridos en todo. Maridos, amen a sus esposas como Cristo amó a su Iglesia y se entregó por ella para santificarla, purificándola con el agua y la palabra, pues él quería presentársela a sí mismo toda resplandeciente, sin mancha ni arruga ni cosa semejante, sino santa e inmaculada. Así los maridos deben amar a sus esposas, como cuerpos suyos que son. El que ama a su esposa se ama a sí mismo, pues nadie jamás ha odiado a su propio cuerpo, sino que le da alimento y calor, como Cristo hace con la Iglesia, porque somos miembros de su cuerpo. *Por eso abandonará el hombre a su padre y a su madre, se unirá a su mujer y serán los dos una sola cosa.* Éste es un gran misterio, y yo lo refiero a Cristo y a la Iglesia.

O bien:
Efesios 5, 2a, 25-32

Hermanos: Vivan amando como Cristo, que nos amó. Maridos, amen a sus esposas como Cristo amó a su Iglesia y se entregó por ella para santificarla, purificándola con el agua y la palabra, pues él quería presentársela a sí mismo toda resplandeciente, sin mancha ni arruga ni cosa semejante, sino santa e inmaculada. Así los maridos deben amar a sus esposas, como cuerpos suyos que son. El que ama a su esposa se ama a sí mismo, pues nadie jamás ha odiado a su propio cuerpo, sino que le da alimento y calor, como Cristo hace con la Iglesia, porque somos miembros de su cuerpo. *Por eso abandonará el hombre a su padre y a su madre, se unirá a su mujer y serán los dos una sola cosa.* Éste es un gran misterio, y yo lo refiero a Cristo y a la Iglesia.

Aclamación antes del Evangelio: Juan 6, 63c. 68c
R. Aleluya, aleluya.

Tus palabras, Señor, son espíritu y vida. Tú tienes palabras de vida eterna. **R.**

Evangelio: Juan 6, 55. 60-69

En aquel tiempo, Jesús dijo a los judíos: "Mi carne es verdadera comida y mi sangre es verdadera bebida". Al oír sus palabras, muchos discípulos de Jesús dijeron: "Este modo de hablar es intolerable, ¿quién puede admitir eso?" Dándose cuenta Jesús de que sus discípulos murmuraban, les dijo: "¿Esto los escandaliza? ¿Qué sería si vieran al Hijo del hombre subir a donde estaba antes? El Espíritu es quien da la vida; la carne para nada aprovecha. Las palabras que les he dicho son espíritu y vida, y a pesar de esto, algunos de ustedes no creen". (En efecto, Jesús sabía desde el principio quiénes no creían y quién lo habría de traicionar). Después añadió: "Por eso les he dicho que nadie puede venir a mí, si el Padre no se lo concede". Desde entonces, muchos de sus discípulos se echaron para atrás y ya no querían andar con él. Entonces Jesús les dijo a los Doce: "¿También ustedes quieren dejarme?" Simón Pedro le respondió: "Señor, ¿a quién iremos? Tú tienes palabras de vida eterna; y nosotros creemos y sabemos que tú eres el Santo de Dios".

Lunes 26 de agosto de 2024
Lunes de la XXI semana del tiempo ordinario
Primera Lectura: 2 Tesalonicenses 1, 1-5. 11-12

Silvano, Timoteo y yo, Pablo, deseamos la gracia y la paz que proceden de Dios Padre y de Jesucristo, el Señor, a la comunidad cristiana de Tesalónica, reunida en el nombre de Dios, nuestro Padre, y en el de Jesucristo, el Señor. Hermanos: Debemos dar gracias a Dios en todo momento, como es justo, por lo mucho que van prosperando ustedes en la fe y porque el amor que cada uno tiene a los otros es cada vez mayor. Por eso nos mostramos orgullosos de ustedes ante las comunidades cristianas de Dios, y de la constancia y de la fe que ustedes tienen en todas las persecuciones y tribulaciones que están sufriendo. Esta es una prueba de que, en el justo juicio de Dios, serán considerados dignos de su Reino, por el cual ahora padecen. Oramos siempre por ustedes, para que Dios los haga dignos de la vocación a la que los ha llamado, y con su poder lleve a efecto tanto los buenos propósitos que han formado, como lo que ya han emprendido por la fe. Así glorificarán a nuestro Señor Jesús y él los glorificará a ustedes en la medida en que actúe en ustedes la gracia de nuestro Dios y de Jesucristo, el Señor.

Salmo Responsorial: Salmo 95, 1-2a. 2b-3. 4-5

R. (3) Cantemos la grandeza del Señor.

Cantemos al Señor un nuevo canto; que le cante al Señor toda la tierra cantemos al Señor y bendigámoslo. **R.**

Proclamemos su amor día tras día, su grandeza anunciemos a los pueblos, de nación en nación sus maravillas. **R.**

Cantemos al Señor, porque él es grande, más digno de alabanza y más tremendo que todos los dioses paganos, que ni existen. Porque los falsos dioses son apariencia; ha sido el Señor quien hizo el cielo. **R.**

Aclamación antes del Evangelio: Juan 10, 27
R. Aleluya, aleluya.

Mis ovejas escuchan mi voz, dice el Señor, yo las conozco y ellas me siguen. **R.**

Evangelio: Mateo 23, 13-22

En aquel tiempo, Jesús dijo a los escribas y fariseos: "¡Ay de ustedes, escribas y fariseos hipócritas, porque les cierran a los hombres el Reino de los cielos! Ni entran ustedes ni dejan pasar a los que quieren entrar. ¡Ay de ustedes, escribas y fariseos hipócritas, que recorren mar y tierra para ganar un adepto, y cuando lo consiguen, lo hacen todavía más digno de condenación que ustedes mismos! ¡Ay de ustedes, guías ciegos, que enseñan que jurar por el templo no obliga, pero que jurar por el oro del templo, sí obliga! ¡Insensatos y ciegos! ¿Qué es más importante, el oro o el templo, que santifica al oro? También enseñan ustedes que jurar por el altar no obliga. ¡Ciegos! ¿Qué es más importante, la ofrenda o el altar, que santifica a la ofrenda? Quien jura, pues, por el altar, jura por él y por todo lo que está sobre él. Quien jura por el templo, jura por él y por aquel que lo habita. Y quien jura por el cielo, jura por el trono de Dios y por aquel que está sentado en él".

Martes 27 de agosto de 2024
Memoria de Santa Monica
Primera Lectura: 2 Tesalonicenses 2, 1-3. 14-17

Hermanos: Por lo que toca a la venida de nuestro Señor Jesucristo y a nuestro encuentro con él, les rogamos que no se dejen perturbar tan fácilmente. No se alarmen ni por supuestas revelaciones ni por palabras o cartas atribuidas a nosotros, que los induzcan a pensar que el día del Señor es inminente. Que nadie los engañe en ninguna forma. Dios los ha llamado para que, por medio del Evangelio que les hemos predicado, alcancen la gloria de nuestro Señor Jesucristo. Así pues, hermanos, manténganse firmes y conserven la doctrina que les hemos enseñado de viva voz o por carta. Que el mismo Señor nuestro, Jesucristo, y nuestro Padre Dios, que nos ha amado y nos ha dado gratuitamente un consuelo eterno y una feliz esperanza, conforten los corazones de ustedes y los dispongan a toda clase de obras buenas y de buenas palabras.

Salmo Responsorial: Salmo 95, 10. 11-12a. 12b-13
R. (13b) Alégrense los cielos y la tierra.

"Reina al Señor", digamos a los pueblos. El afianzó con su poder el orbe, gobierna a las naciones con justicia. **R.**

Alégrese los cielos y la tierra, retumbe el mar y el mundo submarino; salten de gozo el campo y cuanto encierra manifiesten los bosques regocijo. **R.**

Regocíjese todo ante el Señor, porque ya viene a gobernar el orbe. Justicia y rectitud serán las normas con las que rija a todas las naciones. **R.**

Aclamación antes del Evangelio: Hebreos 4, 12
R. Aleluya, aleluya.

La palabra de Dios es viva y eficaz y descubre los pensamientos e intenciones del corazón. **R.**

Evangelio: Mateo 23, 23-26

En aquel tiempo, Jesús dijo a los escribas y fariseos: "¡Ay de ustedes, escribas y fariseos hipócritas, porque pagan el diezmo de la menta, del anís y del comino, pero descuidan lo más importante de la ley, que son la justicia, la misericordia y la fidelidad! Esto es lo que tenían que practicar, sin descuidar aquello. ¡Guías ciegos, que cuelan el mosquito, pero se tragan el camello! ¡Ay de ustedes, escribas y fariseos hipócritas, que limpian por fuera los vasos y los platos, mientras que por dentro siguen sucios con su rapacidad y codicia! ¡Fariseo ciego!, limpia primero por dentro el vaso y así quedará también limpio por fuera".

Miércoles 28 de agosto de 2024
Memoria de San Agustín, obispo y doctor de la Iglesia
Primera Lectura: 2 Tesalonicenses 3, 6-10. 16-18

Hermanos: Les mando, en nombre del Señor Jesucristo, que se aparten de todo hermano que viva ociosamente y no según la enseñanza que de mí recibieron. Ya saben cómo deben vivir para imitar mi ejemplo, puesto que, cuando estuve entre ustedes, supe ganarme la vida y no dependí de nadie para comer; antes bien, de día y de noche trabajé hasta agotarme para no serles gravoso. Y no porque no tuviera yo derecho a pedirles el sustento, sino para darles un ejemplo que imitar. Así, cuando estaba entre ustedes, les decía una y otra vez: "El que no quiera trabajar, que no coma". Que el Señor de la paz les conceda su paz siempre y en todo. Que el Señor esté con todos ustedes. Este saludo es de mi puño y letra. Así firmo yo, Pablo, en todas mis cartas; ésta es mi letra. Que la gracia de nuestro Señor Jesucristo esté con todos ustedes.

Salmo Responsorial: Salmo 127, 1-2. 4-5
R. (1a) Dichoso el que teme al Señor.

Dichoso el que teme al Señor y sigue sus caminos: comerá del fruto de su trabajo, será dichoso, le irá bien. **R.**

Esta es la bendición del hombre que teme al Señor: "Que el Señor te bendiga desde Sión, que veas la prosperidad de Jerusalén todos los días de tu vida". **R.**

Aclamación antes del Evangelio: 1 Juan 2, 5
R. Aleluya, aleluya.

En aquel que cumple la palabra de Cristo el amor de Dios ha llegado a su plenitud. **R.**

Evangelio: Mateo 23, 27-32

En aquel tiempo, Jesús dijo a los escribas y fariseos: "¡Ay de ustedes, escribas y fariseos hipócritas, porque son semejantes a sepulcros blanqueados, que por fuera parecen hermosos, pero por dentro están llenos de huesos y podredumbre! Así también ustedes: por fuera parecen justos, pero por dentro están llenos de hipocresía y de maldad. ¡Ay de ustedes, escribas y fariseos hipócritas, porque les construyen sepulcros a los profetas y adornan las tumbas de los justos, y dicen: 'Si hubiéramos vivido en tiempo de nuestros padres, nosotros no habríamos sido cómplices de ellos en el asesinato de los profetas'! Con esto ustedes están reconociendo que son hijos de los asesinos de los profetas. ¡Terminen, pues, de hacer lo que sus padres comenzaron!"

Jueves 29 de agosto de 2024
Memoria del Martirio de San Juan Bautista
Primera Lectura: 1 Corintios 1, 1-9

Yo, Pablo, apóstol de Jesucristo por voluntad de Dios, y Sóstenes, mi colaborador, saludamos a la comunidad cristiana que está en Corinto. A todos ustedes, a quienes Dios santificó en Cristo Jesús y que son su pueblo santo, así como a todos aquellos que en cualquier lugar invocan el nombre de Cristo Jesús, Señor nuestro y Señor de ellos, les deseo la gracia y la paz de parte de Dios, nuestro Padre, y de Cristo Jesús, el Señor. Continuamente agradezco a mi Dios los dones divinos que les ha concedido a ustedes por medio de Cristo Jesús, ya que por él los ha enriquecido con abundancia en todo lo que se refiere a la palabra y al conocimiento; porque el testimonio que damos de Cristo ha sido confirmado en ustedes a tal grado, que no carecen de ningún don ustedes, los que esperan la manifestación de nuestro Señor Jesucristo. Él los hará permanecer irreprochables hasta el fin, hasta el día de su advenimiento. Dios es quien los ha llamado a la unión con su Hijo Jesucristo, y Dios es fiel.

Salmo Responsorial: Salmo 144, 2-3. 4-5. 6-7
R. (1b) Siempre, Señor, bendeciré tu nombre.

Un día tras otro bendeciré tu nombre y no cesará mi boca de alabarte. Muy digno de alabanza es el Señor, por ser su grandeza incalculable. **R.**

Cada generación, a la que sigue anunciará tus obras y proezas. Se hablará de tus hechos portentosos, del glorioso esplendor de tu grandeza. **R.**

Alabarán tus maravillosos prodigios y contarán tus grandes acciones; difundirán la memoria de tu inmensa bondad y aclamarán tus victorias. **R.**

Aclamación antes del Evangelio: Mateo 5, 10
R. Aleluya, aleluya.

Dichosos los perseguidos por causa de la justicia, porque de ellos es el Reino de los cielos, dice el Señor. **R.**

Evangelio: Marcos 6, 17-29

En aquel tiempo, Herodes había mandado apresar a Juan el Bautista y lo había metido y encadenado en la cárcel. Herodes se había casado con Herodías, esposa de su hermano Filipo, y Juan le decía: "No te está permitido tener por mujer a la esposa de tu hermano". Por eso Herodes lo mandó encarcelar. Herodías sentía por ello gran rencor contra Juan y quería quitarle la vida, pero no sabía cómo, porque Herodes miraba con respeto a Juan, pues sabía que era un hombre recto y santo, y lo tenía custodiado. Cuando lo oía hablar, quedaba desconcertado, pero le gustaba escucharlo. La ocasión llegó cuando Herodes dio un banquete a su corte, a sus oficiales y a la gente principal de Galilea, con motivo de su cumpleaños. La hija de Herodías bailó durante la fiesta y su baile les gustó mucho a Herodes y a sus invitados. El rey le dijo entonces a la joven: "Pídeme lo que quieras y yo te lo daré". Y le juró varias veces: "Te daré lo que me pidas, aunque sea la mitad de mi reino". Ella fue a preguntarle a su madre: "¿Qué le pido?" Su madre le contestó: "La cabeza de Juan el Bautista". Volvió ella inmediatamente junto al rey y le dijo: "Quiero que me des ahora mismo, en una charola, la cabeza de Juan el Bautista". El rey se puso muy triste, pero debido a su juramento y a los convidados, no quiso desairar a la joven, y enseguida mandó a un verdugo que trajera la cabeza de Juan. El verdugo fue, lo decapitó en la cárcel, trajo la cabeza en una charola, se la entregó a la joven y ella se la entregó a su madre. Al enterarse de esto, los discípulos de Juan fueron a recoger el cadáver y lo sepultaron.

Viernes de la XXI semana del tiempo ordinario

Primera Lectura: 1 Corintios 1, 17-25

Hermanos: No me envió Cristo a bautizar, sino a predicar el Evangelio, y eso, no con sabiduría de palabras, para no hacer ineficaz la cruz de Cristo. En efecto, la predicación de la cruz es una locura para los que van por el camino de la perdición; en cambio, para los que van por el camino de la salvación, para nosotros, es fuerza de Dios. Por eso dice la Escritura: *Anularé la sabiduría de los sabios e inutilizaré la inteligencia de los inteligentes.* ¿Acaso hay entre ustedes algún sabio, algún erudito, algún filósofo? ¿Acaso no ha demostrado Dios que tiene por locura la sabiduría de este mundo? En efecto, puesto que mediante su propia sabiduría, el mundo no reconoció a Dios en las obras de su divina sabiduría, quiso Dios salvar a los creyentes mediante la predicación de la locura del Evangelio. Por su parte, los judíos exigen señales milagrosas y los paganos piden sabiduría. Pero nosotros predicamos a Cristo crucificado, que es escándalo para los judíos y locura para los paganos; en cambio, para los llamados, sean judíos o paganos, Cristo es la fuerza y la sabiduría de Dios. Porque la locura de Dios es más sabia que la sabiduría de los hombres y la debilidad de Dios es más fuerte que la fuerza de los hombres.

Salmo Responsorial: Salmo 32, 1-2. 4-5. 10ab y 11

R. (5b) El amor del Señor llena la tierra.

Que los justos aclamen al Señor; es propio de los justos alabarlo. Demos gracias a Dios al son del arpa, que la lira acompañe nuestros cantos. **R.**

Sincera es la palabra del Señor y todas sus acciones son leales. El ama la justicia y el derecho, la tierra llena está de sus bondades. **R.**

Frustra el Señor los planes de los pueblos y hace que se malogren sus designios. Los proyectos de Dios duran por siempre, los planes de su amor, todos los siglos. **R.**

Aclamación antes del Evangelio: Lucas 21, 36

R. Aleluya, aleluya.

Velen y oren, para que puedan presentarse sin temor ante el Hijo del hombre. **R.**

Evangelio: Mateo 25, 1-13

En aquel tiempo, Jesús dijo a sus discípulos esta parábola: "El Reino de los cielos es semejante a diez jóvenes, que tomando sus lámparas, salieron al encuentro del esposo. Cinco de ellas eran descuidadas y cinco, previsoras. Las descuidadas llevaron sus lámparas, pero no llevaron aceite para llenarlas de nuevo; las previsoras, en cambio, llevaron cada una un frasco de aceite junto con su lámpara. Como el esposo tardaba, les entró sueño a todas y se durmieron. A medianoche se oyó un grito: '¡Ya viene el esposo! ¡Salgan a su encuentro!' Se levantaron entonces todas aquellas jóvenes y se pusieron a preparar sus lámparas, y las descuidadas dijeron a las previsoras: 'Dennos un poco de su aceite, porque nuestras lámparas se están apagando'. Las previsoras les contestaron: 'No, porque no va a alcanzar para ustedes y para nosotras. Vayan mejor a donde lo venden y cómprenlo'. Mientras aquéllas iban a comprarlo, llegó el esposo, y las que estaban listas entraron con él al banquete de bodas y se cerró la puerta. Más tarde llegaron las otras jóvenes y dijeron: 'Señor, señor, ábrenos'. Pero él les respondió: 'Yo les aseguro que no las conozco'. Estén pues, preparados, porque no saben ni el día ni la hora".

Sábado 31 de agosto de 2024
Sábado de la XXI semana del Tiempo ordinario
Primera Lectura: 1 Corintios 1, 26-31

Hermanos: Consideren que entre ustedes, los que han sido llamados por Dios, no hay muchos sabios, ni muchos poderosos, ni muchos nobles, según los criterios humanos. Pues Dios ha elegido a los ignorantes de este mundo, para humillar a los sabios; a los débiles del mundo, para avergonzar a los fuertes; a los insignificantes y despreciados del mundo, es decir, a los que no valen nada, para reducir a la nada a los que valen; de manera que nadie pueda presumir delante de Dios. En efecto, por obra de Dios, ustedes están injertados en Cristo Jesús, a quien Dios hizo nuestra sabiduría, nuestra justicia, nuestra santificación y nuestra redención. Por lo tanto, como dice la Escritura: *El que se gloría, que se gloríe en el Señor.*

Salmo Responsorial: Salmo 32, 12-13. 18-19. 20-21
R. (12b) En el Señor está nuestra esperanza.

Feliz la nación cuyo Dios es el Señor, dichoso el pueblo que escogió por suyo.

Desde el cielo el Señor, atentamente, mira a todos los hombres. **R.**

Cuida el Señor de aquellos que lo temen y en su bondad confían; los salva de la muerte y en épocas de hambre les da vida. **R.**

En el Señor está nuestra esperanza, pues él es nuestra ayuda y nuestro amparo; en el Señor se alegra el corazón y en él hemos confiado. **R.**

Aclamación antes del Evangelio: Juan 13, 34
R. Aleluya, aleluya.

Les doy un mandamiento nuevo, dice el Señor, que se amen los unos a los otros, como yo los he amado. **R.**

Evangelio: Mateo 25, 14-30

En aquel tiempo, Jesús dijo a sus discípulos esta parábola: "El Reino de los cielos se parece también a un hombre que iba a salir de viaje a tierras lejanas; llamó a sus servidores de confianza y les encargó sus bienes. A uno le dio cinco talentos; a otro, dos; y a un tercero, uno, según la capacidad de cada uno, y luego se fue. El que recibió cinco talentos fue enseguida a negociar con ellos y ganó otros cinco. El que recibió dos hizo lo mismo y ganó otros dos. En cambio, el que recibió un talento hizo un hoyo en la tierra y allí escondió el dinero de su señor. Después de mucho tiempo regresó aquel hombre y llamó a cuentas a sus servidores. Se acercó el que había recibido cinco talentos y le presentó otros cinco, diciendo: 'Señor, cinco talentos me dejaste; aquí tienes otros cinco, que con ellos he ganado'. Su señor le dijo: 'Te felicito, siervo bueno y fiel. Puesto que has sido fiel en cosas de poco valor, te confiaré cosas de mucho valor. Entra a tomar parte en la alegría de tu señor'. Se acercó luego el que había recibido dos talentos y le dijo: 'Señor, dos talentos me dejaste; aquí tienes otros dos, que con ellos he ganado'. Su señor le dijo: 'Te felicito, siervo bueno y fiel. Puesto que has sido fiel en cosas de poco valor, te confiaré cosas de mucho valor. Entra a tomar parte en la alegría de tu señor'. Finalmente, se acercó el que había recibido un talento y le dijo: 'Señor, yo sabía que eres un hombre duro, que quieres cosechar lo que no has plantado y recoger lo que no has sembrado. Por eso tuve miedo y fui a esconder tu talento bajo tierra. Aquí tienes lo tuyo'. El señor le respondió: 'Siervo malo y perezoso. Sabías que cosecho lo que no he plantado y recojo lo que no he sembrado. ¿Por qué, entonces, no pusiste mi dinero en el banco, para que a mi regreso lo recibiera yo con intereses? Quítenle el talento y dénselo al que tiene diez. Pues al que tiene se le dará y le sobrará; pero al que tiene poco, se le quitará aun eso poco que tiene. Y a este hombre inútil, échenlo fuera, a las tinieblas. Allí será el llanto y la desesperación' ".

SEPTIEMBRE

Domingo 1 de septiembre de 2024
XXII Domingo Ordinario

Primera Lectura: Deuteronomio 4, 1-2. 6-8

En aquellos días, habló Moisés al pueblo, diciendo: "Ahora, Israel, escucha los mandatos y preceptos que te enseño, para que los pongas en práctica y puedas así vivir y entrar a tomar posesión de la tierra que el Señor, Dios de tus padres, te va a dar. No añadirán nada ni quitarán nada a lo que les mando: Cumplan los mandamientos del Señor que yo les enseño, como me ordena el Señor, mi Dios. Guárdenlos y cúmplanlos porque ellos son la sabiduría y la prudencia de ustedes a los ojos de los pueblos. Cuando tengan noticias de todos estos preceptos, los pueblos se dirán: 'En verdad esta gran nación es un pueblo sabio y prudente'. Porque, ¿cuál otra nación hay tan grande que tenga dioses tan cercanos como lo está nuestro Dios, siempre que lo invocamos? ¿Cuál es la gran nación cuyos mandatos y preceptos sean tan justos como toda esta ley que ahora les doy?".

Salmo Responsorial: Salmo 14, 2-3a. 3bc-4ab. 5

R. (1a) ¿Quién será grato a tus ojos, Señor

El hombre que procede honradamente y obra con justicia; el que es sincero en sus palabras y con su lengua a nadie desprestigia. **R.**

Quien no hace mal al prójimo ni difama al vecino; quien no ve con aprecio a los malvados pero honra a quienes temen al Altísimo. **R.**

Quien presta sin usura y quien no acepta soborno en perjuicio de inocentes, ése será agradable a los ojos de Dios eternamente. **R.**

Segunda Lectura: Santiago 1, 17-18. 21b-22. 27

Hermanos: Todo beneficio y todo don perfecto viene de lo alto, del creador de la luz, en quien no hay ni cambios ni sombras. Por su propia voluntad nos engendró por medio del Evangelio para que fuéramos, en cierto modo, primicias de sus creaturas. Acepten dócilmente la palabra que ha sido sembrada en ustedes y es capaz de salvarlos. Pongan en práctica esa palabra y no se limiten a escucharla, engañándose a ustedes mismos. La religión pura e intachable a los ojos de Dios

Padre, consiste en visitar a los huérfanos y a las viudas en sus tribulaciones, y en guardarse de este mundo corrompido.

Aclamación antes del Evangelio: Santiago 1, 18
R. Aleluya, aleluya.

Por su propia voluntad, el Padre nos engendró por medio del Evangelio, para que fuéramos, en cierto modo, primicias de sus creaturas. **R.**

Evangelio: Marcos 7, 1-8. 14-15. 21-23

En aquel tiempo, se acercaron a Jesús los fariseos y algunos escribas venidos de Jerusalén. Viendo que algunos de los discípulos de Jesús comían con las manos impuras, es decir, sin habérselas lavado, los fariseos y los escribas le preguntaron: "¿Por qué tus discípulos comen con manos impuras y no siguen la tradición de nuestros mayores?" (Los fariseos y los judíos, en general, no comen sin lavarse antes las manos hasta el codo, siguiendo la tradición de sus mayores; al volver del mercado, no comen sin hacer primero las abluciones, y observan muchas otras cosas por tradición, como purificar los vasos, las jarras y las ollas). Jesús les contestó: "¡Qué bien profetizó Isaías sobre ustedes, hipócritas, cuando escribió: *Este pueblo me honra con los labios, pero su corazón está lejos de mí. Es inútil el culto que me rinden, porque enseñan doctrinas que no son sino preceptos humanos!* Ustedes dejan a un lado el mandamiento de Dios, para aferrarse a las tradiciones de los hombres". Después, Jesús llamó a la gente y les dijo: "Escúchenme todos y entiéndanme. Nada que entre de fuera puede manchar al hombre; lo que sí lo mancha es lo que sale de dentro; porque del corazón del hombre salen las intenciones malas, las fornicaciones, los robos, los homicidios, los adulterios, las codicias, las injusticias, los fraudes, el desenfreno, las envidias, la difamación, el orgullo y la frivolidad. Todas estas maldades salen de dentro y manchan al hombre".

Lunes 2 de septiembre de 2024
Lunes de la XXII semana del Tiempo ordinario

Primera Lectura: 1 Corintios 2, 1-5

Hermanos: Cuando llegué a la ciudad de ustedes para anunciarles el Evangelio, no busqué hacerlo mediante la elocuencia del lenguaje o la sabiduría humana, sino que resolví no hablarles sino de Jesucristo, más aún, de Jesucristo crucificado. Me presenté ante ustedes débil y temblando de miedo. Cuando les hablé y les prediqué el Evangelio, no quise convencerlos con palabras de hombre sabio; al contrario, los convencí por medio del Espíritu y del poder de Dios, a fin de que la fe de ustedes dependiera del poder de Dios y no de la sabiduría de los hombres.

Salmo Responsorial: Salmo 118, 97. 98. 99. 100. 101. 102

R. (97a) ¡Cuánto amo, Señor, tu voluntad!

¡Cuánto amo tu voluntad!: Todo el día la estoy meditando. Tus mandatos me hacen más sabio que mis enemigos, porque siempre me acompañan. **R.**

Soy más prudente que todos mis maestros, porque medito tus preceptos. Soy más sagaz que los ancianos, porque cumplo tus leyes. **R.**

Aparto mis pies de toda senda mala, para cumplir tus palabras. No me aparto de tus mandamientos, porque tú me has instruido. **R.**

Aclamación antes del Evangelio: Lucas 4, 18

R. Aleluya, aleluya.

El Espíritu del Señor está sobre mí; él me ha enviado para anunciar a los pobres la buena nueva. **R.**

Evangelio: Lucas 4, 16-30

En aquel tiempo, Jesús fue a Nazaret, donde se había criado. Entró en la sinagoga, como era su costumbre hacerlo los sábados, y se levantó para hacer la lectura. Se le dio el volumen del profeta Isaías, lo desenrolló y encontró el pasaje en que estaba escrito: *El Espíritu del Señor está sobre mí, porque me ha ungido para llevar a los pobres la buena nueva, para anunciar la liberación a los cautivos y la curación a los ciegos, para dar libertad a los oprimidos y proclamar el año de gracia del Señor.* Enrolló el volumen, lo devolvió al encargado y se sentó. Los ojos de todos los asistentes a la sinagoga estaban fijos en él. Entonces comenzó a hablar, diciendo: "Hoy mismo se ha cumplido este pasaje de la Escritura, que ustedes acaban de oír". Todos le daban su aprobación y admiraban la sabiduría de las palabras que salían de sus labios, y se preguntaban: "¿No es éste el hijo de José?" Jesús les dijo: "Seguramente me dirán aquel refrán: 'Médico, cúrate a ti mismo, y haz aquí, en tu propia tierra, todos esos prodigios que hemos oído que has hecho en Cafarnaúm' ". Y añadió: "Yo les aseguro que nadie es profeta en su tierra. Había ciertamente en Israel muchas viudas en los tiempos de Elías, cuando faltó la lluvia durante tres años y medio, y hubo un hambre terrible en todo el país; sin embargo, a ninguna de ellas fue enviado Elías, sino a una viuda que vivía en Sarepta, ciudad de Sidón. Había muchos leprosos en Israel, en tiempos del profeta Eliseo; sin embargo, ninguno de ellos fue curado sino Naamán, que era de Siria". Al oír esto, todos los que estaban en la sinagoga se llenaron de ira, y levantándose, lo sacaron de la ciudad y lo llevaron hasta una barranca del monte, sobre el que estaba construida la ciudad, para despeñarlo. Pero él, pasando por en medio de ellos, se alejó de allí.

Martes 3 de septiembre de 2024
Memoria de San Gregorio Magno, papa y doctor de la Iglesia
Primera Lectura: 1 Corintios 2, 10-16

Hermanos: El Espíritu conoce perfectamente todo, hasta lo más profundo de Dios. En efecto, ¿quién conoce lo que hay en el hombre, sino el espíritu del hombre, que está dentro de él? Del mismo modo, nadie conoce lo que hay en Dios, sino el Espíritu de Dios. Nosotros no hemos recibido el espíritu del mundo, sino el Espíritu que procede de Dios, para que conozcamos las gracias que Dios nos ha otorgado. De estas gracias hablamos, no con palabras aprendidas de la sabiduría humana, sino aprendidas del Espíritu y con las cuales expresamos realidades espirituales en términos espirituales. El hombre, con su sola inteligencia, no puede comprender las cosas del Espíritu de Dios, porque para él son una locura; no las puede entender porque son cosas que sólo se comprenden a la luz del Espíritu. Pero el hombre iluminado por el Espíritu puede juzgar correctamente todas las cosas, y nadie que no tenga el Espíritu lo puede juzgar correctamente a él. Por eso dice la Escritura: *¿Quién ha entendido el modo de* *pensar del Señor, como para que pueda darle lecciones?* Pues bien, nosotros poseemos el modo de pensar de Cristo.

Salmo Responsorial: Salmo 144, 8-9. 10-11. 12-13ab. 13cd-14
R. (17a) El Señor es justo y bondadoso.

El Señor es compasivo y misericordioso, lento para enojarse y generoso para perdonar. Bueno es el Señor para con todos y su amor se extiende a todas sus creaturas. **R.**

Que te alaben, Señor, todas tus obras y que todos tus fieles te bendigan. Que proclamen la gloria de tu reino y den a conocer tus maravillas. **R.**

Que muestren a los hombres tus proezas., el esplendor y la gloria de tu reino. Tu reino, Señor, es para siempre, y tu imperio, por todas las generaciones. **R.**

El Señor es siempre fiel a sus palabras y bondadoso en todas sus acciones. De su apoyo el Señor al que tropieza y al agobiado alivia. **R.**

Aclamación antes del Evangelio: Lucas 7, 16
R. Aleluya, aleluya.

Un gran profeta ha surgido entre nosotros. Dios ha visitado a su pueblo. **R.**

Evangelio: Lucas 4, 31-37

En aquel tiempo, Jesús fue a Cafarnaúm, ciudad de Galilea, y los sábados enseñaba a la gente. Todos estaban asombrados de sus enseñanzas, porque hablaba con autoridad. Había en la sinagoga un hombre que tenía un demonio inmundo y se puso a gritar muy fuerte: "¡Déjanos! ¿Por qué te metes con nosotros, Jesús nazareno? ¿Has venido a destruirnos? Sé que tú eres el Santo de Dios". Pero Jesús le ordenó: "Cállate y sal de ese hombre". Entonces el demonio tiró al hombre por tierra, en medio de la gente, y salió de él sin hacerle daño. Todos se espantaron y se decían unos a otros: "¿Qué tendrá su palabra? Porque da órdenes con autoridad y fuerza a los espíritus inmundos y éstos se salen". Y su fama se extendió por todos los lugares de la región.

Miércoles de la XXI semana del Tiempo ordinario

Primera Lectura: 1 Corintios 3, 1-9

Hermanos: Anteriormente no pude hablarles como a hombres movidos por el Espíritu Santo, sino como a individuos sujetos a sus pasiones. Como a cristianos todavía niños, les dí leche y no alimento sólido, pues entonces no lo podían soportar. Pero ni aun ahora pueden soportarlo, pues sus pasiones los siguen dominando. Porque, mientras haya entre ustedes envidias y discordias, ¿no es cierto que siguen sujetos a sus pasiones y viviendo en un nivel exclusivamente humano? Cuando uno dice: "Yo soy de Pablo", "Yo soy de Apolo", ¿no proceden ustedes de un modo meramente humano? En realidad, ¿quién es Apolo y quién es Pablo? Solamente somos servidores, por medio de los cuales ustedes llegaron a la fe, y cada uno de nosotros hizo lo que el Señor le encomendó. Yo planté, Apolo regó, pero fue Dios quien hizo crecer. De modo que ni el que planta ni el que riega tienen importancia, sino sólo Dios, que es quien hace crecer. El que planta y el que riega trabajan para lo mismo, si bien cada uno recibirá el salario conforme a su propio trabajo. Así pues, nosotros somos colaboradores de Dios y ustedes son el campo de Dios, la casa que Dios edifica.

Salmo Responsorial: Salmo 32, 12-13. 14-15. 20-21
R. (12b) Dichoso el pueblo escogido por Dios.

Feliz la nación cuyo Dios es el Señor, dichoso el pueblo que escogió por suyo.
Desde el cielo el Señor, atentamente, mira a todos los hombres. **R.**
Desde el lugar de su morada observa a todos los que habitan en el orbe. El formó el corazón de cada uno y entiende sus acciones. **R**.
En el Señor está nuestra esperanza, pues él es nuestra ayuda y nuestro amparo; en el Señor se alegra el corazón y en él hemos confiado. **R.**

Aclamación antes del Evangelio: Lucas 4, 18
R. Aleluya, aleluya.

El Señor me ha enviado para anunciar a los pobres la buena nueva y proclamar la liberación a los cautivos. **R.**

Evangelio: Lucas 4, 38-44

En aquel tiempo, Jesús salió de la sinagoga y entró en la casa de Simón. La suegra de Simón estaba con fiebre muy alta y le pidieron a Jesús que hiciera algo por ella. Jesús, de pie junto a ella, mandó con energía a la fiebre, y la fiebre desapareció. Ella se levantó enseguida y se puso a servirles. Al meterse el sol, todos los que tenían enfermos se los llevaron a Jesús y él, imponiendo las manos sobre cada uno, los fue curando de sus enfermedades. De muchos de ellos salían también demonios que gritaban: "¡Tú eres el Hijo de Dios!" Pero él les ordenaba enérgicamente que se callaran, porque sabían que él era el Mesías. Al día siguiente se fue a un lugar solitario y la gente lo andaba buscando. Cuando lo encontraron, quisieron retenerlo, para que no se alejara de ellos; pero él les dijo: "También tengo que anunciarles el Reino de Dios a las otras ciudades, pues para eso he sido enviado". Y se fue a predicar en las sinagogas de Judea.

Jueves 5 de septiembre de 2024
Jueves de la XXII semana del tiempo ordinario
Primera Lectura: 1 Corintios 3, 18-23

Hermanos: Que nadie se engañe: si alguno se tiene a sí mismo por sabio según los criterios de este mundo, que se haga ignorante para llegar a ser verdaderamente sabio. Porque la sabiduría de este mundo es ignorancia ante Dios, como dice la Escritura: *Dios hace que los sabios caigan en la trampa de su propia astucia.* También dice: *El Señor conoce los pensamientos de los sabios y los tiene por vanos.* Así pues, que nadie se gloríe de pertenecer a ningún hombre, ya que todo les pertenece a ustedes: Pablo, Apolo y Pedro, el mundo, la vida y la muerte, lo presente y lo futuro: todo es de ustedes; ustedes son de Cristo, y Cristo es de Dios.

Salmo Responsorial: Salmo 23, 1-2. 3-4ab. 5-6
R. (1) El Señor bendice al hombre justo.

Del Señor es la tierra y lo que ella tiene, el orbe todo y los que en él habitan, pues él lo edificó sobre los mares, él fue quien lo asentó sobre los ríos. **R.**

¿Quién subirá hasta el monte del Señor? ¿Quién podrá entrar en su recinto santo? El de corazón limpio y manos puras y que no juro en falso. **R.**

Ese obtendrá la bendición de Dios, y Dios, su salvador, le hará justicia. Este es la clase de hombres que te buscan y vienen ante ti, Dios de Jacob. **R.**

Aclamación antes del Evangelio: Mateo 4, 19
R. Aleluya, aleluya.

Síganme, dice el Señor, y yo los haré pescadores de hombres. **R.**

Evangelio: Lucas 5, 1-11

En aquel tiempo, Jesús estaba a orillas del lago de Genesaret y la gente se agolpaba en torno suyo para oír la palabra de Dios. Jesús vio dos barcas que estaban junto a la orilla. Los pescadores habían desembarcado y estaban lavando las redes. Subió Jesús a una de las barcas, la de Simón, le pidió que la alejara un poco de tierra, y sentado en la barca, enseñaba a la multitud. Cuando acabó de hablar, dijo a Simón: "Lleva la barca mar adentro y echen sus redes para pescar". Simón replicó: "Maestro, hemos trabajado toda la noche y no hemos pescado nada; pero, confiado en tu palabra echaré las redes". Así lo hizo y cogieron tal cantidad de pescados, que las redes se rompían. Entonces hicieron señas a sus compañeros, que estaban en la otra barca, para que vinieran a ayudarlos. Vinieron ellos y llenaron tanto las dos barcas, que casi se hundían. Al ver esto, Simón Pedro se arrojó a los pies de Jesús y le dijo: "¡Apártate de mí, Señor, porque soy un pecador!" Porque tanto él como sus compañeros estaban llenos de asombro, al ver la pesca que habían conseguido. Lo mismo les pasaba a Santiago y a Juan, hijos de Zebedeo, que eran compañeros de Simón. Entonces Jesús le dijo a Simón: "No temas; desde ahora serás pescador de hombres". Luego llevaron las barcas a tierra, y dejándolo todo, lo siguieron.

Viernes 6 de septiembre de 2024
Viernes de la XXII semana del Tiempo ordinario
Primera Lectura: 1 Corintios 4, 1-5

Hermanos: Procuren que todos nos consideren como servidores de Cristo y administradores de los misterios de Dios. Ahora bien, lo que se busca en un administrador es que sea fiel. Por eso, lo que menos me preocupa es que me juzguen ustedes o un tribunal humano; pues ni siquiera yo me juzgo a mí mismo. Es cierto que mi conciencia no me reprocha nada, pero no por eso he sido declarado inocente. El Señor es quien habrá de juzgarme. Por lo tanto, no juzguen antes de tiempo; esperen a que venga el Señor. Entonces él sacará a la luz lo que está oculto en las tinieblas, pondrá al descubierto las intenciones del corazón y dará a cada uno la alabanza que merezca.

Salmo Responsorial: Salmo 36, 3-4. 5-6. 27-28. 39-40
R. (39a) La salvación del justo es el Señor.

Pon tu esperanza en Dios, practica el bien y vivirás tranquilo en esta tierra. Busca en él tu alegría y te dará el Señor cuanto deseas. **R.**

Pon tu vida en las manos del Señor, en él confía, y hará que tu virtud y tus derechos brillen igual que el sol de mediodía. **R.**

Apártate del mal, practica el bien y tendrás una casa eternamente porque al Señor le agrada lo que es justo y vela por sus fieles; en cambio, a los injustos los borrará de la tierra siempre. **R.**

La salvación del justo es el Señor; en la tribulación él es su amparo. A quien en él confía, Dios la salva de los hombres malvados. **R.**

Aclamación antes del Evangelio: Juan 8, 12
R. Aleluya, aleluya.

Yo soy la luz del mundo, dice el Señor; el que me sigue tendrá la luz de la vida. **R.**

Evangelio: Lucas 5, 33-39

En aquel tiempo, los fariseos y los escribas le preguntaron a Jesús: "¿Por qué los discípulos de Juan ayunan con frecuencia y hacen oración, igual que los discípulos de los fariseos, y los tuyos, en cambio, comen y beben?" Jesús les contestó: "¿Acaso pueden ustedes obligar a los invitados a una boda a que ayunen, mientras el esposo está con ellos? Vendrá un día en que les quiten al esposo, y entonces sí ayunarán". Les dijo también una parábola: "Nadie rompe un vestido nuevo para remendar uno viejo, porque echa a perder el nuevo, y al vestido viejo no le queda el remiendo del nuevo. Nadie echa vino nuevo en odres viejos, porque el vino nuevo revienta los odres y entonces el vino se tira y los odres se echan a perder. El vino nuevo hay que echarlo en odres nuevos y así se conservan el vino y los odres. Y nadie, acabando de beber un vino añejo, acepta uno nuevo, pues dice: 'El añejo es mejor' "

Sábado 7 de septiembre de 2024
Sábado de la XXII semana del Tiempo ordinario

Primera Lectura: 1 Corintios 4, 6-15

Hermanos: Si he hablado de Apolo y de mí, ha sido para que aprendieran con este ejemplo a no enorgullecerse de uno despreciando al otro, como ya se lo he escrito a ustedes. Pues, ¿quién te ha hecho superior a los demás? ¿Qué tienes, que no lo hayas recibido? Y si lo has recibido, ¿por qué presumes como si no lo hubieras recibido? Conque ya están ustedes satisfechos, ya son ricos, ya han obtenido el Reino sin nuestra ayuda... Ojalá fuera esto verdad, para que también nosotros reináramos con ustedes. Porque me parece que a nosotros, los apóstoles, Dios nos trata como a los últimos de todos, como a gente condenada a las fieras, pues nos hemos convertido en todo un espectáculo para el mundo, tanto para los ángeles como para los hombres. En efecto, nosotros somos los locos a causa de Cristo y ustedes los sensatos en las cosas de Cristo; nosotros los débiles y ustedes los fuertes; nosotros los despreciados y ustedes los dignos de respeto. Hasta el presente pasamos hambre y sed, vamos pobremente vestidos y recibimos golpes; andamos errantes y nos fatigamos trabajando con nuestras propias manos. Nos maldicen y nosotros les deseamos el bien; nos persiguen y los soportamos; nos calumnian y correspondemos con bondad. Nos tienen, incluso hasta el día de hoy, como la basura del mundo y el desecho de la humanidad. Les escribo esto, no para avergonzarlos, sino para llamarles la atención como a hijos queridos. Pues aunque como cristianos tuvieran ustedes diez mil maestros, no tienen muchos padres, porque solamente soy yo quien los ha engendrado en Cristo Jesús, por medio del Evangelio.

Salmo Responsorial: Salmo 144, 17-18, 19-20. 21

R. (18a) El Señor cuida de quienes lo aman.

Siempre es justo el Señor en sus designios y están llenas de amor todas sus obras. No está lejos de aquellos que lo buscan; Muy cerca está el Señor, de quien lo invoca. **R.**

Satisface los deseos de sus fieles, escucha sus gritos de auxilio y los salva; el Señor cuida de los que lo aman, pero destruye a los malvados. **R.**

Que mis labios alaben al Señor, que todos los seres lo bendigan ahora y para siempre. **R.**

Aclamación antes del Evangelio: Juan 14, 6

R. Aleluya, aleluya.

Yo soy el camino, la verdad y la vida; nadie va al Padre, si no es por mí, dice el Señor. **R.**

Evangelio: Lucas 6, 1-5

Un sábado, Jesús iba atravesando unos sembrados y sus discípulos arrancaban espigas al pasar, las restregaban entre las manos y se comían los granos. Entonces unos fariseos les dijeron: "¿Por qué hacen lo que está prohibido hacer en sábado?" Jesús les respondió: "¿Acaso no han leído lo que hizo David una vez que tenían hambre él y sus hombres? Entró en el templo y tomando los panes sagrados, que sólo los sacerdotes podían comer, comió de ellos y les dio también a sus hombres". Y añadió: "El Hijo del hombre también es dueño del sábado"

Domingo 8 de septiembre de 2024
XXIII Domingo Ordinario

Primera Lectura: Isaías 35, 4-7a

Esto dice el Señor: "Digan a los de corazón apocado: '¡Animo! No teman. He aquí que su Dios, vengador y justiciero, viene ya para salvarlos'. Se iluminarán entonces los ojos de los ciegos y los oídos de los sordos se abrirán. Saltará como un venado el cojo y la lengua del mudo cantará. Brotarán aguas en el desierto y correrán torrentes en la estepa. El páramo se convertirá en estanque y la tierra seca, en manantial".

Salmo Responsorial: Salmo 145, 7. 8-9a. 9bc-10
R. (1) Alaba, alma mía, al Señor.

El Señor siempre es fiel a su palabra, y es quien hace justicia al oprimido; él proporciona pan a los hambrientos y libera al cautivo. **R.**

Abre el Señor los ojos de los ciegos y alivia al agobiado. Ama el Señor al hombre justo y toma al forastero a su cuidado. **R.**

A la viuda y la huérfano sustenta y trastorna los planes del inicuo. Reina el Señor eternamente, reina tu Dios, oh Sión, reina por siglos. **R.**

Segunda Lectura: Santiago 2, 1-5

Hermanos: Puesto que ustedes tienen fe en nuestro Señor Jesucristo glorificado, no tengan favoritismos. Supongamos que entran al mismo tiempo en su reunión un hombre con un anillo de oro, lujosamente vestido, y un pobre andrajoso, y que fijan ustedes la mirada en el que lleva el traje elegante y le dicen: "Tú, siéntate aquí, cómodamente". En cambio, le dicen al pobre: "Tú, párate allá o siéntate aquí en el suelo, a mis pies". ¿No es esto tener favoritismos y juzgar con criterios torcidos? Queridos hermanos, ¿acaso no ha elegido Dios a los pobres˜de este mundo para hacerlos ricos en la fe y herederos del Reino que prometió a los que lo aman?

Aclamación antes del Evangelio: Mateo 4, 23
R. Aleluya, aleluya.

Jesús predicaba el Evangelio del Reino y curaba las enfermedades y dolencias del pueblo. **R.**

Evangelio: Marcos 7, 31-37

En aquel tiempo, salió Jesús de la región de Tiro y vino de nuevo, por Sidón, al mar de Galilea, atravesando la región de Decápolis. Le llevaron entonces a un hombre sordo y tartamudo, y le suplicaban que le impusiera las manos. Él lo apartó a un lado de la gente, le metió los dedos en los oídos y le tocó la lengua con saliva. Después, mirando al cielo, suspiró y le dijo: "¡Effetá!" (que quiere decir "¡Abrete!"). Al momento se le abrieron los oídos, se le soltó la traba de la lengua y empezó a hablar sin dificultad. Él les mandó que no lo dijeran a nadie; pero cuanto más se lo mandaba, ellos con más insistencia lo proclamaban; y todos estaban asombrados y decían: "¡Qué bien lo hace todo! Hace oír a los sordos y hablar a los mudos".

Lunes 9 de septiembre de 2024

Lunes de la XXIII semana del Tiempo ordinario

Primera Lectura: 1 Corintios 5, 1-8

Queridos hermanos: Es voz común que hay entre ustedes un caso de inmoralidad tan grande, que ni entre los paganos existe, pues uno de ustedes vive con la mujer de su padre. Y todavía andan ustedes presumiendo, cuando más bien deberían estar de luto y haber arrojado de entre ustedes al que cometió semejante enormidad. Por mi parte, yo, ausente de cuerpo, pero presente en espíritu, ya pronuncié mi sentencia como si hubiera estado presente, contra el que ha hecho eso. Reúnanse, pues, ustedes—yo estaré presente en espíritu—, y en el nombre de nuestro Señor Jesucristo y con su poder, entreguen a ese hombre a Satanás para castigo de su cuerpo, a fin de que su espíritu se salve el día del Señor. Así que no está bien que anden presumiendo. ¿No saben que un poco de levadura hace fermentar toda la masa? Tiren la antigua levadura, para que sean una masa nueva, ya que son pan sin levadura, pues Cristo, nuestro cordero pascual, ha sido inmolado. Celebremos, pues, la fiesta de la Pascua, no con la antigua levadura, que es de vicio y maldad, sino con el pan sin levadura, que es de sinceridad y verdad.

Salmo Responsorial: Salmo 5, 5-6. 7. 12

R. (9a) Condúceme, Señor, por tu camino santo.

Tú no eres, Señor, un Dios al que pudiera la maldad agradarle, ni el malvado es tu huésped ni ante ti puede estar el arrogante. **R.**

Al malhechor detestas y destruyes, Señor, al embustero; aborreces al hombre sanguinario y a quien es traicionero. **R.**

Que se alegren con júbilo eterno los que se acogen a ti; protégelos, que se regocijen los que te aman. **R.**

Aclamación antes del Evangelio: Juan 10, 27
R. Aleluya, aleluya.

Mis ovejas escuchan mi voz, dice el Señor, yo las conozco y ellas me siguen. **R.**

Evangelio: Lucas 6, 6-11

Un sábado, Jesús entró en la sinagoga y se puso a enseñar. Había allí un hombre que tenía la mano derecha paralizada. Los escribas y fariseos estaban acechando a Jesús para ver si curaba en sábado y tener así de qué acusarlo. Pero Jesús, conociendo sus intenciones, le dijo al hombre de la mano paralizada: "Levántate y ponte ahí en medio". El hombre se levantó y se puso en medio. Entonces Jesús les dijo: "Les voy a hacer una pregunta: ¿Qué es lo que está permitido hacer en sábado: el bien o el mal, salvar una vida o acabar con ella?" Y después de recorrer con la vista a todos los presentes, le dijo al hombre: "Extiende la mano". El la extendió y quedó curado. Los escribas y fariseos se pusieron furiosos y discutían entre sí lo que le iban a hacer a Jesús.

Martes 10 de septiembre de 2024
Martes de la XXIII semana del Tiempo ordinario
Primera Lectura: 1 Corintios 6, 1-11

Hermanos: Cuando alguno de ustedes tiene algo contra un hermano, ¿cómo se atreve a llevar el asunto ante los tribunales paganos y no ante los hermanos? ¿No saben que los hermanos van a juzgar al mundo? Y si ustedes van a juzgar al mundo, ¿no son acaso capaces de juzgar esas pequeñeces? ¿No saben que vamos a juzgar a los ángeles? Pues, cuánto más los asuntos de esta vida. Sin embargo, ustedes, cuando tienen que resolver asuntos de esta vida, se los llevan a los que no tienen ninguna autoridad sobre la comunidad cristiana. ¿No les da vergüenza? ¿De modo que no hay entre ustedes ninguna persona competente, que pueda ser juez de ustedes, y van a pleitear, hermano contra hermano, ante los infieles? El mismo hecho de que haya pleitos entre ustedes ya es una desgracia. ¿Por qué mejor no soportan la injusticia? ¿Por qué mejor no se dejan robar? Pero no, ustedes son los que hacen injusticias y despojan a los demás, que son sus propios hermanos. ¿Acaso no saben que los injustos no tendrán parte en el Reino de Dios? No se engañen: ni los impuros, ni los idólatras, ni los adúlteros, ni los afeminados, ni los homosexuales, ni los ladrones, ni los avaros, ni los borrachos, ni los difamadores, ni los estafadores tendrán parte en el Reino de Dios. Y eso eran algunos de ustedes. Pero han sido lavados, consagrados y justificados en el nombre del Señor Jesucristo y por medio del Espíritu de nuestro Dios.

Salmo Responsorial: Salmo 149, 1-2. 3-4. 5-6a y 9b
R. (4a) El Señor es amigo de su pueblo.

Entonen al Señor un canto nuevo, en la reunión litúrgica proclámenlo. En su creador y rey, en el Señor, alégrese Israel, su pueblo santo. **R.**

En honor de su nombre, que haya danzas, alábenlo con arpa y tamboriles. El Señor es amigo de su pueblo y otorga la victoria a los humildes. **R.**

Que se alegren los fieles en el triunfo, que inunde el regocijo sus hogares, que alaben al Señor con sus palabras, porque en esto su pueblo complace. **R.**

Aclamación antes del Evangelio: Juan 15, 16
R. Aleluya, aleluya.

Yo los he elegido del mundo, dice el Señor, para que vayan y den fruto y su fruto permanezca. **R.**

Evangelio: Lucas 6, 12-19

Por aquellos días, Jesús se retiró al monte a orar y se pasó la noche en oración con Dios. Cuando se hizo de día, llamó a sus discípulos, eligió a doce de entre ellos y les dio el nombre de apóstoles. Eran Simón, a quien llamó Pedro, y su hermano Andrés; Santiago y Juan; Felipe y Bartolomé; Mateo y Tomás; Santiago, el hijo de Alfeo, y Simón, llamado el Fanático; Judas, el hijo de Santiago, y Judas Iscariote, que fue el traidor. Al bajar del monte con sus discípulos y sus apóstoles, se detuvo en un llano. Allí se encontraba mucha gente, que había venido tanto de

Judea y Jerusalén, como de la costa, de Tiro y de Sidón. Habían venido a oírlo y a que los curara de sus enfermedades; y los que eran atormentados por espíritus inmundos quedaban curados. Toda la gente procuraba tocarlo, porque salía de él una fuerza que sanaba a todos.

Miércoles 11 de septiembre de 2024

Miércoles de la XXIII semana del Tiempo ordinario

Primera Lectura: 1 Corintios 7, 25-31

Queridos hermanos: En cuanto a los jóvenes no casados, no he recibido ningún mandamiento del Señor; pero les voy a dar un consejo, pues por la misericordia del Señor, soy digno de confianza. Yo opino que, en vista de las dificultades de esta vida, lo que conviene es que cada uno se quede como está. ¿Estás casado? No te separes de tu esposa. ¿Eres soltero? No te cases; pero si te casas, no haces mal, y si una joven se casa, tampoco hace mal. Sin embargo, los que se casan sufren en esta vida muchas tribulaciones, que yo quisiera evitarles. Hermanos, les quiero decir una cosa: la vida es corta. Por lo tanto, conviene que los casados vivan como si no lo estuvieran; los que sufren, como si no sufrieran; los que están alegres, como si no se alegraran; los que compran, como si no compraran; los que disfrutan del mundo, como si no disfrutaran de él; porque este mundo que vemos es pasajero.

Salmo Responsorial: Salmo 44, 11-12. 14-15. 16-17

R. (11a) El rey está prendado de tu belleza.

Escucha, hija, mira y pon atención: olvida tu pueblo y la casa paterna; el rey está prendado de tu belleza; ríndele homenaje, porque él es tu señor. **R.**

Con todos los honores entra la princesa, vestida de oro y de brocados, y es conducida hasta el rey; un cortejo de doncellas la acompaña. **R.**

Entre alegría y regocijo van entrando en el palacio real. A cambio de tus padres, tendrás hijos, que nombrarás príncipes por toda la tierra. **R.**

Aclamación antes del Evangelio: Lucas 6, 23

R. Aleluya, aleluya.

Alégrense ese día y salten de gozo, porque su recompensa será grande en el cielo.

R.

Evangelio: Lucas 6, 20-26

En aquel tiempo, mirando Jesús a sus discípulos, les dijo: "Dichosos ustedes los pobres, porque de ustedes es el Reino de Dios. Dichosos ustedes los que ahora tienen hambre, porque serán saciados. Dichosos ustedes los que lloran ahora, porque al fin reirán. Dichosos serán ustedes cuando los hombres los aborrezcan y los expulsen de entre ellos, y cuando los insulten y maldigan por causa del Hijo del hombre. Alégrense ese día y salten de gozo, porque su recompensa será grande en el cielo. Pues así trataron sus padres a los profetas. Pero, ¡ay de ustedes, los ricos, porque ya tienen ahora su consuelo! ¡Ay de ustedes, los que se hartan ahora, porque después tendrán hambre! ¡Ay de ustedes, los que ríen ahora, porque llorarán de pena! ¡Ay de ustedes, cuando todo el mundo los alabe, porque de ese modo trataron sus padres a los falsos profetas!"

Jueves 12 de septiembre de 2024

Jueves de la XXIII semana del Tiempo ordinario

Primera Lectura: 1 Corintios 8, 1-13

Queridos hermanos: Ya sé que todos ustedes conocen lo que está permitido con respecto a la carne inmolada a los ídolos. Pero, ¡cuidado!, porque el puro hecho de conocer, llena de soberbia; el amor, en cambio, hace el bien. Y si alguno piensa que ese conocimiento le basta, no tiene idea de lo que es el verdadero conocimiento. Pero aquel que ama a Dios, es verdaderamente conocido por Dios. Ahora bien, con respecto a comer la carne ofrecida a los ídolos, sabemos que un ídolo no representa nada real y que no hay más que un solo Dios. Pues, aun cuando se hable de dioses del cielo y de la tierra, como si hubiera muchos dioses y muchos señores, sin embargo, para nosotros no hay más que un solo Dios, el Padre, de quien todo procede y es nuestro destino, y un solo Señor Jesucristo, por quien existen todas las cosas y por el cual también nosotros existimos. Mas no todos saben esto. Pues algunos, acostumbrados a la idolatría hasta hace poco, siguen comiendo la carne como si estuviera consagrada a los ídolos, y puesto que su conciencia está poco formada, pecan. No es, ciertamente, la comida lo que nos hará agradables a Dios, ni vamos a ser mejores o peores por comer o no comer. Pero tengan cuidado de que esa libertad de ustedes no sea ocasión de pecado para los que tienen la conciencia poco formada. Porque si a ti, que sabes estas cosas, te ve alguien sentado a la mesa en un templo de los ídolos, ¿no se creerá autorizado por su conciencia, que está poco formada, a comer de lo sacrificado a los ídolos? Entonces, por culpa de tu conocimiento haces que se pierda el hermano que tiene la conciencia poco formada, por quien murió Cristo. De esta manera, al pecar ustedes contra sus hermanos, haciendo daño a su conciencia poco formada, pecan contra Cristo. Por lo tanto, si un alimento le es ocasión de pecado a mi hermano, nunca comeré carne para no darle ocasión de pecado.

Salmo Responsorial: Salmo 138, 1b-3. 13-14ab. 23-24
R. (24b) Señor, no dejes que me pierda.

Tú me conoces, Señor, profundamente: tú conoces cuándo me siento y me levanto, desde lejos sabes mis pensamientos, tú observas mi camino y mi descanso, todas mis sendas te son familiares. **R.**

Tú formaste mis entrañas, me tejiste en el seno materno. Te doy gracias por tan grandes maravillas; soy un prodigio y tus obras son prodigiosas. **R.**

Examíname, Dios mío, para conocer mi corazón, ponme a prueba para conocer mis sentimientos, y si mi camino se desvía, no dejes que me pierda. **R.**

Aclamación antes del Evangelio: 1 Juan 4, 12
R. Aleluya, aleluya.

Si nos amamos los unos a los otros, Dios permanece en nosotros y su amor ha llegado en nosotros a su plenitud. **R.**

Evangelio: Lucas 6, 27-38
En aquel tiempo, Jesús dijo a sus discípulos: "Amen a sus enemigos, hagan el bien a los que los aborrecen, bendigan a quienes los maldicen y oren por quienes los difaman. Al que te golpee en una mejilla, preséntale la otra; al que te quite el

manto, déjalo llevarse también la túnica. Al que te pida, dale; y al que se lleve lo tuyo, no se lo reclames. Traten a los demás como quieran que los traten a ustedes; porque si aman sólo a los que los aman, ¿qué hacen de extraordinario? También los pecadores aman a quienes los aman. Si hacen el bien sólo a los que les hacen el bien, ¿qué tiene de extraordinario? Lo mismo hacen los pecadores. Si prestan solamente cuando esperan cobrar, ¿qué hacen de extraordinario? También los pecadores prestan a otros pecadores, con la intención de cobrárselo después. Ustedes, en cambio, amen a sus enemigos, hagan el bien y presten sin esperar recompensa. Así tendrán un gran premio y serán hijos del Altísimo, porque él es bueno hasta con los malos y los ingratos. Sean misericordiosos, como su Padre es misericordioso. No juzguen y no serán juzgados; no condenen y no serán condenados; perdonen y serán perdonados. Den y se les dará: recibirán una medida buena, bien sacudida, apretada y rebosante en los pliegues de su túnica. Porque con la misma medida conque midan, serán medidos".

Viernes 13 de septiembre de 2024

Memoria de San Juan Crisóstomo, obispo y doctor de la Iglesia

Primera Lectura: 1 Corintios 9, 16-19. 22-27

Hermanos: No tengo por qué presumir de predicar el Evangelio, puesto que ésa es mi obligación. ¡Ay de mí, si no anuncio el Evangelio! Si yo lo hiciera por propia iniciativa, merecería recompensa; pero si no, es que se me ha confiado una misión. Entonces, ¿en qué consiste mi recompensa? Consiste en predicar el Evangelio gratis, renunciando al derecho que tengo a vivir de la predicación. Aunque no estoy sujeto a nadie, me he convertido en esclavo de todos para ganarlos a todos. Con los débiles me hice débil, para ganar a los débiles. Me he hecho todo a todos, a fin de ganarlos a todos. Todo lo hago por el Evangelio, para participar yo también de sus bienes. ¿No saben que en el estadio todos los corredores compiten, pero uno solo recibe el premio? Corran de manera que consigan el premio. Además, todos los atletas se privan de muchas cosas: ellos lo hacen por un premio que se acaba; nosotros, en cambio, por uno que dura para siempre. Así pues, yo corro, pero no a ciegas, y lucho, pero no dando golpes al aire, sino que domino mi cuerpo y lo obligo a que me sirva, no sea que, después de predicar a los demás, quede yo descalificado.

Salmo Responsorial: Salmo 83, 3. 4. 5-6. 12
R. (2) Qué agradable, Señor, es tu morada.

Anhelando los atrios del Señor se consume mi alma. Todo mi ser de gozo se estremece y el Dios vivo es la causa. **R.**

Hasta el gorrión encuentra casa y la golondrina un lugar para su nido, cerca de tus altares, Señor de los ejércitos, Dios mío. **R.**

Dichosos los que viven en tu casa, te alabarán para siempre; dichosos los que encuentran en ti su fuerza y la esperanza de su corazón. **R.**

El Señor es sol y escudo, Dios concede favor y gloria. El Señor no niega sus bienes a los de conducta intachable. **R.**

Aclamación antes del Evangelio: Juan 17, 17
R. Aleluya, aleluya.

Tu palabra, Señor, es la verdad; santifícanos en la verdad. **R.**

Evangelio: Lucas 6, 39-42

En aquel tiempo, Jesús propuso a sus discípulos este ejemplo: "¿Puede acaso un ciego guiar a otro ciego? ¿No caerán los dos en un hoyo? El discípulo no es superior a su maestro; pero cuando termine su aprendizaje, será como su maestro. ¿Por qué ves la paja en el ojo de tu hermano y no la viga que llevas en el tuyo? ¿Cómo te atreves a decirle a tu hermano: 'Déjame quitarte la paja que llevas en el ojo', si no adviertes la viga que llevas en el tuyo? ¡Hipócrita! Saca primero la viga que llevas en tu ojo y entonces podrás ver, para sacar la paja del ojo de tu hermano".

Sábado 14 de septiembre de 2024
Fiesta de la Exaltación de la santa Cruz

Primera Lectura: Números 21, 4-9

En aquellos días, el pueblo se impacientó y murmuró contra Dios y contra Moisés, diciendo: "¿Para qué nos sacaste de Egipto? ¿Para que muriéramos en el desierto? No tenemos pan ni agua y ya estamos hastiados de esta miserable comida". Entonces envió Dios contra el pueblo serpientes venenosas, que los mordían, y murieron muchos israelitas. El pueblo acudió a Moisés y le dijo: "Hemos pecado al murmurar contra el Señor y contra ti. Ruega al Señor que aparte de nosotros las serpientes". Moisés rogó al Señor por el pueblo y el Señor le respondió: "Haz una serpiente como ésas y levántala en un palo. El que haya sido mordido por las serpientes y mire la que tú hagas, vivirá". Moisés hizo una serpiente de bronce y la levantó en un palo; y si alguno era mordido y miraba la serpiente de bronce, quedaba curado.

Salmo Responsorial: Salmo 77, 1-2. 34-35. 36-37. 38
R. (7c) No olvidemos las hazañas del Señor.

Escucha, pueblo mío, mi enseñanza; presten oído a las palabras de mi boca.
Abriré mi boca y les hablaré en parábolas; anunciaré lo que estaba oculto desde la creación del mundo. **R.**

Cuando Dios los hacía morir, lo buscaban, y madrugaban para volverse hacia él.
Se acordaban de que Dios era su auxilio; el Dios altísimo su redentor. **R.**

Lo adulaban con sus bocas, le mentían con su lengua; su corazón no era sincero con él, ni eran fieles a su alianza. **R.**

Pero él sentía lástima de ellos, les perdonaba su culpa y no los destruía. Muchas veces dominó su ira y apagó el furor de su cólera. **R.**

Segunda Lectura: Filipenses 2, 6-11
Cristo, siendo Dios, no consideró que debía aferrarse a las prerrogativas de su condición divina, sino que, por el contrario, se anonadó a sí mismo tomando la condición de siervo, y se hizo semejante a los hombres. Así, hecho uno de ellos, se humilló a sí mismo y por obediencia aceptó incluso la muerte, y una muerte de cruz. Por eso Dios lo exaltó sobre todas las cosas y le otorgó el nombre que está sobre todo nombre, para que al nombre de Jesús todos doblen la rodilla en el

cielo, en la tierra y en los abismos, y todos reconozcan públicamente que Jesucristo es el Señor, para gloria de Dios Padre.

Aclamación antes del Evangelio

R. Aleluya, aleluya.

Te adoramos, oh Cristo, y te bendecimos, porque con tu santa cruz redimiste al mundo. **R.**

Evangelio: Juan 3, 13-17

En aquel tiempo, Jesús dijo a Nicodemo: "Nadie ha subido al cielo sino el Hijo del hombre, que bajó del cielo y está en el cielo. Así como Moisés levantó la serpiente en el desierto, así tiene que ser levantado el Hijo del hombre, para que todo el que crea en él tenga vida eterna. Porque tanto amó Dios al mundo, que le entregó a su Hijo único, para que todo el que crea en él no perezca, sino que tenga vida eterna. Porque Dios no envió a su Hijo para condenar al mundo, sino para que el mundo se salvara por él".

Domingo 15 de septiembre de 2024
XXIV Domingo Ordinario

Primera Lectura: Isaías 50, 5-9

En aquel entonces, dijo Isaías: "El Señor Dios me ha hecho oír sus palabras y yo no he opuesto resistencia, ni me he echado para atrás. Ofrecí la espalda a los que me golpeaban, la mejilla a los que me tiraban de la barba. No aparté mi rostro de los insultos y salivazos. Pero el Señor me ayuda, por eso no quedaré confundido, por eso endurecí mi rostro como roca y sé que no quedaré avergonzado. Cercano está de mí el que me hace justicia, ¿quién luchará contra mí? ¿Quién es mi adversario? ¿Quién me acusa? Que se me enfrente. El Señor es mi ayuda, ¿quién se atreverá a condenarme?"

Salmo Responsorial: Salmo 114, 1-2. 3-4. 5-6. 8-9

R. (9) Caminaré en la presencia del Señor.

Amo al Señor porque escucha el clamor de mi plegaria, porque me prestó atención cuando mi voz lo llamaba. **R.**

Redes de angustia y de muerte me alcanzaron y me ahogaban. Entonces rogué al Señor que la vida me salvara. **R.**

El Señor es benigno y justo, nuestro Dios es compasivo. A mí, débil, me salvó y protege a los sencillos. **R.**

Mi alma libró de la muerte; del llanto los ojos míos, y ha evitado que mis pies tropiecen por el camino. Caminaré ante el Señor por la tierra de los vivos. **R.**

Segunda Lectura: Santiago 2, 14-18

Hermanos míos: ¿De qué le sirve a uno decir que tiene fe, si no lo demuestra con obras? ¿Acaso podrá salvarlo esa fe? Supongamos que algún hermano o hermana carece de ropa y del alimento necesario para el día, y que uno de ustedes le dice: "Que te vaya bien; abrígate y come", pero no le da lo necesario para el cuerpo, ¿de qué le sirve que le digan eso? Así pasa con la fe; si no se traduce en obras, está completamente muerta. Quizá alguien podría decir: "Tú tienes fe y yo tengo obras. A ver cómo, sin obras, me demuestras tu fe; yo, en cambio, con mis obras te demostraré mi fe".

Aclamación antes del Evangelio: Gálatas 6, 14
R. Aleluya, aleluya.

No permita Dios que yo me gloríe en algo que no sea la cruz de nuestro Señor Jesucristo, por el cual el mundo está crucificado para mí y yo para el mundo. **R.**

Evangelio: Marcos 8, 27-35

En aquel tiempo, Jesús y sus discípulos se dirigieron a los poblados de Cesarea de Filipo. Por el camino les hizo esta pregunta: "¿Quién dice la gente que soy yo?" Ellos le contestaron: "Algunos dicen que eres Juan el Bautista; otros, que Elías; y otros, que alguno de los profetas". Entonces él les preguntó: "Y ustedes ¿quién dicen que soy yo?" Pedro le respondió: "Tú eres el Mesías". Y él les ordenó que no se lo dijeran a nadie. Luego se puso a explicarles que era necesario que el Hijo del hombre padeciera mucho, que fuera rechazado por los ancianos, los sumos sacerdotes y los escribas, que fuera entregado a la muerte y resucitara al tercer día. Todo esto lo dijo con entera claridad. Entonces Pedro se lo llevó aparte y trataba de disuadirlo. Jesús se volvió, y mirando a sus discípulos, reprendió a Pedro con estas palabras: "¡Apártate de mí, Satanás! Porque tú no juzgas según Dios, sino según los hombres". Después llamó a la multitud y a sus discípulos, y les dijo: "El que quiera venir conmigo, que renuncie a sí mismo, que cargue con su cruz y que me siga. Pues el que quiera salvar su vida, la perderá; pero el que pierda su vida por mí y por el Evangelio, la salvará".

Lunes 16 de septiembre de 2024
Memoria de San Cornelio, Papa y san Cipriano, obispo, mártires
Primera Lectura: 1 Corintios 11, 17-26

Hermanos: Con respecto a las reuniones de ustedes ciertamente no puedo alabarlas, porque les hacen más daño que provecho. En efecto, he sabido que, cuando se reúnen en asamblea, hay divisiones entre ustedes, y en parte lo creo. Es cierto que tiene que haber divisiones, para que se ponga de manifiesto quiénes tienen verdadera virtud. De modo que, cuando se reúnen en común, ya no es para comer la cena del Señor, porque cada uno se adelanta a comer su propia cena, y mientras uno pasa hambre, el otro se embriaga. ¿Acaso no tienen su propia casa para comer y beber? ¿O es que desprecian a la asamblea de Dios y quieren avergonzar a los que son pobres? ¿Qué quieren que les diga? ¿Que los alabe? En esto no los alabo. Porque yo recibí del Señor lo mismo que les he transmitido: que el Señor Jesús, la noche en que iba a ser entregado, tomó pan en sus manos, y pronunciando la acción de gracias, lo partió y dijo: "Esto es mi cuerpo, que se entrega por ustedes. Hagan esto en memoria mía". Lo mismo hizo con el cáliz después de cenar, diciendo: "Este cáliz es la nueva alianza que se sella con mi sangre. Hagan esto en memoria mía siempre que beban de él". Por eso, cada vez que ustedes comen de este pan y beben de este cáliz, proclaman la muerte del Señor, hasta que vuelva.

Salmo Responsorial: Salmo 39, 7-8a. 8b-9. 10. 17
R. (1 Cor 11, 26b) Aquí estoy, Señor, para hacer tu voluntad.

Sacrificios y ofrendas no quisiste, abriste, en cambio, mis oídos a tu voz. No exigiste holocaustos por la culpa, así que dije: "Aquí estoy". **R.**

En tus libros se me ordena hacer tu voluntad. esto es, Señor, lo que deseo: tu ley en medio de mi corazón. **R.**

He anunciado tu justicia en la gran asamblea; no he cerrado mis labios: Tú lo sabes, Señor. **R.**

Que se gocen en ti y que se alegren todos los que te buscan. Cuantos quieren de ti la salvación, repiten sin cesar: "¡Que grande es Dios!" **R.**

Aclamación antes del Evangelio: Juan 3, 16
R. Aleluya, aleluya.

Tanto amó Dios al mundo, que le entregó a su Hijo único, para que todo el que crea en él tenga vida eterna. **R.**

Evangelio: Lucas 7, 1-10

En aquel tiempo, cuando Jesús terminó de hablar a la gente, entró en Cafarnaúm. Había allí un oficial romano, que tenía enfermo y a punto de morir a un criado muy querido. Cuando le dijeron que Jesús estaba en la ciudad, le envió a algunos de los ancianos de los judíos para rogarle que viniera a curar a su criado. Ellos, al acercarse a Jesús, le rogaban encarecidamente, diciendo: "Merece que le concedas ese favor, pues quiere a nuestro pueblo y hasta nos ha construido una sinagoga". Jesús se puso en marcha con ellos. Cuando ya estaba cerca de la casa, el oficial romano envió unos amigos a decirle: "Señor, no te molestes, porque yo no soy digno de que tú entres en mi casa; por eso ni siquiera me atreví a ir personalmente a verte. Basta con que digas una sola palabra y mi criado quedará sano. Porque yo, aunque soy un subalterno, tengo soldados bajo mis órdenes y le digo a uno: '¡Ve!', y va; a otro: '¡Ven!', y viene; y a mi criado: '¡Haz esto!', y lo hace". Al oír esto, Jesús quedó lleno de admiración, y volviéndose hacia la gente que lo seguía, dijo: "Yo les aseguro que ni en Israel he hallado una fe tan grande". Los enviados regresaron a la casa y encontraron al criado perfectamente sano.

Martes 17 de septiembre de 2024

Martes de la XXIV semana del Tiempo ordinario

Primera Lectura: 1 Corintios 12, 12-14. 27-31

Hermanos: Así como el cuerpo es uno y tiene muchos miembros y todos ellos, a pesar de ser muchos, forman un solo cuerpo, así también es Cristo. Porque todos nosotros, seamos judíos o no judíos, esclavos o libres, hemos sido bautizados en un mismo Espíritu, para formar un solo cuerpo, y a todos se nos ha dado a beber del mismo Espíritu. El cuerpo no se compone de un solo miembro, sino de muchos. Pues bien, ustedes son el cuerpo de Cristo y cada uno es miembro de él. En la Iglesia, Dios ha puesto en primer lugar a los apóstoles; en segundo lugar, a los profetas; en tercer lugar, a los maestros; luego, a los que hacen milagros, a los que tienen el don de curar a los enfermos, a los que ayudan, a los que administran, a los que tienen el don de lenguas y el de interpretarlas. ¿Acaso son todos apóstoles? ¿Son todos profetas? ¿Son todos maestros? ¿Hacen todos milagros? ¿Tienen todos el don de curar? ¿Tienen todos el don de lenguas y todos las interpretan? Aspiren a los dones de Dios más excelentes.

Salmo Responsorial: Salmo 99, 2. 3. 4. 5
R. (3c) Sirvamos al Señor con alegría.

Alabemos a Dios todos los hombres, sirvamos al Señor con alegría y con júbilo entremos en su presencia. **R.**

Reconozcamos que el Señor es Dios, que él fue quien nos hizo y somos suyos, que somos su pueblo y su rebaño. **R.**

Entremos por sus puertas dando gracias, crucemos por sus atrios entre himnos, alabando al Señor y bendiciéndolo. **R.**

Porque el Señor es bueno, bendigámoslo, porque es terna su misericordia y su fidelidad nunca se acaba. **R.**

Aclamación antes del Evangelio: Lucas 7, 16
R. Aleluya, aleluya.

Un gran profeta ha surgido entre nosotros. Dios ha visitado a su pueblo. **R.**

Evangelio: Lucas 7, 11-17

En aquel tiempo, se dirigía Jesús a una población llamada Naím, acompañado de sus discípulos y de mucha gente. Al llegar a la entrada de la población, se encontró con que sacaban a enterrar a un muerto, hijo único de una viuda, a la que acompañaba una gran muchedumbre. Cuando el Señor la vio, se compadeció de ella y le dijo: "No llores". Acercándose al ataúd, lo tocó, y los que lo llevaban se detuvieron. Entonces Jesús dijo: "Joven, yo te lo mando: Levántate". Inmediatamente el que había muerto se levantó y comenzó a hablar. Jesús se lo entregó a su madre. Al ver esto, todos se llenaron de temor y comenzaron a glorificar a Dios, diciendo: "Un gran profeta ha surgido entre nosotros. Dios ha visitado a su pueblo". La noticia de este hecho se divulgó por toda Judea y por las regiones circunvecinas.

Miércoles 18 de septiembre de 2024
Miércoles de la XXIV semana del Tiempo ordinario
Primera Lectura: 1 Corintios 12, 31–13, 13

Hermanos: Aspiren a los dones de Dios más excelentes. Voy a mostrarles el camino mejor de todos. Aunque yo hablara las lenguas de los hombres y de los ángeles, si no tengo amor, no soy más que una campana que resuena o unos platillos que aturden. Aunque yo tuviera el don de profecía y penetrara todos los misterios, aunque yo poseyera en grado sublime el don de ciencia y mi fe fuera tan grande como para cambiar de sitio las montañas, si no tengo amor, nada soy. Aunque yo repartiera en limosnas todos mis bienes y aunque me dejara quemar vivo, si no tengo amor, de nada me sirve. El amor es comprensivo, el amor es servicial y no tiene envidia; el amor no es presumido ni se envanece; no es grosero ni egoísta; no se irrita ni guarda rencor; no se alegra con la injusticia, sino que goza con la verdad. El amor disculpa sin límites, confía sin límites, espera sin límites, soporta sin límites. El amor dura por siempre; en cambio, el don de profecía se acabará; el don de lenguas desaparecerá, y el don de ciencia dejará de existir, porque nuestros dones de ciencia y de profecía son imperfectos. Pero cuando llegue la consumación, todo lo imperfecto desaparecerá. Cuando yo era niño, hablaba como niño, sentía como niño y pensaba como niño; pero cuando llegué a ser hombre, hice a un lado las cosas de niño. Ahora vemos como en un espejo y oscuramente, pero después será cara a cara. Ahora sólo conozco de una manera imperfecta, pero entonces conoceré a Dios como él me conoce a mí. Ahora tenemos estas tres virtudes: la fe, la esperanza y el amor; pero el amor es la mayor de las tres.

Salmo Responsorial: Salmo 32, 2-3. 4-5. 12 y 22
R. (12b) Dichoso el pueblo escogido por Dios.

Demos gracias a Dios al son del arpa, que la lira acompañe nuestros cantos, cantemos en su honor nuevas cantares, al compás de instrumentos aclamémoslo. **R.**

Sincera es la palabra del Señor y todas sus acciones son leales. El ama la justicia y el derecho, la tierra llena está de sus bondades. **R.**

Feliz la nación cuyo Dios es el Señor, dichoso el pueblo que escogió por suyo. Muéstrate bondadoso con nosotros, porque en ti, Señor, hemos confiado. **R.**

Aclamación antes del Evangelio: Juan 6, 63. 68
R. Aleluya, aleluya.

Tus palabras, Señor, son espíritu y vida. Tú tienes palabras de vida eterna. **R.**

Evangelio: Lucas 7, 31-35

En aquel tiempo, Jesús dijo: "¿Con quién compararé a los hombres de esta generación? ¿A quién se parecen? Se parecen a esos niños que se sientan a jugar en la plaza y se gritan los unos a los otros: 'Tocamos la flauta y no han bailado, cantamos canciones tristes y no han llorado'. Porque vino Juan el Bautista, que ni comía pan ni bebía vino, y ustedes dijeron: 'Ese está endemoniado'. Y viene el Hijo del hombre, que come y bebe, y dicen: 'Este hombre es un glotón y un bebedor, amigo de publicanos y pecadores'. Pero sólo aquellos que tienen la sabiduría de Dios, son quienes lo reconocen".

Jueves 19 de septiembre de 2024
Jueves de la XXIV semana del Tiempo ordinario

Primera Lectura: 1 Corintios 15, 1-11

Hermanos: Les recuerdo el Evangelio que yo les prediqué y que ustedes aceptaron y en el cual están firmes. Este Evangelio los salvará, si lo cumplen tal y como yo lo prediqué. De otro modo, habrán creído en vano. Les transmití, ante todo, lo que yo mismo recibí: que Cristo murió por nuestros pecados, como dicen las Escrituras; que fue sepultado y que resucitó al tercer día, según estaba escrito; que se le apareció a Pedro y luego a los Doce; después se apareció a más de quinientos hermanos reunidos, la mayoría de los cuales vive aún y otros ya murieron. Más tarde se le apareció a Santiago y luego a todos los apóstoles. Finalmente, se me apareció también a mí, que soy como un aborto. Porque yo perseguí a la Iglesia de Dios y por eso soy el último de los apóstoles e indigno de llamarme apóstol. Sin embargo, por la gracia de Dios, soy lo que soy, y su gracia no ha sido estéril en mí; al contrario, he trabajado más que todos ellos, aunque no he sido yo, sino la gracia de Dios, que está conmigo. De cualquier manera, sea yo, sean ellos, esto es lo que nosotros predicamos y esto mismo lo que ustedes han creído.

Salmo Responsorial: Salmo 117, 1-2. 16ab-17. 28
R. (1) Te damos gracias, Señor, porque eres bueno.

Te damos gracias, Señor, porque eres bueno, porque tu misericordia es eterna. Diga la casa de Israel: "Su misericordia es eterna". **R.**

Escuchemos el canto de victoria que sale de la casa de los justos: "La diestra del Señor es poderosa, la diestra del Señor es nuestro orgullo". **R.**

No moriré, continuaré viviendo para contar lo que el Señor ha hecho. Tú eres mi Dios, y te doy gracias. Tú eres mi Dios, y yo te alabo. **R.**

Aclamación antes del Evangelio: Mateo 11, 28
R. Aleluya, aleluya.

Vengan a mí, todos los que están fatigados y agobiados por la carga, y yo les daré alivio, dice el Señor. **R.**

Evangelio: Lucas 7, 36-50

En aquel tiempo, un fariseo invitó a Jesús a comer con él. Jesús fue a la casa del fariseo y se sentó a la mesa. Una mujer de mala vida en aquella ciudad, cuando supo que Jesús iba a comer ese día en casa del fariseo, tomó consigo un frasco de alabastro con perfume, fue y se puso detrás de Jesús, y comenzó a llorar, y con sus lágrimas bañaba sus pies; los enjugó con su cabellera, los besó y los ungió con el perfume. Viendo esto, el fariseo que lo había invitado comenzó a pensar: "Si este hombre fuera profeta, sabría qué clase de mujer es la que lo está tocando; sabría que es una pecadora". Entonces Jesús le dijo: "Simón, tengo algo que decirte". El fariseo contestó: "Dímelo, Maestro". El le dijo: "Dos hombres le debían dinero a un prestamista. Uno le debía quinientos denarios, y el otro, cincuenta. Como no tenían con qué pagarle, les perdonó la deuda a los dos. ¿Cuál de ellos lo amará más?" Simón le respondió: "Supongo que aquel a quien le perdonó más". Entonces Jesús le dijo: "Has juzgado bien". Luego, señalando a la mujer, dijo a Simón: "¿Ves a esta mujer? Entré en tu casa y tú no me ofreciste agua para los pies, mientras que ella me los ha bañado con sus lágrimas y me los ha enjugado con sus cabellos. Tú no me diste el beso de saludo; ella, en cambio, desde que entró, no ha dejado de besar mis pies. Tú no ungiste con aceite mi cabeza; ella, en cambio, me ha ungido los pies con perfume. Por lo cual, yo te digo: sus pecados, que son muchos, le han quedado perdonados, porque ha amado mucho. En cambio, al que poco se le perdona, poco ama". Luego le dijo a la mujer: "Tus pecados te han quedado perdonados". Los invitados empezaron a preguntarse a sí mismos: "¿Quién es éste que hasta los pecados perdona?" Jesús le dijo a la mujer: "Tu fe te ha salvado; vete en paz".

Viernes 20 de septiembre de 2024

Memoria de San Andrés Kim Taegon, presbítero y San Pablo Chong Hasang y compañeros, mártires

Primera Lectura: 1 Corintios 15, 12-20

Hermanos: Si hemos predicado que Cristo resucitó de entre los muertos, ¿cómo es que algunos de ustedes andan diciendo que los muertos no resucitan? Porque si los muertos no resucitan, tampoco Cristo resucitó; y si Cristo no resucitó, nuestra predicación es vana, y la fe de ustedes es vana. Seríamos, además, falsos testigos de Dios, puesto que hemos afirmado falsamente que Dios resucitó a Cristo: porque, si fuera cierto que los muertos no resucitan, Dios no habría resucitado a Cristo. Porque si los muertos no resucitan, tampoco Cristo resucitó. Y si Cristo no resucitó, es vana la fe de ustedes; y por lo tanto, aún viven ustedes en pecado, y los que murieron en Cristo, perecieron. Si nuestra esperanza en Cristo se redujera tan sólo a las cosas de esta vida, seríamos los más infelices de todos los hombres. Pero no es así, porque Cristo resucitó, y resucitó como la primicia de todos los muertos.

Salmo Responsorial: Salmo 16, 1. 6-7. 8b y 15

R. (15b) Atiéndeme, Dios mío, y escucha mi oración.

Señor, hazme justicia y a clamor atiende; presta oído a mi súplica, pues mis labios no mienten. **R.**

A ti mi voz elevo, pues sé que me respondes. Atiéndeme, Dios mío, y escucha mis palabras; muéstrame los prodigios de tu misericordia, pues a quien acude a ti, de tus contrarios salve. **R.**

Protégeme, Señor, como a las niñas de tus ojos, bajo la sombra de tus alas escóndeme, pues yo, por serte fiel, contemplaré tu rostro y al despertarme, espero saciarme de tu vista. **R.**

Aclamación antes del Evangelio: Mateo 11, 25

R. Aleluya, aleluya.

Yo te alabo, Padre, Señor del cielo y de la tierra, porque has revelado los misterios del Reino a la gente sencilla. **R.**

Evangelio: Lucas 8, 1-3

En aquel tiempo, Jesús comenzó a recorrer ciudades y poblados predicando la buena nueva del Reino de Dios. Lo acompañaban los Doce y algunas mujeres que habían sido libradas de espíritus malignos y curadas de varias enfermedades. Entre ellas iban María, llamada Magdalena, de la que habían salido siete demonios; Juana, mujer de Cusa, el administrador de Herodes; Susana y otras muchas, que los ayudaban con sus propios bienes.

Sábado 21 de septiembre de 2024

Fiesta de san mateo, Apóstol y evangelista

Primera Lectura: Efesios 4, 1-7. 11-13

Hermanos: Yo, Pablo, prisionero por la causa del Señor, los exhorto a que lleven una vida digna del llamamiento que han recibido. Sean siempre humildes y amables; sean comprensivos y sopórtense mutuamente con amor; esfuércense en mantenerse unidos en el espíritu con el vínculo de la paz. Porque no hay más que un solo cuerpo y un solo Espíritu, como es también sólo una la esperanza del llamamiento que ustedes han recibido. Un solo Señor, una sola fe, un solo bautismo, un solo Dios y Padre de todos, que reina sobre todos, actúa a través de todos y vive en todos. Cada uno de nosotros ha recibido la gracia en la medida en que Cristo se la ha dado. Él fue quien concedió a unos ser apóstoles; a otros, ser profetas; a otros, ser evangelizadores; a otros, ser pastores y maestros. Y esto, para capacitar a los fieles, a fin de que, desempeñando debidamente su tarea, construyan el cuerpo de Cristo, hasta que todos lleguemos a estar unidos en la fe y en el conocimiento del Hijo de Dios y lleguemos a ser hombres perfectos, que alcancemos en todas sus dimensiones la plenitud de Cristo.

Salmo Responsorial: Salmo 18, 2-3. 4-5

R. (5a) El mensaje del Señor resuena en toda la tierra.

Los cielos proclaman la gloria de Dios y el firmamento anuncia la obra de sus manos. Un día comunica su mensaje al otro día y una noche se lo transmite a la otra noche. **R.**

Sin que pronuncien una palabra, sin que resuene su voz, a toda la tierra llega su sonido, y su mensaje hasta el fin del mundo. **R.**

Aclamación antes del Evangelio: Te Deum

R. Aleluya, aleluya.

Señor, Dios eterno, alegres te cantamos, a ti nuestra alabanza. A ti, Señor, te alaba el coro celestial de los apóstoles. **R.**

Evangelio: Mateo 9, 9-13

En aquel tiempo, Jesús vio a un hombre llamado Mateo, sentado a su mesa de recaudador de impuestos, y le dijo: "Sígueme". Él se levantó y lo siguió. Después, cuando estaba a la mesa en casa de Mateo, muchos publicanos y pecadores se sentaron también a comer con Jesús y sus discípulos. Viendo esto, los fariseos preguntaron a los discípulos: "¿Por qué su Maestro come con publicanos y pecadores?" Jesús los oyó y les dijo: "No son los sanos los que necesitan de médico, sino los enfermos. Vayan, pues, y aprendan lo que significa: *Yo quiero misericordia y no sacrificios*. Yo no he venido a llamar a los justos, sino a los pecadores".

Domingo 22 de septiembre de 2024

XXV Domingo Ordinario

Primera Lectura: Sabiduría 2, 12. 17-20

Los malvados dijeron entre sí: "Tendamos una trampa al justo, porque nos molesta y se opone a lo que hacemos; nos echa en cara nuestras violaciones a la ley, nos reprende las faltas contra los principios en que fuimos educados. Veamos si es cierto lo que dice, vamos a ver qué le pasa en su muerte. Si el justo es hijo de Dios, él lo ayudará y lo librará de las manos de sus enemigos. Sometámoslo a la humillación y a la tortura, para conocer su temple y su valor. Condenémoslo a una muerte ignominiosa, porque dice que hay quien mire por él".

Salmo Responsorial: Salmo 53, 3-4. 5. 6 y 8

R. (6b) El Señor es quien me ayuda.

Sálvame, Dios mío, por tu nombre, con tu poder defiéndeme. Escucha, Señor, mi oración, y a mis palabras atiende. **R.**

Gente arrogante y violenta contra mí se la levantado, Andan queriendo matarme. ¡Dios los tiene sin cuidado! **R.**

Pero el Señor Dios es mi ayuda, él, quien me mantiene vivo. Por eso te ofreceré con agrado un sacrificio, y te agradeceré, Señor, tu inmensa bondad conmigo. **R.**

Segunda Lectura: Santiago 3, 16-4, 3

Hermanos míos: Donde hay envidias y rivalidades, ahí hay desorden y toda clase de obras malas. Pero los que tienen la sabiduría que viene de Dios son puros, ante todo. Además, son amantes de la paz, comprensivos, dóciles, están llenos de misericordia y buenos frutos, son imparciales y sinceros. Los pacíficos siembran la paz y cosechan frutos de justicia. ¿De dónde vienen las luchas y los conflictos entre ustedes? ¿No es, acaso, de las malas pasiones, que siempre están en guerra dentro de ustedes? Ustedes codician lo que no pueden tener y acaban asesinando. Ambicionan algo que no pueden alcanzar, y entonces combaten y hacen la guerra. Y si no lo alcanzan, es porque no se lo piden a Dios. O si se lo piden y no lo reciben, es porque piden mal, para derrocharlo en placeres.

Aclamación antes del Evangelio: 2 Tesalonicenses 2, 14
R. Aleluya, aleluya.
Dios nos ha llamado, por medio del Evangelio, a participar de la gloria de nuestro Señor Jesucristo. **R.**

Evangelio: Marcos 9, 30-37
En aquel tiempo, Jesús y sus discípulos atravesaban Galilea, pero él no quería que nadie lo supiera, porque iba enseñando a sus discípulos. Les decía: "El Hijo del hombre va a ser entregado en manos de los hombres; le darán muerte, y tres días después de muerto, resucitará". Pero ellos no entendían aquellas palabras y tenían miedo de pedir explicaciones. Llegaron a Cafarnaúm, y una vez en casa, les preguntó: "¿De qué discutían por el camino?" Pero ellos se quedaron callados, porque en el camino habían discutido sobre quién de ellos era el más importante. Entonces Jesús se sentó, llamó a los Doce y les dijo: "Si alguno quiere ser el primero, que sea el último de todos y el servidor de todos". Después, tomando a un niño, lo puso en medio de ellos, lo abrazó y les dijo: "El que reciba en mi nombre a uno de estos niños, a mí me recibe. Y el que me reciba a mí, no me recibe a mí, sino a aquel que me ha enviado".

Lunes 23 de septiembre de 2024
Memoria de San Pío de Pietrelcina, presbítero

Primera Lectura: Proverbios 3, 27-34

Hijo mío, no le niegues un favor a quien lo necesita, si lo puedes hacer. Si le puedes dar ahora a tu prójimo lo que te pide, no le digas: "Vete y vuelve mañana". No pienses en hacerle daño a tu prójimo, que ha puesto su confianza en ti. Con nadie entables pleito sin motivo, si no te ha hecho ningún daño. No envidies al hombre malvado ni imites nunca sus acciones, porque el Señor aborrece a los perversos y es amigo del hombre justo. El Señor maldice la casa del malvado y llena de bendiciones la del justo. El Señor se burla de aquellos que se burlan y con los humildes se muestra bondadoso. Los sensatos recibirán honores y los insensatos, ignominia.

Salmo Responsorial: Salmo 14, 2-3ab. 3cd-4ab. 5
R. (1b) ¿Quién será grato a tus ojos Señor?

El hombre que procede honradamente y obra con justicia; el que es sincero en todos sus palabras y con su lengua a nadie desprestigia. **R.**

Quien no hace mal a prójimo ni difama al vecino; quien no ve con aprecio a los malvados, pero honra a quienes teme al Altísimo. **R.**

Quien presta sin usura y quien no acepta sobornos en perjuicio de inocentes, ése será agradable a los ojos de Dios eternamente. **R.**

Aclamación antes del Evangelio: Mateo 5, 16
R. Aleluya, aleluya.

Que brille la luz de ustedes ante los hombres, dice el Señor, para que viendo las obras buenas que ustedes hacen, den gloria a su Padre, que está en los cielos. **R.**

Evangelio: Lucas 8, 16-18

En aquel tiempo, Jesús dijo a la multitud: "Nadie enciende una vela y la tapa con alguna vasija o la esconde debajo de la cama, sino que la pone en un candelero, para que los que entren puedan ver la luz. Porque nada hay oculto que no llegue a descubrirse, nada secreto que no llegue a saberse o a hacerse público. Fíjense, pues, si están entendiendo bien, porque al que tiene se le dará más; pero al que no tiene se le quitará aun aquello que cree tener".

Martes de la XXV semana del Tiempo ordinario

Primera Lectura: Proverbios 21, 1-6. 10-13

Como agua de riego es el corazón del rey en manos del Señor: él lo dirige a donde quiere. Al hombre le parece bueno todo lo que hace, pero el Señor es quien juzga las intenciones. Proceder con rectitud y con justicia es más grato al Señor que los sacrificios. Tras los ojos altaneros hay un corazón arrogante; la maldad del pecador brilla en su mirada. Los proyectos del diligente conducen a la abundancia, en cambio el perezoso no sale de la pobreza. Los tesoros ganados con mentira se deshacen como el humo y llevan a la muerte. El malvado busca siempre el mal y nunca se apiada de su prójimo. Cuando se castiga al arrogante, el sencillo aprende; cuando se amonesta al sabio, crece su ciencia. El Señor observa el proceder de los malvados y acaba por precipitarlos en la desgracia. Quien cierra los oídos a las súplicas del pobre clamará también, pero nadie le responderá.

Salmo Responsorial: Salmo 118, 1. 27. 30. 34-35. 44

R. (35a) Enséñame, Señor, a cumplir tu voluntad.

Dichoso el hombre de conducta intachable, que cumple la ley del Señor. Dame nueva luz para conocer tu ley y para meditar las maravillas de tu amor. **R.**

He escogido el camino de la lealtad a tu voluntad y a tus mandamientos. Enséñame a cumplir tu voluntad y a guardarla de todo corazón. **R.**

Guíame por la senda de tu ley, que es lo que quiero. Cumplir tu voluntad sin cesar y para siempre. **R.**

Aclamación antes del Evangelio: Lucas 11, 28

R. Aleluya, aleluya.

Dichosos los que escuchan la palabra de Dios y la ponen en práctica, dice el Señor. **R.**

Evangelio: Lucas 8, 19-21

En aquel tiempo, fueron a ver a Jesús su madre y sus parientes, pero no podían llegar hasta donde él estaba porque había mucha gente. Entonces alguien le fue a decir: "Tu madre y tus hermanos están allá afuera y quieren verte". Pero él respondió: "Mi madre y mis hermanos son aquellos que escuchan la palabra de Dios y la ponen en práctica".

Miércoles de la XXV semana del Tiempo ordinario
Primera Lectura: Proverbios 30, 5-9

Toda palabra de Dios es verdadera. El Señor es un escudo para cuantos en él confían. No alteres para nada sus palabras, no sea que te reprenda y resultes mentiroso. Dos cosas te pido, Señor, antes de morir, no me las niegues: líbrame de la falsedad y la mentira; no me des pobreza ni riqueza, dame tan sólo lo necesario para vivir, no sea que la abundancia me aparte de ti y me haga olvidarte; no sea que la pobreza me obligue a robar y me lleve a ofenderte.

Salmo Responsorial: Salmo 118, 29. 43. 79. 80. 95. 102
R. (105a) Condúceme, Señor, por tu camino.

Apártame de los caminos falsos y dame la gracia de cumplir tu voluntad. Para mí valen más tus enseñanzas que miles de monedas de oro y plata. **R.**

Tu palabra, Señor, es eterna, más estable que el cielo. Aparto mi pie de toda senda mala para cumplir tus palabras. **R.**

Medito tus decretos y odio el camino de la mentira. Detesto y aborrezco la mentira y amo tu voluntad. **R.**

Aclamación antes del Evangelio: Marcos 1, 15
R. Aleluya, aleluya.

El Reino de Dios está cerca, dice el Señor; arrepiéntanse y crean en el Evangelio. **R.**

Evangelio: Lucas 9, 1-6

En aquel tiempo, Jesús reunió a los Doce y les dio poder y autoridad para expulsar toda clase de demonios y para curar enfermedades. Luego los envió a predicar el Reino de Dios y a curar a los enfermos. Y les dijo: "No lleven nada para el camino: ni bastón, ni morral, ni comida, ni dinero, ni dos túnicas. Quédense en la casa donde se alojen, hasta que se vayan de aquel sitio. Y si en algún pueblo no los reciben, salgan de ahí y sacúdanse el polvo de los pies en señal de acusación". Ellos se pusieron en camino y fueron de pueblo en pueblo, predicando el Evangelio y curando en todas partes.

Jueves 26 de septiembre de 2024
Jueves de la XXV semana del Tiempo ordinario
Primera Lectura: Eclesiastés (Cohélet) 1, 2-11

Todas las cosas, absolutamente todas, son vana ilusión. ¿Qué provecho saca el hombre de todos sus trabajos en la tierra? Pasa una generación y viene otra, pero la tierra permanece siempre. El sol sale y se pone; corre y llega a su lugar, de dónde vuelve a salir. Sopla el viento hacia el sur y gira luego hacia el norte, y dando vueltas y más vueltas, vuelve siempre a girar. Todos los ríos van al mar, pero el mar nunca se llena; regresan al punto de donde vinieron y de nuevo vuelven a correr. Todo es difícil de entender: no deja el hombre de cavilar, no se cansan los ojos de ver ni los oídos de oír. Lo que antes existió, eso volverá a existir. Lo que antes se hizo, eso se volverá a hacer. No hay nada nuevo bajo el sol. Si de alguna cosa dicen: "Mira, esto sí es nuevo", aun esa cosa existió ya en los siglos anteriores a nosotros. Nadie se acuerda de los antiguos y lo mismo pasará con los que vengan: no se acordarán de ellos sus sucesores.

Salmo Responsorial: Salmo 89, 3-4. 5-6. 12-13. 14 y 17
R. (1) Tu eres, Señor, nuestro refugio.

Tú, Señor, haces volver al polvo a los humanos, diciendo a los mortales que retornen. Mil años son para ti como un dia que ya pasó; como una breve noche **R.**
Nuestra vida es tan breve como un sueño; semejante a la hierba. Que despunta y florece en la mañana y por la tarde se marchita y se seca. **R.**
Enséñanos a ver lo que es la vida y seremos sensatos. ¿Hasta cuándo, Señor, vas a

tener compasión de tus siervos? ¿Hasta cuándo? **R.**

Llénanos de tu amor por la mañana y júbilo será la vida toda. Que el Señor bondadoso nos ayude y dé prosperidad a nuestras obras. **R.**

Aclamación antes del Evangelio: Juan 14, 6
R. Aleluya, aleluya.

Yo soy el camino, la verdad y la vida; nadie va al Padre si no es por mí, dice el Señor. **R.**

Evangelio: Lucas 9, 7-9

En aquel tiempo, el rey Herodes se enteró de todos los prodigios que Jesús hacía y no sabía a qué atenerse, porque unos decían que Juan había resucitado; otros, que había regresado Elías, y otros, que había vuelto a la vida uno de los antiguos profetas. Pero Herodes decía: "A Juan yo lo mandé decapitar. ¿Quién será, pues, éste del que oigo semejantes cosas?" Y tenía curiosidad de ver a Jesús.

Viernes 27 de septiembre de 2024
Memoria de San Vicente de Paúl, presbítero
Primera Lectura: Eclesiastés (Cohélet) 3, 1-11

Hay un tiempo para cada cosa y todo lo que hacemos bajo el sol tiene su tiempo. Hay un tiempo para nacer y otro para morir; uno para plantar y otro para arrancar lo plantado. Hay un tiempo para matar y otro para curar; uno para destruir y otro para edificar. Hay un tiempo para llorar y otro para reír; uno para gemir y otro para bailar. Hay un tiempo para lanzar piedras y otro para recogerlas; uno para abrazarse y otro para separarse. Hay un tiempo para ganar y otro para perder; uno para retener y otro para desechar. Hay un tiempo para rasgar y otro para coser; uno para callar y otro para hablar. Hay un tiempo para amar y otro para odiar; uno para hacer la guerra y otro para hacer la paz. ¿Qué provecho saca el que se afana en su trabajo? He observado todas las tareas que Dios ha encomendado a los hombres para que en ellas se ocupen. Todo lo ha hecho Dios a su debido tiempo y le ha dado el mundo al hombre para que reflexione sobre él; pero el hombre no puede abarcar las obras de Dios desde el principio hasta el fin.

Salmo Responsorial: Salmo 143, 1a y 2abc. 3-4
R. (1a) Bendito sea el Señor, mi fortaleza.

Bendito sea el Señor, mi roca firme; él adiestró mis manos y mis dedos para luchar en lides. **R.**

El es mi amigo fiel, mi fortaleza, mi seguro escondite, escudo en que me amparo, el que los pueblos a mis plantas rinde. **R.**

Señor, ¿Qué tiene el hombre para que en él te fijes? ¿Qué hay en él de valor, para que así lo estimes? El hombre es como un soplo; sus días, como sombra que se extingue. **R.**

Aclamación antes del Evangelio: Marcos 10, 45
R. Aleluya, aleluya.

Jesucristo vino a servir y a dar su vida por la salvación de todos. **R.**

Evangelio: Lucas 9, 18-22

Un día en que Jesús, acompañado de sus discípulos, había ido a un lugar solitario para orar, les preguntó: "¿Quién dice la gente que soy yo?" Ellos contestaron: "Unos dicen que eres Juan el Bautista; otros, que Elías; y otros, que alguno de los antiguos profetas, que ha resucitado". Él les dijo: "Y ustedes, ¿quién dicen que soy yo?" Respondió Pedro: "El Mesías de Dios". Entonces Jesús les ordenó severamente que no lo dijeran a nadie. Después les dijo: "Es necesario que el Hijo del hombre sufra mucho, que sea rechazado por los ancianos, los sumos sacerdotes y los escribas, que sea entregado a la muerte y que resucite al tercer día".

Sábado 28 de septiembre de 2024
Sábado de la XXV semana del Tiempo ordinario
Primera Lectura: Eclesiastés (Cohélet) 11, 9-12, 8

Alégrate, joven, durante tu juventud, disfruta de corazón tus años jóvenes. Sigue el camino que te indique el corazón y lo que deleita a tus ojos. Pero no olvides que de todo ello Dios te pedirá cuentas. Aleja de tu corazón la tristeza y de tu cuerpo el sufrimiento; pero recuerda que los placeres de la juventud son cosas que se acaban. Acuérdate de tu Creador en tus años jóvenes, antes de que vengan los días amargos y se te echen encima los años en que dirás: "No hallo gusto en nada". Antes de que se nuble la luz del sol, la luna y las estrellas, y retornen las nubes tras la lluvia. Cuando tiemblen los guardias de la casa y se doblegen losd valientes. Cuando las que muelen sean pocas y dejen de trabajar y las que miran por las ventanas se queden ciegas. Cuando las puertas de la calle se cierren y se apague el ruido del molino. Cuando enmudezca el canto de las aves y cesen todas las canciones. Cuando den miedo las alturas y los peligros del camino. Cuando florezca el almendro y se arrastre la langosta y no dé gusto la alcaparra, porque el hombre se va a su eterna morada y circulan por la calle los dolientes. Antes de que se rompa el cordón de plata, antes de que se quiebre la lámpara de oro, antes de que se haga añicos el cántaro junto a la fuente, antes de que se caiga la polea dentro del pozo, antes de que el polvo vuelva a la tierra, a lo que era, y el espíritu vuelva a Dios, que es quien lo ha dado. Todas las cosas, absolutamente todas, dice Cohélet, son vana ilusión.

Salmo Responsorial: Salmo 89, 3-4. 5-6. 12-13. 14 y 17
R. (1) Tu eres, Señor, nuestro refugio.

Tú, Señor, haces volver al polvo a los humanos, diciendo a los mortales que retornen. Mil años son para ti como un dia que ya pasó; como una breve noche **R.**

Nuestra vida es tan breve como un sueño; semejante a la hierba. Que despunta y florece en la mañana y por la tarde se marchita y se seca. **R.**

Enséñanos a ver lo que es la vida y seremos sensatos. ¿Hasta cuándo, Señor, vas a tener compasión de tus siervos? ¿Hasta cuándo? **R.**

Llénanos de tu amor por la mañana y júbilo será la vida toda. Que el Señor bondadoso nos ayude y dé prosperidad a nuestras obras. **R.**

Aclamación antes del Evangelio: 2 Timoteo 1, 10

R. Aleluya, aleluya.

Jesucristo, nuestro salvador, ha vencido la muerte y ha hecho resplandecer la vida por medio del Evangelio. **R.**

Evangelio: Lucas 9, 43-45

En aquel tiempo, como todos comentaban, admirados, los prodigios que Jesús hacía, éste dijo a sus discípulos: "Presten mucha atención a lo que les voy a decir: El Hijo del hombre va a ser entregado en manos de los hombres". Pero ellos no entendieron estas palabras, pues un velo les ocultaba su sentido y se las volvía incomprensibles. Y tenían miedo de preguntarle acerca de este asunto.

Domingo 29 de septiembre de 2024
XXVI Domingo ordinario
Primera Lectura: Números 11, 25-29

En aquellos días, el Señor descendió de la nube y habló con Moisés. Tomó del espíritu que reposaba sobre Moisés y se lo dio a los setenta ancianos. Cuando el espíritu se posó sobre ellos, se pusieron a profetizar. Se habían quedado en el campamento dos hombres: uno llamado Eldad y otro, Medad. También sobre ellos se posó el espíritu, pues aunque no habían ido a la reunión, eran de los elegidos y ambos comenzaron a profetizar en el campamento. Un muchacho corrió a contarle a Moisés que Eldad y Medad estaban profetizando en el campamento. Entonces Josué, hijo de Nun, que desde muy joven era ayudante de Moisés, le dijo: "Señor mío, prohíbeselo". Pero Moisés le respondió: "¿Crees que voy a ponerme celoso? Ojalá que todo el pueblo de Dios fuera profeta y descendiera sobre todos ellos el espíritu del Señor".

Salmo Responsorial: Salmo 18, 8. 10. 12-13. 14
R. (9a) Los mandamientos del Señor alegran el corazón.

La ley del Señor es perfecta de todo y reconforta el alma; inmutables son las palabras del Señor y hacen sabio al sencillo. **R.**

La voluntad de Dios es santa y para siempre estable; los mandamientos del Señor son verdaderos y enteramente justos. **R.**

Aunque tu servidor es esmera En cumplir tus preceptos con cuidado, ¿quién no falta, Señor, sin advertirlo? Perdona mis errores ignorados. **R.**

Presérvame, Señor, de la soberbia, no dejes que el orgullo me domine; así, del gran pecado tu servidor podrá encontrarse libre. **R.**

Segunda Lectura: Santiago 5, 1-6

Lloren y laméntense, ustedes, los ricos, por las desgracias que les esperan. Sus riquezas se han corrompido; la polilla se ha comido sus vestidos; enmohecidos están su oro y su plata, y ese moho será una prueba contra ustedes y consumirá sus carnes, como el fuego. Con esto ustedes han atesorado un castigo para los últimos días. El salario que ustedes han defraudado a los trabajadores que segaron sus campos está clamando contra ustedes; sus gritos han llegado hasta el oído del Señor de los ejércitos. Han vivido ustedes en este mundo entregados al lujo y al placer, engordando como reses para el día de la matanza. Han condenado a los inocentes y los han matado, porque no podían defenderse.

Aclamación antes del Evangelio: Juan 17, 17

R. Aleluya, aleluya.

Tu palabra, Señor, es la verdad; santifícanos en la verdad. **R.**

Evangelio: Marcos 9, 38-43. 45. 47-48

En aquel tiempo, Juan le dijo a Jesús: "Hemos visto a uno que expulsaba a los demonios en tu nombre, y como no es de los nuestros, se lo prohibimos". Pero Jesús le respondió: "No se lo prohíban, porque no hay ninguno que haga milagros en mi nombre, que luego sea capaz de hablar mal de mí. Todo aquel que no está contra nosotros, está a nuestro favor. Todo aquel que les dé a beber un vaso de agua por el hecho de que son de Cristo, les aseguro que no se quedará sin recompensa. Al que sea ocasión de pecado para esta gente sencilla que cree en mí, más le valdría que le pusieran al cuello una de esas enormes piedras de molino y lo arrojaran al mar. Si tu mano te es ocasión de pecado, córtatela; pues más te vale entrar manco en la vida eterna, que ir con tus dos manos al lugar de castigo, al fuego que no se apaga. Y si tu pie te es ocasión de pecado, córtatelo; pues más te vale entrar cojo en la vida eterna, que con tus dos pies ser arrojado al lugar de castigo. Y si tu ojo te es ocasión de pecado, sácatelo; pues más te vale entrar tuerto en el Reino de Dios, que ser arrojado con tus dos ojos al lugar de castigo, *donde el gusano no muere y el fuego no se apaga*".

Lunes 30 de septiembre de 2024

Memoria de San Jerónimo, presbítero y doctor de la Iglesia
Primera Lectura: Job 1, 6-22

Un día fueron los ángeles a presentarse ante el Señor y entre ellos llegó también Satanás. El Señor le preguntó: "¿De dónde vienes?" El respondió: "De dar una vuelta por la tierra". El Señor le dijo: "¿Te fijaste en mi siervo Job? No hay nadie como él en la tierra; es un hombre íntegro y recto, que teme a Dios y se aparta del mal". Satanás le respondió: "¿Y crees tú que su temor a Dios es desinteresado? ¿Acaso no has construido tú mismo una cerca protectora alrededor de él, de su familia y de todos sus bienes? Has bendecido el trabajo de sus manos y sus rebaños se han multiplicado por todo el país. Pero hazle sentir un poco el peso de tu mano, daña sus posesiones y verás cómo te maldice en tu propia cara". El Señor le dijo: "Haz lo que quieras con sus cosas, pero a él no lo toques". Y Satanás se retiró de la presencia del Señor. Un día en que los hijos e hijas de Job estaban comiendo en casa del hermano mayor, llegó un mensajero a la casa de Job y le dijo: "Tus bueyes estaban arando y tus burras pastando en el mismo lugar, cuando cayeron sobre ellos unos bandidos, apuñalaron a los criados y se llevaron el ganado. Sólo yo pude escapar para contártelo". No había acabado de hablar, cuando llegó otro criado y le dijo: "Cayó un rayo y quemó y consumió tus ovejas y a tus pastores. Sólo yo pude escapar para contártelo". No había acabado de hablar, cuando llegó otro y le dijo: "Una banda de sabeos, divididos en tres grupos, se lanzaron sobre los camellos y se los llevaron y apuñalaron a los criados. Sólo yo pude escapar para contártelo". No había acabado de hablar, cuando llegó otro y le dijo: "Estaban tus hijos e hijas comiendo en casa de su hermano mayor, cuando un fuerte viento vino del desierto y embistió por los cuatro costados la casa, que se derrumbó y los mató. Sólo yo pude escapar para contártelo". Entonces Job se levantó y rasgó sus vestiduras. Luego se rapó la cabeza, se postró por tierra en oración y dijo: "Desnudo salí del vientre de mi madre y desnudo volveré allá. El Señor me lo dio, el Señor me lo quitó; esa fue su voluntad: ¡Bendito sea el nombre del Señor!" A pesar de todo lo que le sucedió, Job no pecó ni profirió ninguna insolencia contra Dios.

Salmo Responsorial: Salmo 16, 1. 2-3. 6-7. 8b y 15
R. (6b) Señor, escucha nuestra súplica.
Señor, hazme justicia y a mi clamor atiende; presta oído a mi súplica, pues mis labios no mienten. **R.**
Júzgame tú, Señor, pues tus ojos miren al que es honrado. Examina mi corazón, revísalo de noche, Pruébame a fuego y no hallarás malicia en mí. **R.**
A ti mi voz elevo, pues sé que me respondes. Atiéndeme, Dios mío, y escucha mis palabras; muéstrame los prodigios de tu misericordia, pues a quien acude a ti, de sus contrarios salvas. **R.**

Aclamación antes del Evangelio: Marcos 10, 45
R. Aleluya, aleluya.
Jesucristo vino a servir y a dar la vida por la salvación de todos. **R.**

Evangelio: Lucas 9, 46-50
Un día, surgió entre los discípulos una discusión sobre quién era el más grande de ellos. Dándose cuenta Jesús de lo que estaban discutiendo, tomó a un niño, lo puso junto a sí y les dijo: "El que reciba a este niño en mi nombre, me recibe a mí; y el que me recibe a mí, recibe también al que me ha enviado. En realidad el más pequeño entre todos ustedes, ése es el más grande". Entonces, Juan le dijo: "Maestro, vimos a uno que estaba expulsando a los demonios en tu nombre; pero se lo prohibimos, porque no anda con nosotros". Pero Jesús respondió: "No se lo prohíban, pues el que no está contra ustedes, está en favor de ustedes".

OCTUBRE

Martes 1 de octubre de 2024

Memoria de Santa Teresa del Niño Jesús, virgen y doctora de la Iglesia

Primera Lectura: Job 3, 1-3. 11-17. 20-23

Job abrió sus labios y maldijo el día de su nacimiento, diciendo: "¡Maldito el día en que nací, la noche en que se dijo: 'Ha sido concebido un varón'! ¿Por qué no morí en el seno de mi madre? ¿Por qué no perecí al salir de sus entrañas o no fui como un aborto que se entierra, una creatura que no llegó a ver la luz? ¿Por qué me recibió un regazo y unos pechos me amamantaron? Ahora dormiría tranquilo y descansaría en paz, con los reyes de la tierra, que se construyen mausoleos, o con los nobles, que amontonan oro y plata en sus palacios. Allí ya no perturban los malvados y forzosamente reposan los inquietos. ¿Para qué dieron la luz de la vida a un miserable, a aquel que la pasa en amargura; al que ansía la muerte, que no llega, y la busca como un tesoro escondido; al que se alegraría ante la tumba y gozaría al recibir la sepultura; al hombre que no encuentra su camino, porque Dios le ha cerrado las salidas?"

Salmo Responsorial: Salmo 87, 2-3. 4-5. 6. 7-8

R. (3a) Señor, presta oído a mi clamor.

Señor, Dios mío, de día te pido auxilio, de noche grito en tu presencia. Que llegue hasta ti mi súplica, presta oído a mi clamor. **R.**

Porque mi alma está llena de desdichas y mi vida está al borde del abismo; ya me cuentan entre los que bajan a la tumba, soy como un inválido. **R.**

Tengo ya mi lugar entre los muertes, Igual que los cadáveres que yacen en las tumbas, de los cuales, Señor, ya no te acuerdas, porque fueron arrancados de tu mano. **R.**

Me has colocado en el fondo de la tumba, en las tinieblas del abismo. Tú cólera pesa sobre mí, y estrellas contra mí todas tus olas. **R.**

Aclamación antes del Evangelio: Marcos 10, 45

R. Aleluya, aleluya.

Jesucristo vino a servir y a dar su vida por la salvación de todos. **R.**

Evangelio: Lucas 9, 51-56

Cuando ya se acercaba el tiempo en que tenía que salir de este mundo, Jesús tomó la firme determinación de emprender el viaje a Jerusalén. Envió mensajeros por delante y ellos fueron a una aldea de Samaria para conseguirle alojamiento; pero los samaritanos no quisieron recibirlo, porque supieron que iba a Jerusalén. Ante esta negativa, sus discípulos Santiago y Juan le dijeron: "Señor, ¿quieres que hagamos bajar fuego del cielo para que acabe con ellos?" Pero Jesús se volvió hacia ellos y los reprendió. Después se fueron a otra aldea.

Miércoles 2 de octubre de 2024
Memoria de los Santos Ángeles Custodios

Primera Lectura: Job 9, 1-12. 14-16

Job tomó la palabra y les dijo a sus amigos: "Sé muy bien que el hombre no puede hacer triunfar su causa contra Dios. Si el hombre pretendiera entablar pleito con él, de mil cargos que Dios le hiciera, no podría rechazar ninguno. El corazón de Dios es sabio y su fuerza es inmensa. ¿Quién se le ha enfrentado y ha salido triunfante? En un instante descuaja las montañas y sacude los montes con su cólera; él hace retemblar toda la tierra y la estremece desde sus cimientos. Basta con que dé una orden y el sol se apaga; esconde cuando quiere a las estrellas; él solo desplegó los cielos y camina sobre la superficie del mar. El creó todas las constelaciones del cielo: la Osa, Orión, las Cabrillas y las que se ven en el sur; él hace prodigios incomprensibles, maravillas sin número. Cuando pasa junto a mí, no lo veo; cuando se aleja de mí, no lo siento. Si se apodera de algo, ¿quién se lo impedirá? ¿Quién podrá decirle: 'Qué estás haciendo?' Si Dios me llama a juicio, ¿cómo podría yo rebatir sus acciones? Aunque yo tuviera razón, no me quedaría otro remedio que implorar su misericordia. Si yo lo citara a juicio y él compareciera, no creo que atendiera a mis razones".

Salmo Responsorial: Salmo 87, 10bc-11. 12-13. 14-15

R. (3a) Señor, que llegue hasta ti mi súplica.

Todo el día te invoco, Señor, y tiendo mis manos hacia ti. ¿Harás tú maravillas por los muertos? ¿Se levantarán las sombras para darte gracias? **R.**

¿Se anuncia en el sepulcro tu lealtad? ¿O tu fidelidad en el reino de la muerte?

¿Se conocen tus maravillas en las tinieblas? ¿O tu justicia en el país del olvido? **R.**

Pero yo te pido ayuda, Señor, por la mañana irá a tu encuentro mi súplica. ¿Por qué, Señor, me rechazas, y apartas de mí tu rostro? **R.**

Aclamación antes del Evangelio: Salmo 102, 21
R. Aleluya, aleluya.

Que bendigan al Señor todos sus ejércitos, servidores fieles que cumplen su voluntad. **R.**

Evangelio: Mateo 18, 1-5. 10

En cierta ocasión, los discípulos se acercaron a Jesús y le preguntaron: "¿Quién es más grande en el Reino de los cielos?" Jesús llamó a un niño, lo puso en medio de ellos y les dijo: "Yo les aseguro a ustedes que si no cambian y no se hacen como los niños, no entrarán en el Reino de los cielos. Así pues, quien se haga pequeño como este niño, ése es el más grande en el Reino de los cielos. Y el que reciba a un niño como éste en mi nombre, me recibe a mí. Cuidado con despreciar a uno de estos pequeños, pues yo les digo que sus ángeles, en el cielo, ven continuamente el rostro de mi Padre, que está en el cielo".

Jueves 3 de octubre de 2024
Jueves de la XXVI semana del Tiempo ordinario

Primera Lectura: Job 19, 21-27

Job tomó la palabra y dijo: "Tengan compasión de mí, amigos míos, tengan compasión de mí, pues me ha herido la mano del Señor. ¿Por qué se ensañan contra mí, como lo hace Dios, y no se cansan de escarnecerme? Ojalá que mis palabras se escribieran; ojalá que se grabaran en láminas de bronce o con punzón de hierro se esculpieran en la roca para siempre. Yo sé bien que mi defensor está vivo y que al final se levantará a favor del humillado; de nuevo me revestiré de mi piel y con mi carne veré a mi Dios; yo mismo lo veré y no otro, mis propios ojos lo contemplarán. Esta es la firme esperanza que tengo".

Salmo Responsorial: Salmo 27, 7-8a. 8b-9abc. 13-14
R. (13) No me abandones, Dios mío.

Oye, Señor, mi voz y mi clamores y tenme compasión; el corazón me dice que te busque y buscándote estoy. **R.**

No rechaces con cólera a tu siervo tú eres mi único auxilio; no me abandones ni me dejes solo, Dios y salvador mío. **R.**

La bondad del Señor espero ver en esta misma vida. Armate de valor y fortaleza y en el Señor confía. **R.**

Aclamación antes del Evangelio: Marcos 1, 15
R. Aleluya, aleluya.

El Reino de Dios está cerca, dice el Señor; arrepiéntanse y crean en el Evangelio. **R.**

Evangelio: Lucas 10, 1-12

En aquel tiempo, designó el Señor a otros setenta y dos discípulos y los mandó por delante, de dos en dos, a todos los pueblos y lugares a donde pensaba ir, y les dijo: "La cosecha es mucha y los trabajadores pocos. Rueguen, por lo tanto, al dueño de la mies que envíe trabajadores a sus campos. Pónganse en camino; los envío como corderos en medio de lobos. No lleven ni dinero, ni morral, ni sandalias y no se detengan a saludar a nadie por el camino. Cuando entren en una casa, digan: 'Que la paz reine en esta casa'. Y si allí hay gente amante de la paz, el deseo de paz de ustedes se cumplirá; si no, no se cumplirá. Quédense en esa casa. Coman y beban de lo que tengan, porque el trabajador tiene derecho a su salario. No anden de casa en casa. En cualquier ciudad donde entren y los reciban, coman lo que les den. Curen a los enfermos que haya y díganles: 'Ya se acerca a ustedes el Reino de Dios'. Pero si entran en una ciudad y no los reciben, salgan por las calles y digan: 'Hasta el polvo de esta ciudad que se nos ha pegado a los pies nos lo sacudimos, en señal de protesta contra ustedes. De todos modos, sepan que el

Reino de Dios está cerca'. Yo les digo que en el día del juicio, Sodoma será tratada con menos rigor que esa ciudad".

Viernes 4 de octubre de 2024
Memoria de San Francisco de Asís

Primera Lectura: Job 38, 1. 12-21; 40, 3-5

El Señor le habló a Job desde el seno de la tormenta y le dijo: "¿Acaso alguna vez en tu vida le has dado órdenes a la mañana o le has señalado su lugar a la aurora, para que ciña a la tierra por los bordes y sacuda de ella a los malvados; para que ponga de relieve sus contornos y la tiña de colores como un vestido; para que prive a los malvados del amparo de las tinieblas y acabe con el poder del hombre criminal? ¿Has llegado hasta donde nace el mar o te has paseado por el fondo del océano? ¿Se te han franqueado las puertas de la muerte o has visto los portones del país de los muertos? ¿Has calculado la anchura de la tierra? Dímelo, si lo sabes. ¿Sabes en dónde vive la luz y en dónde habitan las tinieblas? ¿Podrías conducirlas a su morada o enseñarles el camino de su casa? Si lo sabes, es que para entonces tú ya habrías nacido y el número de tus años sería incontable". Job le respondió al Señor: "He hablado a la ligera, ¿qué puedo responder? Me taparé la boca con la mano. He estado hablando y ya no insistiré más; ya no volveré a hablar".

Salmo Responsorial: Salmo 138, 1-3. 7-8. 9-10. 13-14ab

R. (24b) Condúcenos, Señor, por tu camino.

Tú me conoces, Señor, profundamente: tú conoces cuándo me siento y me levanto, desde lejos sabes mis pensamientos, tú observas mi camino y mi descanso, todas mis sendas te son familiares. **R.**

¿A dónde iré yo lejos de ti? ¿Dónde escaparé de tu mirada? Si subo hasta el cielo, allí estás tú; si bajo al abismo, allí te encuentras. **R.**

Si voy en alas de la aurora o me alejo hasta el extremo de mar, también allí tu mano me conduce y tu diestra me sostiene. **R.**

Tú formaste mis entrañas, me tejiste en el seno materno. Te doy gracias por tan grandes maravillas; soy un prodigio y tus obras son prodigiosas. **R.**

Aclamación antes del Evangelio: Salmo 94, 8
R. Aleluya, aleluya.
Hagámosle caso al Señor, que nos dice: "No endurezcan su corazón". **R.**

Evangelio: Lucas 10, 13-16
En aquel tiempo, Jesús dijo: "¡Ay de ti, ciudad de Corozaín! ¡Ay de ti, ciudad de Betsaida! Porque si en las ciudades de Tiro y de Sidón se hubieran realizado los prodigios que se han hecho en ustedes, hace mucho tiempo que hubieran hecho penitencia, cubiertas de sayal y de ceniza. Por eso el día del juicio será menos severo para Tiro y Sidón que para ustedes. Y tú, Cafarnaúm, ¿crees que *serás encumbrada hasta el cielo? No. Serás precipitada en el abismo*". Luego, Jesús dijo a sus discípulos: "El que los escucha a ustedes, a mí me escucha; el que los rechaza a ustedes, a mí me rechaza y el que me rechaza a mí, rechaza al que me ha enviado".

Sábado 5 de octubre de 2024
Sábado de la XXVI semana del Tiempo ordinario

Primera Lectura: Job 42, 1-3. 5-6. 12-16
Job le dijo al Señor: "Reconozco que lo puedes todo y que ninguna cosa es imposible para ti. Era yo el que con palabras insensatas empañaba la sabiduría de tus designios; he hablado de grandezas que no puedo comprender y de maravillas que superan mi inteligencia. Yo te conocía sólo de oídas, pero ahora te han visto ya mis ojos; por eso me retracto de mis palabras y me arrepiento, echándome polvo y ceniza". El Señor bendijo a Job al final de su vida más que al principio: llegó a poseer catorce mil ovejas, seis mil camellos, mil yuntas de bueyes y mil burras. Tuvo siete hijos y tres hijas; la primera se llamaba Paloma, la segunda Canela y la tercera Azabache. No había en todo el país mujeres más bellas que las hijas de Job. Su padre les asignó una parte de la herencia, al igual que a sus hermanos. Y Job vivió hasta los ciento cuarenta años y vio a sus hijos, a sus nietos y a sus bisnietos. Murió anciano y colmado de años.

Salmo Responsorial: Salmo 118, 66. 71. 75. 76. 91. 125. 130

R. (135a) Enséñame, Señor, tus mandamientos.

Enséñame a gustar y a comprender tus preceptos, pues yo me fio de ellos. Sufrir fue provechoso para mí, pues aprendí, Señor, tus mandamientos. **R.**

Yo bien sé que son justos tus decretos y que tienes razón cuando me afliges. Todo subsiste hasta hoy por orden tuya y todo está a tu servicio. **R.**

Yo soy tu siervo: Instrúyeme y conoceré tus preceptos. La explicación de tu palabra Da luz y entendimiento a los humildes. **R.**

Aclamación antes del Evangelio: Mateo 11, 25

R. Aleluya, aleluya.

Te doy gracias, Padre, Señor del cielo y de la tierra, porque has revelado los misterios del Reino a la gente sencilla. **R.**

Evangelio: Lucas 10, 17-24

En aquel tiempo, los setenta y dos discípulos regresaron llenos de alegría y le dijeron a Jesús: "Señor, hasta los demonios se nos someten en tu nombre". Él les contestó: "Vi a Satanás caer del cielo como el rayo. A ustedes les he dado poder para aplastar serpientes y escorpiones y para vencer toda la fuerza del enemigo, y nada les podrá hacer daño. Pero no se alegren de que los demonios se les sometan. Alégrense más bien de que sus nombres están escritos en el cielo". En aquella misma hora, Jesús se llenó de júbilo en el Espíritu Santo y exclamó: "¡Te doy gracias, Padre, Señor del cielo y de la tierra, porque has escondido estas cosas a los sabios y a los entendidos, y las has revelado a la gente sencilla! ¡Gracias, Padre, porque así te ha parecido bien! Todo me lo ha entregado mi Padre y nadie conoce quién es el Hijo, sino el Padre; ni quién es el Padre, sino el Hijo y aquel a quien el Hijo se lo quiera revelar". Volviéndose a sus discípulos, les dijo aparte: "Dichosos los ojos que ven lo que ustedes ven. Porque yo les digo que muchos profetas y reyes quisieron ver lo que ustedes ven y no lo vieron, y oír lo que ustedes oyen y no lo oyeron".

XXVII Domingo ordinario

Primera Lectura: Génesis 2, 18-24

En aquel día, dijo el Señor Dios: "No es bueno que el hombre esté solo. Voy a hacerle a alguien como él, para que lo ayude". Entonces el Señor Dios formó de la tierra todas las bestias del campo y todos los pájaros del cielo y los llevó ante Adán para que les pusiera nombre y así todo ser viviente tuviera el nombre puesto por Adán. Así, pues, Adán les puso nombre a todos los animales domésticos, a los pájaros del cielo y a las bestias del campo; pero no hubo ningún ser semejante a Adán para ayudarlo. Entonces el Señor Dios hizo caer al hombre en un profundo sueño, y mientras dormía, le sacó una costilla y cerró la carne sobre el lugar vacío. Y de la costilla que le había sacado al hombre, Dios formó una mujer. Se la llevó al hombre y éste exclamó: "Ésta sí es hueso de mis huesos y carne de mi carne. Ésta será llamada mujer, porque ha sido formada del hombre". Por eso el hombre abandonará a su padre y a su madre, y se unirá a su mujer y serán los dos una sola cosa.

Salmo Responsorial: Salmo 127, 1-2. 3. 4-5. 6

R. (5) Dichoso el que teme al Señor.

Dichoso el que teme al Señor y sigue sus caminos: comerá del fruto de su trabajo, será dichoso, le irá bien. **R.**

Su mujer, como vid fecunda, en medio de su casa; sus hijos, como renuevos de olivo, alrededor de tu mesa. **R.**

Esta es la bendición del hombre que teme al Señor: "Que el Señor te bendiga desde Sión, que veas la prosperidad de Jerusalén todos los días de tu vida". **R.**

Que veas a los hijos de tus hijos. ¡Paz a Israel! **R.**

Segunda Lectura: **Hebreos 2, 8-11**

Hermanos: Es verdad que ahora todavía no vemos el universo entero sometido al hombre; pero sí vemos ya al que *por un momento Dios hizo inferior a los ángeles, a Jesús, que por haber sufrido la muerte, está coronado de gloria y honor.* Así, por la gracia de Dios, la muerte que él sufrió redunda en bien de todos. En efecto, el creador y Señor de todas las cosas quiere que todos sus hijos tengan parte en su gloria. Por eso convenía que Dios consumara en la perfección, mediante el sufrimiento, a Jesucristo, autor y guía de nuestra salvación. El santificador y los santificados tienen la misma condición humana. Por eso no se avergüenza de llamar hermanos a los hombres.

Aclamación antes del Evangelio: 1 Juan 4, 12
R. Aleluya, aleluya.

Si nos amamos los unos a los otros, Dios permanece en nosotros y su amor ha llegado en nosotros a su plenitud. **R.**

Evangelio: Marcos 10, 2-16

En aquel tiempo, se acercaron a Jesús unos fariseos y le preguntaron, para ponerlo a prueba: "¿Le es lícito a un hombre divorciarse de su esposa?" Él les respondió: "¿Qué les prescribió Moisés?" Ellos contestaron: "Moisés nos permitió el divorcio mediante la entrega de un acta de divorcio a la esposa". Jesús les dijo: "Moisés prescribió esto, debido a la dureza del corazón de ustedes. Pero desde el principio, al crearlos, Dios los hizo hombre y mujer. *Por eso dejará el hombre a su padre y a su madre y se unirá a su esposa y serán los dos una sola cosa. De modo que ya no son dos, sino una sola cosa.* Por eso, lo que Dios unió, que no lo separe el hombre". Ya en casa, los discípulos le volvieron a preguntar sobre el asunto. Jesús les dijo: "Si uno se divorcia de su esposa y se casa con otra, comete adulterio contra la primera. Y si ella se divorcia de su marido y se casa con otro, comete adulterio". Después de esto, la gente le llevó a Jesús unos niños para que los tocara, pero los discípulos trataban de impedirlo. Al ver aquello, Jesús se disgustó y les dijo: "Dejen que los niños se acerquen a mí y no se lo impidan, porque el Reino de Dios es de los que son como ellos. Les aseguro que el que no reciba el Reino de Dios como un niño, no entrará en él". Después tomó en brazos a los niños y los bendijo imponiéndoles las manos.

O bien:
Marcos 10, 2-12

En aquel tiempo, se acercaron a Jesús unos fariseos y le preguntaron, para ponerlo a prueba: "¿Le es lícito a un hombre divorciarse de su esposa?" Él les respondió: "¿Qué les prescribió Moisés?" Ellos contestaron: "Moisés nos permitió el divorcio mediante la entrega de un acta de divorcio a la esposa". Jesús les dijo: "Moisés prescribió esto, debido a la dureza del corazón de ustedes. Pero desde el principio, al crearlos, Dios los hizo hombre y mujer. *Por eso dejará el hombre a su padre y a su madre y se unirá a su esposa y serán los dos una sola cosa.* De modo que ya no son dos, sino una sola cosa. Por eso, lo que Dios unió, que no lo separe el hombre". Ya en casa, los discípulos le volvieron a preguntar sobre el asunto. Jesús les dijo: "Si uno se divorcia de su esposa y se casa con otra, comete adulterio contra la primera. Y si ella se divorcia de su marido y se casa con otro, comete adulterio".

Lunes 7 de octubre de 2024
Memoria de la Bienaventurada Virgen María del Rosario
Primera Lectura: Gálatas 1, 6-12

Hermanos: Me extraña mucho que tan fácilmente hayan abandonado ustedes a Dios Padre, quien los llamó a vivir en la gracia de Cristo, y que sigan otro Evangelio. No es que exista otro Evangelio; lo que pasa es que hay algunos que los perturban a ustedes, tratando de cambiar el Evangelio de Cristo. Pero, sépanlo bien: si alguien, yo mismo o un ángel enviado del cielo, les predicara un Evangelio distinto del que les hemos predicado, que sea maldito. Se lo acabo de decir, pero se lo repito: si alguno les predica un Evangelio distinto del que ustedes han recibido, que sea maldito. ¿A quién creen que trato de agradar con lo que acabo de decir? ¿A Dios o a los hombres? ¿Acaso es ésta la manera de congraciarse con los hombres? Si estuviera buscando agradarles a ustedes no sería servidor de Cristo. Quiero que sepan, hermanos, que el Evangelio predicado por mí no es un invento humano, pues no lo he recibido ni aprendido de hombre alguno, sino por revelación de Jesucristo.

Salmo Responsorial: Salmo 110, 1. 2.7-8. 9 y 10c

R. (5b) Alabemos al Señor de todo corazón.

Quiero alabar a Dios, de corazón, en las reuniones de los justos. Grandiosas son las obras del Señor y para todo fiel, dignas de estudio. **R.**

Justas y verdaderas son sus obras, son dignos de confianza sus mandatos, pues nunca pierdan su valor y exigen ser fielmente ejecutados. **R.**

El redimió a su pueblo y estableció su alianza para siempre. Dios es santo y terrible y su gloria perdura eternamente. **R.**

Aclamación antes del Evangelio: Juan 13, 34
R. Aleluya, aleluya.

Les doy un mandamiento nuevo, dice el Señor, que se amen los unos a los otros, como yo los he amado. **R.**

Evangelio: Lucas 10, 25-37

En aquel tiempo, se presentó ante Jesús un doctor de la ley para ponerlo a prueba y le preguntó: "Maestro, ¿qué debo hacer para conseguir la vida eterna?" Jesús le dijo: "¿Qué es lo que está escrito en la ley? ¿Qué lees en ella?" El doctor de la ley contestó: "*Amarás al Señor tu Dios, con todo tu corazón, con toda tu alma, con todas tus fuerzas y con todo tu ser, y a tu prójimo como a ti mismo*". Jesús le dijo: "Has contestado bien; si haces eso, vivirás". El doctor de la ley, para justificarse, le preguntó a Jesús: "¿Y quién es mi prójimo?" Jesús le dijo: "Un hombre que bajaba por el camino de Jerusalén a Jericó, cayó en manos de unos ladrones, los cuales lo robaron, lo hirieron y lo dejaron medio muerto. Sucedió que por el mismo camino bajaba un sacerdote, el cual lo vio y pasó de largo. De igual modo, un levita que pasó por ahí, lo vio y siguió adelante. Pero un samaritano que iba de viaje, al verlo, se compadeció de él, se le acercó, ungió sus heridas con aceite y vino y se las vendó; luego lo puso sobre su cabalgadura, lo llevó a un mesón y cuidó de él. Al día siguiente sacó dos denarios, se los dio al dueño del mesón y le dijo: 'Cuida de él y lo que gastes de más, te lo pagaré a mi regreso'. ¿Cuál de estos tres te parece que se portó como prójimo del hombre que fue asaltado por los ladrones?" El doctor de la ley le respondió: "El que tuvo compasión de él". Entonces Jesús le dijo: "Anda y haz tú lo mismo".

Martes de la XXVII semana del Tiempo ordinario

Primera Lectura: Gálatas 1, 13-24

Hermanos: Ciertamente ustedes han oído hablar de mi conducta anterior en el judaísmo, cuando yo perseguía encarnizadamente a la Iglesia de Dios, tratando de destruirla. Deben saber que me distinguía en el judaísmo, entre los jóvenes de mi pueblo y de mi edad, porque los superaba en el celo por las tradiciones paternas. Pero Dios me había elegido desde el seno de mi madre, y por su gracia me llamó. Un día quiso revelarme a su Hijo, para que yo lo anunciara entre los paganos. Inmediatamente, sin solicitar ningún consejo humano y sin ir siquiera a Jerusalén para ver a los apóstoles anteriores a mí, me trasladé a Arabia y después regresé a Damasco. Al cabo de tres años fui a Jerusalén, para ver a Pedro y estuve con él quince días. No vi a ningún otro de los apóstoles, excepto a Santiago, el pariente del Señor. Y Dios es testigo de que no miento en lo que les escribo. Después me fui a las regiones de Siria y de Cilicia, de manera que las comunidades cristianas de Judea no me conocían personalmente. Lo único que habían oído decir de mí era: "El que antes nos perseguía, ahora va predicando la fe que en otro tiempo quería destruir", y glorificaban a Dios por mi causa.

Salmo Responsorial: Salmo 138, 1b-3. 13-14ab. 14c-15
R. (24b) Condúceme, Señor, por tu camino.

Tú me conoces, Señor, profundamente: tú conoces cuándo me siento y me levanto, desde lejos sabes mis pensamientos, tú observas mi camino y mi descanso, todas mis sendas te son familiares. **R.**

Tú formaste mis entrañas, me tejiste en el seno materno. Te doy gracias por tan grandes maravillas; soy un prodigio y tus obras son prodigiosas. **R.**

Conocías plenamente mi alma, no se te escondía mi organismo, cuando en lo oculto me iba formando y entretejiendo en lo profundo de la tierra. **R.**

Aclamación antes del Evangelio: Lucas 11, 28

R. Aleluya, aleluya.

Dichosos los que escuchan la palabra de Dios y la ponen en práctica, dice el Señor. **R.**

Evangelio: Lucas 10, 38-42

En aquel tiempo, entró Jesús en un poblado, y una mujer, llamada Marta, lo recibió en su casa. Ella tenía una hermana, llamada María, la cual se sentó a los pies de Jesús y se puso a escuchar su palabra. Marta, entre tanto, se afanaba en diversos quehaceres, hasta que, acercándose a Jesús, le dijo: "Señor, ¿no te has dado cuenta de que mi hermana me ha dejado sola con todo el quehacer? Dile que me ayude". El Señor le respondió: "Marta, Marta, muchas cosas te preocupan y te inquietan, siendo así que una sola es necesaria. María escogió la mejor parte y nadie se la quitará".

Miércoles 9 de octubre de 2024
Miércoles de la XXVI semana del Tiempo ordinario
Primera Lectura: Gálatas 2, 1-2. 7-14

Queridos hermanos: Después de catorce años volví de nuevo a Jerusalén con Bernabé y también con Tito. Regresé porque Dios me lo había revelado. Ahí, en una reunión privada con los dirigentes, les expuse el Evangelio que predico a los paganos. Hice esto para que mis trabajos pasados y presentes no resultaran inútiles. Todos reconocieron que yo había recibido la misión de predicar el Evangelio a los paganos, como Pedro había recibido la de predicarlo a los judíos. Porque aquel que le dio poder a Pedro para ejercer el apostolado entre los judíos, me lo dio a mí para ejercerlo entre los paganos. Así pues, Santiago, Pedro y Juan, que eran considerados como las columnas de la Iglesia, reconocieron la gracia que Dios me había dado y nos dieron la mano a Bernabé y a mí, en señal de perfecta unión y para expresar su acuerdo de que nosotros nos dirigiéramos a los paganos y ellos a los judíos. Lo único que nos pidieron fue que nos preocupáramos por los pobres, cosa que he procurado cumplir con solicitud. Más tarde, cuando Pedro fue a Antioquía, yo me le enfrenté, porque era digno de represión. En efecto, antes de que llegaran algunos judíos enviados por

Santiago, Pedro solía comer con los paganos convertidos; pero después empezó a apartarse de ellos por temor a los judíos recién llegados. Los demás judíos convertidos imitaron su ejemplo, tanto que hasta el mismo Bernabé se dejó arrastrar por aquella conducta contradictoria. Entonces, cuando vi que Pedro no procedía rectamente, conforme a la verdad del Evangelio, le dije delante de todos: "Si tú, que eres judío, vives como un pagano y no como un judío, ¿por qué quieres ahora obligar a los paganos convertidos a que vivan como judíos?"

Salmo Responsorial: Salmo 116, 1.2
R. (Marcos 16, 15) Bendito sea el Señor.

Que alaben al Señor todas las naciones, que lo aclamen todos los pueblos. **R.**

Porque grande es su amor hacia nosotros y su fidelidad dura por siempre. **R.**

Aclamación antes del Evangelio: Romanos 8, 15
R. Aleluya, aleluya.

Hemos recibido un espíritu de hijos, que nos hace exclamar: ¡Padre! **R.**

Evangelio: Lucas 11, 1-4

Un día, Jesús estaba orando y cuando terminó, uno de sus discípulos le dijo: "Señor, enséñanos a orar, como Juan enseñó a sus discípulos". Entonces Jesús les dijo: "Cuando oren, digan: Padre, santificado sea tu nombre, venga tu Reino, danos hoy nuestro pan de cada día y perdona nuestras ofensas, puesto que también nosotros perdonamos a todo aquel que nos ofende, y no nos dejes caer en tentación".

Jueves 10 de octubre de 2024
Jueves de la XXVII semana del Tiempo ordinario

Primera Lectura: Gálatas 3, 1-5

¡Insensatos gálatas! ¿Quién los ha ofuscado para que no le hagan caso a la verdad, siendo así que les hemos presentado vivamente a Jesucristo clavado en la cruz? Sólo quiero preguntarles una cosa: ¿Han recibido el Espíritu Santo por haber hecho lo que manda la ley de Moisés o por haber creído en el Evangelio?

¿Tan insensatos son ustedes, que, habiendo comenzado movidos por el Espíritu, quieren terminar haciendo obras meramente humanas? ¿Han recibido en vano tantos favores? Espero que no. Vamos a ver: cuando Dios les comunica el Espíritu Santo y obra prodigios en ustedes, ¿lo hace porque ustedes han cumplido lo que manda la ley de Moisés, o porque han creído en el Evangelio?

Salmo Responsorial: Lucas 1, 69-70. 71-71. 73-75
R. (68) Bendito sea el Señor, Dios de Israel.

El Señor ha hecho surgir en favor nuestro un poderoso salvador en la casa de David su siervo. Así lo había anunciado desde antiguo, por poca de sus santos profetas. **R.**

Anunció que nos salvaría de nuestros enemigos y de las manos de todos los que nos aborrecen, para mostrar su misericordia a nuestros padres, y acordarse de su santa alianza. **R.**

El Señor juró a nuestro padre Abraham concedernos que, libres ya de nuestros enemigos, le sirvamos sin temor, en santidad y justicia, delante de él, todos los días de nuestra vida. **R.**

Aclamación antes del Evangelio: Hechos 16, 14
R. Aleluya, aleluya.

Abre, Señor, nuestros corazones, para que comprendamos las palabras de tu Hijo. **R.**

Evangelio: Lucas 11, 5-13

En aquel tiempo, Jesús dijo a sus discípulos: "Supongan que alguno de ustedes tiene un amigo que viene a medianoche a decirle: 'Préstame, por favor, tres panes, pues un amigo mío ha venido de viaje y no tengo nada que ofrecerle'. Pero él le responde desde dentro: 'No me molestes. No puedo levantarme a dártelos, porque la puerta ya está cerrada y mis hijos y yo estamos acostados'. Si el otro sigue tocando, yo les aseguro que, aunque no se levante a dárselos por ser su amigo, sin embargo, por su molesta insistencia, sí se levantará y le dará cuanto necesite. Así también les digo a ustedes: Pidan y se les dará, busquen y encontrarán, toquen y se les abrirá. Porque quien pide, recibe; quien busca, encuentra y al que toca, se le abre. ¿Habrá entre ustedes algún padre que, cuando su hijo le pida pan, le dé una piedra? ¿O cuando le pida pescado, le dé una víbora? ¿O cuando le pida huevo, le dé un alacrán? Pues, si ustedes, que son malos, saben dar cosas buenas a sus hijos, ¿cuánto más el Padre celestial les dará el Espíritu Santo a quienes se lo pidan?"

Viernes 11 de octubre de 2024

Viernes de la XXVII semana del Tiempo ordinario

Primera Lectura: Gálatas 3, 7-14

Hermanos: Entiendan que los hijos de Abraham son aquellos que viven según la fe. La Escritura, conociendo de antemano que Dios justificaría a los paganos por la fe, le adelantó a Abraham esta buena noticia: *Por ti serán bendecidas todas las naciones.* Por consiguiente, los que viven según la fe serán bendecidos, junto con Abraham que le creyó a Dios. En cambio, sobre los partidarios de la observancia de la ley pesa una maldición, pues dice la Escritura: *Maldito aquel que no cumpla fielmente todos los preceptos escritos en el libro de la ley.* Y es evidente que la ley no justifica a nadie ante Dios, porque *el justo vivirá por la fe.* Y ciertamente la ley no se basa en la fe, porque, como dice la Escritura: *Sólo vivirá quien cumpla los preceptos de la ley.* Además, Cristo nos redimió de la maldición de la ley, haciéndose objeto de maldición por nosotros, puesto que la Escritura dice: *Maldito sea aquel que cuelga de un madero.* Esto sucedió para que la bendición otorgada por Dios a Abraham llegara también, por Cristo Jesús, a los paganos y para que recibiéramos, por medio de la fe, el Espíritu prometido.

Salmo Responsorial: Salmo 110, 1-2. 3-4. 5-6

R. (5b) Alabemos a Dios de todo corazón.

Quiero alabar a Dios, de corazón, en las reuniones de los justos. Grandiosas son las obras del Señor y para todo fiel, dignas de estudio. **R.**

De majestad y gloria hablan sus obras y su justicia dura para siempre. Ha hecho inolvidables sus prodigios. El Señor es piadoso y es clemente. **R.**

Acordándose siempre de su alianza él le da de comer al que lo teme. Al darle por herencia a las naciones, hizo ver a su pueblo sus poderes. **R.**

Aclamación antes del Evangelio: Juan 12, 31-32
R. Aleluya, aleluya.

Ya va a ser arrojado el príncipe de este mundo. Cuando yo sea levantado de la tierra, atraeré a todos hacia mí, dice el Señor. **R.**

Evangelio: Lucas 11, 15-26

En aquel tiempo, cuando Jesús expulsó a un demonio, algunos dijeron: "Éste expulsa a los demonios con el poder de Satanás, el príncipe de los demonios". Otros, para ponerlo a prueba, le pedían una señal milagrosa. Pero Jesús, que conocía sus malas intenciones, les dijo: "Todo reino dividido por luchas internas va a la ruina y se derrumba casa por casa. Si Satanás también está dividido contra sí mismo, ¿cómo mantendrá su reino? Ustedes dicen que yo arrojo a los demonios con el poder de Satanás. Entonces, ¿con el poder de quién los arrojan los hijos de ustedes? Por eso, ellos mismos serán sus jueces. Pero si yo arrojo a los demonios por el poder de Dios, eso significa que ha llegado a ustedes el Reino de Dios. Cuando un hombre fuerte y bien armado guarda su palacio, sus bienes están seguros; pero si otro más fuerte lo asalta y lo vence, entonces le quita las armas en que confiaba y después dispone de sus bienes. El que no está conmigo, está contra mí; y el que no recoge conmigo, desparrama. Cuando el espíritu inmundo sale de un hombre, anda vagando por lugares áridos, en busca de reposo, y al no hallarlo, dice: 'Volveré a mi casa, de donde salí'. Y al llegar, la encuentra barrida y arreglada. Entonces va por otros siete espíritus peores que él y vienen a instalarse allí, y así la situación final de aquel hombre resulta peor que la de antes".

Sábado 12 de octubre de 2024
Sábado de la XXVII semana del Tiempo ordinario
Primera Lectura: Gálatas 3, 21-29

Hermanos: Si la ley dada por medio de Moisés fuera capaz de dar la vida, su cumplimiento bastaría para hacer justos a los hombres. Pero, en realidad, la ley escrita aprisionó a todos bajo el pecado para que, por medio de la fe en Jesucristo, los creyentes pudieran recibir los bienes prometidos. Antes de que llegara la etapa de la fe, estábamos presos y bajo la custodia de la ley, en espera de la fe que estaba a punto de manifestarse. De modo que la ley se hizo cargo de nosotros, como si fuéramos niños, para conducirnos a Cristo, a fin de que fuéramos justificados por la fe. Pero una vez que la fe ha llegado, ya no estamos sujetos a la ley. Así pues, todos ustedes son hijos de Dios por la fe en Cristo Jesús, pues, cuantos han sido incorporados a Cristo por medio del bautismo, se han revestido de Cristo. Ya no existe diferencia entre judíos y no judíos, entre esclavos y libres, entre varón y mujer, porque todos ustedes son uno en Cristo Jesús. Y si ustedes son de Cristo, son también descendientes de Abraham y la herencia que Dios le prometió les corresponde a ustedes.

Salmo Responsorial: Salmo 104, 2-3. 4-5. 6-7
R. (8a) El Señor nunca olvida sus promesas.

Entonen en su honor himnos y cantos; celebren sus portentos. Del nombre del Señor enorgullézcanse y siéntase feliz el que lo busca. **R.**

Recurran al Señor y a su poder y a su presencia acudan. Recuerden los prodigios que él ha hecho, sus portentos y oráculos. **R.**

Descendientes de Abraham, su servidor; estirpe de Jacob, su predilecto, escuchen: el Señor es nuestro Dios y gobiernan la tierra sus decretos. **R.**

Aclamación antes del Evangelio: Lucas 11, 28
R. Aleluya, aleluya.

Dichosos los que escuchan la palabra de Dios y la ponen en práctica, dice el Señor. **R.**

Evangelio: Lucas 11, 27-28

En aquel tiempo, mientras Jesús hablaba a la multitud, una mujer del pueblo, gritando, le dijo: "¡Dichosa la mujer que te llevó en su seno y cuyos pechos te amamantaron!" Pero Jesús le respondió: "Dichosos todavía más los que escuchan la palabra de Dios y la ponen en práctica".

XXVIII Domingo ordinario

Primera Lectura: Sabiduría 7, 7-11

Supliqué y se me concedió la prudencia; invoqué y vino sobre mí el espíritu de sabiduría. La preferí a los cetros y a los tronos, y en comparación con ella tuve en nada la riqueza. No se puede comparar con la piedra más preciosa, porque todo el oro, junto a ella, es un poco de arena y la plata es como lodo en su presencia. La tuve en más que la salud y la belleza; la preferí a la luz, porque su resplandor nunca se apaga. Todos los bienes me vinieron con ella; sus manos me trajeron riquezas incontables.

Salmo Responsorial: Salmo 89, 12-13. 14-15. 16-17
R. Sácianos, Señor, de tu misericordia.

Enséñanos a ver lo que es la vida, y seremos sensatos. ¿Hasta cuándo, Señor, vas a temer compasión de tus siervos? ¿Hasta cuándo? **R.**

Llénanos de tu amor por la mañana y júbilo será la vida toda. Alégranos ahora por los días y los años de males y congojas. **R.**

Haz, Señor, que tus siervos y sus hijos puedan mirar tus obras y tu gloria. Que el Señor bondadoso nos ayude y dé prosperidad a nuestras obras. **R.**

Segunda Lectura: Hebreos 4, 12-13

Hermanos: La palabra de Dios es viva, eficaz y más penetrante que una espada de dos filos. Llega hasta lo más íntimo del alma, hasta la médula de los huesos y descubre los pensamientos e intenciones del corazón. Toda creatura es transparente para ella. Todo queda al desnudo y al descubierto ante los ojos de aquel a quien debemos rendir cuentas.

Aclamación antes del Evangelio: Mateo 5, 3
R. Aleluya, aleluya.

Dichosos los pobres de espíritu, porque de ellos es el Reino de los cielos. **R.**

Evangelio: Marcos 10, 17-30

En aquel tiempo, cuando salía Jesús al camino, se le acercó corriendo un hombre, se arrodilló ante él y le preguntó: "Maestro bueno, ¿qué debo hacer para alcanzar la vida eterna?" Jesús le contestó: "¿Por qué me llamas bueno? Nadie es bueno sino sólo Dios. Ya sabes los mandamientos: *No matarás, no cometerás adulterio, no robarás, no levantarás falso testimonio, no cometerás fraudes, honrarás a tu padre y a tu madre*". Entonces él le contestó: "Maestro, todo eso lo he cumplido desde muy joven". Jesús lo miró con amor y le dijo: "Sólo una cosa te falta: Ve y vende lo que tienes, da el dinero a los pobres y así tendrás un tesoro en los cielos. Después, ven y sígueme". Pero al oír estas palabras, el hombre se entristeció y se fue apesadumbrado, porque tenía muchos bienes. Jesús, mirando a su alrededor, dijo entonces a sus discípulos: "¡Qué difícil les va a ser a los ricos entrar en el Reino de Dios!" Los discípulos quedaron sorprendidos ante estas palabras; pero Jesús insistió: "Hijitos, ¡qué difícil es para los que confían en las riquezas, entrar en el Reino de Dios! Más fácil le es a un camello pasar por el ojo de una aguja, que a un rico entrar en el Reino de Dios". Ellos se asombraron todavía más y comentaban entre sí: "Entonces, ¿quién puede salvarse?" Jesús, mirándolos fijamente, les dijo: "Es imposible para los hombres, mas no para Dios. Para Dios todo es posible". Entonces Pedro le dijo a Jesús: "Señor, ya ves que nosotros lo hemos dejado todo para seguirte". Jesús le respondió: "Yo les aseguro: Nadie que haya dejado casa, o hermanos o hermanas, o padre o madre, o hijos o tierras, por mí y por el Evangelio, dejará de recibir, en esta vida, el ciento por uno en casas, hermanos, hermanas, madres, hijos y tierras, junto con persecuciones, y en el otro mundo, la vida eterna".

O bien:

Marcos 10, 17-27

En aquel tiempo, cuando salía Jesús al camino, se le acercó corriendo un hombre, se arrodilló ante él y le preguntó: "Maestro bueno, ¿qué debo hacer para alcanzar la vida eterna?" Jesús le contestó: "¿Por qué me llamas bueno? Nadie es bueno sino sólo Dios. Ya sabes los mandamientos: *No matarás, no cometerás adulterio, no robarás, no levantarás falso testimonio, no cometerás fraudes, honrarás a tu padre y a tu madre"*. Entonces él le contestó: "Maestro, todo eso lo he cumplido desde muy joven". Jesús lo miró con amor y le dijo: "Sólo una cosa te falta: Ve y vende lo que tienes, da el dinero a los pobres y así tendrás un tesoro en los cielos. Después, ven y sígueme". Pero al oír estas palabras, el hombre se entristeció y se fue apesadumbrado, porque tenía muchos bienes. Jesús, mirando a su alrededor, dijo entonces a sus discípulos: "¡Qué difícil les va a ser a los ricos entrar en el Reino de Dios!" Los discípulos quedaron sorprendidos ante estas palabras; pero Jesús insistió: "Hijitos, ¡qué difícil es para los que confían en las riquezas, entrar en el Reino de Dios! Más fácil le es a un camello pasar por el ojo de una aguja, que a un rico entrar en el Reino de Dios". Ellos se asombraron todavía más y comentaban entre sí: "Entonces, ¿quién puede salvarse?" Jesús, mirándolos fijamente, les dijo: "Es imposible para los hombres, mas no para Dios. Para Dios todo es posible".

<h3 style="text-align:center">Lunes 14 de octubre de 2024</h3>

Lunes de la XXVIII semana del Tiempo ordinario
Primera Lectura: Gálatas 4, 22-24. 26-27. 31-5, 1

Hermanos: Dice la Escritura que Abraham tuvo dos hijos: uno de la mujer que era esclava y el otro de la que era libre. El hijo de la esclava fue engendrado según las leyes naturales; el de la libre, en cambio, en virtud de la promesa de Dios. Esto tiene un sentido simbólico. En efecto, las dos mujeres representan las dos alianzas: Agar representa la del monte Sinaí, que engendra esclavos y es figura de la Jerusalén de aquí abajo. Por el contrario, la Jerusalén de arriba es libre y ésa es nuestra madre. A este respecto dice la Escritura: *Regocíjate tú, la estéril, la que no das a luz; rompe a cantar de júbilo, tú, la que no has sentido los dolores del parto; porque la mujer abandonada tendrá más hijos que aquella que tiene marido.* Así pues, hermanos, no somos hijos de la esclava, sino de la mujer libre. Cristo nos ha liberado para que seamos libres. Conserven, pues, la libertad y no se sometan de nuevo al yugo de la esclavitud.

Salmo Responsorial: Salmo 112, 1-2. 3-4. 5a y 6-7

R. (2) Bendito sea el Señor, ahora y para siempre.

Bendito sea el Señor, alábenlo sus siervos. Bendito sea el Señor, desde ahora y para siempre. **R.**

Desde que sale el sol hasta su ocaso alabado sea el nombre del Señor. Dios está sobre todas las naciones, su gloria, por encima de los cielos. **R.**

¿Quién hay como el Señor? ¿Quién iguala al Dios nuestro, que tiene en las alturas su morada, y sin embargo de esto, bajar se digna su mirada para ver tierra y cielo? **R.**

El levanta del polvo al desvalido y saca al indigente del estiércol, para hacerlo sentar entre los grandes, los jefes de su pueblo. **R.**

Aclamación antes del Evangelio: Salmo 94, 8
R. Aleluya, aleluya.

Hagámosle caso al Señor, que nos dice: "No endurezcan su corazón". **R.**

Evangelio: Lucas 11, 29-32

En aquel tiempo, la multitud se apiñaba alrededor de Jesús y éste comenzó a decirles: "La gente de este tiempo es una gente perversa. Pide una señal, pero no se le dará más señal que la de Jonás. Pues así como Jonás fue una señal para los habitantes de Nínive, lo mismo será el Hijo del hombre para la gente de este tiempo. Cuando sean juzgados los hombres de este tiempo, la reina del sur se levantará el día del juicio para condenarlos, porque ella vino desde los últimos rincones de la tierra para escuchar la sabiduría de Salomón, y aquí hay uno que es más que Salomón. Cuando sea juzgada la gente de este tiempo, los hombres de Nínive se levantarán el día del juicio para condenarla, porque ellos se convirtieron con la predicación de Jonás, y aquí hay uno que es más que Jonás".

Martes 15 de octubre de 2024

Memoria de Santa Teresa de Jesús, virgen y doctora de la Iglesia

Primera Lectura: Gálatas 5, 1-6

Hermanos: Cristo nos ha liberado para que seamos libres. Conserven, pues, la libertad y no se sometan de nuevo al yugo de la esclavitud. Yo mismo, Pablo, les aseguro que, si se dejan circuncidar, Cristo no les servirá de nada. Y vuelvo a declarar que todo el que se deja circuncidar, queda obligado a cumplir toda la ley. Ustedes, los que pretenden alcanzar la justificación por medio de la ley, han perdido a Cristo, han rechazado la gracia. Nosotros, en cambio, movidos por el Espíritu Santo, esperamos ansiosamente la justificación por medio de la fe. Porque para los cristianos no vale nada estar o no estar circuncidado; lo único que vale es la fe, que actúa a través de la caridad.

Salmo Responsorial: Salmo 118, 41. 43. 44. 45. 47. 48
R. (41a) Señor, ten misericordia de mí.

Señor, ten misericordia de mí y sálvame según tu promesa. No quites de mi boca las palabras sinceras, porque yo espero en tus mandamientos. **R.**

Cumpliré tu voluntad sin cesar y para siempre. Caminaré por un camino ancho, pues he seguido tus preceptos. **R.**

Serán mi delicia tus mandatos, que tanto amo. Levantaré mis manos hacia ti mientras recito tus mandamientos. **R.**

Aclamación antes del Evangelio: Hebreos 4, 12
R. Aleluya, aleluya.

La palabra de Dios es viva y eficaz y descubre los pensamientos e intenciones del corazón. **R.**

Evangelio: Lucas 11, 37-41

En aquel tiempo, un fariseo invitó a Jesús a comer. Jesús fue a la casa del fariseo y se sentó a la mesa. El fariseo se extrañó de que Jesús no hubiera cumplido con la ceremonia de lavarse las manos antes de comer. Pero el Señor le dijo: "Ustedes, los fariseos, limpian el exterior del vaso y del plato; en cambio, el interior de ustedes está lleno de robos y maldad. ¡Insensatos! ¿Acaso el que hizo lo exterior no hizo también lo interior? Den más bien limosna de lo que tienen y todo lo de ustedes quedará limpio".

Miércoles de la XXVIII semana del Tiempo ordinario

Primera Lectura: Gálatas 5, 18-25

Hermanos: Si los guía el Espíritu, ya no están ustedes bajo el dominio de la ley. Son manifiestas las obras que proceden del desorden egoísta del hombre: la lujuria, la impureza, el libertinaje, la idolatría, la brujería, las enemistades, los pleitos, las rivalidades, la ira, las rencillas, las divisiones, las discordias, las envidias, las borracheras, las orgías y otras cosas semejantes. Respecto a ellas les advierto, como ya lo hice antes, que quienes hacen estas cosas no conseguirán el Reino de Dios. En cambio, los frutos del Espíritu Santo son: el amor, la alegría, la paz, la generosidad, la benignidad, la bondad, la fidelidad, la mansedumbre y el dominio de sí mismo. Ninguna ley existe que vaya en contra de estas cosas. Y los que son de Jesucristo ya han crucificado su egoísmo junto con sus pasiones y malos deseos. Si tenemos la vida del Espíritu, actuemos conforme a ese mismo Espíritu.

Salmo Responsorial: Salmo 1, 1-2. 3. 4 y 6

R. (Juan 8, 12) Dichoso quien confía en el Señor.

Dichoso el hombre que no se guía por mundanos criterios, que no anda en malos pasos ni se burla del bueno, que ama la ley de Dios y se goza en cumplir sus mandamientos. **R.**

Es como un árbol plantado junto al rio. que da fruto a su tiempo y nunca se marchita. En todo tendrá éxito. **R.**

En cambio los malvados serán como la paja barrida por el viento. Porque el Señor protege el camino del justo y al malo sus caminos acaban por perderlo. **R.**

Aclamación antes del Evangelio: Juan 10, 27

R. Aleluya, aleluya.

Mis ovejas escuchan mi voz, dice el Señor; yo las conozco y ellas me siguen. **R.**

Evangelio: Lucas 11, 42-46

En aquel tiempo, Jesús dijo: "¡Ay de ustedes, fariseos, porque pagan diezmos hasta de la hierbabuena, de la ruda y de todas las verduras, pero se olvidan de la justicia y del amor de Dios! Esto debían practicar sin descuidar aquello. ¡Ay de ustedes, fariseos, porque les gusta ocupar los lugares de honor en las sinagogas y que les hagan reverencias en las plazas! ¡Ay de ustedes, porque son como esos sepulcros que no se ven, sobre los cuales pasa la gente sin darse cuenta!" Entonces tomó la palabra un doctor de la ley y le dijo: "Maestro, al hablar así, nos insultas también a nosotros". Entonces Jesús le respondió: "¡Ay de ustedes también, doctores de la ley, porque abruman a la gente con cargas insoportables, pero ustedes no las tocan ni con la punta del dedo!"

Jueves 17 de octubre de 2024

Memoria de San Ignacio de Antioquía, obispo y mártir

Primera Lectura: Efesios 1, 1-10

Yo, Pablo, apóstol de Cristo Jesús por voluntad de Dios, les deseo a ustedes, los hermanos y fieles cristianos que están en Éfeso, la gracia y la paz, de parte de Dios, nuestro Padre, y del Señor Jesucristo. Bendito sea Dios, Padre de nuestro Señor Jesucristo, que nos ha bendecido en él con toda clase de bienes espirituales y celestiales. El nos eligió en Cristo, antes de crear el mundo, para que fuéramos santos e irreprochables a sus ojos, por el amor, y determinó, porque así lo quiso, que, por medio de Jesucristo, fuéramos sus hijos, para que alabemos y glorifiquemos la gracia con que nos ha favorecido por medio de su Hijo amado. Pues por Cristo, por su sangre, hemos recibido la redención, el perdón de los pecados. El ha prodigado sobre nosotros el tesoro de su gracia, con toda sabiduría e inteligencia, dándonos a conocer el misterio de su voluntad. Este es el plan que había proyectado realizar por Cristo, cuando llegara la plenitud de los tiempos: hacer que todas las cosas, las del cielo y las de la tierra, tuvieran a Cristo por cabeza.

Salmo Responsorial: Salmo 97, 1. 2-3ab. 3cd-4. 5-6

R. (2a) El Señor nos ha mostrado su amor y su lealtad.

Cantemos al Señor un canto nuevo, pues ha hecho maravillas. Su diestra y su santo brazo le han dado la victoria. **R.**

El Señor ha dado a conocer su victoria, y ha revelado a las naciones su justicia. Una vez más ha demostrado Dios su amor y su lealtad hacia Israel. **R.**

La tierra entera ha contemplado la victoria de nuestro Dios. Que todos los pueblos y naciones aclamen con júbilo al Señor. **R.**

Cantemos al Señor al son del arpa, suenen los instrumentos. Aclamemos al son de los clarines al Señor, nuestro rey. **R.**

Aclamación antes del Evangelio: Juan 14, 6
R. Aleluya, aleluya.

Yo soy el camino, la verdad y la vida. Nadie va al Padre, si no es por mí, dice el Señor. **R.**

Evangelio: Lucas 11, 47-54

En aquel tiempo, Jesús dijo a los fariseos y doctores de la ley: "¡Ay de ustedes, que les construyen sepulcros a los profetas que los padres de ustedes asesinaron! Con eso dan a entender que están de acuerdo con lo que sus padres hicieron, pues ellos los mataron y ustedes les construyen el sepulcro. Por eso dijo la sabiduría de Dios: *Yo les mandaré profetas y apóstoles, y los matarán y los perseguirán,* para que así se le pida cuentas a esta generación de la sangre de todos los profetas que ha sido derramada desde la creación del mundo, desde la sangre de Abel hasta la de Zacarías, que fue asesinado entre el atrio y el altar. Sí, se lo repito: a esta generación se le pedirán cuentas. ¡Ay de ustedes, doctores de la ley, porque han guardado la llave de la puerta del saber! Ustedes no han entrado, y a los que iban a entrar les han cerrado el paso". Luego que Jesús salió de allí, los escribas y fariseos comenzaron a acosarlo terriblemente con muchas preguntas y a ponerle trampas para ver si podían acusarlo con alguna de sus propias palabras.

Viernes 18 de octubre de 2024
Fiesta de San Lucas, evangelista
Primera Lectura: 2 Timoteo 4, 9-17

Querido hermano: Haz lo posible por venir a verme cuanto antes, pues Dimas, prefiriendo las cosas de este mundo, me ha abandonado y ha partido a Tesalónica. Crescencio se fue a Galacia, y Tito, a Dalmacia. El único que me acompaña es Lucas. Trae a Marcos contigo, porque me será muy útil en mis tareas. A Tíquico lo envié a Éfeso. Cuando vengas, tráeme el abrigo que dejé en Tróade, en la casa de Carpo. Tráeme también los libros y especialmente los pergaminos. Alejandro, el herrero, me ha hecho mucho daño. *El Señor le dará su merecido.* Cuídate de él, pues se ha opuesto tenazmente a nuestra predicación. La primera vez que me defendí ante el tribunal, nadie me ayudó. Todos me abandonaron. Que no se les tome en cuenta. Pero el Señor estuvo a mi lado y me dio fuerzas para que, por mi medio, se proclamara claramente el mensaje de salvación y lo oyeran todos los paganos.

Salmo Responsorial: Salmo 144, 10-11. 12-13. 17-18
R. (12a) Señor, que todos tus fieles te bendigan.

Que te alaben, Señor, todas tus obras y que todos tus fieles te bendigan. Que proclamen la gloria de tu reino y den a conocer tus maravillas. **R.**

Que muestren a los hombres tus proezas, el esplendor y la gloria de tu reino. Tu reino, Señor, es para siempre y tu imperio, por todas las generaciones. **R.**

Siempre es justo el Señor en sus designios y están llenas de amor todas sus obras. No está lejos de aquellos que lo buscan; muy cerca está el Señor, de quien lo invoca. **R.**

Aclamación antes del Evangelio: Juan 15, 16
R. Aleluya, aleluya.

Yo los he elegido del mundo, dice el Señor, para que vayan y den fruto y su fruto permanezca. **R.**

Evangelio: Lucas 10, 1-9

En aquel tiempo, Jesús designó a otros setenta y dos discípulos y los mandó por delante, de dos en dos, a todos los pueblos y lugares a donde pensaba ir, y les dijo: "La cosecha es mucha y los trabajadores pocos. Rueguen, por lo tanto, al dueño de la mies que envíe trabajadores a sus campos. Pónganse en camino; yo los envío como corderos en medio de lobos. No lleven ni dinero ni morral ni sandalias y no se detengan a saludar a nadie por el camino. Cuando entren en una casa digan: 'Que la paz reine en esta casa'. Y si allí hay gente amante de la paz, el deseo de paz de ustedes se cumplirá; si no, no se cumplirá. Quédense en esa casa. Coman y beban de lo que tengan, porque el trabajador tiene derecho a su salario. No anden de casa en casa. En cualquier ciudad donde entren y los reciban, coman lo que les den. Curen a los enfermos que haya y díganles: 'Ya se acerca a ustedes el Reino de Dios'".

Sábado 19 de octubre de 2024
Memoria de Santos Juan de Brébeuf e Isaac Jogues, presbíteros, y compañeros, mártires

Primera Lectura: Efesios 1, 15-23

Hermanos: Me he enterado de su fe en el Señor Jesús y del amor que demuestran a todos los hermanos, por lo cual no dejo de dar gracias por ustedes, ni de recordarlos en mis oraciones, y le pido al Dios de nuestro Señor Jesucristo, el Padre de la gloria, que les conceda espíritu de sabiduría y de revelación para conocerlo. Le pido que les ilumine la mente para que comprendan cuál es la esperanza que les da su llamamiento, cuán gloriosa y rica es la herencia que Dios da a los que son suyos y cuál la extraordinaria grandeza de su poder para con nosotros, los que confiamos en él, por la eficacia de su fuerza poderosa. Con esta fuerza resucitó a Cristo de entre los muertos y lo hizo sentar a su derecha en el cielo, por encima de todos los ángeles, principados, potestades, virtudes y dominaciones, y por encima de cualquier persona, no sólo del mundo actual, sino también del futuro. Todo lo puso bajo sus pies y a él mismo lo constituyó cabeza suprema de la Iglesia, que es su cuerpo, y la plenitud del que lo consuma todo en todo.

Salmo Responsorial: Salmo 8, 2-3a. 4-5. 6-7
R. (7) ¡Que admirable, Señor, es tu poder!

¡Que admirable es, Señor y Dios nuestro, tu poder en toda la tierra! Tu grandeza sobrepasa los cielos y hasta los niños de pecho te dan alabanza perfecta. **R.**

Cuando contemplo el cielo, obra de tus manos, la luna y las estrellas que has creado, me pregunto: ¿Qué es el hombre para que de él te acuerdes; ese pobre ser humano, para que de él te preocupes? **R.**

Sim embargo, lo hiciste un poquito inferior a los ángeles, lo coronaste de gloria y dignidad; le diste el mando sobre las obras de tus manos y todo lo sometiste bajo sus pies. **R.**

Aclamación antes del Evangelio: Juan 15, 26. 27
R. Aleluya, aleluya.

El Espíritu de verdad dará testimonio de mí, dice el Señor, y también ustedes serán mis testigos. **R.**

Evangelio: Lucas 12, 8-12

En aquel tiempo, Jesús dijo a sus discípulos: "Yo les aseguro que a todo aquel que me reconozca abiertamente ante los hombres, lo reconocerá abiertamente el Hijo del hombre ante los ángeles de Dios; pero a aquel que me niegue ante los hombres, yo lo negaré ante los ángeles de Dios. A todo aquel que diga una palabra contra el Hijo del hombre, se le perdonará; pero a aquel que blasfeme contra el Espíritu Santo, no se le perdonará. Cuando los lleven a las sinagogas y ante los jueces y autoridades, no se preocupen de cómo se van a defender o qué van a decir, porque el Espíritu Santo les enseñará en aquel momento lo que convenga decir".

Domingo 20 de octubre de 2024
XXIX Domingo ordinario

Primera Lectura: Isaías 53, 10-11

El Señor quiso triturar a su siervo con el sufrimiento. Cuando entregue su vida como expiación, verá a sus descendientes, prolongará sus años y por medio de él prosperarán los designios del Señor. Por las fatigas de su alma, verá la luz y se saciará; con sus sufrimientos justificará mi siervo a muchos, cargando con los crímenes de ellos.

Salmo Responsorial: Salmo 32, 4-5. 18-19 20 y 22

R. Muéstrate bondadoso con nosotros, Señor.

Sincera es la palabra del Señor y todas sus acciones son leales. El ama la justicia y el derecho, la tierra llena está de sus bondades. **R.**

Cuida el Señor de aquellos que lo temen y en su bondad confían; los salva de la muerte y en épocas de hambre les da vida. **R.**

En el Señor está nuestra esperanza, pues él es nuestra ayuda y nuestro amparo. Muéstrate bondadoso con nosotros, puesto que en ti, Señor, hemos confiado. **R.**

Segunda Lectura: Hebreos 4, 14-16

Hermanos: Puesto que Jesús, el Hijo de Dios, es nuestro sumo sacerdote, que ha entrado en el cielo, mantengamos firme la profesión de nuestra fe. En efecto, no tenemos un sumo sacerdote que no sea capaz de compadecerse de nuestros sufrimientos, puesto que él mismo ha pasado por las mismas pruebas que nosotros, excepto el pecado. Acerquémonos, por lo tanto, con plena confianza al trono de la gracia, para recibir misericordia, hallar la gracia y obtener ayuda en el momento oportuno.

Aclamación antes del Evangelio: Marcos 10, 45

R. Aleluya, aleluya.

Jesucristo vino a servir y a dar la vida por la salvación de todos. **R.**

Evangelio: Marcos 10, 35-45

En aquel tiempo, se acercaron a Jesús Santiago y Juan, los hijos de Zebedeo, y le dijeron: "Maestro, queremos que nos concedas lo que vamos a pedirte". Él les dijo: "¿Qué es lo que desean?" Le respondieron: "Concede que nos sentemos uno a tu derecha y otro a tu izquierda, cuando estés en tu gloria". Jesús les replicó: "No saben lo que piden. ¿Podrán pasar la prueba que yo voy a pasar y recibir el bautismo con que seré bautizado?" Le respondieron: "Sí podemos". Y Jesús les dijo: "Ciertamente pasarán la prueba que yo voy a pasar y recibirán el bautismo con que yo seré bautizado; pero eso de sentarse a mi derecha o a mi izquierda no me toca a mí concederlo; eso es para quienes está reservado". Cuando los otros diez apóstoles oyeron esto, se indignaron contra Santiago y Juan. Jesús reunió entonces a los Doce y les dijo: "Ya saben que los jefes de las naciones las gobiernan como si fueran sus dueños y los poderosos las oprimen. Pero no debe ser así entre ustedes. Al contrario: el que quiera ser grande entre ustedes que sea su servidor, y el que quiera ser el primero, que sea el esclavo de todos, así como el Hijo del hombre, que no ha venido a que lo sirvan, sino a servir y a dar su vida por la redención de todos".

O bien:
Marcos 10, 42-45

En aquel tiempo, Jesús reunió entonces a los Doce y les dijo: "Ya saben que los jefes de las naciones las gobiernan como si fueran sus dueños y los poderosos las oprimen. Pero no debe ser así entre ustedes. Al contrario: el que quiera ser grande entre ustedes que sea su servidor, y el que quiera ser el primero, que sea el esclavo de todos, así como el Hijo del hombre, que no ha venido a que lo sirvan, sino a servir y a dar su vida por la redención de todos".

Lunes 21 de octubre de 2024
Lunes de la XXIX semana del Tiempo ordinario
Primera Lectura: Efesios 2, 1-10

Hermanos: Ustedes estaban muertos por sus delitos y pecados, porque en otro tiempo vivían según los criterios de este mundo, obedeciendo al que está al frente de las fuerzas invisibles del mal, a ese espíritu que ejerce su acción ahora sobre los que resisten al Evangelio. Entre ellos estuvimos también nosotros, pues en otro tiempo vivíamos sujetos a los instintos, deseos y pensamientos de nuestro desorden y egoísmo, y estábamos naturalmente destinados al terrible castigo de Dios, como los demás. Pero la misericordia y el amor de Dios son muy grandes; porque nosotros estábamos muertos por nuestros pecados, y él nos dio la vida con Cristo y en Cristo. Por pura generosidad suya, hemos sido salvados. Con Cristo y en Cristo nos ha resucitado, y con él nos ha reservado un sitio en el cielo. Así, en todos los tiempos, Dios muestra por medio de Cristo Jesús, la incomparable riqueza de su gracia y de su bondad para con nosotros. En efecto, ustedes han sido salvados por la gracia, mediante la fe; y esto no se debe a ustedes mismos, sino que es un don de Dios. Tampoco se debe a las obras, para que nadie pueda presumir, porque somos hechura de Dios, creados por medio de Cristo Jesús para hacer el bien que Dios ha dispuesto que hagamos.

Salmo Responsorial: Salmo 99, 2. 3. 4. 5
R. (3b) El Señor es nuestro dueño.

Alabemos a Dios todos los hombres, sirvamos al Señor con alegría y con júbilo entremos en su templo. **R.**

Reconozcamos que el Señor es Dios, que él fue quien nos hizo y somos suyos, que somos su pueblo y su rebaño. **R.**

Entremos por sus puertas dando gracias, crucemos por sus atrios entre himnos, alabando al Señor y bendiciéndolo. **R.**

Porque el Señor es bueno, bendigámoslo, porque es eterna su misericordia y su fidelidad se acaba. **R.**

Aclamación antes del Evangelio: Mateo 5, 3
R. Aleluya, aleluya.

Dichosos los pobres de espíritu, porque de ellos es el Reino de los cielos. **R.**

Evangelio: Lucas 12, 13-21

En aquel tiempo, hallándose Jesús en medio de una multitud, un hombre le dijo: "Maestro, dile a mi hermano que comparta conmigo la herencia". Pero Jesús le contestó: "Amigo, ¿quién me ha puesto como juez en la distribución de herencias?" Y dirigiéndose a la multitud, dijo: "Eviten toda clase de avaricia, porque la vida del hombre no depende de la abundancia de los bienes que posea". Después les propuso esta parábola: "Un hombre rico tuvo una gran cosecha y se puso a pensar: '¿Qué haré, porque no tengo ya en dónde almacenar la cosecha? Ya sé lo que voy a hacer: derribaré mis graneros y construiré otros más grandes para guardar ahí mi cosecha y todo lo que tengo. Entonces podré decirme: Ya tienes bienes acumulados para muchos años; descansa, come, bebe y date a la buena vida'. Pero Dios le dijo: '¡Insensato! Esta misma noche vas a morir. ¿Para quién serán todos tus bienes?' Lo mismo le pasa al que amontona riquezas para sí mismo y no se hace rico de lo que vale ante Dios".

Martes 22 de octubre de 2024

Martes de la XXIX semana del Tiempo ordinario

Primera Lectura: Efesios 2, 12-22

Hermanos: Recuerden que antes vivían ustedes sin Cristo, que estaban excluidos de la ciudadanía de Israel y eran extraños a las alianzas y promesas, y no tenían esperanza ni Dios en este mundo. Pero ahora, unidos a Cristo Jesús, ustedes, que antes estaban lejos, están cerca, en virtud de la sangre de Cristo. Porque él es nuestra paz; él hizo de los judíos y de los no judíos un solo pueblo; él destruyó, en su propio cuerpo, la barrera que los separaba: el odio; él abolió la ley, que consistía en mandatos y reglamentos, para crear en sí mismo, de los dos pueblos, un solo hombre nuevo, estableciendo la paz, y para reconciliar a ambos, hechos un solo cuerpo, con Dios, por medio de la cruz, dando muerte en sí mismo al odio. Vino para anunciar la buena nueva de la paz, tanto a ustedes, los que estaban lejos, como a los que estaban cerca. Así, unos y otros podemos acercarnos al Padre, por la acción de un mismo Espíritu. En consecuencia, ya no son ustedes extranjeros ni advenedizos; son conciudadanos de los santos y pertenecen a la familia de Dios, porque han sido edificados sobre el cimiento de los apóstoles y de los profetas, siendo Cristo Jesús la piedra angular. Sobre Cristo, todo el edificio se va levantando bien estructurado, para formar el templo santo del Señor, y unidos a él también ustedes se van incorporando al edificio, por medio del Espíritu Santo, para ser morada de Dios.

Salmo Responsorial: Salmo 84, 9ab-10. 11-12. 13-14

R. (9) Dale, Señor, la paz a tu pueblo.

Escucharé las palabras del Señor, palabras de paz para su pueblo santo. Está ya cerca nuestra salvación y la gloria de Señor habitará en la tierra. **R.**

La misericordia y la verdad se encontraron, la justicia y la paz se besaron, la felicidad brotó en la tierra y la justicia vino del cielo. **R.**

Cuando el Señor nos muestro su bondad, nuestra tierra producirá su fruto. La justicia le abrirá camino al Señor e irá siguiendo sus pisadas. **R.**

Aclamación antes del Evangelio: Lucas 21, 36
R. Aleluya, aleluya.

Velen y oren, para que puedan presentarse sin temor ante el Hijo del hombre. **R.**

Evangelio: Lucas 12, 35-38

En aquel tiempo, Jesús dijo a sus discípulos: "Estén listos, con la túnica puesta y las lámparas encendidas. Sean semejantes a los criados que están esperando a que su señor regrese de la boda, para abrirle en cuanto llegue y toque. Dichosos aquellos a quienes su señor, al llegar, encuentre en vela. Yo les aseguro que se recogerá la túnica, los hará sentar a la mesa y él mismo les servirá. Y si llega a medianoche o a la madrugada y los encuentra en vela, dichosos ellos".

Miércoles 23 de octubre de 2024
Miércoles de la XXIX semana del Tiempo ordinario
Primera Lectura: Efesios 3, 2-12

Hermanos: Han oído hablar de la distribución de la gracia de Dios, que se me ha confiado en favor de ustedes. Por revelación se me dio a conocer este designio secreto que acabo de exponerles brevemente. Y al leer esto, podrán darse cuenta del conocimiento que tengo del designio secreto de Dios realizado en Cristo. Éste es un designio que no había sido manifestado a los hombres en otros tiempos, pero que ha sido revelado ahora por el Espíritu a sus santos apóstoles y profetas: es decir, que por el Evangelio, también los paganos son coherederos de la misma herencia, miembros del mismo cuerpo y partícipes de la misma promesa en Jesucristo. Y yo he sido constituido servidor de este Evangelio por un don gratuito de Dios, que me ha sido concedido con toda la eficacia de su poder. A mí, el más insignificante de todos los fieles, se me ha dado la gracia de anunciar a los paganos la incalculable riqueza que hay en Cristo, y dar a conocer a todos cómo va cumpliéndose este designio de salvación, oculto desde el principio de los siglos en Dios, creador de todo. Él lo dispuso así, para que la multiforme sabiduría, sea dada a conocer ahora, por medio de la Iglesia, a los espíritus celestiales, según el designio eterno realizado en Cristo Jesús, nuestro Señor, por quien podemos acercarnos libre y confiadamente a Dios, por medio de la fe en Cristo.

Salmo Responsorial: Isaías 12, 2-3, 4bcd. 5-6
R. (3) El Señor es mi Dios y salvador.

El Señor es mi Dios y salvador, con él estoy seguro y nada temo. El Señor es mi protección y mi fuerza y ha sido mi salvación. **R.**

Den gracias al Señor, e invoquen su nombre, cuenten a los pueblos sus hazañas, proclamen que su nombre es sublime. **R.**

Alaben al Señor por sus proezas, anúncienlas a toda la tierra. Griten jubilosos, habitantes de Sión, porque el Dios de Israel ha sido grande con ustedes. **R.**

Aclamación antes del Evangelio: Mateo 24, 42. 44
R. Aleluya, aleluya.

Estén preparados, porque no saben a qué hora va a venir el Hijo del hombre. **R.**

Evangelio: Lucas 12, 39-48
En aquel tiempo, Jesús dijo a sus discípulos: "Fíjense en esto: Si un padre de familia supiera a qué hora va a venir el ladrón, estaría vigilando y no dejaría que se le metiera por un boquete en su casa. Pues también ustedes estén preparados, porque a la hora en que menos lo piensen, vendrá el Hijo del hombre". Entonces Pedro le preguntó a Jesús: "¿Dices esta parábola sólo por nosotros o por todos?" El Señor le respondió: "Supongan que un administrador, puesto por su amo al frente de la servidumbre con el encargo de repartirles a su tiempo los alimentos, se porta con fidelidad y prudencia. Dichoso ese siervo, si el amo, a su llegada, lo encuentra cumpliendo con su deber. Yo les aseguro que lo pondrá al frente de todo lo que tiene. Pero si ese siervo piensa: 'Mi amo tardará en llegar' y empieza a maltratar a los otros siervos y siervas, a comer, a beber y a embriagarse, el día menos pensado y a la hora más inesperada llegará su amo y lo castigará severamente y le hará correr la misma suerte de los desleales. El siervo que conociendo la voluntad de su amo, no haya preparado ni hecho lo que debía,

recibirá muchos azotes; pero el que, sin conocerla, haya hecho algo digno de castigo, recibirá pocos. Al que mucho se le da, se le exigirá mucho; y al que mucho se le confía, se le exigirá mucho más.

Jueves 24 de octubre de 2024

Jueves de la XXIX semana del Tiempo ordinario

Primera Lectura: Efesios 3, 14-21

Hermanos: Me arrodillo ante el Padre, de quien procede toda paternidad en el cielo y en la tierra, para que, conforme a los tesoros de su bondad, les conceda que su Espíritu los fortalezca interiormente y que Cristo habite por la fe en sus corazones. Así, arraigados y cimentados en el amor, podrán comprender con todo el pueblo de Dios, la anchura y la longitud, la altura y la profundidad del amor de Cristo, y experimentar ese amor que sobrepasa todo conocimiento humano, para que así queden ustedes colmados con la plenitud misma de Dios. A él, que, con su poder que actúa eficazmente en nosotros, puede hacer infinitamente más de lo que le pedimos o entendemos, le sea dada la gloria en la Iglesia y en Cristo Jesús, por todas las edades y por todos los siglos. Amén.

Salmo Responsorial: Salmo 32, 1-2. 4-5. 10ab y 11

R. (5b) Dichoso el pueblo escogido por Dios.

Que los justos aclamen al Señor; es proprio de los justos alabarlo. Demos gracias a Dios, al son del arpa, que la lira acompañe nuestros cantos. **R.**

Sincera es la palabra del Señor y todas sus acciones son leales. El ama la justicia y el derecho, la tierra llena está de sus bondades. **R.**

Los proyectos de Dios duran por siempre los planes de su amor, todos los siglos. Feliz la nación cuyo Dios es el Señor; dichos el pueblo que escogió por suyo. **R.**

Cuida el Señor de aquellos que lo temen y en su bondad confían; los salva de la muerte y en épocas de hambre les da vida. **R.**

Aclamación antes del Evangelio: Filipenses 3, 8-9

R. Aleluya, aleluya.

Todo lo considero una pérdida y lo tengo por basura, para ganar a Cristo y vivir unido a él. **R.**

Evangelio: Lucas 12, 49-53

En aquel tiempo, Jesús dijo a sus discípulos: "He venido a traer fuego a la tierra, ¡y cuánto desearía que ya estuviera ardiendo! Tengo que recibir un bautismo, ¡y cómo me angustio mientras llega! ¿Piensan acaso que he venido a traer paz a la tierra? De ningún modo. No he venido a traer la paz, sino la división. De aquí en adelante, de cinco que haya en una familia, estarán divididos tres contra dos y dos contra tres. Estará dividido el padre contra el hijo, el hijo contra el padre, la madre contra la hija y la hija contra la madre, la suegra contra la nuera y la nuera contra la suegra".

Viernes 25 de octubre de 2024

Viernes de la XXIX semana del Tiempo ordinario

Primera Lectura: Efesios 4, 1-6

Hermanos: Yo, Pablo, prisionero por la causa del Señor, los exhorto a que lleven una vida digna del llamamiento que han recibido. Sean siempre humildes y amables; sean comprensivos y sopórtense mutuamente con amor; esfuércense en mantenerse unidos en el espíritu con el vínculo de la paz. Porque no hay más que un solo cuerpo y un solo Espíritu, como también una sola es la esperanza del llamamiento que ustedes han recibido. Un solo Señor, una sola fe, un solo bautismo, un solo Dios y Padre de todos, que reina sobre todos, actúa a través de todos y vive en todos.

Salmo Responsorial: Salmo 23, 1-2. 3-4ab. 5-6

R. (6) Haz, Señor, que te busquemos.

Del Señor es la tierra y lo que ella tiene, el orbe todo y los que en él habitan, pues él lo edificó sobre los mares, él fue quien lo asentó sobre los rios. **R.**

¿Quién subirá hasta el monte del Señor? ¿Quién podrá estar en su recinto santo? El de corazón limpio y manos puras y que no jura en falso. **R.**

Ese obtendrá la bendición de Dios, y Dios, su salvador, le hará justicia. Esta es la clase de hombres que te buscan y vienen ante ti, Dios de Jacob. **R.**

Aclamación antes del Evangelio: Mateo 11, 25
R. Aleluya, aleluya.

Te doy gracias, Padre, Señor del cielo y de la tierra, porque has revelado los misterios del Reino a la gente sencilla. **R.**

Evangelio: Lucas 12, 54-59

En aquel tiempo, Jesús dijo a la multitud: "Cuando ustedes ven que una nube se va levantando por el poniente, enseguida dicen que va a llover, y en efecto, llueve. Cuando el viento sopla del sur, dicen que hará calor, y así sucede. ¡Hipócritas! Si saben interpretar el aspecto que tienen el cielo y la tierra, ¿por qué no interpretan entonces los signos del tiempo presente? ¿Por qué, pues, no juzgan por ustedes mismos lo que les conviene hacer ahora? Cuando vayas con tu adversario a presentarte ante la autoridad, haz todo lo posible por llegar a un acuerdo con él en el camino, para que no te lleve ante el juez, el juez te entregue a la policía, y la policía te meta en la cárcel. Yo te aseguro que no saldrás de ahí hasta que pagues el último centavo".

Sábado 26 de octubre de 2024
Sábado de la XXIX semana del Tiempo ordinario

Primera Lectura: Efesios 4, 7. 11-16

Hermanos: Cada uno de nosotros ha recibido la gracia en la medida en que Cristo se la ha dado. Él fue quien concedió a unos ser apóstoles; a otros, ser profetas; a otros, ser evangelizadores; a otros, ser pastores y maestros. Y esto, para capacitar a los fieles, a fin de que, desempeñando debidamente su tarea, construyan el cuerpo de Cristo, hasta que todos lleguemos a estar unidos en la fe y en el conocimiento del Hijo de Dios, y lleguemos a ser hombres perfectos, que alcancemos en todas sus dimensiones la plenitud de Cristo. Así, ya no seremos como niños, zarandeados por las olas y llevados de un lado para otro por el viento de cualquier doctrina, a merced de hombres malvados y astutos, que conducen engañosamente al error. Por el contrario, viviendo sinceramente en el amor, creceremos en todos sentidos, unidos a aquel que es la cabeza: Cristo. De él, todo el cuerpo recibe su organización, su cohesión y su vida, según la actividad propia de cada una de las partes, y así el cuerpo va creciendo y construyéndose por medio del amor.

Salmo Responsorial: Salmo 121, 1-2. 3-4ab. 4cd-5
R. (1) Vamos a la casa del Señor.

¡Qué alegría sentí, cuando me dijeron: "Vayamos a la casa del Señor"! Y hoy estamos aquí, Jerusalén, jubilosos, delante de tus puertas. **R.**

A ti, Jerusalén, suben las tribus, las tribus del Señor, según lo que a Israel se le ha ordenado, para alabar el nombre del Señor. **R.**

Aclamación antes del Evangelio: Ezequiel 33, 11
R. Aleluya, aleluya.

No quiero la muerte del pecador, sino que se arrepienta y viva, dice el Señor. **R.**

Evangelio: Lucas 13, 1-9

En aquel tiempo, algunos hombres fueron a ver a Jesús y le contaron que Pilato había mandado matar a unos galileos, mientras estaban ofreciendo sus sacrificios. Jesús les hizo este comentario: "¿Piensan ustedes que aquellos galileos, porque les sucedió esto, eran más pecadores que todos los demás galileos? Ciertamente que no; y si ustedes no se arrepienten, perecerán de manera semejante. Y aquellos dieciocho que murieron aplastados por la torre de Siloé, ¿piensan acaso que eran más culpables que todos los demás habitantes de Jerusalén? Ciertamente que no; y si ustedes no se arrepienten, perecerán dc manera semejante". Entonces les dijo esta parábola: "Un hombre tenía una higuera plantada en su viñedo; fue a buscar higos y no los encontró. Dijo entonces al viñador: 'Mira, durante tres años seguidos he venido a buscar higos en esta higuera y no los he encontrado. Córtala. ¿Para qué ocupa la tierra inútilmente?' El viñador le contestó: 'Señor, déjala todavía este año; voy a aflojar la tierra alrededor y a echarle abono, para ver si da fruto. Si no, el año que viene la cortaré' ".

Domingo 27 de octubre de 2024

XXX Domingo ordinario

Primera Lectura: Jeremías 31, 7-9

Esto dice el Señor: "Griten de alegría por Jacob, regocíjense por el mejor de los pueblos; proclamen, alaben y digan: 'El Señor ha salvado a su pueblo, al grupo de los sobrevivientes de Israel'. He aquí que yo los hago volver del país del norte y los congrego desde los confines de la tierra. Entre ellos vienen el ciego y el cojo, la mujer encinta y la que acaba de dar a luz. Retorna una gran multitud; vienen llorando, pero yo los consolaré y los guiaré; los llevaré a torrentes de agua por un camino llano en el que no tropezarán. Porque yo soy para Israel un padre y Efraín es mi primogénito".

Salmo Responsorial: Salmo 125, 1-2ab. 2cd-3. 4-5. 6
R. Grandes cosas has hecho por nosotros, Señor.

Cuando el Señor nos hizo volver del cautiverio, creíamos soñar; entonces no cesaba de reír nuestra boca ni se cansaba entonces la lengua de cantar. **R.**

Aun los mismos paganos con asombro decían: "¡Grandes cosas ha hecho por ellos el Señor!" Y estábamos alegres, pues ha hecho grandes cosas por su pueblo el Señor. **R.**

Como cambian los ríos la suerte del desierto, cambia también ahora nuestra suerte, Señor, y entre gritos de júbilo cosecharán aquellos que siembran con dolor. **R.**

Al ir, iba llorando, cagando la semilla; al regresar, cantando vendrán con sus gavillas. **R.**

Segunda Lectura: Hebreos 5, 1-6

Hermanos: Todo sumo sacerdote es un hombre escogido entre los hombres y está constituido para intervenir en favor de ellos ante Dios, para ofrecer dones y sacrificios por los pecados. Él puede comprender a los ignorantes y extraviados, ya que él mismo está envuelto en debilidades. Por eso, así como debe ofrecer sacrificios por los pecados del pueblo, debe ofrecerlos también por los suyos propios. Nadie puede apropiarse ese honor, sino sólo aquel que es llamado por Dios, como lo fue Aarón. De igual manera, Cristo no se confirió a sí mismo la dignidad de sumo sacerdote; se la otorgó quien le había dicho: *Tú eres mi Hijo, yo te he engendrado hoy.* O como dice otro pasaje de la Escritura: *Tú eres sacerdote eterno, como Melquisedec.*

Aclamación antes del Evangelio: 2 Timoteo 1, 10
R. Aleluya, aleluya.
Jesucristo, nuestro salvador, ha vencido la muerte y ha hecho resplandecer la vida por medio del Evangelio. **R.**

Evangelio: Marcos 10, 46-52
En aquel tiempo, al salir Jesús de Jericó en compañía de sus discípulos y de mucha gente, un ciego, llamado Bartimeo, se hallaba sentado al borde del camino pidiendo limosna. Al oír que el que pasaba era Jesús Nazareno, comenzó a gritar: "¡Jesús, hijo de David, ten compasión de mí!" Muchos lo reprendían para que se callara, pero él seguía gritando todavía más fuerte: "¡Hijo de David, ten compasión de mí!". Jesús se detuvo entonces y dijo: "Llámenlo". Y llamaron al ciego, diciéndole: "¡Ánimo! Levántate, porque él te llama". El ciego tiró su manto; de un salto se puso en pie y se acercó a Jesús. Entonces le dijo Jesús: "¿Qué quieres que haga por ti?" El ciego le contestó: "Maestro, que pueda ver". Jesús le dijo: "Vete; tu fe te ha salvado". Al momento recobró la vista y comenzó a seguirlo por el camino.

Lunes 28 de octubre de 2024
Fiesta de los Santos Simón y Judas, Apóstoles
Primera Lectura: Efesios 2, 19-22
Hermanos: Ya no son ustedes extranjeros ni advenedizos; son conciudadanos de los santos y pertenecen a la familia de Dios, porque han sido edificados sobre el cimiento de los apóstoles y de los profetas, siendo Cristo Jesús la piedra angular. Sobre Cristo, todo el edificio se va levantando bien estructurado, para formar el

templo santo del Señor, y unidos a él también ustedes se van incorporando al edificio, por medio del Espíritu Santo, para ser morada de Dios.

Salmo Responsorial: Salmo 18, 2-3. 4-5
R. El mensaje del Señor resuena en toda la tierra.

Los cielos proclaman la gloria de Dios y el firmamento anuncia la obra de sus manos. Un día comunica su mensaje al otro día y una noche se lo transmite a la otra noche. **R.**

Sin que pronuncien una palabra, sin que resuene su voz, a toda la tierra llega su sonido y su mensaje hasta el fin del mundo. **R.**

Aclamación antes del Evangelio
R. Aleluya, aleluya.

Señor, Dios eterno, alegres te cantamos, a ti nuestra alabanza. A ti, Señor, te alaba el coro celestial de los apóstoles. **R.**

Evangelio: Lucas 6, 12-19

Por aquellos días, Jesús se retiró al monte a orar y se pasó la noche en oración con Dios. Cuando se hizo de día, llamó a sus discípulos, eligió a doce de entre ellos y les dio el nombre de apóstoles. Eran Simón, a quien llamó Pedro, y su hermano Andrés; Santiago y Juan; Felipe y Bartolomé; Mateo y Tomás; Santiago, el hijo de Alfeo, y Simón, llamado el Fanático; Judas, el hijo de Santiago, y Judas Iscariote, que fue el traidor. Al bajar del monte con sus discípulos y sus apóstoles, se detuvo en un llano. Allí se encontraba mucha gente, que había venido tanto de Judea y Jerusalén, como de la costa de Tiro y de Sidón. Habían venido a oírlo y a que los curara de sus enfermedades; y los que eran atormentados por espíritus inmundos quedaban curados. Toda la gente procuraba tocarlo, porque salía de él una fuerza que sanaba a todos.

Martes 29 de octubre de 2024
Martes de la XXX semana del Tiempo ordinario

Primera Lectura: Efesios 5, 21-33

Hermanos: Respétense unos a otros, por reverencia a Cristo: que las mujeres respeten a sus maridos, como si se tratara del Señor, porque el marido es cabeza de la mujer, como Cristo es cabeza y salvador de la Iglesia, que es su cuerpo. Por lo tanto, así como la Iglesia es dócil a Cristo, así también las mujeres sean dóciles a sus maridos en todo. Maridos, amen a sus esposas como Cristo amó a su Iglesia y se entregó por ella para santificarla, purificándola con el agua y la palabra, pues él quería presentársela a sí mismo toda resplandeciente, sin mancha ni arruga ni cosa semejante, sino santa e inmaculada. Así los maridos deben amar a sus esposas, como cuerpos suyos que son. El que ama a su esposa se ama a sí mismo, pues nadie jamás ha odiado a su propio cuerpo, sino que le da alimento y calor, como Cristo hace con la Iglesia, porque somos miembros de su cuerpo. *Por eso abandonará el hombre a su padre y a su madre, se unirá a su mujer y serán los dos una sola cosa.* Este es un gran misterio, y yo lo refiero a Cristo y a la Iglesia. En una palabra, que cada uno de ustedes ame a su mujer como a sí mismo, y que la mujer respete a su marido.

Salmo Responsorial: Salmo 127, 1-2. 3. 4-5
R. (1) Dichoso el que teme al Señor.

Dichoso el que teme al Señor y sigue sus caminos: comerá del fruto de su trabajo, será dichoso, le irá bien. **R.**

Su mujer, como vid fecunda, en medio de tu casa; sus hijos, como renuevos de olivo, alrededor de su mesa. **R.**

Esta es la bendición del hombre que teme al Señor: "Que el Señor te bendiga desde Sión, que veas la prosperidad de Jerusalén todos los días de tu vida". **R.**

Aclamación antes del Evangelio: Mateo 11, 25
R. Aleluya, aleluya.

Te doy gracias, Padre, Señor del cielo y de la tierra, porque has revelado los misterios del Reino a la gente sencilla. **R.**

Evangelio: Lucas 13, 18-21

En aquel tiempo, Jesús dijo: "¿A qué se parece el Reino de Dios? ¿Con qué podré compararlo? Se parece a la semilla de mostaza que un hombre sembró en su huerta; creció y se convirtió en un arbusto grande y los pájaros anidaron en sus ramas". Y dijo de nuevo: "¿Con qué podré comparar al Reino de Dios? Con la levadura que una mujer mezcla con tres medidas de harina y que hace fermentar toda la masa".

Miércoles 30 de octubre de 2024

Miércoles de la XXX semana del Tiempo ordinario

Primera Lectura: Efesios 6, 1-9

Hijos, obedezcan a sus padres por amor al Señor, porque eso es justo. *Honrarás a tu padre y a tu madre* es un mandamiento muy importante, que lleva consigo esta promesa: *Te irá bien y vivirás largo tiempo en la tierra.* Padres, no exasperen a sus hijos; más bien fórmenlos y corríjanlos, para educarlos bien, como el Señor quiere. Esclavos, obedezcan a sus amos de este mundo con docilidad, respeto y sencillez de corazón, como a Cristo; no sólo cuando los están mirando, ni sólo para quedar bien con ellos, sino como esclavos de Cristo, que cumplen de corazón la voluntad de Dios. Sírvanles, pues, de buena gana, como quien sirve al Señor y no a los hombres, recordando que cada uno, sea esclavo o libre, será recompensado por el Señor, según el bien que haya hecho. Y ustedes, amos, correspondan a sus esclavos en una forma semejante. Absténganse, pues, de toda clase de amenazas, recordando que tanto ellos como ustedes tienen el mismo amo, que está en los cielos y en el cual no hay favoritismos por una persona o por otra.

Salmo Responsorial: Salmo 144, 10-11. 12-13ab. 13cd-14

R. (13c) El Señor es fiel en todas sus palabras.

Que te alaben, Señor, todas tus obras y que todos tus fieles te bendigan. Que proclamen la gloria de tu reino Y den a conocer tus maravillas. **R.**

Que muestren a los hombres tus proezas, el esplendor y la gloria de tu reino. Tu reino, Señor, es para siempre, y tu imperio, por todas las generaciones. **R.**

El Señor es siempre fiel a sus palabras y bondadoso en todas sus acciones. Da su apoyo el Señor al que tropieza y al agobiado alivia. **R.**

Aclamación antes del Evangelio: 2 Tesalonicenses 2, 14
R. Aleluya, aleluya.

Dios nos ha llamado, por medio del Evangelio, a participar de la gloria de nuestro Señor Jesucristo. **R.**

Evangelio: Lucas 13, 22-30

En aquel tiempo, Jesús iba enseñando por ciudades y pueblos, mientras se encaminaba a Jerusalén. Alguien le preguntó: "Señor, ¿es verdad que son pocos los que se salvan?" Jesús le respondió: "Esfuércense en entrar por la puerta, que es angosta, pues yo les aseguro que muchos tratarán de entrar y no podrán. Cuando el dueño de la casa se levante de la mesa y cierre la puerta, ustedes se quedarán afuera y se pondrán a tocar la puerta, diciendo: 'Señor, ábrenos'. Pero él les responderá: 'No sé quiénes son ustedes'. Entonces le dirán con insistencia: 'Hemos comido y bebido contigo y tú has enseñado en nuestras plazas'. Pero él replicará: 'Yo les aseguro que no sé quiénes son ustedes. Apártense de mí, todos ustedes los que hacen el mal'. Entonces llorarán ustedes y se desesperarán, cuando vean a Abraham, a Isaac, a Jacob y a todos los profetas en el Reino de Dios, y ustedes se vean echados fuera. Vendrán muchos del oriente y del poniente, del norte y del sur, y participarán en el banquete del Reino de Dios. Pues los que ahora son los últimos, serán los primeros; y los que ahora son los primeros, serán los últimos".

Jueves 31 de octubre de 2024
Jueves de la XXX semana del Tiempo ordinario
Primera Lectura: Efesios 6, 10-20

Hermanos: Busquen su fortaleza en el Señor y en su invencible poder. Utilicen las armas que Dios les ha dado, para poder resistir a las asechanzas del diablo. Porque no estamos luchando contra fuerzas humanas, sino contra las fuerzas espirituales y sobrehumanas del mal, que dominan y gobiernan este mundo de tinieblas. Por eso, para que puedan resistir en los momentos difíciles y quedar definitivamente victoriosos, revístanse con la armadura de Dios: que su cinturón sea siempre la verdad; su coraza, la justicia; su calzado, la prontitud para anunciar el Evangelio de la paz; que la fe les sirva siempre de escudo para protegerlos y apagar las flechas incendiarias del enemigo malo; pónganse el casco de la salvación y empuñen la espada del espíritu, que es la palabra de Dios. Y, con la ayuda del Espíritu Santo, oren y supliquen continuamente. Velen en oración constantemente por todo el pueblo cristiano y también por mí, a fin de que Dios me conceda hablar con toda libertad para anunciar el misterio de Cristo, contenido en el Evangelio, del cual soy embajador, aunque estoy encadenado. Pidan, pues, que tenga valor para predicarlo como debo.

Salmo Responsorial: Salmo 143, 1. 2. 9-10
R. (1a) Bendito sea el Señor, mi fortaleza.

Bendito sea el Señor, mi roca firme; él adiestró mis manos y mis dedos para luchar en lides. **R.**

El es mi amigo fiel, mi fortaleza, mi seguro escondite, escudo en que me amparo, el que los pueblos a mis plantas rinde. **R.**

Al compás de mi citara, nuevos cantos, Señor, he de decirte, pues tú das a los reyes la victoria y salvas a David, tu siervo humilde. **R.**

Aclamación antes del Evangelio: Lucas 19, 38; 2, 14
R. Aleluya, aleluya.

¡Bendito el rey que viene en el nombre del Señor! Paz en el cielo y gloria en las alturas! **R.**

Evangelio: Lucas 13, 31-35
En aquel tiempo, se acercaron a Jesús unos fariseos y le dijeron: "Vete de aquí, porque Herodes quiere matarte". Él les contestó: "Vayan a decirle a ese zorro que seguiré expulsando demonios y haciendo curaciones hoy y mañana, y que al tercer día terminaré mi obra. Sin embargo, hoy, mañana y pasado mañana tengo que seguir mi camino, porque no conviene que un profeta muera fuera de Jerusalén. ¡Jerusalén, Jerusalén, que matas y apedreas a los profetas que Dios te

envía! ¡Cuántas veces he querido reunir a tus hijos, como la gallina reúne a sus pollitos bajo las alas, pero tú no has querido! Así pues, la casa de ustedes quedará abandonada. Yo les digo que no me volverán a ver hasta el día en que digan: *'¡Bendito el que viene en el nombre del Señor!'* ”

NOVIEMBRE

Viernes 1 de noviembre de 2024
Solemnidad de Todos los santos

Primera Lectura: Apocalipsis 7, 2-4. 9-14

Yo, Juan, vi a un ángel que venía del oriente. Traía consigo el sello del Dios vivo y gritaba con voz poderosa a los cuatro ángeles encargados de hacer daño a la tierra y al mar. Les dijo: "¡No hagan daño a la tierra, ni al mar, ni a los árboles, hasta que terminemos de marcar con el sello la frente de los servidores de nuestro Dios!" Y pude oír el número de los que habían sido marcados: eran ciento cuarenta y cuatro mil, procedentes de todas las tribus de Israel. Vi luego una muchedumbre tan grande, que nadie podía contarla. Eran individuos de todas las naciones y razas, de todos los pueblos y lenguas. Todos estaban de pie, delante del trono y del Cordero; iban vestidos con una túnica blanca; llevaban palmas en las manos y exclamaban con voz poderosa: "La salvación viene de nuestro Dios, que está sentado en el trono, y del Cordero". Y todos los ángeles que estaban alrededor del trono, de los ancianos y de los cuatro seres vivientes, cayeron rostro en tierra delante del trono y adoraron a Dios, diciendo: "Amén. La alabanza, la gloria, la sabiduría, la acción de gracias, el honor, el poder y la fuerza, se le deben para siempre a nuestro Dios". Entonces uno de los ancianos me preguntó: "¿Quiénes son y de dónde han venido los que llevan la túnica blanca?" Yo le respondí: "Señor mío, tú eres quien lo sabe". Entonces él me dijo: "Son los que han pasado por la gran persecución y han lavado y blanqueado su túnica con la sangre del Cordero".

Salmo Responsorial: Salmo 23, 1-2. 3-4ab. 5-6

R. (6) Esta es la clase de hombres que te buscan, Señor.

Del Señor es la tierra y lo que ella tiene, el orbe todo y los que en él habitan, pues él lo edificó sobre los mares el fue quien lo asentó sobre los ríos. **R.**

¿Quién subirá hasta el monte del Señor? ¿Quién podrá estar en su recinto santo? El de corazón limpio y manos puras y que no jura en falso. **R.**

Ese obtendrá la bendición de Dios, y Dios, su salvador, le hará justicia. Esta es la clase de hombres que te buscan y vienen ante ti, Dios de Jacob. **R.**

Segunda Lectura: 1 Juan 3, 1-3

Queridos hijos: Miren cuánto amor nos ha tenido el Padre, pues no sólo nos llamamos hijos de Dios, sino que lo somos. Si el mundo no nos reconoce, es porque tampoco lo ha reconocido a él. Hermanos míos, ahora somos hijos de Dios, pero aún no se ha manifestado cómo seremos al fin. Y ya sabemos que, cuando él se manifieste, vamos a ser semejantes a él, porque lo veremos tal cual es. Todo el que tenga puesta en Dios esta esperanza, se purifica a sí mismo para ser tan puro como él.

Aclamación antes del Evangelio: Mateo 11, 28
R. Aleluya, aleluya.

Vengan a mí todos los que están fatigados y agobiados por la carga, y yo los aliviaré, dice el Señor. **R.**

Evangelio: Mateo 5, 1-12

En aquel tiempo, cuando Jesús vio a la muchedumbre, subió al monte y se sentó. Entonces se le acercaron sus discípulos. Enseguida comenzó a enseñarles, hablándoles así:

"Dichosos los pobres de espíritu, porque de ellos es el Reino de los cielos.

Dichosos los que lloran, porque serán consolados.

Dichosos los sufridos, porque heredarán la tierra.

Dichosos los que tienen hambre y sed de justicia, porque serán saciados.

Dichosos los misericordiosos, porque obtendrán misericordia.

Dichosos los limpios de corazón, porque verán a Dios.

Dichosos los que trabajan por la paz, porque se les llamará hijos de Dios.

Dichosos los perseguidos por causa de la justicia, porque de ellos es el Reino de los cielos.

Dichosos serán ustedes, cuando los injurien, los persigan y digan cosas falsas de ustedes por causa mía. Alégrense y salten de contento, porque su premio será grande en los cielos".

Sábado 2 de noviembre de 2024

Conmemoración de Todos los Fieles Difuntos

Primera Lectura: Sabiduría 3, 1-9

Las almas de los justos están en las manos de Dios y no los alcanzará ningún tormento. Los insensatos pensaban que los justos habían muerto, que su salida de este mundo era una desgracia y su salida de entre nosotros, una completa destrucción. Pero los justos están en paz. La gente pensaba que sus sufrimientos eran un castigo, pero ellos esperaban confiadamente la inmortalidad. Después de breves sufrimientos recibirán una abundante recompensa, pues Dios los puso a prueba y los halló dignos de sí. Los probó como oro en el crisol y los aceptó como un holocausto agradable. En el día del juicio brillarán los justos como chispas que se propagan en un cañaveral. Juzgarán a las naciones y dominarán a los pueblos, y el Señor reinará eternamente sobre ellos. Los que confían en el Señor comprenderán la verdad y los que son fieles a su amor permanecerán a su lado, porque Dios ama a sus elegidos y cuida de ellos.

Salmo Responsorial: Salmo 22, 1-3. 4. 5. 6

R. (1) El Señor es mi pastor, nada me faltará.

El Señor es mi pastor, nada me falta; en verdes praderas me hace reposar y hacia fuentes tranquilas me conduce para reparar mis fuerzas. Por ser un Dios fiel a sus promesas, Me guía por el sendero recto **R.**

Así, aunque camine por cañadas oscuras, nada temo, porque tú estás conmigo. Tu vara y tu cayado me dan seguridad. **R.**

Tú mismo preparas la mesa, a despecho de mis adversarios; me unges la cabeza con perfume y llenas mi copa hasta los bordes. **R.**

Tu bondad y tu misericordia me acompañarán todos los días de mi vida; y viviré en la casa del Señor por años sin término. **R.**

Segunda Lectura: Romanos 5, 5-11

Hermanos: La esperanza no defrauda porque Dios ha infundido su amor en nuestros corazones por medio del Espíritu Santo, que él mismo nos ha dado. En efecto, cuando todavía no teníamos fuerzas para salir del pecado, Cristo murió por los pecadores en el tiempo señalado. Difícilmente habrá alguien que quiera morir por un justo, aunque puede haber alguno que esté dispuesto a morir por una persona sumamente buena. Y la prueba de que Dios nos ama está en que Cristo murió por nosotros, cuando aún éramos pecadores. Con mayor razón, ahora que ya hemos sido justificados por su sangre, seremos salvados por él del castigo final. Porque, si cuando éramos enemigos de Dios, fuimos reconciliados con él por la muerte de su Hijo, con mucho más razón, estando ya reconciliados, recibiremos la salvación participando de la vida de su Hijo. Y no sólo esto, sino que también nos gloriamos en Dios, por medio de nuestro Señor Jesucristo, por quien hemos obtenido ahora la reconciliación.

O bien:

Romanos 6, 3-9

Hermanos: Todos los que hemos sido incorporados a Cristo Jesús por medio del bautismo, hemos sido incorporados a él en su muerte. En efecto, por el bautismo fuimos sepultados con él en su muerte, para que, así como Cristo resucitó de entre los muertos por la gloria del Padre, así también nosotros llevemos una vida nueva. Porque, si hemos estado íntimamente unidos a él por una muerte semejante a la suya, también lo estaremos en su resurrección. Sabemos que nuestro hombre viejo fue crucificado con Cristo, para que el cuerpo del pecado quedara destruido, a fin de que ya no sirvamos al pecado, pues el que ha muerto queda libre del pecado. Por lo tanto, si hemos muerto con Cristo, estamos seguros de que también viviremos con él; pues sabemos que Cristo, una vez resucitado de entre los muertos, ya no morirá nunca. La muerte ya no tiene dominio sobre él.

Aclamación antes del Evangelio: Mateo 25, 34
R. Aleluya, aleluya.
Vengan, benditos de mi Padre, dice el Señor; tomen posesión del Reino preparado para ustedes desde la creación del mundo. **R.**

Evangelio: Juan 6, 37-40

En aquel tiempo, Jesús dijo a la multitud: "Todo aquel que me da el Padre viene hacia mí; y al que viene a mí yo no lo echaré fuera, porque he bajado del cielo, no para hacer mi voluntad, sino la voluntad del que me envió. Y la voluntad del que me envió es que yo no pierda nada de lo que él me ha dado, sino que lo resucite en el último día. La voluntad de mi Padre consiste en que todo el que vea al Hijo y crea en él, tenga vida eterna y yo lo resucite en el último día".

Domingo 3 de noviembre de 2024
XXXI Domingo ordinario

Primera Lectura: Deuteronomio 6, 2-6

En aquellos días, habló Moisés al pueblo y le dijo: "Teme al Señor, tu Dios, y guarda todos sus preceptos y mandatos que yo te transmito hoy, a ti, a tus hijos y a los hijos de tus hijos. Cúmplelos y ponlos en práctica, para que seas feliz y te multipliques. Así serás feliz, como ha dicho el Señor, el Dios de tus padres, y te multiplicarás en una tierra que mana leche y miel. Escucha, Israel: El Señor, nuestro Dios, es el único Señor; amarás al Señor, tu Dios, con todo tu corazón, con toda tu alma, con todas tus fuerzas. Graba en tu corazón los mandamientos que hoy te he transmitido".

Salmo Responsorial: Salmo 17, 2-3a. 3bc-4. 47 y 51ab

R. (2) Yo te amo, Señor, tú eres mi fuerza.

Yo te amo, Señor, tú eres mi fuerza, El Dios que me protege y me libera. **R.**

Tú eres mi refugio, mi salvación, mi escudo, mi castillo. Cuando invoqué al Señor de mi esperanza, al punto me libró de mi enemigo. **R.**

Bendita seas, Señor, que me proteges; que tú, mi salvador, seas bendecido. Tú concediste al rey grandes victorias y mostraste tu amor a tu elegido. **R.**

Segunda Lectura: Hebreos 7, 23-28

Hermanos: Durante la antigua alianza hubo muchos sacerdotes, porque la muerte les impedía permanecer en su oficio. En cambio, Jesucristo tiene un sacerdocio eterno, porque él permanece para siempre. De ahí que sea capaz de salvar, para siempre, a los que por su medio se acercan a Dios, ya que vive eternamente para interceder por nosotros. Ciertamente que un sumo sacerdote como éste era el que nos convenía: santo, inocente, inmaculado, separado de los pecadores y elevado por encima de los cielos; que no necesita, como los demás sacerdotes, ofrecer diariamente víctimas, primero por sus pecados y después por los del pueblo, porque esto lo hizo de una vez para siempre, ofreciéndose a sí mismo. Porque los sacerdotes constituidos por la ley eran hombres llenos de fragilidades; pero el sacerdote constituido por las palabras del juramento posterior a la ley, es el Hijo eternamente perfecto.

Aclamación antes del Evangelio: Juan 14, 23
R. Aleluya, aleluya.

El que me ama cumplirá mi palabra y mi Padre lo amará y haremos en él nuestra morada, dice el Señor. **R.**

Evangelio: Marcos 12, 28-34

En aquel tiempo, uno de los escribas se acercó a Jesús y le preguntó: "¿Cuál es el primero de todos los mandamientos?" Jesús le respondió: "El primero es: *Escucha, Israel: El Señor, nuestro Dios, es el único Señor; amarás al Señor, tu Dios, con todo tu corazón, con toda tu alma, con toda tu mente y con todas tus fuerzas.* El segundo es éste: *Amarás a tu prójimo como a ti mismo.* No hay ningún mandamiento mayor que éstos". El escriba replicó: "Muy bien, Maestro. Tienes razón, cuando dices que el Señor es único y que no hay otro fuera de él, y amarlo con todo el corazón, con toda el alma, con todas las fuerzas, y amar al prójimo como a uno mismo, vale más que todos los holocaustos y sacrificios". Jesús, viendo que había hablado muy sensatamente, le dijo: "No estás lejos del Reino de Dios". Y ya nadie se atrevió a hacerle más preguntas.

Lunes 4 de noviembre de 2024
Memoria de San Carlos Borromeo, Obispo
Primera Lectura: Filipenses 2, 1-4

Hermanos: Si alguna fuerza tiene una advertencia en nombre de Cristo, si de algo sirve una exhortación nacida del amor, si nos une el mismo Espíritu y si ustedes me profesan un afecto entrañable, llénenme de alegría teniendo todos una misma manera de pensar, un mismo amor, unas mismas aspiraciones y una sola alma. Nada hagan por espíritu de rivalidad ni presunción; antes bien, por humildad, cada uno considere a los demás como superiores a sí mismo y no busque su propio interés, sino el del prójimo.

Salmo Responsorial: Salmo 130, 1. 2. 3
R. Dame, Señor, la paz junto a ti.
Señor, mi corazón no es ambicioso, ni mis ojos soberbios; grandezas que superan mis alcances no pretendo. **R.**
Estoy, Señor, por la contrario tranquilo y en silencio, como niño recién amamantado en los brazos maternos. **R.**
Que igual en el Señor esperen los hijos de Israel, ahora y siempre **R.**

Aclamación antes del Evangelio: Juan 8, 31. 32
R. Aleluya, aleluya.
Si se mantienen fieles a mi palabra, dice el Señor, serán verdaderamente discípulos míos y conocerán la verdad. **R.**

Evangelio: Lucas 14, 12-14
En aquel tiempo, Jesús dijo al jefe de los fariseos que lo había invitado a comer: "Cuando des una comida o una cena, no invites a tus amigos, ni a tus hermanos, ni a tus parientes, ni a los vecinos ricos; porque puede ser que ellos te inviten a su vez, y con eso quedarías recompensado. Al contrario, cuando des un banquete, invita a los pobres, a los lisiados, a los cojos y a los ciegos; y así serás dichoso, porque ellos no tienen con qué pagarte; pero ya se te pagará, cuando resuciten los justos."

Martes 5 de noviembre de 2024
Martes de la XXXI semana del Tiempo ordinario
Primera Lectura: Filipenses 2, 5-11

Hermanos: Tengan los mismos sentimientos que tuvo Cristo Jesús, el cual, siendo Dios, no consideró que debía aferrarse a las prerrogativas de su condición divina, sino que, por el contrario, se anonadó a sí mismo tomando la condición de siervo, y se hizo semejante a los hombres. Así, hecho uno de ellos, se humilló a sí mismo y por obediencia aceptó incluso la muerte, y una muerte de cruz. Por eso Dios lo exaltó sobre todas las cosas y le otorgó el nombre que está sobre todo nombre, para que al nombre de Jesús, todos doblen la rodilla en el cielo, en la tierra y en los abismos, y todos reconozcan públicamente que Jesucristo es el Señor, para gloria de Dios Padre.

Salmo Responsorial: Salmo 21, 26b-27. 28-30ab. 30c. 31-32
R. (26a) Alabemos juntos al Señor.

Le cumpliré mis promesas al Señor delante de sus fieles. Los pobres comerán hasta saciarse y alabarán al Señor los que lo buscan: su corazón ha de vivir para siempre. **R.**

Recordarán al Señor y volverán a él desde los ultimes lugares del mundo; en su presencia se postrarán todas las familias de los pueblos. **R.**

Porque del Señor es rey, él gobierna a los pueblos. y sólo ante él se postrarán todos los que mueren. **R.**

Mi descendencia lo servirá y le contará a la siguiente generación, al pueblo que ha de nacer, la justicia del Señor y todo lo que él ha hecho. **R.**

Aclamación antes del Evangelio: Mateo 11, 28
R. Aleluya, aleluya.

Vengan a mí, todos los que están fatigados y agobiados por la carga, y yo les daré alivio, dice el Señor. **R.**

Evangelio: Lucas 14, 15-24

En aquel tiempo, uno de los que estaban sentados a la mesa con Jesús le dijo: "Dichoso aquel que participe en el banquete del Reino de Dios". Entonces Jesús le dijo: "Un hombre preparó un gran banquete y convidó a muchas personas. Cuando llegó la hora del banquete, mandó un criado suyo a avisarles a los invitados que vinieran, porque ya todo estaba listo. Pero todos, sin excepción, comenzaron a disculparse. Uno le dijo: 'Compré un terreno y necesito ir a verlo; te ruego que me disculpes'. Otro le dijo: 'Compré cinco yuntas de bueyes y voy a probarlas; te ruego que me disculpes'. Y otro más le dijo: 'Acabo de casarme y por eso no puedo ir'. Volvió el criado y le contó todo al amo. Entonces el señor se enojó y le dijo al criado: 'Sal corriendo a las plazas y a las calles de la ciudad y trae a mi casa a los pobres, a los lisiados, a los ciegos y a los cojos'. Cuando regresó el criado, le dijo: 'Señor, hice lo que me ordenaste, y todavía hay lugar'. Entonces el amo respondió: 'Sal a los caminos y a las veredas; insísteles a todos para que vengan y se llene mi casa. Yo les aseguro que ninguno de los primeros invitados participará de mi banquete'".

Miércoles 6 de noviembre de 2024
Miércoles de la XXXI semana del Tiempo ordinario
Primera Lectura: Filipenses 2, 12-18

Hermanos: No tengan con nadie otra deuda que la del amor mutuo, porque el que ama al prójimo, ha cumplido ya toda la ley. En efecto, los mandamientos que ordenan: "No cometerás adulterio, no robarás, no matarás, no darás falso testimonio, no codiciarás" y todos los otros, se resumen en éste: "Amarás a tu prójimo como a ti mismo", pues quien ama a su prójimo no le causa daño a nadie. Así pues, el cumplimiento pleno de la ley consiste en amar.

Salmo Responsorial: Salmo 26, 1. 4. 13-14
R. (1a) El Señor es mi luz y mi salvación.

El Señor es mi luz y mi salvación, ¿a quién voy a tenerle miedo? El Señor es la defensa de mi vida, ¿quién podrá hacerme temblar? **R.**

Lo único que pido, lo único que busco es vivir en la casa del Señor toda mi vida, para disfrutar las bondades del Señor, y estar continuamente en su presencia. **R.**

La bondad del Señor espero ver en esta misma vida. Armate de valor y fortaleza y en el Señor confía. **R.**

Aclamación antes del Evangelio: 1 Pedro 4, 14

R. Aleluya, aleluya.

Dichosos ustedes, si los injurian por ser cristianos, porque el Espíritu de Dios descansa en ustedes. **R.**

Evangelio: Lucas 14, 25-33

En aquel tiempo, caminaba con Jesús una gran muchedumbre y él, volviéndose a sus discípulos, les dijo: "Si alguno quiere seguirme y no me prefiere a su padre y a su madre, a su esposa y a sus hijos, a sus hermanos y a sus hermanas, más aún, a sí mismo, no puede ser mi discípulo. Y el que no carga su cruz y me sigue, no puede ser mi discípulo. Porque, ¿quién de ustedes, si quiere construir una torre, no se pone primero a calcular el costo, para ver si tiene con qué terminarla? No sea que, después de haber echado los cimientos, no pueda acabarla y todos los que se enteren comiencen a burlarse de él, diciendo: 'Este hombre comenzó a construir y no pudo terminar'. ¿O qué rey que va a combatir a otro rey, no se pone primero a considerar si será capaz de salir con diez mil soldados al encuentro del que viene contra él con veinte mil? Porque si no, cuando el otro esté aún lejos, le enviará una embajada para proponerle las condiciones de paz. Así pues, cualquiera de ustedes que no renuncie a todos sus bienes, no puede ser mi discípulo".

Jueves 7 de noviembre de 2024

Jueves de la XXXI semana del Tiempo ordinario
Primera Lectura: Filipenses 3, 3-8

Hermanos: El verdadero pueblo de Israel somos nosotros, los que servimos a Dios movidos por su Espíritu y ponemos nuestra gloria en Cristo Jesús y no confiamos en motivos humanos. Aunque yo ciertamente podría apoyarme en tales motivos. Más aún, nadie tendría más razones que yo para confiar en motivos humanos, porque fui circuncidado al octavo día, soy israelita de nacimiento, de la tribu de Benjamín, hebreo e hijo de hebreos; en lo que toca a la interpretación de la ley, fariseo, y tan fanático, que fui perseguidor de la Iglesia de Dios; y en cuanto a la rectitud que da el cumplimiento de la ley, intachable. Pero todo lo que era valioso para mí, lo consideré sin valor a causa de Cristo. Más aún, pienso que nada vale la pena en comparación con el bien supremo, que consiste en conocer a Cristo Jesús, mi Señor, por cuyo amor he renunciado a todo, y todo lo considero como basura, con tal de ganar a Cristo.

Salmo Responsorial: Salmo 104, 2-3. 4-5. 6-7
R. (3b) El que busca al Señor será dichoso.

Entonen en su honor himnos y cantos celebren los portentos. Del nombre del Señor enorgullézcanse y siéntase feliz el que lo busca. **R.**

Recurran al Señor y a su poder y a su presencia acudan. Recuerden los prodigios que él ha hecho, sus portentos y oráculos. **R.**

Descendientes de Abraham, su servidor, estirpe de Jacob, su predilecto. escuchen: el Señor es nuestro Dios y gobiernan la tierra sus decretos. **R.**

Aclamación antes del Evangelio: Mateo 11, 28
R. Aleluya, aleluya.

Vengan a mí, todos los que están fatigados y agobiados por la carga, y yo les daré alivio, dice el Señor. **R.**

Evangelio: Lucas 15, 1-10

En aquel tiempo, se acercaban a Jesús los publicanos y los pecadores a escucharlo; por lo cual los fariseos y los escribas murmuraban entre sí: "Este recibe a los pecadores y come con ellos". Jesús les dijo entonces esta parábola: "¿Quién de ustedes, si tiene cien ovejas y se le pierde una, no deja las noventa y nueve en el campo y va en busca de la que se le perdió hasta encontrarla? Y una vez que la encuentra, la carga sobre sus hombros, lleno de alegría y al llegar a su casa, reúne a los amigos y vecinos y les dice: 'Alégrense conmigo, porque ya encontré la oveja que se me había perdido'. Yo les aseguro que también en el cielo habrá más alegría por un pecador que se arrepiente, que por noventa y nueve justos, que no necesitan arrepentirse. ¿Y qué mujer hay, que si tiene diez monedas de plata y pierde una, no enciende luego una lámpara y barre la casa y la busca con cuidado hasta encontrarla? Y cuando la encuentra, reúne a sus amigas y vecinas y les dice: 'Alégrense conmigo, porque ya encontré la moneda que se me había perdido'. Yo les aseguro que así también se alegran los ángeles de Dios por un solo pecador que se arrepiente".

Viernes 8 de noviembre de 2024
Viernes de la XXXI Semana del Tiempo ordinario

Primera Lectura: Filipenses 3, 17-4, 1

Hermanos: Sean todos ustedes imitadores míos y observen la conducta de aquellos que viven el ejemplo que les he dado a ustedes. Porque, como muchas veces se lo he dicho a ustedes, y ahora se lo repito llorando, hay muchos que viven como enemigos de la cruz de Cristo. Esos tales acabarán en la perdición, porque su dios es el vientre, se enorgullecen de lo que deberían avergonzarse y sólo piensan en cosas de la tierra. Nosotros, en cambio, somos ciudadanos del cielo, de donde esperamos que venga nuestro salvador, Jesucristo. El transformará nuestro cuerpo miserable en un cuerpo glorioso, semejante al suyo, en virtud del poder que tiene para someter a su dominio todas las cosas. Hermanos míos, a quienes tanto quiero y extraño: ustedes, hermanos míos amadísimos, que son mi alegría y mi corona, manténganse fieles al Señor.

Salmo Responsorial: Salmo 122,1-2. 3-4ab. 4cd-5

R. (1) Vayamos con alegría al encuentro del Señor.

¡Qué alegría sentí, cuando me dijeron: "Vayamos a la casa del Señor"! Y hoy estamos aquí, Jerusalén, jubilosos, delante de tus puertas. **R.**

A ti, Jerusalén, suben las tribus, las tribus del Señor, según lo que a Israel se le ha ordenado, para alabar el nombre del Señor. **R.**

Aclamación antes del Evangelio: 1 Juan 2, 5

R. Aleluya, aleluya.

En aquel que cumple la palabra de Cristo, el amor de Dios ha llegado a su plenitud. **R.**

Evangelio: Lucas 16, 1-8

En aquel tiempo, Jesús dijo a sus discípulos: "Había una vez un hombre rico que tenía un administrador, el cual fue acusado ante él de haberle malgastado sus bienes. Lo llamó y le dijo: '¿Es cierto lo que me han dicho de ti? Dame cuenta de tu trabajo, porque en adelante ya no serás administrador'. Entonces el administrador se puso a pensar: '¿Qué voy a hacer ahora que me quitan el trabajo? No tengo fuerzas para trabajar la tierra y me da vergüenza pedir limosna. Ya sé lo que voy a hacer, para tener a alguien que me reciba en su casa, cuando me despidan'. Entonces fue llamando uno por uno a los deudores de su amo. Al primero le preguntó: '¿Cuánto le debes a mi amo?' El hombre respondió: 'Cien barriles de aceite'. El administrador le dijo: 'Toma tu recibo, date prisa y haz otro por cincuenta'. Luego preguntó al siguiente: 'Y tú, ¿cuánto debes?' Este respondió: 'Cien sacos de trigo'. El administrador le dijo: 'Toma tu recibo y haz otro por ochenta'. El amo tuvo que reconocer que su mal administrador había procedido con habilidad. Pues los que pertenecen a este mundo son más hábiles en sus negocios que los que pertenecen a la luz".

Sábado 9 de noviembre de 2024
Fiesta de la Dedicación de la Basílica de Letrán
Primera Lectura: Filipenses 47, 1-2. 8-9. 12

En aquellos tiempos, un hombre me llevó a la entrada del templo. Por debajo del umbral manaba agua hacia el oriente, pues el templo miraba hacia el oriente, y el agua bajaba por el lado derecho del templo, al sur del altar. Luego me hizo salir por el pórtico del norte y dar la vuelta hasta el pórtico que mira hacia el oriente, y el agua corría por el lado derecho. Aquel hombre me dijo: "Estas aguas van hacia la región oriental; bajarán hasta el Arabá, entrarán en el mar de aguas saladas y lo sanearán. Todo ser viviente que se mueva por donde pasa el torrente, vivirá; habrá peces en abundancia, porque los lugares a donde lleguen estas aguas quedarán saneados y por dondequiera que el torrente pase, prosperará la vida. En ambas márgenes del torrente crecerán árboles frutales de toda especie, de follaje perenne e inagotables frutos. Darán frutos nuevos cada mes, porque los riegan las aguas que manan del santuario. Sus frutos servirán de alimento y sus hojas, de medicina".

Salmo Responsorial: Salmo 45, 2-3. 5-6. 8-9

R. (5) Un río alegra a la ciudad de Dios.

Dios es nuestro refugio y nuestra fuerza, quien en todo peligro nos socorre. Por eso no tememos, aunque tiemble, y aunque al fondo del mar caigan los montes.
R.

Un río alegra a la ciudad de Dios, Su morada el Altísimo hace santa. Teniendo a Dios, Jerusalén no teme, porque Dios la protege desde el alba. **R.**

Con nosotros está Dios, el Señor; es el Dios de Israel nuestra defensa. Vengan a ver las cosas sorprendentes que ha hecho el Señor sobre la tierra: **R.**

Segunda Lectura: 1 Corintios 3, 9-11. 16-17

Hermanos: Ustedes son la casa que Dios edifica. Yo, por mi parte, correspondiendo al don que Dios me ha concedido, como un buen arquitecto, he puesto los cimientos; pero es otro quien construye sobre ellos. Que cada uno se fije cómo va construyendo. Desde luego, el único cimiento válido es Jesucristo y nadie puede poner otro distinto. ¿No saben acaso ustedes que son el templo de Dios y que el Espíritu de Dios habita en ustedes? Quien destruye el templo de Dios, será destruido por Dios, porque el templo de Dios es santo y ustedes son ese templo.

Aclamación antes del Evangelio: 2 Crónicas 7, 16

R. Aleluya, aleluya.

He elegido y santificado este lugar, dice el Señor, para que siempre habite ahí mi nombre. **R.**

Evangelio: Juan 2, 13-22

Cuando se acercaba la Pascua de los judíos, Jesús llegó a Jerusalén y encontró en el templo a los vendedores de bueyes, ovejas y palomas, y a los cambistas con sus mesas. Entonces hizo un látigo de cordeles y los echó del templo, con todo y sus ovejas y bueyes; a los cambistas les volcó las mesas y les tiró al suelo las monedas; y a los que vendían palomas les dijo: "Quiten todo de aquí y no conviertan en un mercado la casa de mi Padre". En ese momento, sus discípulos se acordaron de lo que estaba escrito: *El celo de tu casa me devora*. Después intervinieron los judíos para preguntarle: "¿Qué señal nos das de que tienes autoridad para actuar así?" Jesús les respondió: "Destruyan este templo y en tres días lo reconstruiré". Replicaron los judíos: "Cuarenta y seis años se ha llevado la construcción del templo, ¿y tú lo vas a levantar en tres días?" Pero él hablaba del templo de su cuerpo. Por eso, cuando resucitó Jesús de entre los muertos, se acordaron sus discípulos de que había dicho aquello y creyeron en la Escritura y en las palabras que Jesús había dicho.

Domingo 10 de noviembre de 2024
XXXII Domingo ordinario

Primera Lectura: 1 Reyes 17, 10-16

En aquel tiempo, el profeta Elías se puso en camino hacia Sarepta. Al llegar a la puerta de la ciudad, encontró allí a una viuda que recogía leña. La llamó y le dijo: "Tráeme, por favor, un poco de agua para beber". Cuando ella se alejaba, el profeta le gritó: "Por favor, tráeme también un poco de pan". Ella le respondió: "Te juro por el Señor, tu Dios, que no me queda ni un pedazo de pan; tan sólo me queda un puñado de harina en la tinaja y un poco de aceite en la vasija. Ya ves que estaba recogiendo unos cuantos leños. Voy a preparar un pan para mí y para mi hijo. Nos lo comeremos y luego moriremos". Elías le dijo: "No temas. Anda y prepáralo como has dicho; pero primero haz un panecillo para mí y tráemelo. Después lo harás para ti y para tu hijo, porque así dice el Señor de Israel: 'La tinaja de harina no se vaciará, la vasija de aceite no se agotará, hasta el día en que el Señor envíe la lluvia sobre la tierra' ". Entonces ella se fue, hizo lo que el profeta le había dicho y comieron él, ella y el niño. Y tal como había dicho el Señor por medio de Elías, a partir de ese momento, ni la tinaja de harina se vació, ni la vasija de aceite se agotó.

Salmo Responsorial: Salmo 145, 7. 8-9a. 9bc-10
R. (1) El Señor siempre es fiel a su palabra.

El Señor siempre es fiel a su palabra, y es quien hace justicia al oprimido; él proporciona pan a los hambrientos y libera al cautivo. **R.**

Abre el Señor los ojos de los ciegos y alivia al agobiado. Ama el Señor al hombre justo y toma al forastero a su cuidado. **R.**

A la viuda y al huérfano sustenta y trastorna los planes del inicuo. Reina el Señor eternamente, reina tu Dios, oh Sión, reina por siglos. **R.**

Segunda Lectura: Hebreos 9, 24-28

Hermanos: Cristo no entró en el santuario de la antigua alianza, construido por mano de hombres y que sólo era figura del verdadero, sino en el cielo mismo, para estar ahora en la presencia de Dios, intercediendo por nosotros. En la antigua alianza, el sumo sacerdote entraba cada año en el santuario para ofrecer una sangre que no era la suya; pero Cristo no tuvo que ofrecerse una y otra vez a sí mismo en sacrificio, porque en tal caso habría tenido que padecer muchas veces desde la creación del mundo. De hecho, él se manifestó una sola vez, en el momento culminante de la historia, para destruir el pecado con el sacrificio de sí mismo. Y así como está determinado que los hombres mueran una sola vez y que después de la muerte venga el juicio, así también Cristo se ofreció una sola vez para quitar los pecados de todos. Al final se manifestará por segunda vez, pero ya no para quitar el pecado, sino para salvación de aquellos que lo aguardan y en él tienen puesta su esperanza.

Aclamación antes del Evangelio: Mateo 5, 3
R. Aleluya, aleluya.

Dichosos los pobres de espíritu, porque de ellos es el Reino de los cielos. **R.**

Evangelio: Marcos 12, 38-44

En aquel tiempo, enseñaba Jesús a la multitud y le decía: "¡Cuidado con los escribas! Les encanta pasearse con amplios ropajes y recibir reverencias en las calles; buscan los asientos de honor en las sinagogas y los primeros puestos en los banquetes; se echan sobre los bienes de las viudas haciendo ostentación de largos rezos. Éstos recibirán un castigo muy riguroso". En una ocasión Jesús estaba sentado frente a las alcancías del templo, mirando cómo la gente echaba allí sus monedas. Muchos ricos daban en abundancia. En esto, se acercó una viuda pobre y echó dos moneditas de muy poco valor. Llamando entonces a sus discípulos, Jesús les dijo: "Yo les aseguro que esa pobre viuda ha echado en la alcancía más que todos. Porque los demás han echado de lo que les sobraba; pero ésta, en su pobreza ha echado todo lo que tenía para vivir".

O bien:

Marcos 12, 41-44

En aquel tiempo, Jesús estaba sentado frente a las alcancías del templo, mirando cómo la gente echaba allí sus monedas. Muchos ricos daban en abundancia. En esto, se acercó una viuda pobre y echó dos moneditas de muy poco valor. Llamando entonces a sus discípulos, Jesús les dijo: "Yo les aseguro que esa pobre viuda ha echado en la alcancía más que todos. Porque los demás han echado de lo que les sobraba; pero ésta, en su pobreza ha echado todo lo que tenía para vivir".

Lunes 11 de noviembre de 2024
Memoria de San Martín de Tours, obispo
Primera Lectura: Tito 1, 1-9

Yo, Pablo, soy servidor de Dios y apóstol de Jesucristo, para conducir a los elegidos de Dios a la fe y al pleno conocimiento de la verdadera religión, que se apoya en la esperanza de la vida eterna. Dios, que no miente, había prometido esta vida desde tiempos remotos, y al llegar el momento oportuno, ha cumplido su palabra por medio de la predicación que se me encomendó por mandato de Dios, nuestro salvador. Querido Tito, mi verdadero hijo en la fe que compartimos: te deseo la gracia y la paz de parte de Dios Padre y de Cristo Jesús, nuestro salvador. El motivo de haberte dejado en Creta, fue para que acabaras de organizar lo que faltaba y establecieras presbíteros en cada ciudad, como te lo ordené. Han de ser irreprochables, casados una sola vez; y sus hijos han de ser creyentes y no acusados de mala conducta o de rebeldía. Por su parte, el obispo, como administrador de Dios, debe ser irreprochable; no debe ser arrogante, ni iracundo, ni bebedor, ni violento, ni dado a negocios sucios. Al contrario, debe ser hospitalario, amable, sensato, justo, piadoso, dueño de sí mismo, fielmente apegado a la fe enseñada, para que sea capaz de predicar una doctrina sana y de refutar a los adversarios.

Salmo Responsorial: Salmo 23, 1-2. 3-4ab. 5-6
R. (6) Haz, Señor, que te busquemos.

Del Señor es la tierra y lo que ella tiene, el orbe todo y los que en él habitan, pues él lo edificó sobre los mares el fue quien lo asentó sobre los ríos. **R.**

¿Quién subirá hasta el monte del Señor? ¿Quién podrá estar en su recinto santo? El de corazón limpio y manos puras y que no jura en falso. **R.**

Ese obtendrá la bendición de Dios, y Dios, su salvador, le hará justicia. Esta es la clase de hombres que te buscan y vienen ante ti, Dios de Jacob. **R.**

Aclamación antes del Evangelio: Filipenses 2, 15. 16
R. Aleluya, aleluya.

Iluminen al mundo con la luz del Evangelio reflejada en su vida. **R.**

Evangelio: Lucas 17, 1-6

En aquel tiempo, Jesús dijo a sus discípulos: "No es posible evitar que existan ocasiones de pecado, pero ¡ay de aquel que las provoca! Más le valdría ser arrojado al mar con una piedra de molino sujeta al cuello, que ser ocasión de pecado para la gente sencilla. Tengan, pues, cuidado. Si tu hermano te ofende, trata de corregirlo; y si se arrepiente, perdónalo. Y si te ofende siete veces al día, y siete veces viene a ti para decirte que se arrepiente, perdónalo". Los apóstoles dijeron entonces al Señor: "Auméntanos la fe". El Señor les contestó: "Si tuvieran fe, aunque fuera tan pequeña como una semilla de mostaza, podrían decirle a ese árbol frondoso: 'Arráncate de raíz y plántate en el mar', y los obedecería".

Martes 12 de noviembre de 2024
Memoria de San Josafat, obispo y mártir
Primera Lectura: Tito 2, 1-8. 11-14

Querido hermano: Enseña lo que está de acuerdo con la sana doctrina: que los ancianos sean sobrios, respetables, sensatos, bien cimentados en la fe, en el amor y la paciencia. Que las ancianas, así mismo, sean respetables en su comportamiento, que se abstengan de murmurar y de tomar mucho vino; que, con su buen ejemplo, enseñen a las jóvenes a amar a sus maridos y a sus hijos, a ser sensatas, castas, sobrias, a cuidar bien de su hogar, a ser bondadosas y obedientes a sus maridos, para que nadie pueda hablar mal del Evangelio. Exhorta igualmente a los jóvenes a ser sensatos en todo y dales tú mismo buen ejemplo. Cuando enseñes, hazlo con autenticidad y dignidad, con un lenguaje sano e irreprochable, para que los adversarios tengan que retirarse, al no poder decir nada malo de nosotros. Porque la gracia de Dios se ha manifestado para salvar a todos los hombres y nos ha enseñado a renunciar a la vida sin religión y a los deseos mundanos, para que vivamos, ya desde ahora, de una manera sobria, justa y fiel a Dios, en espera de la gloriosa venida del gran Dios y salvador, Cristo Jesús, nuestra esperanza. El se entregó por nosotros para redimirnos de todo pecado y purificarnos, a fin de convertirnos en pueblo suyo, fervorosamente entregado a practicar el bien.

Salmo Responsorial: Salmo 36, 3-4. 18 y 23. 27 y 29
R. (39a) Dios es nuestro Salvador.
Pon tu esperanza en Dios, practica el bien y vivirás tranquilo en esta tierra. Busca en él tu alegría y te dará el Señor cuanto deseas. **R.**
Cuida el Señor la vida de los buenos y su herencia perdura; porque aprueba el camino de los justos y asegura el Señor todos sus pasos. **R.**
Apártate del mal, practica el bien y tendrás una casa eternamente; porque los justos heredarán la tierra y la habitarán para siempre. **R.**

Aclamación antes del Evangelio: Juan 14, 23
R. Aleluya, aleluya.
El que me ama cumplirá mi palabra y mi Padre lo amará y haremos en él nuestra morada, dice el Señor. **R.**

Evangelio: Lucas 17, 7-10

En aquel tiempo, Jesús dijo a sus apóstoles: "¿Quién de ustedes, si tiene un siervo que labra la tierra o pastorea los rebaños, le dice cuando éste regresa del campo: 'Entra enseguida y ponte a comer'? ¿No le dirá más bien: 'Prepárame de comer y disponte a servirme, para que yo coma y beba; después comerás y beberás tú?' ¿Tendrá acaso que mostrarse agradecido con el siervo, porque éste cumplió con su obligación? Así también ustedes, cuando hayan cumplido todo lo que se les mandó, digan: 'No somos más que siervos; sólo hemos hecho lo que teníamos que hacer'".

Miércoles 13 de noviembre de 2024
Memoria de Santa Francisca Javier Cabrini, virgen
Primera Lectura: Tito 3, 1.7

Querido hermano: Recuérdales a todos que deben someterse a los gobernantes y a las autoridades, que sean obedientes, que estén dispuestos para toda clase de obras buenas, que no insulten a nadie, que eviten los pleitos, que sean sencillos y traten a todos con amabilidad. Porque hubo un tiempo en que también nosotros fuimos insensatos y rebeldes con Dios; andábamos descarriados y éramos esclavos de todo género de pasiones y placeres; vivíamos una vida llena de maldad y de envidia; éramos abominables y nos odiábamos los unos a los otros. Pero, al manifestarse la bondad de Dios, nuestro salvador, y su amor a los hombres, él nos salvó, no porque nosotros hubiéramos hecho algo digno de merecerlo, sino por su misericordia. Lo hizo mediante el bautismo, que nos regenera y nos renueva, por la acción del Espíritu Santo, a quien Dios derramó abundantemente sobre nosotros, por Cristo, nuestro salvador. Así, justificados por su gracia, nos convertiremos en herederos, cuando se realice la esperanza de la vida eterna.

Salmo Responsorial: Salmo 22, 1-3a. 3b-4. 5. 6
R. (1) El Señor es mi pastor, nada me faltará.

El Señor es mi pastor, nada me falta: en verdes praderas me hace reposar y hacia fuentes tranquilas me conduce para reparar mis fuerzas. **R.**

Por ser un Dios fiel a sus promesas me guía por el sendero recto; así aunque camine por cañadas oscuras, nada temo, porque tú estás conmigo. Tu vara y tu cayado me dan seguridad. **R.**

Tú mismo preparas la mesa, a despecho de mis adversarios; me unges la cabeza con perfume y llenas mi copa hasta los bordes. **R.**

Tu bondad y tu misericordia me acompañarán todos los días de mi vida; y viviré en la casa del Señor por años sin término. **R.**

Aclamación antes del Evangelio: 1 Tesalonicenses 5, 18
R. Aleluya, aleluya.

Den gracias siempre, unidos a Cristo Jesús, pues esto es lo que Dios quiere que ustedes hagan. **R.**

Evangelio: Lucas 17, 11-19

En aquel tiempo, cuando Jesús iba de camino a Jerusalén, pasó entre Samaria y Galilea. Estaba cerca de un pueblo, cuando le salieron al encuentro diez leprosos, los cuales se detuvieron a lo lejos y a gritos le decían: "¡Jesús, maestro, ten compasión de nosotros!" Al verlos, Jesús les dijo: "Vayan a presentarse a los sacerdotes". Mientras iban de camino, quedaron limpios de la lepra. Uno de ellos, al ver que estaba curado, regresó, alabando a Dios en voz alta, se postró a los pies de Jesús y le dio las gracias. Ese era un samaritano. Entonces dijo Jesús: "¿No eran diez los que quedaron limpios? ¿Dónde están los otros nueve? ¿No ha habido nadie, fuera de este extranjero, que volviera para dar gloria a Dios?" Después le dijo al samaritano: "Levántate y vete. Tu fe te ha salvado".

Jueves 14 de noviembre de 2024
Jueves de la XXXII semana del Tiempo ordinario
Primera Lectura: Filemón 7-20

Querido hermano: Recibí gran alegría y consuelo, con motivo de tu caridad con los hermanos, porque gracias a ti se sienten reconfortados. Por eso, aunque como apóstol de Cristo tengo pleno derecho a ordenarte lo que debes hacer, prefiero pedírtelo en nombre del amor. Yo, Pablo, ya anciano y ahora, además, prisionero por la causa de Cristo Jesús, quiero pedirte algo en favor de Onésimo, mi hijo, a quien he engendrado para Cristo aquí en la cárcel. Él en otro tiempo te fue inútil, pero ahora es muy útil para ti y para mí. Te lo envío. Recíbelo como a mí mismo. Yo hubiera querido retenerlo conmigo, para que en tu lugar me atendiera, mientras estoy preso por la causa del Evangelio. Pero no he querido hacer nada sin tu consentimiento, para que el favor que me haces no sea como por obligación, sino por tu propia voluntad. Tal vez él fue apartado de ti por un breve tiempo, a fin de que lo recuperaras para siempre, pero ya no como esclavo, sino como algo mejor que un esclavo, como hermano amadísimo. El ya lo es para mí. ¡Cuánto más habrá de serlo para ti, no sólo por su calidad de hombre, sino de hermano en Cristo! Por lo tanto, si me consideras como compañero tuyo, recíbelo como a mí mismo. Y si en algo te perjudicó o algo te debe, ponlo a mi cuenta. Yo, Pablo, te lo pagaré, y esto lo firmo de mi puño y letra. Y eso para no mencionar que tienes una deuda conmigo, que eres tú mismo. Sí, hermano, hazme este favor por nuestra unión con el Señor, para que confortes mi corazón en Cristo.

Salmo Responsorial: Salmo 145, 7. 8-9a. 9bc-10
R. (5a) El Señor ama al hombre justo.
El Señor siempre es fiel a su palabra y es quien hace justicia al oprimido; él proporciona pan a los hambrientos. y libera al cautivo. **R.**

Abre el Señor los ojos de los ciegos y alivia al agobiado. Ama el Señor al hombre justo y toma al forastero a su cuidado. **R.**

A la viuda y al huérfano sustenta y trastorna los planes del inicuo. Reina el Señor eternamente, reina tu Dios, oh Sión, reina por siglos. **R.**

Aclamación antes del Evangelio: Juan 15, 5
R. Aleluya, aleluya.
Yo soy la vid y ustedes los sarmientos; el que permanece en mí y yo en él, ése da fruto abundante. **R.**

Evangelio: Lucas 17, 20-25
En aquel tiempo, los fariseos le preguntaron a Jesús: "¿Cuándo llegará el Reino de Dios?" Jesús les respondió: "El Reino de Dios no llega aparatosamente. No se

podrá decir: 'Está aquí' o 'Está allá', porque el Reino de Dios ya está entre ustedes". Les dijo entonces a sus discípulos: "Llegará un tiempo en que ustedes desearán disfrutar siquiera un solo día de la presencia del Hijo del hombre y no podrán. Entonces les dirán: 'Está aquí' o 'Está allá', pero no vayan corriendo a ver, pues así como el fulgor del relámpago brilla de un extremo a otro del cielo, así será la venida del Hijo del hombre en su día. Pero antes tiene que padecer mucho y ser rechazado por los hombres de esta generación".

Viernes 15 de noviembre de 2024
Viernes de la XXXII Semana del Tiempo ordinario
Primera Lectura: 2 Juan 4-9

Hermanos: Me ha dado mucha alegría enterarme de que muchos de ustedes viven de acuerdo con la verdad, según el mandamiento que hemos recibido del Padre. Les ruego, pues, hermanos, que nos amemos los unos a los otros. No se trata de un mandamiento nuevo, sino del mismo que tenemos desde el principio. El amor consiste en vivir de acuerdo con los mandamientos de Dios. Y el mandamiento consiste en vivir de acuerdo con el amor, como lo han escuchado desde el principio. Ahora han surgido en el mundo muchos que tratan de engañar, pues niegan que Jesucristo es verdadero hombre. Estos son el verdadero impostor y anticristo. Pongan, pues, atención para que no pierdan el fruto de sus trabajos y puedan recibir la recompensa completa. Quien se aparta de la verdad y no permanece fiel a la doctrina de Cristo, no vive unido a Dios; el que permanece fiel a la doctrina de Cristo, ése sí vive unido al Padre y al Hijo.

Salmo Responsorial: Salmo 118, 1. 2.10. 11. 17. 18
R. (1b) Dichoso el que cumple la ley del Señor.

Dichoso el hombre de conducta intachable, que cumple la ley del Señor. Dichoso el que es fiel a sus enseñanzas y lo busca de todo corazón. **R.**

Con todo el corazón te voy buscando; no me dejes desviar de tus preceptos. En mi pecho guardaré tus mandamientos, para nunca pecar en contra tuya. **R.**

Favorece a tu siervo, para que viva y observe tus palabras. Ábreme los ojos para ver las maravillas de tu voluntad. **R.**

Aclamación antes del Evangelio: Lucas 21, 28
R. Aleluya, aleluya.

Estén atentos y levanten la cabeza, porque se acerca la hora de su liberación, dice el Señor. **R.**

Evangelio: Lucas 17, 26-37

En aquellos días, Jesús dijo a sus discípulos: "Lo que sucedió en el tiempo de Noé también sucederá en el tiempo del Hijo del hombre: comían y bebían, se casaban hombres y mujeres, hasta el día en que Noé entró en el arca; entonces vino el diluvio y los hizo perecer a todos. Lo mismo sucedió en el tiempo de Lot: comían y bebían, compraban y vendían, sembraban y construían, pero el día en que Lot salió de Sodoma, llovió fuego y azufre del cielo y los hizo perecer a todos. Pues lo mismo sucederá el día en que el Hijo del hombre se manifieste. Aquél día, el que esté en la azotea y tenga sus cosas en la casa, que no baje a recogerlas; y el que esté en el campo, que no mire hacia atrás. Acuérdense de la mujer de Lot. Quien intente conservar su vida, la perderá; y quien la pierda, la conservará. Yo les digo: aquella noche habrá dos en un mismo lecho: uno será tomado y el otro abandonado; habrá dos mujeres moliendo juntas: una será tomada y la otra abandonada". Entonces, los discípulos le dijeron: "¿Dónde sucederá eso, Señor?" Y él les respondió: "Donde hay un cadáver, se juntan los buitres".

Sábado 16 de noviembre de 2024
Sábado de la XXXII semana del Tiempo ordinario
Primera Lectura: 3 Juan 5-8

Querido hermano: En todo lo que has hecho por los hermanos, y eso que son forasteros, te has portado como verdadero cristiano. Ellos han elogiado públicamente ante esta comunidad el amor con que los has tratado. Harás bien en ayudarlos de una manera agradable a Dios con lo que necesitan para su viaje, pues ellos se han puesto en camino por Cristo, sin aceptar nada de los paganos.

Debemos, pues, ayudar a esos hermanos nuestros, para que seamos colaboradores en la difusión de la verdad.

Salmo Responsorial: Salmo 111, 1-2. 3-4. 5-6
R. (1a) Dichosos los que temen al Señor.

Dichosos los que temen al Señor y aman de corazón sus mandamientos; poderosos serán sus descendientes: Dios bendice a los hijos de los buenos. **R.**
Fortuna y bienestar habrá en su casa; siempre obrarán conforme a la justicia. Quien es justo, clemente y compasivo, como una luz en las tinieblas brilla. **R.**
Quienes, compadecidos, prestan y llevan su negocio honradamente jamás se desviarán; vivirá su recuerdo para siempre. **R.**

Aclamación antes del Evangelio: 2 Tesalonicenses 2, 14
R. Aleluya, aleluya.

Dios nos ha llamado, por medio del Evangelio, a participar de la gloria de nuestro Señor Jesucristo. **R.**

Evangelio: Lucas 18, 1-8
En aquel tiempo, para enseñar a sus discípulos la necesidad de orar siempre y sin desfallecer, Jesús les propuso esta parábola: "En cierta ciudad había un juez que no temía a Dios ni respetaba a los hombres. Vivía en aquella misma ciudad una viuda que acudía a él con frecuencia para decirle: 'Hazme justicia contra mi adversario'. Por mucho tiempo, el juez no le hizo caso, pero después se dijo: 'Aunque no temo a Dios ni respeto a los hombres, sin embargo, por la insistencia de esta viuda, voy a hacerle justicia para que no me siga molestando' ". Dicho esto, Jesús comentó: "Si así pensaba el juez injusto, ¿creen acaso que Dios no hará justicia a sus elegidos, que claman a él día y noche, y que los hará esperar? Yo les digo que les hará justicia sin tardar. Pero, cuando venga el Hijo del hombre, ¿creen que encontrará fe sobre la tierra?"

Domingo 17 de noviembre de 2024
XXXIII Domingo ordinario

Primera Lectura: Daniel 12, 1-3

En aquel tiempo, se levantará Miguel, el gran príncipe que defiende a tu pueblo. Será aquél un tiempo de angustia, como no lo hubo desde el principio del mundo. Entonces se salvará tu pueblo; todos aquellos que están escritos en el libro. Muchos de los que duermen en el polvo, despertarán: unos para la vida eterna, otros para el eterno castigo. Los guías sabios brillarán como el esplendor del firmamento, y los que enseñan a muchos la justicia, resplandecerán como estrellas por toda la eternidad.

Salmo Responsorial: Salmo 15, 5 y 8. 9-10. 11
R. (1) Enséñanos, Señor, el camino de la vida.

El Señor es el parte que me ha tocado en herencia: mi vida está en sus manos. Tengo siempre presente al Señor y con él a mi lado, jamás tropezaré. **R.**

Por eso se me alegran el corazón y el alma y mi cuerpo vivirá tranquilo, porque tú no me abandonarás a la muerte ni dejarás que sufra yo la corrupción. **R.**

Enséñame el camino de la vida, sáciame de gozo en tu presencia y de alegría perpetua junto a ti. **R.**

Segunda Lectura: Hebreos 10, 11-14. 18

Hermanos: En la antigua alianza los sacerdotes ofrecían en el templo, diariamente y de pie, los mismos sacrificios, que no podían perdonar los pecados. Cristo, en cambio, ofreció un solo sacrificio por los pecados y *se sentó para siempre a la derecha de Dios*; no le queda sino aguardar a que *sus enemigos sean puestos bajo sus pies*. Así, con una sola ofrenda, hizo perfectos para siempre a los que ha santificado. Porque una vez que los pecados han sido perdonados, ya no hacen falta más ofrendas por ellos.

Aclamación antes del Evangelio: Lucas 21, 36
R. Aleluya, aleluya.

Velen y oren, para que puedan presentarse sin temor ante el Hijo del hombre. **R.**

Evangelio: Marcos 13, 24-32

En aquel tiempo, Jesús dijo a sus discípulos: "Cuando lleguen aquellos días, después de la gran tribulación, la luz del sol se apagará, no brillará la luna, caerán del cielo las estrellas y el universo entero se conmoverá. Entonces verán venir al Hijo del hombre sobre las nubes con gran poder y majestad. Y él enviará a sus ángeles a congregar a sus elegidos desde los cuatro puntos cardinales y desde lo más profundo de la tierra a lo más alto del cielo. Entiendan esto con el ejemplo de la higuera. Cuando las ramas se ponen tiernas y brotan las hojas, ustedes saben que el verano está cerca. Así también, cuando vean ustedes que suceden estas cosas, sepan que el fin ya está cerca, ya está a la puerta. En verdad que no pasará esta generación sin que todo esto se cumpla. Podrán dejar de existir el cielo y la tierra, pero mis palabras no dejarán de cumplirse. Nadie conoce el día ni la hora. Ni los ángeles del cielo ni el Hijo; solamente el Padre".

Lunes 18 de noviembre de 2024
Lunes de la XXXIII semana del Tiempo ordinario
Primera Lectura: Apocalipsis 1, 1-4; 2, 1-5

Ésta es la revelación que Dios le confió a Jesucristo, para que él manifestara a sus servidores lo que tiene que suceder en breve, y que comunicó, por medio de un ángel, a su siervo Juan. El cual narra lo que vio y afirma que es palabra de Dios, atestiguada por Jesucristo. Dichosos los que lean y escuchen la lectura de esta profecía y hagan caso de lo que en ella está escrito, porque el tiempo señalado está cerca. Yo, Juan, les deseo la gracia y la paz a las siete comunidades cristianas de la provincia de Asia, de parte del que es, del que era, del que ha de venir, y de parte de los siete espíritus que están ante su trono. Oí al Señor, que me decía: "Al encargado de la comunidad cristiana de Efeso escríbele así: Esto dice el que tiene las siete estrellas en su mano derecha y camina entre los siete candelabros de oro: 'Conozco tus obras, tu esfuerzo y tu paciencia; sé que no puedes soportar a los malvados, que pusiste a prueba a los que se llamaban apóstoles sin serlo, y descubriste que eran unos mentirosos. Eres tenaz, has sufrido por mí y no te has rendido a la fatiga. Pero tengo en contra tuya que ya no tienes el mismo amor que al principio. Recuerda de dónde has caído, arrepiéntete y vuelve a proceder como antes' ".

Salmo Responsorial: Salmo 1, 1-2. 3. 4 y 6

R. (Ap 2, 7b) El Señor protege al justo.

Dichoso aquel que no se guía por mundanos criterios, que no anda en malos pasos ni se burla del bueno, que amala ley de Dios y se goza en cumplir sus mandamientos. **R.**

Es como un árbol plantado junto al rio. que da fruto a su tiempo y nunca se marchita. En todo tendrá éxito. **R.**

En cambio los malvados serán como la paja barrida por el viento. Porque el Señor protege el camino del justo y al malo sus caminos acaban por perderlo. **R.**

Aclamación antes del Evangelio: Juan 8, 12

R. Aleluya, aleluya.

Yo soy la luz del mundo, dice el Señor; el que me sigue tendrá la luz de la vida. **R.**

Evangelio: Lucas 18, 35-43

En aquel tiempo, cuando Jesús se acercaba a Jericó, un ciego estaba sentado a un lado del camino, pidiendo limosna. Al oír que pasaba gente, preguntó qué era aquello, y le explicaron que era Jesús el nazareno, que iba de camino. Entonces él comenzó a gritar: "¡Jesús, hijo de David, ten compasión de mí!" Los que iban adelante lo regañaban para que se callara, pero él se puso a gritar más fuerte: "¡Hijo de David, ten compasión de mí!" Entonces Jesús se detuvo y mandó que se lo trajeran. Cuando estuvo cerca, le preguntó: "¿Qué quieres que haga por ti?" Él le contestó: "Señor, que vea". Jesús le dijo: "Recobra la vista; tu fe te ha curado". Enseguida el ciego recobró la vista y lo siguió, bendiciendo a Dios. Y todo el pueblo, al ver esto, alababa a Dios.

Martes 19 de noviembre de 2024
Martes de la XXXIII semana del Tiempo ordinario
Primera Lectura: Apocalipsis 3, 1-6. 14-22

Yo, Juan, oí que el Señor me decía: "Escribe al encargado de la comunidad cristiana de Sardes: Esto dice el que tiene los siete espíritus de Dios y las siete estrellas: 'Conozco tus obras. En apariencia estás vivo, pero en realidad estás muerto. Ponte alerta y reaviva lo que queda y está a punto de morir, pues tu conducta delante de mi Dios no ha sido perfecta. Recuerda de qué manera recibiste y escuchaste mi palabra; cúmplela y enmiéndate. Porque si no estás alerta, vendré como un ladrón, sin que sepas la hora en que voy a llegar. Tienes, sin embargo, en Sardes, algunas pocas personas que no han manchado sus vestiduras; ellos me acompañarán vestidos de blanco, pues lo merecen. El que venza también se vestirá de blanco. No borraré jamás su nombre del libro de la vida y lo reconoceré ante mi Padre y sus ángeles'. El que tenga oídos, que oiga lo que el Espíritu dice a las comunidades cristianas. Escribe al encargado de la comunidad cristiana de Laodicea: Esto dice el que es el Amén, el testigo fiel y veraz, el origen de todo lo creado por Dios: 'Conozco tus obras: no eres ni frío ni caliente. Ojalá fueras frío o caliente. Pero porque eres tibio y no eres ni frío ni caliente, estoy a punto de vomitarte de mi boca. Dices que eres rico, que has acumulado riquezas y que ya no tienes necesidad de nada, pero no sabes que eres un desdichado, miserable, pobre, ciego y desnudo. Por eso te aconsejo que vengas a comprarme oro purificado por el fuego, para que te enriquezcas; vestiduras blancas, para que te las pongas y cubras tu vergonzosa desnudez, y colirio, para que te lo pongas en los ojos y puedas ver. Yo reprendo y corrijo a todos los que amo. Reacciona, pues, y enmiéndate. Mira que estoy aquí, tocando la puerta; si alguno escucha mi voz y me abre, entraré a su casa y cenaremos juntos. Al que venza lo sentaré conmigo en mi trono; lo mismo que yo, cuando vencí, me senté con mi Padre en su trono'. El que tenga oídos, que oiga lo que el Espíritu dice a las comunidades cristianas".

Salmo Responsorial: Salmo 14, 2-3ab. 3cd-4ab. 5
R. ¿Quién será grato a tus ojos, Señor?

El hombre que procede honradamente y obra con justicia; el que es sincero en todas sus palabras y con su lengua a nadie desprestigia. **R.**

Quien no hace mal a su prójimo ni difama al vecino; quien no ve con aprecio a los malvados, pero honra a quienes temen al Altísimo. **R.**

Quien presta sin usura y quien no acepta soborno en prejuicio de inocentes, ése será agradable a los ojos de Dios eternamente. **R.**

Aclamación antes del Evangelio: 1 Juan 4, 10
R. Aleluya, aleluya.
Dios nos amó y nos envió a su Hijo, como víctima de expiación por nuestros pecados. **R.**

Evangelio: Lucas 19, 1-10
En aquel tiempo, Jesús entró en Jericó, y al ir atravesando la ciudad, sucedió que un hombre llamado Zaqueo, jefe de publicanos y rico, trataba de conocer a Jesús, pero la gente se lo impedía, porque Zaqueo era de baja estatura. Entonces corrió y se subió a un árbol para verlo cuando pasara por ahí. Al llegar a ese lugar, Jesús levantó los ojos y le dijo: "Zaqueo, bájate pronto, porque hoy tengo que hospedarme en tu casa" Él bajó enseguida y lo recibió muy contento. Al ver esto, comenzaron todos a murmurar diciendo: "Ha entrado a hospedarse en casa de un pecador". Zaqueo, poniéndose de pie, dijo a Jesús: "Mira, Señor, voy a dar a los pobres la mitad de mis bienes, y si he defraudado a alguien, le restituiré cuatro veces más". Jesús le dijo: "Hoy ha llegado la salvación a esta casa, porque también él es hijo de Abraham, y el Hijo del hombre ha venido a buscar y a salvar lo que se había perdido".

Miércoles 20 de noviembre de 2024
Miércoles de la XXXIII semana del Tiempo ordinario
Primera Lectura: Apocalipsis 4, 1-11
Yo, Juan, tuve una visión: Vi una puerta abierta en el cielo, y la voz que había oído antes, semejante al sonido de una trompeta, me habló y me dijo: "Sube hacia acá y te enseñaré lo que va a suceder después". Entonces fui arrebatado en espíritu y vi un trono puesto en el cielo, y alguien estaba sentado en el trono. El que estaba sentado en el trono brillaba con destellos rojos, como una piedra preciosa transparente, y un resplandor como de esmeralda rodeaba el trono. Alrededor de este trono vi otros veinticuatro tronos, y en los tronos estaban sentados veinticuatro ancianos, vestidos con túnicas blancas y con coronas de oro

sobre sus cabezas. Del trono salían relámpagos y truenos poderosos. Siete lámparas de fuego, que son los siete espíritus de Dios, ardían frente al trono, y delante de él había una especie de mar transparente, como de cristal. En el centro, alrededor del trono, había cuatro seres vivientes, llenos de ojos por delante y por detrás. El primer ser viviente se parecía a un león; el segundo, a un toro; el tercero tenía cara de hombre, y el cuarto parecía un águila en vuelo. Los cuatro seres vivientes tenían seis alas cada uno y estaban llenos de ojos por donde quiera. Y no se cansaban de repetir día y noche: "Santo, santo, santo es el Señor, Dios todopoderoso, el que era, el que es y el que ha de venir". Y cada vez que los seres vivientes alababan, bendecían y glorificaban al que está sentado en el trono, al que vive por los siglos de los siglos, los veinticuatro ancianos se postraban delante del que está sentado en el trono, adoraban al que vive por los siglos de los siglos, y depositaban sus coronas ante el trono, diciendo: "Señor y Dios nuestro, tú mereces recibir la gloria, el honor y el poder, porque tú has creado todas las cosas: tú has querido que ellas existieran y fueron creadas".

Salmo Responsorial: Salmo 150, 1-2. 3-4. 5-6
R. (Ap 4, 8b) Alabemos al Señor con alegría.
Alabemos al Señor en su templo, alabemos al Señor en su augusto firmamento. Alabémoslo por sus obras magníficas, alabémoslo por su inmensa grandeza. **R.**
Alabémoslo tocando trompetas, alabémoslo con arpas y cítaras, alabémoslo con tambores y danzas, alabémoslo con cuerdos y flautas. **R.**
Alabémoslo con platillos sonoros, alabémoslo con platillos vibrantes. Que todo ser viviente alabe al Señor. **R.**

Aclamación antes del Evangelio: Juan 15, 16
R. Aleluya, aleluya.
Yo los he elegido del mundo, dice el Señor, para que vayan y den fruto y su fruto permanezca. **R.**

Evangelio: Lucas 19, 11-28

En aquel tiempo, como ya se acercaba Jesús a Jerusalén y la gente pensaba que el Reino de Dios iba a manifestarse de un momento a otro, él les dijo esta parábola: "Había un hombre de la nobleza que se fue a un país lejano para ser nombrado rey y volver como tal. Antes de irse, mandó llamar a diez empleados suyos, les entregó una moneda de mucho valor a cada uno y les dijo: 'Inviertan este dinero mientras regreso'. Pero sus compatriotas lo aborrecían y enviaron detrás de él a unos delegados que dijeran: 'No queremos que éste sea nuestro rey'. Pero fue nombrado rey, y cuando regresó a su país, mandó llamar a los empleados a quienes había entregado el dinero, para saber cuánto había ganado cada uno. Se presentó el primero y le dijo: 'Señor, tu moneda ha producido otras diez monedas'. Él le contestó: 'Muy bien. Eres un buen empleado. Puesto que has sido fiel en una cosa pequeña, serás gobernador de diez ciudades'. Se presentó el segundo y le dijo: 'Señor, tu moneda ha producido otras cinco monedas'. Y el señor le respondió: 'Tú serás gobernador de cinco ciudades'. Se presentó el tercero y le dijo: 'Señor, aquí está tu moneda. La he tenido guardada en un pañuelo, pues te tuve miedo, porque eres un hombre exigente, que reclama lo que no ha invertido y cosecha lo que no ha sembrado'. El señor le contestó: 'Eres un mal empleado. Por tu propia boca te condeno. Tú sabías que yo soy un hombre exigente, que reclamo lo que no he invertido y que cosecho lo que no he sembrado, ¿por qué, pues, no pusiste mi dinero en el banco para que yo, al volver, lo hubiera recobrado con intereses?' Después les dijo a los presentes: 'Quítenle a éste la moneda y dénsela al que tiene diez'. Le respondieron: 'Señor, ya tiene diez monedas'. Él les dijo: 'Les aseguro que a todo el que tenga se le dará con abundancia, y al que no tenga, aun lo que tiene se le quitará. En cuanto a mis enemigos, que no querían tenerme como rey, tráiganlos aquí y mátenlos en mi presencia' ". Dicho esto, Jesús prosiguió su camino hacia Jerusalén al frente de sus discípulos.

Jueves 21 de noviembre de 2024
Memoria de la Presentación de la Bienaventurada Virgen María
Primera Lectura: Apocalipsis 5, 1-10

Yo, Juan, vi en la mano derecha del que estaba sentado en el trono, un libro escrito por dentro y por fuera, y sellado con siete sellos. Y vi un ángel poderoso, que gritaba con fuerte voz: "¿Quién es digno de abrir el libro y de romper sus sellos?" Pero nadie, ni en el cielo ni en la tierra ni debajo de la tierra, podía abrir el libro ni ver su contenido. Lloré mucho porque no había nadie digno de abrir el libro y de ver su contenido. Entonces, uno de los ancianos me dijo: "Ya no llores, porque ha vencido el león de la tribu de Judá, el descendiente de David, y él va a abrir el libro y sus siete sellos". Vi entonces junto al trono, en medio de los cuatro seres vivientes y de los ancianos, un Cordero. Estaba de pie, y mostraba las señales de haber sido sacrificado. Tenía siete cuernos y siete ojos, que son los siete espíritus de Dios, enviados por toda la tierra. Se acercó y tomó el libro de la mano derecha del que estaba sentado en el trono. Y al tomarlo, los cuatro seres vivientes y los veinticuatro ancianos se postraron ante el Cordero, con sus cítaras y sus copas de oro llenas de incienso, que significan las oraciones de los santos. Y se pusieron a cantar un cántico nuevo, diciendo: "Tú eres digno de tomar el libro y de abrir sus sellos, porque fuiste sacrificado y con tu sangre compraste para Dios hombres de todas las razas y lenguas, de todos los pueblos y naciones, y con ellos has constituido un reino de sacerdotes, que servirán a nuestro Dios y reinarán sobre la tierra".

Salmo Responsorial: Salmo 149, 1-2. 3-4. 5-6a y 9b
R. Bendito sea el Señor.

Entonen al Señor un canto nuevo, en la reunión litúrgica proclámenlo. En su creador y rey, en el Señor, alégrese Israel, su pueblo santo. **R.**

En honor de su nombre, que haya danzas, alábenlo con arpa y tamboriles. El Señor es amigo de su pueblo y otorga la victoria a los humildes. **R.**

Que se alegren los fieles en el triunfo, que inunde el regocijo sus hogares, que alaben al Señor con sus palabras, porque en esto su pueblo se complace. **R.**

Aclamación antes del Evangelio: Salmo 94, 8
R. Aleluya, aleluya.

No endurezcan su corazón, como el día de la rebelión en el desierto, dice el Señor.

R.

Evangelio: Lucas 19, 41-44

En aquel tiempo, cuando Jesús estuvo cerca de Jerusalén y contempló la ciudad, lloró por ella y exclamó: "¡Si en este día comprendieras tú lo que puede conducirte a la paz! Pero eso está oculto a tus ojos. Ya vendrán días en que tus enemigos te rodearán de trincheras, te sitiarán y te atacarán por todas partes y te arrasarán. Matarán a todos tus habitantes y no dejarán en ti piedra sobre piedra, porque no aprovechaste la oportunidad que Dios te daba".

Viernes 22 de noviembre de 2024
Memoria de Santa Cecilia, virgen y mártir

Primera Lectura: Apocalipsis 10, 8-11

Yo, Juan, oí de nuevo la voz que ya me había hablado desde el cielo, y que me decía: "Ve a tomar el librito abierto, que tiene en la mano el ángel que está de pie sobre el mar y la tierra". Me acerqué al ángel y le pedí que me diera el librito. Él me dijo: "Tómalo y cómetelo. En la boca te sabrá tan dulce como la miel, pero te amargará las entrañas". Tomé el librito de la mano del ángel y me lo comí. En la boca me supo tan dulce como la miel; pero al tragarlo, sentí amargura en las entrañas. Entonces la voz me dijo: "Tienes que volver a anunciar lo que Dios dice acerca de muchos pueblos, naciones y reyes".

Salmo Responsorial: Salmo 118, 14. 24. 72 103. 111. 131
R. (103a) Mi alegría es cumplir tus mandamientos.

Más me gozo cumpliendo tus preceptos que teniendo riquezas. Tus mandamientos, Señor, son mi alegría, ellos son también mis consejeros. **R.**
Para mí valen más tus enseñanzas que miles de monedas de oro y plata. ¡Qué dulces al paladar son tus promesas! Más que la miel en la boca. **R.**
Tus preceptos son mi herencia perpetua, la alegría de mi corazón. Hondamente suspiro, Señor, por guardar tus mandamientos. **R.**

Aclamación antes del Evangelio: Juan 10, 27

R. Aleluya, aleluya.

Mis ovejas escuchan mi voz, dice el Señor; yo las conozco y ellas me siguen. **R.**

Evangelio: Lucas 19, 45-48

Aquel día, Jesús entró en el templo y comenzó a echar fuera a los que vendían y compraban allí, diciéndoles: "Está escrito: *Mi casa es casa de oración*; pero ustedes la han convertido en *cueva de ladrones*". Jesús enseñaba todos los días en el templo. Por su parte, los sumos sacerdotes, los escribas y los jefes del pueblo, intentaban matarlo, pero no encontraban cómo hacerlo, porque todo el pueblo estaba pendiente de sus palabras.

Sábado 23 de noviembre de 2024
Sábado de la XXXIII semana del Tiempo ordinario
Primera Lectura: Apocalipsis 11, 4-12

Yo, Juan, oí que me decían: "Aquí están mis dos testigos. Son los dos olivos y los dos candelabros, que están ante el Señor de la tierra. Si alguno quiere hacerles daño, su boca echará fuego que devorará a sus enemigos; así, el que intente hacerles daño, morirá sin remedio. Ellos tienen poder de cerrar el cielo para que no llueva mientras dure su misión profética; tienen poder para convertir el agua en sangre y para castigar la tierra con toda clase de plagas, cuantas veces quieran. Pero, cuando hayan terminado su misión, la bestia que sube del mar les hará la guerra, los vencerá y los matará. Sus cadáveres quedarán tendidos en la plaza de la gran ciudad, donde fue crucificado su Señor, y que simbólicamente se llama Sodoma o Egipto. Durante tres días y medio, gentes de todos los pueblos y razas, de todas las lenguas y naciones contemplarán sus cadáveres, pues no permitirán que los sepulten. Los habitantes de la tierra se alegrarán y regocijarán por su muerte y se enviarán regalos los unos a los otros, porque estos dos profetas habían sido el azote de ellos. Pero después de los tres días y medio, un espíritu de vida, enviado por Dios, entrará en ellos: se pondrán de pie y todos los que los estén viendo se llenarán de espanto. Oirán entonces una potente voz, que les dirá desde el cielo: 'Suban acá'. Y subirán al cielo en una nube, a la vista de sus enemigos".

Salmo Responsorial: Salmo 143, 1. 2. 9-10

R. (1a) Bendito sea el Señor, mi fortaleza.

Bendito sea el Señor, mi roca firme; él adiestró mis manos y mis dedos para luchar en lides. **R.**

El es mi amigo fiel, mi fortaleza, mi seguro escondite, escudo en que me amparo, el que los pueblos a mis plantas rinde. **R.**

Al compás de mi citara, nuevos cantos, Señor, he de decirte, pues tú das a los reyes la victoria y salvas a David, tu siervo humilde. **R.**

Aclamación antes del Evangelio: 2 Timoteo 1, 10

R. Aleluya, aleluya.

Jesucristo, nuestro salvador, ha vencido la muerte y ha hecho resplandecer la vida por medio del Evangelio. **R.**

Evangelio: Lucas 20, 27-40

En aquel tiempo, se acercaron a Jesús algunos saduceos. Como los saduceos niegan la resurrección de los muertos, le preguntaron: "Maestro, Moisés nos dejó escrito que si alguno tiene un hermano casado que muere sin haber tenido hijos, se case con la viuda para dar descendencia a su hermano. Hubo una vez siete hermanos, el mayor de los cuales se casó y murió sin dejar hijos. El segundo, el tercero y los demás, hasta el séptimo, tomaron por esposa a la viuda y todos murieron sin dejar sucesión. Por fin murió también la viuda. Ahora bien, cuando llegue la resurrección, ¿de cuál de ellos será esposa la mujer, pues los siete estuvieron casados con ella?" Jesús les dijo: "En esta vida, hombres y mujeres se casan, pero en la vida futura, los que sean juzgados dignos de ella y de la resurrección de los muertos, no se casarán ni podrán ya morir, porque serán como los ángeles e hijos de Dios, pues él los habrá resucitado. Y que los muertos resucitan, el mismo Moisés lo indica en el episodio de la zarza, cuando llama al Señor, *Dios de Abraham, Dios de Isaac, Dios de Jacob.* Porque Dios no es Dios de muertos, sino de vivos, pues para él todos viven". Entonces, unos escribas le dijeron: "Maestro, has hablado bien". Y a partir de ese momento ya no se atrevieron a preguntarle nada.

Domingo 24 de noviembre de 2024

Solemnidad de Nuestro Señor Jesucristo, Rey del Universo

Primera Lectura: Daniel 7, 13-14

Yo, Daniel, tuve una visión nocturna: Vi a alguien semejante a un hijo de hombre, que venía entre las nubes del cielo. Avanzó hacia el anciano de muchos siglos y fue introducido a su presencia. Entonces recibió la soberanía, la gloria y el reino. Y todos los pueblos y naciones de todas las lenguas lo servían. Su poder nunca se acabará, porque es un poder eterno, y su reino jamás será destruido.

Salmo Responsorial: Salmo 92, 1ab. 1c-2. 5

R. (1a) Señor, tú eres nuestro rey.

Tú eres, Señor, el rey de todos los reyes. Estás revestido e poder y majestad. **R.**

Tú mantienes el orbe y no vacila. Eres eterno, y para siempre está firme tu trono. **R.**

Muy dignas de confianza so tus leyes y desde hoy y para siempre, Señor, la santidad adorna tu templo. **R.**

Segunda Lectura: Apocalipsis 1, 5-8

Hermanos míos: Gracia y paz a ustedes, de parte de Jesucristo, el testigo fiel, el primogénito de los muertos, el soberano de los reyes de la tierra; aquel que nos amó y nos purificó de nuestros pecados con su sangre y ha hecho de nosotros un reino de sacerdotes para su Dios y Padre. A él la gloria y el poder por los siglos de los siglos. Amén. Miren: él viene entre las nubes, y todos lo verán, aun aquellos que lo traspasaron. Todos los pueblos de la tierra harán duelo por su causa. "Yo soy el Alfa y la Omega, dice el Señor Dios, el que es, el que era y el que ha de venir, el todopoderoso".

Aclamación antes del Evangelio: Marcos 11, 9. 10

R. Aleluya, aleluya.

¡Bendito el que viene en el nombre del Señor! ¡Bendito el reino que llega, el reino de nuestro padre David! **R.**

Evangelio: Juan 18, 33-37

En aquel tiempo, preguntó Pilato a Jesús: "¿Eres tú el rey de los judíos?" Jesús le contestó: "¿Eso lo preguntas por tu cuenta o te lo han dicho otros?" Pilato le respondió: "¿Acaso soy yo judío? Tu pueblo y los sumos sacerdotes te han entregado a mí. ¿Qué es lo que has hecho?" Jesús le contestó: "Mi Reino no es de este mundo. Si mi Reino fuera de este mundo, mis servidores habrían luchado para que no cayera yo en manos de los judíos. Pero mi Reino no es de aquí". Pilato le dijo: "¿Conque tú eres rey?" Jesús le contestó: "Tú lo has dicho. Soy rey. Yo nací y vine al mundo para ser testigo de la verdad. Todo el que es de la verdad, escucha mi voz".

Lunes, 25 de noviembre de 2024

Lunes de la XXXIV semana del Tiempo ordinario
Primera Lectura: Apocalipsis 14,1-3. 4b-5

Yo, Juan, tuve otra visión: Vi al Cordero, en pie sobre el monte Sión y con él, ciento cuarenta y cuatro mil personas, que llevaban grabado en la frente el nombre del Cordero y el nombre de su Padre. Y oí un ruido que venía del cielo, parecido al estruendo del mar y al estampido de un trueno poderoso; el ruido que oía era como el de un gran coro acompañado de arpas. Cantaban un cántico nuevo ante el trono, ante los cuatro seres vivientes y los ancianos. Y nadie podía cantar el cántico, fuera de los ciento cuarenta y cuatro mil, que habían sido rescatados de la tierra. Estos son los que acompañan al Cordero a dondequiera que va; estos son los que han sido rescatados de entre los hombres, las primicias para Dios y para el Cordero; en la boca de ellos no hubo mentira y son irreprochables ante Dios.

Salmo Responsorial: Salmo 23,1bc-2. 3-4ab. 5-6

R. Dichosos los limpios de corazón.

Del Señor es la tierra y lo que ella tiene, el orbe todo y los que en él habitan, pues él lo edificó sobre los mares el fue quien lo asentó sobre los ríos. **R.**

¿Quién subirá hasta el monte del Señor? ¿Quién podrá estar en su recinto santo? El de corazón limpio y manos puras y que no jura en falso. **R.**

Ese obtendrá la bendición de Dios, y Dios, su salvador, le hará justicia. Esta es la clase de hombres que te buscan y vienen ante ti, Dios de Jacob. **R.**

Aclamación antes del Evangelio: Mateo 24, 42a. 44
R. Aleluya, aleluya.

Estén preparados, porque no saben a qué hora va a venir el Hijo del hombre. **R.**

Evangelio: Lucas 21, 1-4

En aquel tiempo, levantando los ojos, Jesús vio a unos ricos que echaban sus donativos en las alcancías del templo. Vio también a una viuda pobre, que echaba allí dos moneditas, y dijo: "Yo les aseguro que esa pobre viuda ha dado más que todos. Porque éstos dan a Dios de lo que les sobra; pero ella, en su pobreza, ha dado todo lo que tenía para vivir".

Martes 26 de noviembre de 2024

Martes de la XXXIV semana del Tiempo ordinario
Primera Lectura: Apocalipsis 14, 14-19

Yo, Juan, tuve otra visión: Vi una nube blanca y en ella a alguien que parecía un ser humano, con una corona de oro en la cabeza y una hoz afilada en la mano. Entonces un ángel salió del templo y le gritó con potente voz al que estaba sentado en la nube: "Empuña la hoz y ponte a segar; el tiempo de la cosecha ha llegado ya; la mies de la tierra está madura". El que estaba sentado en la nube pasó su hoz sobre la tierra y recogió la cosecha de la tierra. Salió otro ángel del templo celestial, también él con una afilada hoz en su mano. Y salió del templo otro más, el ángel que tiene poder sobre el fuego, y le gritó con potente voz al que tenía la hoz afilada: "Empuña tu hoz afilada y corta los racimos de la viña de la tierra, porque sus uvas ya están maduras". El ángel acercó su hoz a la tierra, cosechó la viña de la tierra y echó los racimos en el gran lagar de la cólera de Dios. Pisaron las uvas en el lagar, fuera de la ciudad, y del lagar corrió tanta sangre, que subió hasta los frenos de los caballos, en una extensión de unos trescientos kilómetros.

Salmo Responsorial: Salmo 95, 10. 11-12a. 12b-13
R. (13b) Que todo se alegre ante el Señor.

"Reina el Señor", digamos a los pueblos. El afianzó con su poder el orbe, gobierna a las naciones con justicia. **R.**

Alégrese los cielos y la tierra, retumbe el mar y el mundo submarino; salten de gozo el campo y cuanto encierra, manifiesten los bosques regocijo. **R.**

Regocíjese todo ante el Señor, porque ya viene a gobernar el orbe. Justicia y rectitud serán las normas con las que rija a todas las naciones. **R.**

Aclamación antes del Evangelio: Apocalipsis 2, 10
R. Aleluya, aleluya.

Sé fiel hasta la muerte y te daré como premio la vida, dice el Señor. **R.**

Evangelio: Lucas 21, 5-11
En aquel tiempo, como algunos ponderaban la solidez de la construcción del templo y la belleza de las ofrendas votivas que lo adornaban, Jesús dijo: "Días vendrán en que no quedará piedra sobre piedra de todo esto que están admirando; todo será destruido". Entonces le preguntaron: "Maestro, ¿cuándo va a ocurrir esto y cuál será la señal de que ya está a punto de suceder?" Él les respondió: "Cuídense de que nadie los engañe, porque muchos vendrán usurpando mi nombre y dirán: 'Yo soy el Mesías. El tiempo ha llegado'. Pero no les hagan caso. Cuando oigan hablar de guerras y revoluciones, que no los domine el pánico, porque eso tiene que acontecer, pero todavía no es el fin". Luego les dijo: "Se levantará una nación contra otra y un reino contra otro. En diferentes lugares habrá grandes terremotos, epidemias y hambre, y aparecerán en el cielo señales prodigiosas y terribles".

Miércoles de la XXXIV semana del Tiempo ordinario

Primera Lectura: Apocalipsis 15, 1-4

Yo, Juan, tuve una visión: Vi en el cielo otra gran señal maravillosa: Eran siete ángeles, portadores de las últimas siete plagas, con las cuales Dios pondrá fin a su cólera. Vi también una especie de mar de cristal, mezclado con fuego; y los vencedores de la bestia, de su estatua y del número simbólico de su nombre, estaban de pie junto al mar de cristal, con las cítaras que Dios les había dado, y cantaban el cántico de Moisés, el siervo de Dios, y el cántico del Cordero, diciendo: "Grandes y maravillosas son tus obras, Señor, Dios todopoderoso; justo y verdadero tu proceder, rey de las naciones. ¿Quién no te respetará, Señor? ¿Quién no te alabará? Ya que sólo tú eres santo, y todas las naciones vendrán a adorarte, porque tus justas sentencias han quedado patentes".

Salmo Responsorial: Salmo 97, 1. 2-3ab. 7-8. 9

R. (Ap 15, 3b) Señor, tus obras son maravillosas.

Cantemos al Señor un canto nuevo, pues ha hecho maravillas. Su diestra y su santo brazo le han dado la victoria. **R.**

El Señor ha dado a conocer su victoria, y ha revelado a las naciones su justicia. Una vez más ha demostrado Dios su amor y su lealtad hacia Israel. **R.**

Alégrense el mar y el mundo submarino, el orbe y todos los que en él habitan. Que los ríos estallen en aplausos y las montañas salten de alegría. **R.**

Regocíjese todo ante el Señor, porque ya viene a gobernar el orbe. Justicia y rectitud serán las normas con las que rija a todas las naciones. **R.**

Aclamación antes del Evangelio: Apocalipsis 2, 10

R. Aleluya, aleluya.

Sé fiel hasta la muerte y te daré como premio la vida, dice el Señor. **R.**

Evangelio: Lucas 21, 12-19

En aquel tiempo, Jesús dijo a sus discípulos: "Los perseguirán y los apresarán, los llevarán a los tribunales y a la cárcel, y los harán comparecer ante reyes y gobernantes por causa mía. Con esto ustedes darán testimonio de mí. Grábense bien que no tienen que preparar de antemano su defensa, porque yo les daré palabras sabias, a las que no podrá resistir ni contradecir ningún adversario de ustedes. Los traicionarán hasta sus padres y hermanos, sus parientes y amigos. Matarán a algunos de ustedes, y todos los odiarán por causa mía. Sin embargo, ni un cabello de su cabeza perecerá. Si se mantienen firmes, conseguirán la vida".

Jueves 28 de noviembre de 2024

Jueves de la XXXIV semana del Tiempo ordinario/Día de Acción de Gracias

Jueves de la XXXIV semana del Tiempo ordinario

Primera Lectura: Apocalipsis 18,1-2. 21-23; 19,1-3. 9a

Yo, Juan, vi un ángel que bajaba del cielo. Su poder era inmenso y con resplandor iluminó la tierra. Gritó con voz potente y dijo: "Ha caído ya la gran Babilonia y ha quedado convertida en morada de demonios, en guarida de toda clase de espíritus impuros, en escondrijo de aves inmundas y repugnantes". Otro ángel poderoso levantó una piedra del tamaño de una rueda de molino y la arrojó al mar, diciendo: "Con esta misma violencia será arrojada Babilonia, la gran ciudad, y desaparecerá para siempre. Ya no se volverán a escuchar en ti ni cantos ni cítaras, ni flautas ni trompetas. Ya no habrá jamás en ti artesanos de ningún oficio, ni se escuchará más el ruido de la piedra de molino; ya no brillarán en ti las luces de las lámparas ni volverá a escucharse en ti el bullicio de las bodas. Esto sucederá porque tus comerciantes llegaron a dominar la tierra y tú, con tus brujerías, sedujiste a todas las naciones". Después de esto oí algo así como una inmensa multitud que cantaba en el cielo: "¡Aleluya! La salvación, la gloria y el poder pertenecen a nuestro Dios, porque sus sentencias son legítimas y justas. Él ha condenado a la gran prostituta, que corrompía a la tierra con su fornicación y le ha pedido cuentas de la sangre de sus siervos". Y por segunda vez todos cantaron: "¡Aleluya! El humo del incendio de la gran ciudad se eleva por los siglos de los siglos". Entonces un ángel me dijo: "Escribe: 'Dichosos los invitados al banquete de bodas del Cordero' ".

Salmo Responsorial: Salmo 99,1b-2. 3. 4. 5

R. Dichosos los invitados al banquete del Señor.

Alabemos a Dios todos los hombres, sirvamos al Señor con alegría y con júbilo entremos en su templo. **R.**

Reconozcamos que el Señor es Dios, que él fue quien nos hizo y somos suyos, que somos su pueblo y su rebaño. **R.**

Entremos por sus puertas dando gracias, crucemos por sus atrios entre himnos, alabando al Señor y bendiciéndolo. **R.**

Porque el Señor es bueno, bendigámoslo, Porque es eterna su misericordia y su fidelidad nunca se acaba. **R.**

Aclamación antes del Evangelio: Lucas 21, 28

R. Aleluya, aleluya.

Estén atentos y levanten la cabeza, porque se acerca la hora de su liberación, dice el Señor. **R.**

Evangelio: Lucas 21, 20-28

En aquel tiempo, Jesús dijo a sus discípulos: "Cuando vean a Jerusalén sitiada por un ejército, sepan que se aproxima su destrucción. Entonces, los que estén en Judea, que huyan a los montes; los que estén en la ciudad, que se alejen de ella; los que estén en el campo, que no vuelvan a la ciudad; porque esos días serán de castigo para que se cumpla todo lo que está escrito. ¡Pobres de las que estén embarazadas y de las que estén criando en aquellos días! Porque vendrá una gran calamidad sobre el país y el castigo de Dios se descargará contra este pueblo. Caerán al filo de la espada, serán llevados cautivos a todas las naciones y Jerusalén será pisoteada por los paganos, hasta que se cumpla el plazo que Dios les ha señalado. Habrá señales prodigiosas en el sol, en la luna y en las estrellas. En la tierra las naciones se llenarán de angustia y de miedo por el estruendo de las olas del mar; la gente se morirá de terror y de angustiosa espera por las cosas que vendrán sobre el mundo, pues hasta las estrellas se bambolearán. Entonces verán venir al Hijo del hombre en una nube, con gran poder y majestad. Cuando estas cosas comiencen a suceder, pongan atención y levanten la cabeza, porque se acerca la hora de su liberación".

Día de Acción de Gracias

Primera Lectura: Eclesiástico (Sirácide) 50, 24-26

Bendigan al Señor, Dios de Israel, porque ha hecho maravillas en toda la tierra. Él nos dio la vida desde el seno materno y nos ha tratado con misericordia. Que el Señor nos conceda un corazón alegre, que él haga reinar la paz en Israel ahora y para siempre. Que el Señor nos haga confiar en su misericordia, pues él nos salvará en nuestros días.

Salmo Responsorial: Salmo 144, 2-3. 4-5. 6-7. 8-9. 10-11
R. (1b) Bendeciré al Señor eternamente.

Yo te bendeciré día tras día y alabaré tu nombre hasta que muera. Muy digno de alabanza es el Señor, pues es incalculable su grandeza. **R.**

Que una generación pondere a la otra, tus obras y proezas; que hable de tu esplendor y de tu gloria y anuncie tu grandeza. **R.**

El Señor es clemente y bondadoso, Lento al enojo y lleno de ternura; bueno es el Señor para con todos, cariñoso con todas sus creaturas. **R.**

Que te alaben, Señor, todas tus obras, y que todos tus fieles te bendigan; que proclamen la gloria de tu reino y den a conocer tus maravillas. **R.**

Todos vuelven sus ojos hacia ti y les das, a su tiempo, la comida. Abres tu mano generosa y colmas de favores toda vida. **R.**

Que mis labios alaben al Señor y que todo viviente bendiga el santo nombre del Señor por siempre y para siempre. **R.**

Segunda Lectura: 1 Corintios 1, 3-9

Hermanos: Gracia y paz a ustedes de parte de Dios, nuestro Padre, y de Cristo Jesús, el Señor. Continuamente agradezco a mi Dios los dones divinos que les ha concedido a ustedes por medio de Cristo Jesús, ya que por él los ha enriquecido con abundancia en todo lo que se refiere a la palabra y al conocimiento; porque el testimonio que damos de Cristo ha sido confirmado en ustedes a tal grado, que no carecen de ningún don, ustedes, los que esperan la manifestación de nuestro Señor Jesucristo. Él los hará permanecer irreprochables hasta el fin, hasta el día de su advenimiento. Dios es quien los ha llamado a la unión con su Hijo Jesucristo, y Dios es fiel.

Aclamación antes del Evangelio: 1 Tesalonicenses 5, 18
Den gracias siempre, unidos a Cristo Jesús, pues esto es lo que Dios quiere que ustedes hagan.

Evangelio: Lucas 17, 11-19
En aquel tiempo, cuando Jesús iba de camino a Jerusalén, pasó entre Samaria y Galilea. Estaba cerca de un pueblo, cuando le salieron al encuentro diez leprosos, los cuales se detuvieron a lo lejos y a gritos le decían: "Jesús, maestro, ten compasión de nosotros". Al verlos, Jesús les dijo: "Vayan a presentarse a los sacerdotes". Mientras iban de camino, quedaron limpios de la lepra. Uno de ellos, al ver que estaba curado, regresó, alabando a Dios en voz alta, se postró a los pies de Jesús y le dio las gracias. Ése era un samaritano. Entonces dijo Jesús: "¿No eran diez los que quedaron limpios? ¿Dónde están los otros nueve? ¿No ha habido nadie, fuera de este extranjero, que volviera para dar gloria a Dios?" Después le dijo al samaritano: "Levántate y vete. Tu fe te ha salvado".

Viernes 29 de noviembre de 2024
Viernes de la XXXIV semana del Tiempo ordinario
Primera Lectura: Apocalipsis 20, 1-4. 11-21, 2
Yo, Juan, vi un ángel que bajaba del cielo, con la llave del abismo y una gran cadena en la mano. El ángel sujetó al dragón, la serpiente antigua, que es el diablo o Satanás, y lo encadenó durante mil años. Lo arrojó al abismo, lo encerró y puso un sello, para que ya no pudiera engañar a los pueblos hasta que pasaran mil años. Después de esto, es necesario que lo suelten un poco de tiempo. Vi también unos tronos, donde se sentaron los encargados de juzgar. Vi, además, vivos a los que habían sido sacrificados por dar testimonio de Jesús y proclamar la palabra de Dios, y a todos los que no adoraron a la bestia ni a su estatua, y no

se dejaron poner su marca en la frente ni en la mano. Estos revivieron y reinaron con Cristo durante mil años. Vi después un trono brillante y magnífico, y al que estaba sentado en él. El cielo y la tierra desaparecieron de su presencia sin dejar rastro. Y vi a los muertos, grandes y pequeños, de pie delante del trono. Fueron abiertos unos libros y también el libro de la vida. Los muertos fueron juzgados conforme a sus obras, que estaban escritas en esos libros. El mar devolvió sus muertos; la muerte y el abismo devolvieron los muertos que guardaban en su seno. Cada uno fue juzgado según sus obras. La muerte y el abismo fueron arrojados al lago de fuego; este lago es la muerte definitiva. Y a todo el que no estaba inscrito en el libro de la vida lo arrojaron al lago de fuego. Luego vi un cielo nuevo y una tierra nueva, porque el primer cielo y la primera tierra habían desaparecido y el mar ya no existía. También vi que descendía del cielo, desde donde está Dios, la ciudad santa, la nueva Jerusalén, engalanada como una novia que va a desposarse con su prometido.

Salmo Responsorial: Salmo 83, 3. 4. 5-6a y 8a
R. Dichosos los que viven en tu casa.

Anhelando los atrios del Señor se consume mi alma. Todo mi ser de gozo estremece y el Dios vivo es la causa. **R.**

Hasta el gorrión encuentra casa y la golondrina, un lugar para su nido, cerca de tus altares, Señor de los ejércitos, Dios mío. **R.**

Dichosos los que viven en tu casa, te alabarán para siempre; dichosos los que encuentran en ti su fuerza, pues caminarán cada vez con más vigor. **R.**

Aclamación antes del Evangelio: Lucas 21, 28
R. Aleluya, aleluya.

Estén atentos y levanten la cabeza, porque se acerca la hora de su liberación, dice el Señor. **R.**

Evangelio: Lucas 21, 29-33

En aquel tiempo, Jesús propuso a sus discípulos esta comparación: "Fíjense en la higuera y en los demás árboles. Cuando ven que empiezan a dar fruto, saben que ya está cerca el verano. Así también, cuando vean que suceden las cosas que les he dicho, sepan que el Reino de Dios está cerca. Yo les aseguro que antes de que esta generación muera, todo esto se cumplirá. Podrán dejar de existir el cielo y la tierra, pero mis palabras no dejarán de cumplirse".

Sábado 30 de noviembre de 2024
Fiesta de San Andrés, Apóstol

Primera Lectura: Romanos 10, 9-18

Hermanos: Basta que cada uno declare con su boca que Jesús es el Señor y que crea en su corazón que Dios lo resucitó de entre los muertos, para que pueda salvarse. En efecto, hay que creer con el corazón para alcanzar la santidad y declarar con la boca para alcanzar la salvación. Por eso dice la Escritura: *Ninguno que crea en él quedará defraudado*, porque no existe diferencia entre judío y no judío, ya que uno mismo es el Señor de todos, espléndido con todos los que lo invocan, pues todo el que invoque al Señor como a su Dios, será salvado por él. Ahora bien, ¿cómo van a invocar al Señor, si no creen en él? ¿Y cómo van a creer en él, si no han oído hablar de él? ¿Y cómo van a oír hablar de él, si no hay nadie que se lo anuncie? ¿Y cómo va a haber quienes lo anuncien, si no son enviados? Por eso dice la Escritura: *¡Qué hermoso es ver correr sobre los montes al mensajero que trae buenas noticias!* Sin embargo, no todos han creído en el Evangelio. Ya lo dijo Isaías: *Señor, ¿quién ha creído en nuestra predicación?* Por lo tanto, la fe viene de la predicación y la predicación consiste en anunciar la palabra de Cristo. Entonces yo pregunto: ¿Acaso no habrán oído la predicación? ¡Claro que la han oído!, pues la Escritura dice: *La voz de los mensajeros ha resonado en todo el mundo y sus palabras han llegado hasta el último rincón de la tierra.*

Salmo Responsorial: Salmo 18, 2-3. 4-5
R. (5a) El mensaje del Señor resuena en toda la tierra.

Los cielos proclaman la gloria de Dios y el firmamento anuncia la obra de sus manos. Un día comunica su mensaje al otro día y una noche se lo transmite a la otra noche. **R.**

Sin que pronuncien una palabra, sin que resuene su voz, a toda la tierra llega su sonido y su mensaje hasta el fin del mundo. **R.**

Aclamación antes del Evangelio: Mateo 4, 19
R. Aleluya, aleluya.

Síganme, dice el Señor, y yo los haré pescadores de hombres. **R.**

Evangelio: Mateo 4, 18-22

Una vez que Jesús caminaba por la ribera del mar de Galilea, vio a dos hermanos, Simón, llamado después Pedro, y Andrés, los cuales estaban echando las redes al mar, porque eran pescadores. Jesús les dijo: "Síganme y los haré pescadores de hombres". Ellos inmediatamente dejaron las redes y lo siguieron. Pasando más adelante, vio a otros dos hermanos, Santiago y Juan, hijos de Zebedeo, que estaban con su padre en la barca, remendando las redes, y los llamó también. Ellos, dejando enseguida la barca y a su padre, lo siguieron.

DICIEMBRE

Domingo 1 de diciembre de 2024

I Domingo de Adviento

Primera Lectura: Jeremías 33, 14-16

"Se acercan los días, dice el Señor, en que cumpliré la promesa que hice a la casa de Israel y a la casa de Judá. En aquellos días y en aquella hora, yo haré nacer del tronco de David un vástago santo, que ejercerá la justicia y el derecho en la tierra. Entonces Judá estará a salvo, Jerusalén estará segura y la llamarán 'el Señor es nuestra justicia' ".

Salmo Responsorial: Salmo 24, 4bc-5ab. 8-9. 10 y 14

R. (1b) Descúbrenos, Señor, tus caminos.

Descúbrenos, Señor, tus caminos, guíanos con la verdad de tu doctrina. Tú eres nuestro Dios y salvador y tenemos en ti nuestra esperanza. **R.**

Porque el Señor es recto y bondadoso, indica a los pecadores el sendero, guía por la senda recta a los humildes y descubre a los pobres sus caminos. **R.**

Con quien guarda su alianza y sus mandatos, el Señor es leal y bondadoso. El Señor se descubre a quien lo teme y enseña el sentido de su alianza. **R.**

Segunda Lectura: 1 Tesalonicenses 3, 12-4, 2

Hermanos: Que el Señor los llene y los haga rebosar de un amor mutuo y hacia todos los demás, como el que yo les tengo a ustedes, para que él conserve sus corazones irreprochables en la santidad ante Dios, nuestro Padre, hasta el día en que venga nuestro Señor Jesús, en compañía de todos sus santos. Por lo demás, hermanos, les rogamos y los exhortamos en el nombre del Señor Jesús a que vivan como conviene, para agradar a Dios, según aprendieron de nosotros, a fin de que sigan ustedes progresando. Ya conocen, en efecto, las instrucciones que les hemos dado de parte del Señor Jesús.

Aclamación antes del Evangelio: Salmo 84, 8

R. Aleluya, aleluya.

Muéstranos, Señor, tu misericordia y danos tu salvación. **R.**

Evangelio: Lucas 21, 25-28. 34-36

En aquel tiempo, Jesús dijo a sus discípulos: "Habrá señales prodigiosas en el sol, en la luna y en las estrellas. En la tierra, las naciones se llenarán de angustia y de miedo por el estruendo de las olas del mar; la gente se morirá de terror y de angustiosa espera por las cosas que vendrán sobre el mundo, pues hasta las estrellas se bambolearán. Entonces verán venir al Hijo del hombre en una nube, con gran poder y majestad. Cuando estas cosas comiencen a suceder, pongan atención y levanten la cabeza, porque se acerca la hora de su liberación. Estén alerta, para que los vicios, con el libertinaje, la embriaguez y las preocupaciones de esta vida no entorpezcan su mente y aquel día los sorprenda desprevenidos; porque caerá de repente como una trampa sobre todos los habitantes de la tierra. Velen, pues, y hagan oración continuamente, para que puedan escapar de todo lo que ha de suceder y comparecer seguros ante el Hijo del hombre.

Lunes 2 de diciembre de 2024
Lunes de la primera semana de Adviento
Primera Lectura: Isaías 4, 2-6

Aquel día, el vástago del Señor será magnífico y glorioso; el fruto del país será orgullo y esplendor de los sobrevivientes de Israel. A los restantes en Jerusalén, a todos los inscritos en ella para la vida, los llamaré santos. Cuando el Señor haya lavado la inmundicia de las hijas de Sión y haya limpiado de sangre a Jerusalén con viento justiciero y abrasador, creará el Señor, sobre todo lugar del monte Sión y sobre la asamblea, nube y humo de día, y fuego llameante de noche. Y por encima, la gloria del Señor será toldo y tienda contra el calor del día, abrigo y resguardo contra el temporal y la lluvia.

Salmo Responsorial: Salmo 121, 1-2. 3-4a (4b-5. 6-7) 8-9
R. (1) Vayamos con alegría al encuentro del Señor.

¡Qué alegría sentí, cuando me dijeron: "Vayamos a la casa del Señor"! Y hoy estamos aquí, Jerusalén, jubilosos, delante de tus puertas. **R.**

A ti, Jerusalén, suben las tribus, las tribus del Señor, según lo que a Israel se le ha ordenado, para alabar el nombre del Señor. **R.**

Digan de todo corazón: "Jerusalén, que haya paz entre aquellos que te aman, que haya paz dentro de tus murallas y que reine la paz en cada casa". **R.**

Por el amor que tengo a mis hermanos, voy a decir: "La paz esté contigo". Y por la casa del Señor, mi Dios, pediré para ti todos los bienes. **R.**

Aclamación antes del Evangelio: Salmo 79, 4
R. Aleluya, aleluya.

Señor y Dios nuestro, ven a salvarnos; míranos con bondad y estaremos a salvo. **R.**

Evangelio: Mateo 8, 5-11

En aquel tiempo, al entrar Jesús en Cafarnaúm, se le acercó un oficial romano y le dijo: "Señor, tengo en mi casa un criado que está en cama, paralítico, y sufre mucho". Él le contestó: "Voy a curarlo". Pero el oficial le replicó: "Señor, yo no soy digno de que entres en mi casa; con que digas una sola palabra, mi criado quedará sano. Porque yo también vivo bajo disciplina y tengo soldados a mis órdenes; cuando le digo a uno: '¡Ve!', él va; al otro: '¡Ven!', y viene; a mi criado: '¡Haz esto!', y lo hace". Al oír aquellas palabras, se admiró Jesús y dijo a los que lo seguían: "Yo les aseguro que en ningún israelita he hallado una fe tan grande. Les aseguro que muchos vendrán de oriente y de occidente y se sentarán con Abraham, Isaac y Jacob en el Reino de los cielos".

Martes 3 de diciembre de 2024
Memoria de San Francisco Javier, presbítero
Primera Lectura: Isaías 11, 1-10

En aquel día, brotará un renuevo del tronco de Jesé, un vástago florecerá de su raíz. Sobre él se posará el espíritu del Señor, espíritu de sabiduría e inteligencia, espíritu de consejo y fortaleza, espíritu de piedad y temor de Dios. No juzgará por apariencias, ni sentenciará de oídas; defenderá con justicia al desamparado y con equidad dará sentencia al pobre; herirá al violento con el látigo de su boca, con el soplo de sus labios matará al impío. Será la justicia su ceñidor, la fidelidad apretará su cintura. Habitará el lobo con el cordero, la pantera se echará con el cabrito, el novillo y el león pacerán juntos y un muchachito los apacentará. La vaca pastará con la osa y sus crías vivirán juntas. El león comerá paja con el buey. El niño jugará sobre el agujero de la víbora; la creatura meterá la mano en el escondrijo de la serpiente. No harán daño ni estrago por todo mi monte santo, porque así como las aguas colman el mar, así está lleno el país de la ciencia del Señor. Aquel día la raíz de Jesé se alzará como bandera de los pueblos, la buscarán todas las naciones y será gloriosa su morada.

Salmo Responsorial: Salmo 71, 2. 7-8. 12-13. 17
R. (7) Ven, Señor, rey de paz y de justicia.

Comunica, Señor, al rey tu juicio y tu justicia, al que es hijo de reyes; así tu siervo saldrá en defensa de tus pobres y regirá a tu pueblo justamente. **R.**

Florecerá en sus días la justicia y reinará la paz, era tras era. De mar a mar se extederá su reino y de un extremo al otro de la tierra. **R.**

Al débil librará del poderoso y ayudará al que se encuentra sin amparo; se apiadará del desvalido y pobre y salvará la vida al desdichado. **R.**

Que bendigan al Señor eternamente y tanto como el sol, viva su nombre. Que sea la bendición del mundo entero y lo aclamen dichoso las naciones. **R.**

Aclamación antes del Evangelio
R. Aleluya, aleluya.

Ya viene el Señor, nuestro Dios, con todo su poder para iluminar los ojos de sus hijos. **R.**

Evangelio: Lucas 10, 21-24

En aquella misma hora, Jesús se llenó de júbilo en el Espíritu Santo y exclamó: "¡Te doy gracias, Padre, Señor del cielo y de la tierra, porque has escondido estas cosas a los sabios y a los entendidos, y las has revelado a la gente sencilla! ¡Gracias, Padre, porque así te ha parecido bien! Todo me lo ha entregado mi

Padre y nadie conoce quién es el Hijo, sino el Padre; ni quién es el Padre, sino el Hijo y aquel a quien el Hijo se lo quiera revelar". Volviéndose a sus discípulos, les dijo aparte: "Dichosos los ojos que ven lo que ustedes ven. Porque yo les digo que muchos profetas y reyes quisieron ver lo que ustedes ven y no lo vieron, y oír lo que ustedes oyen y no lo oyeron".

<h2 style="text-align:center">Miércoles 4 de diciembre de 2024</h2>

<h2 style="text-align:center">Miércoles de la primera semana de Adviento</h2>

Primera Lectura: Isaías 25, 6-10a

En aquel día, el Señor del universo preparará sobre este monte un festín con platillos suculentos para todos los pueblos; un banquete con vinos exquisitos y manjares sustanciosos. Él arrancará en este monte el velo que cubre el rostro de todos los pueblos, el paño que oscurece a todas las naciones. Destruirá la muerte para siempre; el Señor Dios enjugará las lágrimas de todos los rostros y borrará de toda la tierra la afrenta de su pueblo. Así lo ha dicho el Señor. En aquel día se dirá: "Aquí está nuestro Dios, de quien esperábamos que nos salvara. Alegrémonos y gocemos con la salvación que nos trae, porque la mano del Señor reposará en este monte".

Salmo Responsorial: Sal 22, 1-3a. 3b. 4.5.6.

R. (6cd) Habitaré en la casa del Señor toda la vida.

El Señor es mi pastor, nada me falta; en verdes praderas me hace reposar y hacia fuentes tranquilas me conduce para repara mis fuerzas. **R.**

Por ser un Dios fiel a sus promesas, me guía por el sendero recto; así, aunque camine por cañadas oscuras, nada temo, porque tú estás conmigo. Tu vara y tu cayado me dan seguridad. **R.**

Tú mismo me preparas la mesa, a despecho de mis adversarios; me unges la cabeza con perfume y llenas mi copa hasta los bordes. **R.**

Tu bondad y tu misericordia me acompañarán todos los días de mi vida; y viviré en la casa del Señor por años sin término. **R.**

Aclamación antes del Evangelio

R. Aleluya, aleluya.

Ya viene el Señor para salvar a su pueblo. Dichosos los que estén preparados para salir a su encuentro. **R.**

Evangelio: Mateo 15, 29-37

En aquel tiempo, llegó Jesús a la orilla del mar de Galilea, subió al monte y se sentó. Acudió a él mucha gente, que llevaba consigo tullidos, ciegos, lisiados, sordomudos y muchos otros enfermos. Los tendieron a sus pies y él los curó. La gente se llenó de admiración, al ver que los lisiados estaban curados, que los ciegos veían, que los mudos hablaban y los tullidos caminaban; por lo que glorificaron al Dios de Israel. Jesús llamó a sus discípulos y les dijo: "Me da lástima esta gente, porque llevan ya tres días conmigo y no tienen qué comer. No quiero despedirlos en ayunas, porque pueden desmayarse en el camino". Los discípulos le preguntaron: "¿Dónde vamos a conseguir, en este lugar despoblado, panes suficientes para saciar a tal muchedumbre?" Jesús les preguntó: "¿Cuántos panes tienen?" Ellos contestaron: "Siete, y unos cuantos pescados". Después de ordenar a la gente que se sentara en el suelo, Jesús tomó los siete panes y los pescados, y habiendo dado gracias a Dios, los partió y los fue entregando a los discípulos, y los discípulos a la gente. Todos comieron hasta saciarse, y llenaron siete canastos con los pedazos que habían sobrado.

Jueves 5 de diciembre de 2024
Jueves de la primera semana de Adviento
Primera Lectura: Isaías 26, 1-6

Aquel día se cantará este canto en el país de Judá: "Tenemos una ciudad fuerte; ha puesto el Señor, para salvarla, murallas y baluartes. Abran las puertas para que entre el pueblo justo, el que se mantiene fiel, el de ánimo firme para conservar la paz, porque en ti confió. Confíen siempre en el Señor, porque el Señor es nuestra fortaleza para siempre; porque él doblegó a los que habitaban en la altura; a la ciudad excelsa la humilló, la humilló hasta el suelo, la arrojó hasta el polvo donde la pisan los pies, los pies de los humildes, los pasos de los pobres".

Salmo Responsorial: Salmo 117, 1. 8-9. 19-21. 25-27a.

R. (26a) Bendito el que viene en nombre del Señor.

Te damos gracias, Señor, porque eres bueno, porque tu misericordia es eterna.

Más vale refugiarse en el Señor que poner en los hombres la confianza; más vale refugiarse en el Señor, que buscar con los fuertes una alianza. **R.**

Ábranme las puertas del templo, que quiero entrar a dar gracias a Dios. Ésta es la puerta del Señor y por ella entrarán los que le viven fieles. Te doy gracias, Señor, pues me escuchaste y fuiste para mí la salvación. **R.**

Libéranos, Señor, y danos tu victoria. Bendito el que viene en nombre del Señor. Que Dios desde su templo nos bendiga. Que el Señor, nuestro Dios, nos ilumine. **R.**

Aclamación antes del Evangelio

R. Aleluya, aleluya.

Busquen al Señor mientras lo pueden encontrar, invóquenlo mientras está cerca. **R.**

Evangelio: Mateo 7, 21. 24-27

En aquel tiempo, Jesús dijo a sus discípulos: "No todo el que me diga: '¡Señor, Señor!', entrará en el Reino de los cielos, sino el que cumpla la voluntad de mi Padre, que está en los cielos. El que escucha estas palabras mías y las pone en práctica, se parece a un hombre prudente, que edificó su casa sobre roca. Vino la lluvia, bajaron las crecientes, se desataron los vientos y dieron contra aquella casa; pero no se cayó, porque estaba construida sobre roca. El que escucha estas palabras mías y no las pone en práctica, se parece a un hombre imprudente, que edificó su casa sobre arena. Vino la lluvia, bajaron las crecientes, se desataron los vientos, dieron contra aquella casa y la arrasaron completamente".

Viernes 6 de diciembre de 2024

Viernes de la primera semana de Adviento

Primera Lectura: Isaías 29, 17-24

Esto dice el Señor: "¿Acaso no está el Líbano a punto de convertirse en un vergel y el vergel en un bosque? Aquel día los sordos oirán las palabras de un libro; los ojos de los ciegos verán sin tinieblas ni oscuridad; los oprimidos volverán a alegrarse en el Señor y los pobres se gozarán en el Santo de Israel; porque ya no habrá opresores y los altaneros habrán sido exterminados. Serán aniquilados los que traman iniquidades, los que con sus palabras echan la culpa a los demás, los que tratan de enredar a los jueces y sin razón alguna hunden al justo". Esto dice a la casa de Jacob el Señor que rescató a Abraham: "Ya no se avergonzará Jacob, ya no se demudará su rostro, porque al ver mis acciones en medio de los suyos, - santificará mi nombre, santificará al Santo de Jacob y temerá al Dios de Israel. Los extraviados de espíritu entrarán en razón y los inconformes aceptarán la enseñanza".

Salmo Responsorial: Salmo 26, 1. 4. 13-14
R. (1a) El Señor es mi luz y mi salvación.

El Señor es mi luz y mi salvación, ¿a quién voy a tenerle miedo? El Señor es la defensa de mi vida, ¿quién pordrá hacerme temblar? **R.**

Lo único que pido, lo único que busco es vivir en la casa del Señor toda mi vida, para disfrutar las bondades del Señor y estar continuamente en su presencia. **R.**

La bondad del Señor espero ver en esta misma vida. Armate de valor y fortaleza y en el Señor confía. **R.**

Aclamación antes del Evangelio
R. Aleluya, aleluya.

Ya viene el Señor, nuestro Dios, con todo su poder para iluminar los ojos de sus hijos. **R.**

Evangelio: Mateo 9, 27-31

Cuando Jesús salía de Cafarnaúm, lo siguieron dos ciegos, que gritaban: "¡Hijo de David, compadécete de nosotros!" Al entrar Jesús en la casa, se le acercaron los ciegos y Jesús les preguntó: "¿Creen que puedo hacerlo?" Ellos le contestaron: "Sí, Señor". Entonces les tocó los ojos, diciendo: "Que se haga en ustedes conforme a su fe". Y se les abrieron los ojos. Jesús les advirtió severamente: "Que nadie lo sepa". Pero ellos, al salir, divulgaron su fama por toda la región.

Sábado 7 de diciembre de 2024
Memoria de San Ambrosio, obispo y doctor de la Iglesia
Primera Lectura: Isaías 30, 19-21. 23-26

Esto dice el Señor Dios de Israel: "Pueblo de Sión, que habitas en Jerusalén, ya no volverás a llorar. El Señor misericordioso, al oír tus gemidos, se apiadará de ti y te responderá, apenas te oiga. Aunque te dé el pan de las adversidades y el agua de la congoja, ya no se esconderá el que te instruye; tus ojos lo verán. Con tus oídos oirás detrás de ti una voz que te dirá: 'Éste es el camino. Síguelo sin desviarte, ni a la derecha, ni a la izquierda'. El Señor mandará su lluvia para la semilla que siembres y el pan que producirá la tierra será abundante y sustancioso. Aquel día, tus ganados pastarán en dilatadas praderas. Los bueyes y los burros que trabajan el campo, comerán forraje sabroso, aventado con pala y bieldo. En todo monte elevado y toda colina alta, habrá arroyos y corrientes de agua el día de la gran matanza, cuando se derrumben las torres. El día en que el Señor vende las heridas de su pueblo y le sane las llagas de sus golpes, la luz de la luna será como la luz del sol; será siete veces mayor, como si fueran siete días en uno".

Salmo Responsorial: Salmo 146, 1-2. 3-4. 5-6
R. (Isaías 30, 18) Alabemos al Señor, nuestro Dios.

Alabemos al Señor, nuestro Dios, porque es hermoso y justo el alabarlo. El Señor ha reconstruido Jerusalén y a los dispersos de Israel los ha reunido. **R.**

El Señor sana los corazones quebrantados y venda las heridas, tiende su mano a los humildes y humilla hasta el polvo a los malvados. **R.**

El puede contar el número de estrellas y llama a cada una por su nombre. Grande es nuestro Dios, todo lo puede; su sabiduría no tiene límites. **R.**

Aclamación antes del Evangelio
R. Aleluya, aleluya.

El Señor es nuestro juez, nuestro legislador y nuestro rey; él vendrá a salvarnos.

R.

Evangelio: Mateo 9, 35-10, 1. 6-8

En aquel tiempo, Jesús recorría todas las ciudades y los pueblos, enseñando en las sinagogas, predicando el Evangelio del Reino y curando toda enfermedad y dolencia. Al ver a las multitudes, se compadecía de ellas, porque estaban extenuadas y desamparadas, como ovejas sin pastor. Entonces dijo a sus discípulos: "La cosecha es mucha y los trabajadores, pocos. Rueguen, por lo tanto, al dueño de la mies que envíe trabajadores a sus campos". Después, llamando a sus doce discípulos, les dio poder para expulsar a los espíritus impuros y curar toda clase de enfermedades y dolencias. Les dijo: "Vayan en busca de las ovejas perdidas de la casa de Israel. Vayan y proclamen por el camino que ya se acerca el Reino de los cielos. Curen a los leprosos y demás enfermos; resuciten a los muertos y echen fuera a los demonios. Gratuitamente han recibido este poder; ejérzanlo, pues, gratuitamente".

Domingo 8 de diciembre de 2024
II Domingo de Adviento

Primera Lectura: Baruc 5, 1-9

Jerusalén, despójate de tus vestidos de luto y aflicción, y vístete para siempre con el esplendor de la gloria que Dios te da; envuélvete en el manto de la justicia de Dios y adorna tu cabeza con la diadema de la gloria del Eterno, porque Dios mostrará tu grandeza a cuantos viven bajo el cielo. Dios te dará un nombre para siempre: "Paz en la justicia y gloria en la piedad". Ponte de pie, Jerusalén, sube a la altura, levanta los ojos y contempla a tus hijos, reunidos de oriente y de occidente, a la voz del espíritu, gozosos porque Dios se acordó de ellos. Salieron a pie, llevados por los enemigos; pero Dios te los devuelve llenos de gloria, como príncipes reales. Dios ha ordenado que se abajen todas las montañas y todas las colinas, que se rellenen todos los valles hasta aplanar la tierra, para que Israel camine seguro bajo la gloria de Dios. Los bosques y los árboles fragantes le darán sombra por orden de Dios. Porque el Señor guiará a Israel en medio de la alegría y a la luz de su gloria, escoltándolo con su misericordia y su justicia.

Salmo Responsorial: Salmo 125, 1-2ab. 2cd-3. 4-5. 6

R. (3) Grandes cosas has hecho por nosotros, Señor.

Cuando el Señor nos hizo volver del cautiverio, creíamos soñar; entonces no cesaba de reír nuestra boca, ni se cansaba entonces la lengua de cantar. **R.**

Aun los mismos paganos con asombro decían: "¡Grandes cosas ha hecho por ellos el Señor!" Y estábamos alegres, pues ha hecho grandes cosas por su pueblo el Señor. **R.**

Como cambian los ríos la suerte del desierto, Cambia también ahora nuestra suerte, Señor, y entre gritos de júbilo cosecharán aquellos que siembran con dolor. **R.**

Al ir, iban llorando, cargando le semilla; al regresar, cantando vendrán con sus gavillas. **R.**

Segunda Lectura: Filipenses 1, 4-6. 8-11

Hermanos: Cada vez que me acuerdo de ustedes, le doy gracias a mi Dios y siempre que pido por ustedes, lo hago con gran alegría, porque han colaborado conmigo en la propagación del Evangelio, desde el primer día hasta ahora. Estoy convencido de que aquel que comenzó en ustedes esta obra, la irá perfeccionando siempre hasta el día de la venida de Cristo Jesús. Dios es testigo de cuánto los amo a todos ustedes con el amor entrañable con que los ama Cristo Jesús. Y ésta es mi oración por ustedes: Que su amor siga creciendo más y más y se traduzca en un mayor conocimiento y sensibilidad espiritual. Así podrán escoger siempre lo mejor y llegarán limpios e irreprochables al día de la venida de Cristo, llenos de los frutos de la justicia, que nos viene de Cristo Jesús, para gloria y alabanza de Dios.

Aclamación antes del Evangelio: Lucas 3, 4. 6

R. Aleluya, aleluya.

Preparen el camino del Señor, hagan rectos sus senderos, y todos los hombres verán al Salvador. **R.**

Evangelio: Lucas 3, 1-6

En el año décimo quinto del reinado del César Tiberio, siendo Poncio Pilato procurador de Judea; Herodes, tetrarca de Galilea; su hermano Filipo, tetrarca de las regiones de Iturea y Traconítide; y Lisanias, tetrarca de Abilene; bajo el pontificado de los sumos sacerdotes Anás y Caifás, vino la palabra de Dios en el desierto sobre Juan, hijo de Zacarías. Entonces comenzó a recorrer toda la comarca del Jordán, predicando un bautismo de penitencia para el perdón de los pecados, como está escrito en el libro de las predicciones del profeta Isaías: *Ha resonado una voz en el desierto: Preparen el camino del Señor, hagan rectos sus senderos. Todo valle será rellenado, toda montaña y colina, rebajada; lo tortuoso se hará derecho, los caminos ásperos serán allanados y todos los hombres verán la salvación de Dios.*

Lunes 9 de diciembre de 2024
Solemnidad de la Inmaculada Concepción de la Santísima Virgen María
Primera Lectura: Génesis 3, 9-15. 20

Después de que el hombre y la mujer comieron del fruto del árbol prohibido, el Señor Dios llamó al hombre y le preguntó: "¿Dónde estás?" Éste le respondió: "Oí tus pasos en el jardín; tuve miedo, porque estoy desnudo, y me escondí". Entonces le dijo Dios: "¿Y quién te ha dicho que estabas desnudo? ¿Has comido acaso del árbol del que te prohibí comer?" Respondió Adán: "La mujer que me diste por compañera me ofreció del fruto del árbol y comí". El Señor Dios dijo a la mujer: "¿Por qué has hecho esto?" Repuso la mujer: "La serpiente me engañó y comí". Entonces dijo el Señor Dios a la serpiente: "Porque has hecho esto, serás maldita entre todos los animales y entre todas las bestias salvajes. Te arrastrarás sobre tu vientre y comerás polvo todos los días de tu vida. Pondré enemistad entre ti y la mujer, entre tu descendencia y la suya; y su descendencia te aplastará la cabeza, mientras tú tratarás de morder su talón". El hombre le puso a su mujer el nombre de "Eva", porque ella fue la madre de todos los vivientes.

Salmo Responsorial: Sal 97, 1. 2-3ab. 3bc-4

R. (1a) Cantemos al Señor un canto nuevo, pues ha hecho maravillas.

Cantemos al Señor un canto nuevo, pues ha hecho maravillas: Su diestra y su santo brazo le han dado la victoria. **R.**

El Señor ha dado a conocer su victoria y ha revelado a las naciones su justicia. Una vez más ha demostrado Dios su amor y su lealtad hacia Israel. **R.**

La tierra entera ha contemplado la victoria de nuestro Dios. Que todos los pueblos y naciones aclamen con júbilo al Señor. **R.**

Segunda Lectura: Efesios 1, 3-6. 11-12

Bendito sea Dios, Padre de nuestro Señor Jesucristo, que nos ha bendecido en él con toda clase de bienes espirituales y celestiales. Él nos eligió en Cristo, antes de crear el mundo, para que fuéramos santos e irreprochables a sus ojos, por el amor, y determinó, porque así lo quiso, que, por medio de Jesucristo, fuéramos sus hijos, para que alabemos y glorifiquemos la gracia con que nos ha favorecido por medio de su Hijo amado. Con Cristo somos herederos también nosotros. Para esto estábamos destinados, por decisión del que lo hace todo según su voluntad: para que fuéramos una alabanza continua de su gloria, nosotros, los que ya antes esperábamos en Cristo.

Aclamación antes del Evangelio: Lucas 1, 28
R. Aleluya, aleluya.

Dios te salve, María, Llena eres de gracia, el Señor es contigo. Bendita tú eres entre todas las mujeres. **R.**

Aclamación antes del Evangelio: Lucas 1, 26-38

En aquel tiempo, el ángel Gabriel fue enviado por Dios a una ciudad de Galilea, llamada Nazaret, a una virgen desposada con un varón de la estirpe de David, llamado José. La virgen se llamaba María. Entró el ángel a donde ella estaba y le dijo: "Alégrate, llena de gracia, el Señor está contigo". Al oír estas palabras, ella se preocupó mucho y se preguntaba qué querría decir semejante saludo. El ángel le dijo: "No temas, María, porque has hallado gracia ante Dios. Vas a concebir y a dar a luz un hijo y le pondrás por nombre Jesús. Él será grande y será llamado

Hijo del Altísimo; el Señor Dios le dará el trono de David, su padre, y él reinará sobre la casa de Jacob por los siglos y su reinado no tendrá fin". María le dijo entonces al ángel: "¿Cómo podrá ser esto, puesto que yo permanezco virgen?" El ángel le contestó: "El Espíritu Santo descenderá sobre ti y el poder del Altísimo te cubrirá con su sombra. Por eso, el Santo, que va a nacer de ti, será llamado Hijo de Dios. Ahí tienes a tu parienta Isabel, que a pesar de su vejez, ha concebido un hijo y ya va en el sexto mes la que llamaban estéril, porque no hay nada imposible para Dios". María contestó: "Yo soy la esclava del Señor; cúmplase en mí lo que me has dicho". Y el ángel se retiró de su presencia.

Martes 10 de diciembre de 2024
Martes de la segunda semana de Adviento
Primera Lectura: Isaías 40, 1-11

"Consuelen, consuelen a mi pueblo, dice nuestro Dios. Hablen al corazón de Jerusalén y díganle a gritos que ya terminó el tiempo de su servidumbre y que ya ha satisfecho por sus iniquidades, porque ya ha recibido de manos del Señor castigo doble por todos sus pecados". Una voz clama: "Preparen el camino del Señor en el desierto, construyan en el páramo una calzada para nuestro Dios. Que todo valle se eleve, que todo monte y colina se rebajen; que lo torcido se enderece y lo escabroso se allane. Entonces se revelará la gloria del Señor y todos los hombres la verán". Así ha hablado la boca del Señor. Una voz dice: "¡Griten!", y yo le respondo: "¿Qué debo gritar?" "Todo hombre es como la hierba y su grandeza es como flor del campo. Se seca la hierba y la flor se marchita, pero la palabra de nuestro Dios permanece para siempre". Sube a lo alto del monte, mensajero de buenas nuevas para Sión; alza con fuerza la voz, tú que anuncias noticias alegres a Jerusalén. Alza la voz y no temas; anuncia a los ciudadanos de Judá: "Aquí está su Dios. Aquí llega el Señor, lleno de poder, el que con su brazo lo domina todo. El premio de su victoria lo acompaña y sus trofeos lo anteceden. Como pastor apacentará a su rebaño; llevará en sus brazos a los corderitos recién nacidos y atenderá solícito a sus madres".

Salmo Responsorial: Salmo 95, 1-2. 3 y 10ac. 11-12. 13

R. (Isaías 40, 10ab) Ya viene el Señor a renovar el mundo.

Cantemos al Señor un nuevo canto; que el cante al Señor toda la tierra; cantemos al Señor y bendigámoslo, proclamemos su amor día tras día. **R.**

Su grandeza anunciemos a los pueblos; de nación en nación, sus maravillas. "Reina el Señor", digamos a los pueblos, gobierna a las naciones con justicia. **R.**

Alégrese los cielos y la tierra, retumbe el mar y el mundo submarino. Salten de gozo el campo y cuanto encierra, manifiesten los bosques regocijo. **R.**

Regocíjese todo ante el Señor, porque ya viene a gobernar el orbe. Justicia y rectitud serán las normas con las que rija a todas las naciones. **R.**

Aclamación antes del Evangelio

R. Aleluya, aleluya.

Ya está cerca el día del Señor. Ya viene el Señor a salvarnos. **R.**

Evangelio: Mateo 18, 12-14

En aquel tiempo, Jesús dijo a sus discípulos: "¿Qué les parece? Si un hombre tiene cien ovejas y se le pierde una, ¿acaso no deja las noventa y nueve en los montes, y se va a buscar a la que se le perdió? Y si llega a encontrarla, les aseguro que se alegrará más por ella que por las noventa y nueve que no se le perdieron. De igual modo, el Padre celestial no quiere que se pierda uno solo de estos pequeños".

Miércoles 11 de diciembre de 2024
Miércoles de la segunda semana de Adviento

Primera Lectura: Isaías 40, 25-31

"¿Con quién me van a comparar, que pueda igualarse a mí?", dice el Dios de Israel. Alcen los ojos a lo alto y díganme quién ha creado todos aquellos astros. Él es quien cuenta y despliega su ejército de estrellas y a cada una la llama por su nombre; tanta es su omnipotencia y tan grande su vigor, que ninguna de ellas desoye su llamado. ¿Por qué dices tú, Jacob, y lo repites tú, Israel: "Mi suerte se le oculta al Señor y mi causa no le preocupa a mi Dios"? ¿Es que no lo has oído? Desde siempre el Señor es Dios, creador aun de los últimos rincones de la tierra.

Él no se cansa ni se fatiga y su inteligencia es insondable. Él da vigor al fatigado y al que no tiene fuerzas, energía. Hasta los jóvenes se cansan y se rinden, los más valientes tropiezan y caen; pero aquellos que ponen su esperanza en el Señor, renuevan sus fuerzas; les nacen alas como de águila, corren y no se cansan, caminan y no se fatigan.

Salmo Responsorial: Salmo 102, 1-2. 3-4. 8 y 10
R. (1a) Bendice al Señor, alma mía.

Bendice al Señor, alma mía, que todo mi ser bendiga su santo nombre. Bendice al Señor, alma mía, y no olvides de sus beneficios. **R.**

El perdona todas tus culpas y cura todas tus enfermedades; él rescata tu vida del sepulcro, y te colma de amor y de ternura. **R.**

El Señor es compasivo y misericordioso, lento para enojarse y generoso para perdonar. No nos trata como merecen nuestras culpas, ni nos paga según nuestros pecados. **R.**

Aclamación antes del Evangelio: Isaías 40, 9. 10
R. Aleluya, aleluya.

Levanta tu voz para anunciar la buena nueva: ya viene el Señor, nuestro Dios, con todo su poder. **R.**

Evangelio: Mateo 11, 28-30

En aquel tiempo, Jesús dijo: "Vengan a mí, todos los que están fatigados y agobiados por la carga, y yo los aliviaré. Tomen mi yugo sobre ustedes y aprendan de mí, que soy manso y humilde de corazón, y encontrarán descanso, porque mi yugo es suave y mi carga, ligera".

Jueves 12 de diciembre de 2024
Fiesta de Nuestra Señora de Guadalupe
Primera Lectura: Zacarías 2, 14-17

"Canta de gozo y regocíjate, Jerusalén, pues vengo a vivir en medio de ti, dice el Señor. Muchas naciones se unirán al Señor en aquel día; ellas también serán mi pueblo y yo habitaré en medio de ti y sabrás que el Señor de los ejércitos me ha enviado a ti. El Señor tomará nuevamente a Judá como su propiedad personal en la tierra santa y Jerusalén volverá a ser la ciudad elegida". ¡Que todos guarden silencio ante el Señor, pues él se levanta ya de su santa morada!

O bien:

Apocalipsis 11, 19; 12, 1-6. 10

Se abrió el templo de Dios en el cielo y dentro de él se vio el arca de la alianza. Apareció entonces en el cielo una figura prodigiosa: una mujer envuelta por el sol, con la luna bajo sus pies y con una corona de doce estrellas en la cabeza. Estaba encinta y a punto de dar a luz y gemía con los dolores del parto. Pero apareció también en el cielo otra figura: un enorme dragón, color de fuego, con siete cabezas y diez cuernos, y una corona en cada una de sus siete cabezas. Con su cola barrió la tercera parte de las estrellas del cielo y las arrojó sobre la tierra. Después se detuvo delante de la mujer que iba a dar a luz, para devorar a su hijo, en cuanto éste naciera. La mujer dio a luz un hijo varón, destinado a gobernar todas las naciones con cetro de hierro; y su hijo fue llevado hasta Dios y hasta su trono. Y la mujer huyó al desierto, a un lugar preparado por Dios. Entonces oí en el cielo una voz poderosa, que decía: "Ha sonado la hora de la victoria de nuestro Dios, de su dominio y de su reinado, y del poder de su Mesías".

Salmo Responsorial: Judit 13, 18bcde. 19
R. (15, 9d) Tú eres la honra de nuestro pueblo.

Que el Altísimo te bendiga, más que a todas las mujeres de la tierra. Bendito sea el Señor, creador de cielo y la tierra. **R.**

Hoy el Señor te ha engrandecido tanto, que no dejarán de alabarte aquellos hombres que se acuerdan en la tierra del poder de Dios. **R.**

Aclamación antes del Evangelio
R. Aleluya, aleluya.

Dichosa tú, santísima Virgen María, y digna de toda alabanza, porque de ti nació el sol de justicia, Jesucristo, nuestro Dios. **R.**

Evangelio: Lucas 1, 26-38

En aquel tiempo, el ángel Gabriel fue enviado por Dios a una ciudad de Galilea, llamada Nazaret, a una virgen desposada con un varón de la estirpe de David, llamado José. La virgen se llamaba María. Entró el ángel a donde ella estaba y le dijo: "Alégrate, llena de gracia, el Señor está contigo". Al oír estas palabras, ella se preocupó mucho y se preguntaba qué querría decir semejante saludo. El ángel le dijo: "No temas, María, porque has hallado gracia ante Dios. Vas a concebir y a dar a luz un hijo y le pondrás por nombre Jesús. Él será grande y será llamado Hijo del Altísimo; el Señor Dios le dará el trono de David, su padre, y él reinará sobre la casa de Jacob por los siglos y su reinado no tendrá fin". María le dijo entonces al ángel: "¿Cómo podrá ser esto, puesto que yo permanezco virgen?" El ángel le contestó: "El Espíritu Santo descenderá sobre ti y el poder del Altísimo te cubrirá con su sombra. Por eso, el Santo, que va a nacer de ti, será llamado Hijo de Dios. Ahí tienes a tu parienta Isabel, que a pesar de su vejez, ha concebido un hijo y ya va en el sexto mes la que llamaban estéril, porque no hay nada imposible para Dios". María contestó: "Yo soy la esclava del Señor; cúmplase en mí lo que me has dicho". Y el ángel se retiró de su presencia.

O bien:

Lucas 1, 39-48

En aquellos días, María se encaminó presurosa a un pueblo de las montañas de Judea, y entrando en la casa de Zacarías, saludó a Isabel. En cuanto ésta oyó el saludo de María, la creatura saltó en su seno. Entonces Isabel quedó llena del Espíritu Santo, y levantando la voz, exclamó: "¡Bendita tú entre las mujeres y bendito el fruto de tu vientre! ¿Quién soy yo, para que la Madre de mi Señor venga a verme? Apenas llegó tu saludo a mis oídos, el niño saltó de gozo en mi seno. Dichosa tú, que has creído, porque se cumplirá cuanto te fue anunciado de parte del Señor". Entonces dijo María: "Mi alma glorifica al Señor y mi espíritu se llena de júbilo en Dios, mi Salvador, porque puso sus ojos en la humildad de su esclava".

Memoria de Santa Lucia, virgen y mártir

Primera Lectura: Isaías 48, 17-19

Esto dice el Señor, tu redentor, el Dios de Israel: "Yo soy el Señor, tu Dios, el que te instruye en lo que es provechoso, el que te guía por el camino que debes seguir. ¡Ojalá hubieras obedecido mis mandatos! Sería tu paz como un río y tu justicia, como las olas del mar. Tu descendencia sería como la arena y como granos de arena, los frutos de tus entrañas. Nunca tu nombre hubiera sido borrado ni arrancado de mi presencia".

Salmo Responsorial: Salmo 1, 1-2. 3. 4 y 6

R. Dichoso el hombre que confía en el Señor.

Dichoso aquel que no se sigue por mundanos criterios, que no anda en malos pasos ni se burla del bueno, que ama la ley de Dios y se goza en cumplir sus mandamientos. **R.**

Es como un árbol plantado junto al río, que da fruto a su tiempo y nunca se marchita. en todo tendrá éxito. **R.**

En cambio los malvados serán como la paja barrida por el viento. Porque el Señor protege el camino delo justo y al malo sus caminos acaban por perderlo. **R.**

Aclamación antes del Evangelio

R. Aleluya, aleluya.

Ya viene el Señor, salgamos a su encuentro; él es el príncipe de la paz. **R.**

Evangelio: Mateo 11, 16-19

En aquel tiempo, Jesús dijo: "¿Con qué podré comparar a esta gente? Es semejante a los niños que se sientan en las plazas y se vuelven a sus compañeros para gritarles: 'Tocamos la flauta y no han bailado; cantamos canciones tristes y no han llorado'. Porque vino Juan, que ni comía ni bebía, y dijeron: 'Tiene un demonio'. Viene el Hijo del hombre, y dicen: 'Ése es un glotón y un borracho, amigo de publicanos y gente de mal vivir'. Pero la sabiduría de Dios se justifica a sí misma por sus obras".

Memoria de San Juan de la Cruz, presbítero y doctor de la Iglesia
Primera Lectura: Eclesiástico (Sirácide) 48, 1-4. 9-11

En aquel tiempo, surgió Elías, un profeta de fuego; su palabra quemaba como una llama. Él hizo caer sobre los israelitas el hambre y con celo los diezmó. En el nombre del Señor cerró las compuertas del cielo e hizo que descendiera tres veces fuego de lo alto. ¡Qué glorioso eres, Elías, por tus prodigios! ¿Quién puede jactarse de ser igual a ti? En un torbellino de llamas fuiste arrebatado al cielo, sobre un carro tirado por caballos de fuego. Escrito está de ti que volverás, cargado de amenazas, en el tiempo señalado, para aplacar la cólera antes de que estalle, para hacer que el corazón de los padres se vuelva hacia los hijos y congregar a las tribus de Israel. Dichosos los que te vieron y murieron gozando de tu amistad; pero más dichosos los que estén vivos cuando vuelvas.

Salmo Responsorial: Salmo 79, 2ac. 3b. 15-16. 18-19
R. (4) Ven, Señor, a salvarnos.

Escúchanos, pastor de Israel; tú que estás rodeado de querubines, manifiéstate, despierta tu poder y ven a salvarnos. **R.**

Señor, Dios de los ejércitos, vuelve tus ojos, mira tu viña y visítala: protege la cepa plantada por tu mano, el renuevo que tú mismo cultivaste. **R.**

Que tu diestra defienda a; que elegiste, al hombre que has fortalecido. Ya no nos alejaremos de ti: consérvanos la vida y alabarcmos tu poder. **R.**

Aclamación antes del Evangelio: Lucas 3, 4. 6
R. Aleluya, aleluya.

Preparen el camino del Señor, hagan rectos sus senderos, y todos los hombres verán al Salvador. **R.**

Evangelio: Mateo 17, 10-13

En aquel tiempo, los discípulos le preguntaron a Jesús: "¿Por qué dicen los escribas que primero tiene que venir Elías?" Él les respondió: "Ciertamente Elías ha de venir y lo pondrá todo en orden. Es más, yo les aseguro a ustedes que Elías ha venido ya, pero no lo reconocieron e hicieron con él cuanto les vino en gana. Del mismo modo, el Hijo del hombre va a padecer a manos de ellos". Entonces entendieron los discípulos que les hablaba de Juan el Bautista.

Domingo 15 de diciembre de 2024
III Domingo de Adviento

Primera Lectura: Sofonías 3, 14-18

Canta, hija de Sión, da gritos de júbilo, Israel, gózate y regocíjate de todo corazón, Jerusalén. El Señor ha levantado su sentencia contra ti, ha expulsado a todos tus enemigos. El Señor será el rey de Israel en medio de ti y ya no temerás ningún mal. Aquel día dirán a Jerusalén: "No temas, Sión, que no desfallezcan tus manos. El Señor, tu Dios, tu poderoso salvador, está en medio de ti. Él se goza y se complace en ti; él te ama y se llenará de júbilo por tu causa, como en los días de fiesta".

Salmo Responsorial: Isaías 12, 2-3. 4bcd. 5-6
R. (6) El Señor es mi Dios y salvador.

El Señor es mi Dios y salvador, con él estoy seguro y nada temo. El Señor es mi protección y mi fuerza y ha sido mi salvación. Sacarán agua con gozo de la fuente de salvación. **R.**

Den gracias al Señor, invoquen su nombre, cuenten a los pueblos sus hazañas, proclamen que su nombre es sublime. **R.**

Alaben al Señor por sus proezas, anúncienlas a toda la tierra. Griten jubilosos, habitantes de Sión, porque Dios de Israel ha sido grande con ustedes. **R.**

Segunda Lectura: Filipenses 4, 4-7

Hermanos míos: Alégrense siempre en el Señor; se lo repito: ¡alégrense! Que la benevolencia de ustedes sea conocida por todos. El Señor está cerca. No se inquieten por nada; más bien presenten en toda ocasión sus peticiones a Dios en la oración y la súplica, llenos de gratitud. Y que la paz de Dios, que sobrepasa toda inteligencia, custodie sus corazones y sus pensamientos en Cristo Jesús.

Aclamación antes del Evangelio: Isaías 61, 1
R. Aleluya, aleluya.
El Espíritu del Señor está sobre mí. Me ha enviado para anunciar la buena nueva a los pobres. **R.**

Evangelio: Lucas 3, 10-18
En aquel tiempo, la gente le preguntaba a Juan el Bautista: "¿Qué debemos hacer?" Él contestó: "Quien tenga dos túnicas, que dé una al que no tiene ninguna, y quien tenga comida, que haga lo mismo". También acudían a él los publicanos para que los bautizara, y le preguntaban: "Maestro, ¿qué tenemos que hacer nosotros?" Él les decía: "No cobren más de lo establecido". Unos soldados le preguntaron: "Y nosotros, ¿qué tenemos que hacer?" Él les dijo: "No extorsionen a nadie, ni denuncien a nadie falsamente, sino conténtense con su salario". Como el pueblo estaba en expectación y todos pensaban que quizá Juan era el Mesías, Juan los sacó de dudas, diciéndoles: "Es cierto que yo bautizo con agua, pero ya viene otro más poderoso que yo, a quien no merezco desatarle las correas de sus sandalias. Él los bautizará con el Espíritu Santo y con fuego. Él tiene el bieldo en la mano para separar el trigo de la paja; guardará el trigo en su granero y quemará la paja en un fuego que no se extingue". Con éstas y otras muchas exhortaciones anunciaba al pueblo la buena nueva.

Lunes 16 de diciembre de 2024
Lunes de la tercera semana de Adviento
Primera Lectura: Números 24, 2-7. 15-17
En aquellos días, Balaam levantó los ojos y divisó a Israel acampado por tribus. Entonces el espíritu del Señor vino sobre él y pronunció este oráculo: "Oráculo de Balaam, hijo de Beor, palabra del varón de ojos penetrantes; oráculo del que escucha la palabra de Dios y contempla en éxtasis, con los ojos abiertos, la visión del todopoderoso. Qué bellas son tus tiendas, Jacob, y tus moradas, Israel. Son

como extensos valles, como jardines junto al río, como áloes que plantó el Señor, como cedros junto a la corriente. De su descendencia nace un héroe que domina sobre pueblos numerosos". Y de nuevo dijo: "Oráculo de Balaam, hijo de Beor, palabra del varón de ojos penetrantes, oráculo del que escucha la palabra de Dios y conoce la ciencia del Altísimo y contempla en éxtasis, con los ojos abiertos la visión del todopoderoso. Yo lo veo, pero no en el presente; yo lo contemplo, pero no cercano: de Jacob se levanta una estrella y un cetro surge de Israel".

Salmo Responsorial: Salmo 24, 4bc-5ab. 6-7bc. 8-9
R. (4b) Descúbrenos, Señor, tus caminos.
Descúbrenos, Señor, tus caminos, guíanos con la verdad de tu doctrina. Tú eres nuestro Dios y salvado y tenemos en ti nuestra esperanza. **R.**
Acuérdate, Señor, que son eternos tu amor y tu ternura. Según ese amor y esa ternura, acuérdate de nosotros. **R.**
Porque el Señor es recto y bondadoso, indica a los pecadores el sendero, guía por la senda recta a los humildes y descubre a los pobres sus caminos. **R.**

Aclamación antes del Evangelio
R. Aleluya, aleluya.
Muéstranos, Señor, tu misericordia y danos tu salvación. **R.**

Evangelio: Mateo 21, 23-27
En aquellos días, mientras Jesús enseñaba en el templo, se le acercaron los sumos sacerdotes y los ancianos del pueblo y le preguntaron: "¿Con qué derecho haces todas estas cosas? ¿Quién te ha dado semejante autoridad?" Jesús les respondió: "Yo también les voy a hacer una pregunta, y si me la responden, les diré con qué autoridad hago lo que hago: ¿De dónde venía el bautismo de Juan, del cielo o de la tierra?" Ellos pensaron para sus adentros: "Si decimos que del cielo, él nos va a decir: 'Entonces, ¿por qué no le creyeron?' Si decimos que de los hombres, se nos va a echar encima el pueblo, porque todos tienen a Juan por un profeta". Entonces respondieron: "No lo sabemos". Jesús les replicó: "Pues tampoco yo les digo con qué autoridad hago lo que hago".

Martes de la tercera semana de Adviento

Primera Lectura: Génesis 49, 2. 8-10

En aquellos días, Jacob llamó a sus hijos y les habló así: "Acérquense y escúchenme, hijos de Jacob; escuchen a su padre, Israel. A ti, Judá, te alabarán tus hermanos; pondrás la mano sobre la cabeza de tus enemigos; se postrarán ante ti los hijos de tu padre. Cachorro de león eres, Judá: has vuelto de matar la presa, hijo mío, y te has echado a reposar, como un león. ¿Quién se atreverá a provocarte? No se apartará de Judá el cetro, ni de sus descendientes, el bastón de mando, hasta que venga aquel a quien pertenece y a quien los pueblos le deben obediencia".

Salmo Responsorial: Salmo 71, 2. 3-4ab. 7-8. 17

R. (7) Ven, Señor, rey de justicia y de paz.

Comunica, Señor, al rey tu juicio y tu justicia, al que es hijo de reyes; así tu siervo saldrá en defensa de tus pobres y regirá a tu pueblo justamente. **R.**

Justicia y paz ofrecerán al pueblo las colinas y los montes. El rey hará justicia al oprimido y salvará a los hijos de los pobres. **R.**

Florecerá en sus días la justicia y reinará la paz, era tras era. De mar a mar se extenderá su reino y de un extremo al otro de la tierra. **R.**

Que bendigan al Señor eternamente y tanto como el sol, viva su nombre. Que sea la bendición del mundo entero y lo aclamen dichoso las naciones. **R.**

Aclamación antes del Evangelio

R. Aleluya, aleluya.

Sabiduría del Altísimo, que dispones todas las cosas con fortaleza y con suavidad, ven a enseñarnos el camino de la vida. **R.**

Evangelio: Mateo 1, 1-17

Genealogía de Jesucristo, hijo de David, hijo de Abraham: Abraham engendró a Isaac, Isaac a Jacob, Jacob a Judá y a sus hermanos; Judá engendró de Tamar a

Fares y a Zará; Fares a Esrom, Esrom a Aram, Aram a Aminadab, Aminadab a Naasón, Naasón a Salmón, Salmón engendró de Rajab a Booz; Booz engendró de Rut a Obed, Obed a Jesé, y Jesé al rey David. David engendró de la mujer de Urías a Salomón, Salomón a Roboam, Roboam a Abiá, Abiá a Asaf, Asaf a Josafat, Josafat a Joram, Joram a Ozías, Ozías a Joatam, Joatam a Acaz, Acaz a Ezequías, Ezequías a Manasés, Manasés a Amón, Amón a Josías, Josías engendró a Jeconías y a sus hermanos durante el destierro en Babilonia. Después del destierro en Babilonia, Jeconías engendró a Salatiel, Salatiel a Zorobabel, Zorobabel a Abiud, Abiud a Eliaquim, Eliaquim a Azor, Azor a Sadoc, Sadoc a Aquim, Aquim a Eliud, Eliud a Eleazar, Eleazar a Matán, Matán a Jacob, y Jacob engendró a José, el esposo de María, de la cual nació Jesús, llamado Cristo. De modo que el total de generaciones, desde Abraham hasta David, es de catorce; desde David hasta la deportación a Babilonia, es de catorce, y desde la deportación a Babilonia hasta Cristo, es de catorce.

Miércoles 18 de diciembre de 2024
Miércoles de la tercera semana de Adviento
Primera Lectura: Jeremías 23, 5-8

"Miren: Viene un tiempo, dice el Señor, en que haré surgir un renuevo en el tronco de David: será un rey justo y prudente y hará que en la tierra se observen la ley y la justicia. En sus días será puesto a salvo Judá, Israel habitará confiadamente y a él lo llamarán con este nombre: 'El Señor es nuestra justicia'. Por eso, miren que vienen tiempos, oráculo del Señor, en los que no se dirá: 'Bendito sea el Señor, que sacó a los israelitas de Egipto', sino que se dirá: 'Bendito sea el Señor, que sacó a los hijos de Israel del país del norte y de los demás países donde los había dispersado, y los trajo para que habitaran de nuevo su propia tierra' ".

Salmo Responsorial: Salmo 71, 2. 7-8. 12-13. 17
R. (7) Ven, Señor, rey de justicia y de paz.

Comunica, Señor, al rey tu juicio y tu justicia, al que es hijo de reyes; así tu siervo saldrá en defensa de tus pobres y regirá a tu pueblo justamente. **R.**

Al débil librará del poderoso y ayudará al que se encuentra sin amparo; se apiadará del desvalido y pobre y salvará la vida al desdichado. **R.**

Bendito sea el Señor, Dios de Israel, el único que hace grandes cosas. Que su nombre glorioso sea bendito y la tierra se llene de su gloria. **R.**

Aclamación antes del Evangelio

R. Aleluya, aleluya.

Señor nuestro, que guiaste a tu pueblo por el desierto y le diste la ley a Moisés en el Sinaí, ven a redimirnos con tu poder. **R.**

Evangelio: Mateo 1, 18-24

Cristo vino al mundo de la siguiente manera: Estando María, su madre, desposada con José, y antes de que vivieran juntos, sucedió que ella, por obra del Espíritu Santo, estaba esperando un hijo. José, su esposo, que era hombre justo, no queriendo ponerla en evidencia, pensó dejarla en secreto. Mientras pensaba en estas cosas, un ángel del Señor le dijo en sueños: "José, hijo de David, no dudes en recibir en tu casa a María, tu esposa, porque ella ha concebido por obra del Espíritu Santo. Dará a luz un hijo y tú le pondrás el nombre de Jesús, porque él salvará a su pueblo de sus pecados". Todo esto sucedió para que se cumpliera lo que había dicho el Señor por boca del profeta Isaías: *He aquí que la virgen concebirá y dará a luz un hijo, a quien pondrán el nombre de Emmanuel, que quiere decir Dios-con-nosotros.* Cuando José despertó de aquel sueño, hizo lo que le había mandado el ángel del Señor y recibió a su esposa.

Jueves 19 de diciembre de 2024

Jueves de la tercera semana de Adviento

Primera Lectura: Jueces 13, 2-7. 24-25

En aquellos días, había en Sorá un hombre de la tribu de Dan, llamado Manoa. Su mujer era estéril y no había tenido hijos. A esa mujer se le apareció un ángel del Señor y le dijo: "Eres estéril y no has tenido hijos; pero de hoy en adelante, no bebas vino, ni bebida fermentada, ni comas nada impuro, porque vas a concebir y a dar a luz un hijo. No dejes que la navaja toque su cabello, porque el niño estará consagrado a Dios desde el seno de su madre y él comenzará a salvar a Israel de manos de los filisteos". La mujer fue a contarle a su marido: "Un hombre de Dios ha venido a visitarme. Su aspecto era como el del ángel de Dios, terrible en extremo. Yo no le pregunté de dónde venía y él no me manifestó su nombre, pero me dijo: 'Vas a concebir y a dar a luz un hijo. De ahora en adelante, no bebas vino ni bebida fermentada, no comas nada impuro, porque el niño estará consagrado a Dios desde el seno de su madre hasta su muerte' ". La mujer dio a luz un hijo y lo llamó Sansón. El niño creció y el Señor lo bendijo y el espíritu del Señor empezó a manifestarse en él.

Salmo Responsorial: Salmo 70, 3-4a. 5-6ab. 16-17
R. (8a) Que mi boca, Señor, no deje de alabarte.
Señor, sé para mí un refugio, ciudad fortificada en que me salves. Y pues eres mi auxilio y mi defensa, líbrame, Señor, de los malvados. **R.**
Señor, tú eres mi esperanza; desde mi juventud en ti confío. Desde que estaba en el seno de mi madre, yo me apoyaba en ti y tú me sostenías. **R.**
Tus hazañas, Señor, alabaré, diré a todos que sólo tú eres justo. Me enseñaste a alabarte desde niño y seguir alabándote es mi orgullo. **R.**

Aclamación antes del Evangelio
R. Aleluya, aleluya.
Retoño de Jesé, que brotaste como señal para los pueblos, ven a librarnos y no te tardes. **R.**

Evangelio: Lucas 1, 5-25
Hubo en tiempo de Herodes, rey de Judea, un sacerdote llamado Zacarías, del grupo de Abías, casado con una descendiente de Aarón, llamada Isabel. Ambos eran justos a los ojos de Dios, pues vivían irreprochablemente, cumpliendo los mandamientos y disposiciones del Señor. Pero no tenían hijos, porque Isabel era estéril y los dos, de avanzada edad. Un día en que le correspondía a su grupo desempeñar ante Dios los oficios sacerdotales, le tocó a Zacarías, según la costumbre de los sacerdotes, entrar al santuario del Señor para ofrecer el

incienso, mientras todo el pueblo estaba afuera, en oración, a la hora de la incensación. Se le apareció entonces un ángel del Señor, de pie, a la derecha del altar del incienso. Al verlo, Zacarías se sobresaltó y un gran temor se apoderó de él. Pero el ángel le dijo: "No temas, Zacarías, porque tu súplica ha sido escuchada. Isabel, tu mujer, te dará un hijo, a quien le pondrás el nombre de Juan. Tú te llenarás de alegría y regocijo, y otros muchos se alegrarán también de su nacimiento, pues él será grande a los ojos del Señor; no beberá vino ni licor y estará lleno del Espíritu Santo, ya desde el seno de su madre. Convertirá a muchos israelitas al Señor; irá delante del Señor con el espíritu y el poder de Elías, para convertir los corazones de los padres hacia sus hijos, dar a los rebeldes la cordura de los justos y prepararle así al Señor un pueblo dispuesto a recibirlo". Pero Zacarías replicó: "¿Cómo podré estar seguro de esto? Porque yo ya soy viejo y mi mujer también es de edad avanzada". El ángel le contestó: "Yo soy Gabriel, el que asiste delante de Dios. He sido enviado para hablar contigo y darte esta buena noticia. Ahora tú quedarás mudo y no podrás hablar hasta el día en que todo esto suceda, por no haber creído en mis palabras, que se cumplirán a su debido tiempo". Mientras tanto, el pueblo estaba aguardando a Zacarías y se extrañaba de que tardara tanto en el santuario. Al salir no pudo hablar y en esto conocieron que había tenido una visión en el santuario. Entonces trató de hacerse entender por señas y permaneció mudo. Al terminar los días de su ministerio, volvió a su casa. Poco después concibió Isabel, su mujer, y durante cinco meses no se dejó ver, pues decía: "Esto es obra del Señor. Por fin se dignó quitar el oprobio que pesaba sobre mí".

Viernes 20 de diciembre de 2024
Viernes de la tercera semana de Adviento
Primera Lectura: Isaías 7, 10-14

En aquellos tiempos, el Señor le habló a Ajaz diciendo: "Pide al Señor, tu Dios, una señal de abajo, en lo profundo o de arriba, en lo alto". Contestó Ajaz: "No la pediré. No tentaré al Señor". Entonces dijo Isaías: "Oye, pues, casa de David: ¿No satisfechos con cansar a los hombres, quieren cansar también a mi Dios? Pues bien, el Señor mismo les dará por eso una señal: He aquí que la virgen concebirá y dará a luz un hijo y le pondrán el nombre de Emmanuel, que quiere decir Dios-con-nosotros".

Salmo Responsorial: Salmo 23, 1-2. 3-4ab. 5-6
R. (7c y 10b) Ya llega el Señor, el rey de la gloria.

Del Señor es la tierra y lo que ella tiene, el orbe todo y los que en él habitan, pues él lo edificó sobre los mares, él fue quien lo asentó sobre los ríos. **R.**

¿Quién subirá hasta el monte del Señor? ¿Quién podrá entrar en su recinto santo? El de corazón limpio y manos puras y que no jura en falso. **R.**

Ese obtendrá la bendición de Dios. Y Dios, su salvador, le hará justicia. Ésta es la clase de hombres que te buscan y vienen ante ti, Dios de Jacob. **R.**

Aclamación antes del Evangelio
R. Aleluya, aleluya.

Llave de David, que abres las puertas del Reino eterno, ven a librar a los que yacen oprimidos por las tinieblas del mal. **R.**

Evangelio: Lucas 1, 26-38
En aquel tiempo, el ángel Gabriel fue enviado por Dios a una ciudad de Galilea, llamada Nazaret, a una virgen desposada con un varón de la estirpe de David, llamado José. La virgen se llamaba María. Entró el ángel a donde ella estaba y le dijo: "Alégrate, llena de gracia, el Señor está contigo". Al oír estas palabras, ella se preocupó mucho y se preguntaba qué querría decir semejante saludo. El ángel le dijo: "No temas, María, porque has hallado gracia ante Dios. Vas a concebir y a dar a luz un hijo y le pondrás por nombre Jesús. Él será grande y será llamado Hijo del Altísimo; el Señor Dios le dará el trono de David, su padre, y él reinará sobre la casa de Jacob por los siglos y su reinado no tendrá fin". María le dijo entonces al ángel: "¿Cómo podrá ser esto, puesto que yo permanezco virgen?" El ángel le contestó: "El Espíritu Santo descenderá sobre ti y el poder del Altísimo te cubrirá con su sombra. Por eso, el Santo, que va a nacer de ti, será llamado Hijo de Dios. Ahí tienes a tu parienta Isabel, que a pesar de su vejez, ha concebido un hijo y ya va en el sexto mes la que llamaban estéril, porque no hay nada imposible

para Dios". María contestó: "Yo soy la esclava del Señor; cúmplase en mí lo que me has dicho". Y el ángel se retiró de su presencia.

Sábado 21 de diciembre de 2024
Sábado de la tercera semana de Adviento
Primera Lectura: Cantares 2, 8-14

Aquí viene mi amado saltando por los montes, retozando por las colinas. Mi amado es como una gacela, es como un venadito, que se detiene detrás de nuestra tapia, espía por las ventanas y mira a través del enrejado. Mi amado me habla así: "Levántate, amada mía, hermosa mía, y ven. Mira que el invierno ya pasó; han terminado las lluvias y se han ido. La flores brotan ya sobre la tierra; ha llegado la estación de los cantos; el arrullo de las tórtolas se escucha en el campo; ya apuntan los frutos en la higuera y las viñas en flor exhalan su fragancia. Levántate, amada mía, hermosa mía, y ven. Paloma mía, que anidas en las hendiduras de las rocas, en las grietas de las peñas escarpadas, déjame ver tu rostro y hazme oír tu voz, porque tu voz es dulce y tu rostro encantador".

O bien:

Sofonías 3, 14-18

Canta, hija de Sión, da gritos de júbilo, Israel, gózate y regocíjate de todo corazón, Jerusalén. El Señor ha levantado su sentencia contra ti, ha expulsado a todos tus enemigos. El Señor será el rey de Israel en medio de ti y ya no temerás ningún mal. Aquel día dirán a Jerusalén: "No temas, Sión, que no desfallezcan tus manos. El Señor, tu Dios, tu poderoso salvador, está en medio de ti. Él se goza y se complace en ti; él te ama y se llenará de júbilo por tu causa, como en los días de fiesta".

Salmo Responsorial: Salmo 32, 2-3. 11-12. 20-21
R. Demos gracias a Dios, al son del arpa.

Demos gracias a Dios, al son del arpa, que la lira acompañe nuestros cantos; cantemos en su honor nuevos cantares, al compás de instrumentos alabémoslo.

R.

Los proyectos de Dios duran por siempre; los planes de su amor, todos los siglos. Feliz la nación cuyo Dios es el Señor; dichoso el pueblo que escogió por suyo. **R.** En el Señor está nuestra esperanza, pues él es nuestra ayuda y muestro amparo; en el Señor se alegra el corazón y en él hemos confiado. **R.**

Aclamación antes del Evangelio
R. Aleluya, aleluya.

Emmanuel, rey y legislador nuestro, ven, Señor, a salvarnos.. **R.**

Evangelio: Lucas 1, 39-45

En aquellos días, María se encaminó presurosa a un pueblo de las montañas de Judea y, entrando en la casa de Zacarías, saludó a Isabel. En cuanto ésta oyó el saludo de María, la creatura saltó en su seno. Entonces Isabel quedó llena del Espíritu Santo y, levantando la voz, exclamó: "¡Bendita tú entre las mujeres y bendito el fruto de tu vientre! ¿Quién soy yo, para que la madre de mi Señor venga a verme? Apenas llegó tu saludo a mis oídos, el niño saltó de gozo en mi seno. Dichosa tú, que has creído, porque se cumplirá cuanto te fue anunciado de parte del Señor".

Domingo 22 de diciembre de 2024
IV Domingo de Adviento

Primera Lectura: Miqueas 5, 1-4a

Esto dice el Señor: "De ti, Belén de Efrata, pequeña entre las aldeas de Judá, de ti saldrá el jefe de Israel, cuyos orígenes se remontan a tiempos pasados, a los días más antiguos. Por eso, el Señor abandonará a Israel, mientras no dé a luz la que ha de dar a luz. Entonces el resto de sus hermanos se unirá a los hijos de Israel. Él se levantará para pastorear a su pueblo con la fuerza y la majestad del Señor, su Dios. Ellos habitarán tranquilos, porque la grandeza del que ha de nacer llenará la tierra y él mismo será la paz".

Salmo Responsorial: Salmo 79, 2ac y 3b. 15-16. 18-19

R. (4) Señor, muéstranos tu favor y sálvanos.

Escúchanos, pastor de Israel; tú que estás rodeado de querubines, manifiéstate; despierta tu poder y ven a salvarnos. **R.**

Señor, Dios de los ejércitos, vuelve tus ojos, mira tu viña y visítala; protege la cepa plantada por tu mano, el renuevo que tú mismo cultivaste. **R.**

Que tu diestra defienda al que elegiste, al hombre que has fortalecido. Ya no nos alejaremos de ti; consérvanos la vida y alabaremos tu poder. **R.**

Segunda Lectura: Hebreos 10, 5-10

Hermanos: Al entrar al mundo, Cristo dijo, conforme al salmo: No quisiste víctimas ni ofrendas; en cambio, me has dado un cuerpo. No te agradaron los holocaustos ni los sacrificios por el pecado; entonces dije —porque a mí se refiere la Escritura—: "Aquí estoy, Dios mío; vengo para hacer tu voluntad". Comienza por decir: "No quisiste víctimas ni ofrendas, no te agradaron los holocaustos ni los sacrificios por el pecado —siendo así que eso es lo que pedía la ley—; y luego añade: "Aquí estoy, Dios mío; vengo para hacer tu voluntad". Con esto, Cristo suprime los antiguos sacrificios, para establecer el nuevo. Y en virtud de esta voluntad, todos quedamos santificados por la ofrenda del cuerpo de Jesucristo, hecha una vez por todas.

Aclamación antes del Evangelio: Lucas 1, 38
R. Aleluya, aleluya.

Yo soy la esclava del Señor; cúmplase en mí lo que me has dicho. **R.**

Evangelio: Lucas 1, 39-45

En aquellos días, María se encaminó presurosa a un pueblo de las montañas de Judea y, entrando en la casa de Zacarías, saludó a Isabel. En cuanto ésta oyó el saludo de María, la creatura saltó en su seno. Entonces Isabel quedó llena del Espíritu Santo y, levantando la voz, exclamó: "¡Bendita tú entre las mujeres y bendito el fruto de tu vientre! ¿Quién soy yo, para que la madre de mi Señor venga a verme? Apenas llegó tu saludo a mis oídos, el niño saltó de gozo en mi seno. Dichosa tú, que has creído, porque se cumplirá cuanto te fue anunciado de parte del Señor".

Lunes 23 de diciembre de 2024

Lunes de la cuarta semana de Adviento

Primera Lectura: Malaquías 3, 1-4. 23-24

Esto dice el Señor: "He aquí que yo envío a mi mensajero. Él preparará el camino delante de mí. De improviso entrará en el santuario el Señor, a quien ustedes buscan, el mensajero de la alianza a quien ustedes desean. Miren: Ya va entrando, dice el Señor de los ejércitos. ¿Quién podrá soportar el día de su venida? ¿Quién quedará en pie cuando aparezca? Será como fuego de fundición, como la lejía de los lavanderos. Se sentará como un fundidor que refina la plata; como a la plata y al oro, refinará a los hijos de Leví y así podrán ellos ofrecer, como es debido, las ofrendas al Señor. Entonces agradará al Señor la ofrenda de Judá y de Jerusalén, como en los días pasados, como en los años antiguos. He aquí que yo les enviaré al profeta Elías, antes de que llegue el día del Señor, día grande y terrible. Él reconciliará a los padres con los hijos y a los hijos con los padres, para que no tenga yo que venir a destruir la tierra".

Salmo Responsorial: Salmo 24, 4bc-5ab. 8-9. 10 y 14

R. (Lucas 21, 28) Descúbrenos, Señor, al Salvador.

Descúbrenos, Señor, tus caminos, guíanos con la verdad de tu doctrina. Tú eres nuestro Dios y salvador y tenemos en ti nuestra esperanza. **R.**

Porque el Señor es recto y bondadoso, indica a los pecadores el sendero, guía por la senda recta a los humildes y descubre a los pobres sus caminos. **R.**

Con quien guarda su alianza y sus mandatos el Señor es leal y bondadoso. El Señor se descubre a quien lo teme y le enseña el sentido de su alianza. **R.**

Aclamación antes del Evangelio

R. Aleluya, aleluya.

Rey de las naciones y piedra angular de la Iglesia, ven a salvar al hombre, que modelaste del barro. **R.**

Evangelio: Lucas 1, 57-66

Por aquellos días, le llegó a Isabel la hora de dar a luz y tuvo un hijo. Cuando sus vecinos y parientes se enteraron de que el Señor le había manifestado tan grande misericordia, se regocijaron con ella. A los ocho días fueron a circuncidar al niño y le querían poner Zacarías, como su padre; pero la madre se opuso, diciéndoles: "No. Su nombre será Juan". Ellos le decían: "Pero si ninguno de tus parientes se llama así". Entonces le preguntaron por señas al padre cómo quería que se llamara el niño. Él pidió una tablilla y escribió: "Juan es su nombre". Todos se quedaron extrañados. En ese momento a Zacarías se le soltó la lengua, recobró el habla y empezó a bendecir a Dios. Un sentimiento de temor se apoderó de los vecinos, y en toda la región montañosa de Judea se comentaba este suceso. Cuantos se enteraban de ello se preguntaban impresionados: "¿Qué va a ser de este niño?" Esto lo decían, porque realmente la mano de Dios estaba con él.

Martes 24 de diciembre de 2024
Martes de la cuarta semana de Adviento
En la Misa matutina
Primera Lectura: 2 Samuel 7, 1-5. 8-12. 14. 16

Tan pronto como el rey David se instaló en su palacio y el Señor le concedió descansar de todos los enemigos que lo rodeaban, el rey dijo al profeta Natán: "¿Te has dado cuenta de que yo vivo en una mansión de cedro, mientras el arca de Dios sigue alojada en una tienda de campaña?" Natán le respondió: "Anda y haz todo lo que te dicte el corazón, porque el Señor está contigo". Aquella misma noche habló el Señor a Natán y le dijo: "Ve y dile a mi siervo David que el Señor le manda decir esto: '¿Piensas que vas a ser tú el que me construya una casa, para que yo habite en ella? Yo te saqué de los apriscos y de andar tras las ovejas, para que fueras el jefe de mi pueblo, Israel. Yo estaré contigo en todo lo que emprendas, acabaré con tus enemigos y te haré tan famoso como los hombres más famosos de la tierra. Le asignaré un lugar a mi pueblo, Israel; lo plantaré allí para que habite en su propia tierra. Vivirá tranquilo y sus enemigos ya no lo oprimirán más, como lo han venido haciendo desde los tiempos en que establecí jueces para gobernar a mi pueblo, Israel. Y a ti, David, te haré descansar de todos tus enemigos. Además, yo, el Señor, te hago saber que te daré una dinastía; y cuando tus días se hayan cumplido y descanses para siempre con tus padres, engrandeceré a tu hijo, sangre de tu sangre, y consolidaré su reino. Yo seré para él un padre y él será para mí un hijo. Tu casa y tu reino permanecerán para siempre ante mí, y tu trono será estable eternamente'".

Salmo Responsorial: Salmo 88, 2-3. 4-5. 27 y 29
R. (2a) Proclamaré sin cesar la misericordia del Señor.

Proclamaré sin cesar la misericordia del Señor y daré a conocer que su fidelidad es eterna, pues el Señor ha dicho: "Mi amor es para siempre y mi lealtad, más firme que los cielos. **R.**

Un juramento hice a David, mi servidor, una alianza pacté con mi elegido: 'Consolidaré tu dinastía para siempre y afianzaré tu trono eternamente.' **R.**

El me podrá decir: 'Tú eres mi padre, el Dios que me protege y que me salva'. Yo jamás le retiraré mi amor, ni violaré el juramento que le hice". **R.**

Aclamación antes del Evangelio
R. Aleluya, aleluya.

Sol refulgente de justicia y esplendor de la luz eterna, ven a iluminar a los que yacen en las tinieblas y en las sombras de la muerte. **R.**

Evangelio: Lucas 1, 67-79

En aquel tiempo, Zacarías, padre de Juan, lleno del Espíritu Santo, profetizó diciendo: *"Bendito sea el Señor, Dios de Israel*, porque ha visitado y redimido a su pueblo, y ha hecho surgir en favor nuestro un poderoso salvador en la casa de David, su siervo. Así lo había anunciado desde antiguo, por boca de sus santos profetas: que nos salvaría de nuestros enemigos y de las manos de todos los que nos odian, para mostrar su misericordia a nuestros padres, acordándose de su santa alianza. El Señor juró a nuestro padre Abraham concedernos que, libres ya de nuestros enemigos, lo sirvamos sin temor, en santidad y justicia delante de él, todos los días de nuestra vida. Y a ti, niño, te llamarán profeta del Altísimo, porque irás *delante del Señor a preparar sus caminos* y a anunciar a su pueblo la salvación, mediante el perdón de los pecados. Por la entrañable misericordia de nuestro Dios, nos visitará el sol que nace de lo alto *para iluminar a los que viven en tinieblas y en sombras de muerte,* para guiar nuestros pasos por el camino de la paz".

Miércoles 25 de diciembre de 2024
La Natividad del Señor (Navidad)

Misa vespertina de la vigilia
Primera Lectura: Isaías 62, 1-5

Por amor a Sión no me callaré y por amor a Jerusalén no me daré reposo, hasta que surja en ella esplendoroso el justo y brille su salvación como una antorcha. Entonces las naciones verán tu justicia, y tu gloria todos los reyes. Te llamarán con un nombre nuevo, pronunciado por la boca del Señor. Serás corona de gloria en la mano del Señor y diadema real en la palma de su mano. Ya no te llamarán "Abandonada", ni a tu tierra, "Desolada"; a ti te llamarán "Mi complacencia" y a tu tierra, "Desposada", porque el Señor se ha complacido en ti y se ha desposado con tu tierra. Como un joven se desposa con una doncella, se desposará contigo tu hacedor; como el esposo se alegra con la esposa, así se alegrará tu Dios contigo.

Salmo Responsorial: Salmo 88, 4-5. 16-17. 27 y 29
R. (2a) Proclamaré sin cesar la misericordia del Señor.

"Un juramento hice a David mi servidor, una alianza pacté con mi elegido: 'Consolidaré tu dinastía para siempre y afianzaré tu trono eternamente'. **R.**
El me podrá decir: 'Tú eres mi padre, el Dios que me protege y que me salva'. Yo jamás le retiraré mi amor ni violaré el juramento que le hice". **R.**
Señor, feliz el pueblo que te alaba y que a tu luz camina, que en tu nombre se alegra a todas horas y al que llena de orgullo tu justicia. **R.**

Segunda Lectura: Hechos 13, 16-17. 22-25

Al llegar Pablo a Antioquía de Pisidia, se puso de pie en la sinagoga y haciendo una señal para que se callaran, dijo: "Israelitas y cuantos temen a Dios, escuchen: El Dios del pueblo de Israel eligió a nuestros padres, engrandeció al pueblo cuando éste vivía como forastero en Egipto y lo sacó de allí con todo su poder. Les dio por rey a David, de quien hizo esta alabanza: *He hallado a David, hijo de Jesé, hombre según mi corazón, quien realizará todos mis designios.* Del linaje de David, conforme a la promesa, Dios hizo nacer para Israel un Salvador: Jesús. Juan preparó su venida, predicando a todo el pueblo de Israel un bautismo de penitencia, y hacia el final de su vida, Juan decía: 'Yo no soy el que ustedes piensan. Después de mí viene uno a quien no merezco desatarle las sandalias'".

Aclamación antes del Evangelio
R. Aleluya, aleluya.
Mañana será destruida la maldad en la tierra y reinará sobre nosotros el Salvador del mundo. **R.**

Evangelio: Mateo 1, 1-25
Genealogía de Jesucristo, Hijo de David, hijo de Abraham: Abraham engendró a Isaac, Isaac a Jacob, Jacob a Judá y a sus hermanos; Judá engendró de Tamar a Fares y a Zará; Fares a Esrom, Esrom a Aram, Aram a Aminadab, Aminadab a Naasón, Naasón a Salmón, Salmón engendró de Rajab a Booz; Booz engendró de Rut a Obed, Obed a Jesé, y Jesé al rey David. David engendró de la mujer de Urías a Salomón, Salomón a Roboam, Roboam a Abiá, Abiá a Asaf, Asaf a Josafat, Josafat a Joram, Joram a Ozías, Ozías a Joatam, Joatam a Acaz, Acaz a Ezequías, Ezequías a Manasés, Manasés a Amón, Amón a Josías, Josías engendró a Jeconías y a sus hermanos durante el destierro en Babilonia. Después del destierro en Babilonia, Jeconías engendró a Salatiel, Salatiel a Zorobabel, Zorobabel a Abiud, Abiud a Eliaquim, Eliaquim a Azor, Azor a Sadoc, Sadoc a Aquim, Aquim a Eliud, Eliud a Eleazar, Eleazar a Matán, Matán a Jacob, y Jacob engendró a José, el esposo de María, de la cual nació Jesús, llamado Cristo. De modo que el total de generaciones, desde Abraham hasta David, es de catorce; desde David hasta la deportación a Babilonia, es de catorce, y desde la

deportación a Babilonia hasta Cristo, es de catorce. Cristo vino al mundo de la siguiente manera: Estando María, su madre, desposada con José, y antes de que vivieran juntos, sucedió que ella, por obra del Espíritu Santo, estaba esperando un hijo. José, su esposo, que era hombre justo, no queriendo ponerla en evidencia, pensó dejarla en secreto. Mientras pensaba en estas cosas, un ángel del Señor le dijo en sueños: "José, hijo de David, no dudes en recibir en tu casa a María, tu esposa, porque ella ha concebido por obra del Espíritu Santo. Dará a luz un hijo y tú le pondrás el nombre de Jesús, porque él salvará a su pueblo de sus pecados". Todo esto sucedió para que se cumpliera lo que había dicho el Señor por boca del profeta Isaías: *He aquí que la virgen concebirá y dará a luz un hijo, a quien pondrán el nombre de Emmanuel, que quiere decir Dios-con-nosotros.* Cuando José despertó de aquel sueño, hizo lo que le había mandado el ángel del Señor y recibió a su esposa. Y sin que él hubiera tenido relaciones con ella, María dio a luz un hijo y él le puso por nombre Jesús.

O bien:

Mateo 1, 18-25

Cristo vino al mundo de la siguiente manera: Estando María, su madre, desposada con José, y antes de que vivieran juntos, sucedió que ella, por obra del Espíritu Santo, estaba esperando un hijo. José, su esposo, que era hombre justo, no queriendo ponerla en evidencia, pensó dejarla en secreto. Mientras pensaba en estas cosas, un ángel del Señor le dijo en sueños: "José, hijo de David, no dudes en recibir en tu casa a María, tu esposa, porque ella ha concebido por obra del Espíritu Santo. Dará a luz un hijo y tú le pondrás el nombre de Jesús, porque él salvará a su pueblo de sus pecados". Todo esto sucedió para que se cumpliera lo que había dicho el Señor por boca del profeta Isaías: *He aquí que la virgen concebirá y dará a luz un hijo, a quien pondrán el nombre de Emmanuel, que quiere decir Dios-con-nosotros.* Cuando José despertó de aquel sueño, hizo lo que le había mandado el ángel del Señor y recibió a su esposa. Y sin que él hubiera tenido relaciones con ella, María dio a luz un hijo y él le puso por nombre Jesús.

Misa de medianoche

Primera Lectura: Isaías 9, 1-3. 5-6

El pueblo que caminaba en tinieblas vio una gran luz; sobre los que vivían en tierra de sombras, una luz resplandeció. Engrandeciste a tu pueblo e hiciste grande su alegría. Se gozan en tu presencia como gozan al cosechar, como se alegran al repartirse el botín. Porque tú quebrantaste su pesado yugo, la barra que oprimía sus hombros y el cetro de su tirano, como en el día de Madián. Porque un niño nos ha nacido, un hijo se nos ha dado; lleva sobre sus hombros el signo del imperio y su nombre será: "Consejero admirable", "Dios poderoso", "Padre sempiterno", "Príncipe de la paz"; para extender el principado con una paz sin límites sobre el trono de David y sobre su reino; para establecerlo y consolidarlo con la justicia y el derecho, desde ahora y para siempre. El celo del Señor lo realizará.

Salmo Responsorial: Salmo 95, 1-2a. 2b-3. 11-12. 13

R. (Lucas 2, 11) Hoy nos ha nacido el Salvador.

Cantemos al Señor un canto nuevo, que le cante al Señor toda la tierra; cantemos al Señor y bendigámoslo. **R.**

Proclamemos su amor día tras día, su grandeza anunciemos a los pueblos; de nación, sus maravillas. **R.**

Alégrense los cielos y la tierra, retumbe el mar y el mundo submarino. Salten de gozo el campo y cuanto encierra, manifiesten los bosques regocijo. **R.**

Regocíjese todo ante el Señor, porque ya viene a gobernar el orbe. Justicia y rectitud serán las normas con las que rija a todas las naciones. **R.**

Segunda Lectura: Tito 2, 11-14

Querido hermano: La gracia de Dios se ha manifestado para salvar a todos los hombres y nos ha enseñado a renunciar a la irreligiosidad y a los deseos mundanos, para que vivamos, ya desde ahora, de una manera sobria, justa y fiel a Dios, en espera de la gloriosa venida del gran Dios y Salvador, Cristo Jesús, nuestra esperanza. Él se entregó por nosotros para redimirnos de todo pecado y purificarnos, a fin de convertirnos en pueblo suyo, fervorosamente entregado a practicar el bien.

Aclamación antes del Evangelio: Lucas 2, 10-11
R. Aleluya, aleluya.

Les anuncio una gran alegría: Hoy nos ha nacido el Salvador, que es Cristo, el Señor. **R.**

Evangelio: Lucas 2, 1-14

Por aquellos días, se promulgó un edicto de César Augusto, que ordenaba un censo de todo el imperio. Este primer censo se hizo cuando Quirino era gobernador de Siria. Todos iban a empadronarse, cada uno en su propia ciudad; así es que también José, perteneciente a la casa y familia de David, se dirigió desde la ciudad de Nazaret, en Galilea, a la ciudad de David, llamada Belén, para empadronarse, juntamente con María, su esposa, que estaba encinta. Mientras estaban ahí, le llegó a María el tiempo de dar a luz y tuvo a su hijo primogénito; lo envolvió en pañales y lo recostó en un pesebre, porque no hubo lugar para ellos en la posada. En aquella región había unos pastores que pasaban la noche en el campo, vigilando por turno sus rebaños. Un ángel del Señor se les apareció y la gloria de Dios los envolvió con su luz y se llenaron de temor. El ángel les dijo: "No teman. Les traigo una buena noticia, que causará gran alegría a todo el pueblo: hoy les ha nacido, en la ciudad de David, un Salvador, que es el Mesías, el Señor. Esto les servirá de señal: encontrarán al niño envuelto en pañales y recostado en un pesebre". De pronto se le unió al ángel una multitud del ejército celestial, que alababa a Dios, diciendo: "¡Gloria a Dios en el cielo, y en la tierra paz a los hombres de buena voluntad!"

Misa de la aurora
Primera Lectura: Isaías 62, 11-12

Escuchen lo que el Señor hace oír hasta el último rincón de la tierra: "Digan a la hija de Sión: Mira que ya llega tu salvación. El premio de su victoria le acompaña y su recompensa le precede. Tus hijos serán llamados 'Pueblo santo', 'Redimidos del Señor', y a ti te llamarán 'Ciudad deseada, Ciudad no abandonada'".

Salmo Responsorial: Salmo 96, 1 y 6. 11-12
R. Reina el Señor, alégrese la tierra.

Reina el Señor, alégrese la tierra; cante de regocijo el mundo entero. Los cielos pregonan su justicia, su inmensa gloria ven todos los pueblos. **R.**

Amanece la luz para el justo, y la alegría para los rectos de corazón. Alégrense, justos, con el Señor, y bendigan su santo nombre. **R.**

Segunda Lectura: Tito 3, 4-7
Hermano: Al manifestarse la bondad de Dios, nuestro salvador, y su amor a los hombres, él nos salvó, no porque nosotros hubiéramos hecho algo digno de merecerlo, sino por su misericordia. Lo hizo mediante el bautismo, que nos regenera y nos renueva, por la acción del Espíritu Santo, a quien Dios derramó abundantemente sobre nosotros, por Cristo, nuestro salvador. Así, justificados por su gracia, nos convertiremos en herederos, cuando se realice la esperanza de la vida eterna.

Aclamación antes del Evangelio: Lucas 2, 14
R. Aleluya, aleluya.

Gloria a Dios en las alturas y en la tierra paz a los hombres de buena voluntad. **R.**

Evangelio: Lucas 2, 15-20
Cuando los ángeles los dejaron para volver al cielo, los pastores se dijeron unos a otros: "Vayamos hasta Belén, para ver eso que el Señor nos ha anunciado". Se fueron, pues, a toda prisa y encontraron a María, a José y al niño, recostado en el pesebre. Después de verlo, contaron lo que se les había dicho de aquel niño, y cuantos los oían quedaban maravillados. María, por su parte, guardaba todas estas cosas y las meditaba en su corazón. Los pastores se volvieron a sus campos, alabando y glorificando a Dios por todo cuanto habían visto y oído, según lo que se les había anunciado.

Misa del día

Primera Lectura: Isaías 52, 7-10

¡Qué hermoso es ver correr sobre los montes al mensajero que anuncia la paz, al mensajero que trae la buena nueva, que pregona la salvación, que dice a Sión: "Tu Dios es rey"! Escucha: Tus centinelas alzan la voz y todos a una gritan alborozados, porque ven con sus propios ojos al Señor, que retorna a Sión. Prorrumpan en gritos de alegría, ruinas de Jerusalén, porque el Señor rescata a su pueblo, consuela a Jerusalén. Descubre el Señor su santo brazo a la vista de todas las naciones. Verá la tierra entera la salvación que viene de nuestro Dios.

Salmo Responsorial: Salmo 97, 1. 2-3ab. 3cd-4. 5-6.
R. (3cd) Toda la tierra ha visto al Salvador.

Cantemos al Señor un canto nuevo, pues ha hecho maravillas. Su diestra y su santo brazo le han dado la victoria. **R.**

El Señor ha dado a conocer su victoria, y ha revelado a las naciones su justicia. Una vez más ha demostrado Dios su amor y su lealtad hacia Israel. **R.**

La tierra entera ha contemplado la victoria de nuestro Dios. Que todos los pueblos y naciones aclamen con júbilo al Señor. **R.**

Cantemos al Señor al son del arpa, suenen los instrumentos. Aclamemos al son de los clarines al Señor, nuestro rey. **R.**

Segunda Lectura: Hebreos 1, 1-6

En distintas ocasiones y de muchas maneras habló Dios en el pasado a nuestros padres, por boca de los profetas. Ahora, en estos tiempos, nos ha hablado por medio de su Hijo, a quien constituyó heredero de todas las cosas y por medio del cual hizo el universo. El Hijo es el resplandor de la gloria de Dios, la imagen fiel de su ser y el sostén de todas las cosas con su palabra poderosa. Él mismo, después de efectuar la purificación de los pecados, se sentó a la diestra de la majestad de Dios, en las alturas, tanto más encumbrado sobre los ángeles, cuanto más excelso es el nombre que, como herencia, le corresponde. Porque ¿a cuál de los ángeles le dijo Dios: *Tú eres mi Hijo; yo te he engendrado hoy?* ¿O de qué ángel dijo Dios: *Yo seré para él un padre y él será para mí un hijo?* Además, en otro pasaje, cuando introduce en el mundo a su primogénito, dice: *Adórenlo todos los ángeles de Dios.*

Aclamación antes del Evangelio
R. Aleluya, aleluya.

Un día sagrado ha brillado para nosotros. Vengan naciones, y adoren al Señor, porque hoy ha descendido una gran luz sobre la tierra. **R.**

Evangelio: Juan 1, 1-18

En el principio ya existía aquel que es la Palabra, y aquel que es la Palabra estaba con Dios y era Dios. Ya en el principio él estaba con Dios. Todas las cosas vinieron a la existencia por él y sin él nada empezó de cuanto existe. Él era la vida, y la vida era la luz de los hombres. La luz brilla en las tinieblas y las tinieblas no la recibieron. Hubo un hombre enviado por Dios, que se llamaba Juan. Éste vino como testigo, para dar testimonio de la luz, para que todos creyeran por medio de él. Él no era la luz, sino testigo de la luz. Aquel que es la Palabra era la luz verdadera, que ilumina a todo hombre que viene a este mundo. En el mundo estaba; el mundo había sido hecho por él y, sin embargo, el mundo no lo conoció. Vino a los suyos y los suyos no lo recibieron; pero a todos los que lo recibieron les concedió poder llegar a ser hijos de Dios, a los que creen en su nombre, los cuales no nacieron de la sangre, ni del deseo de la carne, ni por voluntad del hombre, sino que nacieron de Dios. Y aquel que es la Palabra se hizo hombre y habitó entre nosotros. Hemos visto su gloria, gloria que le corresponde como a unigénito del Padre, lleno de gracia y de verdad. Juan el Bautista dio testimonio de él, clamando: "A éste me refería cuando dije: 'El que viene después de mí, tiene precedencia sobre mí, porque ya existía antes que yo' ". De su plenitud hemos recibido todos gracia sobre gracia. Porque la ley fue dada por medio de Moisés, mientras que la gracia y la verdad vinieron por Jesucristo. A Dios nadie lo ha visto jamás. El Hijo unigénito, que está en el seno del Padre, es quien lo ha revelado.

O bien:

Juan 1, 1-5. 9-14

En el principio ya existía aquel que es la Palabra, y aquel que es la Palabra estaba con Dios y era Dios. Ya en el principio él estaba con Dios. Todas las cosas vinieron a la existencia por él y sin él nada empezó de cuanto existe. Él era la vida, y la vida era la luz de los hombres. La luz brilla en las tinieblas y las tinieblas no la recibieron. Aquel que es la Palabra era la luz verdadera, que ilumina a todo hombre que viene a este mundo. En el mundo estaba; el mundo había sido hecho por él y, sin embargo, el mundo no lo conoció. Vino a los suyos y los suyos no lo recibieron; pero a todos los que lo recibieron les concedió poder llegar a ser hijos de Dios, a los que creen en su nombre, los cuales no nacieron de la sangre, ni del deseo de la carne, ni por voluntad del hombre, sino que nacieron de Dios. Y aquel que es la Palabra se hizo hombre y habitó entre nosotros. Hemos visto su gloria, gloria que le corresponde como a unigénito del Padre, lleno de gracia y de verdad.

Jueves 26 de diciembre de 2024
Fiesta de san Esteban, protomártir
Primera Lectura: Hechos 6, 8-10; 7, 54-60

En aquellos días, Esteban, lleno de gracia y de poder, realizaba grandes prodigios y señales entre la gente. Algunos judíos de la sinagoga llamada "de los Libertos", procedentes de Cirene, Alejandría, Cilicia y Asia, se pusieron a discutir con Esteban; pero no podían refutar la sabiduría inspirada con que hablaba. Al oír estas cosas, los miembros del sanedrín se enfurecieron y rechinaban los dientes de rabia contra él. Pero Esteban, lleno del Espíritu Santo, miró al cielo, vio la gloria de Dios y a Jesús, que estaba de pie a la derecha de Dios, y dijo: "Estoy viendo los cielos abiertos y al Hijo del hombre de pie a la derecha de Dios". Entonces los miembros del sanedrín gritaron con fuerza, se taparon los oídos y todos a una se precipitaron sobre él. Lo sacaron fuera de la ciudad y empezaron a apedrearlo. Los falsos testigos depositaron sus mantos a los pies de un joven, llamado Saulo. Mientras lo apedreaban, Esteban repetía esta oración: "Señor Jesús, recibe mi espíritu". Después se puso de rodillas y dijo con fuerte voz:

"Señor, no les tomes en cuenta este pecado". Diciendo esto, se durmió en el Señor.

Salmo Responsorial: Salmo 30, 3cd-4. 6 y 8ab. 16bc y 17

R. (6a) En tus manos, Señor, encomiendo mi espíritu.

Sé tú, Señor, mi fortaleza y mi refugio, la muralla que me salve. Tú, que eres mi fortaleza y mi defensa, por tu nombre, dirígeme y guíame. **R.**

En tus manos encomiendo mi espíritu y tú, mi Dios leal, me librarás. Tu misericordia me llenará de alegría, porque has visto las angustias de mi alma. **R.**

Líbrame de la mano de mis enemigos y de aquellos que me persiguen. Vuelve, Señor, tus ojos a tu siervo y sálvame por tu misericordia. **R.**

Aclamación antes del Evangelio: Salmo 117, 26. 27

R. Aleluya, aleluya.

¡Bendito el que viene en nombre del Señor! Que el Señor, nuestro Dios, nos ilumine. **R.**

Evangelio: Mateo 10, 17-22

En aquel tiempo, Jesús dijo a sus apóstoles: "Cuídense de la gente, porque los llevarán a los tribunales, los azotarán en las sinagogas, los llevarán ante gobernadores y reyes por mi causa; así darán testimonio de mí ante ellos y ante los paganos. Pero, cuando los enjuicien, no se preocupen por lo que van a decir o por la forma de decirlo, porque, en ese momento se les inspirará lo que han de decir. Pues no serán ustedes los que hablen, sino el Espíritu de su Padre el que hablará por ustedes. El hermano entregará a su hermano a la muerte, y el padre a su hijo; los hijos se levantarán contra sus padres y los matarán; todos los odiarán a ustedes por mi causa, pero el que persevere hasta el fin, se salvará".

Viernes 27 de diciembre de 2024

Fiesta de San Juan, Apóstol y evangelista

Primera Lectura: 1 Juan 1, 1-4

Queridos hermanos: Les anunciamos lo que ya existía desde el principio, lo que hemos oído y hemos visto con nuestros propios ojos, lo que hemos contemplado y hemos tocado con nuestras propias manos. Nos referimos a aquel que es la Palabra de la vida. Esta vida se ha hecho visible y nosotros la hemos visto y somos testigos de ella. Les anunciamos esta vida, que es eterna, y estaba con el Padre y se nos ha manifestado a nosotros. Les anunciamos, pues, lo que hemos visto y oído, para que ustedes estén unidos con nosotros, y juntos estemos unidos con el Padre y su Hijo, Jesucristo. Les escribimos esto para que se alegren y su alegría sea completa.

Salmo Responsorial: Salmo 96, 1-2. 5-6. 11-12

R. (12a) Alégrense, justos, con el Señor.

Reina el Señor, alégrense la tierra; cante de regocijo el mundo entero. Tinieblas y nubes rodean el trono del Señor, que se asienta en la justicia y el derecho. **R.**

Los montes se derriten como cera ante el Señor de toda la tierra. Los cielos pregonan su justicia, su inmensa gloria ven todos los pueblos. **R.**

Amanece la luz para el justo y la alegría para los rectos de corazón. Alégrense, justos, con el Señor, y bendigan su santo nombre. **R.**

Aclamación antes del Evangelio

R. Aleluya, aleluya.

Señor, Dios eterno, alegres te cantamos, a ti nuestra alabanza. A ti, Señor, te alaba el coro celestial de los apóstoles. **R.**

Evangelio: Juan 20, 2-9

El primer día después del sábado, María Magdalena vino corriendo a la casa donde estaban Simón Pedro y el otro discípulo, a quien Jesús amaba, y les dijo: "Se han llevado del sepulcro al Señor y no sabemos dónde lo habrán puesto". Salieron Pedro y el otro discípulo camino del sepulcro. Los dos iban corriendo juntos, pero el otro discípulo corrió más aprisa que Pedro y llegó primero al sepulcro, e inclinándose, miró los lienzos puestos en el suelo, pero no entró. En eso, llegó también Simón Pedro, que lo venía siguiendo, y entró en el sepulcro.

Contempló los lienzos puestos en el suelo y el sudario, que había estado sobre la cabeza de Jesús, puesto no con los lienzos en el suelo, sino doblado en sitio aparte. Entonces entró también el otro discípulo, el que había llegado primero al sepulcro, y vio y creyó, porque hasta entonces no habían entendido las Escrituras, según las cuales Jesús debía resucitar de entre los muertos.

Sábado 28 de diciembre de 2024
Fiesta de los Santo Inocentes, mártires

Primera Lectura: 1 Juan 1, 5-2, 2

Queridos hermanos: Éste es el mensaje que hemos escuchado de labios de Jesucristo y que ahora les anunciamos: Dios es luz y en él no hay nada de oscuridad. Si decimos que estamos con Dios, pero vivimos en la oscuridad, mentimos y no vivimos conforme a la verdad. Pero, si vivimos en la luz, como él vive en la luz, entonces estamos unidos unos con otros, y la sangre de su Hijo Jesús nos purifica de todo pecado. Si decimos que no tenemos ningún pecado, nos engañamos a nosotros mismos y la verdad no está en nosotros. Si, por el contrario, confesamos nuestros pecados, Dios, que es fiel y justo, nos los perdonará y nos purificará de toda maldad. Si decimos que no hemos pecado, hacemos pasar a Dios por mentiroso y no hemos aceptado verdaderamente su palabra. Hijitos míos, les escribo esto para que no pequen. Pero, si alguien peca, tenemos como intercesor ante el Padre, a Jesucristo, el justo. Porque él se ofreció como víctima de expiación por nuestros pecados, y no sólo por los nuestros, sino por los del mundo entero.

Salmo Responsorial: Salmo 123, 2-3. 4-5. 7b-8.

R. (7a) Nuestra vida se escapó como un pájaro de la trampa de los cazadores.

Si el Señor no hubiera estado de nuestra parte cuando los hombres nos asaltaron, nos habría devorado vivos el fuego de su cólera. **R.**

Las aguas nos hubieran sepultado, un torrente nos hubiera llegado al cuello, un torrente de aguas encrespadas. Bendito sea el Señor, que no nos hizo presa de sus dientes. **R.**

Nuestra vida se escapó como un pájaro de la trampa de los cazadores. La trampa se rompió, y nosotros escapamos. Nuestra ayuda nos viene del Señor, que hizo el cielo y la tierra. **R.**

Aclamación antes del Evangelio
R. Aleluya, aleluya.

Señor, Dios eterno, alegres te cantamos, a ti nuestra alabanza. A ti, Señor, el ejército glorioso de los mártires te aclama. **R.**

Evangelio: Mateo 2, 13-18

Después de que los magos partieron de Belén, el ángel del Señor se le apareció en sueños a José y le dijo: "Levántate, toma al niño y a su madre y huye a Egipto. Quédate allá hasta que yo te avise, porque Herodes va a buscar al niño para matarlo". José se levantó y esa misma noche tomó al niño y a su madre y partió para Egipto, donde permaneció hasta la muerte de Herodes. Así se cumplió lo que dijo el Señor por medio del profeta: *De Egipto llamé a mi hijo.* Cuando Herodes se dio cuenta de que los magos lo habían engañado, se puso furioso y mandó matar, en Belén y sus alrededores, a todos los niños menores de dos años, conforme a la fecha que los magos le habían indicado. Así se cumplieron las palabras del profeta Jeremías: *En Ramá se ha escuchado un grito, se oyen llantos y lamentos: es Raquel que llora por sus hijos y no quiere que la consuelen, porque ya están muertos.*

Domingo 29 de diciembre de 2024

Fiesta de la Sagrada Familia
Primera Lectura: 1 Samuel 1, 20-22. 24-28

En aquellos días, Ana concibió, dio a luz un hijo y le puso por nombre Samuel, diciendo: "Al Señor se lo pedí". Después de un año, Elcaná, su marido, subió con toda la familia para hacer el sacrificio anual para honrar al Señor y para cumplir la promesa que habían hecho, pero Ana se quedó en su casa. Un tiempo después, Ana llevó a Samuel, que todavía era muy pequeño, a la casa del Señor, en Siló, y llevó también un novillo de tres años, un costal de harina y un odre de vino. Una vez sacrificado el novillo, Ana presentó el niño a Elí y le dijo: "Escúchame, señor: te juro por mi vida que yo soy aquella mujer que estuvo junto a ti, en este lugar, orando al Señor. Éste es el niño que yo le pedía al Señor y que él me ha concedido. Por eso, ahora yo se lo ofrezco al Señor, para que le quede consagrado de por vida". Y adoraron al Señor.

O bien:

Eclesiástico 3, 3-7. 14-17a

El Señor honra al padre en los hijos y respalda la autoridad de la madre sobre la prole. El que honra a su padre queda limpio de pecado; y acumula tesoros, el que respeta a su madre. Quien honra a su padre, encontrará alegría en sus hijos y su oración será escuchada; el que enaltece a su padre, tendrá larga vida y el que obedece al Señor, es consuelo de su madre. Hijo, cuida de tu padre en la vejez y en su vida no le causes tristeza; aunque se debilite su razón, ten paciencia con él y no lo menosprecies por estar tú en pleno vigor. El bien hecho al padre no quedará en el olvido y se tomará a cuenta de tus pecados.

Salmo Responsorial: Salmo 83, 2-3. 5-6. 9-10

R. (5a) Señor, dichosos los que viven en tu casa.

Anhelando los atrios del Señor se consume mi alma. Todo mi ser de gozo se estremece y el Dios vivo es la causa. **R.**

Dichosos los que viven en tu casa, te alabarán para siempre; dichosos los que encuentran en ti su fuerza y la esperanza de su corazón. **R.**

Escucha mi oración, Señor de los ejércitos; Dios de Jacob, atiéndeme. Míranos, Dios y protector nuestro, y contemplo el rostro de tu Mesías. **R.**

O bien:

Salmo 127, 1-2. 3. 4-5

R. (1) Dichoso el que teme al Señor.

Dichoso los que teme al Señor y sigue sus caminos: comerá del fruto de tu trabajo, será dichoso, le irá bien. **R.**

Su mujer, como vid fecunda, en medio de tu casa; sus hijos, como renuevos de olivo, alrededor de su mesa. **R.**

Esta es la bendición del hombre que teme al Señor. "Que el Señor te bendiga desde Sión, que veas la prosperidad de Jerusalén todos los días de tu vida." **R.**

Segunda Lectura: 1 Juan 3, 1-2. 21-24

Queridos hijos: Miren cuánto amor nos ha tenido el Padre, pues no sólo nos llamamos hijos de Dios, sino que lo somos. Si el mundo no nos reconoce, es porque tampoco lo ha reconocido a él. Hermanos míos, ahora somos hijos de Dios, pero aún no se ha manifestado cómo seremos al fin. Y ya sabemos que, cuando él se manifieste, vamos a ser semejantes a él, porque lo veremos tal cual es. Si nuestra conciencia no nos remuerde, entonces, hermanos míos, nuestra confianza en Dios es total. Puesto que cumplimos los mandamientos de Dios y hacemos lo que le agrada, ciertamente obtendremos de él todo lo que le pidamos. Ahora bien, éste es su mandamiento: que creamos en la persona de Jesucristo, su Hijo, y nos amemos los unos a los otros, conforme al precepto que nos dio. Quien cumple sus mandamientos permanece en Dios y Dios en él. En esto conocemos, por el Espíritu que él nos ha dado, que él permanece en nosotros.

O bien:

Colosenses 3, 12-21

Hermanos: Puesto que Dios los ha elegido a ustedes, los ha consagrado a él y les ha dado su amor, sean compasivos, magnánimos, humildes, afables y pacientes. Sopórtense mutuamente y perdónense cuando tengan quejas contra otro, como el Señor los ha perdonado a ustedes. Y sobre todas estas virtudes, tengan amor, que es el vínculo de la perfecta unión. Que en sus corazones reine la paz de Cristo, esa paz a la que han sido llamados, como miembros de un solo cuerpo. Finalmente, sean agradecidos. Que la palabra de Cristo habite en ustedes con toda su riqueza. Enséñense y aconséjense unos a otros lo mejor que sepan. Con el corazón lleno de gratitud, alaben a Dios con salmos, himnos y cánticos espirituales; y todo lo que digan y todo lo que hagan, háganlo en el nombre del Señor Jesús, dándole gracias a Dios Padre, por medio de Cristo. Mujeres, respeten la autoridad de sus maridos, como lo quiere el Señor. Maridos, amen a sus esposas y no sean rudos con ellas.

Hijos, obedezcan en todo a sus padres, porque eso es agradable al Señor. Padres, no exijan demasiado a sus hijos, para que no se depriman.

O bien:

Colosenses 3:12-17

Hermanos: Puesto que Dios los ha elegido a ustedes, los ha consagrado a él y les ha dado su amor, sean compasivos, magnánimos, humildes, afables y pacientes. Sopórtense mutuamente y perdónense cuando tengan quejas contra otro, como el Señor los ha perdonado a ustedes. Y sobre todas estas virtudes, tengan amor, que es el vínculo de la perfecta unión. Que en sus corazones reine la paz de Cristo, esa paz a la que han sido llamados, como miembros de un solo cuerpo. Finalmente, sean agradecidos. Que la palabra de Cristo habite en ustedes con toda su riqueza. Enséñense y aconséjense unos a otros lo mejor que sepan. Con el corazón lleno de gratitud, alaben a Dios con salmos, himnos y cánticos espirituales; y todo lo que digan y todo lo que hagan, háganlo en el nombre del Señor Jesús, dándole gracias a Dios Padre, por medio de Cristo.

Aclamación antes del Evangelio: Hechos 16, 14b

R. Aleluya, aleluya.

Abre, Señor, nuestros corazones, para que aceptemos las palabras de tu Hijo. **R.**

O bien:

Colosenses 3, 15a. 16a

R. Aleluya, aleluya.

Que en sus corazones reine la paz de Cristo; que la palabra de Cristo habite en ustedes con toda su riqueza. **R.**

Evangelio: Lucas 2, 41-52

Los padres de Jesús solían ir cada año a Jerusalén para las festividades de la Pascua. Cuando el niño cumplió doce años, fueron a la fiesta, según la costumbre. Pasados aquellos días, se volvieron, pero el niño Jesús se quedó en Jerusalén, sin que sus padres lo supieran. Creyendo que iba en la caravana, hicieron un día de camino; entonces lo buscaron, y al no encontrarlo, regresaron a Jerusalén en su busca. Al tercer día lo encontraron en el templo, sentado en medio de los doctores, escuchándolos y haciéndoles preguntas. Todos los que lo oían se admiraban de su inteligencia y de sus respuestas. Al verlo, sus padres se quedaron atónitos y su madre le dijo: "Hijo mío, ¿por qué te has portado así con nosotros? Tu padre y yo te hemos estado buscando llenos de angustia". Él les respondió: "¿Por qué me andaban buscando? ¿No sabían que debo ocuparme en las cosas de mi Padre?" Ellos no entendieron la respuesta que les dio. Entonces volvió con ellos a Nazaret y siguió sujeto a su autoridad. Su madre conservaba en su corazón todas aquellas cosas. Jesús iba creciendo en saber, en estatura y en el favor de Dios y de los hombres.

Lunes 30 de diciembre de 2024
Sexto día dentro de la octava de Navidad

Primera Lectura: 1 Juan 2, 12-17

Les escribo a ustedes, hijitos, porque han sido perdonados sus pecados en el nombre de Jesús. Les escribo a ustedes, padres, porque conocen al que existe desde el principio. Les escribo a ustedes, jóvenes, porque han vencido al demonio. Les he escrito a ustedes, hijitos, porque conocen al Padre. Les he escrito a ustedes, padres, porque conocen al que existe desde el principio. Les he escrito a ustedes, jóvenes, porque son fuertes y la palabra de Dios permanece en ustedes y han vencido al demonio. No amen al mundo ni lo que hay en él. Si alguno ama al mundo, el amor del Padre no está en él. Porque todo lo que hay en el mundo: las pasiones desordenadas del hombre, las curiosidades malsanas y la arrogancia del dinero, no vienen del Padre, sino dcl mundo. El mundo pasa y sus pasiones desordenadas también. Pero el que hace la voluntad de Dios tiene vida eterna.

Salmo Responsorial: Salmo 95, 7-8a. 8b-9. 10

R. (11a) Alaben al Señor, todos los pueblos.

Alaben al Señor, pueblos del orbe, reconozcan su gloria y su poder y tribútenle honores a su nombre. **R.**

Ofrézcanle en sus atrios sacrificios. Caigamos en su templo de rodillas. Tiemblen ante el Señor los atrevidos. **R.**

"Reina el Señor", digamos a los pueblos. El afianzó con su poder el orbe, gobierna a las naciones con justicia. **R.**

Aclamación antes del Evangelio
R. Aleluya, aleluya.

Un día sagrado ha brillado para nosotros. Vengan, naciones, y adoren al Señor, porque hoy ha descendido una gran luz sobre la tierra. **R.**

Evangelio: Lucas 2, 36-40

En aquel tiempo, había una profetisa, Ana, hija de Fanuel, de la tribu de Aser. Era una mujer muy anciana. De joven, había vivido siete años casada y tenía ya ochenta y cuatro años de edad. No se apartaba del templo ni de día ni de noche, sirviendo a Dios con ayunos y oraciones. (Cuando José y María entraban en el templo para la presentación del niño,) se acercó Ana, dando gracias a Dios y hablando del niño a todos los que aguardaban la liberación de Israel. Una vez que José y María cumplieron todo lo que prescribía la ley del Señor, se volvieron a Galilea, a su ciudad de Nazaret. El niño iba creciendo y fortaleciéndose, se llenaba de sabiduría y la gracia de Dios estaba con él.

Martes 31 de diciembre de 2024
Séptimo día dentro de la octava de Navidad
Primera Lectura: 1 Juan 2, 18-21

Hijos míos: Ésta es la última hora. Han oído ustedes que iba a venir el anticristo; pues bien, muchos anticristos han aparecido ya, por lo cual nos damos cuenta de que es la última hora. De entre ustedes salieron, pero no eran de los nuestros; pues si hubieran sido de los nuestros, habrían permanecido con nosotros. Pero sucedió así para que se pusiera de manifiesto que ninguno de ellos es de los nuestros. Por lo que a ustedes toca, han recibido la unción del Espíritu Santo y tienen así el verdadero conocimiento. Les he escrito, no porque ignoren la verdad, sino porque la conocen y porque ninguna mentira viene de la verdad.

Salmo Responsorial: Salmo 95, 1-2. 11-12. 13

R. (11a) Alégrense los cielos y la tierra.

Cantemos al Señor un nuevo canto, que le cante al Señor toda la tierra; cantemos al Señor y bendigámoslo, proclamos su amor día tras día. **R.**

Alégrense los cielos y la tierra, retumbe el mar y el mundo submarino. Salten de gozo el campo y cuanto encierra, manifiesten los bosques regocijo. **R.**

Regocíjese todo ante el Señor, porque ya viene a gobernar el orbe. Justicia y rectitud serán las normas con las que rija a todas las naciones. **R.**

Aclamación antes del Evangelio: Juan 1, 14a. 12a

R. Aleluya, aleluya.

Aquel que es la Palabra se hizo hombre y habitó entre nosotros. A todos los que lo recibieron les concedió poder llegar a ser hijos de Dios. **R.**

Evangelio: Juan 1, 1-18

En el principio ya existía aquel que es la Palabra, y aquel que es la Palabra estaba con Dios y era Dios. Ya en el principio él estaba con Dios. Todas las cosas vinieron a la existencia por él y sin él nada empezó de cuanto existe. Él era la vida, y la vida era la luz de los hombres. La luz brilla en las tinieblas y las tinieblas no la recibieron. Hubo un hombre enviado por Dios, que se llamaba Juan. Éste vino como testigo, para dar testimonio de la luz, para que todos creyeran por medio de él. Él no era la luz, sino testigo de la luz. Aquel que es la Palabra era la luz verdadera, que ilumina a todo hombre que viene a este mundo. En el mundo estaba; el mundo había sido hecho por él y, sin embargo, el mundo no lo conoció. Vino a los suyos y los suyos no lo recibieron; pero a todos los que lo recibieron les concedió poder llegar a ser hijos de Dios, a los que creen en su nombre, los cuales no nacieron de la sangre, ni del deseo de la carne, ni por voluntad del hombre, sino que nacieron de Dios. Y aquel que es la Palabra se hizo hombre y habitó entre nosotros. Hemos visto su gloria, gloria que le corresponde como a Unigénito del Padre, lleno de gracia y de verdad. Juan el Bautista dio testimonio de él, clamando: "A éste me refería cuando dije: 'El que viene después de mí, tiene precedencia sobre mí, porque ya existía antes que yo' ". De su plenitud hemos recibido todos gracia sobre gracia. Porque la ley fue dada por medio de Moisés, mientras que la gracia y la verdad vinieron por Jesucristo. A Dios nadie lo ha visto jamás. El Hijo unigénito, que está en el seno del Padre, es quien lo ha revelado.

Made in the USA
Las Vegas, NV
12 January 2024

84264661R00356